经济学术译丛
当代制度分析前沿系列

对法、权利和自由的规范分析

国家出版基金项目
NATIONAL PUBLICATION FOUNTATION

马丁·范·海思　著
席天扬　方　钦　译

上海财经大学出版社

本书由上海文化发展基金会图书出版专项基金资助出版

图书在版编目(CIP)数据

对法、权利和自由的规范分析/(荷)海思(Hees,M.)著,席天扬、方钦译.—上海:上海财经大学出版社,2012.8

(经济学术译丛·当代制度分析前沿系列)

书名原文:Rights and Decision & Legal Reduction and Freedom

ISBN 978-7-5642-1350-3/F·1350

Ⅰ.①对… Ⅱ.①马… ②席… ③方… Ⅲ.①制度经济学-研究 Ⅳ.①F091.349

中国版本图书馆 CIP 数据核字(2012)第 078392 号

□责任编辑 许 旻

□封面设计 周卫民

□责任校对 王从远

DUI FA、QUANLI HE ZIYOU DE GUIFAN FENXI

对法、权利和自由的规范分析

马丁·范·海思 著

席天扬 方 钦 译

上海财经大学出版社出版发行

(上海市武东路 321 号乙 邮编 200434)

网 址:http://www.sufep.com

电子邮箱:webmaster @ sufep.com

全国新华书店经销

上海华教印务有限公司印刷

上海春秋印刷厂装订

2012 年 8 月第 1 版 2012 年 8 月第 1 次印刷

890mm×1240mm 1/32 11.5 印张 298 千字

印数:0 001—3 000 定价:34.00 元

图字:09-2004-650 号

Rights and Decisions & Legal Reductionism and Freedom

Martin van Hees

“当代制度分析前沿系列”总序

林毅夫

这些年来，我在各种场合经常讲中国经济现象是经济学研究的一个大金矿，研究中国的经济问题有可能产生一批世界级的经济学大师。我的信念源自经济理论的作用在于解释经济现象，其贡献的大小由所解释现象的重要性决定。在现代社会中，各国经济紧密相连，发生在世界经济中心的经济现象影响远大于发生在周边小国的现象。所以，自亚当·斯密出版《国富论》，经济学成为一门独立的社会科学以来，世界级的经济学家大多先后产生于作为世界经济中心的英国和美国。中国的经济规模很有可能在21世纪30年代超过美国，中国将有可能逐渐成为一个新的领导经济学思潮的国际中心。如果我的乐观预测是正确的，中国经济学界的第一个诺贝尔经济学奖获得者，最有可能是来自于从事制度经济学研究的经济学家。

从工业革命开始西方殖民强权兴起，亚、非纷纷继拉美之后沦为殖民地。20世纪初民族自决风起云涌，到了第二次世界大战之后，亚、非、拉被殖民国家终于迎来了民族解放，开始了独立建国后的追赶发达国家的努力。但是，除了东亚的日本和几条小龙外，世界上绝大多数发展中国家和地区不但没有赶上或缩小与发达国家的差距，而且，这个差距还不断在扩大，到2001年底，世界人口总数为61.3亿人，中低收入国家和地区的人口占了81.5%。怎样缩小，甚至赶上发达国家仍然是当今世界最大的经济问题之一。

根据 Robert Solow 在 20 世纪 50 年代提出的新古典增长理论，发达国家和发展中国家可以采用同样的技术来生产，发达国家资本较多，资本的报酬较低，那么，发展中国家会有比发达国家更高的资本积累，取得更快的经济增长，两者的人均收入差距应该逐渐缩小；然而，许多发展中国家经过三四十年的努力，并未取得预料中的快速增长。由于新古典增长理论不能解释发达国家和大多数发展中国家收入差距的持续扩大，Paul Romer 和 Rober Lucas 在 20 世纪 80 年代提出了内生增长理论，认为一个国家的技术创新速度是由人力资本积累、研究和开发、“干中学”等因素内生决定的；发达国家在这些方面的投资多于发展中国家，因此，技术变迁较快，避免了资本的边际报酬递减，使发达国家经济保持持续增长，并且拉大了和发展中国家的收入差距。然而这个理论也有缺陷，韩国、中国台湾、中国香港特别行政区、新加坡以及后来加入的中国等亚洲新兴工业化经济，在 20 世纪最后 30 年间取得了超乎寻常的经济增长，赶上或大大缩小了和发达国家的差距，但是，这些国家或地区在追赶时期并未在内生增长理论所强调的因素上比发达国家有更多的投资。到了 20 世纪 90 年代末，以哈佛大学的 Dani Rodrik、Andrei Shleifer 和 Daron Acemoglu 等为首的一批经济学家，开始把眼光从资本积累和技术创新转移到制度问题上来，试图从市场的效率、政府干预、腐败的程度等制度因素来解释发展中国家发展绩效的差异。〔1〕

制度对经济发展的重要性从我国改革前后的经验可以得到印证。主流经济学家间对于市场和政府这两个最重要的制度应该如何发挥各自的作用的认识并没有多大分歧。以世界银行和国际货币基金组织等国际发展机构为主的经济学家，根据主流经济学的认识提出了“华盛顿

〔1〕 有关这方面的文献回顾请参见林毅夫和刘明兴为 2003 年 5 月 21～22 日在印度举行的第 15 届世界银行年度发展经济学会议所准备的论文《发展战略，自生能力和落后地区的发展挑战》。英文稿可从北京大学中国经济研究中心讨论稿网页下载。

共识",并从20世纪80年代初起,以此共识来推动绝大多数发展中国家的经济改革。可是,根据世界银行的一位经济学家William Easterly的研究,1960～1979年间发展中国家人均国民生产总值的年均增长率为2.5%,进行了改革后的1980～1998年间增长率反而下降为0.0%。[1]因此,Easterly将20世纪80年代和90年代称为"迷失的年代"。

"迷失的年代"的出现反映了经济学家虽然已经认识到了制度的重要性,但是对制度是怎么形成的,以及怎么作用于经济的了解远远不足。西方主流的经济学是以有效的市场制度为前提建立起来的,直到20世纪60年代以Ronald Coase、Douglass North、Armen Alchain、Harold Demsetz、Oliver Willimson、张五常等为代表的"新制度经济学派"出现以后,主流经济学家才越来越多地将制度作为一个内生变量来研究。然而,发达国家本身的制度已经相对成熟、稳定,少有值得研究的大的制度变迁。从发达国家和发展中国家的制度差异来研究,对于生活、工作在发达国家的经济学家来说,则又受到文化、历史知识的局限,不易把握问题的实质。所以,制度的研究,尤其是一个发展中国家的制度结构如何向一个现代化的市场经济制度体系演进的研究,是一个有待突破的重要领域。

我国从1949年新中国成立以来,经历了从落后的市场经济向计划经济转变、又从计划经济向完善的市场经济转型的经验,等于将发达国家需要几百年时间完成的制度变迁压缩在半个世纪里完成,而且,当中还增加了一个非市场经济制度的实验。这些大的制度变革脉络清晰,影响显著,资料易得,不仅可以用来检验现有制度经济学的前沿理论假说,而且,可以从中提炼出许多新的理论来解释制度的形成和发挥作用

[1] William Easterly. *The Lost Decades: Developing Countries' Stagnation in Spite of Policy Reform 1980－1998*. paper prepared for the Global Development Network meeting in Cairo, February 2001.

的机制。中国的经济学家在了解中国的社会经济现象上有“近水楼台先得月”的优势，研究这半个世纪以来中国社会经济变革的成败经验，既是关心中国未来命运的当代中国经济学人的使命，也是中国经济学家最有可能对当代经济学做出巨大贡献的领域。

1995 年我曾写了一篇“本土化、规范化、国际化”的文章祝贺《经济研究》创刊 40 周年，强调本土问题的研究，必须置于国际学术界对同一问题的研究中已经取得的成果的基础之上，才能了解自己的研究对知识增量的贡献在何处，同时也必须按国际学术界前沿的分析方法来表述，才能取得国际学术界公认的成果，对国际学术思潮的发展产生影响。这些原则在制度问题的研究上同样适用。

自 20 世纪 60 年代以来，当代西方经济学界的制度研究，除了以交易费用为分析工具的“新制度经济学派”外，还出现了以 Kenneth Arrow、Frank Hahn、Joseph Stiglitz 和 George Akerlof 等一批当代新古典主流经济学家，或使用一般均衡的分析方法，引进交易费用，或从信息的不对称、克服道德风险的角度来研究制度的作用和选择。这一派学者多是一些建立数理模型的高手，文章大多发表在世界顶尖的经济学期刊上。第三个流派是以博弈论，尤其是 90 年代中后期发展起来的演化博弈论为工具的制度分析，主要代表人物有 Ken Binmore、H. Peyton Young、Robert Sugden、Avner Greif 等。每一个特定的制度安排都是社会中人们共同接受的制约彼此互动行为的一套规范，它的变革又都是在一定的制度结构、发展阶段当中发生，所以，这一流派凭其分析工具之利，最有可能在制度研究上开拓出一片宽广的天地。

1987 年我从美国回国之前，为了了解经济改革的实质意义，曾经花了一段时间阅读新制度经济学和 Kenneth Arrow、Joseph Stiglitz 等新古典主流经济学家有关制度的论著，后来根据我的读书心得以及对政府在制度变革中作用的分析，写了一篇“An Economic Theory of Institutional Change: Induced Change and Imposed Change”，发表于

Cato Journal 上。中文译稿几经周折以“论制度和制度变迁”为名在国内发表。其后,制度分析成为国内经济学界的一个热门课题,国外的著作纷纷被译成中文,科斯、诺思成为国内经济学界耳熟能详的名字。不过到目前为止,引进到国内来的主要是“新制度经济学”的论著,对于新古典主流和博弈论这两个流派的制度分析文献,国内学术界仍然知之甚少。国内有丰富的制度分析的素材,国内年轻的本科生和研究生在数理工具的学习上有先天的优势。掌握这两个流派的研究成果,并以这两个流派的分析工具来从事国内丰富的制度变迁经验的研究,将会是我国经济学人进军国际经济学术殿堂的一条大道。

复旦大学经济学院的韦森(李维森)教授最近倡议翻译出版一套“当代制度分析前沿系列”,引进近几年西方几家著名出版社出版的博弈论和新古典主流制度分析的经典名著,以推动我国经济学界在制度经济学的研究和分析上再上一个台阶,并邀我为这套丛书写一个总序,我欣然答应。韦森君在国外攻读博士学位期间即已潜心研究当代制度分析的前沿各家论述,后来到英国剑桥访问期间更广泛收集了各个主要学术期刊上的制度分析经典文献。现在,这套丛书经他的策划,即将陆续由上海财经大学出版社出版,这是韦森君为我国经济学界所做的一个新贡献,也是我国经济学界的一件盛事。

译书要做到“信、达、雅”是一件辛苦而又充满挑战的工作。韦森君在教学、研究之余,笔耕不辍,随笔文字隽永,发人深省,译著信、雅、达兼备,有上世纪初的译者之风,是主持翻译这套丛书最合适的人选。作为一位关心中国经济学科成长的学者,我感谢韦森君及这套丛书的诸位译者、校者的努力,也期盼这套丛书的读者有志一同,为中国制度经济学的研究走向国际经济学思潮的前沿而努力。

2003 年 5 月 18 日
于北京大学朗润园

中文导读

席天扬

正如标题所表明的那样，本书所讨论的问题，是在法律背景下的权利和自由概念。这就使本书有别于一般从伦理学角度探讨权利和自由的著作：不是从道德价值上去界定自由的范围，而是用一种形式化的表述工具，建构出适用于各种法律背景的权利和自由的种类。因而，正如作者反复强调的，本书的讨论主体在很大程度上是一种“法定权利”和“法定自由”。这个导读不可能，也没有必要对本书的主要观点一一罗列。为了帮助读者更好地把握本书的主旨，我们仅就三个问题略加阐述：(1)本书主要是为了解决关于权利和自由研究的哪些理论问题？(2)为了解决这些问题，作者采取了怎样的理论研究工具和方法论？(3)作者在当代国际学术界具有怎样的贡献和影响？

问　题

简单说，本书为理解法定权利和法定自由提供了一种形式化的分析框架，这种框架能够使我们更有效地比较不同法律和制度条件下的权利和自由的相似以及差异。社会科学前沿领域中对权利和自由的形式化研究，往往可以追溯到诺贝尔经济学奖得主阿马蒂亚·森(Amartya Sen)在20世纪70年代提出的自由悖论。

事实上，森是最早把权利概念引入集体决策问题的学者之一。在对自由悖论的研究中，森把权利理解为一种个人对某个社会状态的可决定性(decisiveness)。可能的社会状态的数量当然是无限的，森所理解的自由主义的一个必要条件是：每个人对至少一种社会状态是可决定的。比如说，张三可以决定今天是否出门，出门是坐车还是步行，等等。可以想象，真正自由主义的内涵将远不止于此，因而森的条件又可以说是一个最低限度的自由主义的条件。森在他的论文中证明了，没有一种集体决策的机制，能够同时满足最低限度的自由主义条件，普遍域条件（指该机制能够对所有可能的偏好和状态做出排序）和弱帕累托条件。

森提出的自由悖论，促使经济学、政治学和社会选择领域的学者对权利和自由的问题进行更深入的思考。由于森的自由悖论在逻辑上自洽但又如此反直觉，学者们开始反思社会选择理论（即从个人偏好出发的集体决策制定）作为对权利和自由的基本分析工具的合理性。例如，加德纳（Wulf Gaertner）等人就提出，博弈论能够更好地反映个人和集体选择的互动。博弈论在处理个人权利的方法和社会选择理论的不同之处在于，前者把权利和个人在博弈中所拥有的策略而不是直接的结果给联系了起来。

举个简单的例子，许多国家的法律对饮酒年龄有着严格的限制，而有些国家则没有相关的规定。如果我们考虑未成年人饮酒这个问题中的一个特殊事态，也就是家庭内部父母和未成年子女就饮酒问题展开的一场博弈。根据双方的策略选择的不同，会有各种不同的结果。比如说，父母禁止子女饮酒，子女服从；或父母不加干涉，子女饮酒；或父母不加干涉，子女不饮酒；也可能是父母禁止子女饮酒，子女仍然（不服从命令）饮酒，等等。在一个制度空白的世界里，所有的结果都是可能的，在一个给定制度或者法律的社会里则不是这样。根据某些国家的法律，未成年饮酒是一种轻罪，而父母对未成年饮酒未加制止也是违法，也要承担法律责任。从一种规范性的意义上说，如果法律得到完美的执行，这意味着博弈双方（父母和子女）的策略集都会受到某种程度的制约。通过描述这种制约，我们就能够刻画出不同的制度所蕴含的法定权利和自由的特征。

在这里，本书作者马丁·范·海思（Martin van Hees）所做的贡献，是提出一种针对各种不同类型的制约条件的描述方法，也就是把道义逻辑（deontic logic）与博弈论结合起来。道义逻辑是由著名的逻辑哲学家赖特（Gerog Henrik von Wright）提出的一种特殊的逻辑体系，用来刻画与义务和许可有关的概念。通过表达义务和许可的逻辑算子，我们就能够把各种不同的权利结构的特征表示为二元函数。范·海思正是以此为基础，构造了一个关于个人和集体权利的分析框架，并在此基础上重新诠释了森的自由悖论和自由主义的宪政制定的可能性问题。

方　法

正如上文中的介绍所揭示的，本书中用以分析法定权利和法定自由的理论工具有三类：博弈论、社会选择理论和逻辑学。在很大程度上，这些新方法的综合也反映出当代社会科学前沿领域对于传统的政治学、法学命题的研究动向。这些分析工具，极大地促进了研究的体系化和对问题分析的逻辑的严密性。应当指出，本书的主要内容完成于20世纪90年代末，反映的是90年代末把博弈论等形式分析方法运用于权利、自由概念分析的成果。近十几年来，在经济学、政治学和法学等领域又涌现了大量针对权利和自由的概念特征和法律条件的新的研究成果，其中包括范·海思教授本人的一系列论文。这一点是读者在阅读本书时应当注意到的。

由于这些理论工具的采用，本书将特别适合有着一定的经济学或数学基础，同时又对法律和/或政治学问题感兴趣的读者。但这并不意味着作者为本书设置了很高的进入壁垒。实际上，全书涉及到的数学部分，所需要的知识不超出高中代数和基本的形式逻辑符号系统。只要读者对博弈论和基本的逻辑概念有所了解，完全可以在不熟悉相关学术文献的条件下阅读并理解这本书。

还要强调指出的是，本书在分析的风格上有两个特征。第一个是在当代经济学和其他社会科学中占有主导地位的“方法论的个人主义”。也就是说，我们对特定权利和自由的分析，最终表达为个人和某种社会事态之间的二元关系。即便当我们谈论某一个社会群体的权利和自由时，我们所针对的也是这个群体中的每一个个体对事态的关系，以及这些关系如何相互影响等。而我们对一个法律体系所蕴含的权利和自由程度的评价，也必然以所有个体和事态的二元关系作为基础。

第二个特征是所谓“化约主义”（reductionism），或者作者所强调的法律化约主义。在当代社会科学的批评中，常常有人把“化约主义”作为一个攻击对象，或“唯科学方法论”、“经济学帝国主义”的负面产品。这在某种程度上是对学术研究的误解。因为，任何社会科学研究有需要借助于某种程度的抽象。化约主义并不是现代科学的产物。亚里士多德对古典政体的分类、马克思对地租和剩余价值的分析、托克维尔对大革命成因的分析，其推理都建立在一系列假定和抽象简化的基础上。抽象是使得分析在逻辑上深入的必要代价。范·海思教授所采纳的法律化约主义，是一种方法论上的抽象，即忽略掉不同的法律体系在对个人权利和自由的具体规定上的差异，而建立一种共性的结构：它们都是对于人们可以和不可以以及应当和不应当做什么事的一种系统化的规约。

作　者

本书的作者马丁·范·海思教授，是荷兰格罗宁根大学国际哲学学院的院长和讲座讲授。范·海思教授是较早运用社会选择、博弈论和符号逻辑等综合方法来分析规范性政治理论问题的学者之一，是当代分析政治哲学界的领军人物，身兼多家重量级的国际学术刊物如《理论政治学杂志》、《经济学与哲学》的编委。近年来，在范·海思教授和他的一批同行与合作者[1]的共同努力下,形式化的分析已经成为理解权利和自由等传统政治概念的一种极为重要的研究范式。

本书分为上下两篇,分别来自于范·海思教授的两本代表著作:《权利与决策:关于法律和自由主义的规范模型》(1995)的全书以及《法律化约主义和自由》(2000)的第3～8章。可以说,这里收录的主要内容,包含了范·海思教授学术思想的精华和他的主要理论框架。这里我们要感谢复旦大学的韦森教授的慧眼识金和上海财经大学出版社的鼎力支持,使得这样一本严肃的学术专著能够与广大读者见面。同时我们也感谢范·海思教授对于译者的宽容和鼓励。我们相信,中文版的问世将不仅有助于中国的读者更好地了解国际社会科学界对传统政治哲学问题的研究的新方法和新进展,而且也将促进人们更深入地思考处在转型社会的中国的法律、权利和自由等问题。

〔1〕 例如:普林斯顿大学的 Philip Pettit,伦敦经济学院的 Christian List,澳洲国立大学的 Keith Dowding 等。

目　录

总序/1

中文导读/1

上篇　权利和决策

第 1 章　对权利的形式化分析/3
1. 帕累托自由的不可能性/5
2. 杰博式自由悖论/8
3. 一个对社会选择方法的批评/9
4. 权利和效果/14
5. 权利和博弈型/15
6. 道义逻辑/18
7. 研究的问题及框架/22

第 2 章　行动道义逻辑:语言/25
1. 行动和主体/26
2. 弱行动命题/28
3. 真势模态/30
4. 强行动命题/31

5. 意向/35
6. 行动的四种类型/36
7. 道义模态/37

第 2 章* 形式化表述/40

第 3 章 行动道义逻辑:语义学/45
1. 模型结构/45
2. 一个例子(第一部分)/49
3. 真值条件/55
4. 有效性/58

第 3 章* 形式化表述/60

第 4 章 行动道义逻辑*:集体行动者/67
1. 集体行动者/68
2. “行动道义逻辑*”的语言/71
3. 集体行动的逻辑/73

第 4 章* 形式化表述/76

第 5 章 效能函然和逻辑系统/83
1. 效能函然/84
2. 一个例子(第二部分)/86
3. 效能和真/89
4. C_1 和 D_1 有效性/92
5. C_2 和 D_2 有效性/95
6. 桥梁原则/97

第 5 章*　形式化表述/100

第 6 章　个人权利和集体权利/112

1. 康格的分类/112
2. 个人权利的类型/116
3. 集体权利的类型/119
4. 强个人权利的类型/122
5. 权利结构/124

第 6 章*　形式化表述/127

第 7 章　自由主义和常规的决策制定/131

1. 行动的私域/132
2. 最弱意义的自由主义的条件/134
3. 社会状态/138
4. 自由主义的悖论/139

第 7 章*　形式化表述/143

第 8 章　自由主义和构成性的决策制定/151

1. 自由关系/153
2. 构成性决策程序/155
3. 构成性自由主义的条件/158
4. 构成性决策制定的自由主义悖论/160

第 8 章*　形式化表述/165

下篇　法律化约主义和自由

第 9 章　化约主义和对制度的分析/175

1. 导言/175
2. 方法论的个人主义与化约主义/176
3. 阐明方法论的个人主义:博弈论/180
4. 新制度主义与制度/184
5. 新制度主义与化约主义/186
6. 结论/191

第 10 章　法律体系,权利和法律—政治博弈/193

1. 导言/193
2. 博弈论和权利/194
3. 法律—政治博弈/199
4. 法律效力和法律体系/207
5. 法律效力和宪政问题/210
6. 法和化约主义的制度理论/213
7. 法和法律化约主义的制度理论/217

第 11 章　法定自由:概念和内涵/219

1. 导论/219
2. 自由概念以及三元结构/221
3. 法定自由:行为人/223
4. 法定自由:约束条件/226
5. 法定自由:目标/230
6. 阻止措施与干预措施/233

第 12 章 选择自由/240
1. 导论/240
2. 简单计数规则/242
3. 偏好简介/244
4. 自由与偏好/248
5. 相似性与相异性/254
6. 单调性和技术变迁/258

第 13 章 法律自由的条件/263
1. 导言/263
2. 对经验性自由的卡特式度量/264
3. 策略与机会集/274
4. 对法定自由的一种度量和几个问题/275
5. 强单调性和占优/280
6. 占优和平等/284
7. 最大化法定自由/287

第 14 章 法定自由的价值/292
1. 导论/292
2. 价值的类型/293
3. 参数环境下自由的特定价值/300
4. 理性偏好与总的特定价值/304
5. 法定自由可能具有的价值耗散/307
6. 消极回避的自由/310
7. 策略环境下自由的特定价值/314
8. 稳定性、有效性和法定自由的非特定价值/317

附录 原子式权利的类型/321

参考文献 326

上　篇

权利和决策

第1章

对权利的形式化分析

阿马蒂亚·森(Amartya Sen)对理性选择理论的发展做出了许多重要的贡献。贡献之一就是他在20世纪70年代早期把权利概念引入对集体决策制定的形式化分析当中。森把个人权利表述为特定决策程序的性质,并且表明不可能界定出一种决策程序,既满足一种关于个人权利的弱假定,又符合帕累托条件——这个条件规定,只要存在一个选项被全体一致地认为更优,另一个选项就不应该被选中。对个人权利的假定作为所有自由主义理论的必要条件受到捍卫,因而该不可能性定理以“帕累托自由的不可能性”或干脆“森的自由悖论”而著称。阿兰·杰博(Alan Gibbard)以一种有趣的方式拓宽了森的框架(杰博,1974),他定义了一种在逻辑上比森更强的自由主义条件,但是,正如杰博所说,这种条件可以很好地适应森对个人权利的定义。他证明了同样没有任何决策程序能够满足这些条件,甚至即使放弃帕累托条件也做不到。这个结果被称作“杰博悖论”(Gibbard paradox)。在本章中我们描述了我们研究的背景。既然这两个自由悖论是研究背景的重要组成部分,我们就在第一节讨论森的自由悖论,在第二节讨论杰博悖论。

这两个自由悖论激起了众多反响。首先,一些人认为他们不仅对自由主义理论是重要的,而且对其他题目也有意义。例如,Gärdenfors

和 Pettit 通过证明森悖论也可以被运用到代表理论(the theory of representation)中而拓宽了森悖论的含义(Gärdenfors 和 Pettit 1989)。Batra 和 Pattanaik 扩展了该研究框架,在联邦制理论背景下引进了集体权利概念(Batra 和 Pattanaik 1972)。其他的一些学者尝试通过弱化假设的办法避免得到不可能性的结果。在这个研究方向中的卓有成效的一个分支对个人偏好的限定条件做了细致的研究。尽管研究的这两个分支——扩展和限制——以森的概念框架作为他们研究的基础,但也有学者坚持认为,以个人偏好为基础来定义个人权利的社会选择理论框架,不能够充分地反映个人权利的概念,而博弈论的框架更为合适。一种支持博弈论方法的强有力的主张是由一篇由 Wulf Gaetner, Prasanta Parranaik 和 Kotaro Suzumura 合作完成的论文提出来的(Gaetner 等 1992)。我们在第三节概述了他们的主要观点。在关于森对这些争论的回应的讨论中,我们觉得在许多情形下,可以认为博弈论方法实际上是分析个人权利更合适的方法。然而,正如我们将在第四节和第五节看到的那样,这些博弈论方法同样有其弱点。特别是他们缺少严格的基础。本研究的目的之一正是提供这种基础。为此,我们需要从道义逻辑(deontic logic)中借鉴一些思想,道义逻辑是一种对诸如允许、义务、权利等概念之间的逻辑关系的形式化的研究。除了个别例外情况,理性选择领域的学者都忽视了逻辑学家对个人权利的形式化研究;反之,理性选择理论家之间的辩论也没有对道义逻辑的发展产生什么影响。在第六节我们假设道义逻辑中的思想可以用来解决与博弈论对个人权利的分析相关的问题,以及博弈论分析的思想可以很好地融入道义逻辑中。本章前六节是对我们研究的理论背景以及要研究问题的说明,最后一节(第七节)则描述研究对象,以及本书的写作安排。

1. 帕累托自由的不可能性

森的自由主义概念的思想基础是,每个人拥有一个受保护的私域(protected sphere):在其生活中存在着一些事情,根据这些事情,人们可以自由地去从事他或她想做的事。如果约翰想要读书、吃糖、踢足球、看电影,等等,那么约翰就可以去做,而无需考虑他人对此事的看法。在森的社会选择理论框架中,这个思想被表达为个人关于社会状态(social states)的可决定性(decisiveness)。

一种社会状态是对事态的完整描述。令 X_+ 为表示所有社会状态的集合。假定该集合有限,并且,假定个人并不总是对社会状态集合做出决策,而是从中选取一个恰当的子集来做选择。我们应当把选中的供决策的社会状态集合称为问题(issue),它的元素是可得的社会状态。X_+ 的任何一个非空子集都能够成为一个问题。一个集体决策程序(Group Decision Procedure, GDP)指的是一种决策机制,这种机制为一个问题和每一个对所有社会状态的 n 维偏好的排序(每人一个排序)指派了该问题中的至少一个元素。如果集体决策程序可以把任意逻辑上可能的问题和任意 n 维个人偏好排序作为它的输入,我们就称它满足普遍域条件(Universal Domain, UD)。

社会选择的基础是关于社会状态 X_+ 的个人偏好,即选择一种可得的社会状态。一群人被称为是对一组社会状态 $\{x, y\}$ 可决定的($x \neq y$),如果当该群体内所有成员严格地偏好 x 甚于 y 时,y 永远不会被选择;反之,当该群体内所有成员严格地偏好 y 甚于 x 时,x 永远不会被选择。森的自由主义条件要求每个人至少在一组社会状态上是可决定的。

S　对于每一个个人 i 而言,至少存在社会状态 x 和 y,使得集合

$\{i\}$ 对于 $\{x, y\}$ 是可决定的。

由森所阐述的自由悖论体现了原则 S 和(弱)帕累托条件之间的紧张:

PAR 由所有个人组成的集合对于每一组社会状态是可决定的。

根据帕累托条件,如果每个人严格地偏好一种社会状态 x 甚于另一种社会状态 y,那么在 x 可得时不应该选择 y。

现在我们阐述森的自由悖论。该悖论主张:

不存在一种集体决策程序,能够同时满足普遍域条件,原则 S 和(弱)帕累托条件。

例如,在这个悖论的例子中假设社会由两个人组成,令他们为 1 和 2。1 是一个希望和他人保持一致的人,2 是一个希望和他人保持不一致的人。他们必须就社会状态集合 $\{x, y, z, v\}$ 做出选择。这一问题中的元素的差别仅在于每个人所穿衣服的颜色:在 x 状态下 1 穿蓝色(b)衣而 2 穿白色(w)衣,在 y 状态下两人均穿白色衣,在 z 状态下 1 穿白色衣,2 穿蓝色衣,在 v 状态下两人均穿蓝色衣。我们显然可以把它们记为:$x=(b,w)$,$y=(w,w)$,$z=(w,b)$,$v=(b,b)$。我们假定条件 S 满足,比如说 1 对于 $\{(w,w),(b,w)\}$ 是可决定的,2 对于 $\{(w,w),(w,b)\}$ 是可决定的。1 和 2 对于问题相关的社会状态的偏好如下(按严格偏好的降序排列):

1	2
(w,w)	(b,w)
(b,b)	(w,b)
(b,w)	(w,w)
(w,b)	(b,b)

换句话说,1——那个希望和他人保持一致的人,希望在 2 穿白衣时也穿白衣,在 2 穿蓝衣时也穿蓝衣。而 2 则希望穿和 1 颜色不一样的衣服:如果 1 穿了白色衣他宁可穿蓝色衣,如果 1 穿了蓝色衣他则宁

可穿白色衣。

既然1对于$\{(w,w),(b,w)\}$是可决定的，又因为1严格地偏好(w,w)甚于(b,w)，那么社会状态(b,w)不能被选择。基于相似理由(w,w)也不能被选择，因为2对于$\{(w,w),(w,b)\}$是可决定的，而他严格地偏好(w,b)甚于(w,w)。最后，因为每个人都严格地偏好(b,w)甚于(w,b)，偏好(w,w)甚于(b,b)，帕累托条件排除了(w,b)和(b,b)被选择的可能性。就此我们看到每一种社会状态都被拒绝了：没有一种可能的社会状态能够被选中。换言之，普遍域条件，原则S和帕累托条件PAR中至少有一个被程序违反了。如果该组偏好不属于集体决策程序的使用域，就违反了普遍域条件。如果它属于集体决策程序的使用域，就会违背原则S或帕累托条件PAR。

森强调指出，自由主义的条件只是构成任何自由主义理论的必要条件，而非充分条件(Sen 1970，p. 79；Sen 1992，p. 140)。因此，找到一种满足条件S的决策程序，并不能确保自由主义的可能性；可能还会存在着程序无法满足的，同时从自由主义观点来看又是极为重要的条件。如果可决定性的观念正确地反映了一种个人权利，那么，原则S实际是非常弱的。自由主义理论意味着人们有很多种权利，因此，他可能对于很多组社会状态是可决定的。另一方面，一个论述定义同时满足S和其他一些规范性原则的决策程序的不可能性的命题，对于自由主义理论来讲有着重要影响：如果自由主义确实意味着S，那样一个不可能性的结果就表明了自由主义和其他规范性原则(在这里是帕累托原则)之间存在内在价值上的冲突。

在讨论对于森的个人权利分析的批评意见之前，我们先介绍“杰博悖论”，他使用了一种比森更强的个人权利的概念，但其思想同样建立在根据个人的可决定性来模型化权利的基础上。

2. 杰博式自由悖论

阿兰·杰博(1974)沿用了森的思想,认为自由主义要求每个人都有权利决定与他自已有关的一些事情。与森相似,他假定这要求个人对于特定的社会状态是可决定的。然而,不同之处在于,森没有具体地说明社会状态集合的特性,因而,在个人对于哪一组社会状态是可决定的这个问题上也是不清楚的,而杰博则规定了所有社会状态的集合的特征,并对个人所能决定的各组社会状态做出具体的假定。

我们在上节所举的例子中已经暗示了杰博可能采用的方法:一种社会状态被写为一组特征。一个特征规定了1所穿衣服的颜色,另一个规定了2所穿衣服的颜色。在例子中我们假定就所有更多的特征而言社会状态是相同的,因此就没有必要进一步规定其他的特征。更为一般的,一种社会状态 x 可以被描述为向量$(x_0, x_1, \cdots, x_n)$,其中 x_0 为表示公共特征的量,其余为 n 维表示私人特性的数量,每人一个维度。表示私人特性的量代表的是个人可以独自决定的事情,例如,他所穿衣服的颜色。公共特征描述的是那些不属于受保护的个人私域的事情。如果对于每一个人 i 而言,M_i 代表了 i 的所有特征的集合,那么,X_+ 可以定义为笛卡尔积 $M_0 \times \cdots \times M_n$。杰博的自由主义条件由两部分组成:

G 对于每个个人 i 而言:(a)M_i 至少有两个元素组成,(b)对于所有不同的社会状态 $x, y \in X_+$,如果 x 和 y 的差异只在于 i 的与私人相关的特征,则$\{i\}$对于$\{x, y\}$是可以决定的。

显然,条件 G 比条件 S 更强:如果条件 G 满足,条件 S 也能被满足。该说法的逆命题不一定为真。无论如何,支持条件 S 的前提看上去也能支持 G。这就是说,每个人都拥有受保护的私域,其中他有权利决定事情的发生与否。

“杰博悖论”声称，

不存在一种集体决策机制，能够同时满足普遍域条件和 G。

为了展示“杰博悖论”，我们举同一个例子，即人们决定穿什么颜色衣服的权利。为简化问题，假定一种社会状态完全是由 1 和 2 所着衬衫的颜色来描述的，也就是说，M_0 为空，并且只有两个人。因此，我们仍然可以把这些社会状态写作有序数对，其中第一维特征表示 1 所穿的衬衫的颜色，而第二维特征表示 2 所穿衬衫的颜色。运用条件(b)，我们可知 1 对于$\{(w,w),(b,w)\}$和$\{(b,b),(w,b)\}$是可决定的，而另一人对于$\{(b,w),(b,b)\}$和$\{(w,b),(w,w)\}$是可决定的。考察所举例子中的偏好情况可知，没有一种社会状态能够被选中。因为 2 严格地偏好(w,b)甚于(w,w)，而他对于$\{(w,b),(w,w)\}$又是可决定的，所以，社会状态(w,w)被拒绝。同样，他对$\{(b,w),(b,b)\}$的可决定性以及他的偏好又排除了(b,b)。进而，1 对于集合$\{(w,w),(b,w)\}$和$\{(b,b),(w,b)\}$的可决定性意味着在此情形下(b,w)和(w,b)不能被选中：因为作为希望与别人保持一致的 1，严格地偏好(w,w)甚于(b,w)，偏好(b,b)甚于(w,b)。这样没有一种社会状态会被选中。换句话说，人们不能从这个问题中选出一个元素而不同时违背条件 G。

3. 一个对社会选择方法的批评

在森首次发表他的自由悖论后的二十多年时间里，有许多关于森和杰博对于个人权利的形式化分析的讨论。批评的意见在由 Wulf Gaertner, Prasanta Pattanaik 和 Kotaro Suzumura(1992)合写的重要论文中达到了顶点。和他们之前的许多作者一样，他们认为，可决定性的概念没有充分地抓住个人权利的思想，而博弈论的分析方法可能更为妥当。他们的论辩之一是质疑条件 S 的合理性，以及顺理成章地质疑作为更强的条件 G 的合理性。他们的其他批评和条件 G 有关。既然条件 G 在逻辑上强于条件 S，这些批评没有直接地针对到森的条件。然而，Gaertner 等认为（杰博自己也这样认为），杰博条件的思想基础与森条件（也就是存在着受保护的私域这一概念）是相同的，这样一来，他们对于 G 条件的批评也就顺理成章地蕴涵着对 S 条件的批评。

在每一种基于社会选择理论对权利的论述中，权利都和一种直觉联系起来，即如果个人有权利——例如说选择他们自己衣服的权利——那么他就有能力固定一种特殊的社会状态特征，这里也就是他们衣服的颜色。在所有人已经行使（或不行使）其权利之后，也就是说，在固定了一种社会状态之后，由一种社会选择机制来决定未加详细规定的特征。把该直觉概念用于我们的例子中，我们看到的是每个人为自己决定穿什么样颜色的衬衫。既然我们假定一种社会状态完全由衬衫的颜色规定，就不需要做出更多的选择。

Gaertner 等人对 S 条件的第一点批评如下：给定这种直觉性的概念，假定这两人在选择与自己相关的四种社会状态时，完全无知于对方的偏好和选择。因此，1 必须在不掌握另一方特性的情况下对自己的特征做出固定。与此相似，在决定他自己的衬衫颜色时，2 也对 1 将要做什么一无所知。在不确定的情形中，人们有好几种行动方针可供选择。一种行动规则是“最大最小化”原则：个人选择能够避免最坏结果的那种行动方针。给定所描述的偏好，1 首先想要避免的是情形 (w,b)。如果他选择穿蓝色，他知道上述情形就不会发生。2 可以通过穿白色衬衫来避免他的最差结果 (b,b)。这样一来，如果双方均采取了最大最小化策略，就会产生结果 (b,w)。显然，根据直觉，这一结果是由自由的个人选择产生的：没有违反任何人的权利。现在考虑条件 S，根据这个条件，1 对于至少一组社会状态是可决定的。我们假定 1 可以决定的社会状态是 $\{(w,w),(b,w)\}$（由上文可知，条件 G 也意味 1

对于该集合是可决定的)。既然 1 严格地偏好(w,w)甚于(b,w)，条件 S(同时也是条件 G)就意味着(b,w)不能够被选中。然而我们已经看到(b,w)正是基于个人自由选择的结果。因此，要么是我们关于个人权利概念的直觉不正确，要么条件 S(以及条件 G)没有正确地反映个人权利。

在对这个批评的回应里，森认为，应当区分个人选择基础之上的社会选择(缩写为 CC，即“基于选择的选择”)和个人欲望基础上的社会选择(缩写为 CD，即“基于欲望的选择”)。在对基于选择的选择的分析中，假如说一人严格地偏好一种社会状态 x 甚于 y，这将意味着当可以选择 x 时，此人不会选择 y。而在基于欲望的选择中，这里的意思是指此人更强烈地想要实现 x 状态甚于 y 状态。在森看来，Gaertner 等人的批评，

显示了根据选择和欲望来分别理解最小自由(原则 S)概念的两种方式间的紧张。如果 1，遵循最大最小化理性(或者一些其他的决策规则)，选择了一件蓝衬衫，这并没有违反他对于$\{(w,w),(b,w)\}$的基于选择的自由，因为他并没有选择去行使他的权利以排除(b,w)而保留(w,w)。然而，就他的欲望而言，事实仍然是他更想要实现(w,w)，胜过实现(b,w)，哪怕他自己没有选择 b。因此，如果我们在欲望的意义上理解偏好(基于欲望的选择)，在这个意义上确实存在对其自由的违反，即使不存在选择意义上的对其自由的违反(基于选择的选择)(参见森 1992，p. 148)。

在森看来，Gaertner 等人的例子中确实存在着对以欲望解释个人偏好的个人权利的概念违反(基于欲望的选择)。要坚持认为不存在违反权利的那种直觉，就应当认为，对个人偏好的基于选择的解释是更适合于这种情形的。在基于选择的解释中，该例子并未描述出一种违反个人权利的情况：不行使一种权利，并不意味着没有这种权利。

带有普遍性的问题是：哪种视角更适合于对个人权利的分析——

基于欲望的选择还是基于选择的选择？（森 1992，p. 149）森承认即使在某些情形下基于欲望的选择视角是合理的，基于选择的选择视角仍然在多数情况下“具有明显的优点”（森 1992，p. 149）。并且，即使在那些可以采用基于欲望的选择视角的情形下，人们也可以质疑，条件 S 是否代表了个人权利或是其他一些规范性原则的重点内容。这里我们仅讨论森反对基于选择的选择的一种论述，考虑存在禁止选择的情形，例如，说某人——基于诸如同辈之间的压力的外部原因——做出不符合其偏好的选择：尽管我真的愿意去做 x，并且我有权力这样去做，但我克制自己不去这样做，因为我担心别人对此的看法。在我们看来，这并不是一个违反我去做 x 的权利的例子。这只是表明了，除了对于个人权利的尊重之外，还会有其他规范性的考量，比如说像个人的自律，这些也是重要的。根据个人选择来定义个人权利，并不意味着在考虑其他问题时不需要采用对个人偏好的基于欲望的解释视角。

进而，即使采用了选择视角，也就是说，把权利和个人选择联系起来，人们可以质疑个人的可决定性的概念是否最适合用来形式化个人权利。为何不能采用强调个人与集体选择的互动的概念工具——博弈论？而且，在博弈论中对个人的选择（战略）和与他们的欲望有关的偏好做出了区分，这使得我们有可能把规范性原则考虑进来，如上所见，讨论这些原则既需要关于个人选择的信息，又需要关于与欲望相关的偏好的信息。

Gaertner 等人的其余两点批评集中在条件 G。首先考虑 1，仍然采用直觉式的权利概念：他单独决定穿白色还是蓝色衣服。这意味着他有把握确知，通过选择穿蓝色，就产生了结果 (b,b) 或 (b,w)，通过选择白色，就产生了结果 (w,b) 或 (w,w)。但是，他不能够保证结果不在 $\{(w,b),(b,w)\}$ 中。然而，给定例子中描述的个人偏好，条件 G 显然使得 1 获得了权力。这样，我们又会看到个人权利的直觉式概念同以可决定性为基础的权利概念不符。

第三点批评利用了“杰博悖论”。正如我们所见，它所指的是那些没有任何集体决策程序能够产生一个不违反条件 G 的结果的决策情形。然而在所给出的例子中，断定个人权利被违反了，这似乎是反直觉的：每个人能够为自己决定穿什么颜色的衣服。对自由主义者而言，毫无疑问也对许多非自由主义者而言，“杰博悖论”可能具有了一个真正的悖论的所有特征，也就是说，它是一个看上去自相矛盾的命题。

Gaertner 等人认为，他们针对条件 G 的两点批评同样适用于条件 S，既然他们建立在相同的思想上。我们不讨论这个问题。然而，总结我们对条件 S 和 G 的讨论，可以看出 Gaertner 等人的批评对两个条件均提出了尖锐的质疑。森针对第一点批评所做出的反击并不能表明这种批评是不正确的。森承认说，在许多情况下，要分析个人权利，一种基于选择的对个人偏好的解释就足够了。我们在下一节将会看到，博弈论是把这种个人选择模型化的便利方法。而且，我们推断，一种基于欲望的解释蕴涵着更多的规范性原则——这些原则可能超越了作为最小自由主义概念的潜在条件 S。

而且，条件 G 不仅看上去太强了（正如“杰博悖论”所显示的），它同样违反了我们关于个人权利的含义是什么的直觉。杰博本人后来抛弃了用可决定性来形式化个人权利的思想。如他自己所说：

那些自由悖论带有一种诡辩的气息：他们一定是在以某种方式创造并不真正存在的问题。……谈到悖论，就是去探究一种数学在关于社会规范和组织的思想中的作用。那种显然是把自由问题引向歧途的社会选择理论，它作为一种数学工具的作用又是什么呢？（Gibbard 1982, pp. 597－598）。

在下一节中我们将提出分析个人权利的博弈论模型，这些模型没有社会选择理论中存在的那些问题。在我们对那些模型的处理中，我们不讨论自由主义的原则和帕累托条件是否相容的问题。这些讨论放在第 7 章以后讨论。然而，我们已经能注意到在个人权利和帕累托条件之间存在的紧张,并不因为我们转而采用了博弈论框架而消失。因此,与上文所引的杰博的评论意见相反,我们相信森的自由悖论指出了一个重要的问题。在帕累托条件和自由主义原则之间确实存在着紧张。

4. 权利和效果

博弈论的方法起源于上一节描述过的直觉式的权利概念。我穿一件蓝色衬衫的选择固定了一种特定的社会状态特征:该特征描述我所穿衬衣的颜色。我行使我的其他权利的方式同样决定最终将产生的社会状态的特征;这种方式决定了社会状态是否是我组织聚会、抽烟、吃垃圾食品等。与此相似,其他人行使他们权利的方式决定了社会结果的其他方面。简言之,所有那些个人选择的联合在很大程度上决定了将要被选择的社会状态的特征。如果社会状态的某些方面是不能用这种方法说明的,我们就采用社会选择机制。这种社会选择机制从个人行使过权利之后的社会状态集合中选出一个结果(Suzumura 1991, pp. 229—230)。这种作为约束的权利(Sen 1976; Sen 1982)已经被以多种不同的博弈论模型给形式化了。

Peter Gärdenfors(1981)根据效能函数(effectivity function)的概念定义了个人权利。一个人对于一个社会状态集合是有效的,如果他能确知一种决策过程的结果属于该集合。对于每个人来说,效能函数规定了个人保证有效的状态集合。在这一框架内,一个人通过从那些集合中选择一个来行使他的权利。社会选择将成为该集合中的一个元素,因为在所有个人行使了他的权利之后,社会将从所有被选中集合的交集(假定为非空)中选取一个元素。为说明这一点再考虑穿衬衫的例子。1 能确保一种他穿蓝色衣服的社会状态。因此,他对那种仅限定所有他穿蓝衬衫的社会状态集合$\{(b,w),(b,b)\}$是有效的。相似地,既然他同样有权利决定穿白色衬衫,他对集合$\{(w,w),(w,b)\}$也是有效的。同样道理,我们知道 2 对于他穿白色的社会状态集合$\{(b,w),(w,w)\}$和他穿蓝色的社会状态集合$\{(b,b),(w,b)\}$也是有效的。如果 1 选择了穿白色,即集合$\{(w,w),(w,b)\}$,而 2 选择了蓝色,即集合$\{(b,b),(w,b)\}$,他们行使权利的行为的结果就会是该社会选择属于集合$\{(w,w),(w,b)\}$和$\{(b,b),(w,b)\}$的交集。在这个例子中不需要做进一步的选择(我们已经假定社会状态完全由个人所穿衣服的颜色而规定):交集中只有一个元素即(w,b)。

通常效能函数是和决策情形联系在一起的(Peleg 1984; Abdou 和 Keiding 1991)。给定一种特殊的决策情形,人们推演出一种效能函数。Gärdenfors 的框架没有具体讨论衍生出效能函数的决策情形的性质。这引起了某些问题。比如,考虑 Gärdenfors 认为每个描述权利的效能函数都必须满足的"一致性条件"。这个条件要求,如果一个人既对集合 A,同时又对集合 B 是有效的,那么,这两个集合的交集非空。尽管这一条件在那些权利总是伴随着相应的权力的情况下是合理的,但这并不是必然的:我有权利成为荷兰的首相,我的同事有权利成为荷兰的首相,而我们不能同时成为荷兰的首相。因此,要判断为效能函数所规定的那些性质的合理性,我们必须超越函数本身而考虑推导出函数的那些决策情形。

5. 权利和博弈型

考虑决策情形的一种直接的可能方式是通过研究博弈型。通过使用博弈型来模型化权利是许多学者已经采用过了的方法。我们的讨论参照 Gaertner 等(1992)的思路。一个博弈型是对如下要素的规定:

(1)一个结果集合;

(2)一个所有人的策略集合;

(3)结果的映射,为每一种个人的策略联合(每人一种策略)分配一个结果。

人们用博弈型来说明个人权利:

在此框架内的个人权利的内容,依赖于对每个博弈方的可被允许的策略的说明……以及每个博弈方选择任意被允许策略的完全自由,和/或他们不能选择不被允许策略的义务(Gaertner 等 1992;参见 Suzumura 1991, p. 229)。

借用穿衬衫的例子很容易说明博弈型方法。两个人每人均有两个被允许的策略:穿白衬衫或者穿蓝衬衫。结果与他们的策略间的关系一目了然。如果1选择穿白色而2选择穿蓝色,结果就是(w,b)。如果两人同时选白色,结果就是(w,w),等等。博弈型方法避免了效能函数产生的问题。很显然在这里推导出个人权利的决策情形是什么:它就是博弈型所描述的那种决策情形。

因为把效能函数和博弈型联系起来是可能的,我们就可以把以效果为基础的权利研究方法和以博弈论为基础的权利研究方法结合起来。比如,我们可以说,一个人对于一个社会状态集合是有效的,当且仅当他拥有一个被允许的策略,该策略将产生该集合中的一个元素,而无论他人选择什么样的被允许策略。如果1选择了穿白色,结果或者是(w,b),或者是(w,w)。从而他对于集合$\{(w,w),(w,b)\}$是有效的。

由 Gaertner 等人给出的例子似乎假定了个人被允许的策略总是可得策略,也即他们实际上能够采取的策略(Gaertner 等 1992, p. 169; Suzumura 1991)。显然,这是一个带有很大限制的假定。有许多被允许的策略是不可得的(Sen 1982),反之亦然。比如,一个人可能在"穿蓝色"和"穿白色"的被允许策略之外,另有不被允许的,然而确实可行的策略,即"偷盗另一个人的白衬衫"。这个策略并未改变受害者穿白色衬衫的权利。基于直觉,另一个人拥有采取一种不被允许的策略,这一事实并不能改变一个策略是否属于被允许的这一特性。然而这一事实可以改变一种策略的可得性;如果我们衬衫被偷了,我就不能穿它。然而,即使我因为白衬衫被偷了而不能穿它,我仍然拥有穿着白衬衫的许可。这就自然产生了一个问题,是否有可能定义那些人们拥有被允许然而却不可得的策略的博弈型。正如我们在关于效能函数的讨论中所看到的,这或许意味着存在与效能函数有关的博弈型,它们违反了一致性条件。然而,给定通常把效能函数和博弈型联系起来的方法,很容易验证这些博弈型在逻辑上是不可能的。因此,为了分析那些被允许然而却不可得的选择,必须扩展博弈论的框架。

总之,我们可以说博弈论方法与森和杰博的社会选择方法相比有重要的优越之处。容易看出,在社会选择方法中引起的三个问题,在博弈论方法中并不存在。然而,博弈论方法有其自身的局限。

首先,我们可以说在这个领域内的大量工作,主要是为了通过特定例子来显示森的方法的不足。这种方法本身显然没有错误:在讨论一种理论的优缺点时,反例总是非常有效的。但在发展一种替代性的框架时我们必须超越特殊的反例。这方面除了 Gärdenfors(1981)的开创性工作外,更为系统地用博弈论分析权利的方法直到最近才发展起来(Deb 1990; Gaertner 等 1992; Deb 1994; Peleg 1994; Hammond 1994, Hammond 1995)。

其次,我们可以看到,基于效果的方法和博弈论方法均只考虑了被允许而且可得的策略。这意味着个人权利是根据实际的控制力来定义的,从而忽略了不存在对应权力的那些权利。如何研究那些被允许然而却不可得的策略,将是一个有趣的问题。根据那些策略来定义的权利可以被称作假定控制力的设置。

再次,形式化处理没有为不同类型的权利提供一种体系化的解释和分类。尽管 Gärdenfors(1981)和 Gaertner 等(1992)代表了这方面的重要工作,仍然有许多研究亟待完成(Suzumura 1991, pp. 235－236)。

我们的讨论暗示了如下初步的研究问题。首先,是否可能为用博弈论框架分析个人权利提供一个基础?其次,是否有可能建构一种个人权利的博弈论模型,不仅能够包含以实际控制力为基础的权利,而且还能考虑到以假定的控制力为基础的权利?这样一个模型将会是什么样子?最后,给定一种个人权利的博弈论模型,是否有可能对不同种类的个人权利做出体系化的解释和分类?

6. 道义逻辑

迄今为止,理性选择学者就什么是合适的个人权利的形式化方法之间的争论,从未参考过那些致力于对规范、许可、义务等概念的形式化研究的逻辑学家的思想,这多少是令人惊讶的。在冯·赖特(Von Wright)于1951年发表了同名论文后,这个逻辑的分支就被世人称为“道义逻辑”(deontic logic),并在20世纪下半叶得到迅速发展。

我们不打算尝试评论道义逻辑的发展,但对于我们的研究目的来说,以下工作是有益的:首先,我们要提到在这个领域内已经开展的几个分支的工作;其次,我们要讨论和这些研究路线相关的一些(概念性的)问题。为此我们首先要简要地描述许多逻辑学家采用的一般方法。

逻辑探询的第一步是对形式语言之句法的描述。形式语言包括概念以及人们希望研究的概念之间的逻辑关系。举例来说,模态逻辑研究的是包含“必然”与“可能”的概念的语言,认识论逻辑研究的是包含“信仰”和“知识”等概念的逻辑,等等。在道义逻辑中,两个核心的概念是“义务”与“许可”。该语言句法描述了语言中的何种表达能够被认为是合法的,从而在此意义上形成了一种“常见的惯用表达式”(well-informed formula),而那些表达则不能。人们为此构建了不同种类的包含规范性概念的语言，而这些方法的一个共同之处就是认为形式为 Shallφ 和 Mayφ(这里 φ 是语言的一个表达式)的表达是为人常见的。这些表达分别被理解为“有义务去做 φ”以及“被许可去做 φ”。我们相信会对理性选择理论有帮助的第一种研究，是根据道义逻辑的语言的表达式对不同类型的权利的分类(Kanger 和 Kanger 1966; Kanger 1971; Lindahl 1977)。例如，Kanger 和 Kanger(1966)所提出的形式语言包含如下的表达式：一个人，比如说 i，将要或能够意识到一种事态 x 的实现(这里 x 描述一种存在于 i 和另一个人，比如说 j 之间的事态)。这种类型的表达式被用作区分人们之间不同种类的法律关系的一个基础。比如说以下两种法律关系：i 就事态 x 提出反对 j 的要求，当 j 处于 x 发生的事态之中，以及 i 有自由就事态 x 提出反对 j 的要求，当 i 处于 x 发生的事态之中。

对我们的研究目的来说重要的第二种分支，是对一种语义理论的形式化，也就是对一种模型的形式化，我们用这种模型来决定一种基于形式语言的熟悉表达式的真值。尽管基于道义逻辑的不同语义模型在特征上存在重要差别，人们都可以把它们表述为基于可能世界的克里普克式模型(Hintikka 1969, p. 185; Føllesdal 和 Hilpinen 1971; Kanger 1972)。基本思想如下。可能世界是对事态的一种(局部性的)描述，道义逻辑语言的模态结构由可能世界的集合构成，而可能世界是根据二元关系构造的。二元关系被称为是一种“道义的选择性”关系。这种二元关系和可能世界的描述被用以研究在特定的可能世界里，关于许可和义务的何种表达是真的。我们在此对这种方法做一个粗略描述。给定一个可能世界 w，一个类型为 Mayφ 的表达在 w 中是真的，当且仅当在至少一种 w 的道义选择中 φ 是真的。尽管这种对于语义模型的描述非常粗糙，但我们已经能够做出推断。首先，如果我们假定一种表达式 φ 在可能世界中或者是真的，或者是假的，并用 $\sim\varphi$ 代表表达式 φ 的否，我们就会知道，表达式 Mayφ 在可能世界中是真的，当且仅当表达式 Shall$\sim\varphi$ 在其中不是真的。如果$\sim\varphi$ 在 w 的所有道义选择中都是真的，那么 φ 就在所有的道义选择中是假的。因此，Mayφ 在 w 中就不是真的。反之，如果 φ 在至少一种道义选择中是真的，那么，$\sim\varphi$ 在那种特定的道义选择中就不是真的，从而 Shall$\sim\varphi$ 就不是真的。进一步说，如果每一个可能世界至少有一种道义选择，就不难看出，表达式 Shallφ 在可能世界中的真同样蕴涵着表达式 Mayφ 在那个世界中的真：如果 φ 在所有作为 w 的道义选择的可能世界里都是真的，并且如果每个可能世界都有至少一种道义选择，那么，显然 φ 在 w 的至少一种道义选择里是真的。

如果我们对选择性的二元关系的特征做出具体的假定，就能够在语言的表达式之间建立起其他逻辑关系。例如，如果人们假定逻辑关系是可传递的，也就是说，如果对于任意可能世界 w 来说，对于 w 的一种道义选择的道义选择，其本身也是 w 的一种道义选择的话，并且如果该语言允许算子 May 和 Shall 的迭代，那么就能够证明，诸如 Shallφ 的表达式在世界 w 中的真，就蕴涵着表达式 Shall(Shall(Shallφ))等的真。因而，如果关系可传递，一个描述义务的命题在逻辑上的真，就蕴涵着描述该义务本身被强制的命题的真。一般来说，我们认为，在规范性概念之间的逻辑关系很大程度上取决于到底哪种选择性关系是满足的。给定一个或更多这种条件，所有这些在任意(其选择性关系满足了那些条件的)模型结构中为真的表达式集合就被称为逻辑系统。因此我们看到，存在于语言表达式之间的逻辑关系，由可能世界的内容和可选择性关系的特征所决定。

为了把一个可能世界模型运用于特定场景，人们应该分析其核心概念。苏珊·哈克(1978, pp. 190－191)区分了对可能世界概念的三种解释。在语言学方法中，可能世界是满足某些一致性条件的表达式的集合。概念论者的方法把可能世界理解为人们看待世界的方式。最后在实在论的方法中，可能世界被假定为完全独立于我们的语言或思想而存在的实体。尽管有很多关于可能世界地位的讨论,但人们较少关注模型结构的另一组成部分——选择性关系。对此为数不多的评论似乎和概念论者的方法保持一致(Hintikka 1971, pp. 70－71)。造成理解选择性关系的这种困难是可惜的,它阻碍了我们对加之于关系的那些条件的适用性做判断。以一个实在论者的观点为例:既然关系代表着什么是不清楚的——而关系对于模型又是重要的——就难以决定关系的特征是什么,也不清楚哪种逻辑体系描述了规范概念之间的实际逻辑关系。如果我们确实具有这方面的信息,那么,在理论上是可能考察选择性关系是否具有传递性,以及一种义务其本身是否是被强制的。

总结前述如下:我们已经看到,权利是根据诸如"许可"和"义务"的道义概念来定义的。既然我们对存在法定权利之间逻辑关系感兴趣,我们想要知道,是否可能以某种方式规定选择性关系,以使我们得以知道它的某些特征。

我们对于博弈论和道义逻辑的各自利弊的评论,自然地引发如下问题:这两种理论能否以某种方式被结合起来,以使在我们所描述的问题得到解决的同时,不会丧失每一种方法的优点?尽管许多道义逻辑学家以这种或那种方式运用了博弈论概念,还没有过博弈论对道义逻辑问题的系统性应用。一个重要的例外是 Lennart Åqvist(1974; 1985a; 1985b)的工作。在 Åqvist(1974)中,他描述了一种关于行动和因果性的理论,其中把"博弈的扩展型"和"博弈树"等概念作为中心概念。Åqvist 认为,这种方法对于诸如义务和要求这样的道义概念的分析同样是有用的。在 Åqvist(1985a)中这个观点得到了进一步的论述。此外,Lennart Åqvist 和 Philip Mullock(1989)的合作工作值得一提。他们的工作在发展一种主体的因果性理论时,把博弈论工具和可能世界的方法结合起来了。尽管该理论研究的背景不是规范的逻辑,而是涉及侵权法和刑法的法律问题,该理论还是被应用于法律问题的分析。

7. 研究的问题及框架

本章前述各节的内容可以总结如下:在 20 世纪下半叶许多逻辑学家研究了诸如许可和义务这样的规范性概念。在这个领域里发展起来的形式化的理论,或多或少被理性选择理论家们忽略了,并且反过来,理性选择理论家们的争论也没有对道义逻辑产生什么影响。然而,在这两种理论的前沿处已经开展的工作和研究问题存在着重叠,这就说明了对这两种理论的结合将是富有成效的。为了这个目的,我们应当重新归纳我们在先前已经提出过的研究问题,这些问题必须利用道义逻辑来回答。我们不仅应当研究个人权利,而且应该研究集团或集体的权利。这样一来,我们将要研究的问题是:

(1)是否可能运用道义逻辑的结果,为博弈论框架对个人和集体权利的分析提供基础?

(2)是否可能运用道义逻辑的结果,构造一个个人和集体权利的博弈论模型,使之不仅包含以实际控制力为基础的权利,而且还考虑了以假定的控制力来定义的权利?这样的模型将成为什么样子?

(3)给定一种关于个人和集体权利的博弈论模型,以及道义逻辑的结果,可否对不同类型的个人和集体权利做出系统性的解释和分类?

(4)是否有可能,为在克里普克式可能世界模型的道义逻辑中使用的选择性关系,提供一个基于博弈论的说明?

正如我们在第 2 章到第 6 章里将要表明的,上述的每一个问题都能得到肯定的回答。我们的方法如下。在第 2 章我们建立一种道义逻辑的语言。这种语言包括对人们被允许或要求做(或不能做)什么事的表达式。在第 3 章我们描述一种语义系统,这种系统可以被看作一种克里普克式的可能世界的模型。选择性关系是依据博弈论概念来定义的。在第 4 章我们将展示,这种语言和语义将能够以何种方式被扩展,用以解释作为集团的个人的许可或义务。第 5 章将说明这种语义模型怎样和效能函数联系起来。在这些研究之后,我们在第 6 章的模型中引进个人和集体权利的概念。

在最后一章中讨论我们的博弈论模型和自由主义概念之间的关系。首先,构造一种条件,它符合隐含在森和杰博的自由主义条件中的直觉,我们把这种条件用于博弈论模型。接下来我们的问题是,自由悖论能否被"翻译"成博弈论的概念:

(5)自由悖论能否被以一种博弈论模型来定义?如果可以的话,在这样一种背景下的悖论的含义是什么?

我们在第 7 章研究这个问题,然后,在第 8 章我们将尝试解决一个直到最近才引起社会选择学者注意的问题,即应当如何分析宪政的决策制定(也就是决定社会应当如何做决定的方式)的问题。既然在我们的框架中,权利可被理解为决策程序的一部分,这个问题可以被看成一个权利应当被如何分配的问题,并且我们尝试构造宪政决策制定的自由主义原则。

(6)能否为宪政决策制定的分析构造一个框架?特别地,是否可能分析个人和集体权利的分配?如果可能,是否可能定义宪政决策制定的自由主义原则?

在对这个问题的回答中,我们扩展了传统社会选择理论的研究框架。我们对宪政决策制定过程的自由主义原则的定义和森与杰博的自由主义原则有几分相似。实际上,可以看出,我们甚至能够定义出宪政决策制定中的自由主义悖论。以这种方式我们能够下结论,尽管博弈论方法更适合用于对个人权利的分析,但森的社会选择框架(虽然是以扩展形式)更适合于分析个人权利的分配。

在本章的结尾部分,有必要对本研究(即上篇)的结构方式做出一些介绍。按照森(1970)的方法,本研究由标星号(*)和不标星号的章节组成。不标星号的章节代表对问题的非形式化(有时候是半形式化)的论述。除了本章外,上篇其他各章在不标星号的章节中出现的定义和分析将在对应标星号的章节中以一种形式化的方式表示。在论述标有星号的章节中,我们偶尔会在论述定义和定理时参照未标星号的章节,但标星号的各章在原则上是自成体系的。

第 2 章

行动道义逻辑:语言

在前一章已经讨论过在理性选择理论中,关于权利的分析和合适的形式化方法存在热烈的辩论。辩论者可以分为两种立场:一方支持社会选择方法,认为个人权利应当根据个人可决定的各组状态选项来定义;另一组则坚持博弈论方法,认为权利应当用博弈型来定义。

博弈论方法被认为具有重要的优势。然而,我们同样看到,许多博弈论模型——和社会选择方法相比——缺乏坚实的基础(Deb 1990)。在接下来的三章中,我们尝试利用从形式逻辑研究中(特别是专门研究法律概念的那个形式逻辑分支)得到的结果和启发,为博弈论方法提供一个基础。我们研究的方法如下:首先,我们构造一种包含对个人行为的表达的形式语言。更精确地说,它一方面包含了关于人们的实际行为(i 处在 φ 的事态中)和潜在行为(i 将会处在 φ 的事态中)的命题,另一方面它又包含了被人们所接受的,关于一项行为是否被允许的命题(i 可以处在 φ 的事态中)。

我们在第 6 章中将看到,通过说明人们被允许(或不被允许)采取的行为,有可能定义人们之间的各种不同类型的法律关系。例如,我们已经看到,在法学中被称为主张(claim)的那一类权利,用形式语言来说,可以定义如下:i 就某个存在于 i 和 j 之间的事态,提出针对 j 的主张,当且仅当对该事态的发生必然负有责任。

语言只是逻辑系统的一方面。另一个特征是语义,也就是说,决定语言命题的真值的那种程序。不同类型的语义被用于对法律逻辑的分析(Kanger 1972)。在第 3 章我们提出一种本质上基于博弈论的语义系统。这将深入一种博弈论环境下的权利和自由系统,为我们提供对个人权利的形式化分析的适宜基础。

由此而用到的逻辑,被称作行动道义逻辑(Deontic Logic of Action,简称 DLA)。[①] 由于研究规范性的表达,它是一种道义逻辑;又由于这些道义概念仅仅被用于分析行动,它是一种行动的逻辑。

1. 行动和主体

行动道义逻辑的语言包含了一些表达式,它们表述的是一个或者多个主体在特定时间点所采取的导致特定事态的行动。这些描述可以分为三种类型:行动的成效已经实现了的(约翰现在在吸烟),仅仅是可能的(约翰现在可能在吸烟),或者是被允许的(约翰现在可以吸烟)。

一个人的行动意味着他实现了一种特定事态:点燃烟卷并吸入烟雾的行动将实现某人正在吸烟的事态。事态可以是一般的,也可以是因人而异的,取决于事态发生的时间和地点(Von Wright 1968, pp. 39－40)。约翰在某一时间和地点吸烟这个命题是对一种发生在彼时彼地的单个事态的描述——它只能够发生一次。从另一方面来说,诸如"约翰正在吸烟"这样的命题描述的,在时间和空间上一般的事态的发生,不局限在特定的时间和地点,它发生在不同的时空当中。

行动道义逻辑的语言的基础是命题逻辑,或者像我们通常说的那

① 这个名称来自于 Von Wright (1968)。

样,是基础逻辑。我们假定基础逻辑的命题为基础命题,描述的是从时间上一般的事态。如果 x 是一个基础命题的表达式,比如说“约翰正在吸烟”,它只能是行动道义逻辑语言的一部分,它必须和一个指谓特定时间点的符号 t_j 联系起来:表达式 $\varphi=(t_j,x)$ 描述的是约翰在时间点 t_j 处吸烟,φ 是行动道义逻辑的一个表达式,而 x 本身不是。①

对于空间维度我们不做类似假定;行动道义逻辑的表达式所描述的,既可以是空间上一般的事态,又可以是空间上单独的事态。既然一种事态可以在一种维度上是一般的,而在另一种维度上是单独的,这就意味着由行动道义逻辑表达式所描述的事态,或者在时间和空间上都是单独的,或者在实践上是单独的,而在空间上是一般的。

并且,我们假定时间能够以一种用特殊方式联系起来的时间点描述。我们用符号“$<$”指谓这种关系。这种关系可以被理解为“在时间上先于”。例如,事态 (t_i,x_1) 位于一个早于事态 (t_j,x_2) 发生的时间点上,上面这个命题可以用表达式写作 $(t_i,x_1),(t_j,x_2)$ 且 $(t_i<t_j)$。

如上所述,行动道义逻辑的表达式描述主体所采取的行动。可以假定主体是拥有几种行动方针可供选择的对象,他们将在一个合宜的信息收集过程后决定选择哪一种方针(Weinberger 1985, p. 314)。除了这种一般性的评论外,我们还没有说明这些主体 $i,j,k,\cdots$ 都是谁。然而,这在进行逻辑分析时是一个必须回答的重要问题。我们可以依次给出两点评论。其一,尽管贯穿全文始终,但我们将谈论的是实施行动的个人,这却并没有排除主体是国家或者政府的可能性。其二,即使一个单独的符号指谓了一个个人,对于主体是谁的问题也必须格外小心。例如,可以考虑作为私人行动的命题和他们作为政府官员行动的

---

① 固定事态的时间,这并不意味着能够很明确地在什么时间验证行动后果。在行动道义逻辑中,能够构造表达这方面不确定性的命题。例如人们可以构造一个表达,宣称某事在时间 t_i 或 t_j 处发生。

命题之间有什么差别。法官的权利并不必须等同于公民 J(他恰好是个法官)的权利。

行动道义逻辑的基本结构不允许我们分析个人间的合作。在第 4 章我们将扩展这种逻辑,以使其能够分析集体主体也即主体联盟所采取的行动。我们将对联盟的行动与组成联盟的个人所可能采取的行动之间的关系做出具体假定,由此产生的逻辑称为扩展的行动道义逻辑(用 DLA* 表示)。

行动道义逻辑的语言中有两类表示个体的符号。第一类由自由个体符号 $i,j,k,\cdots$组成,指代实际的个体。我们用控制个体变量 $s,t,u,\cdots$表示一般的主体。当我们说,一个特殊的个人,比如约翰正在做某事,我们用一个自由个体变量例如 i 来表示这个个人。另一方面,当对人们做出一般性评论时,比如说"有人在吸烟",我们使用一种控制个体变量符号,比如 s,并且把此类命题形式化为"存在某个 s,s 正在吸烟"。

我们以一种相似的方式区分自由时间符号 $t_i,t_j,t_k,\cdots$和控制时间变量 $t_s,t_t,t_u,\cdots$。自由时间符号指谓一个特殊的时间点,而控制时间变量仅仅只用于定量的环境中。

2. 弱行动命题

行动逻辑应当能够把诸如"经历某事态"或"实现某事态"这样的概念给形式化。然而,在每一种语言中,这些概念的使用方式并不是无歧义的。因此,就存在着不同的把这些概念融入形式化框架的方式。我们将区分对"经历某事态"或"实现某事态"的两种形式化翻译。一种是仅仅按照必然结果定义的,而另一种则是利用反事实的信息来定义的。我们在本节讨论第一种类型的翻译,在本章第 4 节讨论第二种类型的翻译。

行动算子被用于描述一个人行动的必然后果,它被称为弱行动因子。它总是被用来连接描述(特定时间上的)事态的表达式 φ,个人主体符号 i,和表示时间点的符号 t_j。形如 $\mathrm{Do}_i(t_j,\varphi)$的表达式被称为类型 i/t_j 的弱行动命题(或者叫做 Do 命题)。两个同类型弱行动命题的联合也是同一类型的弱行动命题,一个弱行动命题和另一个弱行动命题的否的联合也是弱行动命题。

表达式 $\mathrm{Do}_i(t_j,\varphi)$可以被理解成:

对于 i 在 t_j 做的某件事来说,φ 是必然的;

i 在 t_j 实施某个行动,从而使得无论其他什么事发生,φ 成为事实。

例如,如果 $\varphi=(t_k,x)$描述约翰在时间 t_k 吸烟的事态,并且 i 指代约翰,t_j 指代某个约翰点燃香烟吸入烟雾的时刻,表达式 $\mathrm{Do}_i(t_j,\varphi)$就表示,约翰在时间 t_k 吸烟是约翰在时间 t_j 所采取的行动的一个必然结果。

符号“～”用来代表表达式的否。约翰在时间 t_k 不吸烟的事态可以用两个表达式来描述:$\sim(t_k,x)$和$(t_k,\sim x)$。我们在后来将看到这两个表达式是等价的。表达式$\sim\mathrm{Do}_i(t_j,\varphi)$可以被理解为:

i 在时间 t_j 采取了行动,使得 φ 成为必然,这不是真的。

如果假定不实施行动也是一种行动,即不采取任何行动的行动,那么,它也可以被理解为:

i 在时间 t_j 采取了行动,使得 φ 不成为必然。

说某件事不必然成为事实,这不等于说某件事必然不是事实。所以,一个描述主体做了某事不使得 φ 成为必然的命题$\sim\mathrm{Do}_i(t_j,\varphi)$,不等价于一个描述主体做了某事使得$\sim\varphi$ 成为必然的命题。后者的形式化是 $\mathrm{Do}_i(t_j,\sim\varphi)$或者 $\mathrm{Do}_i\sim(t_j,\varphi)$,正如我们所知道的,它总是蕴涵着$\sim\mathrm{Do}_i(t_j,\varphi)$,但却并不总是被$\sim\mathrm{Do}_i(t_j,\varphi)$所蕴涵。

3. 真势模态

现在我们引入算子“Can”和“Must”。算子 Can 表示实际的可能性。[①] 它被用于个人有能力和机会去实施某一特定行动的环境里。算子 Can 只能被用于表示行动的命题。如果 φ 是类型 i/t_j 的弱行动命题，Canφ 就可以被理解成：

φ 是可能的；

i 有机会和能力去实现 φ。

例如，表达式 $\text{CanDo}_i(t_j,\varphi)$ 可以理解为“在时点 t_j，i 实施使得 φ 成为必然的行动，这是可能的”，而表达式 $\text{Can}\sim\text{Do}_i(t_j,\varphi)$ 可以理解为“对于 i 可以在时点 t_j 做的一些事，φ 不是必然结果”，或者“在时点 t_j，i 可以采取行动使得 φ 不会必然成为事实”。

既然两个弱行动命题的联合同样组成了一个与算子 Can 相关联的行动命题，更复杂的表达式，诸如 $\text{Can}[\text{Do}_i(t_j,\varphi)\&\sim\text{Do}_i(t_j,\psi)]$ 同样是结构良好的。它可以被读作“在时点 t_j，i 实施某行动使得 φ 成为必然，而 ψ 不成为必然，这是可能的”，或者“在时点 t_j，个人 i 有能力和机会去实施某行为，从而使得 φ 成为必然，而 ψ 不成为必然”。要注意的是，这不同于说 $[\text{CanDo}_i(t_j,\varphi)\&\text{Can}\sim\text{Do}_i(t_j,\psi)]$ 成为事实。这个表达式说的是，存在一种行为使得 φ 成为必然，也有可能存在另一种行为，使得 ψ 不成为必然。而在另一方面，表达式 $\text{Can}[\text{Do}_i(t_j,\varphi)\&\sim\text{Do}_i(t_j,\psi)]$ 说的是只存在一种兼具这两种特征的行为。

---

① 也就是 Lindahl(1977，p. 194)中的算子 Can^P。同样参见 Pörn(1970，p. 28)；Pörn (1977)；Von Wright (1980)；Holmström-Hintikka (1984)；Holmström-Hintikka (1991)。

算子 Must 如同算子 Can,仅用于连接行动命题。如果 φ 是类型为 i/t_j 的弱行动命题,算子 Mustφ 可以被理解为:

φ 是可能的;

i 有机会和能力去实现 φ,但是没有机会和能力去实现 $\sim\varphi$。

这个算子被用于表达个人被强制必须做的某件事情。我们在后面将会看到,Mustφ 等价于 $\sim$Can$\sim\varphi$。也就是说,如果一个人不能够采取行动避免那种特定的情形,这个人必须接受某事成为事实。

正如我们的评论所表明的,在表示可能与必然的模态与算子 Can 和 Must 之间存在着密切的相似关系。正如算子 Can 和 Must 可以互相定义,我们也可以说,某事是可能的,当且仅当它的否不是必然的。事实上,算子 Can 和 Must 能够被分别看作可能和必然的模态,它们能够被运用到行动逻辑的环境当中。当命题 $\text{CanDo}_i(t_j,\varphi)$ 为真,表达式 $\text{Do}_i(t_j,\varphi)$ 所描述的行动是可能的;当命题 $\text{MustDo}_i(t_j,\varphi)$ 为真,该表达式描述的行动是必然的。基于这个原因我们有时又把这些算子称为真势模态。①

4. 强行动命题

在日常语言中,说某事是个人行动的必然后续结果,并不总是意味着该个人实际上导致了事态的发生。举例来说,“约翰现在或者在吸烟,或者不在吸烟”这个真命题是任意行动的必然后续结果。然而我们并不想坚持说,例如,亚历山大大帝的行动导致了约翰现在或者吸烟或

① 我们采用的方法不同于 Jones 和 Pörn 的处理,他们把 Must 算子作为一种道义模态。他们用道义模态 Ought 来表示一些依赖于条件而存在的义务,而 Must 指代无条件的义务(Jones 和 Pörn 1986)。

者不吸烟，尽管这个事态可以被假设为亚历山大的行动的必然后续结果。或者，举另一个例子，假设我坐在一辆我无论如何也无法控制的火车上(没有紧急制动闸，联系不到司机，等等)，并且假设火车跑出轨了。说因为我坐在车上，所以我导致了火车出轨，这是荒谬的。然而，这个事态确实是我与我乘上火车有关的任何行动的必然后续结果。

这些例子显示出，为了建立"实现某种事态"或者"导致某种事态"的关系，常常需要反事实的信息(Von Wright 1968, p. 43)。一方面，我们不能够说，亚历山大大帝的行动确实导致了约翰吸烟或者不吸烟的事态，因为他不可能具有导致另一个不同事态的行动方针。与此相似，不能说我导致了火车出轨，因为我没有可能制止这一事态的发生：任何其他行动也都会导致相同的结果。另一方面，如果我有机会拉下紧急制动闸却决定不去那样做，人们可以说我确实导致了火车的出轨。①

我们引入第 2 个行动算子 Dó，称之为强行动算子，该算子考虑了反事实信息。存在好几种引进反事实信息的方法，从而也就有好几种分析强行动命题或 Dó 命题[即形式为 $Dó_i(t_j, \varphi)$ 的命题]的方法(Kanger, 1972)。已有学者指出，必须考虑个人不采取行动时将会发生什么(Pörn 1977, p. 5; 同样参见 Segerberg 1985, p. 284)。例如，人们可以认为某个人导致了某一事态的发生，当且仅当个人采取的行动对于要研究的事态的出现是一种充分必要条件。② 尽管对"实现某事态"和"导致某事态"的这样一种分析在某些特定环境下可能合适，在我们来看，它在一般情况下是不够的。考虑如下例子，一个饥饿的人被要求在一碗汤和一块三明治中做出选择，他决定吃三明治。看上去可以很自然地说，通过吃三明治的行为，此人实现了对他胃口的满足，然而，吃三明治并不是解决其饥饿感的唯一手段。因此，这是一个充分非必

① 人类行为的意向性特征将在本章第 5 节涉及。

② Kanger (1972)中的算子 Do 是在这个意义上使用的。

要的条件:那人原本也可以喝汤。

解释反事实研究的另一种方法是,人们实现了某事态,当且仅当(a)该行动是出现的事态的充分条件,以及(b)没有其他人能够采取行动使得该情形成为一必然的后续结果。这样一种定义比我们上面讨论过的那种定义方式更弱,但强于仅仅按照必然的后续结果定义的方式。然而,我们再一次想到那些违背直觉的关于某人导致某事态是什么意思的例子。考虑饥饿的人的例子。尽管不是实际的事态,但我们却可以想象如下情形:这个饥饿的人被迫让另一个人来喂他。因为这种可能性,吃一块三明治的行为——不考虑其他因素——根据上面的定义,不能被描述为导致了其胃口的满足:他人同样可能采取导致相同结果的行为。

第三种方法是说,个人导致了 φ 成为事实,当且仅当(a)此人的行动导致 φ 成为必然,以及(b)此人本来可以采取另一种行动方针,使得 φ 不成为必然。这种方法表达了一种真正的选择的概念,也就是说,存在着另一种选项。行动道义逻辑所对应的正是这种解释。我们在后面将会看到,下面表达式是行动道义逻辑中的正确命题,也就是说,它是一个恒真的表达式:

$$\text{Dó}_i(t_j,\varphi)\leftrightarrow[\text{CanDo}_i(t_j,\varphi)\&\text{Can}\sim\text{Do}_i(t_j,\varphi)]$$

换句话说,只有当"某个人必须在时点 t_j 采取行动,使得 φ 成为必然"——这句话不是真的, $\textit{Dó}_i(t_j,\varphi)$ 才是真的。① 因此,如果 φ 描述的是火车脱轨这个事态,而如果 t_j 是 i 正好坐在火车上的那个时点, $\text{Do}_i(t_j,\varphi)$ 就是真的: φ 是 i 所采取的所有行动的后续结果。然而, i 可能采取的任意替代性的行动也同样导致这种事态,这样 $\text{Can}\sim\text{Do}_i(t_j,\varphi)$ 就不是真的。因此 $\text{Dó}_i(t_j,\varphi)$ 不成立。

我们不仅希望把真势模态 Can 和 Must 用于弱行动命题,而且希

---

① 用形式化语言说, $\text{Dó}_i(t_j,\varphi)$,当且仅当[$\text{Do}_i(t_j,\varphi)\&\sim\text{MustDo}_i(t_j,\varphi)$]。

望把它们用于强行动命题。正如我们在上面已经说的，$Dó_i(t_j,\varphi)$是真的，这句话可以理解为个人 i 有一个真正的选择。他决定采取使得 φ 成为必然的行动方针，但他原本可以不这样行动的。与此方法可能是一致的一个解释是说，$CanDó_i(t_j,\varphi)$是真的，当且仅当在时点 t_j，i 能够或者采取一种总是导致 φ 的行动，或者采取一种并不必然导致 φ 的行动。这样一来我们将会看到 $CanDó_i(t_j,\varphi)$是真的，当且仅当［$CanDo_i(t_j,\varphi)$ & $Can{\sim}Do_i(t_j,\varphi)$］是真的。我们在下文中会看到，这实际上是行动道义逻辑中的一个正确命题。

形如 $Can{\sim}Dó_i(t_j,\varphi)$的命题的解释不是那么明确。我们的语义学采取如下定义方法：$Can{\sim}Dó_i(t_j,\varphi)$被理解为，在时点个人 t_j，个人 i 有实施一种行动的可能性，这种行动的实施使得$\sim Dó_i(t_j,\varphi)$成为真的。既然我们知道表达式 $Dó_i(t_j,\varphi)$是真的，当且仅当［$CanDo_i(t_j,\varphi)$ & $Can{\sim}Do_i(t_j,\varphi)$］是真的，$\sim Dó_i(t_j,\varphi)$就等价于在时点 t_j，i 实际上实施了一种行动，使得［$\sim Do_i(t_j,\varphi) \vee \sim Can{\sim}Do_i(t_j,\varphi)$］成为真的（$\vee$是分离符号，相当于"逻辑或"）。既然我们假定了个人在特定时点的实际行为并不具有他在该时点原本可以采取的那类行动的后续结果，我们就能把这种等价关系重新表述如下：$Can{\sim}Dó_i(t_j,\varphi)$，当且仅当［$Can{\sim}Do_i(t_j,\varphi) \vee \sim Can{\sim}Do_i(t_j,\varphi)$］。与任何形如$(\psi \vee \sim\psi)$的表达式一样，它是行动道义逻辑的一个正确的表达式：它恒为真。人们可以问自己这是否和他对 Can～Dó 命题的直觉性理解相符（如果人们对此有直觉性的理解的话）。然而只要我们考虑如下否定命题理由就很显然了：$\sim Can{\sim}Dó_i(t_j,\varphi)$。表达式$\sim Can{\sim}Dó_i(t_j,\varphi)$等价于表达式 $MustDó_i(t_j,\varphi)$：在时点 t_j 个人 i 可能采取的任何行动都意味着 $Dó_i(t_j,\varphi)$。或者说，i 可能采取的任何行动都意味着 $Do_i(t_j,\varphi)$和 $Can{\sim}Do_i(t_j,\varphi)$。然而，如果 i 在时点 t_j 可能采取的任何行动都被描述为 $Do_i(t_j,\varphi)$，那么表达式 $Can{\sim}Do_i(t_j,\varphi)$就不可能是真的。因而表达式$\sim Can{\sim}Dó_i(t_j,\varphi)$或者是这里的 $MustDó_i(t_j,\varphi)$，就永远不是真的。此结论的意义在于:人们不能够一方面说某人必须做一件事情,另一方面又说他在这件事上有一个真正的选择。

5. 意向

到目前为止我们还没有对行动的意向性特征说过什么。显然这一维度是个人行动极其重要的方面。在日常的英语中,说某人的行为导致某事的发生通常意味着人们希望它发生。[1] 这方面的内容被行动道义逻辑忽略了。人们用行动的后续结果来描述个人行动,然而,行动和它们的后续结果都不必然是人们所意图的。如果把工具性的行动和目的性的行动区分开来,那么就可以说行动道义逻辑研究的只是工具性的行动。

然而,在一种特殊的环境下,我们可以说行动命题蕴涵着关于行动意向性的命题,该环境要求,每个行为者拥有关于行动方针的所有可能结果的完全信息,以及每个行为者的行动是理性的。在此,我们不打算过多争论什么是个人行动之理性的良好定义,当(a)他采取了导致并非符合其意图的事态的行动方针,(b)存在一种行动方针,有可能导致他所意图的情形,(c)此人知道他所面临的选择的所有可能的结果,可以合理地假定行为者的行动是不理性的。如果有人意图阻止铁路事故,能采取行动阻止事故,当他没有采取这种行为时,我们就能说他是不理性的。换句话说,在完全信息和理性行为人的环境中,强行动命题包含了行为人的意向性的某些特征:$Dó_i(t_j, \varphi)$意味着$\sim\varphi$不是他所期望的。尽管i可能采取导致φ不成为必然的行动,他决定选择那种以φ为其后续结果的行动。如果个人行动是理性的,那么事实一定是结果$\sim\varphi$

① Lindahl 1977, p. 73。

不是行为人所意图的行动结果。

这个例子表明，我们有可能把意向性的概念融入行动道义逻辑中。关于工具性行动和目的性行动二者关系的一个更加体系化的论述，读者可以参考 Holmström - Hintikka (1985) 和 Holmström - Hintikka (1991)。Pörn(1977)、Segerberg (1981)和 Segerberg(1982)同样研究了意向和行动之间的逻辑关系。Thomson (1987)强调了分析有意图的行为概念的重要性，但认为并无必要把它容纳进行动理论之中。

6. 行动的四种类型

行动逻辑研究个人的行为。定义“行动”的一个可能方式是说，行动意味着促成或者阻止对世界的一个改变。所以说，行动或者是产生性的，或者是阻碍性的。相似地，不行动(自制)可以分为两类：人们可以让某事保持不变，或者让某事发生。已经有研究者指出，行动逻辑应当能够区分四类个人行为，也就是说，它要能够表示出如下行动类型的差别：开门，阻止别人开门，不去开门，不去阻止别人开门(Von Wright 1968, p. 38)。事实上，我们目前所给出的定义能够做出这种区分。①

令(t_i, x)为描述门在时点 t_i 保持关闭的表达式，t_j 表示个人决定或者行动，或者克制不动的时点，t_k 为这些行动或不行动的后果已经清楚显现的时点($t_i < t_j < t_k$)。第一种行动模式是产生性的模式(打开被关着的门)，可以被描述为：

$(1)[(t_i, x) \& \mathrm{Do}_i(t_j, (t_k, \sim x))]$

在时点 t_i 门关着，但是作为 i 在时点 t_j 的行动的必然结果，在时点

① 实际上，如果我们不仅使用算子 Do，而且使用算子 Dó，那么就可以对此做出更好的区分。

t_k 门开了,$\sim x$。第二种行动模式是不让某事发生(让门保持关闭):

(2)$[(t_i,x)\&\text{Do}_i(t_j,(t_k,x))]$

个人采取一种行动,其必然结果是什么也不会发生。这两种不行动的方式又构成第三种和第四种行为模式。可以简单地通过分别对包含在第一种和第二种模式中的 Do 表达式取否,来达到这两种模式。例如,表达式

(3)$[(t_i,x)\&\sim\text{Do}_i(t_j,(t_k,\sim x))]$

表示 i 不去开关着的门,而

(4)$[(t_i,x)\&\sim\text{Do}_i(t_j,(t_k,x))]$

表示 i 不去采取行动,让关着的门保持关闭。

7. 道义模态

逻辑是对特定类型的表达式之间关系的形式化研究,不同类型的逻辑关注不同的表达式。迄今为止讨论的概念——"实施","能够"等——属于行动逻辑。这种逻辑的核心命题是 Do、Dó、Can 和 Must 命题,它们是关于个人采取或可能采取的行动及其后果的命题。它们并没有涉及这些行动的可行和被允许的特征。另一方面,道义逻辑研究规范性的表达式,即包括诸如许可、义务、职责这些概念的表达式。在道义逻辑和模态逻辑之间存在密切的联系(Von Wright 1951),因为核心的道义逻辑概念(许可和义务)是按照与模态逻辑中的可能和必然概念相同的方式来定义的。一种被允许的行动,在特定意义上就是在道义上可能的行动(Von Wright 1968, p. 58),而行动的义务可以被理解为道义上的必然性。如同真势模态 Can 和 Must,道义模态中的许可和 May,以及义务和 Shall,都可以互相定义:某事是义务的,当且仅当对它的否是不被许可的。更准确地说,人们应当做某事(或有义务做某

事),或者他应当采取行动使得某事成为事实,都等价于他被许可不做这件事情或者不采取使之成为事实的行动,这不是真的。①

道义概念能够被应用于道德和法律问题的分析框架中。在后者中一个 May 命题描述了个人根据其所居之社会的法律体系所拥有的许可。这种许可需要在道德上可接受:如果我在法律意义上“可以”做某件事,不一定意味着我在道德意义上同样可以做这件事。既然我们的首要目的是分析权利结构,我们将会始终把讨论范围限制在对道义概念的法律分析中。

在行动道义逻辑中道义算子 May 和 Shall 被用于连接行动命题。给定上文的评论,类型为 Mayφ 的表达式(其中 φ 是一个弱行动命题)可以被理解为

φ 是被允许的。

而 Shallφ 被理解为

φ 是被强制要求的。

例如,如果 $\varphi = \mathrm{Do}_i(t_j, \psi)$,表达式 May$\varphi$ 可以被理解为

在时点 t_j, i 被允许实施使得 ψ 成为必然的行动。

而 May$\sim\varphi$ 被理解为

在时点 t_j, i 被允许实施使得 ψ 不成为必然的行动。

把道义算子应用在强行动命题的环境当中,就能够在两种模态之间建立起密切的联系。诸如 May$\mathrm{D\acute{o}}_i(t_j, \varphi)$的命题被理解为

在时点 t_j, i 可以(被允许)采取总是导致 ψ 的行动,也可以采取不使得 ψ 成为必然的行动。

Shall$\mathrm{D\acute{o}}_i(t_j, \varphi)$被理解为

在时点 t_j, i 应当(被强制)采取总是导致 ψ 的行动,而 i 也可以采取不使得 ψ 成为必然的行动。

---

① 我们忽略 Von Wright 对于弱许可和强许可的区分(Von Wright 1963, p. 86)。

我们从第 4 节中知道，说一个人必须采取一种由强行动命题描述的行动，这是没有什么意义的，也就是说，表达式 $\mathrm{MustD\acute{o}}_i(t_j, \varphi)$永远不是真的。然而，要注意到，形如上文中的命题 $\mathrm{ShallD\acute{o}}_i(t_j, \varphi)$所给出的解释是有意义的：显然，一个人可以被强制做某事，尽管他也有机会不去做。

总之，本章我们描述了行动道义逻辑中所能规定的不同种类的表达式，并且讨论了如何分析这些表达式。

第 2 章*

形式化表述

行动道义逻辑的语言如下：

(1)基础命题： $x_1, x_2, \cdots$

(2)个体符号

——自由个体符号： $i, j, \cdots$

——受控制的个体符号： $s, t, \cdots$

(3)时间符号

——自由时间符号： $t_i, t_j, \cdots$

——受控制的时间符号： $t_s, t_t, \cdots$

(4)时间谓词： $<$

(5)行动算子： Do, Dó, …

(6)真势模态： Can, Must

(7)道义模态： May, Shall

(8)语句连接符： $\&, \vee, \sim, \rightarrow, \leftrightarrow$

(9)数量词： $\exists, \forall$

(10)同一及非同一： $=, \neq$

(11)辅助符号： (,), [,]

2^*1 定义

(1)x_1,x_2,…是基础命题;

(2)如果 x 是基础命题,那么 $\sim x$ 也是基础命题;

(3)如果 x_1 和 x_2 都是基础命题,那么($x_1 \& x_2$)也是基础命题;

(4)除了(1)-(3)所定义的基础命题外,没有基础命题。

下面定义行动道义逻辑的所有原子表达式。

2^*2 定义

(1)对于所有的自由时间符号 t_i,t_j,($t_i < t_j$)和($t_i = t_j$)是行动道义逻辑的原子表达式;

(2)对于所有的自由个体符号 i,j, ($i = j$)是行动道义逻辑的一个原子表达式;

(3)除了(1)和(2)所定义的原子表达式以外,行动道义逻辑不含有其他表达式。

符号 t_i,t_j,…代表实际的时间点。形如($t_i < t_j$)和($t_i = t_j$)的原子表达式的意思是,t_i 表示一个和时点 t_j 相同的时间点,以及一个在时点 t_j 之前的时间点。表达式($i = j$)是指,符号 i 和 j 表示的是同一个人。

2^*3 符号

令 φ 是一个常见的行动道义逻辑的表达式,α 是一个自由的个人

(时间)符号,β是一个受控制的个体(时间)变量。$\varphi[\beta/\alpha]$表示一种表达式,这种表达式是由把所有φ中出现的α替换为β得来的。

2*4　定义

行动道义逻辑的结构良好的表达式的集合定义如下:

(1)对于所有的基础命题x和所有的自由时间符号t_i,(t_i,x)是行动道义逻辑的一个结构良好的表达式;

(2)行动道义逻辑的每一个原子表达式是它的一个结构良好的表达式;

(3)对于行动道义逻辑的所有结构良好的表达式φ,$\sim\varphi$是它的一个结构良好的表达式;

(4)对于行动道义逻辑的所有结构良好的表达式φ和ψ,$(\varphi\&\psi)$是它的一个结构良好的表达式;

(5)对于所有自由个人符号i以及所有的自由的时间常量t_j:

(a)如果φ是行动道义逻辑的一个结构良好的表达式,$\mathrm{Do}_i(t_j,\varphi)$就是类型为$i/t_j$的一个弱行动命题,而$\mathrm{D\acute{o}}_i(t_j,\varphi)$是类型为$i/t_j$的一个强行动命题;

(b)如果φ是类型为i/t_j的一个弱(强)行动命题,那么$\sim\varphi$同样是一个类型为i/t_j的弱(强)行动命题;

(c)如果φ和ψ是类型为i/t_j的弱(强)行动命题,那么$(\varphi\&\psi)$同样是类型为i/t_j的弱(强)行动命题;

(d)除了根据(a)～(c)定义的命题外,没有其他弱(强)行动命题;

(e)任何弱(强)行动命题是行动道义逻辑的一个结构良好的表达式。

(6)对于所有的自由个体符号i和所有的时间符号t_j:如果φ是一

个类型为 i/t_j 的弱(强)行动命题,那么

(a)Canφ 是一个行动道义逻辑的结构良好的表达式;

(b)Mustφ 是一个行动道义逻辑的结构良好的表达式;

(c)Mayφ 是一个行动道义逻辑的结构良好的表达式;

(d)Shallφ 是一个行动道义逻辑的结构良好的表达式。

(7)对于行动道义逻辑的所有结构良好的表达式 φ,所有的自由个体(时间)符号 α,以及所有的个体(时间)变量 β 而言:$\forall_\beta[\varphi[\beta/\alpha]]$ 是行动道义逻辑的一个结构良好的表达式(参见 2*3);

(8)上述(1)~(7)定义了行动道义逻辑的所有结构良好的表达式。

2*5 定义

令 β 为行动道义逻辑的一个(个体或时间的)变量。如果 ψ 是一组行动道义逻辑的符号,并且 $\varphi = \exists_\beta[\psi]$ 或者 $\forall_\beta[\psi]$,那么 $[\psi]$ 被称之为数量词 $\exists_\beta$ 的域,对 $\forall_\beta$ 也是如此。符号 β 在一组行动道义逻辑的符号中是受控制的,当且仅当它被数量词 $\exists$ 或者 $\forall$ 连接,或者是处在数量词 $\exists_\beta$ 或 $\forall_\beta$ 的域中。β 是自由符号,当且仅当它不是受控制的。①

2*6 定义

在行动道义逻辑中采取以下缩写:

(1)$(i \neq j)$ 表示 $\sim(i=j)$;

① 注意:如果一个变量在一组符号中是自由的,那么,该组符号不是行动道义逻辑的一个常见表达式。

(2)$(\varphi \vee \psi)$表示$\sim(\sim\varphi \& \sim\psi)$;

(3)$(\varphi \rightarrow \psi)$表示$(\sim\varphi \vee \psi)$;

(4)$(\varphi \leftrightarrow \psi)$表示$(\varphi \rightarrow \psi) \& (\psi \rightarrow \varphi)$;

(5)$\exists_s \varphi$ 表示$\sim \forall_s \sim\varphi$;

(6)$(t_i \neq t_j)$表示$\sim(t_i = t_j)$;

(7)$\exists t_s[\varphi]$表示$\sim \forall t_s[\sim\varphi]$。

符号$\vee$、$\rightarrow$、和$\leftrightarrow$分别表示分离(读做"或"),实质蕴涵(如果……那么……),以及等价于(当且仅当)。$\exists$表示存在的数量词,形如$\exists_s[\varphi]$的表达式读作:存在一个 s,使得 φ。

(在这个列表里,为了简略起见,我们省略了一些符号,包括包含结构良好的表达式的圆括号,表示否定的圆括号,以及用于连接数量词的域的方括号。为了避免混淆,我们假定符号 & 和$\vee$比符号$\rightarrow$和$\leftrightarrow$具有更强的约束力。)

第 3 章

行动道义逻辑:语义学

行动道义逻辑的语义学在本质上是基于博弈论的。我们将在本章形式化表述中提供严格的博弈论框架。本章正文将以一种非形式化的方法来描述它。行动道义逻辑的语义学中的核心概念是模型结构。

1. 模型结构

一个模型结构由三部分组成:一个复杂博弈树 Γ、博弈结构$\wp$和解析$\mathfrak{I}$。

复杂博弈树(Complex Game Tree)是博弈型的一个特定组合。博弈型在把决策情形模型化时是一个有用的概念。给定一个有限且非空的个人集合 N,以及一个结果的集合,它对每个人分配一个非空的策略集。博弈型的任意一种弈局(也即每人一个策略情形下的个人策略的每一种联合)只有一个结果。复杂博弈树要比决策情形更加复杂。因为它是博弈型的组合,它模型化那些其结果本身也是决策情形的决策情形。复杂博弈树可以被描述为由点集 $X=\{q_0,q_1,q_2,\cdots\}$,分配给各点的博弈型 $G_0,G_1,G_2,\cdots$以及时间点 1, 2, 3, …组成的具有无限长度的树。

博弈树的每个节点包括一个或多个博弈型。这些博弈型的弈局过程,由从包含该博弈型的节点到博弈结果节点之间的一条线段或者是箭头来刻画。按照假定只有一个初始节点,也就是说存在一个节点,在那里箭头只分离不会合。并且,不存在如下博弈型的弈局:它们所属的那些节点不被从该点出发的任何箭头所表示。① 博弈树用图形(见图 3.1)表示为:

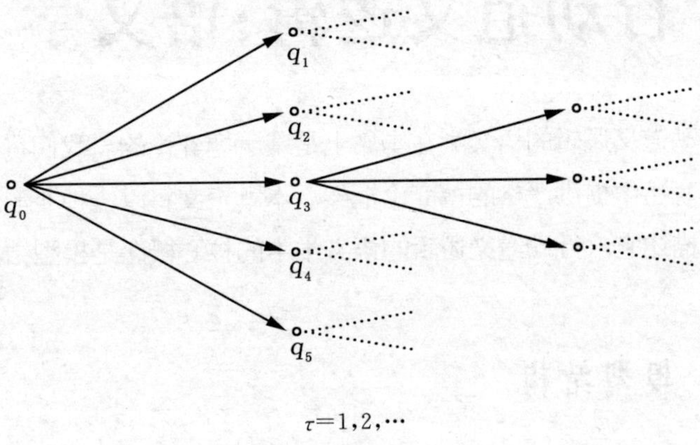

图 3.1

我们定义一个复杂博弈树为$\langle X,\Sigma,\Xi,\tau\rangle$,其中$\Sigma$是为 X 中的每一个元素分配博弈型的映射,而Ξ是为 X 中的每一个元素 q 分配一个映射的映射。对于所有的 q,映射 $\Xi(q)$为 N 的非空子集分配博弈型。由Σ所分配的博弈型被称为可行的博弈型,而分配给 N 的非空子集的博弈型称为被允许的博弈型。任何可能或被允许的博弈型的结果均是 X 中的元素。因此,有两类博弈型属于每一个节点。第一类博弈型描述个人的可行策略。根据假定每一个节点只包含一个可行的博弈型。

① 复杂博弈树类似于多会合博弈(Fudenberg 和 Tirole 1991, pp. 70-72),但是不同之处在于,博弈树的一个节点上可以容纳多个博弈型。

在这些博弈型中个人所拥有的策略并不一定是被允许的。在有些场合下完全可以说,某人能够实施特定的行为,而他没有被允许这样做。由事态和可行的博弈型所规定的信息,其本身不足以揭示人们可以做什么。做到这一点必须要有其他信息。这些额外的信息是由被允许的博弈型提供的。尽管每个节点只有一种可行的博弈型,但我们假定在每一个节点,或者存在和总人数一样多的被允许博弈型(即集合 N 的所有单元素子集都有一个可被允许的博弈型),或者是 N 的所有非空子集都被分配到一种可被允许的博弈型。在后一种情形下,我们将提到合作的复杂博弈树。在本章我们将只谈论非合作的复杂博弈树,把对合作复杂博弈树的讨论留待第 4 章进行。

为了知道个人有能力做什么,我们要看所谓的真势域(alethic realm);为了知道个人被允许做什么,我们要看道义域(deontic realm)。道义域是由分配给在不同节点的个人的被允许策略决定的。① 真势域包含实际的策略可能性。个人所被允许采取的策略属于道义域。正如我们在下文将会看到,如果这件事是真势上可能的,我们说一个人能够做某事;如果这件事是道义上可能的,那么他可以做某事。

根据假定真势域对于所有人而言都是相同的:在每一个时点有一个被可行博弈型描述的真势域。这意味着一个人的行动影响到其他人的行动。如果我能确保事态 x 的出现,那么,你使得 x 不出现就是不可能的。然而,我们不对道义域做这样的假定。要知道是否可以导致 x 成为事实,我要看决策情形——我的道义域由我的被允许的博弈型描述——不一定和由你的被允许博弈型所描述的道义域相同。相应地,我可以导致一种事态 x 的出现,这一事实并不能推论出他人所能做的任何事情。在他们自己的道义域里,他们很可能被许可不让 x 出现。

① 为了简便起见,我们将说一种分配给 i 的被允许博弈型,而不是说分配给单元素集合$\{i\}$的被允许博弈型。

最后,通过映射 τ,把时间点分配给博弈树中的每一个节点。一个时间点是博弈树上的一个节点所占据的时间的正整数。初始节点的时间点为 1;初始节点处博弈的各个博弈型的结果占据时间 2;再接下来的节点是时间 3,以此类推。

解析$\mathfrak{I}$是一个映射,它为行动道义逻辑的每个自由个体符号分配一个集合 N 的单元素子集,并为每个时间符号分配一个正整数。并且,它明确了在博弈树不同节点处的基础命题,哪些是真的,哪些不是真的。通过这种解析,每个基础命题都分配到一个点集。命题在这个点集内的所有节点上是真的:在所有其他节点上是假的。因为一个基础命题描述了一种事态,我们也能够说这种解析把各种事态和博弈树上的节点连接了起来。

和所有数学树一样,复杂博弈树仅有一个初始节点,或者说是根。一个路径被称作博弈结构$\wp$,指的是从初始节点开始的未经中断的序列线段。因为每一条线段代表了一种博弈型的弈局,我们同样能够把博弈结构描述为一个数对的序列(回合),每一个数对由一个节点和一种博弈型的弈局组成。第一个数对中的点是初始的节点;在第一组数对中的博弈,或者是基于在该点的可行博弈型的博弈,或者是基于在该点的被允许博弈型的博弈。该博弈的结果是该博弈结构的第二个会合中的节点。在第二节点处进行博弈的博弈型,或者是基于属于该点的可行博弈型,或者是基于属于该点的被允许博弈型。该博弈的结果是序列里第三个数对的节点,以此类推。

到目前为止我们还没有讨论行动者所具有的信息。尽管下列假定对于我们的研究来说不是必需的,我们会做出如下假定:行动者对于该复杂博弈树的特征以及历史中发生的任何事情具有完全信息,并且行动者在做决策时不知道其他人同时所做的决策(同时参见我们此前关于行动的意向性维度的评论);做出这些假定将有助于我们理解博弈模型。

复杂博弈树的定义,其灵感来自于冯·赖特的生命之树概念(Von

Wright 1968, p. 51)。冯·赖特引进了一种拓扑树的概念，树上的所有节点代表各种可能世界，而枝干代表个人可选择的行动方针。进一步，他对自然的可能性和道义的可能性做出了区分——这种区分类似于我们对可行与被允许行动的区分。复杂博弈树同时和 Åqvist(1974)、Åqvist(1985a)、Åqvist 和 Mullock(1989)所提出的博弈树概念有关，但又在好几个方面与之不同。首先，在我们定义的复杂博弈树中，可行和被允许的行动的区别是很重要的。并且，我们假定在复杂博弈树的每一个节点处，每个人做出一项决策，而不是至多只有一人做决策。

2. 一个例子（第一部分）

一个模型结构是对复杂博弈树、博弈结构及其解析的刻画。为了说明模型结构的概念是怎样应用于我们的语义学的，我们在这一节描述一个特殊的模型结构 $M=\langle \Gamma,\wp,\mathfrak{I}\rangle$，考虑如下决策情形。

在时间点 t_i，个人 i 组织一场将于时间点 t_k 举办的聚会。他想要邀请 j 和 k。无论 k 是否被邀请，她都有参加聚会的机会和能力。即使她不被允许那样去做，她也可以在未获邀请的情况下以自己的方式强行去做到这一点。另一方面，当 i 不邀请 j 时，j 没有参加聚会的可能。i 知道这一切，他决定邀请 j 而不邀请 k。在时间 t_j，j 接受了邀请前往参加聚会，而 k 决定呆在家中。

令 x_1，x_2，x_3 和 x_4 为描述下列事态的四个基础命题：

x_1：j 获得邀请；

x_2：k 获得邀请；

x_3：j 参加聚会；

x_4：k 参加聚会。

行动道义逻辑的表达式是根据基础命题构造的。例如，表达式

(t_j, x_1)描述的是，j 在时点 t_j，获得邀请去参加聚会，$CanDo_i(t_i, (t_j, x_1))$表达的是，i 能够促使 j 被邀请成为事实，而 $D\acute{o}_k(t_j, \sim(t_k, x_4))$描述的是 k 决定呆在家中，尽管她本可以去参加聚会，等等。

下一步是提出能够被用于决定行动道义逻辑的那些表达式的真假的模型结构。首先我们描述如下的解析 M：

①$\mathfrak{I}(i)=1, \mathfrak{I}(j)=2, \mathfrak{I}(k)=3$；

②$\mathfrak{I}(t_i)=1, \mathfrak{I}(t_j)=2, \mathfrak{I}(t_k)=3$；

③$\mathfrak{I}(x_1)=\{q_1, q_2\}$，$\mathfrak{I}(x_2)=\{q_1, q_3\}$，$\mathfrak{I}(x_3)=\{q_5, q_6, q_9, q_{10}\}$，$\mathfrak{I}(x_4)=\{q_5, q_7, q_9, q_{11}, q_{13}, q_{16}\}$。

然而，为了简便起见，我们将用符号 i、j 和 k 代替$\mathfrak{I}(i)$、$\mathfrak{I}(j)$和$\mathfrak{I}(k)$，用符号 t_i、t_j 和 t_k 代替$\mathfrak{I}(t_i)$、$\mathfrak{I}(t_j)$和$\mathfrak{I}(t_k)$。

下面，我们来描述复杂博弈树 $\Gamma=\langle\{q_0, q_1, q_2, \cdots\}, \Sigma, \Xi, \tau\rangle$。根据假定，$i$ 和 j 的被允许博弈型总是和属于该点的可行博弈型相一致。然而，在点 q_2 和 q_4 上，k 的被允许博弈型不同于对应的可行博弈型。在所有其他的点上，k 的被允许博弈型和可行博弈型相同。

我们不用研究所有的博弈型，相反，我们只详细描述其中的三种。为此，令 $s_1 \sim s_7$ 代表下列策略：

s_1：邀请 j 和 k；

s_2：邀请 j 但不邀请 k；

s_3：邀请 k 但不邀请 j；

s_4：既不邀请 j 也不邀请 k；

s_5：等待对方决定；

s_6：参加聚会；

s_7：不参加聚会。

(1)属于复杂博弈树的根节点的可行博弈型 q_0，同时又是在该节点处每个人的被允许博弈型。该博弈型为 $G_1=\langle\{q_1, q_2, q_3, q_4\}, \sigma_0, \pi_0\rangle$，其中 σ_0 为 i 分配策略集合$\{s_1, s_2, s_3, s_4\}$，又为 j 和 k 分配策略集合

$\{s_5\}$，而 π_0 是结果映射，根据该映射我们有①：

(a)博弈 $P_{11}=(s_1, s_5, s_5)$导致 q_1；

(b)博弈 $P_{12}=(s_2, s_5, s_5)$导致 q_2；

(c)博弈 $P_{13}=(s_3, s_5, s_5)$导致 q_3；

(d)博弈 $P_{14}=(s_4, s_5, s_5)$导致 q_4。

(2)属于 q_2 的可行博弈型以及 i 和 j 的被允许博弈型是 $G_2=\langle\{q_9, q_{10}, q_{11}, q_{12}\}, \sigma_2, \pi_2\rangle$，其中根据 σ_2，i 仅有策略 s_5，而 j 和 k 每人都有策略 s_6 和 s_7。属于该博弈的结果映射为：

(a)博弈 $P_{21}=(s_5, s_6, s_6)$导致 q_9；

(b)博弈 $P_{22}=(s_5, s_6, s_7)$导致 q_{10}；

(c)博弈 $P_{23}=(s_5, s_7, s_6)$导致 q_{11}；

(d)博弈 $P_{24}=(s_5, s_7, s_7)$导致 q_{12}。

(3)在 q_2 分配给 k 的博弈型为 $G_3=\langle\{q_{10}, q_{12}\}, \sigma_3, \pi_3\rangle$。在这个博弈型中，$i$ 和 k 都只分配到一种策略：i 的唯一策略是 s_5，k 的唯一策略是 s_7。个人 j 有策略 s_6 和 s_7。因此只有两种可能的弈局：

(a)博弈 $P_{31}=(s_5, s_6, s_7)$导致 q_{10}；

(b)博弈 $P_{32}=(s_5, s_7, s_7)$导致 q_{12}。

换句话说，在 q_2 点，博弈方 k 具有可行策略：去参加聚会，或者不去参加聚会(记住 k 能够不请自到)，但是他没有去参加聚会的被允许策略。在分配给 k 的被允许博弈型里，他只有呆在家中这一种策略。

解析 M 的第三个元素是博弈结构 $\wp$。它以如下方式开始：

$[(q_0, p_{12}), (q_2, p_{22}), (q_{10}, \cdots), \cdots]$。对该复杂博弈树的几何图示由图 3.2 给出(粗箭头代表博弈结构)。图 3.3 描述的是另一种模型结构，其中 i 邀请 j 和 k。

---

① 该博弈的第一个元素代表 i 选择的策略，第二个和第三个元素分别代表 j 和 k 所选择的策略。

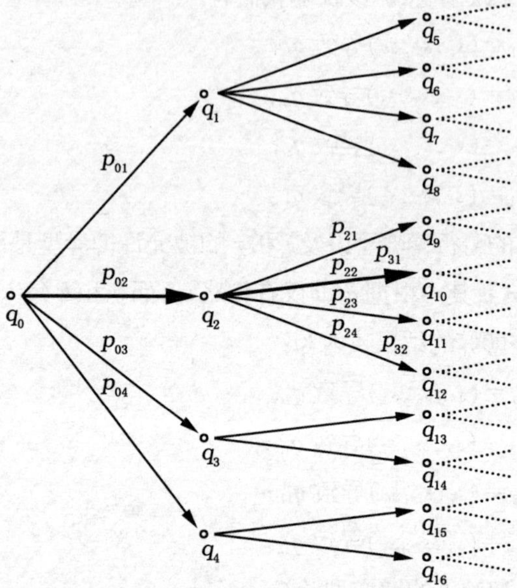

图 3.2

我们现在来看怎样运用模型结构 M 确定行动道义逻辑表达式的真值。首先,考虑由一个基础命题和时间符号组成的表达式。如我们所见,解析$\mathfrak{I}$为每一个基础命题分配 X 的一个子集。这样一个子集中的元素可以被解析为存在于特定时间点的可能世界。一个世界是由所有在其中为真的基础命题表述的,并不是每一个可能世界都会实际发生:只有博弈结构所经过的那些可能世界才会实现。我们说在某点上为真的基础命题描述了一种实际已经实现的事态。例如,在时间点 t_j 博弈结构经过 q_2,这意味着在时间 t_j 由基础命题 x_1 所描述的事态实现了,而事态 x_2 没有实现。换句话说,表达式(t_j, x_1)和$\sim(t_j, x_2)$在结构 M 中是真的:j 被邀请参加 i 的聚会,而 k 没有被邀请参加。在时间点 t_k,博弈方 j 去参加聚会[表达式(t_k, x_3)为真]而 k 不去参加聚会[表达

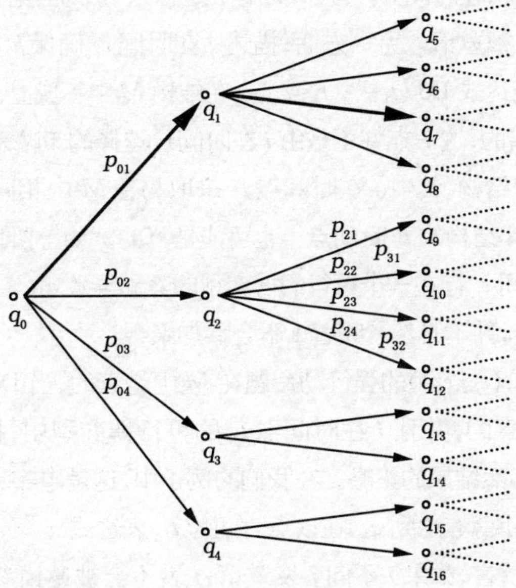

图 3.3

式(t_k, x_4)为假]，等等。

为判断一个弱行动命题是否是真的，我们要看在相关时间点所采用的博弈型。以表达式 $\mathrm{Do}_i(t_i,(t_j,x_1))$为例，即 i 在时点 t_i，决定让 j 在时点 t_j 被邀请。为了确定这个表达式的真值，我们首先看模型结构 M 在时间 t_i 所处的那个点。在我们的例子里这个点是 q_0。然后，我们看在那点处的博弈型是什么，并考察 i 所选择的策略 s_2 是否能够保证在所处的博弈型和 i 所选择的策略不变的情况下，(t_j, x_1)总是真的。那么，是否只要 i 选择了策略 s_2，结果就一定总是(t_j, x_1)？如果我们看属于 q_0 点的博弈型，就会看到事实的确如此。i 采取策略 s_2 的任何博弈都会导致 q_2，在这点上基础命题 x_1 是真的。其他人做的任何事情都不能导致一个居于时间 t_j 的世界，比如说 q_3 或 q_4，在其中 x_1 不是真的。因此，我们说，在时间 t_i，个人 i 实施了一种以 x_1 为其必然结果的行动：i 导致了 j 被邀请。另一方面，描述 i 在时间 t_i 确保 k 在时间 t_k 不参加聚会的表达式 $Do_i(t_i, \sim(t_k, x_4))$，在结构 M 中不成立。命题 x_4 在时间 t_k 上是错的，这一点并不是由 i 在时间 t_i 选择的策略来保证的。存在另一个博弈结构，其中 i 在时间点 t_i 采取与在 M 中相同的行动，而命题 x_4 在博弈结构的 t_k 时间点上也可能是真的。如上所述，k 可以不请自到：在时间 t_j 存在一个可行的博弈型的弈局导致 q_{11}。因此不邀请 k 去参加聚会，并不必然意味着 k 不会参加聚会。

诸如 $D\acute{o}_i(t_i,(t_j,x_1))$ 的强行动命题在 M 中是真的，当 $Do_i(t_i,(t_j, x_1))$ 在 M 中是真的，并且 i 在时间点 t_i 的可行博弈型中，拥有使得 (t_j,x_1) 不成为必然结果的策略。在我们的例子中，这是事实：如果 i 采取策略 s_3，就会使博弈达到 q_3，在该点时间为 t_j，表达式 x_1 不成立。事实上，根本无需赘言，如果 i 不向 j 发邀请，j 就不会被邀请参加机会。因而 j 的被邀请是 i 的一个真正的选择的结果：如果 i 不这样做，j 被邀请的事态就不会出现。

现在考虑命题 $CanDo_i(t_i, \sim(t_k, x_3))$。在我们的语义学中，这个命题被理解为博弈方 i 在时间 t_i 能够选择一种策略，无论其他人做什么，j 在时间点 t_k 不会参加聚会。博弈方 i 的确拥有这样的策略，无论他人做什么，如果他选择了 s_3，那么在时间 t_k，x_3 就不是真的；如果 i 决定了不邀请 j，j 就别无选择只能呆在家里。因而表达式 $CanDo_i(t_i, \sim(t_k, x_3))$ 在结构 M 中是真的：在时间 t_i，i 可以实施使得 j 不参加聚会的行为。

表达式 $MustDo_i(t_i, \sim(t_k, x_3))$ 是真的，如果个人 i 在时间 t_i 的可行博弈型中选择的任意策略都将导致 (t_k, x_3) 是假的。显然这在我们的例子里不是事实。如果 i 不邀请 j 而选择了比如说策略 s_3，在时间 t_k 的结果就会是 q_{13} 或 q_{14}，在这些点由 x_3 描述的事态就会发生。

对于 May 和 Shall 命题的处理基本上与对 Can 和 Must 命题的处

理是相同的,除了现在我们考虑的是被允许的博弈型而不是可行的博弈型。基本思想是,如果在一个人处于该时间的被允许博弈型中,他具有采取总是导致该事态的行动策略,这个人就可以在某个时间点做某事;如果他在博弈型中除了一个导致该事态的选择之外别无选择,则这个人就应该做某事。

例如,考虑 $\mathrm{MayDo}_k(t_j,(t_k,x_4))$,也就是描述博弈方 k 在时间 t_j 获得许可使得他可以参加聚会的表达式。该表达式在模型结构中不是真的。博弈结构$\wp$中,在 k 位于时间点 t_j 上的被允许博弈型,也就是该博弈结构在时间点 t_j 经过的博弈节点 q_2 上,博弈方 k 没有总是能够导致 x_4 在时间点 t_k 为真的策略。因此,$\mathrm{MayDo}_k(t_j,(t_k,x_4))$在结构 M 中不是真的。事实上在 k 位于 q_2 点的被允许博弈型中,他选择的任何策略总是会导致点 q_{10}或者 q_{12},其中 x_4 不是真的。因此表达式$\mathrm{ShallDo}_k(t_j,\sim(t_k,x_4))$在 M 中是真的。

到目前为止,在我们所给的例子中,考虑的表达式在形式上至多含有一个行动算子和一个模态算子。然而,行动的道义逻辑同样可能包含着更为复杂的表达式结构,例如形式为 $\mathrm{Do}_i(t_i,\mathrm{MayDo}_j(t_j,(t_k,x_3)))$,$\mathrm{MayDo}_i(t_i,\mathrm{ShallDo}_j(t_j,\sim(t_k,x_2)))$,或者 $\mathrm{Can}[\mathrm{Do}_i(t_i,(t_j,x_1))\,\&\,\mathrm{Do}_i(t_i,(t_j,x_2))]$,等等。为了知道类似更复杂的表达式在模型结构 M 中是否是真的,我们把上面描述过的方法一般化。

3. 真值条件

为了描述一般性的真值条件我们必须引进一些定义。和往常一样,对于 N 的任意非空子集 L,如果所有位于子集 L 之外的成员在 p' 和 p 中拥有相同的策略,我们就称一个博弈型的弈局 p' 为相同博弈型的弈局 p 的 L 变体(L-variant)。现在令$\wp$为复杂博弈结构中的任一博弈结构，令 k 为一个时间点。并且令 G 为在$\wp$的第 k 回合的博弈型，令 p 为该回合博弈型 G 的弈局。我们定义$\wp$的$[L,k]$变体为 Γ 的具有下列性质的任意博弈结构$\wp'$：

(1)$\wp'$经过 p 的 L 变体的一个结果，并且

(2)在 k 之后的所有节点上，可行博弈型的弈局属于博弈型$\wp'$。①

现在我们引进 k 分割(k-split)这个概念。给定模型结构 M 和时间点 k，如果一个博弈结构有和另一个结构$\wp$相同的节点 k，我们可以称这个博弈结构为$\wp$的 k 分割。在$\wp$的可行 k 分割中，博弈方进行属于$\wp$在节点 k 的可行博弈型的弈局。这个弈局并不需要和$\wp$在 k 点进行的弈局相一致。在$\wp$的对于 L 可允许的 k 分割中，分配给 L 的一个被允许博弈型的弈局在节点 k 处进行博弈。②

如果$\wp'$是对于结构$\wp$可行，或者对于 L 是可允许的 k 分割，那么 $M'=\langle \Gamma,\wp',\Im\rangle$ 就描述了与 $M=\langle \Gamma,\wp,\Im\rangle$ 具有相同的节点 k 的世界的假想性的历史。然而 M 和 M' 在节点 k 和其后的节点中就有可能是不同的。如果$\wp'$是可行的 k 分割，人们进行的弈局属于在时点 k 的世界的可行博弈型；如果$\wp'$是对于 L 被允许的 k 分割，人们在那时所进行的博弈就属于分配给 L 的被允许的博弈型。因此如果 M 描述世界的实际历史，$\wp$的可行 k 分割描述的就是，如果人们在时间 k 采取一个可行策略将可能发生什么。而对于 L 被允许的 k 分割描述的就是，在时间 k，如果实际的选择情形是分配给 L 的被允许博弈型，那么将会发生什

① 要注意的是，在$\wp$的第 k 回合进行的博弈型，并不需要和$\wp'$在第 k 回合进行的博弈型相同。然而，如果博弈型的弈局总是被博弈树的不同箭头代表，那么我们对$\wp$的$[L,k]$变体的定义就等价于定义$\wp'$的任意博弈结构，使之满足(a) $\wp$和$\wp'$的博弈结构直到第 k 回合之前仍是相同的；(b) 在第 k 回合进行 p 的 L 变体博弈；(c)在时间上后于 k 的所有点，进行一种属于可行博弈型的博弈。

② 一个博弈结构$\wp$可以是它本身的可行 k 分割。如果在$\wp$的第 k 回合可行博弈型已经被进行博弈了，那么这一点就是成立的。相似地，如果$\wp$的第 k 回合是一个分配给 L 的被允许博弈型的弈局，那么$\wp$就是它本身的 L 可允许的 k 分割。

么。

利用这些定义，我们来展示行动道义逻辑的表达式的真假是如何一般地确定的。第一个真值条件是显而易见的：类型为(t_j, x)的表达式(其中x是基础逻辑表达式)在模型结构M中是真的，当且仅当表达式在M的点$\mathfrak{I}(t_j)$上是真的。

现在考虑形如$\mathrm{Do}_i(t_j, \varphi)$的表达式。我们说$\mathrm{Do}_i(t_j, \varphi)$在$M=\langle\Gamma, \wp, \mathfrak{I}\rangle$中成立，当且仅当对于$\wp$的任意$[N\text{-}\mathfrak{I}(i), \mathfrak{I}(t_j)]$变体$\wp'$，表达式$\varphi$在$\langle\Gamma, \wp', \mathfrak{I}\rangle$中是真的。也就是说，$\varphi$在$M$中是真的，无论其他人在时间$t_j$做什么。

形如$\mathrm{D\acute{o}}_i(t_j, \varphi)$的表达式在$M$中是真的，当且仅当表达式$\mathrm{Do}_i(t_j, \varphi)$在$M$中是真的，并且对于$\wp$的至少一个可行的$\mathfrak{I}(t_j)$分割，$\mathrm{Do}_i(t_j, \varphi)$在$\langle\Gamma, \wp', \mathfrak{I}\rangle$中不是真的。换句话说，强行动命题$\mathrm{D\acute{o}}_i(t_j, \varphi)$是真的，当且仅当(1)弱行动命题是真的，并且(2)在时间点t_j，i原本能够选择一种策略，使得$\mathrm{Do}_i(t_j, \varphi)$在其后的世界历史中原本不是真的。

现在令φ表示类型为i/t_j的Do或Dó命题。我们说表达式$\mathrm{Can}\varphi$在M中是真的，当且仅当存在至少一个$\wp$的可行的$\mathfrak{I}(t_j)$分割，使得φ在$\langle\Gamma, \wp', \mathfrak{I}\rangle$中是真的。因此，$\mathrm{Can}\varphi$意味着在时间$t_j$个人$i$有一种可行策略，通过实施这种策略导致行动命题$\varphi$是真的。表达式$\mathrm{Must}\varphi$在$M$中是真的，当且仅当对于所有$\wp$的可行的$\mathfrak{I}(t_j)$分割$\wp'$来说，$\varphi$在$\langle\Gamma, \wp', \mathfrak{I}\rangle$中是真的：每个属于$\mathfrak{I}(t_j)$点的可行博弈型的弈局都蕴涵着表达式$\varphi$的真。

对于其他类型的命题来说，它们的真值条件是以常见的方式定义的。因此，一个联合在模型结构中是真的，当且仅当联合里的每一个命题在结构中是真的；一个模型结构中的表达式的否是真的，当且仅当该表达式在模型结构中不是真的；等等。

返回到邀请客人的例子中，通过对这些条件的应用，我们可以看出下列表达式在所考虑的模型结构中是真的。

(1)$(t_j, x_1) \& \sim(t_j, x_2)$；

(2)$(t_k, x_3) \& \sim (t_k, x_4)$;

(3)$\mathrm{Do}_i(t_i, (t_j, x_1) \& \sim (t_j, x_2))$;

(4)$\mathrm{Do}_j(t_j, (t_k, x_3)) \& \mathrm{Do}_k(t_j, \sim (t_k, x_4))$;

(5)$\sim \mathrm{CanDo}_j(t_i, (t_j, x_1) \vee (t_j, x_2)) \& \sim \mathrm{CanDo}_k(t_i, (t_j, x_1) \vee (t_j, x_2))$;

(6)$\mathrm{CanDo}_i(t_i, \mathrm{ShallDo}_k(t_j, \sim (t_k, x_4)))$;

(7)$\mathrm{Do}_i(t_i, \sim (t_j, x_2)) \rightarrow \mathrm{ShallDo}_k(t_j, \sim (t_k, x_4))$;

(8)$\mathrm{ShallDo}_k(t_j, \sim (t_k, x_4))$;

(9)$\mathrm{ShallDo}_k(t_j, \sim (t_k, x_4)) \leftrightarrow \sim \mathrm{May} \sim \mathrm{Do}_k(t_j, \sim (t_k, x_4))$;

(10)$\sim \mathrm{CanDo}_j(t_i, \mathrm{MustDo}_k(t_j, \sim (t_k, x_4)))$;

(11)$\mathrm{CanDo}_i(t_i, \mathrm{MustDo}_j(t_j, \sim (t_k, x_3)))$;

(12)$\mathrm{MayDo}_i(t_i, \mathrm{ShallDo}_k(t_j, \sim (t_k, x_4)))$;

(13)$\sim \mathrm{MayDo}_i(t_i, \mathrm{MustDo}_k(t_j, \sim (t_k, x_4)))$。

个人 i 在时间 t_i 能够采取一种策略,使得 k 不被允许参加聚会(6):如果 i 没有邀请 k,k 就有义务呆在家里。既然他确实没有邀请 k(3),k 就没有获得许可参加聚会(7)、(8)、(9),但 i 没有策略确保 k 呆在家中(10)。然而博弈方有关于 j 的策略:不邀请 j 意味着 j 除了呆在家里以外别无选择(11)。i 决定邀请 j 而不邀请 k(1)、(3)。个人 j 和 k 不能够自己决定是否被邀请(5)。j 接受邀请去参加聚会而 k 决定不去(2)、(4)。因为 i 的被允许博弈型总是与可行博弈型一致,命题(12)、(13)同样成立:i 可以做的事情同样就是他能够做的事情。

4. 有效性

我们称一个表达式是 Γ 有效的,当且仅当它在满足以下条件的每一个模型结构中成立:在这些结构中的 Γ 是复杂博弈树,并且在博弈结构的每一个回合,一个可行的博弈型的弈局得以进行。显然,复杂博弈树 Γ 的特征决定了哪些表达式是 Γ 有效的。例如,如果 Γ 是在每一个时间仅有一个节点存在的复杂博弈树,那么,我们知道,类型为:

(1) $\forall t_s \forall_s[\mathrm{Do}_s(t_s,\varphi)\leftrightarrow \mathrm{MustDo}_s(t_s,\varphi)]$

(2) $\forall t_s \forall_s[\mathrm{Do}_s(t_s,\varphi)\leftrightarrow \mathrm{ShallDo}_s(t_s,\varphi)]$

(3) $\forall t_s[\exists_s \mathrm{Do}_s(t_s,\varphi)\rightarrow \forall_t \mathrm{Do}_t(t_s,\varphi)]$

的表达式是 Γ 有效的。不考虑对博弈结构的分析,如果每个人在复杂博弈树的每个节点只有一种策略,那么我们说做某事就等价于除了做这件事以外别无选择(1),或有义务去做这件事(2),这就是真的。并且,我们可以接着推论出如果一个人做了某件事,那么每个人都会这样做(3)(见图 3.4)。

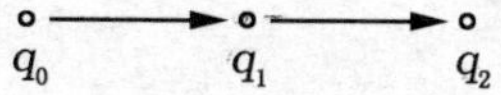

$\tau=1,2,3\cdots$

图 3.4

一个不同的有效性的概念可以用复杂博弈树的类的概念来表述。令 C 为复杂博弈树的类。我们说一个表达式是 C 有效的,当且仅当它对于属于 C 的每一个复杂博弈树 Γ 而言是 Γ 有效的。在第 5 章和第 5 章形式化表述中我们将使用这些有效性概念去区分行动道义逻辑的不同的逻辑系统,这将是十分有效的。例如,我们知道一个行动的可行性并不蕴涵着它是被允许的:"能够"并不意味着"可以"。同样显然的是被允许的选择不需要是人们实际上能够采纳的选择,也就是说它们不必是被允许的。我可以被允许飞往月球,但是,我没有机会和能力去这样做;一个人可以被允许躺在一张床上,但是却没有实际的机会躺下。尽管如此,但了解那些使得推断"可以意味着能够","能够意味着可以","应该意味着能够"得以成立的环境还是有意义的。

第 3 章*

形式化表述

令 $N=\{1,\cdots,n\}$ 为一非空、有限的个体集合($n\geqslant 2$)。

3*1 定义

博弈型 G 是满足以下条件的结构 $\langle A,\sigma,\pi\rangle$:

(1)A 是一个非空的有限集,A 中的元素称为博弈型的结果;

(2)σ 是一个映射,为每个 $i\in N$ 分配一个非空的策略集 $\sigma(i)$;

(3)π 是一个从 $\sigma(1)\times\cdots\times\sigma(n)$ 到 A 的映射;π 称为 G 的结果映射。

3*2 定义

令 G 为博弈型 $\langle A,\sigma,\pi\rangle$。$\sigma(1)\times\cdots\times\sigma(n)$ 的一个元素 $p=(s_1,\cdots,s_n)$ 称为 G 的一个弈局。$\pi(p)$ 称为弈局 p 的结果。对于 $L\subset N$,弈局 $p=(s_1,\cdots,s_n)$ 和 $p'=(s'_1,\cdots,s'_n)$ 被称为 L 变体,如果对于所有的 $i\in$

$(N-L)$，$s_i=s'_i$。

3*3　定义

复杂博弈树 Γ 是满足下列条件的四位向量组 $\langle X, \Sigma, \Xi, \tau\rangle$：

(1)X 是一个其元素被称为节点的非空集合；

(2)Σ是一个为 X 中的每一个元素分配一个博弈型的映射；

(3)Ξ是一个为 X 中的每一个元素分配一个博弈型的分配的映射，也就是说，一个从 N 的所有非空子集的集合，或者从 N 的所有单元素集合，到博弈型集合的映射，对于所有的 $q, r\in X$，映射 $\Xi(q)$ 和 $\Xi(r)$ 有同样的域，记为 D_Γ；

(4)对于每一个由Σ或者博弈型分配之一来分配的博弈型，结果的集合是 X 的一个子集；

(5)如果 R 是定义在 X 上的二元关系，满足 qRr，如果存在(a)某些 $L\in D_\Gamma$ 使得有弈局 $\Xi(q)(L)$ 的结果是 r，或者(b)以 r 作为其结果的弈局 $\Sigma(q)$，那么 (X,R) 是一个无限长度的有根树(rooted tree)；

(6)τ 是从 X 到正整数集合的映射，定义如下：(a)$\tau(q^*)=1$，其中 q^* 表示树 (X,R) 的根；(b)对于所有的 $q, r\in X$，如果 qRr，那么 $\tau(r)=\tau(q)+1$。

根据定义，一个复杂博弈树只包含一个根 q^*，也就是说，在树上有一个节点，不存在比它更早的节点(不存在 $r\in X$，使得 rRq^*)。我们称该点为起始点。起始点的时间为 1。注意该树具有无限长度，因为每一个节点都分配到了一种博弈型。因此对于所有的 $q\in X$，存在 $r\in X$，使得 qRr。

由映射Σ分配的博弈型称为可行博弈型。如果 q 是 X 中的一个元素，$\Sigma(q)$ 是属于(分配给)q 的可行博弈型。对于任意的 $q\in X$，由

$\Xi(q)$分配的博弈型称为属于(分配给)q的被允许博弈型。如果L是N的非空子集,那么$\Xi(q)(L)$称之为L在q的被允许博弈型。所有被允许博弈型都有同样的域D_Γ,我们也称之为复杂博弈树Γ的域。

3*4 定义

如果域D_Γ等于N的所有非空子集的集合,则一个复杂博弈树Γ称为合作的。否则它被称为是非合作的。

令$\Gamma=\langle X,\Sigma,\Xi,\tau\rangle$为复杂博弈树。

3*5 定义

Γ的博弈结构是序列$\wp=[(q_1,p_1),(q_2,p_2),\cdots]$,其中$\tau(q_1)=1$,并且对于所有$t\geqslant 1$:

(1)$q_t\in X$;

(2)p_t是可行博弈型$\Sigma(q_t)$的一个弈局,或者是通过$\Xi(q_t)$分配给D_Γ的一个元素的被允许博弈型的一个弈局;

(3)q_{t+1}是弈局p_t的一个结果。①

节点q_t称为$\wp$的t节点。我们将称弈局p_t为$\wp$的t博弈。

3*6 定义

令$\wp=[(q_1,p_1),(q_2,p_2),\cdots]$为$\Gamma$的博弈结构。我们称之为一个

① 我们假定p_t所进行的是哪一种博弈型,这一点总是清楚的。

可行博弈结构，如果对于所有的 $t \geqslant 1$，p_t 是 $\Sigma(q_t)$ 的可行博弈型。

3*7 定义

令 $\wp$ 为 Γ 的博弈结构，$L \in D_\Gamma$ 并且 k 为正整数。令 p_k 表示 $\wp$ 的第 k 个弈局。博弈结构 $\wp' = [(q'_1, p'_1), (q'_2, p'_2), \cdots]$ 称为 $\wp$ 的 $[L, k]$ 变体，当

(1)存在 L 变体 p_k 其结果为 q'_{k+1}；

(2)对于 $t > k$：p'_t 是可行博弈型 $\Sigma(q'_t)$ 的一个弈局。

3*8 定义

令 $\wp = [(q_1, p_1), (q_2, p_2), \cdots]$ 为 Γ 的博弈结构，L 是 D_Γ 的一个元素，k 是正整数。Γ 的博弈结构 $\wp' = [(q'_1, p'_1), (q'_2, p'_2), \cdots]$ 被称作

(1)可行的 k 分割，当

(a)$q'_k = q_k$；

(b)p'_k 是可行博弈型 $\Sigma(q_k)$ 的一个弈局。

(2)对于 L 被允许的 k 分割，当

(a)$q'_k = q_k$

(b)p'_k 是被允许博弈型 $\Xi(q_k)(L)$ 的一个弈局。

下面我们定义对行动道义逻辑的解析。

3*9 定义

(行动的道义逻辑的)一个解析是映射 $\mathfrak{I}$，满足

(a)为每个自由个体符号分配集合 N 的一个单元素子集；

(b)为每个自由的时间符号分配一个正整数；

(c)为每个基础命题分配 X 的一个子集，使得：

对于任意基础命题 x，$\mathfrak{I}(\sim x)=X-\mathfrak{I}(x)$；

对于任意两个基础命题 x_1 和 x_2，$\mathfrak{I}(x_1 \& x_2)=\mathfrak{I}(x_1)\cap\mathfrak{I}(x_2)$。

解析明确了个体与时间符号所指涉的单位是什么，并且它为每个基础命题分配了一个点集。我们说基础命题在这每一个节点上是真的。基础命题是真的，仅当它的否不是真的。如果在其点上该连接中的每一个命题都是真的，则在该节点上的两个基础命题的连接是真的。

3*10 定义

行动道义逻辑的模型结构为有序三位向量组$\langle\Gamma,\wp,\mathfrak{I}\rangle$，满足

(1)$\Gamma=\langle X,\Sigma,\Xi,\tau\rangle$是非合作的复杂博弈树；

(2)$\wp$是 Γ 的博弈结构；

(3)$\mathfrak{I}$是行动道义逻辑的一个解析。

3*11 定义

令 $\Gamma=\langle X,\Sigma,\Xi,\tau\rangle$是非合作的复杂博弈树，$M=\langle\Gamma,\wp,\mathfrak{I}\rangle$是行动道义逻辑的模型结构，并且令 ψ 为类型为 i/t_j 的(弱或者强)行动命题，令 β 为一受控的个体(或时间)符号。在下列情形中，表达式 φ 在 M 中是真的(成立)：

(1)$\varphi=(t_j,x)$：　　$\wp$的$\mathfrak{I}(t_j)$点是$\mathfrak{I}(x)$的一个元素；

(2)$\varphi=\mathrm{Do}_i(t_j,\psi)$：对于$\wp$的每一个$[N-\mathfrak{I}(i),\mathfrak{I}(t_j)]$变体$\wp'$，$\psi$在

$\langle \Gamma, \wp', \mathfrak{I} \rangle$ 中是真的。

(3) $\varphi = \text{Dó}_i(t_j, \psi)$： (a) $\text{Do}_i(t_j, \psi)$ 在 M 中是真的，并且

(b) $\text{Do}_i(t_j, \psi)$ 在 $\langle \Gamma, \wp', \mathfrak{I} \rangle$ 中，对于 $\wp$ 的至少一个可行的 $\mathfrak{I}(t_j)$ 分割 $\wp'$ 而言不是真的；

(4) $\varphi = \text{Can}\psi$： 对于至少一个可行的 $\wp$ 的 $\mathfrak{I}(t_j)$ 分割 $\wp'$ 而言，ψ 在 $\langle \Gamma, \wp', \mathfrak{I} \rangle$ 中是真的；

(5) $\varphi = \text{Must}\psi$： 对于每一个可行的 $\wp$ 的 $\mathfrak{I}(t_j)$ 分割 $\wp'$ 而言，ψ 在 $\langle \Gamma, \wp', \mathfrak{I} \rangle$ 中是真的；

(6) $\varphi = \text{May}\psi$： 对于至少一个 $\mathfrak{I}(i)$ 被允许的 $\wp$ 的 $\mathfrak{I}(t_j)$ 分割 $\wp'$ 而言，ψ 在 $\langle \Gamma, \wp', \mathfrak{I} \rangle$ 中是真的；

(7) $\varphi = \text{Shall}\psi$： 对于每一个 $\mathfrak{I}(i)$ 被允许的 $\wp$ 的 $\mathfrak{I}(t_j)$ 分割 $\wp'$ 而言，ψ 在 $\langle \Gamma, \wp', \mathfrak{I} \rangle$ 中是真的；

(8) $\varphi = \sim\psi$ ψ 在 M 中不是真的；

(9) $\varphi = (\psi \& \omega)$： ψ 和 ω 在 M 中都是真的；

(10) $\varphi = \forall_\beta [\psi]$： 对于每个自由的个体（时间）符号 α，表达式 $\psi[\alpha/\beta]$ 在 M 中是真的。

(11) $\varphi = [t_i = t_j]$： $\mathfrak{I}(t_i) = \mathfrak{I}(t_j)$；

(12) $\varphi = [t_i < t_j]$： $\mathfrak{I}(t_i) < \mathfrak{I}(t_j)$

(13) $\varphi = (i = j)$： $\mathfrak{I}(i) = \mathfrak{I}(j)$

其中 $\psi[\alpha/\beta]$ 指代在 ψ 中由符号 α 替换 β 所得的结果（参见定义 2*5）。

3*12 定义

令 Γ 为非合作复杂博弈树，φ 为行动道义逻辑的一个结构良好的表达式。φ 是 Γ 满足的，当存在一个 Γ 的可行的博弈结构 $\wp$，以及对行

动道义逻辑的解析$\mathfrak{I}$,使得φ在模型结构$\langle\Gamma,\wp,\mathfrak{I}\rangle$中是真的。表达式$\varphi$是$\Gamma$有效的,如果对于$\Gamma$的所有可行的博弈结构$\wp$以及所有的解析$\mathfrak{I}$,$\varphi$在行动道义逻辑的模型结构$\langle\Gamma,\wp,\mathfrak{I}\rangle$中是真的。

令C为由非合作复杂博弈树构成的非空集合。行动道义逻辑的一个结构良好的命题是C有效的,当它对于所有的$\Gamma\in C$是Γ有效的。

第 4 章

行动道义逻辑*：集体行动者

不仅是个人能够实施具有一定结果的行动：对于集体同样如此。事实上，作为集合的人有时做、能够做或者可以做个人单凭一己之力不做、不能够做或者不可以做的事情。我们完全可以说一支球队打败了另一支球队，同时我们不会说他们中的某一个人打败了另一支球队。举另外一个例子，国会可以通过一项法案，而任何国会成员不能单独地使一项法案生效。因此，一个集体（例如：一支球队，国会或一群公民）的实际、可能或可以的行动之必然结果，很有可能不同于组成集体之个人的（实际、可能或可以的）行动产生的结果。

为了研究如何表达集体或团体的行动，我们将在本章扩展行动道义逻辑的句法和语义。由此产生的逻辑“行动道义逻辑*”①可以称之为一种集体行动的逻辑，而有别于由行动道义逻辑构成的个人行动的逻辑。

---

① 原文为DLA*，为了理解的方便，一律表示为“行动道义逻辑*”，即表述集体行动的逻辑——译者注。

1. 集体行动者

在讨论个人和集体行为的可能关系之前，我们先来看集体是如何构成的。“行动道义逻辑*”包括一个描述集体化过程的符号“＋”。我们用行动者标识符(agent designator)这个概念来概括描述所有指示个人或集体行动者的表达式(Lindahl 1977, p. 220)。集体行动者指的总是一个个人的集合或者联盟。符号“＋”指代一种在所有成对的行动者标识符(如 T_1 和 T_2)上的二元运算，该运算算子产生一个新的行动者标识符(T_1+T_2)。例如，如果 i 和 j 是两个自由的个体符号，($i+j$)指的是只以 i 和 j 为其成员的集体行动者。因为上述运算对于所有成对的行动者标识符都成立，而表达式(T_1+T_2)本身是一个行动者标识符，那么诸如(T_1+T_2)$+T_3$ 这样更为复杂的表达式也是一个行动者标识符。

人们可以区分好几种以二元运算的属性为基础的集体化的方法。一个区分是排序的和非排序的集体化。① 考虑下列表达式($i+j$)(Lindahl 1977, p. 224)：

(1)i 借助于 j 的帮助；

(2)i 向 j 咨询。

这两个解析产生了一个经过排序的集体，因为在这里使用了算子“＋”的排序是重要的。借助 j 的帮助的个人 i 和接受 i 的帮助的个人 j 不是同一个行动者：根据这种解析($i+j$)和($j+i$)指的是不同的集体行动者。如果在集体化过程中执行运算时顺序不重要，这就是非排序的集体。例如，如果我们把“＋”解释为“与……一起”(Lindahl 1977,

① 参见 Lindahl 1977, p. 214; Hansson 1986, p. 89。

p. 220)或者“……的联合”(Kanger & Kanger 1966, p. 103),那么我们如何安排行动者标识符的顺序是不重要的。说$(i+j)$指的是i和j的联合或者i和j在一起,与说$(i+j)$指的是j和i的联合或者j和i在一起,二者是一回事。根据这个解析,$(i+j)$和$(j+i)$是相同的集体。

我们使用的行动算子,或者这些行动导致的特定事态,并不包含着关于某事如何做成,能否做,或是否可以做的特殊的决定信息。我们知道人们能够采取行动,我们知道这些行动的后续结果,但我们不总是知道这些行动看上去像什么。特别地,我们可能没有办法知道i是否帮助了j,i是否咨询了j,或者任何其他发生在两个个人行动者标识符之间的可能关系是否成立。由于这个原因,我们应当把集体行动者定义为非排序的集体,也就是说,定义成个人的集合。①

在行动道义逻辑的语义学中,自由的个体符号指涉的是单元素集合。如果这些符号指涉同一个集合,我们就说他们是相同的。在“行动道义逻辑*”中我们也采取这种办法:行动者标识符是表示个人的集合的表达式。正如两个自由的个体符号i和j,如果它们指的是同一个集合,我们就说它们是同一的$(i=j)$;同样,如果两个行动者标识符表示的是同样的集合,它们就是同一的。因此,举例来说,表达式$T_1=(T_2+T_3)$说的是诸如T_1的集体和(T_2+T_3)所表示的集合是同一个。

并且,在我们的逻辑中,算子“+”既可以理解成“联合”又可以理解成“和……在一起”。我们说表达式$(F+G)$指的是F和G所指涉的集合的联合。显然,这就意味着支配联合的集合论运算的那些规则同样支配着“+”运算。这意味着对于所有的行动者标识符T_1、T_2和T_3,下列的属性是成立的:

(1)$(T_1+T_2)=(T_2+T_1)$ (交换律)

(2)$(T_1+T_2)+T_3=T_1+(T_2+T_3)$ (结合律)

① 参见 Hansson (1986, p. 89)。

(3) $(T_1+T_1)=T_1$ （幂等律）

列奥·阿波斯忒(Leo Apostol)认为并非每个表示“与……在一起”的概念都满足结合律:当一对已婚夫妇和一位朋友走在一起,这并不总是意味着丈夫和他的朋友走在一起,旁边跟随着他的妻子。作为集体而行动的集体能够和外部的人们在一起做事,而不会因为这样做导致集体的分化(反之同样成立)。基于这个原因我们必须同时考虑满足结合律的“一起”和不满足结合律的“一起”(Apostol 1978, pp. 134－135)。

要再次声明的是,我们的逻辑关注于个人行动的后续结果,而不是这些行动的特征。因此,我们不引进不满足结合律的集体化算子:我们不认为行动者标识符 $(T_1+T_2)+T_3$ 和标识符 $T_1+(T_2+T_3)$ 的行为有什么区别。

并且,根据阿波斯忒的观点,类型为 (T_1+T_1) 的命题在任何关于“与……在一起”的概念的解析中都是无意义的(Apostol 1978, p. 135)。在这个观点看来,诸如 $(T_1+T_1)=T_1$ 这样的命题既不是错的又不是对的,它是荒谬的:它不应该被看作一种结构良好的表达式。然而,如果我们仅在行动者彼此不同的意义上使用算子“+”,那么,“行动道义逻辑*”的句法将会变得更加复杂。采取这种更为复杂的句法在直觉的清晰性上的好处不甚显著,因而,我们将不采纳阿波斯忒的看法,而允许诸如 (T_1+T_1) 的命题出现。一旦人们允许了这种表达式,就很容易得出幂等律的有效性了。因为形如 $(F+G)$ 的表达式指的是 F 和 G 所指涉的集合的联合,且对于任意集合 A 来说 $(A \cup A)=A$,所以,(T_1+T_1) 和 T_1 指涉的集合是同一的。故命题 $(T_1+T_1)=T_1$ 总是真的。

最后,我们要引入符号⊕和≪。符号⊕对行动者的连接方式表示和“+”是相同的。它用于两个行动者标识符之间,运算得到的结果仍是行动者标识符,然而对这两种运算的解析是不同的。表达式 (T_1+T_2) 指的是 T_1 和 T_2 的联合,而表达式 $(T_1 \oplus T_2)$ 指的是交集:它所包含

的只是那些既属于 T_1,又属于 T_2 的个体。例如,表达式 $T_3=(T_1\oplus T_2)$表示的是,个人是由 T_3 所指涉的联盟中的一员,当且仅当他既是 T_1 所指涉的集合的一员,又是 T_2 所指涉的集合的一员。读者可以自行验证,和"+"一样,算子$\oplus$满足交换律、结合律和幂等律。

符号$\ll$用于表示"子集合"的概念。对于任意两个符号 T_1 和 T_2,我们使用表达式$(T_1\ll T_2)$来说明 T_1 指涉的集合是 T_2 所指涉的集合的子集。换句话说,任何属于 T_1 指涉的集合的个人也属于 T_2 所指涉的集合。既然自由的个体和联盟符号都是行动者标识符,我们可以用$(i\ll G)$来表示个人 i 是联盟 G 的一员。

给定两个行动者标识符 T_1 和 T_2,可以很方便地表示以下事实:没有个体同时属于两个集合。命题$\forall_s[\sim(s\ll T_1)\vee\sim(s\ll T_2)]$就是这样一个表达式,其中 s 是受约束变量。我们用符号"$\perp$"表示空集,这样就可以用一种更为简略的方式把上面的表达式写作$\perp=T_1\oplus T_2$。

显然,在类型为$(F\ll G)$的表达式和表示同一的表达式之间存在某种联系。如果两个拥有相同的元素,它们就是同一的,换句话说,如果它们彼此都是对方的子集,它们就是同一的。因此,行动者标识符 T_1 和 T_2 是同一的,当且仅当这两个符号指涉的集合是对方的子集:T_1 的每一个元素同时又是 T_2 的元素,反之亦然。

2."行动道义逻辑*"的语言

行动道义逻辑使用两种表示行动者的符号,自由的个体符号以及受约束的个体变量。在"行动道义逻辑*"中有五类行动者符号。第一类是自由的联盟符号。这些符号用大写字母 $F,G,H,\cdots$表示,指的是至少包含一个元素的集合。也就是说,这些符号指涉的联盟永远不是空集。第二类行动者符号和我们在行动道义逻辑中介绍的自由个体符

号 $i,j,k,\cdots$是相同的。这些符号指的是个体的单元素集合,也称作小联盟。符号“⊥”表示空集,即不包含任何元素的集合。正如我们在上文所表示的,我们假定不能够用空联盟来实施任何行动,最后在“行动道义逻辑*”中的受约束联盟变量是 $S,T,U,\cdots$,不同于行动道义逻辑中的受约束变量 $s,t,u,\cdots$。

根据定义,行动者标识符是指涉个人集合的任意表达式。既然我们允许了算子+和⊕对于两个行动者标识符的运算,我们可以下结论说一个自由的联盟符号总是行动者标识符,但是一个行动者标识符并不总是一个自由的联盟符号。例如,表达式$(F+G)+H$是一个结构良好的行动者标识符——它指的是一个个体的集合——但它不是自由的联盟符号(尽管很可能,对于任意的指涉非空集合的行动者标识符 T 来说,存在指涉相同集合的自由联盟符号。因此在这个特殊的情形下,存在一个自由的联盟符号,比如说 I,满足 $I=(F+G)+H$)。

“行动道义逻辑*”的句法的构成方式要使得形如 $\mathrm{Do}_T(t_i,\varphi)$和$\mathrm{D\acute{o}}_T(t_i,\varphi)$的表达式是“行动道义逻辑*”的结构良好的表达式,给定 T 是一个自由的个体或者联盟符号。因此,我们不允许构造表达式,使得空的联盟也能导致某些事态成为事实(无论是在弱或强的意义上说)。在我们看来,说行动者由实施行动的“无人”组成是荒谬的。对于“行动道义逻辑*”的(弱的或者强的)行动命题,真势模态以及道义模态以和在行动道义逻辑中相同的方式被运用。因此,如果 ψ 是“行动道义逻辑*”的(弱的或者强的)行动命题,那么 $\mathrm{Can}\psi$、$\mathrm{Must}\psi$、$\mathrm{May}\psi$ 和 $\mathrm{Shall}\psi$ 同样是“行动道义逻辑*”的结构良好的表达式。

最后,我们认为自由的个体符号并不一定要指个人。在“行动道义逻辑*”中,假定个体所指的行动者,不包括那些用“+”运算连接两个不同行动者标识符后得到的行动者——可以说它们是模型的原始行动者。例如,表达 i 所指的是个体,当且仅当不存在个体 j 和 $k(j\neq k)$使得 $i=(j+k)$。而现在这些个体符号指的很可能不是个人,而是个人的集合。例如,在我们分析联盟形成过程的语境里,个体行动者指的可能是政党,而集体行动者指的可能是政党的联盟。另一方面,在一个不同的语境下,例如说研究政治参与,个体行动者可能确实是个人,也就是公民。在第 7 章和第 8 章我们将为由自由个体符号表示的行动者分配偏好。显然,如果人们假定只有人类才会具有偏好,那么自由的个体符号指的就是人类。

3. 集体行动的逻辑

对算子"+"和⊕的属性的规定仍然没有为我们给出关于集体行动逻辑的充分信息。我们仍然想要知道,控制关于集体行动者的行为的表达式的逻辑规则是什么。说$(i+j)$和$(j+i)$表示相同的联盟,并没有说明由 i 采取的行动和由$(i+j)$采取的行动二者之间的关系。

我们可以区分对个体和集体行动之间关系的两个假定。两个假定都声称,为了说明一个集体做了(或者能够做、可以做)某件事情,必须认为,集体的成员以某种方式行动(或者能够行动、可以行动)而导致了事态出现,这是真的。然而,第一项假定说的是(我们称之为完全支持假定),集体的每一个成员对于事态的实现都有所贡献(独立地能够贡献,或者可以贡献)。例如,如果 i 付钱给 j 让他粉刷墙壁,而 j 接受了钱并粉刷了墙壁,那么我们能够说集体$(i+j)$导致了墙被粉刷这一事态的出现。

另一方面,根据我们所说的局部支持的假定,并不需要集体的所有成员都对事态的实现(能够实现,或者可以实现)有所贡献。在此观点看来,只要至少一些集体成员做出了贡献,这就足够了。因此,如果我将要粉刷这些墙壁,那么根据局部支持假定,人们可以说由我和全体俄国人组成的集体导致了墙被粉刷这一事态的出现。

构造与这些假定相容的原则并不是太难。例如，对于算子 Do，由 Lindahl(1977, p. 221)提出的下列原则看上去是合理的，并且与这些假定相符：

(1)$F=G\rightarrow(\mathrm{Do}_F(t_i,\varphi)\leftrightarrow\mathrm{Do}_G(t_i,\varphi))$

Hansson (1986, p. 90)提出的原则似乎也和这些假定相符：

(2)$\mathrm{Do}_F(t_i,\varphi)\&\mathrm{Do}_G(t_i,\varphi)\rightarrow\mathrm{Do}_{F+G}(t_i,\varphi)$

因为φ是F和G行动的必然结果，我们能够说由F和G表示的行动者完全(因而也是局部地)支持了该事态的实现，或者对其有所贡献。

下面的原则和局部支持的假定相容，但和完全支持假定不相容：①

(3)$\mathrm{Do}_F(t_i,\varphi)\rightarrow\mathrm{Do}_{F+G}(t_i,\varphi)$

根据这项原则，如果由F所表示的行动者使得某件事成为事实，那么就可以说包含F的所有元素的任何集合都导致了该事实。所以人们可以说，诸如集团$F+G$的行动导致了事态φ，哪怕在这个集合里的某些人并没有对事态的出现做出支持。

对于算子 Do、Dó 和 Can 来说，局部支持假定和“行动道义逻辑*”的语义学相符；不仅(1)、(2)、(3)，而且

(4)$\mathrm{CanDo}_F(t_i,\varphi)\rightarrow\mathrm{CanDo}_{F+G}(t_i,\varphi)$

也是“行动道义逻辑*”的有效命题，其中我们用自由的联盟符号来表示行动者$F+G$。并且如果我们用算子 Dó 代替算子 Do，也能得到有效的表达式。在“行动道义逻辑*”的语义学中，Do 和 Can 与它们在行动道义逻辑中基本相同。每一个时间点上，存在一种博弈型，描述个体行动者的可能行为以及每一种可能的个体行动联合的后果。个人的联盟的行动是个人策略的联合：每人一种策略。要知道诸如$\mathrm{Do}_F(t_i,\varphi)$的表达式是否成立，我们看由$F$表示的联盟所采取的行动组合会产生什么样的必然结果。就像在行动道义逻辑中一样，我们说一种结果是必然

① 参见 Kanger & Kanger (1966), p. 105; Lindahl (1977), p. 224。

的,如果它的产生和其他行动者采取什么行动无关的话。显然,如果 i 采取了以 φ 为必然结果的行动,那么任何以 i 为元素的联合(其策略组合相应地包含了 i 的策略)就采取了以 φ 为后果的策略组合。因此(3)是一个有效表达,基于同样道理(4)也是有效的。

而另一方面,在个人被允许采取的行动和集体被允许采取的行动之间,这种关系并不成立。表达式(1)的相应的道义逻辑表达式

(5) $F=G\rightarrow(\mathrm{MayDo}_F(t_i,\varphi)\leftrightarrow \mathrm{MayDo}_G(t_i,\varphi))$

根据"行动道义逻辑*"的语义学是有效的,但不能说:

(6) $\mathrm{MayDo}_F(t_i,\varphi)\rightarrow \mathrm{MayDo}_{F+G}(t_i,\varphi)$

以及甚至更弱的

(7) $\mathrm{MayDo}_F(t_i,\varphi)\,\&\,\mathrm{MayDo}_G(t_i,\varphi)\rightarrow \mathrm{MayDo}_{F+G}(t_i,\varphi)$ 是成立的。

造成这个结果的原因在于,我们预先假定了不存在一种描述个人被允许采取什么行动的博弈型,被允许的博弈型是分配给每个联盟的。既然在各种不同的博弈型之间不存在先验的关系,事实可能是 i 根据分配给他的博弈型可以做某件事,即便是 i 和 j 在一起时根据被分配给他们的被允许博弈型,他们不被允许做这件事。因此,在实际或可能的行动语境中,集体和个人行为之间关系的逻辑不同于在道义行动的语境中二者关系的逻辑。局部支持假定在实际或可能行动的语境里是和"行动道义逻辑*"的语义学相容的,但是它不一定和道义命题的语义学相容。

然而,在下一章将表明,我们有可能能够定义一种环境使得形如(6)和(7)的表达式成为永真式。因而,在理论上由可能定义使得局部支持假定同"行动道义逻辑*"相容的环境。但是,对于三类行为中的任何一种来说,都不可能定义出一种"行动道义逻辑*"的系统使之与完全支持假定相容,这一点是由逻辑的特性决定的。在上文已经解释过,我们主要研究个人所采取的行动的后果,而不是这些行动的特征。

第 4 章*

形式化表述

1. “行动道义逻辑*”:句法

“行动道义逻辑*”的语言符号是:

(1)行动道义逻辑的符号

(2)自由联盟符号: $F, G, H, \cdots$

(3)受约束的联盟变量: $S, T, U, \cdots$

(4)空联盟符号: $\perp$

(5)施事谓词: $\ll$

(6)函项符号: $+, \oplus$

4* 1.1 定义

“行动道义逻辑*”中的行动者标识符集合的定义可以归纳如下:

(1)每个自由的个体符号是一个行动者标识符;

(2)每个自由的联盟符号是一个行动者标识符;

(3)空联盟符号是一个行动者标识符;

(4)如果 T_1 和 T_2 是行动者标识符,那么(T_1+T_2)与$(T_1 \oplus T_2)$也

是行动者标识符；

(5)(1)～(4)定义了所有的行动者标识符。

4* 1.2 定义

"行动道义逻辑"中的原子表达式集合定义如下：

(1)每个行动道义逻辑的原子表达式是"行动道义逻辑*"的原子表达式；

(2)对于所有的行动者标识符 T_1 和 T_2 来说，$(T_1 << T_2)$与$(T_1 = T_2)$是"行动道义逻辑*"的原子表达式；

(3)(1)和(2)定义了所有的原子表达式。

进一步地，"行动道义逻辑*"的基础命题的集合与行动道义逻辑的基础命题集合是相同的(参见 2* 1)。

4* 1.3 记号

令 φ 为"行动道义逻辑*"的一个结构良好的表达式，α 为一个自由个体、时间变量或者联盟符号，β 为个体、时间或联盟变量。$\varphi[\beta/\alpha]$表示在 φ 中把所有的 α 替换为 β 所得到的表达式。

4* 1.4 定义

"行动道义逻辑*"的结构良好的表达式的集合按照如下方式定义：

(1)对于所有的基础命题 x 和自由时间符号 t_i,(t_i,φ)是“行动道义逻辑*”的一个结构良好的表达式;

(2)“行动道义逻辑*”的每个原子表达式是它的一个结构良好的表达式;

(3)对于“行动道义逻辑*”的所有结构良好的表达式 φ,$\sim\varphi$ 是它的结构良好的表达式;

(4)对于“行动道义逻辑*”的所有结构良好的表达式 φ 和 ψ,$(\varphi\&\psi)$是它的一个结构良好的表达式;

(5)对于所有自由的个体或联盟符号 T,以及所有的自由的时间常量 t_j:

(a)如果 φ 是“行动道义逻辑*”的结构良好的表达式,那么$\mathrm{Do}_T(t_j,\varphi)$是类型为 T/t_j 的弱行动命题,$\mathrm{D\acute{o}}_T(t_j,\varphi)$是类型为 T/t_j 的强行动命题;

(b)如果 φ 是类型为 T/t_j 的弱(强)行动命题,那么$\sim\varphi$ 也是类型为 T/t_j 的弱(强)行动命题;

(c)如果 φ 和 ψ 是类型为 T/t_j 的弱(强)行动命题,那么$(\varphi\&\psi)$也是类型为 T/t_j 的弱(强)行动命题;

(d)除了由(a)～(c)定义的命题外,没有其他的类型为 T/t_j 的弱(强)行动命题;

(e)任何类型为 T/t_j 的弱(强)行动命题是“行动道义逻辑*”的结构良好的表达式。

(6)对于任何自由的个体或者联盟符号 T,以及所有自由的时间符号 t_j:如果 φ 是一个类型为 T/t_j 的(弱或者强)行动命题,那么

(a)$\mathrm{Can}\varphi$ 是“行动道义逻辑*”的结构良好的表达式;

(b)$\mathrm{Must}\varphi$ 是“行动道义逻辑*”的结构良好的表达式;

(c)$\mathrm{May}\varphi$ 是“行动道义逻辑*”的结构良好的表达式;

(d)$\mathrm{Shall}\varphi$ 是“行动道义逻辑*”的结构良好的表达式。

(7)对于“行动道义逻辑*”的所有结构良好的表达式 φ,所有自由的个体、联盟或时间符号 α,以及所有受约束的个体、联盟和时间变量 β: $\forall_{\beta}[\varphi[\beta/\alpha]]$是“行动道义逻辑*”的良好的表达式(参见 4* 1.3);

(8)以上(1)～(7)定义了“行动道义逻辑*”的所有结构良好的表达式。

4* 1.5 评论

我们以与在行动道义逻辑中相一致的方式定义自由和受约束的(个体、联盟和时间)符号的发生(参见第 2 章形式化表述定义 2*5)。

4* 1.5 定义

在行动道义逻辑中使用的缩略语也在“行动道义逻辑*”中使用,并且我们使用下列缩写:

$T_1 \neq T_2$ 表示$\sim(T_1 = T_2)$

$\varphi[T_1/S]$表示$\exists_S[\varphi \& (T_1 = S)]$

其中 T_1 和 T_2 为行动者标识符,$\exists_S[\varphi]$为“行动道义逻辑*”的结构良好的表达式,$\varphi[T_1/S]$表示在表达式 φ 中用行动者标识符 T_1 替换联盟变量 S 后得到的表达式。

2.“行动道义逻辑*”:语义学

4* 2.1 定义

“行动道义逻辑*”的一个模型结构为有序向量组$\langle \Gamma, \wp, \Im \rangle$,满足

(1)$\Gamma=\langle X,\Sigma,\Xi,\tau\rangle$是合作的复杂博弈树(参考第3章形式化表述定义3*3和3*4);

(2)$\wp$是Γ的一个博弈结构;

(3)$\mathfrak{I}$是“行动道义逻辑*”的一个解析,也就是说,它是一个映射,满足

(a)为每个行动者标识符分配N的一个子集,使之满足

——$\mathfrak{I}(\perp)=\phi$;

——对于所有的行动者标识符T_1和T_2,$\mathfrak{I}(T_1+T_2)=\mathfrak{I}(T_1)\cup\mathfrak{I}(T_2)$,并且

$\mathfrak{I}(T_1\oplus T_2)=\mathfrak{I}(T_1)\cap\mathfrak{I}(T_2)$;

——为每个自由的个体符号分配一个单元素子集,为每个自由联盟符号分配一个非空子集;

(b)为每个时间符号分配一个正整数;

(c)为每个基础命题分配X的一个子集,使得

——对于所有的基础命题x,$\mathfrak{I}(\sim x)=X-\mathfrak{I}(x)$;

——对于任意的两个基础命题x_1和x_2,$\mathfrak{I}(x_1\& x_2)=\mathfrak{I}(x_1)\cap\mathfrak{I}(x_2)$。

4*2.2 定义

令$\Gamma=\langle X,\Sigma,\Xi,\tau\rangle$为一个合作的复杂博弈树,$M=\langle\Gamma,\wp,\mathfrak{I}\rangle$为“行动道义逻辑*”的一个模型结构。并且,令$\psi$为类型为$T/t_j$的(弱,或强)行动命题,$\beta$为受约束的个体、联盟或时间符号。我们说表达式$\varphi$在$M$中是成立的,当且仅当$\varphi$是下列情形时:

(1)$\varphi=(t_j,x)$:　　x在$\wp$的$\mathfrak{I}(t_j)$点上是真的;

(2)$\varphi=\mathrm{Do}_T(t_j,\psi)$:　　对于$\wp$的所有$[N-\mathfrak{I}(T),\mathfrak{I}(t_j)]$变体$\wp'$,$\psi$

在$\langle\Gamma,\wp',\mathfrak{I}\rangle$中是真的；

(3)$\varphi=\text{D\'o}_T(t_j,\psi)$：　(a)$\text{Do}_T(t_j,\psi)$在$M$中是真的；

(b)对于$\wp$的至少一个可行的$\mathfrak{I}(t_j)$分割$\wp'$，$\text{Do}_T(t_j,\psi)$在$\langle\Gamma,\wp,\mathfrak{I}\rangle$中不是真的；

(4)$\varphi=\text{Can}\psi$：　对于$\wp$的至少一个可行的$\mathfrak{I}(t_j)$分割$\wp'$，ψ在$\langle\Gamma,\wp',\mathfrak{I}\rangle$中是真的；

(5)$\varphi=\text{Must}\psi$：　对于$\wp$的每一个可行的$\mathfrak{I}(t_j)$分割$\wp'$，ψ在$\langle\Gamma,\wp',\mathfrak{I}\rangle$中是真的；

(6)$\varphi=\text{May}\psi$：　对于$\wp$的至少一个对于$\mathfrak{I}(T)$可允许的$\mathfrak{I}(t_j)$分割$\wp'$，ψ在$\langle\Gamma,\wp',\mathfrak{I}\rangle$中是真的；

(7)$\varphi=\text{Shall}\psi$：　对于$\wp$的每一个对于$\mathfrak{I}(T)$的$\mathfrak{I}(t_j)$分割$\wp'$，ψ在$\langle\Gamma,\wp',\mathfrak{I}\rangle$中是真的；

(8)$\varphi=\sim\psi$：　ψ在M中不是真的；

(9)$\varphi=(\psi\&\omega)$：　ψ和ω在M中都是真的；

(10)$\varphi=\forall_\beta[\psi]$：　对于所有的个人、联盟和时间符号$\alpha$，$\psi[\alpha/\beta]$在$M$中是真的；

(11)$\varphi=(t_i=t_j)$：　$\mathfrak{I}(t_i)=\mathfrak{I}(t_j)$；

(12)$\varphi=(t_i<t_j)$：　$\mathfrak{I}(t_i)<\mathfrak{I}(t_j)$；

(13)$\varphi=(T_1\ll T_2)$：　$\mathfrak{I}(T_1)\subset\mathfrak{I}(T_2)$；

(14)$\varphi=(T_1=T_2)$：　$\mathfrak{I}(T_1)=\mathfrak{I}(T_2)$。

其中$\psi[\alpha/\beta]$指的是在表达式ψ中用α取代β得到的结果。(参考4*1.5和2*5)T_1和T_2是行动者标识符。

4*2.3　定义

令Γ为合作的复杂博弈树，令φ为“行动道义逻辑*”的结构良好的表达式。φ 是 Γ 满意的，当且仅当存在有一个可行的博弈结构$\wp$以及解析$\mathfrak{I}$，满足 φ 在模型结构$\langle \Gamma, \wp, \mathfrak{I} \rangle$中是真的。"行动道义逻辑*"的表达式 φ 是 Γ 有效的，当且仅当对于所有可行的博弈结构$\wp$以及所有"行动道义逻辑*"的解析$\mathfrak{I}$，φ 在$\langle \Gamma, \wp, \mathfrak{I} \rangle$中是真的。

令 C 为一个基于"行动道义逻辑*"的合作的复杂博弈树的类。我们说"行动道义逻辑*"的一个结构良好的表达式是 C 有效的，当且仅当该表达式对于所有的 $\Gamma \in C$ 是 Γ 有效的。

第 5 章

效能函数和逻辑系统

模型结构的概念在行动道义逻辑和“行动道义逻辑*”的语义学中发挥着重要的作用。正如我们所见，模型结构能够被看作对世界历史的一种描述。我们说一个表达式是满意的，如果它满足下列条件：存在一段世界的历史，其中该表达式是真的。显然，某些类型的表达式不适合某些类型的模型结构。例如，考虑由所有非合作的复杂博弈树组成的集合 C，其中用来确定个人能够和不能够做什么的博弈型（可行的博弈型）为每个人分配一种策略。或者用另一种方式可以说，考虑那些非合作的复杂博弈树，其中每一个可行的博弈型只能以一种方式实施。很容易看出，每一个形式为“$\forall_s[\mathrm{CanDo}_s(t_i,\varphi)\rightarrow\mathrm{MustDo}_s(t_i,\varphi)]$”的表达式是行动道义逻辑的 C 有效的表达式：它在每个其复杂博弈树是属于 C 的一个元素的模型结构中是真的。如果每个个人只被分配到一种策略，那么每个人就只有一种意见。他必须选择该策略。如果个人不具有对吸烟的选择权，那么他必须接受他没有在吸烟的事态，或者更简单地说，他必须不得吸烟。另一方面，给定存在某些博弈型为个人分配多种策略的模型结构，接受使得某事成为事实并不意味着他必须要使之成为事实；试想考虑个人既有权选择抽烟，又有权选择不抽烟。相似地，模型结构之被允许博弈型的特征，决定了哪几类道义表达式是满意的。例如,如果所有人都只拥有一种可以被允许的策略,那么表达式"$\forall_s[\text{MayDo}_s(t_i,\varphi)\rightarrow\text{ShallDo}_s(t_i,\varphi)]$"也是行动道义逻辑的一个 C 有效的表达式。

在这一章,我们利用组成博弈树的那些(可行及被允许)博弈型的特征,来定义复杂博弈树的性质。在做这部分工作时,我们会利用到效能函数的概念。在以非形式化的方式陈述这个概念以后,我们表明怎样利用效能函数来定义这些性质。接下来我们提出真表达式,它们属于一些模型结构,其中的复杂博弈树具有讨论过的那些属性。

1. 效能函数

考虑复杂博弈树的一个节点 q。根据博弈树是合作的还是非合作的,分配给 q 的博弈型数量为 $n+1$ 或者是 2^n。如果复杂博弈树是非合作的,即不必考虑集体行动者,那么就有 $n+1$ 种属于 q 的博弈型。有一种可行博弈型描述人们可以或者不可以做什么,并且有 n 种被允许的博弈型——每人一种——来描述他们可以或者是不可以做什么。如果博弈树是合作的,就会有 2^n 种属于 q 的博弈型:一种可行的博弈型,以及对于 N 的 2^n-1 个非空子集,均有一个被允许的博弈型。

复杂博弈树的每个节点将和两种效能函数相关。效能函数的概念是由 Moulin 和 Peleg (1982)引进的:它描述隐含于决策情形之下的权力结构(Moulin & Peleg 1982; Abdou & Keiding 1991, p. ix)。该函数为每个非空的联盟分配由 X 的非空子集组成的集合。从直觉上说,如果联盟对于一个点集是有效能的,那么它能够促使决策情形的解位于该集合内部。例如,如果个人 i 拥有一种策略,该策略根据他人的选择将导致 q_1 或是 q_2,那么集合 $\{q_1,q_2\}$ 属于 i 的效能集合:通过选择这一策略，i 确保了博弈解属于$\{q_1, q_2\}$。① 相似地，如果点集属于一组个人的效能集合，那么个人集合的成员就能够协调他们的行动，使得博弈结果属于该点集。

对于任意复杂博弈树$\langle X, \Sigma, \Xi, \tau \rangle$的所有点 q 来说，我们首先构造一个效能函数，使之描述隐含在决策情形[由可行博弈型$\Sigma(q)$描述]之下的权力分配状况。我们称之为与 q 相关的可行效能函数，用 $E^{\Sigma(q)}$ 表示。接下来，我们在 n 种被允许博弈型的基础上(当博弈树是非合作的)，或是在 2^n-1 种被允许博弈型基础上(如果博弈树是合作的)构造一种效能函数。我们称之为与 q 相关的被允许效能函数，并用 $E^{\Xi(q)}$ 表示。根据这种效能函数，我们说联盟 S 对于一个集合是有效能的，仅当联盟成员能够在联盟的被允许博弈型中协调其行为，以使得博弈的解总是包含在集合内的一个元素。

在继续分析之前，我们要注意的是，关于效能函数的定义在两个方面不同于它业已提出的标准定义(Moulin & Peleg 1982; Moulin 1983; Peleg 1984; Abdou & Keiding 1991)。首先，通常假定效能函数的定义域包含所有非空的个人集合。②。但在我们的定义中这一点未必成立。非合作的复杂博弈树被用于行动道义逻辑的语义学。这意味着这里唯一的可能联盟是微型联盟，也就是说，仅由单个人组成的联盟。因而这里谈论非微型联盟的效能是没有多少意义的。我们会假定效能函数的定义域总是和我们考察的特殊的复杂博弈树相同。在行动道义逻辑的语义学的语境中，效能函数的定义域是所有微型联盟的集合。当我们在研究集体采取的行动的逻辑时，也就是说在"行动道义逻辑*"的语

---

① 与第 3 章相仿，为了阅读便利，我们会经常使用"个人 i"来代替更为严格的表述方式"微型联盟$\{i\}$"。例如，我们说个人的效能集合，而不是拥有单元素的联盟的效能集合。相似地，我们将会说属于复杂博弈树的域的个人，而不是微型联盟。

② 在 Moulin & Peleg (1982)中，定义域中包括 N 的非空子集，然而在 Abdou & Keiding (1991)中，空联盟也属于定义域。在这方面我们采用 Moulin 和 Peleg 的方法。

境下,函数定义域由所有非空联盟组成——等于由 N 的所有非空子集构成的集合。

其次,尽管人们通常认为一个联盟对于由它在其上有效能的集合构成超集合而言总是有效的,但就我们的定义来说,这并不总是真的。我们的方法是根据 Rajat Deb (1990)给出的定义把效能函数和博弈型联系起来,根据他的定义,一个联盟对于集合有效能,当且仅当该联盟中的每一个元素具有一种策略,使得当它们实施该策略时,(a)该集合中的任意元素能够成为博弈结果,以及(b)除了属于该集合的元素外,不可能有其他博弈结果。这里尽管条件(b)和效能函数的通常定义是一致的,条件(a)却与通常的定义不同。它要求个人保持有效的集合满足如下条件,即它们不包含那些当联盟采取所给定的策略时永远也无法达到的博弈结果。

2. 一个例子(第二部分)

再考虑第3章讨论过的那个例子。个体集合 N 包含三个元素,我们表示为 i、j 和 k。点集 $X=\{q_0, q_1, \cdots\}$。并且,①

$\sum(q_0)=\Xi(q_0)(i)=\Xi(q_0)(j)=\Xi(q_0)(k)=G_1$

$\sum(q_2)=\Xi(q_2)(i)=\Xi(q_2)(j)=G_2$

$\sum(q_2)(k)=G_3$

博弈型 G_1、G_2 和 G_3 定义如下:

$G_1=\langle\{q_1, q_2, q_3, q_4\}, \sigma_0, \pi_0\rangle$

$\sigma_0(i)=\{s_1, s_2, s_3, s_4\}$, $\sigma_0(j)=\sigma_0(k)=\{s_5\}$;

① 请记住,我们把$\mathfrak{I}(i)$、$\mathfrak{I}(j)$和$\mathfrak{I}(k)$,以及$\mathfrak{I}(t_i)$、$\mathfrak{I}(t_j)$和$\mathfrak{I}(t_k)$分别写作 i、j 和 k,以及 t_i、t_j 和 t_k。

$\pi_0(p_{01})=\pi_0(s_1, s_5, s_5)=q_1$;

$\pi_0(p_{02})=\pi_0(s_2, s_5, s_5)=q_2$;

$\pi_0(p_{03})=\pi_0(s_3, s_5, s_5)=q_3$;

$\pi_0(p_{04})=\pi_0(s_4, s_5, s_5)=q_4$。

$G_2=\langle\{q_9, q_{10}, q_{11}, q_{12}\}, \sigma_2, \pi_2\rangle$

$\sigma_2(i)=\{s_5\}$, $\sigma_2(i)=\sigma_2(k)=\{s_6, s_7\}$;

$\pi_2(p_{21})=\pi_2(s_5, s_6, s_6)=q_9$;

$\pi_2(p_{22})=\pi_2(s_5, s_6, s_7)=q_{10}$;

$\pi_2(p_{23})=\pi_2(s_5, s_7, s_6)=q_{11}$;

$\pi_2(p_{24})=\pi_2(s_5, s_7, s_7)=q_{12}$。

$G_3=\langle\{q_{10}, q_{12}\}, \sigma_3, \pi_3\rangle$

$\sigma_3(i)=\{s_5\}$, $\sigma_3(i)=\{s_6, s_7\}$, $\sigma_3(k)=\{s_7\}$;

$\pi_3(p_{31})=\pi_3(s_5, s_6, s_7)=q_{10}$;

$\pi_3(p_{32})=\pi_3(s_5, s_7, s_7)=q_{12}$。

如上所述,两种效能函数属于博弈树的所有节点。可行的效能函数,根据可行博弈型,把由 X 的非空子集组成的非空集合分配给博弈树范围内的所有联盟。另一种效能函数,被允许的效能函数,根据被允许的博弈型,分配类似的集合。我们把由可行效能函数和被允许效能函数分配的集合分别称为可行效能集合与被允许效能集合。

对于属于个体的效能集合的任一集合而言,人们能够根据取决于效能函数定义方式的特性博弈型,来采取一种策略,使得博弈结果属于该集合,而无论在这一过程中他人采取何种行动。为了表明这种情形是如何出现的,我们来看在 q_0 点的可行博弈型。我们看到,i 有四种策略,而 j 和 k 均只有一种策略。因此,i 通过选择策略决定了博弈结果。对此其他两人无能为力。如果 i 选择了 s_1,博弈结果总是 q_1;如果 i 选

择了 s_2，博弈结果就总是 q_2，等等。因此 i 能够确保博弈结果属于以下四个集合：$\{q_1\}$、$\{q_2\}$、$\{q_3\}$、$\{q_4\}$中的任意一个。

根据标准的博弈论定义，如果个人能够确保博弈结果属于该集合，个人对于集合是有效的。这一关于效能的概念意味着，对于集合 B 有效的个人同样对于 B 的超集合也是有效的。如果 i 能确保博弈结果属于$\{q_4\}$，那么不用说他也能够确保该结果属于集合$\{q_1,q_4\}$。然而正如在前一节中我们解释过的，根据我们对可行或被允许效能函数的定义，集合$\{q_1,q_4\}$属于 i 的效能集合，当且仅当事实是，i 的行动总是导致 q_1 或 q_4，并且——根据他所实施的行动不同——有时导致 q_1，有时导致 q_4。后一个条件在这里不满足。策略 s_4 将总是导致 q_4，并且从不导致 q_1：在 G_1 中不存在 i 选择 s_4 而最终结果是 q_1 的博弈。因此集合$\{q_1,q_4\}$，或者任何其他$\{q_1\}$、$\{q_2\}$、$\{q_3\}$、$\{q_4\}$的超集合，均不属于 i 的效能集合。所以我们可以总结为，对于 $q=q_0$，$E^{\Sigma(q)}(i)=\{\{q_1\},\{q_2\},\{q_3\},\{q_4\}\}$，并且 $E^{\Sigma(q)}(i)=E^{\Sigma(q)}(k)=\{\{q_1,q_2,q_3,q_4\}\}$。

在属于 G_2 的可行博弈型中，个人 j 能够通过选择 s_6 确保博弈结果是 q_9 或者 q_{10}。如果他选择了 s_7，最终结果就将是 q_{11} 或者 q_{12}。既然 j 别无其他策略，他的效能集合就将是$\{\{q_9,q_{10}\},\{q_{11},q_{12}\}\}$。基于相似的推理，我们可以知道 k 的效能集合是$\{\{q_9,q_{11}\},\{q_{10},q_{12}\}\}$，而 i 的效能集合为$\{\{q_9,q_{10},q_{11},q_{12}\}\}$。

为了确定个人的道义效能，我们也要考察能够强制实现的结果集合。然而，这里的结果和策略是属于个人的被允许博弈型的结果和策略。与可行效能函数的不同之处在于，既然个人可能已经被分配了不同的被允许博弈型，被允许的效能函数就将建立在不止一种博弈型基础上。

为了展示这种博弈程序，我们来研究属于 q_2 的是何种被允许的效能函数。在 q_2 点，分配给 i 和 j 的被允许博弈型是 G_2。我们在上文已经看到，i 和 j 在 G_2 中的效能集合分别是$\{\{q_9,q_{10},q_{11},q_{12}\}\}$和$\{\{q_9,$

$q_{10}\}$,$\{q_{11},q_{12}\}\}$。这些集合同样组成了它们的被允许的效能集合。k 的被允许博弈型是 G_3。在这个博弈型中 k 只有一种策略是 s_7。根据 j 所采取的不同策略,博弈结果将会是 q_{10} 或者 q_{12}。因此 k 的被允许效能集合是 $\{\{q_{10},q_{12}\}\}$。这样,我们看到,对于 $q=q_2$,有 $E^{\Xi(q)}(i)=\{\{q_9,q_{10},q_{11},q_{12}\}\}$,$E^{\Xi(q)}(j)=\{\{q_9,q_{10}\},\{q_{11},q_{12}\}\}$和 $E^{\Xi(q)}(k)=\{\{q_{10},q_{12}\}\}$。

在合作博弈的环境中,也就是说,当复杂博弈树的定义范围等于 N 的所有非空子集的集合时,借以确定联盟在可行或被允许博弈型中的效能的程序,和上文中的描述或多或少是相同的。我们研究联盟成员能够采取的那些策略联合,并考察每一种联合会导致何种博弈结果。

3. 效能和真

可行和被允许效能函数之间的关系,以及在一个模型结构中的行动道义逻辑和"行动道义逻辑*"的表达式的真值,都不难理解。解析$\mathfrak{I}$决定在博弈树的不同节点上,哪些基础命题是真的,哪些不是真的。既然在一个特定节点上为真的基础命题可以说是描述了一种可能世界,我们也能够说,如果个人对于博弈结果的集合是有效能的,那么他对于可能世界的集合也是有效能的。根据我们谈论的是可行还是被允许的效能函数,个人能够或者可以确保这些可能世界中至少有一个被实现。或者用否定的方式来说,个人能够或者可以确保如下的事态不会出现,这种事态不能够被在至少一种结果中为真的基础命题所描述。

以邀请参加聚会例子中的模型结构 $M=\langle\Gamma,\wp,\mathfrak{I}\rangle$为例,考虑如下表达式,它描述的是,在时间 t_j 个人 j 能够实施一种行动,必然导致 j 在接下来的时点中不参加聚会的事态发生:$\mathrm{CanDo}_j(t_j,(t_k,\sim x_3))$。正如我们所见,$q_2$ 是$\wp$的第 t_j 回合博弈进行的时间点。很容易看出的是,$\mathrm{CanDo}_j(t_j,(t_k,\sim x_3))$在 M 中是真的,当在 q_2 处存在一个集合属于 j

的可行的效能集合，使得$\sim x_3$对于该集合的每一个元素都是真的。既然j对于集合$\{q_{11}, q_{12}\}$是有效能的，这在实际上是成立的。个人j能够确保博弈结果属于这个集合，并且既然基础命题$\sim x_3$对于它的每一个元素而言都是真的，它因此能够确保$\sim x_3$在时间t_k是真的：j能够决定不去参加聚会。

有时，个人能够做一些事情，它们并不在下一个时间点生效，而是在其后发生。以命题$\text{CanDo}_i(t_i,(t_k,\sim x_3))$为例。该命题表明，在时间$t_i$，博弈方$i$能够做某件事导致$j$在时间点$t_k$不参加聚会。为了知道这个表达式是否成立，我们再次研究在这个情形中属于q_0点（博弈结构在时间t_i处经过该点）的可行效能函数。然而，只是看那些在q_0[①]的直接后续点上为真的基础命题是没有用的：这些点都是在时间t_j处确定的，而我们需要的是关于举办聚会那一时刻世界特征的信息，也就是时间t_k处的信息。所以，为了确定这样的表达式的真值，我们必须要使用一种更为一般的方法。

我们引进一种附加的定义，来说明如何用效能函数确定一般的行动道义逻辑和“行动道义逻辑*”表达式的真值。我们已经看到，模型结构决定了在复杂博弈树的节点上，哪些基础命题是真的，哪些不是真的。这个处于一节点上的真值概念，也可以运用于其他类型的表达式。

给定一个非合作（或合作）的复杂博弈树Γ，以及行动道义逻辑（“行动道义逻辑*”）的解析$\mathfrak{I}$，我们说行动道义逻辑（“行动道义逻辑*”）的一个结构良好的命题φ在复杂博弈树的节点q成立（是真的），当且仅当φ在每一个模型结构$\langle\Gamma,\wp',\mathfrak{I}\rangle$中成立，其中$\mathfrak{I}'$是一个经过$q$点的模型结构，在该模型结构中，于$q$点以及其后所有时点上进行的是基于可行博弈型的博弈。

通过证明模型结构中的Can或者May命题为真，可以很容易地确

① 原文为q，疑为印刷错误——译者注。

立在某一点上为真的概念。正如我们将在下文中证明，形如 $\mathrm{CanDo}_i(t_j,\varphi)$的表达式在模型结构 $M=\langle\Gamma,\wp,\mathfrak{I}\rangle$中成立，当存在一个属于 i 在 t_j 时间点处的可行效能集合的集合 B，使得在给定 Γ 和$\mathfrak{I}$时，φ 对于 B 的每一个元素都是真的。形如 $\mathrm{Can}{\sim}\mathrm{Do}_i(t_j,\varphi)$的表达式在 M 中是真的，当存在属于 i 在 t_j 时间点处的可行效能集合的集合 B，使得在给定 Γ 和$\mathfrak{I}$时，φ 对于至少一个 B 的元素而言不是真的。这样一来，个人 i 在时间 t_j 处拥有并不必然导致 φ 的可行策略：在某些世界历史中它会导致$\sim\varphi$。

进而可以说，形如 $\mathrm{MustDo}_i(t_j,\varphi)$的表达式在 M 中是真的，当每一个属于 i 的可行效能集合的集合，都只包含着那些满足条件"给定 Γ 和$\mathfrak{I}$时 φ 成立"的点。换句话说，在时间 t_j 处，个人 i 只能采取导致 φ 的可行策略。

形如 $\mathrm{MayDo}_i(t_j,\varphi)$和 $\mathrm{May}{\sim}\mathrm{Do}_i(t_j,\varphi)$的处理方式相近，除了我们现在考虑的是个人 i 在时间点 t_j 的道义效能集合。形式如 $\mathrm{MayDo}_i(t_j,\varphi)$的表达式在模型结构 $M=\langle\Gamma,\wp,\mathfrak{I}\rangle$中成立，当 i 在$\wp$的时间点 t_j 处对于某一个集合是在道义上有效能的，使得在给定 Γ 和$\mathfrak{I}$时，φ 对于 B 的每一个元素而言都是真的。表达式 $\mathrm{May}{\sim}\mathrm{Do}_i(t_j,\varphi)$在 M 中是真的，当存在属于 i 在时间点 t_j 处的被允许效能集合①的集合 B，使得给定 Γ 和$\mathfrak{I}$时，φ 对于至少一个 B 的元素而言不是真的。最后，$\mathrm{ShallDo}_i(t_j,\varphi)$在 M 中是真的，当对应于 i 在时间点 t_j 处的被允许效能集合中的任意集合而言，满足条件"给定 Γ 和$\mathfrak{I}$时 φ 成立"。

把这些解释用于我们关于聚会邀请的例子，我们能看到，比方说 i 能够确保 j 不去参加聚会。为了验证这一点，我们考察初始点 q_0。在该点 i 能够做某事，使得节点 q_3 和 q_4 被达到。通过构造这样的例子，这些点上的可行博弈型将会使得 j 对于由所有结果中包含他参加聚会

① 原文为"可行的效能集合"，疑为笔误。

的元素组成的集合没有效能。因而，在由 q_3 和 q_4 点上的博弈型描述的世界中，j 不能够做某些事情使得他自己去参加聚会。既然 i 能够确保这些节点中的一个将会被达到，在模型结构 M 中，表达式 $\mathrm{CanDo}_i(t_i, \sim\mathrm{CanDo}_j(t_j,(t_k,x_3)))$ 是成立的。并且，因为对于分配给 q_3 和 q_4 的直接后续点的每一个模型来说 j 都呆在家里，表达式 $\mathrm{CanDo}_i(t_i,(t_k,\sim x_3))$ 在 M 中也是真的。

4. C_1 和 D_1 有效性

我们能够以与模型结构中的节点相关联的被允许和可行效能函数的性质为基础，区分不同类型的复杂博弈树。通过使用其中一些性质，我们区分出四类复杂博弈树，以及四种相对应的逻辑系统，也即四个对应的集合，它们分别由对一类复杂博弈树而言有效的表达式组成。其中的两个系统 C_1 和 C_2，是行动道义逻辑的系统；另两个系统 D_1 和 D_2，是“行动道义逻辑*”的系统。

系统 C_1 的定义是最容易的。它的基础是由所有非合作复杂博弈树构成的集合 C_1。行动道义逻辑的表达式被称作 C_1 有效的，当且仅当对于每一个属于 C_1 的 Γ 而言，该表达式是 Γ 有效的。换句话说，一个 C_1 有效的表达式 φ，是一个在行动道义逻辑的任意模型结构中（其中博弈结构仅由可行博弈型的弈局构成）均为真的表达式。C_1 逻辑系统，定义为由所有行动道义逻辑的 C_1 有效的表达式组成的集合（请注意这里我们使用了相同的符号 C_1，用以指代一类模型结构和一个表达式的集合）。显然，C_1 是非合作的复杂博弈树的最大的类。任何 C_1 有效的表达式也属于任意其他的行动道义逻辑系统。

我们将在附录中给出更大的 C_1 有效表达式的清单。以下是一些 C_1 有效的表达式：

(1) $\mathrm{Do}_i(t_k,\varphi)\rightarrow\varphi$;

(2) $\mathrm{Can}\sim\mathrm{Do}_i(t_k,\varphi)\rightarrow\mathrm{Can}\sim\mathrm{Do}_j(t_k,\varphi)$;

(3) $\mathrm{MustDo}_i(t_k,\varphi)\rightarrow\mathrm{CanDo}_j(t_k,\varphi)$;

(4) $\mathrm{MustDo}_i(t_k,\varphi)\rightarrow\mathrm{MustDo}_j(t_k,\varphi)$;

(5) $(t_i<t_j)\,\&\,\mathrm{Do}_i(t_i,\mathrm{Do}_j(t_j,\psi))\rightarrow\mathrm{Do}_i(t_i,\mathrm{MustDo}_j(t_j,\psi))$;

(6) $\mathrm{ShallDo}_i(t_k,\varphi)\rightarrow\mathrm{MayDo}_j(t_k,\varphi)$;

(7) $\mathrm{D\acute{o}}_i(t_k,\varphi)\leftrightarrow[\mathrm{Do}_i(t_k,\varphi)\,\&\,\mathrm{Can}\sim\mathrm{Do}_i(t_k,\varphi)]$;

(8) $\mathrm{CanD\acute{o}}_i(t_k,\varphi)\leftrightarrow[\mathrm{CanDo}_i(t_k,\varphi)\,\&\,\mathrm{Can}\sim\mathrm{Do}_i(t_k,\varphi)]$;

(9) $\mathrm{MayD\acute{o}}_i(t_k,\varphi)\leftrightarrow[\mathrm{MayDo}_i(t_k,\varphi)\,\&\,\mathrm{Can}\sim\mathrm{Do}_i(t_k,\varphi)]$;

(10) $\sim\mathrm{MustD\acute{o}}_i(t_k,\varphi)$。

依照我们在行动道义逻辑的语义学中所做的评注,几乎所有这些表达式的 C_1 有效性都很容易看出。但这里需要澄清的是表达式(2)和(4)。根据(2),如果存在个人能够实施某种行动,使得某些特定的事态不在接下来的时点里必然出现,那么任何人都能够做到这点。这个表达式是 C_1 有效的,如果我们考虑对它的语义学的"翻译"就很容易理解。在博弈论框架下,该表达式说的是,如果存在一个个体,他拥有策略使得特定结果不必然出现,那么所有的个体都拥有这种策略。或者更准确地说,如果 i 有策略使得至少存在一个弈局 p,其中 i 运用该策略并总是导致某一点,在该点给定复杂博弈树和解析,φ 不成立,那么所有的个体都会有这样的策略,事实上这总是真的。$n-1$ 种其他的策略只是其他个体在弈局 p 中采取的策略。i 的不邀请 j 参加聚会,以及 j 和 k 决定保持等待,这些策略的联合导致了 j 不被邀请的事态。因此,i,j 和 k 都有一种可得的策略,使得 j 被邀请的事态不成为必然:i 不邀请 j,而 j 和 k 都保持等待。

C_1 有效表达式(4)说的是,如果某个个人必须做某件事使得某事发生,那么任何其他个人也必须做这件事使得某事发生。根据我们的语义学,说某人必须做某事从而实现一种事态,这意味着与此相关的可行博弈型的任何弈局最终将导致那种事态。但是如果说其他人也必须做某些事导致该事态出现，这也是正确的。说某人拥有一种可能导致相反情形的策略，将会与以下事实矛盾，即该博弈型的所有弈局都会导致这一情形，因此(4)是 C_1 有效的。

我们现在评注与表达式(2)和(4)对应的道义表达式。

表达式 $\text{May}\sim\text{Do}_i(t_k,\varphi)\rightarrow\text{May}\sim\text{Do}_j(t_k,\varphi)$ 和 $\text{ShallDo}_i(t_k,\varphi)\rightarrow\text{ShallDo}_j(t_k,\varphi)$ 不是 C_1 有效的。个人的被允许博弈型决定了他是否可以或者不可以做某事，但没有决定其他个人拥有的许可是什么。可以推断，在那些个人被分配到不同的被允许博弈型的模型结构中，在一个个体同另一个个体的许可之间并不需要有任何关系。

除了属于"行动道义逻辑*"的一个系统之外，逻辑系统 D_1 和 C_1 的定义方式是一致的："行动道义逻辑*"的一个结构良好的表达式是 D_1 中的一个元素，当且仅当对于所有的合作复杂博弈树，该表达式是 Γ 有效的。许多 D_1 有效的表达式，要么和 C_1 有效的表达式相同，要么是通过简单地用联盟符号和变量替换个体符号和变量从 C_1 有效表达式变化而来。举例来说，如果 φ 仍指代行动道义逻辑(因而也是"行动道义逻辑*")的一个结构良好的表达式，那么：

(1) $\text{Can}\sim\text{Do}_F(t_k,\varphi)\rightarrow\text{Can}\sim\text{Do}_G(t_k,\varphi)$

就是从 C_1 有效表达式 $\text{Can}\sim\text{Do}_i(t_k,\varphi)\rightarrow\text{Can}\sim\text{Do}_j(t_k,\varphi)$ 变化而来。

显然，由于"行动道义逻辑*"包含了行动道义逻辑所不包含的符号与表达式，并不是所有 D_1 有效的表达式都能以这种方式得出。例如，我们考虑表达式

(2) $\text{CanDo}_F(t_k,\varphi)\,\&\,F\ll G\rightarrow\text{CanDo}_G(t_k,\varphi)$;

(3) $\exists_S[F+G=S]\,\&\,[\text{CanDo}_F(t_k,\varphi)\,\&\,\text{CanDo}_G(t_k,\varphi)]\rightarrow\text{CanDo}_{F+G}(t_k,\varphi)$;

(4) $\exists_S[F+G=S]\,\&\,[\text{CanDo}_F(t_k,\varphi)\vee\text{CanDo}_G(t_k,\varphi)]\rightarrow\text{CanDo}_{F+G}(t_k,\varphi)$;

(5)$\mathrm{CanDo}_F(t_k,\varphi) \vee \mathrm{CanDo}_G(t_k,\sim\varphi) \rightarrow (F \oplus G \neq \perp)$。

并不难理解这些表达式是 D_1 有效的。例如,(2)是我们在使用博弈型决定一个联盟能够做什么之后得到的明显结论。我们已经看到,一个联盟能够做某些事,当给定适当的可行博弈型,联盟中的个人拥有使得相关事态实现的策略,而无论联盟之外的个人会做什么。显而易见,如果我们把联盟加以扩展,让另外的个体加入进来,那么联盟仍然能够做某事使得该事态出现:只需要原来的个体仍然实施相同的策略。

5. C_2 和 D_2 有效性

我们已经看到,在复杂博弈树的特定时点,不同的行动者被分配到的可能是不同的被允许博弈型。然而有时,我们有可能重新定义复杂博弈树,使得由可行和被允许效能函数表示的权力分配在每一点上是相同的,除非在重新定义后的复杂博弈树的每一个节点上,个人的被允许博弈型是相同的,我们称这种复杂博弈树是可化简的。更为精确地说,一个复杂博弈树 Γ 是可化简的,当且仅当我们有可能构造一个复杂博弈树 Γ',使得:

(1)Γ 和 Γ' 的差异仅仅在于分配给行动者的被允许博弈型不同;

(2)对于所有的行动者 L 和所有的节点 q,L 在节点 q 的道义效能在 Γ 中与在 Γ' 中是相同的;

(3)对于任意点 q,在 Γ' 中 q 点处分配给行动者的被允许博弈型是一致的。

在一个可化简的模型结构中,每个行动者有相同的道义的参照框架。为了看出在一个特定的时间点行动者可能会做什么,我们可以集中考察一种博弈型,那种能够从所有被允许博弈型(每个联盟一个博弈型)组成的集合化简而来的博弈型。复杂博弈树的 C_2 和 D_2 类分别被定义为:由所有可化简的、非合作的复杂博弈树组成的集合,以及由所有可化简的、合作的复杂博弈树组成的集合。与行动道义逻辑和“行动道义逻辑*”对应的逻辑系统 C_2 和 D_2 分别被定义为所有行动道义逻辑的 C_2 有效表达式的集合,以及“行动道义逻辑*”的所有 D_2 有效的表达式的集合。

在 C_1 和 D_1 系统中的 Can 算子的逻辑,取决于以下事实:在每个节点,一种可行的博弈型被用来决定 Can 命题的真值。既然不同的被允许博弈型有可能被分配给不同的行动者,Can 和 May 命题的逻辑与 C_1 和 D_1 中是不同的。然而,在可化简的模型结构中,以某种方式存在着唯一的被允许博弈型,也就是所有被允许博弈型都能化简到的那种博弈型。其结果是,约束 C_1 和 D_1 中的 Can 命题之间的逻辑规则,同样也约束 C_2 和 D_2 中的 May 命题之间的逻辑规则。这样一来,比如说,因为表达式

(1)$\text{CanDo}_i(t_k,\varphi)\&(i\neq j)\rightarrow\sim\text{CanDo}_j(t_k,\sim\varphi)$

(2)$\text{CanDo}_F(t_k,\varphi)\&(F\oplus G=\bot)\rightarrow\sim\text{CanDo}_G(t_k,\sim\varphi)$

是 C_1 和 D_1 有效的,那么相应的表达式

(3)$\text{MayDo}_i(t_k,\varphi)\&(i\neq j)\rightarrow\sim\text{MayDo}_j(t_k,\sim\varphi)$

(4)$\text{MayDo}_F(t_k,\varphi)\&(F\oplus G=\bot)\rightarrow\sim\text{MayDo}_G(t_k,\sim\varphi)$

分别是 C_2 和 D_2 有效的。

如果一个复杂博弈树是可化简的,那么,一个联盟的许可和另一个联盟拥有的许可之间就是有关联的。因为同样的博弈型被用以确定所有的行动者在一个特定情形下可以做什么,对于某个体做某事的许可就自动意味着没有其他人获得允许阻止这件事。表达式(3)和(4)宣称,对行动的每一种许可都伴随着他人不得加以干涉的义务。分析法学传统的早期作者,例如边沁(Jeremy Bentham)和奥斯丁(John Austin)，持有这种既得自由(vested liberty)的主张。① 后来，法学家霍菲尔德(Hohfeld)认为这种看法不正确：

(一种)特权或自由……同样能够令人信服地存在，而无需任何特定的针对被视为干涉力量的"第三方"的伴随权利。是否应当有这样的伴随权利(或要求)，最终是一个司法或政策的问题；并且这应该从它本身的利弊加以考虑。……因此，仅仅是从此类自由的存在就下结论说"第三方"有不干涉的义务，这是不合逻辑的推论。(Hohfeld 1919, p. 43；参见 Lindahl 1977, pp. 30—31)

虽然我们没有讨论霍菲尔德对于特权、要求和自由等概念的定义，其大致观点在这里是清楚的。既得自由的存在，以及其相反面，无法律保护的自由(naked liberty)的不存在，并不是一个逻辑问题，而是一个"司法和政策的问题"。

看上去我们对于 C_2 和 D_2 的定义是和这些评论相矛盾的。表达式(3)和(4)的 C_2 和 D_2 有效性表明了无法律保护的自由的不存在有其逻辑前提。然而，如果说逻辑系统描述的是在特定语境之内的道义概念间的逻辑关系，我们就能够和霍菲尔德的观点达成和解。C_2 和 D_2 系统尽可以描述那些给定语境下的关系，在这些语境中"司法和政策"的原则使得任何许可总是伴随着其他人不得干涉的义务。

6. 桥梁原则

在本章形式化表述中，我们将提供其他几种能够加之于效能函数的条件。利用这些条件，我们在行动道义逻辑和"行动道义逻辑*"基础上概括几类模型结构。其中一些条件必然与道义域和真势域之间的

① 参见 Lindahl (1977, p. 126)。

关系有关。在一个特定逻辑系统中约束真势命题和道义命题之间关系的逻辑规则，可以被称为桥梁原则（Holmström - Hintikka 1991，p. 146）。在这一节我们讨论其中的两个原则。

第一个特征的基础是众所周知的“应当意味着能够”原则（Von Wright 1963，p. 108）。一个容纳了该原则的行动道义逻辑或者“行动道义逻辑*”是一个逻辑系统，其中

(1) Shall$\varphi \rightarrow$Canφ

对于行动道义逻辑或者“行动道义逻辑*”的每一个弱或者强的行动命题 φ 是有效的。①

和对其他行动者许可的非干涉原则相类似的是，该原则是否被接受也要依赖于特定“司法和政策”的语境。一个要强得多的原则是“可以(may)意味着能够(can)”。对该项原则的一个捍卫，可以被翻译成

(2) May$\varphi \rightarrow$Canφ

该表达式同样是对“应该意味着能够”原则的一个捍卫。（对于任意行动道义逻辑或者“行动道义逻辑*”的弱或强行动命题，命题(2)意味着命题(1)。）对于命题(2)，一个可能的捍卫是说，对于实施一种个人不能够实施的行动的许可在某种程度上说是无意义的。我们能否说，

---

① Holmström-Hintikka（1984，p. 614）暗示该原则应当这样表述。

(a)“行动者 F 确保 φ 在逻辑上意味着‘F 有实际的机会让 φ 发生是事实’，这一点是事实。”

既然我们只把道义算子用于行动命题，而‘F 有实际的机会让 φ 发生这一点是事实’不是一个行动命题，这个原则不能够通过行动道义逻辑或者“行动道义逻辑*”构造。一个可能的解决出路是将其解释为

(b)“行动者 F 确保 φ 在逻辑上意味着‘存在着一个行动者做了某事，以确保 F 有实际的机会让 φ 发生，这一点是事实’，这一点是事实。”

在某些环境中，这个结论将产生对于“应当意味着能够”原则的比(1)更合适的解释。并且，在(b)中的两个命题能通过行动道义逻辑或者“行动道义逻辑*”构造。从而，人们可以定义行动道义逻辑或者“行动道义逻辑*”的逻辑系统，其中两个命题之间暗含的推论总是成立的。

一个人被允许睡在床上，但是他却不能够睡在上面，这实际上是说他获得了睡在床上的许可？果真如此，该允许是否并不会因为它的空洞而显得无意义。

在本章的形式化表述中，我们为复杂博弈树定义属性，这些复杂博弈树能够帮助我们把上述的和其他更多的桥梁原则与各种类型的模型结构联系起来。这样我们就描述了基于模型结构的属性而言的，不同类型桥梁原则得以成立的那些环境。

第 5 章*

形式化表述

1. 效能函数

令 $\Gamma=\langle X,\Sigma,\Xi,\tau\rangle$为一个复杂博弈树。

5* 1.1　定义

对于所有 $q\in X$，与$\Sigma(q)$相关联的效能函数是一个映射 $E^{\Sigma(q)}$，该映射为 D_Γ 的每一个元素分配一个 X 的非空子集。对于每一个非空子集 $B\subset X$，以及所有的 $L\in D_\Gamma$，$B\in E^{\Sigma(q)}(L)$当且仅当存在一个$\Sigma(q)$的弈局，使得 $B=\{\pi(p')\mid p'$是 p 的$(N-L)$变体$\}$(其中 π 是属于$\Sigma(q)$的结果映射)。

5* 1.2　定义

对于所有的 $q\in X$，与 $\Xi(q)$相关联的效能函数是一个映射 $E^{\Xi(q)}$，该映射为 D_Γ 的每一个元素分配一个 X 的非空子集。对于每一个非空子

集 $B \subset X$,以及所有的 $L \in D_\Gamma$,$B \in E^{\Xi(q)}(L)$当且仅当存在 $\Xi(q)(L)$的弈局,使得 $B=\{\pi(p') \mid p'$是 p 的$(N-L)$变体$\}$(其中 π 是属于$\Sigma(q)$的结果映射)①。

给定对行动道义逻辑和“行动道义逻辑*”的解析,我们讨论了在复杂博弈树的某一点的基础命题的真假。下面的定义把在某一点的真的概念扩展到行动道义逻辑和“行动道义逻辑*”的所有类型的结构良好的命题。

5*1.3 定义

令 Γ 为一个非合作的(或合作的)复杂博弈树,$\mathfrak{I}$是行动道义逻辑(行动道义逻辑*)的一个解析,φ 是行动道义逻辑(行动道义逻辑*)的结构良好的命题。对于所有的 $r \in X$,我们说给定 Γ 和$\mathfrak{I}$,φ 在 r 上是真的(成立),当且仅当 φ 在所有的模型结构$\langle \Gamma, \wp, \mathfrak{I} \rangle$中是真的,其中$\wp=[(q_1, p_1),(q_2, p_2),\cdots]$是博弈结构,满足对于某些正整数 k:

(a)$q_k=r$;

(b)对于所有 $t \geqslant k$,p_t 是分配给 q_t 的可行博弈型。

如果从特定的语境可以很清楚地看出 Γ 和$\mathfrak{I}$是什么的话,我们会说“φ 在 r 中是真的(成立)”,而不是“给定 Γ 和$\mathfrak{I}$,φ 在 r 中是真的(成立)”。

下面的引理是很有用的。

---

① 定义 5*1.1 和 5*1.2 是基于 Deb 对于 $Ch_\alpha(\cdot)$函数的定义(Deb,1990,p. 32)。

$5^*1.4$ 引理

令 $M=\langle\Gamma,\wp,\mathfrak{I}\rangle$ 为行动道义逻辑（“行动道义逻辑*”）的一个模型结构，φ 为行动道义逻辑（“行动道义逻辑*”）的一个结构良好的命题。令 q 为 $\mathfrak{I}$ 的第 $\mathfrak{I}(t_i)$ 节点，对于所有的自由个体（联盟）符号 T：

(1) $\mathrm{CanDo}_T(t_i,\varphi)$ 在 M 中为真，当且仅当 $\mathfrak{I}(T)$ 对于一个集合 B 是 $E^{\Sigma(q)}$ 有效的，满足 φ 对于所有的 $r\in B$ 是真的；

(2) $\mathrm{Can}\sim\mathrm{Do}_T(t_i,\varphi)$ 在 M 中为真，当且仅当 $\mathfrak{I}(T)$ 对于一个集合 B 是 $E^{\Sigma(q)}$ 有效的，满足 φ 对于某些 $r\in B$ 不是真的；

(3) $\mathrm{MustDo}_T(t_i,\varphi)$ 在 M 中为真，当且仅当对于所有的满足 $\mathfrak{I}(T)$ 在其上 $E^{\Sigma(q)}$ 有效的集合 B，φ 对于所有的 $r\in B$ 是真的；

(4) $\mathrm{MayDo}_T(t_i,\varphi)$ 在 M 中为真，当且仅当 $\mathfrak{I}(T)$ 对于一个集合 B 是 $E^{\Sigma(q)}$ 有效的，满足 φ 对于所有的 $r\in B$ 是真的；

(5) $\mathrm{May}\sim\mathrm{Do}_T(t_i,\varphi)$ 在 M 中为真，当且仅当 $\mathfrak{I}(T)$ 对于至少一个集合 B 是 $E^{\Sigma(q)}$ 有效的，满足 φ 对于某些 $r\in B$ 不是真的；

(6) $\mathrm{ShallDo}_T(t_i,\varphi)$ 在 M 中为真，当且仅当对于所有的 $\mathfrak{I}(T)$ 在其上 $E^{\Sigma(q)}$ 有效的集合 B，φ 对于所有的 $r\in B$ 是真的。

证明：我们就行动道义逻辑的表达式 $\mathrm{CanDo}_i(t_i,\varphi)$ 来证明(1)。首先证明必要性。根据定义 3^*11，$\mathrm{CanDo}_i(t_i,\varphi)$ 在 M 中为真，当且仅当存在可行的 $\mathfrak{I}(t_i)$ 分割 $\wp'$，使得 $\mathrm{Do}_i(t_i,\varphi)$ 在结构 $\langle\Gamma,\wp',\mathfrak{I}\rangle$ 中是真的。令 p' 为 $\wp'$ 的第 $\mathfrak{I}(t_i)$ 回合博弈。根据定义 3^*7 和定义 3^*11，对于任意 p' 的 $N-\mathfrak{I}(i)$ 变体 p^*，以及模型结构 $M^*=\langle\Gamma,\wp^*,\mathfrak{I}\rangle$，$\varphi$ 在 M^* 上是真的，在 M^* 中博弈结构 $\wp^*$ 经过结果 p^*，并且在所有位于 t_i 之后的时间点上进行一个可行的博弈型弈局。换句话说，对于属于 $B=\{\pi(p^*)\mid p^*$ 是 p' 的 $(N-\mathfrak{I}(i))$ 变体$\}$（π 是 $\Sigma(q)$ 的结果映射）的任何元素，φ 是

真的。根据对与$\Sigma(q)$相关的效能函数的定义，B是$\Sigma(q)(i)$的一个元素。这就证明了必要性。

现在令$\mathfrak{I}(i)$是对于集合是$E^{\Sigma(q)}$有效的，满足对于所有的$r\in B$，φ在r中是真的。令p'为$\Sigma(q)$的弈局，其中$B=\{\pi(p^*)\mid p^*$是p'的$(N-\mathfrak{I}(i))$变体$\}$。根据定义3*8，任何经过q并且p'在q进行的博弈结构$\wp'$是$\wp$的可行$\mathfrak{I}(t_i)$分割。因为φ在任意p'的$(N-\mathfrak{I}(i))$变体的任意结果当中是真的，所以$\mathrm{Do}_i(t_i,\varphi)$在$\langle\Gamma,\wp',\mathfrak{I}\rangle$中是真的。于是，$\mathrm{CanDo}_i(t_i,\varphi)$在$M$中是真的。

2. 复杂博弈树的性质

在本节我们描述复杂博弈树的性质，并为每一种属性构造出对于具有该属性的复杂博弈树Γ来说Γ有效的表达式。为此我们首先给出下列定义。

5*2.1 定义

对于所有的$q\in X$：

(a)$X^{\Sigma(q)}=\{\pi_1(p)\mid p$是$\Sigma(q)$的弈局$\}$（$\pi_1$是$\Sigma(q)$的结果映射）；

(b)$X^{\Xi(q)}=\{\pi_2(p)\mid$对于至少一个$L\in D_\Gamma$，$p$是$\Xi(q)(L)$的弈局$\}$（$\pi_2$是$\Xi(q)(L)$的结果映射）。

5*2.2 定义

令$\Gamma=\langle X,\Sigma,\Xi,\tau\rangle$为一个复杂博弈树。我们说$\Gamma$是：

(1)是Σ正则的，当且仅当对于所有$q\in X$，所有的满足$S\cap T\in\varnothing$的$S,T\in D_\Gamma$有：如果$A\in E^{\Sigma(q)}(S)$并且$B\in E^{\Sigma(q)}(T)$，那么$A\cap B\neq\varnothing$；

(2)是 Ξ 正则的，当且仅当对于所有 $q\in X$，所有的满足 $S\cap T\in\varnothing$ 的 $S,T\in D_\Gamma$ 有：如果 $A\in E^{\Xi(q)}(S)$ 并且 $B\in E^{\Xi(q)}(T)$，那么 $A\cap B\neq\varnothing$；

(3)是 Σ 相关的，当且仅当对于所有 $q\in X$，所有的 $S\in D_\Gamma$，以及所有的 $A,B\in E^{\Sigma(q)}(S)$ 有：$(A\cap B)\in E^{\Sigma(q)}(S)$；

(4)是 Ξ 相关的，当且仅当对于所有 $q\in X$，所有的 $S\in D_\Gamma$，以及所有的 $A,B\in E^{\Xi(q)}(S)$ 有：$(A\cap B)\in E^{\Xi(q)}(S)$；

(5)是 Σ 正态的，当且仅当对于所有 $q\in X$，所有的 $S\in D_\Gamma$ 有：如果存在着某个 $B\subset X^{\Sigma(q)}$ 使得对于所有的 $A\in E^{\Xi(q)}(S)$，有 $A\subset B$，那么 $B\in E^{\Xi(q)}(S)$；

(6)是 Ξ 正态的，当且仅当对于所有 $q\in X$，所有的 $S\in D_\Gamma$ 有：如果存在着某个 $B\subset X^{\Xi(q)}$ 使得对于所有的 $A\in E^{\Xi(q)}(S)$，有 $A\subset B$，那么 $B\in E^{\Sigma(q)}(S)$；

(7)是 Σ 可嵌入的，当且仅当对于所有 $q\in X$，所有的 $S\in D_\Gamma$ 以及所有的 $B\in E^{\Xi(q)}(S)$ 有：$B\in E^{\Sigma(q)}(S)$；

(8)是 Ξ 可嵌入的，当且仅当对于所有 $q\in X$，所有的 $S\in D_\Gamma$ 以及所有的 $B\in E^{\Xi(q)}(S)$ 有：$B\in E^{\Xi(q)}(S)$；

(9)是可化简的，当且仅当我们能够定义满足 $D_{\Gamma'}=D_\Gamma$ 的复杂博弈树 $\Gamma'=\langle X,\Sigma,\Xi',\tau\rangle$，对于所有的 $q\in X$ 有：

(a)对于所有的 $S,T\in D_{\Gamma'}$，$\Xi'(q)(S)=\Xi'(q)(T)$；

(b)对于所有的 $S\in D_{\Gamma'}$，$E^{\Xi'(q)}(S)=E^{\Xi(q)}(S)$。

其中 Σ 正则和 Ξ 正则的属性是根据正则性变化而来的。①Gärdenfors 使用了相当于 Σ 正则和 Ξ 正则属性的概念，他把这些概念分别称为一致性条件和权利的联合条件（Gärdenfors 1981, pp. 344－345）。属性(5)～(9)是新的属性。

---

① 对于不同效能函数的属性分析和讨论，参见 Peleg(1984)，以及 Abdou & Keiding(1991)。

$5^{*}2.3$ 命题

令 $\Gamma=\langle X,\Sigma,\Xi,\tau\rangle$ 为一个非合作的复杂博弈树。对于任意行动道义逻辑的结构良好的表达式 φ 和 Ψ,以及所有的自由个体符号 i, j 和所有的时间符号 t_i,如果 Γ 是:

(a) Σ 正则的,那么表达式 $[(i\neq j)\&\mathrm{CanDo}_i(t_i,\varphi)]\rightarrow\sim\mathrm{CanDo}_j(t_i,\sim\varphi)$ 是 Γ 有效的;

(b) Ξ 正则的,那么表达式 $[(i\neq j)\&\mathrm{MayDo}_i(t_i,\varphi)]\rightarrow\sim\mathrm{MayDo}_j(t_i,\sim\varphi)$ 是 Γ 有效的;

(c) Σ 相关的,那么表达式 $[\mathrm{CanDo}_i(t_i,\varphi)\&\mathrm{CanDo}_i(t_i,\Psi)]\rightarrow\mathrm{CanDo}_i(t_i,\varphi\&\psi)$ 是 Γ 有效的;

(d) Ξ 相关的,那么表达式 $[\mathrm{MayDo}_i(t_i,\varphi)\&\mathrm{MayDo}_i(t_i,\Psi)]\rightarrow\mathrm{MayDo}_i(t_i,\varphi\&\psi)$ 是 Γ 有效的;

(e) Σ 正态的,那么表达式 $\mathrm{MustDo}_i(t_i,\varphi)\rightarrow\mathrm{MayDo}_i(t_i,\varphi)$ 是 Γ 有效的;

(f) Ξ 正态的,那么表达式 $\mathrm{ShallDo}_i(t_i,\varphi)\rightarrow\mathrm{CanDo}_i(t_i,\varphi)$ 是 Γ 有效的;

(g) Σ 可嵌入的,那么表达式 $\mathrm{MayDo}_i(t_i,\varphi)\rightarrow\mathrm{CanDo}_i(t_i,\varphi)$ 是 Γ 有效的;

(h) Ξ 可嵌入的,那么表达式 $\mathrm{CanDo}_i(t_i,\varphi)\rightarrow\mathrm{MayDo}_i(t_i,\varphi)$ 是 Γ 有效的;

(i)可化简的,那么表达式

(i1) $[(i\neq j)\&\mathrm{MayDo}_i(t_i,\varphi)]\rightarrow\sim\mathrm{MayDo}_j(t_i,\sim\varphi)$ 以及

(i2) $\mathrm{May}\sim\mathrm{Do}_i(t_i,\varphi)\rightarrow\mathrm{May}\sim\mathrm{Do}_j(t_i,\varphi)$ 和

(i3) $\mathrm{ShallDo}_i(t_i,\varphi)\rightarrow\mathrm{ShallDo}_j(t_i,\varphi)$

是 Γ 有效的。

我们不拟证明命题 5^* 2.3 的每一个属性。为了展示证明过程的思路，我们在这里证明属性(b)、(c)和(i2)。

证明：令 φ 和 Ψ 为行动道义逻辑的任意结构良好的表达式，令 M 为行动道义逻辑的模型结构 $\langle\Gamma,\wp,\Im\rangle$（其中 $\wp$ 为 Γ 的可行博弈结构），令 q 为第 $\wp(t_i)$ 节点。

(b)我们必须证明表达式 $[(i\neq j)\,\&\,\text{MayDo}_i(t_i,\varphi)]\rightarrow\sim\text{MayDo}_j(t_i,\sim\varphi)$ 在 M 中是真的，当 Γ 是 Ξ 正则和非合作的复杂博弈树。假定 $(i\neq j)$ 和 $\text{MayDo}_i(t_i,\varphi)$ 在 M 中是真的。根据引理 5^* 1.4 $\text{MayDo}_i(t_i,\varphi)$ 意味着 $\Im(i)$ 对于集合 B 是 $E^{\Xi(q)}$ 有效的，从而 φ 对于所有的 $r\in B$ 成立。根据定义，表达式 φ 和 $\sim\varphi$ 对于 X 的同一个元素不可能同时成立。因此，表达式 $\sim\varphi$ 只能在属于 B 补集的元素上成立。既然 $i\neq j$，Γ 的 Ξ 正则性意味着 $\Im(j)$ 对于满足条件 $B\cap C=\varnothing$ 的集合 C 不是 $E^{\Xi(q)}$ 有效的。所以对于一个 $\sim\varphi$ 在其上的每一个元素都为真的集合，$\Im(j)$ 永远不可能是 $E^{\Xi(q)}$ 有效的。根据引理 5^* 1.4，$\text{MayDo}_i(t_i,\sim\varphi)$ 在 M 中不真，从而 $\sim\text{MayDo}_i(t_i,\sim\varphi)$ 在 M 中成立。

(c)令 $[\text{CanDo}_i(t_i,\varphi)\,\&\,\text{CanDo}_i(t_i,\psi)]$ 在行动道义逻辑的模型结构 M 中是真的，其中的复杂博弈树是 Σ 相关的。引理 5^* 1.4 意味着存在一个集合 A 满足(1)A 属于在 q 点 $\Im(i)$ 的可行效能集合以及(2)φ 对于每个 $r\in A$ 是真的。相似地，它也意味着存在一个集合 B 满足(1) B 属于在 q 点 $\Im(i)$ 的可行效能集合以及(2)ψ 对于每个 $r\in B$ 是真的。根据 Σ 相关性，$A\cap B$ 同样属于在 q 点 $\Im(i)$ 的可行效能集合。从而表达式 $\text{CanDo}_i(t_i,\varphi\,\&\,\psi)$ 在 M 中是真的。

(i2)假定表达式 $\text{May}\sim\text{Do}_i(t_i,\varphi)$ 在行动道义逻辑的模型结构 M 中成立，其中复杂博弈树是可化简的。令 G 指代个人的博弈型在 q 点“化简”后得到的博弈型。根据引理 5^* 1.4，$\Im(i)$ 在 q 点，对于一个至少包含一个元素 r（满足条件：φ 在 r 上不真）的集合而言是被允许有效的。根据效能函数的定义，这意味着至少存在一个以 G 为博弈型的弈局，以 r 作为其结果。但个人 $\Im(j)$ 同样拥有一种策略，也就是他在特定弈局中所采取的在某些时间导致 r 的那种策略。这样一来 $\Im(j)$ 在 q 点的被允许效能集合至少包含一个其元素中包含有 r 的集合。根据引理 5* 1.4，这意味着 May～$\mathrm{Do}_i(t_i,\varphi)$ 在 M 中是真的。

显然，如果 Γ 是合作的复杂博弈树，并且 φ 和 ψ 是从"行动道义逻辑*"表达式中任意选取的，该命题也成立。进而，下列命题为真。

5* 2.4 命题

令 Γ 为合作的复杂博弈树，令 φ 和 ψ 为任意的"行动道义逻辑*"的结构良好的表达式。对于所有的自由联盟符号 F 和 G，以及所有自由的时间符号 t_i，如果 Γ 是

(a) Σ 正则的，那么，$(F\oplus G=\bot)\,\&\,\mathrm{CanDo}_F(t_i,\varphi)\rightarrow\sim\mathrm{CanDo}_G(t_i,\sim\varphi)$ 是 Γ 有效的；

(b) Ξ 正则的，那么，$(F\oplus G=\bot)\,\&\,\mathrm{MayDo}_F(t_i,\varphi)\rightarrow\sim\mathrm{MayDo}_G(t_i,\sim\varphi)$ 是 Γ 有效的；

(c) Σ 相关的，那么，$\mathrm{CanDo}_F(t_i,\varphi)\,\&\,\mathrm{CanDo}_F(t_i,\psi)\rightarrow\mathrm{CanDo}_F(t_i,\varphi\&\psi)$ 是 Γ 有效的；

(d) Ξ 相关的，那么，$\mathrm{MayDo}_F(t_i,\varphi)\,\&\,\mathrm{MayDo}_F(t_i,\psi)\rightarrow\mathrm{MayDo}_F(t_i,\varphi\&\psi)$ 是 Γ 有效的；

(e) Σ 正态的，那么，$\mathrm{MustDo}_F(t_i,\varphi)\rightarrow\mathrm{MayDo}_F(t_i,\varphi)$ 是 Γ 有效的；

(f) Ξ 正态的，那么，$\mathrm{ShallDo}_F(t_i,\varphi)\rightarrow\mathrm{CanDo}_F(t_i,\varphi)$ 是 Γ 有效的；

(g) Σ 可嵌入的，那么，$\mathrm{MayDo}_F(t_i,\varphi)\rightarrow\mathrm{CanDo}_F(t_i,\varphi)$ 是 Γ 有效的；

(h) Ξ 可嵌入的，那么，$\mathrm{CanDo}_F(t_i,\varphi)\rightarrow\mathrm{MayDo}_F(t_i,\varphi)$ 是 Γ 有效的；

(i) 可化简的，那么，

(i1)$(F \oplus G = \bot)$ & $\mathrm{MayDo}_F(t_i, \varphi) \rightarrow \sim \mathrm{MayDo}_G(t_i, \sim\varphi)$和

(i2)$\mathrm{May}\sim\mathrm{Do}_F(t_i, \varphi) \rightarrow \mathrm{May}\sim\mathrm{Do}_G(t_i, \sim\varphi)$以及

(i3)$\mathrm{ShallDo}_F(t_i, \varphi) \rightarrow \mathrm{ShallDo}_G(t_i, \varphi)$

是Γ有效的。

合作的复杂博弈树的其他一些性质由接下来的定义给出。

5* 2.5 定义

令 $\Gamma = \langle X, \Sigma, \Xi, \tau \rangle$为一个合作的复杂博弈树,那么 Γ:

(1)是Σ单调的,当且仅当对于所有的 $q \in X$,所有的 $S, T \in D_\Gamma$:如果 $B \in E^{\Sigma(q)}(S)$并且 $S \subset T$,那么 $B \in E^{\Sigma(q)}(T)$;

(2)是 Ξ 单调的,当且仅当对于所有的 $q \in X$,所有的 $S, T \in D_\Gamma$:如果 $B \in E^{\Sigma(q)}(S)$并且 $S \subset T$,那么 $B \in E^{\Sigma(q)}(T)$;

(3)是Σ超加的,当且仅当对于所有的 $q \in X$,所有的满足条件$S \cap T = \varnothing$的 $S, T \in D_\Gamma$,所有的 $A \in E^{\Sigma(q)}(S)$以及所有的 $B \in E^{\Sigma(q)}(T)$:$(A \cap B) \in E^{\Sigma(q)}(S \cup T)$;

(4)是 Ξ 超加的,当且仅当对于所有的 $q \in X$,所有的满足条件$S \cap T = \varnothing$的 $S, T \in D_\Gamma$,所有的 $A \in E^{\Xi(q)}(S)$以及所有的 $B \in E^{\Xi(q)}(T)$:$(A \cap B) \in E^{\Xi(q)}(S \cup T)$;

(5)是Σ次加的,当且仅当对于所有的 $q \in X$,所有的 $S, T \in D_\Gamma$,所有的 $A \in E^{\Sigma(q)}(S)$以及所有的 $B \in E^{\Sigma(q)}(T)$:如果 $A \cap B = \varnothing$,那么$(A \cup B) \in E^{\Sigma(q)}(S \cap T)$;

(6)是 Ξ 次加的,当且仅当对于所有的 $q \in X$,所有的 $S, T \in D_\Gamma$,所有的 $A \in E^{\Xi(q)}(S)$以及所有的 $B \in E^{\Xi(q)}(T)$:如果 $A \cap B = \varnothing$,那么$(A \cup B) \in E^{\Xi(q)}(S \cap T)$;

(7)是Σ凸的,当且仅当对于所有的 $q \in X$,所有的 $S, T \in D_\Gamma$,所有

的 $A\in E^{\Sigma(q)}(S)$以及所有的 $B\in E^{\Sigma(q)}(T)$：$(A\cup B)\in E^{\Sigma(q)}(S\cap T)$或者 $(A\cap B)\in E^{\Sigma(q)}(S\cup T)$；

(8)是 Ξ 凸的，当且仅当对于所有的 $q\in X$，所有的 $S,T\in D_{\Gamma}$，所有的 $A\in E^{\Sigma(q)}(S)$以及所有的 $B\in E^{\Sigma(q)}(T)$：$(A\cup B)\in E^{\Xi(q)}(S\cap T)$或者 $(A\cap B)\in E^{\Xi(q)}(S\cup T)$。

以下性质是从熟悉的效能函数的性质变化得来的。[1]

5*2.6 命题

令 φ,ψ 为“行动道义逻辑*”的结构良好的命题。对于所有自由联盟符号 F 和 G，所有的自由时间符号 t_i 以及所有合作的复杂博弈树 Γ，如果 Γ 是：

(a)Σ单调的，那么，$\mathrm{CanDo}_F(t_i,\varphi)\,\&\,F\ll G\rightarrow\mathrm{CanDo}_G(t_i,\varphi)$是 Γ 有效的；

(b)Ξ 单调的，那么，$\mathrm{MayDo}_F(t_i,\varphi)\,\&\,F\ll G\rightarrow\mathrm{MayDo}_G(t_i,\varphi)$是 Γ 有效的；

(c)Σ超加的，那么，表达式

$[(\exists_S(F+G=S))\,\&\,(F\oplus G=\bot)\,\&\,\mathrm{CanDo}_F(t_i,\varphi)\,\&\,\mathrm{CanDo}_G(t_i,\psi)]$

$\rightarrow\mathrm{CanDo}_{F+G}(t_i,\varphi\&\psi)$是 Γ 有效的；

(d)Ξ 超加的，那么，表达式：

$[(\exists_S(F+G=S))\,\&\,(F\oplus G=\bot)\,\&\,\mathrm{MayDo}_F(t_i,\varphi)\,\&\,\mathrm{MayDo}_G(t_i,\psi)]$

① 参考 Peleg (1984)；Abdou & Keiding (1991)。Gärdenfors(1981, p. 344)使用了被称作集体权利条件的条件。该条件类似于 Ξ 单调性质。

$\rightarrow \mathrm{MayDo}_{F+G}(t_i,\varphi\&\psi)$是$\Gamma$有效的；

(e)Σ次加的，那么，表达式：

$[\exists_S(F\oplus G=S)\&\forall_S\mathrm{MustDo}_S(t_i,\sim\varphi\vee\sim\psi)\&\mathrm{CanDo}_F(t_i,\varphi)\&\mathrm{CanDo}_G(t_i,\psi)]\rightarrow\mathrm{CanDo}_{F\oplus G}(t_i,\varphi\vee\psi)$是$\Gamma$有效的；

(f)Ξ次加的，那么，表达式：

$[\exists_S(F\oplus G=S)\&\forall_S\mathrm{ShallDo}_S(t_i,\sim\varphi\vee\sim\psi)\&\mathrm{MayDo}_F(t_i,\varphi)\&\mathrm{MayDo}_G(t_i,\psi)]\rightarrow\mathrm{MayDo}_{F\oplus G}(t_i,\varphi\vee\psi)$是$\Gamma$有效的；

(g)是Σ凸的，那么，表达式：

$[\exists_S(F\oplus G=S)\&[\mathrm{CanDo}_F(t_i,\varphi)\&\mathrm{CanDo}_G(t_i,\psi)]]\rightarrow[\mathrm{CanDo}_{F+G}(t_i,\varphi\&\psi)\vee\mathrm{CanDo}_{F\oplus G}(t_i,\varphi\vee\psi)]$是$\Gamma$有效的；

(h)是Ξ凸的，那么表达式：

$[\exists_S(F\oplus G=S)\&[\mathrm{MayDo}_F(t_i,\varphi)\&\mathrm{MayDo}_G(t_i,\psi)]]\rightarrow[\mathrm{May\,Do}_{F+G}(t_i,\varphi\&\psi)\vee\mathrm{MayDo}_{F\oplus G}(t_i,\varphi\vee\psi)]$是$\Gamma$有效的。

对于5*2.4和5*2.6的证明方法与5*2.3相似，故在此省略。

5*2.7 定义

C_1是所有非合作复杂博弈树的集合；

C_2是所有可化简的，非合作复杂博弈树的集合；

D_1是所有合作复杂博弈树的集合；

D_2是所有可化简的，合作复杂博弈树的集合。

5*2.8 命题

(1)任何C_1有效的表达式，同时又是C_2、D_1和D_2有效的；

(2)任何 C_2 有效的表达式,同时又是 D_2 有效的;

(3)任何 D_1 有效的表达式,同时又是 D_2 有效的。

命题 5*2.8 的真可以直接由定义得出。

第 6 章

个人权利和集体权利

在这一章，我们将介绍几种类型的个人权利。对于这几类个人权利的定义是基于斯蒂·康格(Stig Kanger)的工作，他在本世纪初[1]的工作，是对于由霍菲尔德创建的法律理论的一种深化。[2] 康格以“义务”和“确保某事”等概念来表述权利。因为这些概念同样也是行动道义逻辑和“行动道义逻辑*”的核心概念，我们就有可能根据行动道义逻辑和“行动道义逻辑*”的表达式来定义康格对权利的分类。在说明了怎样把康格的权利类型翻译成行动道义逻辑和“行动道义逻辑*”语言之后，我们将定义几种具体的权利结构，也就是定义个人权利和集体权利的联合。

1. 康格的分类

威斯利·霍菲尔德的工作对于法的逻辑的发展有着深远影响。特别是他对于不同权利类型的定义和分类影响了许多作者(Lindahl

① 指 20 世纪，译者注。

② Hohfeld (1919)。

1977)。对于霍菲尔德理论的一个重要的发展是由斯蒂·康格提出的。①

康格区分了简单型的权利和原子型的权利。就两个行动者 T_1 和 T_2,算子 Shall,行动算子确保以及存在于 T_1 和 T_2 之间的事态 $x(T_1, T_2)$而言,简单型的权利是:

(1)T_1 就事态 $x(T_1, T_2)$而言,拥有针对 T_2 的一个主张(claim),当且仅当:T_2 应当确保事态 $x(T_1, T_2)$;

(2)T_1 就事态 $x(T_1, T_2)$而言,拥有针对 T_2 的一个权力(power),当且仅当:T_1 不应当确保事态 $x(T_1, T_2)$,这一命题不是事实;

(3)T_1 就事态 $x(T_1, T_2)$而言,拥有针对 T_2 的一个豁免(immunity),当且仅当:T_2 不应当确保事态"非 $x(T_1, T_2)$";

(4)T_1 就事态 $x(T_1, T_2)$而言,拥有针对 T_2 的一个自由(freedom),当且仅当:T_1 应当确保事态"非 $x(T_1, T_2)$",这一命题不是真的;

通过在(1)~(4)中用"非 $x(T_1, T_2)$"替换 $x(T_1, T_2)$,康格得到了其余四种简单型权利。因为"非非 $x(T_1, T_2)$"被认为等价于 $x(T_1, T_2)$,这就得出了

(5)T_1 就事态 $x(T_1, T_2)$而言,拥有针对 T_2 的一个反诉(counterclaim),当且仅当:T_2 应当确保事态"非 $x(T_1, T_2)$";

(6)T_1 就事态 $x(T_1, T_2)$而言,拥有针对 T_2 的一个反制力(coun-

---

① 斯蒂·康格早在 1957 年和 1963 年就在其著作中提出了他的权利理论。康格(1971)是对其 1957 年著作的一个修正的版本。其他的文章是在海勒·康格的合作下翻译和修改的,并于 1966 年出版。同样参见 Kanger(1972), Kanger(1985)。

康格利用道义算子和行动算子定义了各种类型的权利。他既使用了道义算子"应该"(shall) (Kanger & Kanger 1966; Kanger 1972),又使用了道义算子"应当"(ought) (Kanger 1971)。在我们对康格的理论的阐述中,我们将使用算子"应该"。康格同样也使用了不同的行动算子。在 Kanger & Kanger (1966)中行动算子被解析成"引起某事",在他后期的工作中被解析成"确保某事"。我们将采取后者。

terpower),当且仅当: T_1 不应当确保事态"非 $x(T_1,T_2)$",这一命题不是事实;

(7) T_1 就事态 $x(T_1,T_2)$ 而言,拥有针对 T_2 的一个反豁免(counterimmunity),当且仅当: T_2 不应当确保事态"$x(T_1,T_2)$";

(8) T_1 就事态 $x(T_1,T_2)$ 而言,拥有针对 T_2 的一个反自由(counterfreedom),当且仅当: T_1 应当确保事态"$x(T_1,T_2)$",这一命题不是真的。

显然,存在于不同的简单型权利之间的特定逻辑关系,依赖于人们就许可、义务和行动命题之间的逻辑关系所做的假定。由康格所发展的行动道义逻辑在好几个方面是不同于我们的。我们不讨论他的逻辑的细节,而只是简单地指出,图 6.1 描绘了康格逻辑中存在于不同的简单型权利之间的逻辑关系。

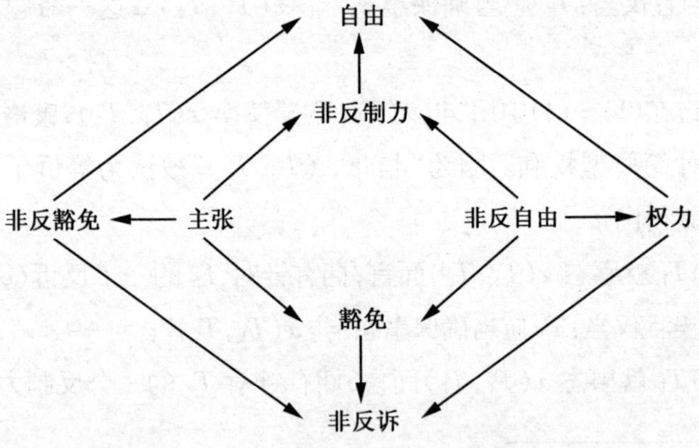

图 6.1①

① "主张"代表"T_1 就事态 $x(T_1,T_2)$ 而言,拥有针对 T_2 的一个主张","非反制力"代表"T_1 就事态 $x(T_1,T_2)$ 而言,没有针对 T_2 的一个反制力",等等。箭头代表"作为逻辑结构"的(传递性)关系。例如,如果 T_1 就事态 $x(T_1,T_2)$ 而言,拥有针对 T_2 的一个主张,那么从康格的框架就可以合乎逻辑地推断出, T_1 就事态 $x(T_1,T_2)$ 而言,没有针对 T_2 的一个反制力。

要进一步注意的是，如果我们假定存在于 T_1 和 T_2 之间的事态 $x(T_1, T_2)$，等同于存在于 T_2 和 T_1 之间的事态 $x(T_2, T_1)$，那么对行动者拥有何种权利这一问题的回答，就不能够独立于另外的一个行动者拥有何种权利这个问题。例如，如果 T_2 将确保事态 $x(T_1, T_2)$ 出现，那么行动者同样确保事态"非 $x(T_2, T_1)$"出现就不可能是真的。从而，如果 T_1 就事态 $x(T_1, T_2)$ 而言，拥有针对 T_2 的一个主张，那么 T_2 就事态 $x(T_2, T_1)$ 而言，拥有针对 T_1 的一个自由。

然而，说行动者 T_1 就存在于 T_1 和 T_2 之间的事态而言，有着针对 T_2 的某种简单型权利，这并未把两个行动者之间关于该事态的所有法律关系完全规定清楚。例如说，T_1 就事态 $x(T_1, T_2)$ 而言，拥有针对 T_2 的一个主张，没有说明就事态 $x(T_1, T_2)$ 而言，T_1 是否有着针对 T_2 的权力。原子型的权利提供了对两个行动者之间的这种简单型权利的充分说明。对于 8 种简单型权利的每一种，原子型权利都对该类型权利是否成立做出了规定。

给定两个行动者 T_1 和 T_2 以及存在于 T_1 和 T_2 之间的事态 $x(T_1, T_2)$，康格区分了 26 种原子型的权利。它们按照下列方式定义(Kanger & Kanger 1966, pp. 92－93)。第一步，给定两个行动者和他们之间的事态，求得简单型权利的联合和简单型权利的否。每种联合都说明了每一种简单型的权利，无论它们是否存在。既然有 8 种权利，那么总共就有 $2^8=256$ 种联合。然而不是每种联合都是逻辑上可能的。例如，联合

主张，非权力，自由，非豁免，反诉，非反制力，反自由，非反豁免，

在逻辑上是不可能的，因为从图 6.1 中可以看出，"非豁免"与"反诉"同"主张"相矛盾。第二步工作是消除所有此类的矛盾联合。这样剩下的共有 26 种联合。第三步，也就是推出原子型权利的最后一步，是尽可能简化地写出每一种联合。这意味着，人们需要去掉作为联合中的其他元素的逻辑结果的那些简单型权利或否。例如，联合

主张，非权力，自由，豁免，非反诉，非反制力，反自由，非反豁免，

可以缩减为

主张，非权力。

因为正如图 6.1 所表明的，在康格的逻辑中，“主张”在逻辑上蕴涵着“豁免”、“非反诉”、“非反豁免”、“自由”和“非反制力”。并且“非权力”意味着“反自由”。

其余的 26 种联合组成了康格的原子型权利清单。该清单在形式化表述中给出。

2. 个人权利的类型

在本节中，我们在行动道义逻辑和“行动道义逻辑*”的语境中推出简单型权利和原子型权利。简单型权利的定义(1)建立在道义算子 Shall 和行动算子 Do 的基础上，以及(2)关于描述存在于两个个体之间的事态的行动道义逻辑和“行动道义逻辑*”表达式。在下一节我们定义简单型和原子型的集体权利，也就是说，两个联盟之间的法律关系。用算子 Dó 定义权利类型被称为强权利类型。它们将在本章第 4 节中被讨论。

令 M 为任意的模型结构，t_k 为一自由的时间符号，i 和 j 为自由的个体符号，指代不同的个人。令 φ 为结构良好的表达式，描述存在于 i 和 j 之间的事态。给定 M，我们说在时间 t_k，i 关于 φ 有针对 j 的简单型个人权利

(1)主张　　当且仅当 $\mathrm{ShallDo}_j(t_k,\varphi)$ 在 M 中成立；

(2)权力　　当且仅当 $\sim\mathrm{Shall}\sim\mathrm{Do}_i(t_k,\varphi)$ 在 M 中成立；

(3)豁免　　当且仅当 $\mathrm{Shall}\sim\mathrm{Do}_j(t_k,\sim\varphi)$ 在 M 中成立；

(4)自由　　当且仅当 $\sim\mathrm{ShallDo}_i(t_k,\sim\varphi)$ 在 M 中成立；

(5)反诉　当且仅当 $\text{ShallDo}_j(t_k,\sim\varphi)$在 M 中成立；

(6)反制力　当且仅当$\sim\text{Shall}\sim\text{Do}_i(t_k,\sim\varphi)$在 M 中成立；

(7)反豁免　当且仅当 $\text{Shall}\sim\text{Do}_j(t_k,\varphi)$在 M 中成立；

(8)反自由　当且仅当$\sim\text{ShallDo}_i(t_k,\varphi)$在 M 中成立。

请注意对简单型个人权利的这种定义和康格的定义之间的关系。我们的定义把康格在行动道义逻辑和"行动道义逻辑*"基础上对简单型权利的定义翻译如下：用算子 Shall 替代康格的"应当"，用弱行动算子 Do 代替"他确保"，用结构良好的表达式 φ 代替事态 $x(T_1,T_2)$。这里显然假定了个体是各不相同的，尽管康格没有对此做出任何假设。最后，我们强调的是，虽然权利类型在形式上是根据模型结构 M 定义的，我们不需要关于在时间点 t_k 之后的博弈结构的特征的信息。因而，对于在一个时间点上的不同权利类型的说明，并不依赖于在其后的时间点上发生什么。

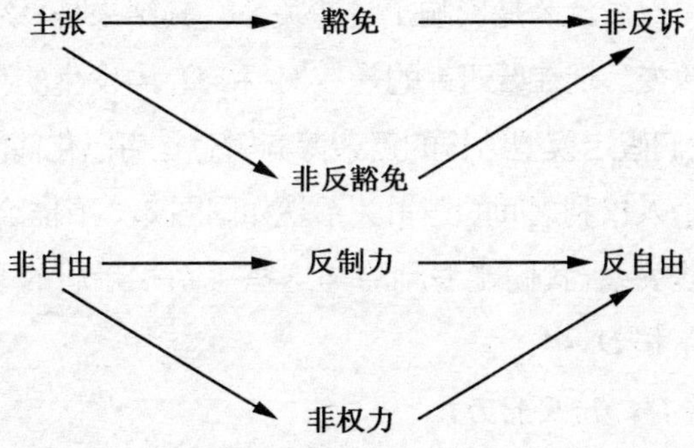

图 6.2

显而易见，因为在行动道义逻辑和行动道义逻辑*一个形如 $\text{Shall}\psi$ 的表达式总是等价于$\sim\text{May}\sim\psi$，我们同样能够根据算子 May 来定义每种简单型权利。例如，给定 M，我们看到，在时间 t_k，i 关于 φ 拥有针对 j 的被称作"主张"的简单型权利，当且仅当表达式$\sim\text{May}\sim\text{Do}_j(t_k,$

φ)在 M 中成立,个人拥有一种权力,当且仅当 $\text{MayDo}_i(t_k,\varphi)$在 M 中成立,等等。

既然我们的行动逻辑不同于康格,在各种简单型的权利之间就存在不同的逻辑关系。如果我们对于模型结构不做任何进一步的假定,如图 6.2 所表示的那种关系就是成立的。①

为了推出原子型的(个人)权利,我们采取与康格在推导原子型权利中使用的程序相同的程序。从 256 种可能的简单型权利联合以及它们的否中,给定如图 6.2 所示的逻辑关系,我们首先消去所有彼此之间矛盾的联合,这样就剩下 36 种关系。接下来我们从这 36 种联合中去掉那些本身是其他元素的逻辑结果的元素。所得到的清单包含 36 种属于系统 C_1 和 D_1 的原子型个人权利。这在本章形式化表述中给出。

如果我们不对所考虑的模型结构给出具体的假定,将会发现,不仅是 C_1 有效和 D_1 有效的要求决定了简单型个人权利之间的关系,而且其他要求也可以被认为是影响了这些关系。其结果是,该原子型权利的清单将会改变。现在要研究的是在 C_2 和 D_2 中发生的是什么,也就是说,如果我们假定模型结构的复杂博弈树总是可以化简的话,那么在各种简单型个人权利之间的逻辑关系就如同图 6.3 所描绘的。

给定这些关系,我们能够删除与这些关系相矛盾的原子型权利。例如说,在 C_1 和 D_1 中,

2.5 主张,权力,反制力,

是一种原子型的个人权利(参见形式化表述的清单 2)。然而,正

---

① 在图 6.2 和图 6.3 中,"主张"代表"在时间 t_k,i 关于 φ 拥有针对 j ($i\neq j$)的一个主张","非反豁免"代表"在时间 t_k,i 关于 φ 没有针对 j ($i\neq j$)的一个反豁免",等等。图 6.2 中的箭头应当被理解为 C_1 有效的,或者当 φ 是"行动道义逻辑 * "的结构良好的表达式时,是对于对应的结论 D_1 有效的。例如,在主张和豁免之间的箭头代表事实:表达式"$\text{ShallDo}_j(t_k,\varphi)\rightarrow\text{Shall}\sim\text{Do}_j(t_k,\sim\varphi)$"是 C_1 有效(D_1 有效)的。在图 6.3 中箭头代表 C_2 有效性,或者是在"行动道义逻辑 * "中的 D_2 有效性。

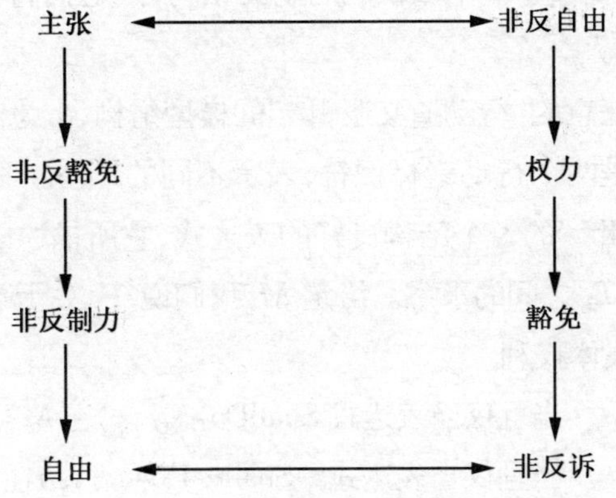

图 6.3

如图 6.3 所示，在 C_2 和 D_2 中拥有一种针对另一人的主张意味着他没有针对另外一人的反制力。因此，这一原子型的权利在 C_2 和 D_2 中不存在。

并且，我们能够在余下的原子型权利中删除一些元素，因为它们可以从其他的另一些元素推导出来。例如，C_1 和 D_1 中的原子型权利。

2.26　**豁免，反豁免，权力，反制力，**

能够被化简为：

3.8　**反制力，权力。**

因为在 C_2 和 D_2 中，拥有一种权力意味着拥有一种豁免，而拥有一种反制力意味着拥有一种反豁免。按照这种方式，36 种 C_1 和 D_1 中的原子型的个人权利能够最终被化简为 11 种原子型的 C_2 和 D_2 中的个人权利。它们同样被列在形式化表述中。

3. 集体权利的类型

在本节我们说明如何定义简单型和原子型的集体权利。简单型集体权利的定义与简单型个人权利的定义相同，只是我们现在所考虑的是联盟而非个人。

令 M 为任意的“行动道义逻辑*”的模型结构，t_k 为自由的时间符号，T_1 和 T_2 是两个行动者标识符，表示不同的(非空)联盟。令 φ 为“行动道义逻辑*”的一个结构良好的表达式，它所描述的是一个存在于联盟 T_1 和 T_2 之间的事态。给定 M，我们说 T_1 关于事态 φ 有针对 T_2 的简单型集体权利

(1)主张　当且仅当表达式 $\mathrm{ShallDo}_{T_2}(t_k,\varphi)$ 在 M 中成立；

(2)权力　当且仅当表达式 $\sim\mathrm{Shall}\sim\mathrm{Do}_{T_1}(t_k,\varphi)$ 在 M 中成立；

(3)豁免　当且仅当表达式 $\mathrm{Shall}\sim\mathrm{Do}_{T_2}(t_k,\sim\varphi)$ 在 M 中成立；

(4)自由　当且仅当表达式 $\sim\mathrm{ShallDo}_{T_1}(t_k,\sim\varphi)$ 在 M 中成立；

(5)反诉　当且仅当表达式 $\mathrm{ShallDo}_{T_2}(t_k,\sim\varphi)$ 在 M 中成立；

(6)反制力　当且仅当表达式 $\sim\mathrm{Shall}\sim\mathrm{Do}_{T_1}(t_k,\sim\varphi)$ 在 M 中成立；

(7)反豁免　当且仅当表达式 $\mathrm{Shall}\sim\mathrm{Do}_{T_2}(t_k,\varphi)$ 在 M 中成立；

(8)反自由　当且仅当表达式 $\sim\mathrm{ShallDo}_{T_1}(t_k,\varphi)$ 在 M 中成立。

对原子型集体权利的推导和原子型个人权利的推导方式相同。给定各种简单型权利之间的逻辑关系，我们能够建立一个所有在逻辑上可能的简单型权利的联合与它们的否的清单。在 D_1 系统中，“行动道义逻辑*”的简单型集体权利之间的逻辑关系与相应的行动道义逻辑简单型权利间的逻辑关系一致。因此，原子型集体权利与原子型个人权利相一致——当然要排除以下的事实：前者是用作为集体的人的(非空，非同一)义务来定义，而后者是用(非同一的)个人的义务来定义的。

如果假设，模型结构的复杂博弈树是可以化简的，那么我们就不能够像在删减原子型个人权利清单那样，去删减原子型集体权利的清单。一个在形式上诸如 $\mathrm{MayDo}_i(t_k,\varphi)\rightarrow\sim\mathrm{MayDo}_j(t_k,\sim\varphi)$ 的表达式是 C_2 有效的，因而只要复杂博弈树是可化简的，“权力”就意味着“豁免”。根据作为可化简假定基础的“既得自由”的看法，对于一个集体做某件事

的许可意味着没有一个处在该集体之外的某个人获得许可去做相反的事情。但这并不意味着该团体本身没有做相反事情的许可。根据“行动道义逻辑*”，表达式 $MayDo_F(t_k,\varphi)\rightarrow\sim MayDo_G(t_k,\sim\varphi)$不是一个 D_2 有效的表达式。例如，如果 F 是 G 的一个子集合($F\ll G$)，那么可以说 $MayDo_F(t_k,\varphi)$和 $MayDo_G(t_k,\sim\varphi)$都成立。从而，在 D_2 系统中“权力”并不总是意味着“豁免”。相似地，“非反豁免”并不总是导致“非反制力”。

然而，这些推断能够保证是真的，当特定的行动者标识符指的是分离的集体：如果 F 和 G 是联盟，并且$(F\oplus G)=\perp$，那么 F 关于结构良好的表达式 φ 有针对 G 的一种权力，这就意味着在 D_2 系统中，F 有关于结构良好的表达式 φ 的一种针对 G 的豁免。相似地，在这些环境中，F 没有针对 G 的反豁免，这意味着在 D_2 系统中 F 没有针对 G 的反制力。

因此，我们区分两类情形：一类是我们谈论的两个联盟没有共同元素的情形，另一类是联盟有共同元素的情形。在第一类情形中，复杂博弈树的可化简性总是意味着在原子型权利间的逻辑关系与图 6.3 所表示的相同，只不过现在简单型权利被定义为两个联盟之间的法律关系，而箭头代表对应推论的 D_2 有效性。可以得出，在 D_2 系统中原子型集体权利与 C_2 中定义的 11 种是相同的。唯一的差别在于，11 种 D_2 的原子型权利是定义在两个分离的(非空)的个体集合之间，并不必然是定义在两个个体之间。如果 F 和 G 不是分离的，也就是说，如果 $F\oplus G\neq\perp$成立，那么简单型集体权利之间的关系就如同图 6.4 所示。

这种情形导致的是 18 种而不是 11 种原子型权利。原因很显然，正如上文所解释的，如果行动者之间有一些相同的元素，则推断“非反豁免意味着非反制力”和“权力意味着豁免”都不能够成立。因此如果行动者之间没有任何相同的元素，一些简单型权利的联合是 D_2 矛盾的；当行动者之间至少有一个共同的元素，则它们不是 D_2 矛盾的。

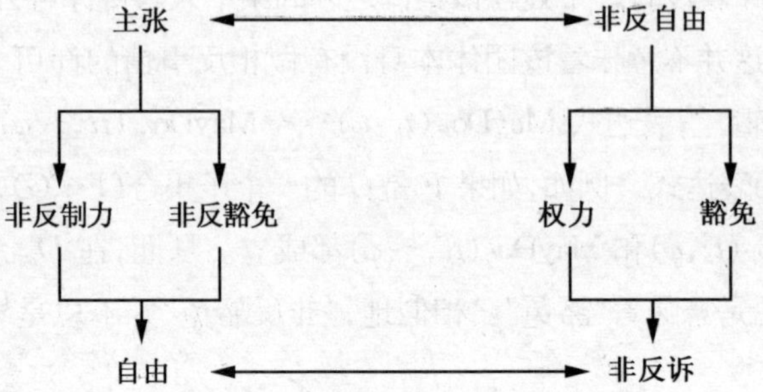

图 6.4

4. 强个人权利的类型

为了推导出原子型个人权利我们使用了算子 Do。假如我们来研究,用强行动算子 Dó 而不是弱行动算子 Do 来定义简单型个人权利后将会发生什么,这是有趣的。我们将把这样所得到的权利类型称为一种强的简单型个人权利。如果我们在简单型个人权利加下划线来表示强的简单型个人权利,我们就能够按照如下方式定义强简单型权利。给定一种模型结构 M,个人 i 关于事态 φ 有着针对 j 的主张,当且仅当 ShallDó$_j$(t_k,φ)在 M 中成立。他拥有一种权力,当且仅当～Shall～Dó$_j$(t_k,φ)成立,依此类推。

在 C_1 和 D_1 系统中,强简单型个人权利之间的逻辑关系与对应的"弱"简单型个人权利之间的逻辑关系是相同的;图 6.2 中所描述的那种关系在对应的强简单型个人权利之间同样存在。显然,这意味着强原子型权利能够被容易地从弱原子型权利中推导出来:为了取得符合 C_1 和 D_1 系统的 36 种强原子型权利,我们只需要在 36 种弱原子型权利下面划线。例如,对于弱原子型权利

豁免,反豁免,权力,非反制力,反自由;

它的强原子型权利是

豁免,反豁免,权力,非反制力,反自由[①]。

经过相似的推理可以证明,11 种 C_2 和 D_2 系统的强原子型权力能够被从 11 种对应的 C_2 和 D_2 系统的弱原子型权利中推导出来:在 C_2 和 D_2 系统中的强简单型权利之间的逻辑关系与它们在 C_2 和 D_2 系统中对应的弱简单型权利之间的逻辑关系是相同的。

因此,我们看到无论使用的是强行动算子还是弱行动算子,对于原子型个人权利的分类是没有多少影响的。在 C_1 和 D_1 系统中,共存在 36 种强的原子型个人权利,同样有 36 种弱原子型个人权利。这个结论对于 C_2 和 D_2 系统同样成立:11 种强的原子型权利相当于 11 种弱的原子型权利。

正如在原子型个人权利中一样,如果用算子 Dó 代替算子 Do 来定义原子型集体权利,这对于原子型集体权利的分类不会有什么影响。在 D_1 系统中,共有 36 种强原子型集体权利。如果复杂博弈树是可化简的,根据特定的行动者标识符是否有任何相同的元素,存在 11 种或 18 种强原子型权利,它们和对应的弱原子型权利相一致。

这种分类的相似性,当然并不意味着个人的原子型权利是强是弱并不重要。例如,拥有一种针对某人的强主张同样意味着拥有一种针对那人的弱主张。但反之则不成立:某人应当确保(在"确保"的弱意义上)某事是事实,这并不意味着他或她同样有义务去那样做(在强行动算子的意义上)。

---

① 其中豁免代表"在时间 t_k, i 关于事态 φ 有着针对 j 的豁免"。反豁免代表"在时间 t_k, i 关于事态 φ 有着针对 j 的反豁免",等等。

5. 权利结构

原子型个人权利描述了在一个被自由时间符号 t_k 表示的时间点，针对由表达式 φ 所描述的事态，两个行动者之间的道义关系。然而对于某一事态会有好几种原子型权利：不仅在个人 i_1 和 i_2 之间存在原子型权利，同样在 i_2 和 i_1 之间也存在原子型权利。并且，存在着位于 i_1 和 i_3、i_3 和 i_1、i_2 和 i_3 等之间权利类型。给定行动道义逻辑的一种模型结构 M，时间点 t_k 和行动道义逻辑的表达式 φ，我们将把一种对于个人的许可和义务的描述（该描述决定了对于关于事态 φ 的，所有可能存在的弱原子型权利的说明）称为一种在时间点 t_k 上关于事态 φ 的局部权利结构。

比如，假设我们有一种关于行动道义逻辑的模型结构 M，根据该结构，一个社会由刚好三个个人 i、j 和 k 组成。① 一个在 C_1 系统中在时点 t_k 关于事态 φ 的局部权利结构（弱原子型权利，φ 是描述所有人之间的一种事态的结构良好的表达式）的例子是：

(1) i 针对 j："非反自由，反诉"；

(2) i 针对 k："非反自由，非豁免，非反豁免"；

(3) j 针对 i："非自由，主张"；

(4) j 针对 k："非自由，非豁免，非反豁免"；

(5) k 针对 i："权力，反制力，主张"；

(6) k 针对 j："权力，反制力，反主张"。

然而，并不是每一种原子型权利的联合都能组成局部的权利结构。

---

① 这意味着表达式 $\forall_s[(s=i)\vee(s=j)\vee(s=k)]$ 以及 $[(i\neq j)\&(i\neq k)\&(j\neq k)]$ 在 M 中是真的。

因为有些简单型权利的联合导致矛盾，有些原子型权利的联合在逻辑上不可能。例如，关于事态 φ，如果 i 有着针对 j 的原子型权利“主张，非反自由”，那么 j 不可能拥有针对 i 的简单型权利“反制力”。原因很明显：$\text{ShallDo}_j(t_k,\varphi)$意味着 $\text{Shall}{\sim}\text{Do}_j(t_k,{\sim}\varphi)$。

更为一般地，如果我们知道存在于 i 和 j 之间关于表达式 φ 的原子型权利，那么我们也就知道了存在与 j 和 i 之间关于该表达式的原子型权利。① 比如，如果说关于表达式 φ，给定行动道义逻辑的模型结构 M，i 有针对 j 的原子型权利

2.28　**非豁免，反豁免，非反诉，权力，反制力**

那么 j，就有关于 φ 针对 i 的下列原子型权利：

2.35　**非豁免，非反豁免，自由，非权力，反制力。**

因此，我们不必为了推导某一时点上的局部权利结构而描述存在于所有人之间的所有原子型权利。如果我们已经描述了那一时点存在于 i 和 j 之间的原子型权利，那么，可以断定的是我们同样描述了 j 和 i 之间的原子型权利。正如我们在本章形式化表述中将会看到的，对于(在某一时点上)权利结构的定义避免了此类多余的信息。②

在“行动道义逻辑*”中，某一时点的局部权利结构的定义方式与行动道义逻辑中相似，只不过它们不是对于存在于两个个体之间的原子型权利的说明，而是对于更为一般的，两个行动者之间的权利的说明。需要注意的是，尽管我们已经讨论的是基于弱原子型权利的局部权利结构，这个概念同样也可以用强权利类型来定义。

我们讨论的是一种局部的权利结构，因为它只是蕴涵着对某些道义关系的一种描述，也就是那些关于特定表达式 φ 存在的权利结构。

---

①　假设一个描述 i 和 j 之间事态的表达式同样描述 j 和 i 之间的事态。

②　另一方面，它包含着多余的信息，因为它不仅规定了关于存在于个人之间的事态的法律关系，而且规定了关于其他未来事态的法律关系。

一种对于道义关系的说明决定了对于所有在时点 t_k 的局部权利结构的描述，我们称之为在 t_k 的权利结构。最终，我们把一种完整的权利结构定义为位于不同时点的所有权利结构的析取(disjunction)。

我们并不总是能够推导出在某一时间的权利结构。因为这样的权利结构规定了关于该语言中的每一个表达式的法律关系，它同样也规定了关于描述未来事态的表达式的法律关系。既然存在着无数时间点，也就会存在无数种事态。对于每一种描述任一未来事态的表达式，这样的一种权利结构应当必须规定法律关系是什么。

然而，在某些场合，我们并不真正关心存在于遥远的未来的许可和义务；有时候我们所关心的只是现在或即将发生的未来。因此，我们引进有限时间期界(finite time horizon)的权利结构这个概念，对这个概念的定义是由以下观念为基础的：弱行动命题或者强行动命题有着某个起始时间，也就是行动开始实施的时间，有一个中止时间，也就是随之产生的事态所发生的最近的时间点。例如，如果 φ 是表达式(t_j, x)，其中 x 是一个基础命题，那么表达式 $\mathrm{Do}_i(t_i, \varphi)$的起始时间是 t_i，中止时间是 t_j。然而如果 $\varphi = \mathrm{Do}_j(t_k, (t_l, x))$，那么中止时间就是 t_l 而不是 t_j。在表达式 $\mathrm{D\acute{o}}_i(t_i, (t_j, x_1) \& (t_k, x_2))$中，$t_k$ 是中止时间，当 t_j 指代的是一个先于 t_k 的时点，依此类推。

给定一个自由的时间符号 t_i 以及模型结构 $M = \langle \Gamma, \wp, \Im \rangle$，有限时间期界的权利结构是对所有就结构良好的所有表达式而言的允许和义务的一种描述，在这些表达式当中，没有比 t_j 更加晚的中止时间($t_j > t_i$)。解析所分配给 t_i 和 t_j 的整数之差被称为权利结构的宽度。它告诉我们，从开始的时间点到表达式结束的时间点要经过多少"步"。

第 6 章*

形式化表述

令 $M=\langle\Gamma,\wp,\mathfrak{I}\rangle$ 为行动道义逻辑(行动道义逻辑*)的模型结构,φ 是一个行动道义逻辑(行动道义逻辑*)的结构良好的表达式,t_i 为自由的时间符号。

6^*1 定义

$B(M,t_i,k)$(或者 $B^*(M,t_i,k)$,其中 k 为正整数)是行动道义逻辑(行动道义逻辑*)的所有结构良好的表达式 φ 的集合,并且满足

(a)其中没有受约束的时间变量出现;

(b)对于在其中出现的任何自由的时间符号 t_j:$0<\mathfrak{I}(t_j)-\mathfrak{I}(t_i)\leqslant k$

并且满足

$B(M,t_i,\infty)(B^*(M,t_i,\infty))=\{\varphi|\varphi\in B(M,t_i,k)$(或者 $B^*(M,t_i,k))$,对于某些正整数 $k\}$。在我们的构造中集合 $B(M,t_i,k)$(或者 $B^*(M,t_i,k)$仅仅包含描述在时间 t_i 以后发生的事态的行动道义逻辑(或者行动道义逻辑*)的结构良好的表达式。这个定义使得我们能够把注意力集中在那些表述在时间 t_i,一个行动者能够或可以确保事态

在 t_i 以后的时间里实现。

6*2 定义

给定 M、φ 和 t_i，我们可以区分出三种弱的许可类型。它们被定义为①

$\mathscr{R}_1(\varphi,M,t_i)=\{(T,\varphi)\mid T$ 是自由的个体符号(行动者标识符)且 $\mathrm{MayDo}_T(t_i,\varphi)$ 在 M 中成立$\}$；

$\mathscr{R}_2(\varphi,M,t_i)=\{(T,\varphi)\mid T$ 是自由的个体符号(行动者标识符)且 $\mathrm{May}(\sim\mathrm{Do}_T(t_i,\varphi)\&\sim\mathrm{Do}_T(t_i,\sim\varphi))$ 在 M 中成立$\}$；

$\mathscr{R}_3(\varphi,M,t_i)=\{(T,\varphi)\mid T$ 是自由的个体符号(行动者标识符)且 $\mathrm{MayDo}_T(t_i,\sim\varphi)$ 在 M 中成立$\}$。

(a)称 $\mathscr{R}(\varphi,M,t_i)=(\mathscr{R}_1(\varphi,M,t_i),\mathscr{R}_2(\varphi,M,t_i),\mathscr{R}(\varphi,M,t_i))$ 为在时间 t_i 关于 φ 的局部权利结构；

(b)称集合 $\mathscr{R}(M,t_i)=\{\mathscr{R}(\varphi,M,t_i)\mid\varphi\in B(M,t_i,\infty)(B^*(M,t_i,\infty))\}$ 为在时间 t_i 的权利结构；

(c)称集合 $\mathscr{R}_M=\{\mathscr{R}(M,t_i)\mid t_i$ 是行动道义逻辑(行动道义逻辑*)的自由的时间符号$\}$ 为完全的权利结构；

(d)称集合 $\mathscr{R}(M;t_i,k)=\{\mathscr{R}(\varphi,M,t_i)\mid\varphi$ 是 $B(M,t_i,k)$(或者 $B^*(M,t_i,k)$)的元素$\}$ 为有限期界的权利结构。称 k 为权利结构的宽度。

在定义 6*2 中，许可的类型是根据算子 Do 定义的。显然，我们也可以使用算子 Dó。由此所得到的三种许可类型就可以被称为强的许

① 参见 Lindahl 所使用的概念“单个行动者自由的基本类型”(Lindahl 1977, p. 106)。

可类型。

6*3 定义

给定M、φ和t_i，我们定义

$\mathcal{R}_4(\varphi,M,t_i)=\{(T,\varphi)\mid T$是自由的个体符号（行动者标识符）且$\mathrm{MayD\acute{o}}_T(t_i,\varphi)$在$M$中成立$\}$；

$\mathcal{R}_5(\varphi,M,t_i)=\{(T,\varphi)\mid T$是自由的个体符号（行动者标识符）且$\mathrm{May}(\sim\mathrm{D\acute{o}}_T(t_i,\varphi)\,\&\sim\mathrm{D\acute{o}}_T(t_i,\sim\varphi))$在$M$中成立$\}$；

$\mathcal{R}_6(\varphi,M,t_i)=\{(T,\varphi)\mid T$是自由的个体符号（行动者标识符）且$\mathrm{MayD\acute{o}}_T(t_i,\sim\varphi)$在$M$中成立$\}$。

(a)称$\mathcal{R}'(\varphi,M,t_i)=(\mathcal{R}_4(\varphi,M,t_i),\mathcal{R}_5(\varphi,M,t_i),\mathcal{R}_6(\varphi,M,t_i))$为在时间$t_i$关于$\varphi$的强的局部权利结构。

(b)称集合$\mathcal{R}'(M,t_i)=\{\mathcal{R}'(\varphi,M,t_i)\mid\varphi\in B(M,t_i,\infty)(B^*(M,t_i,\infty))\}$为在时间$t_i$的强的权利结构；

(c)称集合$\mathcal{R}'_M=\{\mathcal{R}'(M,t_i)\mid t_i$是行动道义逻辑（行动道义逻辑*）的自由的时间符号$\}$为强的完全的权利结构；

(d)称集合$\mathcal{R}'(M,t_i,k)=\{\mathcal{R}'(\varphi,M,t_i)\mid\varphi$是$B(M,t_i,k)$（或者$B^*(M,t_i,k)$）的元素$\}$为强的有限期界的权利结构。称$k$为权利结构的宽度。

6*4 评注

尽管权利结构是依据模型结构$M=\langle\Gamma,\wp,\mathfrak{I}\rangle$定义的，要推导出在某一时点$t_i$的（强）权利结构，我们只需要知道解析$\mathfrak{I}$，复杂博弈树$\Gamma$以

及博弈结构$\wp$在时间 t_i 所经过的节点(参见第 5 章形式化表述定义 5*1.3和引理 5*1.4)。我们无需知道博弈结构$\wp$此后经过哪些节点,并且要注意的是,给定我们在第 6 章中对原子型权利的定义,对于任何自由的时间符号 t_i,一个在时间 t_i 的完全权利结构蕴涵着一种对于所有在那一时间存在于行动者之间的弱原子型权利的描述。相似地,对在时间 t_i 的强的完全权利结构的规定中,蕴涵着一种对于所有在那一时间存在于行动者之间的强原子权利的描述。

第 7 章

自由主义和常规的决策制定

在第 1 章我们看到,自由主义的原则,是根据集体决策制定的程序特性来定义的。因为我们希望首先考察权利和决策程序之间的关系,我们延后了对自由主义的特征的讨论。由行动道义逻辑和“行动道义逻辑*”语言的语义学,得出了描述决策制定过程的模型。它们所提供的模型,也就是说,模型结构以及道义逻辑的视角为我们提供了根据集体决策制定过程来定义个人权利的手段。在这一章,我们将表明如何运用这些模型来构造自由主义的决策制定原则。

在论述中,我们将区分常规的(conventional)和构成性的(constitutional)决策制定。这两种决策制定都是决定事态的过程。在常规的决策制定中,人们做出选择,但不考虑这些选择怎样影响到未来的决策制定。另一方面,构成性的决策制定,决定的是关于集体决策制定的不同程序的抉择(Pattanaik & Suzumura 1992)。

给定模型结构 M,我们假定复杂博弈树的点集 X 能够被分割成两个互不重合的集合:一个集合由常规的决策制定的节点构成,另一个集合由构成性的决策制定的节点构成。尽管我们不给出区别常规性决策和构成性决策制定的形式化定义,但并不难构造出满足这种定义的条件。例如,可以合理地假定它必须包括下列概念:如果属于同一节点的博弈型的博弈结果,就人们的能力和许可而言并无差异,则该节点就是一个常规决策制定的节点。虽然个人选择极有可能会影响到未来决策制定的方式,但这些结果在决策过程中却不起作用,因为它们对于每一种可能的决策过程结果来说都是相同的。然而,即使这样的条件对于证明常规决策在某一时间点发生是充分的,它也不是必要的条件。例如,我们已经看到,邀请某人参加聚会的决策导致了其他的与"不邀请某人参加聚会"不同的被允许博弈型。但我们不会认为发送参加聚会的邀请是一种构成性决策制定形式。

在本章我们将会构造一种原则,从自由主义的观点看,它能够被理解成一种对于任何常规的决策制定过程而言必要的条件。在论证中我们使用到"受保护的私人行动领域"(a protected sphere of personal action)或者"行动的私域"(private sphere of action)的概念,在我们对森的自由主义条件的讨论中已经简要地提到这个概念。在下一章我们将会讨论自由主义的构成性决策制定的原则。

1. 行动的私域

我们将采用衍生自约翰·斯图亚特·穆勒(John Stuart Mill)著作中的自由主义概念。在其《论自由》的著名章节中,穆勒宣称

> ……存在着一种行动的领域,它对于社会(不同于它对于个人)只有一种间接的影响:它包括了仅仅对于某人自身的生活和行为有影响的所有部分,或者,如果这些部分同时影响到他人,也需要他们的自由、自愿以及不受欺骗的同意和参与。(Mill 1859, p. 71)

穆勒关于行动的私域的概念已经得到广泛的讨论。①。这些讨论

① 例如,参见 Cray(1983,pp. 48—57); Rees(1985, pp. 137—155)。

提出了一个重要的问题,即是否真有可能定义个人生活的仅对他自己有影响的方面。关键的问题当然在于,什么样的行动能够被认为是纯粹自我影响的,也就是说,短语"仅对他自己有影响"是什么意思。例如,如果我们说一个行动是纯粹自我影响的,仅当该行动对于他人毫无影响,这样的解释不用说也是站不住脚的,因为每种行动或多或少会影响到他人或他们的行动。

然而,怎样为个人的私域提供一个一般性的定义,这一问题在本章不需要回答。对于我们的论述目的来说,只要假定对于此类私域的界定是任何自由主义理论的中心原则,以及在自由主义者(liberals)之间至少在这些领域的某些方面存在着共识,这就足够了。大部分自由主义者都同意说,阅读一本书、吃一块三明治、信仰一种宗教这些行为的确属于个人私域的范畴。然而我们不会认为,就所有可能的方面而言存在着共识。关于对私人领域的适当的限制存在大量讨论——例如,对于在公共场合吸烟、驾驶汽车或虐待动物这些行为是否应属于个人受保护的私域,自由主义者有不同意见。不存在诸如自由主义理论(the theory of liberalism)这回事,我们也不应该尝试去构造此类理论的必要和充分条件。①

事实上,既然我们要根据(构成性的)决策制定程序来定义受保护的领域,怎样界定个人受保护的私域这个问题就能够被视为关于决策制定过程的问题,因此也就是一个构成性的决策制定问题,这是我们在下一章要讨论的主题。

---

① 根据以塞亚·伯林的看法,"必须在私人生活的领域和公共权威之间划出边界。边界应该划在哪里,是一个存在争议的问题,或者说实际是个讨价还价的问题。人们在很大程度上相互依赖,并且没有人的行动是完全私人性的,以至于绝对不会以任何方式妨碍到他人的生活"(Berlin 1969, p. 124)。正如乔纳森·莱利(Jonathan Riley)指出的,穆勒对于这种相互依赖性认识得很清楚(Riley 1989, pp. 126—127)。

2. 最弱意义的自由主义的条件

自由主义预设了受保护的私域的存在。这个假设的确切含义并不是马上就清楚了。受保护的私域这个概念，是从道德上、法律上，还是从人们能够做些什么来定义的？在不同个人的受保护领域之间，存在怎样的关系？个人权利和受保护的领域之间是什么关系？对于这些问题，能够并且已经有了不同的答案。在本节我们将会尝试另一种回答该问题的方式，其中自由主义的特征能够根据行动道义逻辑和"行动道义逻辑*"的语言来表达。

首先，我们假定，受保护的个人领域包含特定的事态。例如，我们不应说某种宗教属于我们的私人领域，但是，我是一个穆斯林、我是一个罗马天主教徒，或我是一个无神论者，这些事态属于我的私人领域。其次，我们假定，在属于受保护的领域的事态和个人行动之间存在着紧密的联系，而这种联系却能够用不同的方式来描述。一种解释是由莱利提出的，他在对穆勒的关于纯粹私人事务的自由概念的讨论之中，指出这种联系

> 预设了行动者的某些最弱意义上的能力，包括他对于实现其目的（他所欲求的）之手段（他的选择）的推理，以及他人不得干涉他的真正选择。不止是这样，它同样预设了行动者本来能够选择（并且知道他本来能够选择）在给定可选择集合中存在的其他选项，如果他曾经有这样的欲求的话。给定的可行机会集合的本质和范围，与行动者的实际选择不受他人干涉程度和范围，二者相差无几（Riley 1989，p. 122）。

在此观点看来，个人行动与属于他的私域的事态间的关系，可能至少有三种特性：(1)行动者能够确保事态发生；(2)行动者能够做出不同的选择；(3)不存在其他行动者的干涉。

首先，我们认为受保护的私域这个概念不应该根据行动者能够做什么来定义，而应该根据他可以做什么来定义。当我说，我在阅读 *Gehoorafwijkingen bij de Japanse dansmuis* 一书这一事态属于我受保护的私域时，我并不是说我实际上有能力阅读这本书。例如，我或许不能够理解荷兰语，或者是在这个例子中不能理解生物学博士论文所使用的科学语言。把它解释为我拥有阅读这本书的许可更不合适。一种许可可以用道德的或者法律的概念来叙述，正如我们所知，个人很可能拥有一种类型的许可，而不拥有另一种类型的许可。既然我们感兴趣的是决策制定过程，并且既然我们已经在一个法律的语境下定义此种过程，我们将会采用根据法律概念的解释。

同样的推理引导我们根据许可（而不是能力）去构造第二和第三方面的特征。第二方面的特性能够被表述为，行动者拥有不那么做的许可。然而，在起先我们并不清楚短语“不那么做”是什么意思。各种不同的理解都是可能的。如果 φ 描述的是属于某人私域的事态，我们能够把反事实的特征解释为(a)做某事确保 $\sim\varphi$ 的许可，以及(b)不做某事确保 φ 的许可或者(c)保持被动无为，也就是采取一种既不使 φ 成为必然，也不使 $\sim\varphi$ 成为必然的许可。我们应当认为，反事实特征总是能够被解析为(a)，从而也能够被解析为(b)，但却未必一定能够被解析成(c)。自由主义似乎认为，个人对于属于他们私域的事态应当具有完全的控制，且在我们看来，这一点应当被理解为，人们同时被许可确保 φ 发生，以及被许可确保与 φ 相反的事态成为现实。这并不必然意味着，个人被许可在属于他们私域的任何事态上保持被动无为。我不可以在（比如说）我是否读一本书这种问题上保持被动无为，这个事实和自由主义原则并无矛盾。

第三个特征，不受干涉性，被理解为如果一种事态 φ 属于某人 i 的私域，那么所有其他的个人，以及在一个合作场景下的每一个包含个体 i 的联盟，必须在 φ 和 $\sim\varphi$ 上保持被动无为。因此，所有其他人有下列义务:不得采取总是导致 φ 或是 $\sim\varphi$ 的行动。信仰一种宗教属于我的受保护的私人事务,因此其他行动者不得采取行动组织我信仰一种宗教,或是强迫我信仰某种特殊的宗教。

给定模型结构 M,我们现在把一个人在时点 t_k 的获得认可的个人私域定义为由结构良好的表达式 φ 组成的集合,其中在时点 t_k,此人可以确保 φ 或者 $\sim\varphi$ 成为事实,这个命题是真的。并且,所有其他的个人以及(当 M 是"行动道义逻辑*"的模型结构)所有包含 i 的联盟应当在事态 φ 上保持被动无为。最低限度的获得认可的个人私域是指受保护的私域的一个特殊的子集,也就是由形如 (t_j, x) 的表达式构成的子集,其中 x 为基础命题,t_j 指代紧随 t_k 之后的时点。

如果我们要对模型结构 M 做具体的假定,我们也能够利用行动道义逻辑系统内的原子型权利来定义个人受保护的私域。例如,可以令 M 为一个行动道义逻辑的模型结构,假定 φ 属于个人 i 在时点 t_k 的获得认可的个人私域。上文的评注意味着下列表达式在 M 中是真的:

(1) $\mathrm{MayDo}_i(t_k, \varphi)$;

(2) $\mathrm{MayDo}_i(t_k, \sim\varphi)$;

(3) $\forall_s[(s \neq i) \rightarrow \mathrm{Shall}\sim\mathrm{Do}_s(t_k, \varphi) \,\&\, \mathrm{Shall}\sim\mathrm{Do}_s(t_k, \sim\varphi)]$。

(1)和(2)表示既有确保 φ 的许可,又拥有确保 $\sim\varphi$ 的许可;(3)表示他人应当保持被动无为。

为了证明原子型权利之间的关系,我们首先要注意的是在被认可的个人私域和个人之间的(弱的)简单型权利之间存在着密切的关联。例如,如果 φ 指代一种存在于个人 i 和 j 之间的事态,那么(1)和(2)便意味着 i 在时点 t_k 针对 j 有关于事态 φ 的简单型权利"权力"和"反制力",而(3)意味着 i 针对 j 有关于事态 φ 的简单型权利"豁免"和"反豁免"。从而,如果在 C_1 中,φ 属于被表示为 i 的个人的受保护的私域,那么在时点 t_k,i 针对 j 有关于事态 φ 的(弱)原子型权利:

2.26 **豁免,反豁免,权力,反制力,**

而当在 C_2 中，φ 属于被表示为 i 的个人的受保护的私域，那么在时点 t_k，i 针对 j 有关于事态 φ 的(弱)原子型权利：

3.8 **反制力，权力。**

于是我们证明了在受保护的私域和个人权利之间存在着密切的联系。说某人的受保护的私域是非空的，这是在说关于此人的权利的某些事情，也就是在说某些存在于他和其他人之间的法律关系。反过来说，对存在于个人之间的法律关系的具体规定也蕴涵着对受保护的个人的私域(中的某些部分)的具体规定。

我们现在来定义一种能够被看成是对任何自由主义的常规决策过程来说必需的条件：我们说一个完备的权利结构 $\mathcal{R}_M$(无论是在行动道义逻辑还是"行动道义逻辑*"的语境下定义)满足最低限度的自由主义条件，当且仅当：

(1)由模型结构 M 所描述的世界历史至少经过一个常规的决策制定节点；

(2)每个人的最低限度的被认可个人私域在 M 所经过的每个常规决策节点上是非空的；

(3)在 M 所经过的每个常规决策点 t_k，个人 i 的最低限度被认可的私域至少包含一个表达式 φ，使得表达式 Shall[$Do_i(t_k, \varphi) \vee Do_i(t_k, \sim\varphi)$]在 M 中是真的。

第一个条件涉及我们要谈到的是常规决策。在一个仅有构成性决策被制定的世界里谈这些是没有多少意义的。尽管我们用来分析权利的框架很不同于森和杰博的，我们相信第二个条件符合他们对于最低限度的自由主义定义背后的直觉：对于每个人来说，至少存在一种事态，对此他单独就可以决定是否让其成为事实。

第三个条件声称，对于每个个人而言，存在至少一种事态，个人应当决定该事态是否被实现，也就是说，对于实现该事态，此人可以或者是不可以保持被动无为。例如，我不可以对我是否抽烟这个问题被动无为:我或者抽烟,或者不抽烟。

既然由森和杰博定义的自由主义条件是根据个人偏好来定义的,所谓的自由主义悖论也是根据个人偏好来定义的。到目前为止,个人偏好在我们的集体决策模型中还没有发挥作用。我们接下来要表明如何引进这些偏好。我们将要证明自由主义悖论能够用行动道义逻辑和"行动道义逻辑*"的模型结构来定义。

3. 社会状态

个人对他们身边的世界赋予价值。他们根据自己对行动所产生结果的偏好来采取行动。通常认为,个人偏好能够用对事态集合的排序来表示。这些事态或者说社会状态完备地描述了一种特定的社会局势。用阿罗的话来说:

> 对社会状态最精确的定义,就是完备地描述每人手中的每种货物的数量,每人提供的劳动的数量,每种生产活动所耗的生产性资源的数量,以及不同类型的集体活动,诸如市政服务、外交及其通过其他手段的延续,和名人塑像的落成等的数量。(Arrow 1963, p. 17)

在模型结构的某一节点为真的基础命题,以及分配给该节点的可行及被允许的博弈型,完备地描述了下列在某一特定时刻的局势:在每个时点上,一个模型不仅提供对于由基础命题描述的社会状态之特征的描述,而且还提供对于行动者许可和能力的描述。

因此,我们能够把模型结构的节点看作是各种社会状态,并假定人们对于这些节点有其偏好。这样人们就能够定义个人对于由模型结构上所有节点组成的(有限)集合的偏好关系,并假定在每个具体的时点(常规决策制定的发生时点),人们根据其偏好做出决策。然而我们不会采取这种方法。我们仅仅假设在常规决策过程的每一个节点上,给个人根据其对紧随常规决策节点的(有限)点集的偏好形成决策。这当然并不排除从个人对所有节点集合的偏好中推演出偏好的可能性。

4. 自由主义的悖论

在本节我们构成自由主义的两个悖论。他们的灵感来自于森和杰博所提出来的自由主义悖论。① 对这些悖论的形式化表述在本章形式化表述里给出。这里我们用第 1 章中所给的那个选衬衫的故事来说明。

在故事中只有两个人,i 和 j,每人被允许自行决定所穿衣服的颜色:白色或蓝色。我们假定他们在时点 t_i 做出选择,令 t_j 表示他们实际穿上衬衫的时点。显然,这是一个常规决策的问题。为了使问题简化,我们假定 i 和 j 是仅有的个人,并且仅有的基础命题是关于描述个人穿白色衬衫还是蓝色衬衫的命题。

令解析满足一定条件,使得 q_1、q_2、q_3、q_4 是在时点 t_j 的节点,它们能够被描述为

q_1:i 和 j 均穿白色衬衫;

q_2:i 穿白色衬衫,j 穿蓝色衬衫;

q_3:j 穿白色衬衫,i 穿蓝色衬衫;

q_4:i 和 j 均穿蓝色衬衫。

我们假定,描述个人在时点 t_i 的许可和义务的被允许博弈型对于所有人来说都是相同的。用矩阵表示的博弈型如同:

---

① 对森、杰博和 Gaertner 等人的模型所蕴涵结论之间的关系的讨论,参见 Gaertner(1993),以及 Hammond(1994, 1995)。

i/j	白色	蓝色
白色	q_1	q_2
蓝色	q_3	q_4

矩阵 7.1

(其中行和列代表 i 和 j 的策略,表格中的每一栏目代表由特定策略组合产生的结果。)

首先,我们要注意到每个行动者被允许选择自己衣服的颜色并且(因为矩阵已经列出了所有的被允许的策略)另一个人不被允许干涉他的选择。换句话说,描述事态 i 穿白色衬衫的表达式属于 i 的受保护的私域,并且根据相仿的理由,描述事态 j 穿白色衬衫的表达式属于 j 的受保护的私域。因而我们看到,最低限度的自由主义的第二项条件满足常规决策过程的这个特殊节点。我们假定这对于其他的节点同样成立。

如果我们用数值来表示个人偏好,就会得到一个个人偏好的联合,也就是,对于集合 $\{q_1,\cdots,q_4\}$ 的偏好的描绘。一个博弈型和偏好描绘的联合称之为博弈。一个可能的博弈是

i/j	白色	蓝色
白色	(3,3)	(1,4)
蓝色	(4,1)	(2,2)

矩阵 7.2

(数值越高,表示个人越是偏好某个结果。例如 i 认为 q_3 严格优于 q_1,q_1 严格优于 q_4,q_4 严格优于 q_2。请注意,这里的偏好描述不同于第 1 章所讨论过的。)

观察这个博弈,我们看到每人拥有一个占优策略,也就是说,一种无论对方选择什么样的策略,均能够导致更好结果的策略。既然 i 偏

好q_3优于q_1，当j选择白色衬衫时i不会选白色。既然i偏好q_4优于q_2，当j选择蓝色衬衫时i也会选蓝色。因此不论j是选择白色还是蓝色，选蓝色对于i来说都会更好。同样的推理可以表明选择蓝色对于j来说会更好。因而，如果我们假定理性的人将会总是选择纳什均衡结果，即在一个博弈中没有人会发现偏离现行策略对自己是有益处的，那么博弈结果将是q_4。然而，我们也看到两人均偏好q_1优于q_4。换句话说，个人的理性行为导致了非帕累托最优的结果；存在另一个每个人都更偏好的结果。自由主义的第一个悖论说的是，满足最低限度自由主义条件的完备的权利结果将会导致某些局势，其中所有的纳什均衡解都将会导致次优结果。①

自由主义的第二个悖论同样能够用纳什均衡的概念来表示。它所指的事实是，满足最低限度自由主义条件的完备权利结构将会导致不存在纳什均衡的局势。

为了了解为何如此，我们回到最初例子中的偏好描绘（i表示1，j表示2）。所得博弈为：

i/j	白色	蓝色
白色	(4,2)	(1,3)
蓝色	(2,4)	(3,1)

矩阵 7.3

容易验证该博弈中不存在纳什均衡。首先，考察导致q_1的弈局。j在q_2中的处境会更好，如果i坚持他在q_1中的策略，只需要j决定穿蓝色就能够达到该结果。然而，以q_2为结果的弈局也不是纳什均衡，因为i偏好q_4优于q_2，并且当j选择不穿白色时，只需要i改变策略就能够达

① 显然，这样的博弈是囚徒困境。Fine(1975)是早期讨论森的自由主义悖论和囚徒困境之间关系的研究。同样可以参考 Schwartz(1981)。

到结果 q_4。相似地,我们知道 j 能够在导致 q_4 的弈局里把结果改变为 q_3,而 i 能够在导致 q_3 的弈局里把结果改变为 q_1。因此在该特定博弈中不存在纳什均衡。

我们将在本章形式化表述里提供对这些结论的形式化证明。我们把这些结论称为自由主义悖论,以表示他们和森与杰博悖论的密切关系。第一个悖论,和森最初提出的悖论一样,表达了在自由主义条件和帕累托条件之间的矛盾。如同在杰博悖论中一样,第二个悖论不需要帕累托最优的条件。它声称满足最低限度的自由主义条件的权利结构总是蕴涵着某些决策局势,而在这些局势中纳什均衡是不存在的。

第 7 章*

形式化表述

7*1 假定

对于任意行动道义逻辑或"行动道义逻辑*"的模型结构，其复杂博弈树上的点集可以被分割成两个集合。一个集合由所谓的常规决策制定点构成，另一个由构成性决策制定点构成。

7*2 定义

令 $M=\langle\Gamma,\wp,\Im\rangle$ 为行动道义逻辑的一个特殊的模型结构。对于任意自由的时间符号 t_k 以及任意的个体符号 i，在时点 t_k，i 的被认可的个人私域：RPS(M,t_k,i)被定义所有结构良好的表达式 φ 的集合，其中 φ 满足：

(1)$\mathrm{MayDo}_i(t_k,\varphi)$在 M 中是真的；

(2)$\mathrm{MayDo}_i(t_k,\sim\varphi)$在 M 中是真的；

(3) $\forall_s[(i\neq s)\rightarrow \text{Shall}\sim \text{Do}_s(t_k,\varphi)\ \&\ \text{Shall}\sim \text{Do}_s(t_k,\sim\varphi)]$在 M 中是真的。

由所有属于 RPS(M,t_k,i)的,结构良好的表达式 $\varphi=(t_j,x)$组成的集合,并且 RPS(M,t_k,i)满足

(1)$\mathfrak{I}(t_j)-\mathfrak{I}(t_k)=1$;

(2)x 是一个基础命题,

被称为 i 在时间 t_k 的最低限度的被认可的个人私域,表示为 MRPS(M,t_k,i)。因而最低限度被认可的个人私域里只含有描述紧随 t_k 的时间点上的事态的表达式。

如果我们把(3)替换为

(3^*) $\forall_s[\sim(i<<s)\rightarrow \text{Shall}\sim \text{Do}_s(t_k,\varphi)\ \&\ \text{Shall}\sim \text{Do}_s(t_k,\sim\varphi)]$在 M 中是真的。

我们会得到对应于 M 为"行动道义逻辑*"中的模型结构这一情况下的,个人被认可的私域和最低限度被认可个人私域的定义。

令 M 为行动道义逻辑(行动道义逻辑*)的模型结构,而 $\mathscr{R}_M$ 为与之相对应的完备的权利结构。

7*3 定义

$\mathscr{R}_M$ 满足最低限度的自由主义条件,当且仅当

(1)至少存在一个常规决策制定的节点,博弈结构 M 经过该点;

(2)设博弈结构 M 经过一个常规决策制定点的时间是 t_k,对于在 t_k 上的任意一个点,以及对于任意的个体 i,有 MRPS(M,t_k,i)是非空的。

(3)在 M 经过的常规决策点的每个时间 t_k,对于任何的个人 i,MRPS(M,t_k,i)至少包含一个表达式 φ,使得表达式 $\text{Shall}[\text{Do}_i(t_k,\varphi)\vee$

$Do_i(t_k, \sim\varphi)$]在 M 中是真的。

7*4 定义

令 A 为 X 的一个有限子集。在 A 上的排序是指任意的满足下列条件的 A 上的二元关系：

——传递性：对于所有 $q,r,s \in A$，有 $(qRr \& rRs) \rightarrow qRs$；

——完备性：对于所有 $q,r \in A$，有(qRr 或 rRq)。

我们将假定人们对于结果的偏好能够被表述为在该集合上的排序。为了说明我们谈论的是特定个人 $i,j,\cdots \in N$ 的偏好，我们将使用下标 $R_i, R_j, \cdots$排序 R 被解释成“觉得至少与……一样好”。这样举例来说，qR_ir 就被读作“个体 i 觉得由 q 所表示的事态至少和由 r 所表示的事态一样好”。

7*5 定义

严格的偏好关系 P(“严格优于”)定义为 $qPr \leftrightarrow (qRr \& ($非 $rRq))$；无差异关系 I(“与……一样好”)定义为 $qIr \leftrightarrow (qRr \& rRq)$。

7*6 定义

给定集合 A，一种(在 A 上的)偏好描述是表示在集合 A 上的个人偏好排序的 n 维向量 $R=(R_1, R_2, \cdots, R_n)$。该 A 上的偏好描述集合表示为 $R(A)$。

7*7 定义

令 $G=\langle A,\sigma,\pi\rangle$ 为一个博弈型，而 R 为 A 上的偏好描述。弈局 $p=(s_1,\cdots,s_n)\in\sigma(1)\times\cdots\times\sigma(n)$ 是博弈 (G,R) 的纳什均衡，当且仅当不存在 $i\in N$ 使得存在 p 的 $\{i\}$ 变体 p' 满足 $\pi(p')P_i\pi(p)$。(参见定义 3*2)

7*8 定义

令 $G=\langle A,\sigma,\pi\rangle$ 为一个博弈型，而 R 为 A 上的偏好描述。我们说弈局 $p=(s_1,\cdots,s_n)\in\sigma(1)\times\cdots\times\sigma(n)$ 的结果是帕累托最优的，当且仅当在 G 中不存在弈局 p' 使得对于所有的 $i\in N$ 有 $\pi(p')R_i\pi(p)$，且对于至少一个 $i\in N$ 有 $\pi(p')P_i\pi(p)$。

7*9 定义

令 $\Gamma=\langle X,\Sigma,\Xi,\tau\rangle$ 为复杂博弈树。我们称 Γ 是局部可化简的，当且仅当我们能够定义一个 $\Gamma'=\langle X,\Sigma,\Xi',\tau\rangle$，满足 $D_{\Gamma'}=D_\Gamma$，并且

(1)对于所有常规决策制定点 q，以及所有 $S,T\in D_{\Gamma'}$，有 $\Xi'(q)(S)=\Xi'(q)(T)$；

(2)对于所有 $q\in X$，以及所有的 $S\in D_{\Gamma'}$，$E^{\Xi(q)}(S)=E^{\Xi'(q)}(S)$。

显然，局部可化简性是我们在第 5 章中讨论过的可化简性假定的弱版本(参见定义 5*2.2)。我们称一个完备的权利结构 $\mathcal{R}_M$ 是局部可化简的，当且仅当其复杂博弈树是局部可化简的。

7*10 定义

令 $\mathscr{R}_M$ 是完备和局部可化简的。我们说 $\mathscr{R}_M$ 是帕累托式的，当且仅当对于常规决策制定的每一节点，每一个在该点的被允许博弈型可以被化简成为的博弈型 $G=\langle A,\sigma,\pi\rangle$，以及每一个 $R\in R(A)$：如果 (G,R) 存在一个或多重纳什均衡，则至少有一个纳什均衡能产生帕累托最优结果。

7*11 定义

令 $\mathscr{R}_M$ 是完备和局部可化简的。我们说 $\mathscr{R}_M$ 是稳定的，当且仅当对于每个常规决策制定的节点，每个在该点的被允许博弈型可以被化简成为的博弈型 $G=\langle A,\sigma,\pi\rangle$，以及每一个 $R\in R(A)$：至少存在一个 (G,R) 的纳什均衡。

7*12 命题

（自由主义第一悖论）不存在同时满足局部可化简性、完备性和帕累托条件，同时又满足最低限度自由主义条件的权利结构。

证明：令 $\mathscr{R}_M$ 为满足局部可化简性、完备性，同时又满足最低限度自由主义条件的权利结构。根据假定 N 至少包括两个个体 i 和 j。因为 $\mathscr{R}_M$ 满足最低限度自由主义的条件，所以就存在一个常规决策制定的节点，比如说一个位于时间 t_i 上的节点，在该点上 MRPS(M,t_i,i) 和

MRPS(M,t_i,j)是非空的。令$(t_j,x_1)\in$ MRPS(M,t_i,i),$(t_j,x_2)\in$ MRPS(M,t_i,j),使得 Shall[$\mathrm{Do}_i(t_i,(t_j,x_1))\vee \mathrm{Do}_i(t_i,\sim(t_j,x_1))$]和 Shall[$\mathrm{Do}_j(t_i,(t_j,x_2))\vee \mathrm{Do}_j(t_i,\sim(t_j,x_2))$]在$M$中是真的。首先,我们证明,既然完备的权利结构是局部可化简的,由被允许博弈型的结果组成的集合就能够被分割成四个集合A_1、A_2、A_3、A_4,使得下列的基础命题在其各自节点上是真的:

A_1:$(x_1 \& x_2)$;

A_2:$(x_1 \& \sim x_2)$;

A_3:$(\sim x_1 \& x_2)$;

A_4:$(\sim x_1 \& \sim x_2)$。

容易看出四个集合没有一个是空集。例如,考虑集合A_1。既然权利结构是局部可化简的,可以认为所有个体的被允许博弈型都是相同的。因为(t_j,x_1)属于 MRPS(M,t_i,i),而表达式 $\mathrm{MayDo}_i(t_i,(t_j,x_1))$在$M$中是真的:$i$在被允许博弈型中有一种策略——无论他人如何行动——该策略将导向使得x_1为真的节点。相似地,可以知道j有一种导向使得x_2为真的节点的策略。但既然被允许博弈型是相同的,必然存在一个结果q,其中(x_1,x_2)是成立的。可以用相同方式证明其他集合不是空集。现在令R为任意的偏好描述,满足如下条件:

(1)对于所有的结果r和s:如果r和s属于同一个集合,那么每个人对于这两种结果无差异;

(2)除j之外的所有人严格偏好集合A_3中的任意元素胜过集合A_1中的任意元素,偏好集合A_1中的任意元素胜过集合A_4中的任意元素,偏好集合A_4中的任意元素胜过集合A_2中的任意元素;

(3)j严格地偏好集合A_2中的任意元素胜过集合A_1中的任意元素,偏好集合A_1中的任意元素胜过集合A_4中的任意元素,偏好集合A_4中的任意元素胜过集合A_3中的任意元素。

为了证明该命题我们将要证明(a)每一个导向集合A_4中的元素的

弈局是一个纳什均衡,(b)不存在其他纳什均衡,以及(c)属于 A_4 的结果不是帕累托最优的。令 q 为集合 A_4 中的一个元素,如果 i 和 j 恪守其策略,则其他个体无论选择什么策略,相应弈局导向的结果总是属于 A_4。因为所有人对于集合 A_4 中的元素无差异,他们没有动机去改变策略。如果其他人不改变策略,个体 i 要改变结果只能是实现集合 A_4 中的另一个元素,或者转换到集合 A_2 中的一个结果。然而,i 对于集合 A_4 中的各个元素之间是无差异的,并且偏好集合 A_4 中的任意元素胜过集合 A_2 中的任意元素。相似地,如果其他人的行动不变,j 没有动机去转变策略。要做出改变的话,要么导致集合 A_4 中的另一个元素,要么导致集合 A_3 中的一个元素。因此我们看到没有个体有动机单边地转换策略,这证明了(a)。然而,集合 A_4 中的元素不是帕累托最优的:所有人均更加偏好集合 A_4 中的元素。因而(c)是真的。现在我们证明,唯一的纳什均衡解以集合 A_4 中的元素作为其结果。一个导致结果为集合 A_1 中元素的弈局不是纳什均衡:当其他人策略保持不变时,j 能够转换策略使结果为集合 A_2 中的一个元素,而 j 偏好该结果更胜过集合 A_1 中的元素。(请注意,j 不能够单边地转换策略使得结果成为 A_4 中的一个元素,因为这将意味着 i 有策略,有时候导致 x_1 而有时候导致 $\sim x_1$,这违反了 $\text{Shall}[\text{Do}_i(t_i,(t_j,x_1)) \vee \text{Do}_i(t_i,\sim(t_j,x_1))]$。因而,既然 j 能够确保 $\sim x_2$,事实必然是他能够转换策略使得结果属于 A_2)。相似地,假定其他个体的策略保持不变,当结果为 A_2 中的一个元素时,i 有激励转变策略使得结果成为 A_4 中的一个元素,而当结果为 A_1 中的一个元素时,i 有激励转变策略使得结果成为 A_3 中的一个元素,这证明了(b),从而完成了对于整个命题的证明。

7*13 命题

(自由主义第二悖论)不存在满足局部可化简性,稳定性的完备权利结构,同时又满足最低限度的自由主义条件。

证明:令 $\mathscr{R}_M$ 为局部可化简的和完备的权利结构,同时又满足最低限度的自由主义条件。我们能够以和 7* 12 相同的方式证明四个非空集合 A_1-A_4 存在。令 R 为满足以下条件的任意的偏好描述:

(1)对于所有的结果 r 和 s:如果 r 和 s 属于同一个集合,那么每个人对于这两种结果无差异;

(2)除 j 之外的所有人严格偏好集合 A_4 中的任意元素胜过集合 A_1 中的任意元素,偏好集合 A_1 中的任意元素胜过集合 A_2 中的任意元素,偏好集合 A_2 中的任意元素胜过集合 A_3 中的任意元素;

(3)j 严格地偏好集合 A_2 中的任意元素胜过集合 A_1 中的任意元素,偏好集合 A_1 中的任意元素胜过集合 A_3 中的任意元素,偏好集合 A_3 中的任意元素胜过集合 A_4 中的任意元素。

请读者自行检验,在可能的弈局中不存在纳什均衡。

第 8 章

自由主义和构成性的决策制定

在这一章,我们考察构成性的决策制定,也就是说,关于社会做出决策的方式的决策制定问题。① 尤其,构成性的决策制定研究的是权利和自由如何分配的问题。这一章的目的是表明,我们的框架使我们能够从一种自由主义的观点来回答问题。也就是说,我们构造和分析自由主义的构成性决策制定原则:对保护个人自由予以格外的重要性的那些原则。②

正如我们所看到的,模型结构上的节点可以被解释成一些选项或社会状态,个人对他们做出决策。一个模型结构不仅提供了关于属于该点的社会状态的"普通"特征信息,而且还提供了关于人们能够做和可以做什么的信息。显然,能够得到这种信息意味着人们也要同时得到关于社会所使用的决策程序的信息,以及特别是关于个人权利的信息,我们已经看到了这一点。

没有诸如此类关于社会状态的要素的信息,我们就不可能对不同选项的特定类型的非效用特征(non-utility consideration)加以比较。

---

① 这一章是在 Van Hees(1995)的基础上构成的。

② 在这一章,我们在其一般意义上使用自由的概念。它并不表示存在于两个个人或联盟之间的简单型权利。

例如,如果一种事态下的正义至少部分地和社会做决策的方式相关,在没有关于决策程序的信息的情况下,我们便不能下结论说一种社会状态 q 比另一种社会状态 r 更加符合正义,也不能说 r 是否至少和 q 一样正义。相似地,如果我们想要对社会状态中的个人自由做出判断,就需要关于在该社会状态中的个人被赋予的权利和自由的信息。在这一章我们把重点放在对社会状态中的个人所享有的自由数量的比较上。然而,关于权利结构的信息——能够从模型结构中推出的信息——其本身不足以保证这种比较。我们不仅需要关于个人权利和自由(liberties)的信息,而且还需要一种道德标准,这种道德标准规定了那些权利和自由(liberties)能够带来的个人自由(freedom)的限度。不同的道德标准会得出不一样的道德排序。例如,一种道德标准可能声称,吸烟属于个人受到保护的私域,并且因此可以说,人获得许可吸烟的社会状态比另一种个人未曾获得许可的吸烟状态给予了个人更多的自由。而另一种道德标准可能规定个人自由取决于其身体的机能。如果个人一旦获得吸烟的许可,就会注定成为强迫症式的吸烟者,根据该道德标准,该许可就会降低个人自由(freedom)。

给定一种道德排序,我们将定义可以被用于决策程序并把此类道德信息考虑在内的条件。我们会捍卫这些集体决策制定的自由主义原则。我们希望借此为自由主义集体决策制定的模型打下一个合格的基础。

我们目前采取的框架和 Prasanta Pattanaik 和 Kotaro Suzumura (1992; 1994)发展的框架有密切联系。他们的框架和我们一样,重点是对关于选项(作为传统定义的社会状态的扩展)的决策制定的分析:他们引进了关于程序的信息。然而,二者之间存在一个重要差别。在 Pattanaik 和 Suzumura 的框架里,关于扩展的社会状态的决策机制的基础只是效用信息。我们定义的决策程序同时考虑了非效用信息的因素。

1. 自由关系

在第7章,我们通过如下假定“丰富”了模型结构:在位于结构内的任意节点,人们对直接处于该点后的点集有其偏好,且这些偏好能够表示为排序。我们现在做出进一步假定:假设存在着外生的道德参照点,或者说是道德标准,它表述了决策应该如何制定,以及——在给定对理想程序的刻画的情况下——选项如何能够根据道德概念加以比较。特别地,它包含了对于在“理想状态”下人们所拥有的权利和自由的刻画,并描述了如何能够根据选项给予人们的自由的多少(在“理想状态”的权利分配基础上)对选项加以排序。我们不讨论该标准是否表述了实际存在的社会道德,或者它被某些外部观察者用于对社会做决策的方式进行判断。① 后者的情形与社会所持的道德可能会很不相同。根据假定,一种道德标准为每个个体 i 规定了模型结构的点集之上的二元关系 $\succeq_i$。该关系被称为个人自由关系,并被理解为“给予 i 至少一样多的自由”。严格关系“基于 i 更多的自由”被表示为 $\succ_i$,关系“基于 i 一样多的自由”表示为 $\simeq_i$。说社会状态 q 为个人 i 提供了至少在社会状态 r 下一样多的自由,也就是说 $q \succeq_i r$,并不必然意味着在 r 中 i 得到尊重的每一种权利在 q 中同样也得到尊重。首先,可能存在某些在 q 下给予 i 但在 r 下却不曾给予 i 的许可,根据道德标准这种许可“重于”对另一项权利的违反。其次,对应于一个选项的权利结构,可能给予某些个人不被道德标准视为“理想状态”下的权利。再次考虑吸烟的例子。如果根据一种特殊的道德标准,吸烟不属于个人理想状态下的权利的领域,可以说——给定这种道德标准——q 给了人们更多的自由,

---

① 参见 Riley (1986), p. 236。

即使人们在 r 下获得吸烟的许可,而在 q 下没有。

我们利用个人自由关系来推导出集体自由关系。我们说一种社会状态 q 从集体角度给予了比 r 更多的自由,$q \succ r$,当且仅当每个个体在 q 中至少与在 r 中有一样多的自由,并且至少有一个人在 q 中有着更多的自由。根据这个定义,某一特定个人的自由的丧失不能够经由某个其他人获得的自由来补偿。我们下面将看到,集体自由关系将被用于定义自由主义的决策制定原则。我们假定,自由主义不认可这种对个人自由的抵消式平衡(balancing out)。①

n 种个人自由关系的联合(每个人一种关系)被成为对自由的描述,表示为 l。令 L 为按照如下方式定义的集合:$l \in L$ 当且仅当存在着包含 l 的道德标准。L 中的元素能否被一般地加以规定?与任何要完备地确定何种自由描述属于 L 的努力一样,回答这个问题需要对道德标准做详细的分析:对于任何 n 维的 X 之上二元关系的联合,应该能够确定知道,是否存在着一种使得自由描述与那种特定的联合相一致的道德标准。尽管这种测试的结果预先是不清楚的,我们却可以推断,个人自由关系 $\geq_i$ 有时候是不能称为排序的。考虑完备性条件:失去投票权利并因此失去某些个人自由的个人,与他在另一种情形下,比如与他被允许投票却没有权利加入政党相比,拥有更少、相同还是更多的自由?回答这类问题的困难显示出个人自由不可能总是完备的。

要确定其他条件成立还是不成立可能会更加困难。例如,一种道德标准是否总是导致一种满足个人自由关系的传递性的自由描述,这在事前并不是清楚的。然而,我们的研究目的并不需要给出对属于集合 L 的个人自由描述的一般性刻画。我们就自由描述的集合做一个

---

① “没有哪种道德平衡行动能够发生在我们中间;不能够说,通过令我们中的一些人比另一些人的生活在道德上更有重要性,就会导致总体上更大的社会善。我们中的一些人为了另一些人的牺牲,不能被证明为正当的。”(Nozick 1974, p. 33)

特殊的假定,而不给出自由描述在该集合内部的充要条件。我们给出的假定是,对任意模型结构 M,至少存在一个构成性的节点,在该节点,受可行博弈型的结果集合(至少三种结果)所制约的自由描述集合,包含着所有对该结果集合上的所有 n 维排序构成的集合。

最后,我们指出既然每个个体 i 知道,根据假定和选项的内容,qR_ir 和 $r \succ_i q$ 意味着 i 弱偏好 q 胜于 r,即使 q——根据适当的道德标准——提供给他比在 r 下更少的自由,这或者是由于他不在意自由本身,或者是由于他以某种方式得到了补偿。①

2. 构成性决策程序

我们认为,一种构成性的决策制定过程至少包含着三种要素:一个可行的博弈型 G;一种偏好描述 R,R 是由所有可能的对结果集合的 n 维排序构成的集合中的一个元素;以及一种自由描述 l,l 是集合 L 中的一个元素。三元数组 (G,R,l) 被称为构成性(宪政)博弈(constitutional game)。

因而,我们假定对于每一个构成性博弈 (G,R,l),存在着刚好一种恰当的解的概念,从而得到一个解集,也就是该博弈型的弈局 p 构成的非空集合。这些弈局代表那些根据特定解概念处于均衡状态的个人策略的联合。除了解集非空外,我们对所使用的解的概念类型不做任何假定。它可以是任何我们所熟悉的仅仅用效用来定义的博弈论解概念(纳什均衡、核、讨价还价集,等等)。它同样可以是某些被重新定义

① 请注意,如果把我们之前构造的条件 $LIB1$、$LIB2$ 和 $LIB3$ 应用于不完全信息的情形,由罗伯特·诺齐克提出的下列原则可能会被违反。该原则被诺齐克称为越界的认识论原则,它声称"如果做行动 A 会违反 Q 的权利,除非满足条件 C,那么不知晓条件 C 是否满足的人不可以去做 A"(Nozick 1974, p. 106)。

的，考虑到由自由描述给出的非效用信息的解概念。例如，考虑一种我们称之为扩展的纳什均衡的解概念，根据该概念个人将选择一种弈局，使得只要其他人坚持他们原先的策略，没有人能够达到一种他所严格偏好的结果，或在该结果下他拥有更多的自由。① 显然，扩展纳什均衡的概念比通常定义的纳什均衡概念更强：扩展的纳什均衡总是纳什均衡，但反之不然。

一种构成性的决策程序(Constitutional Decision Procedure，缩写为CDP) f 是一种机制，它为每个联合分配：(1)一个偏好描述；(2)一个自由描述；(3)一个扩展的选项集合、议程，以及议程的非空子集。②

给定一种模型结构 M，议程集合刚好包含了那些属于至少一个构成性决策制定点的结果集的点集。由所有偏好描述构成的集合是在 X 之上的 n 维排序构成的集合，并且如我们所见，所有自由描述构成的集合是 L。在一种 CDP f 和分配给构成性决策制定点的可行博弈型之间的关系如下。我们假定，对于每一种构成性博弈 (G,R,l)，存在着一个解集，也就是说，一个属于特定博弈型 $G=\langle A,\sigma,\pi\rangle$ 的弈局的集合，给定作为解概念基础的均衡概念，该集合中包含着构成性博弈的均衡解。博弈型的结果映射为每一个弈局分配一个结果。根据定义，属于该解集中的弈局的结果构成的非空集合，是由被一个构成性决策制定程序分配给特定情形的扩展选项构成的集合，在该情形中的议程是集合 A，偏好描述 R 和自由描述 l。我们把这个结果集合称作针对情形 (A,R,l) 的选择集合。

① 属于博弈型 $G=\langle A,\sigma,\pi\rangle$ 的弈局 p 是构成性博弈 (G,R,l) 的一种扩展的纳什均衡，当且仅当不存在一个 $i\in N$，使得对于某个 p 的 i 变体 p'，满足(a) $\pi(p')P_i\pi(p)$ 或者(b) $\pi(p')\succ_i\pi(p)$。

② 在学术论文中，术语“议程”(agenda)和“议题”(issue)被用于指代实际用来表示选择的选项集合。在这一章为了避免和集体决策程序相混淆，我们在曾经谈论“议题”的语境里(参见第1章)使用术语“议程”。

一个例子。为了表明构成性决策程序的构造过程，让我们假定只有两个个体，q 是一个构成性决策制定的节点。分配给 q 和 G 的可行博弈型有三种结果：节点 q_1、q_2 和 q_3。关于这些结果的决策按如下方式做出。每个个体独立于他人提出一项对结果的建议。如果所有人提出的是相同选项，那么该选项就会是结果。在所有其他情况下，现状 q_1 将是结果。这个博弈型 G 以矩阵形式表示就是：

i/j	q_1	q_2	q_3
q_1	q_1	q_1	q_1
q_2	q_1	q_2	q_1
q_3	q_1	q_1	q_3

矩阵 8.1

注：其中行和列分别代表个体 i 和 j 能够做出的决策。

让我们假定解概念是如下定义的扩展的纳什均衡。首先，我们指出这样的解概念是定义良好的：针对每一个偏好描述 R 和自由描述 l 存在着弈局 p，构成了扩展的纳什均衡。① 因而对于每个偏好描述 R 来说，存在着一个非空的扩展纳什均衡解集。其次，我们为每一个构成性博弈(G,R,l)推导出扩展纳什均衡解集。例如，假定偏好描述 R 是两人均严格偏好 q_3 胜于 q_2，偏好 q_2 胜于 q_1，自由描述是两人均在 q_2 下拥有比在 q_1 和 q_3 下更多的自由，在 q_1 下拥有比在 q_3 下更多的自由。解集由两个弈局构成：双方提出 q_1 的弈局或者是双方提出 q_2 的弈局。容易验证这些弈局是仅有的扩展纳什均衡。第一，如果一个人提出 q_3 而另外一个不提出 q_3 的话，结果仍然会是 q_1。提出结果 q_1 或 q_2 的人能够把结果变为 q_3，他偏好 q_3 分别胜于 q_1 和 q_2。第二，如果一个人提出了 q_1 而另一个人提出的是 q_2，则第一个人可以达成结果 q_2，使得他

① 例如，一个双方均提出 q_1 的弈局构成了扩展的纳什均衡。

享有更多自由。第三,他们同时选择 q_3 的结果不是扩展的纳什均衡,因为任何单边的策略改变会使得结果变成 q_1,该结果给予人们比在 q_3 下更多的自由。属于解集内的弈局的结果是 q_1 和 q_2。因此属于局势 $(\{q_1,q_2,q_3\},R,l)$的选择集是$\{q_1,q_2\}$。

3. 构成性自由主义的条件

人们可以考虑赋予构成性决策程序 f 的第一个条件是强构成性自由主义(Strong Constitutional Liberalism,缩写为 SCL)的条件。对于任意属于决策域 f 的局势(A,R,l),它声称如果一个属于议程 A 的节点 q_1 给予了比在另一个节点 q_2 下更多的集体自由,那么 q_2 不应当是选择集内的一个元素。显然,在 SCL 和强帕累托条件(Strong Pareto Condition,缩写为 SP)之间存在结构性的相似,强帕累托条件说的是,一旦议程内包含另一个所有人都觉得至少和 q 一样好,且至少有一人觉得该结果严格地比 q 好,那么 q 就不应当是选择集内的元素。弱帕累托条件(Weak Pareto Condition,缩写为 WP)声称,如果存在一个所有人均严格偏好的结果,那么存在另一项结果不是选择集内的元素。

清楚的是 SP 和 SCL 并不总是相容的。考虑一个偏好描述 R,根据 R 每人均严格地偏好结果 q_1 胜于 q_2,以及一个自由描述 l,根据它 q_2 给予了比在 q_1 条件下更多的集体自由。在这个局势里构成性决策程序将总是违反 SP 或者 SCL。然而,SCL 的直觉性说服力却并不是很强。难以相信不存在至少一个构成性的决策制定节点,在该节点人们本可以选中一个结果,该结果被所有人公认为比另一个更好,即使这另一个结果给予了人们更多集体自由。

强构成性自由主义和强帕累托条件都依赖于信息的类型。SCL 是建立在非效用信息基础上的最优条件。另一方面,SP 的定义是完全建立在效用信息上的。我们现在有既包括效用信息又包括非效用信息的三种最优条件。所有三种条件都是为了构成性决策制定点而定义的。根据构成性自由主义的第一原则(First Principle of Constitutional Liberalism,缩写为 LIB1),一个结果不应该是选择集内的元素,如果存在一个个体 i 和另一个结果

(a)给予所有人至少一样多的自由;

(b)给予 i 更多的自由,并且;

(c)i 严格地偏好该结果。

换句话说,如果社会状态 q 给予了 i 比在 r 之下更多的自由,并且其他人在 q 之下至少与他们在 r 之下同样自由,那么当 i 严格地偏好 q 胜于 r,社会就不应当选择 r。因此,个体 i 能够拒绝一个选项,一旦存在着一个从自由的观点来看的更好的选项。我们相信该原则是任何构成性自由主义理论的必要条件。令 q 为同时满足 $>_i$ 一占优 r 和 $>$ 一占优 r 的社会状态。那么,当 q 和 r 同时成为选择项时,社会只能够在满足如下条件时选择 r,即 i 不介意自由的相对丧失,或者他为此得到了补偿:他弱偏好 r 胜于 q。换句话说,其自由被考量的那人的同意是必需的。

LIB1 并非是以效用和自由信息为基础的唯一可能的最优定义。我们还能够得到构成性自由主义的第二原则(Second Principle of Constitutional Liberalism,缩写为 LIB2),它宣称一个结果不应当是选择集内的元素,如果存在一个个体 j 和另一个结果

(a)每个人均弱偏好该结果;

(b)该结果给予 j 更多的自由,并且;

(c)j 严格地偏好该结果。

根据这个条件,个人把选项 q 排除在选择集之外,当存在着另一个给予他比在 q 之下更多自由的选项,在该选项之下社会中的所有人均觉得与在 q 之下相比一样好,而他严格地偏好该选项胜于 q。

一个比条件 LIB2 更强,但本质相同的条件是构成性自由主义的第

三原则(Third Principle of Constitutional Liberalism,缩写为 LIB3)。它声称一个结果不应当是选择集内的元素,如果存在着个体 j 和另一个结果,满足

(a)每一个该结果下享有更少自由的人都弱偏好该结果;

(b)给予 j 更多自由;

(c)j 严格偏好该结果。

我们不打算引入与不可让度的权利概念有关的条件。从直觉上讲,说一种权利是不可让度的,似乎是暗示一个人认为,一种在其中权利受到违反的权利结构永远也不应当被选择。因此,权利的不可让度性能够根据我们赋予构成性决策规则的条件来定义:它考虑的是权利的分配。然而,要做到这点我们必须拥有关于权利结构的内容的详细信息。我们还需要分析用以决定某权利结构是否违反了任何不可让度权利的道德标准。

4. 构成性决策制定的自由主义悖论

在第 8 章形式化表述中我们证明了,自由主义的两个悖论以一种不同方式重新出现在构成性决策制定的层面上。在这一节我们来展示这两个自由主义的构成性决策悖论。第一个悖论指出了存在于弱帕累托条件和构成性自由主义第一条件之间的冲突,为了表明该悖论,再次考虑只有两人的社会。假定他们必须决定是否允许人们抽烟,有三种可能的结果:q_1,两人均获得许可抽烟;q_2,个人 i 获得许可抽烟以及 q_3,无人可以抽烟。我们假定,根据道德标准,一种某个人获得许可吸烟的社会状态,比一种各方面相同,只是在其中他未获得这种许可的社会状态给予他更多的自由。对自由的描述为:

$$q_1 \cong_i q_2,\ q_1 \succ_i q_3,\ q_2 \succ_i q_3$$

$q_1 \succ_j q_2, q_1 \succ_j q_3, q_2 \cong_j q_3$

根据假定，个人 i 最希望的是仅有他自己获得许可吸烟。如果他不能成为唯一获得许可之人，那么他情愿没有人获得许可。个人 j 希望禁止这种在他看来不良的习惯。然而，如果有人获得许可吸烟，j 认为每个人也都应该获得这种许可。因此偏好的描述为

$q_2 P_i q_3 P_i q_1$；

$q_3 P_j q_1 P_j q_2$。

不存在一种其域中包含上述偏好描述和自由描述，并同时满足条件 LIB1 和 WP 的构成性决策制定程序。WP 要求的是，既然每个人严格偏好 q_3 胜于 q_1，则 q_1 不应该被选中。LIB1 要求的是，既然 i 严格地偏好 q_2 胜于 q_3，并且既然其他个体（这个情形中只有一人：j）在 q_2 之下至少有和在 q_3 之下一样多的自由，那么 q_3 就不应当被选中。相似地，LIB1 排除了 q_2：j 在 q_1 之下有着比在 q_2 之下更多的自由，j 严格地偏好 q_1 胜于 q_2，并且所有其他人在 q_1 之下有至少和在 q_2 之下一样多的自由。因此，可行结果之中没有一个能够成为解集中的元素。

为了显示第二个悖论，我们来看一个由三人：i、j、k 组成的社会。令三种结果 q_1、q_2 和 q_3 为三种社会状态，在每种社会状态中均只有一人被许可抽烟。在 q_1 中这个人是 i，在 q_2 中这个人是 j，在 q_3 中这个人是 k。进一步假设，结果的不同在于个人收入的不同。个人 i 在 q_3 中比在 q_1 中的收入高，在 q_1 中的收入比在 q_2 中高。个人 j 在 q_1 中比在 q_2 中的收入高，在 q_2 中的收入比在 q_3 中高。最后假设 k 在 q_2 中的处境最好，q_3 次之，在 q_1 中最差。我们假定道德标准把个人吸烟的事态视为属于其受保护的私域，并认为个人的收入与其自由无关，这就产生了如下的自由描述：

$q_1 \succ_i q_2, q_1 \succ_i q_3, q_2 \cong_i q_3$

$q_2 \succ_j q_1, q_2 \succ_j q_3, q_1 \cong_i q_3$

$q_3 \succ_k q_1, q_3 \succ_k q_2, q_1 \cong_k q_2$

人们既重视他们自己的收入,又重视他们自己的自由。得不到吸烟的许可只能够用更高的收入来补偿:人们在一种他们挣许多钱却不被允许吸烟的事态,以及另一种他们被允许吸烟却只获得平均收入的事态之间是无差异的。然而,他们无论如何想要避免那种使得他们的收入最低的结果。因此偏好描述是

$q_3 I_i q_1 P_i q_2$;

$q_1 I_j q_2 P_j q_3$;

$q_2 I_k q_3 P_k q_1$。

LIB3 要求的是,q_1 不被选中,因为(1)k 严格地偏好 q_3 胜于 q_1,(2)k在 q_3 中有比在 q_1 中更多的自由,以及(3)在 q_3 中将拥有比在 q_1 中较少自由的人 i,并未严格地偏好 q_3 胜于 q_1。因此 LIB3 要求,当 q_3 是议程的一个元素时,q_1 不属于选择集。相似地,我们看到,因为 q_1 可得,q_2 就不能被选中,又因为 q_2 可得,q_3 就不能被选中。所以,这些结果之中没有一个能够被选中:选择集是空集。

构成性自由主义的第一个悖论声称,条件 LIB1 和 WP 不能够同时被满足。第二个悖论声称,不存在满足条件 LIB3 的构成性决策程序。另一方面,LIB2 和 WP 能够同时满足。正如在森的自由悖论中那样,自由主义规定了(在我们的例子里是 LIB1 和 LIB3)在通过帕累托条件消去选项之后,能够再对选项做什么限定。这就产生了不可能性结果。另一方面,LIB2 是比帕累托条件更弱的条件,因此它并不蕴涵着一种对选择集的额外限制。所以它能够允许可能的结果产生。

尽管不可能性结构就性质来说是否定的,但它们同样有着重要的积极意义。在社会选择理论中的不可能性结果,给出了一种选择机制所无法同时满足的条件。这些结果被以尽可能强的方式来定义:对其中任意

条件的弱化通常都会使得不可能性结果失败，而产生可能的结果。① 在第 8 章形式化表述中我们将讨论定义具有一个限制域的构成性决策程序是否可能。我们会讨论两种类型的限定，它们都和作为自由主义者的个人的存在有关。一个个人被称为是个自由主义者(类型 1)，当有任意属于议程的结果 q_1 和 q_2 时，这个人总是严格地偏好 q_1 胜于 q_2，只要 q_1 赋予了比 q_2 更多的集体自由。进一步地，我们把一个人称作一个关切的自由主义者(类型 2)，当有任意属于议程的结果 q_1 和 q_2 时，(1)或者是此人在 q_1 下拥有的自由严格多于他在 q_2 之下，或者是他在 q_2 下拥有的自由严格多于他在 q_1 之下，(2)此人严格偏好给予他更多自由的社会状态。

在本章形式化表述中，我们证明，当总是存在着一个自由主义者(类型 1)时，不可能定义一种同时满足 LIB1 和 WP 的构成性决策程序。进一步地，如果总是存在着一个关切的自由主义者(类型 2)，那么 CDPs 能够被定义为同时满足构成性自由主义和弱帕累托条件的三个条件。

如果关于一种按"常规"的方式定义的社会状态的决策是一阶的决策，那么关于扩展选项，也就是包含决策机制的信息的社会状态的决策，能够被称为二阶的决策。自然而然产生的问题是，怎样做出三阶的决策：也就是那些关于不仅包含一阶决策机制，而且包含诸如 CDPs 的二阶决策机制的选项的决策。更一般地，对 n 阶决策机制的任何描述都会产生新的问题，即导致它的 $n+1$ 阶机制是什么。阿罗遵循了政治

---

① 在 Steven Strasnick 对社会选择学者加之于作为伦理原则的决策规则的条件联合所做的分析中，他声称，不可能性结果表明了"没有一种单一的伦理原则能够解决所有伦理问题。与其把反例的存在看成是道德在本质上固有矛盾的标志，我们不如把这些反例视为一种藩篱，它把各种不同的，但却未必是相互竞争的伦理原则限制在合法的领域内。这样看来，反例可能揭示了关于道德理论的重要线索——而不是道德的不可能性"(Strasnick 1979，p. 196)。

理论中一种值得尊敬的立场,认为关于 n 阶决策的普遍一致的同意能够为打破这种回溯提供合理的基础。如果所有人一致地偏好一种特定的决策程序,哪怕是一种独裁程序,也没有必要进一步证明这种程序的正当性(Arrow 1963, p. 90)。

由于我们对于非效用特征的关注,容易得到一种不同的解决方式。它要求不仅应当有对于某个 n 阶决策的一致同意,而且这个 n 阶决策还应当是$\succ$最优的(这里的$\succ$最优根据 n 阶选项集上的自由关系来定义)。通过这种方法,个人自由和个人偏好再一次被一起考虑进来。结果是,即使“独裁意愿或者某种特定的独裁具有压倒性优势”(Arrow 1963, p. 90),如果存在着一个在自由上超过它的选项的话,这样的独裁也不可能被选中。

简要地说,我们提出了一种对于传统社会选择方法的重构和扩展。通过引进作用与偏好关系相似的非效用关系,我们证明了道德考虑如何能够被包含进构成性决策制定的语境中。特别地,我们定义了一些自由主义条件,这些条件的基础是个人的权利和自由不应该在未经有关个人同意的情况下受到违反。进一步说,我们证明了在构成性决策制定的层面上,决策制定的自由主义原则和帕累托条件之间的冲突没有消失。

尽管我们研究的重点是对自由主义的集体决策模型的形式化构造,但这种形式是足够一般的,可以运用到对其他问题的研究。除了自由概念之外,其他被认为重要的道德考虑也可以被使用。例如,人们能够比较社会状态的正义程度,定义社会状态的正义关系而不是自由关系,并构造同时考虑社会状态的正义和个人偏好的决策程序。

第 8 章*

形式化表述

1. 构成性决策制定

令 M 为任意选择的 DLA(DLA*)模型结构。令 X 为 M 的复杂博弈树的节点集合。

8*1.1 记号

L 表示对于在 X 上的 n 维($\geq_1, \cdots, \geq_n$)二元关系的非空集合。关系$\geq_i$(给予 i 至少一样多的自由)称为个人自由关系。

8*1.2 定义

对于所有 $i \in N$,所有的 $q, r \in X$ 有:$q >_i r$ 当且仅当($q \geq_i r$ & 非 $r \geq_i q$),并且有 $q \cong_i r$ 当且仅当($q \geq_i r$ & $r \geq_i q$)。

$8^*1.3$　定义

对于所有 $q, r \in X$ 有：

$q \succeq r$，当且仅当对于所有 $i \in N, q \succeq_i r$；

$q \succ r$，当且仅当对于所有 $i \in N, q \succeq_i r$ 并且对于某些 $j \in N, q \succ_j r$。

$8^*1.4$　假定

存在一个构成性决策制定节点 q 使得

(1)属于 q 的可行博弈型的结果集合 A 中至少有三个元素；

(2)对于每一个在 A 上的 n 维排序，存在一个自由描述 $l=(\succeq_1, \cdots, \succeq_n) \in L$ 使得数组$(\succeq_1|A, \cdots, \succeq_n|A)$等同于 n 维排序(其中$\succeq_i|A$ 是对 A 的$\succeq_i$ 限制)。

$8^*1.5$　定义

$[X]=\{A|q$ 是构成性决策的一个节点$\}$(其中 A 是$\Sigma(q)$的结果集合)。

$8^*1.6$　定义

一种构成性决策程序(CDP)是一个对应 f，其决策域是$[X]\times$

$R(X) \times L$ 非空子集。它为决策域中的每一个元素(A,R,l)分配 A 的一个非空子集 $f(A,R,l)$。$[X] \times R(X) \times L$ 中的元素称为局势。集合 $f(A,R,l)$被称为局势(A,R,l)在 f 下的集体选择或者选择集合。f 的决策域表示为 D_f。

8*1.7 定义

一个 CDPf 满足自由主义第一原则(LIB1),当且仅当对于所有的$(A,R,l) \in [X] \times R(X) \times L$,如果存在 $q,r \in A$ 使得对于某些 $i \in N$ 有 qP_ir 和 $q \succ_i r$ 和 $q \succ r$,那么 $r \notin f(A,R,l)$。

8*1.8 定义

一个 CDPf 满足自由主义第二原则(LIB2),当且仅当对于所有的$(A,R,l) \in [X] \times R(X) \times L$,如果存在 $q,r \in A$ 使得对于所有 $i \in N$ 有 rR_iq,并且对于某些 $j \in N$,有 rP_jq 和 $r \succ_j q$,那么 $q \notin f(A,R,l)$。

8*1.9 定义

一个 CDPf 满足自由主义第三原则(LIB3),当且仅当对于所有的$(A,R,l) \in [X] \times R(X) \times L$,如果存在 $q,r \in A$ 使得(a)对于某些 $j \in N$,有 $r \succ_j q$ 和 rP_jq,以及(b)对于所有的 $i \in N$,当$q \succ_i r$时有 rR_iq,那么 $q \notin f(A,R,l)$。

8* 1.10

定义　一个 CDPf 满足弱帕累托条件(WP)，当且仅当对于所有的$(A,R,l)\in[X]\times R(X)\times L$，如果存在 $q,r\in A$ 使得对于所有的 $i\in N$ 有 rP_iq，那么 $q\notin f(A,R,l)$。

8* 1.11　定义

一个 CDPf 满足普遍域(Universal Domain，缩写为 UD)条件，当且仅当决策域 f，D_f 等价于$[X]\times R(X)\times L$。

2. 构成性自由主义的两个悖论

8* 2.1　命题

(构成性自由主义的第一悖论) 不存在满足普遍域(UD)，弱帕累托条件(WP)和构成性自由主义第一原则(LIB1)的构成性决策程序(CDP)。

证明：假定 8* 1.4 和 UD 意味着存在局势$(A,R,l)\in[X]\times R(X)\times L$，使得(a)$A$ 包含着至少三个元素 q_1,q_2,q_3，以及(b)l 是 n 维的排序，满足：对于所有的 $w\in A/\{q_1,q_2,q_3\}$和所有的 $i\in N$，有 $q_1\succ_i q_2\succ_i q_3\succ_i w$。考虑一个偏好描述 R，根据 R，对于某些 $j,k\in N$ 和所有的 $w\in A/\{q_1,q_2,q_3\}$，有 $q_2P_jq_3P_jq_1P_jw$ 和 $q_3P_kq_1P_kq_2P_kw$。并且，对于所有 $i\in N$和 $w\in A/\{q_2,q_3\}$有 q_3P_iw。由于 LIB1，q_2 和 q_3 均不属于 $f(A,$

R,l):因为如果 q_1 属于议程,q_2 就不属于选择集,如果 q_2 属于议程,q_3 就不属于选择集。根据 WP,对于所有 $w \notin A/\{q_2, q_3\}$,有 $w \notin f(A,R,l)$。因此 $f(A,R,l)$为空,这与 CDP 的定义相矛盾。

8*2.2 推论

不存在同时满足 UD、WP 和 LIB3 的 CDP。

证明:我们证明一个满足 LIB3 的 CDP 同时满足 LIB1。令 f 为满足 LIB3 的 CDP,令存在一属于决策域的局势(A,R,l),使得对于某些 $i \in N$,有 $qP_i r \& q \succ_i r \& q \succ r$。我们证明 $r \notin f(A,R,l)$。因为 $q \succ r$,不存在个人 j 使得 $r \succ_j q$。因为存在某些满足 $qP_i r$ 和 $q \succ_i r$ 的 $i \in N$,LIB3 就意味着 $r \notin f(A,R,l)$。

8*2.3 命题

(构成性自由主义的第二悖论) 如果 N 中含有至少三个元素,则不存在一种满足 UD 和 LIB3 的 CDP。

证明:假定 8*1.4 和 UD 意味着,存在一个局势(A,R,l)属于$[X] \times R(X) \times L$,且满足:对于某些 $i,j,k \in N$,存在着属于 A 的 q_1、q_2、q_3,以及 n 维排序$(\succeq_1, \cdots, \succeq_n) \in L$,使得对于所有 $w \in A/\{q_1, q_2, q_3\}$,有 $q_1 \succ_i q_2 \succ_i q_3 \succ_i w$, $q_2 \succ_j q_3 \succ_j q_1 \succ_j w$,和 $q_3 \succ_k q_1 \succ_k q_2 \succ_k w$。考虑偏好描述 R,满足对于所有的 $w \in A/\{q_1, q_2, q_3\}$和所有的 $h \in N-\{i,j,k\}$,有 $q_2 P_i q_3 P_i q_1 P_i w$, $q_3 P_j q_1 P_j q_2 P_j w$, $q_1 P_k q_2 P_k q_3 P_k w$, $q_1 I_h q_2 I_h q_3 I_h w$。令 f 为满足 LIB3 的任意 CDP。根据 LIB3,因为 q_3 是议程中的一个元素,所以 q_1 不能被选中,因为 q_2 是议程中的一个元素,所以 q_3 不能被选

中，最后，由于 $q_1 \in A$，排除了 $w \in A/\{q_1, q_3\}$，因此选择集为空。

3. 决策域的限制

8*3.1 定义

个人 $i \in N$ 被称为是对局势 $(A,R,l) \in [X] \times R(X) \times L$ 关切的，当且仅当对于所有 $q,r \in A$，有 $q \succ_i r$ 或者 $r \succ_i q$。

8*3.2 定义

个人 $i \in N$ 被称为是对于局势 $(A,R,l) \in [X] \times R(X) \times L$ 的(类型1的)自由主义者，当且仅当对于所有的 $q,r \in A$，$q \succ r$ 意味着 $qP_i r$。

8*3.3 定义

个人 $i \in N$ 被称为是对于局势 $(A,R,l) \in [X] \times R(X) \times L$ 的(类型2的)自由主义者，当且仅当对于所有的 $q,r \in A$，$q \succ_i r$ 意味着 $qP_i r$。

8*3.4 定义

一个 CDP f 满足限制决策域的第一个条件(RD1)，当且仅当它的决策域是所有存在针对该局势的自由主义者(类型1)或关切的自由主义者(类型2)的局势的集合。

8*3.5 定义

一个 CDPf 满足限制决策域的第二个条件(RD2),当且仅当它的决策域是所有存在针对该局势的关切的自由主义者(类型 2)的局势的集合。

8*3.6 命题

存在同时满足 RD1,LIB1 和 WP 的 CDPf。

证明:定义 CDPf 如下,对于任意$(A,R,l)\in D_f$,$q\in f(A,R,l)$当且仅当:

(1)$q\in A$,

(2)不存在 $r\in A$,使得对于所有的 $i\in N$ 有 rP_iq,

(3)不存在 $r\in A$,使得对于某些 $i\in N$,有 rP_iq,$r>_iq$ 和 $r>q$。

显然,f 满足 LIB1 和 WP。我们必须证明 f 是定义良好的,也就是说,其中总是存在着非空的选择集。令(A,R,l)为任意选定的属于 f 的决策域的局势。根据条件 RD1,存在个人 i,他或者是针对局势(A,R,l)(类型 1 的)的自由主义者,或者是(类型 2 的)关切的自由主义者。令 q 为满足:对于所有 $r\in A$,qR_ir 的节点。从 RD1 可以知道,并不存在 $v\in A$ 满足 $v>q$。因为如果 i 是(类型 1 的)自由主义者,则 $v>q$ 意味着 i 严格偏好 v 胜于 q,而实际上他弱偏好 q 胜于 A 中的任何其他元素。如果 i 对于局势是关切的,则 $v>q$ 意味着 $v>_iq$,并且如果他是(类型 2 的)自由主义者,$v>_iq$ 意味着 i 严格地偏好 v 胜于 q。因此在任何一种情形下,都不会存在某些 $v\in A$ 满足 $v>q$。进一步的,既然 q

是 i 在 A 中最偏好的结果中的一个元素，就不可能存在一个 $v\in A$，使得所有人（包括 i 在内）严格偏好 v 胜于 q。因此 $q\in f(A,R,l)$。这就证明了 $f(A,R,l)$ 不是空的。既然局势 (A,R,l) 是任意选定的，那么 f 是定义良好的。

8* 3.7 命题

存在同时满足 RD2，LIB1，LIB3 和 WP 的 CDPf。

证明：定义 CDPf 如下，对于任意 $(A,R,l)\in D_f$，$q\in f(A,R,l)$ 当且仅当：

(1) $q\in A$，

(2) 不存在 $r\in A$，使得对于所有的 $i\in N$ 有 rP_iq，

(3) 不存在 $r\in A$，使得对于某些 $i\in N$，有 rP_iq，$r\succ_i q$ 和 $r\succ q$，

(4) 不存在 $r\in A$，使得对于某些 $i\in N$，有 rP_iq，$r\succ_i q$，对于某些 $j\in N$，有 $q\succ_j r$。

余下部分的证明方法与 8* 3.6 相同，故此省略。

下　篇

法律化约主义和自由

第 9 章

化约主义和对制度的分析

1. 导言

法律能够被化约为事实，并且至少能够部分地根据实在道德(positive morality)加以解释。我认为，这种形式的法律实证主义适合于法律的制度理论。既然 MacCormick 和 Weinberger 认为他们关于法律的制度理论不是化约主义(reductionism)的，我们就需要澄清在法律化约主义中的化约主义究竟意味着什么，这正是我在本章和下一章的任务。本章将研究更为一般的问题，即化约主义方法用于制度分析的可能性。博弈论可以被视为化约主义方法的典范。既然要发展对权利和法律体系的博弈论分析，我就要说明博弈论的化约主义是适用于制度分析的。为此首先讨论“方法论个人主义”(methodological individualism)和“化约主义”这两个术语的含义。在理清对这两个术语的理解之后，我将概述博弈论的要点。接下来讨论的是新制度主义方法，法律的制度理论可以被视为其中的一个组成部分，我们还要讨论新制度主义者使用的“制度”这个概念的含义。我认为，新制度主义的一个特征就是对制度的内生化处理(endogenous treatment),在这个意义上它并没有超越化约主义。理性选择理论中使用的化约主义解释方案显然设置了约束条件,新制度主义对制度环境(institutional setting)重要性的强调不应被视作取消这些约束的主张,它应被看作能够改进化约主义解释的促进因素,而不是趋向新的非化约主义范式(non-reductionist paradigm)的力量。

2. 方法论的个人主义与化约主义

在社会科学史上,方法论个人主义的支持者和反对者间的争论是永久性的争论之一。这个问题以这样或那样的方式,有时是令人作呕的,出现在几乎每一个社会科学家面前。并且几乎每个研究者都(自觉或不自觉地)加入到辩论之中。研究者所采纳的立场深刻地影响到他对社会现象的研究方式,进一步影响到他对社会事件(social events)的本质的理解,因而并不是无关紧要的。就像许多其他的重要概念一样,方法论个人主义(MI)这个概念有着彼此不同且相互对照着的多种使用方式(Lukes 1973; Bhargava 1992)。然而,人们并不总是能理清这些差异,所以有时就会使辩论陷入困惑。方法论个人主义的支持者和反对者就不同的问题展开辩论,并且,方法论个人主义的支持者们在"支持什么"这个问题上的分歧和方法论个人主义的反对者们在"反对什么"上的分歧一样多。然而为了对该观念有个正确评价,我们必须清楚何种阐释是可能的,以及我们考虑的是哪一种方法论个人主义。

为使问题更加清楚,让我们首先考虑在方法论个人主义的所谓本体论(ontological)和解释性(explanatory)变体之间的区别。本体论阐释声称社会实体(social entities)可以依据个人及其所属(properties)加以定义,此外再没有其他实体存在。按本体论观点,认为社会实体具有属于他们自身的本质而加以谈论是荒谬的。据此,方法论个人主义就是"否认存在不可定义的集体属性或类似超级实体"(Brodbeck 1968, p. 283),或者认为"社会的世界最终由个人组成"(Watkins 1968, p. 270)的观点。然而,因为对实在的本质或社会现象之状态所做的假设和我们做研究的方式间并无直接的关系(M. Friedman 1968),因为化约主义的新制度主义批评,以及包括方法论个人主义在内的问题,首先并最主要的是方法论问题,我将仅限于讨论那些集中于方法论问题的方法论个人主义形式,而忽略本体论阐释。

方法论个人主义的解释性变体把解释社会事件的正确方式当作其核心的基本观念。这些观念可归结为,社会事件应当最终根据个人及其所属加以解释。既然在社会科学中存在着不同种类的解释,对于什么可作为支持方法论个人主义的有效例证也存在着不同的观点(Bhargava 1992)。我将主要集中在"主流"的方法论个人主义上,即社会现象应该根据个人行动(action)的理论加以解释的观点。在这种观点看来

> "方法论的个人主义者声称,一切真正的社会科学理论都能被化约为,加上了规定人们行动之特定边界条件后的,关于个人行动的理论。"(Nozick 1977, p. 353)

这种解释性方法论个人主义的经典例证是契约主义(contractarian)政治理论。比如,霍布斯(Thomas Hobbes)经常作为方法论个人主义的奠基人之一而被提及,这是因为他在《利维坦》中所提出的政治理论。按照霍布斯(1651)的理论,国家产生于个人的行动和商议(deliberation)。当个人在自然状态下遇到困难时,他们决定订立契约,组成利维坦并远离自然状态。因此,国家的出现可以根据一种在自然状态下人们如何行动的理论而加以(假设性的)解释。国家是一种由个人特定行为所导致的有意识的(intended)结果。主流方法论个人主义的其他例子还包括一些根据个人行为的非意向性(unintended)结果解释社

会现象的理论。根据这些理论,一种社会现象是个人行动的副产品。例如,在阳光灿烂的午后,海滩上的拥挤是个人彼此独立地作出“去游泳”这个决策的非意向性的结果。又如,基于同一现象的一个较为严肃的例子,环境问题可以看作是诸如驾驶车辆、阅读书籍、吃肉和养宠物等这些独立的人类行动的非意向性的结果(Hardin 1968; Schelling 1978)。[①]

该解释的结构可以用图示描述如下(见图 9.1):[②]

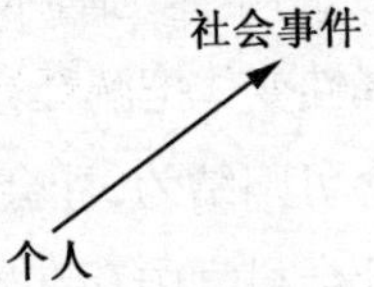

图 9.1

对社会事件或现象的符合方法论个人主义的解释总是依据一些与个人有关的一般理论。[③] 只有知道了理论适用的边界条件,理论才是可行的。其中的一些条件和对选择的约束有关。例如,如果我们要按照预算最大化原则来解释官僚机构的行为,就需要知道官僚机构的行动范围是什么,根据预算各种不同行动的后果是什么,是否存在有竞争压力,等等。很可能政策 x 使得预算最大化但却没有被采纳:因为某种原因政策或许是不可行的。这样,约束决定和影响了个人作出的决策。现在让我们来看对个人行为多少构成永久性约束的制度环境或制度本身(对制度环境的一个更详尽的讨论见本章第 4 节)。制度环境界定了人类行为之一般理论所适用的边界条件。如果我们进一步假定社会事

① 这些例子描述的非意向性结果或者外部效应具有负的社会评价。对具有正外部效应的社会现象之解释通常归于“看不见的手”。参见 Nozick(1974, pp. 18—22)。

② 这一节中的图示表示法是根据 Nozick(1977)。

③ 这并不意味着我们把自己局限在所谓的演绎法解释模式之中。例如意向性的(intentional)解释也能得出一般的理论。参见 Elster(1983)。

件本身也是一种制度，就得到如下的方法论个人主义图示(见图 9.2)。

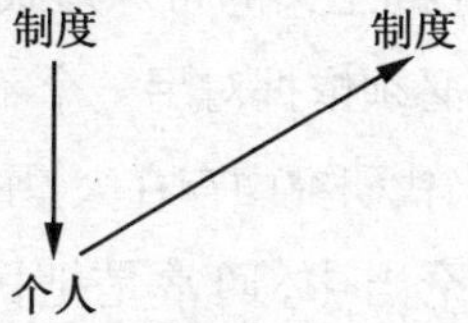

图 9.2

这样一来，一种制度就能根据限定在制度环境下的个人行为的一般理论而加以解释。研究者根据他所要求的分析的视野和深度，就能够尝试解释约束着个人行动的制度。按照方法论个人主义原则，研究者必须再次定义能解释约束个人行动的制度是如何出现的制度环境。对于这种更详尽的分析可以见下图(图 9.3)：

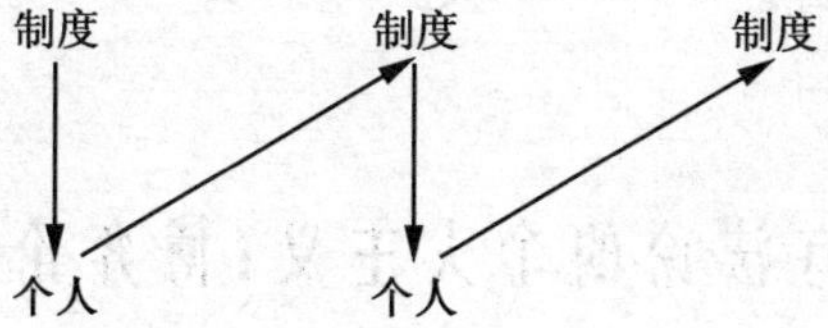

图 9.3

为了获得更加详尽的解释我们可以把这个链条继续扩展下去；为更进一步获得详尽的解释，研究者可以根据更高阶的制度来解释高阶的制度，等等。

这样一来，我们就认识到，方法论个人主义事实上决定了一种观念，即社会事件不能由个人行为单独地加以解释。一种符合方法论个人主义的解释总是要求把人类行动的一般理论和理论适用的特定边界条件结合起来。这些边界条件并不是绝对个人化的，或只是个人间的关系与个人之所属，也可以是关乎社会现象的。然而，方法论个人主义的实质之一却是，对于这些边界条件或更为一般的制度环境本身，必须归结到个人行为的一般理论来解释。

方法论个人主义是化约主义的特殊形式。[①] 化约主义要求,对于发生在层级 x 上的事件,必须依据对另一个不同层级上的现象做分析的一般理论来解释。在当代研究中存在大量的化约主义解释。仅举一个例子,在国际关系理论当中,通常是把民族国家假定为行动者(agents),这样就不必把国家的动机进一步归结至个人层级上的动机(例如说内阁成员的偏好)。比如说,诸如制度安排的出现,这样的现象就能依据参与那些安排的国家的动机而解释(Axelrod and Keohane 1985)。根据方法论个人主义,依据另一个不同的分析层级的一般理论所做的解释并不意味着在解释中不能出现较高层级的现象。相反,必须规定边界条件以说明(个人或集体)行动者的行动的约束。这样一来,其他的化约主义解释也和方法论个人主义在结构上相近了,只是它们的分析层级不同。

3. 阐明方法论的个人主义:博弈论

方法论个人主义的一个典型范例是博弈论。在讨论博弈论对制度分析的用处之前,我们首先指出博弈论的一些基本特性。[②] 博弈论是理性选择理论的一部分,主要研究的是决策制定中的策略选择问题;它和人类行为的相互依赖性有关。对一个决策情境(situation)的博弈论分析由两部分组成。首先,需要描述决策情境的特征。一个方法是定

① 由此观之,化约主义立场并不必然导致方法论个人主义。如果我们根据一种制度的内在组成部分,而不是相关联的个人来解释制度,我们就是化约主义者,但并不必然是个人主义者。

② 我仅限于对博弈论的一些特征做出描述。对于理性选择模型的预见能力的讨论,参见 Green and Shapiro(1994)以及 J. Friedman(1996)。

义一个(标准形式的)博弈。由以下要素构成:

(1)定义一个个人的集合;

(2)每个人有一个可选择的策略集;

(3)一个能决定每种可能的个人策略组合的博弈结果的程序;

(4)对可能的结果集的个人偏好。

对弈局的详细说明属于博弈论模型的描述性部分。个人理性假设已经发挥作用,也就是说,这里假定个人偏好是可排序的,具有完备性和可传递性。换言之,个人能够在任意两个选择之间做出比较(完备性),并且如果个人偏好 x 胜过 y,偏好 y 胜过 z,则他就偏好 x 胜过 z(可传递性)。

一个博弈论模型除了描述性部分外,还有一个解的部分,在这个部分人类理性假定更为重要。人们依据理性人假定对博弈的可能结果做出推测,由此产生了解的概念。解概念在其本质上是指,研究者对策略联合所加以限定的条件集。这些条件被认为是把博弈的弈局从原先的所有可能集减少到了按理性行动能够预期到的可能集。换句话说,每一个不同的解概念都能够被解释为个人理性原则的一个可能的“翻译”。例如,一个弈局的纳什均衡被定义为给定其他博弈方策略不变时,无人能够改变策略而获更大的收益。由此可见理性意味着每个个人能够对其他人的行动做出最佳的反应。

需要强调的是,不同的博弈理论家采用不同的解概念;这里没有特定的优于其他所有概念的解概念。首先,对于几乎所有解概念,都能够定义使得此概念不符合应用的弈局:在该特殊的弈局里找不到任何策略联合能够满足该特殊解概念所定义的条件。如果人们仍执意要预测此类弈局的结果就必须采纳其他的解概念。其次,可以设想一特殊的解概念常常会产生出太多的可能解。这样等于并没有减少可能的博弈集合,从而使得模型的预测能力受到限制。再次,就像所有的翻译一样,用特殊的解概念来翻译个人理性的假定有时候是不准确的。人们总是能够建构使得特殊解概念导向反直觉结果的例子。①

尽管存在这些困难,我们必须阐明对社会事件的博弈论解释的基本形式。个人在边界条件集合之中做出选择。这些条件规定了参与博弈过程的个人是谁,他们的偏好是什么,他们有什么策略,以及他们的策略所导向的结果是什么。基本的行为假设是,个人按照理性行动,这意味着个人偏好具有特定规范特征并且个人行动符合一些特殊的解概念。在时间 t1 采取的行动的结果构成了在后续时间 t2 发生并需要加以解释的社会事件。对该解释的结构可以图示如下(见图 9.4):

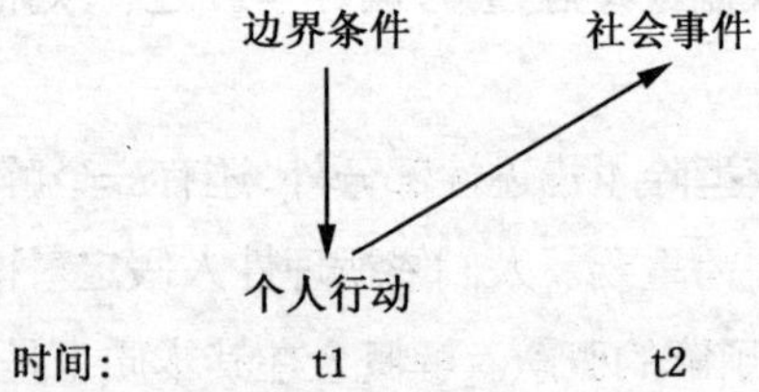

图 9.4

如果解释需要,个人行动的边界条件就同样可以用博弈论的概念来解释。例如,假设我们要对国防开支为什么在时间 t2 是 x 做出基于博弈论的解释。进一步假设,制定预算决策的政治家的行动范围是受约束的。预算不得低于先前已有开支的标准。如果我们主要是对预算较先前某个时间 t1 的变化感兴趣,就需要根据政治家在时间 t1 和 t2 之间的战略选择做出可能的解释。另一方面,如果我们希望解释整个国防开支的分布状况,就必须解释在更早的时间 t0 的预算部分(如图 9.5)。

尽管这样的解释要比只研究时间 t1 的决策的解释更加复杂,但这并不意味着这样复杂的解释不能够借助于博弈论实现。事实上,诸如

① Kreps(1990, p. 416)认为此类解概念违背了纳什均衡。

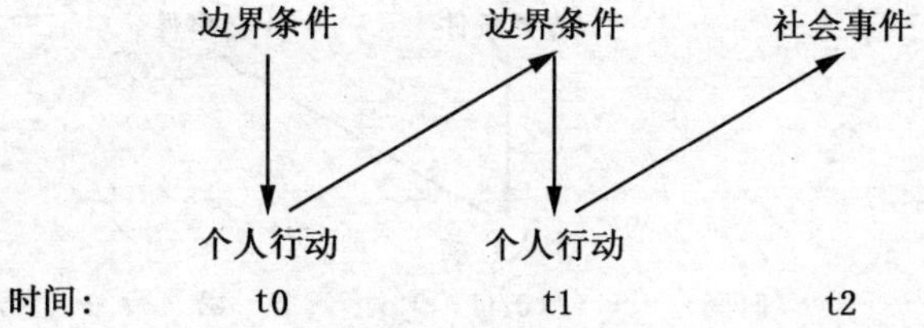

图 9.5

此类用扩展式博弈(game in extensive form)描述当下情境的模型的存在时间和博弈论一样久。一个扩展式弈局由决策树(decision tree)组成,在决策树中的节点代表了做出选择的时间。博弈把决策过程模型化为一系列的个人选择。在每个节点会面临新的边界条件(该边界条件规定哪些人做出选择,能选择什么以及这些选择将导向哪些新的节点,等等),因此,也可以说个人是在就边界条件做出决策。扩展式博弈由决策树组成,在决策树的每个节点处至多有一个人做出选择。为把边界条件下的决策制定过程模型化同样可以借助于所谓的同时博弈,即在博弈的每个决策节点("子博弈")处多人同时做出选择(Shubik 1982, p. 47; Van Hees 1995)。[1]

通过把策略定义为个人在不同时点所做出的一系列选择,我们常常可以把那些更复杂的弈局化约为标准形式的弈局。例如,可以把时间 t2 的国防开支的决策制定模型化为个人从时间 t0 到 t1 的决策制定过程。这样一来被采纳的策略就只是对从时间 t0 到 t1 的行动的描述("总是投票反对国防开支案"或者"在 t0 投票赞成。如果在时间 t0 预算通过,则在时间 t1 反对修改预算;如在 t0 未获得通过,则赞成修改预算",等等)。至此可以图示如下(见图 9.6)。

在开始探讨像博弈论这样纯粹化约主义的框架能否有助于我们对

① Tsebelis(1990)介绍了嵌套博弈的概念。

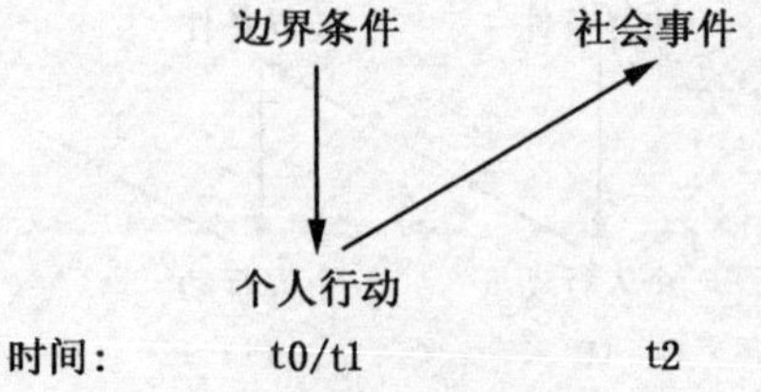

图 9.6

制度的理解之前，我回到新制度主义并尝试阐明新制度主义者对“制度”概念的理解。

4. 新制度主义与制度

为了考察新制度主义是否已经超越了化约主义所关注的问题，我们必须澄清新制度主义者研究的核心对象是什么，也就是说，他们是如何理解制度的。令人遗憾的是，新制度主义者以各不相同甚或自相矛盾的方式使用这个概念(Ostrom 1986a, p. 4)。我既不打算对新制度主义者所采用的各种类型做一次系统陈述，又不打算从中提炼出某种基本定义。诸如此类分析的严格性并不能保证研究的水准。相反，对于新制度主义者所指的制度，我将描绘出一幅印象派画作。这里有三个重要的维度——结构的、程序的和行为的——每个维度都影响到新制度主义对于制度概念的解释。

制度的结构维度是指，所有那些持续一段时间并形成了人们在其中行动和相互作用的约束条件的种种现象。例如，政党可以在此结构意义上被解析为制度。他们决定了一位政治家的行动范围。举例来说，政治家本人所希望采取的行动可能与他所在政党的纲领相悖，因而是不可行的。法律规制同样是一种结构意义上的制度。它们决定了行动过程的可接受性,从而限制了个人行动的范围。结构性特征并不总是明确定义的。例如,存在重要的影响个人偏好的非正式约束:我们的朋友、家人、师长等人的观点以一种微妙的方式影响着我们对行动的思考和评价。其他重要的非正式约束还包括,个人被期望扮演的角色,以及个人之间交流的媒介,等等。

制度的程序维度是指把个人行动系统转化为特定结果的机制。例如,在立法背景下,该程序可能是指将投票结果整合为集体决议的方法。这样我们就能把多数表决制理解为程序意义上的制度。制度的程序性特征不仅是指在立法委员会内部产生决策的机制,而且是指委员们相互关联并对决策的制定过程产生影响的方式。由各次级立法委员会,委员会和议会组成的漫长的立法路径构成了一个体现制度的程序性特征的例子,但我们不应仅考虑投票规则。这种机制也可以是规定对违反义务做出制裁的法律规则。

最后,某些新制度主义者对制度的定义由行为规律或人类行为模式的概念构成。例如,Rowe 认为“社会制度事实上只不过是行动者理性地遵守行动规则,并为他人相信他将遵守规则而已”(Rowe 1989, p. 5; 同样见于 Schotter 1981)。我将这些模式或规律称为制度的行为维度。体现制度的行为维度特征的例子是惯例,即当一个群体中的人互相影响并形成一种稳定关系时自发出现的关于行为举止的常规性。这些惯例促进了共同调整和学习的过程,并减少了社会情境的复杂性。

必须说明的是,这三个维度是相互密切关联着的。试考虑一个规范(norm)系统:规范显然属于行动发生于其中的制度环境。事实上,制度的这三种维度特征都和对规范的研究有关。诸如“你不应该做 x”这样的规范具有结构维度特征(“我不可以做 x,因此我的行动范围受到了限制”),程序性维度特征(“如果你做了 x 你就会受到制裁”)以及行为维度特征(“人们倾向于不做 x”)。进一步注意到,制度的以规则为导向的特征在这三种维度中都起到重要作用。制度的结构特征并不是指临时性的约束——它们为一个相对长期内的可能行动划定了界限。程序性的特征把个人行为系统地转换为社会性后果。最后,行为的维度指的是行为的模式,而非偶然发生的行为。

不是新制度主义对制度的每一个定义都由这三个维度构成。与其说,新制度主义的特征在于他们在用正确的方式识别和定义制度这一点上取得了共识,不如说,他们只是都希望超越"无涉制度"的解释。新制度主义主张的批评是社会科学的主流方法未对包含社会事件的制度环境加以足够的重视。正如我们看到的,对于有些学者,这意味着在对社会事件的解释中,不应该把制度框架作为外生给定的独立变量,而是其本身需要加以解释的因素。现在我要讨论的是这究竟是否意味着我们应该抛弃化约主义。

5. 新制度主义与化约主义

在前面几节中,我描述了方法论个人主义或更一般的化约主义之方法论立场的主要轮廓。我还描述了最出色的化约主义方法——博弈论的一些基本概念。最终,我们归纳出新制度主义的制度研究的各个维度之梗概。现在我们可以来讨论,新制度主义是否应该像一些新制度主义者所声称的那样,超越化约主义解释模式。

为此,我首先考察博弈论理论家在化约主义解释中对制度所做的定义和分析。新制度主义者总结的制度的维度都可以用博弈论概念来描述。首先,考虑结构维度。如前所述它指的是个人行动的约束。那些约束又是什么? 我们可以区分出三种约束:对参与决策过程的人的约束;对个人能够有的选择的约束;对个人偏好的约束。[1] 决定由谁参与的约束可以有许多不同的形式。它们可以是生理的("x 先生病了因而没有参加")、法律的("x 先生没有权力签订这种契约")、道德的("x 先生不应该干涉进来"),等等。而且,还存在为个人选择集合划分界限的约束,也就是规定个人能够或不能够,可以或不可以做什么的约束(Van Hees 1995)。这里也存在多种形式:诸如像授权规则这样的法律制度安排,影响个人拥有信息量的机制,或个人处理信息的能力,或社会的传播媒介,等等。[2] 最后是对个人偏好的约束。例如我们可以把促进社会化的机制看作偏好形成的过程。

制度的程序维度特征和博弈的联系是显而易见的。它是由联系个人策略和博弈结果的程序所定义的。[3] 和制度的前两个维度有关的概念恰好是构成博弈论模型描述性部分的要素:程序、个人、策略和偏好。既然博弈由这四个要素组成,我们也可以说制度的结构和程序性维度被弈局(规范式或者扩展式)所描述。[4]

制度的第三个维度即行为维度和个人行动的方式有关。正如我们所见,对个人行为方式的假设属于博弈论模型的解部分:它阐明了理性人将如何行动。博弈论理论家总是敏锐地意识到在博弈论模型的解和

---

① 对于博弈论理论家来说结构性约束的前两种并不是清楚的。例如 x 先生没有参与决策过程可以按照两种不同的方式模型化。可以认为 x 先生并没有成为做出决策的个人的一员(他不是博弈者),但也可以认为他是仅有一种策略——"被动等待"的博弈方。参照第 14 章,注解 9。

② 一个例子是对于法制约束对法官行动影响的博弈论分析,见 Van Hees and Steunenberg(2000)。Ruiter(1993)在一个法律背景中对制度的结构维度的第二类约束做了详细的研究。

③ 程序不仅对博弈论而言是重要的。社会选择理论就完全是研究把个人偏好加总转换为决策结果的理性选择理论。社会选择理论对程序的细节有充分的研究,并考察程序的结构属性,不同程序的相容和不相容性,不同程序下采取的不同策略的概率,等等。参见 Sen(1986)对社会选择理论进展的综述。

④ Ostrom 在用"行动情境"定义制度时也采用了这种方法。一个行动情境本质上是一个博弈的扩展式(Ostrom 1986a; 1986b)。同样参见 Sened(1991)。

社会的制度环境之间的密切联系。博弈论的奠基人声称博弈的解代表了“被接受的行为标准”或“社会的确定秩序”(Von Neumann and Morgenstern 1944, p. 41)。

这样一来,新制度主义者所区分的每一种制度维度都可以用博弈论概念来解释。结构和程序性的维度由博弈论模型的描述部分来定义,即把弈局具体化,而用博弈模型的解来定义行为维度。似乎没有理由认为博弈论模型容不下制度分析。相反,博弈论模型的各个要素很好地呼应了新制度主义者归纳的制度的各个维度;博弈论能够以一种连贯系统的方式把制度的各个维度模型化。

博弈论同样可以解释制度的存在,并为制度提供一种内生化的处理方式。正如我们在本章第 2 节所见,依照(解释性的)方法论个人主义所做出的解释可以被理解为边界条件集合和关于人类行为的理论的互动。如果按照这种解释,那些一阶的边界条件本身也就能够成为解释主题。这样一来,唯一的局限性就是,一阶的边界条件又应当为关于人类行动的一般理论和一个边界条件集合所解释。在这之后的二阶条件,同样能够被内生地解释,等等。如今显而易见的是,那种认为因为新制度主义把制度变量内生化处理,就应该超越方法论个人主义和化约主义的主张,是建立在一幅对那些方法论立场的无知和歪曲的理解图景之上。只有当化约主义把对二阶以上条件的解释排除在外时,上面的主张才是正确的。但是,化约主义并没有排除对个人(和集体)行动的制度环境的解释。可见,新制度主义就其以对制度的高阶解释为特点而言,是和化约主义完美相容的。

考虑制度的结构维度。如我们所见,一个博弈是描述决策情境的抽象方式。很可能在当前的决策情境中,待选择对象本身也是博弈的弈局;决策情境应当被模型化为由一系列子博弈组成的博弈,也就是同时博弈。第一个子博弈的结果决定下一个子博弈,如此推衍。每个子博弈容纳一定的个人和策略。这样就可以把制度的结构维度理解为博弈者和策略，从而用模型解释它的出现。以政党内部就议会成员劳动分工所做决策为例。这种劳动分工不仅决定了每个代表的策略（x 可以或不可以代表本政党利益发言），而且决定了哪些代表参加或不参加议会决策过程的不同阶段（x 是或者不是该某次级委员会的成员）。①偏好也可以被内生化，这一点看上去不那么明显。虽然人们经常强调偏好形成过程的重要，在理性选择模型里还是把偏好作为内生变量处理。然而这并不意味着不能在理性选择框架内研究偏好形成过程，也不意味着没有类似这样的研究。事实上，关于这方面的研究至少有三条路线。第一条路线是假定个人有多个互相影响的偏好集（Thaler and Shefrin 1981；Kuran 1991）。例如，在对自我控制这个概念的分析之中，Thaler 和 Shefrin 使用了一个跨期选择模型，在模型中个人既是希望实现其长期偏好的有远见的“计划者”，又是只关注短期收益的短视的“实干家”。计划者的长期偏好是实干家短期偏好的一个函数，因此计划者可以通过包括修正短期偏好在内的方法满足他的偏好。分析内生偏好的第二条线路是不完全信息模型（Coven and Axelrod 1984；Gerber and Jackson 1993）。在模型中，如果个人意识到他们先前的偏好建立在对决策情境特征错误的信念之上，就会改变他们的偏好。第三条线路是用制度的其他结构维度特征来解释偏好。假设不同类的博弈者有不同的偏好，就可以用不同类博弈者间的优胜劣汰模型来解释现存偏好。② 例如假设风险规避型的政治家比他们偏好风险的同行更成功的话——在适当的制度环境下——后者就会在政治舞台上消失。这样看来，制度的结构特征——决定个人、策略和偏好集的约束——理论上都可以在博弈论框架下内生化处理。

---

① 对制度的结构维度的内生化处理的另一个例子是对政治竞争进入路径的研究。参见 Shepsle(1991)。

② 在所谓的演化博弈论，即将博弈论用于演化生物学的领域上，这些模型正变得越来越重要。参见 Weibull(1995)。

现在考虑程序的维度。考察连接博弈的各个子博弈的程序,我们发现该模型同样可以来研究决策制定程序的优胜劣汰,也就是说它可以来分析制宪决策。制宪决策实际上已经成为理性选择理论家们研究的重要课题(Buchanan and Tullock 1962; Eichberger and Pethig 1994)。

最后,不仅博弈论模型的描述部分可以成为选择的对象;在理论上解部分亦是如此。比如,在理性原则和选择模式间的特定关系可被理解为在变化的环境下的适应性行为过程之结果。在博弈过程中会产生按何种方式博弈的惯例(M. Taylor 1976; Schotter 1981)。

因此,我们的结论是每种制度维度都可以在博弈论模型中内生地定义。采用博弈论模型并不预设对独立变量所做分析的层级。博弈论解释——无论扩展式还是标准式——并不自然地意味着只能对一阶变量或低阶变量做解释。博弈论在这方面的唯一局限性在于:最终至少需要以一些外生给定的制度因素为基础来解释其他的制度变量。应当至少存在一个开始博弈的起始点,同样应该有至少一个外生给定的关于个人、策略、程序和偏好的详细条件。尽管博弈论解释并不必然是一阶的,但它们必定是"某"阶的。如果说对制度的解释总是能够推演至无需制度变量的某一点,即某种只有个人现象起作用的基本点,那么,博弈论解释最终至少存在某些外生给定变量的事实,不能不说是个缺点。然而,前述观点是非常可疑的,也把化约主义推向极端,即社会现象只能最终解释成个人、他们之间的关系和所属。在这个基本层面上,不该把偏好算在制度场景之内。① 换句话说,只有当理性选择理论家采取了一种更为严厉的方法论个人主义时,新制度主义对其方法论个

① Lukes在对方法论个人主义的攻击中采取了上述解释。在他看来,方法论个人主义是"一种先入为主的解释,声称所谓对社会(或个人)现象的解释并不能称为一种解释……除非它们完全是用关于个人的事实表达的"(斜体字为作者所加)(Lukes 1973, p. 122)。

人主义的拒斥才是正确的。如果说新制度主义能够超越理性选择理论家的化约主义,那将会是一种激烈得多的化约主义。新制度主义者可能不会愿意认可这种立场,更别说采取这种极端的立场。

6. 结论

新制度主义的根本精神在于,认为对制度安排的研究将对我们理解社会生活大有助益。因此,在制度场景下对人类行为的分析,以及对制度环境的存在本身的研究是重要的。在我们看来,对制度的分析和解释应当成为政治学和相关学科中的核心,这是不言自明的。寻求对于制度场景中人们决策方式的详细解释因而是重要的,也是有价值的工作。因而,诸如对个人的筛选、偏好的形成、权力分配、规则和程序的选择,以及行为模式的出现等现象,都是重要的研究主题,都应成为社会科学的核心课题。

在导言部分,我们区分了两类新制度研究。第一类要求极其关注人们行为的制度架构的细节。它对目前社会科学包括理性选择理论中已有的解释模式做出了有益的贡献(Ostrom 1991)。第二类关注的是对制度的解释。一些新制度主义者宣称任何对制度安排而言重要的解释都应该抛弃化约主义的解释模式。我已说明这种立场是不足取的。首先,博弈论模型为制度的各个不同的维度提供了连续和系统的解释。并且,博弈论为把制度内生化提供了优秀的工具。事实上,研究制度安排的决策过程的博弈论模型是博弈论的重要组成部分。

当然,这并不是说新制度主义只不过是理性选择理论的一种特殊形式,或者所有对制度分析感兴趣的社会科学研究者都应该接受理性选择框架。理性选择理论有它自己的问题。我已经指出一个问题,即标准的解概念可能产生太多的均衡解或无均衡解而缺乏预测能力。然而,这个理论面临这些问题并不意味着不能在理性选择架构下解决这些问题。我希望阐述的是,对制度的研究并不意味着必然采取科学解释的新方法或新的范式。对于一般问题如制度是什么、制度是怎么出现的以及它如何影响人们的行为,有充分的理由采取理性选择理论的化约主义研究框架。接下来,我要阐述的是所有这些对于法律制度的分析意味着什么。

第 10 章

法律体系、权利和法律—政治博弈

1. 导言

化约主义方法能够分析权利和法律体系，本章将结束为这种方法所做的阐释和辩护。在本章中，我将首先指出用博弈论来分析权利，解释法律体系的要点所在。对权利的博弈论分析是个正在发展中的研究领域。尽管这是个相对新的方法，我们已经很难说清楚对权利的博弈论分析的方法是什么——因为有几种不同的方法。我首先要讨论的是被用来分析权利的各种博弈论模型，然后我会讨论法律效力这个概念。尽管在法学里法律效力是个核心概念，在对权利的博弈论分析里它却几乎没什么用。对法律效力的形式特征的研究将表明，我们必须考察由法律规范组成的整个法律体系。从博弈论的角度来说，这意味着我们必须研究共同关联博弈式的复杂结构，而不仅是特定的博弈式。法律效力这个概念的宪政意涵和法律体系本身的存在性有关。我将论证对这种意涵的分析必须借助于个人的偏好概念。法律体系的存在性有赖于该系统被社会成员所接受,而社会成员接受与否是由个人的偏好决定的。在结论部分我们将回到这样一个问题:对法的制度理论之研究。我将论证上文中提出的法律实证主义和法律化约主义的视角完美地与这项研究相合。并且,这将促进在社会科学中发展起来的新制度主义方法的成果和见解与法的制度理论之间的互动,从而打破对法的制度理论研究的相对孤立的状态。

2. 博弈论和权利

对权利和法律体系的博弈论分析框架过去是,且目前仍是几乎独立于法学理论而发展的。① 博弈论是描述和分析决策情境的工具。我们曾解释过,对决策情境的博弈论分析由两个部分组成:对博弈的描述和博弈的解。对博弈中决策情境的描述并不要求知晓该情境下的所有要素,而只要知道情境的某些特征。它描述的是谁参与到决策情境之中,参与的个人可以采取什么样的行动,各种不同的行为方式所导致的结果是什么,以及最终个人对于这些结果的偏好。假定个人是理性的,下一步便是预测博弈的结果:个人将会采取怎样的策略以及博弈的最终结果如何?这里的理性假定是指个人均试图最大化他或她的效用,也就是说,尽可能地实现他或她的偏好。

对权利的博弈论分析肇始于由阿玛蒂亚·森对帕累托式自由之不可能性的研究结果而引发的讨论,也就是我们所知的自由悖论(Sen

① Gärenfors(1981)和 Gaertner 等(1992)对这种博弈论方法的研究发展极为重要。同样可以参考 Åqvist and Mullock(1989),Deb(1990;1994),Van Hees(1995,1996),Gaertner and Fleurbaey(1996),Peleg(1998),Fleurbaey and Van Hees(2000)。

1970)。森证明了和个人自由有关的某些条件是和效率不相容的。森对自由条件的表述遭到了很多批评。在森的研究框架里,这是用可抉择性和个人的偏好概念来表述的。我们说个人对于一对社会状态 x 和 y 是可抉择的,只要他或她对这些社会状态的偏好能准确地为社会偏好所反映。如果个人偏好 x 胜过 y,就说对 x 的社会偏好优于 y;如果个人偏好 y 胜过 x,就说对 y 的社会偏好优于 x。"极小自由"的条件要求,对于至少两个个人而言,要存在某对能够让个人做出抉择的社会状态。一些学者指出,这种建立在偏好上的方法导向反直觉的研究结果。个人自由是由人们拥有和不拥有哪些权利而决定的。这些权利并不依赖于个人的偏好,而是依赖于个人被允许做什么和禁止做什么,即他或她的可接受策略。因此,使用博弈论框架是更为适宜的。① 如果把"可选择"作为初始概念,也就是说一个无法进一步分析的术语,我们能够说一些个人策略是"可接受的"而另一些则不是。这样一来,个人权利就被描述为,个人在他或她的可接受策略中做出选择的自由和/或者不得在不可接受策略里选择的义务(Gaertner 等 1992, p. 173; 铃村兴太郎 1991,p. 229)。

除了个人偏好未加说明外,一个博弈式和一个博弈是相同的。既然对权利的博弈论研究方法起源于认为权利不该用偏好定义这一观点,就不必在博弈的描述中说明偏好:对个人权利的表述只要博弈式就够了。考虑如下简单的道路交通情境。两辆车从不同方向同时来到一个十字路口。当 j 靠近路口时,他沿道路的左侧行驶,依据交通规则他必须给沿右侧行驶的 i 让路。每人都有两个可能策略:"继续开"和"停下,让其他车辆先过去"。可以用如下博弈式来描述博弈情境(对于 j 的不可接受策略我们用粗体字表示):

① 我们将在第 14 章第 5 节讨论对森的自由悖论的博弈论表述。

i/j	继续开	停下来
继续开	x	z
停下来	y	v

矩阵 10.1

每人有两个可能策略，因此有四种可能的结果。这些结果是对事态的描述。显然，在对博弈式的表述中我们并不总是需要描述事态的所有方面，只需要描述相关的方面。这个时候，我们通常认为其他方面是不变的。例如，在其他条件一定时，这四种结果可以被描述为是否发生了交通事故。如果两人都继续开，就会发生交通事故。无论是 i 还是 j 停下来，事故就不会发生，两人便都能继续平安行驶。如果他们俩同时停下来，就会造成某种僵局：双方互相等候。i 的策略就是她的被允许的策略：她沿正确的方向驾驶并有权利继续行驶下去，但她也可以决定停下来。j 是被禁止继续行驶的：他必须让 i 先过去。因此，他只有一个被允许的策略。在一个只有被允许的行动的博弈式里，只存在两组可能的策略联合(和两个博弈结果)：

i/j	停下来
继续开	z
停下来	v

矩阵 10.2

既然矩阵 10.2 中没有涉及不被许可的可行策略，它所包含的信息就少于矩阵 10.1。然而，如果我们只是注意到个人被允许或不被允许的可行策略，那么，忽略其他的策略就是正当的。比如，假设我们认定 j 有让路给 i 的义务。如果我们说，必须做某事 x 的义务等价于没有获得可以不做 x 的许可，以及如果被允许策略描述了个人所有的许可，则从矩阵 10.2 立刻可以得出 j 有义务停下来。这里并不需要关于 j 的可行但不被允许的策略的信息。

在以演化博弈理论为基础研究权利的文献中，可以根据模型的抽象程度，把建模方法区分为几类。首先，博弈方可以只关注个人策略的被允许和不被允许的特征，而忽略策略可行性的问题。相应的博弈型的类型被用以描述个人可以(may)(或不可以)做什么，但是，它不包含关于个人能够(can)做什么的信息。例如，从矩阵 10.2 中人们不可以得出结论 j 可能已经忽略了 j 对道路的权利。事实很可能是，停在它前面的另一辆车阻止了它继续前进。

博弈论方法之间的另一个差异在于个人的策略是否能被说成是同等程度地可被允许的，抑或它们被允许的特征依赖于他人所选择的策略。做出这样的区分有时是有益的。与其说 j 的继续行驶的策略是同等程度地不被允许，可以合理地认为，仅当有可能导致车祸时，该策略是不被允许的；换言之，如果 i 决定继续行驶：考虑如下状态，i 选择停车等待，由 j 首先通过。在多数情形下，j 继续行驶并非是不被允许的。事实上，i 的行为通常被视为放弃她自己对道路的权利的一种方式。为了把这种依赖于条件的被允许特征的概念模型化，人们使用了广义博弈型(generalized game form)的概念(Fleurbaey and Gaertner 1996; Fleurbaey and Van Hees 2000)。在这些博弈型中，某人的策略的可行性或可被允许的特征依赖于其他人的策略而变化。因而 j 的继续行驶的策略的不被允许的特征同样依赖于 i 不停车。

进一步说，我们可以在结果导向和行动导向的权利定义之间做出区分。以矩阵 10.2 为例。在结果导向的方法中我们说 i 有两种权利，每一种对应于其一种策略。在结果导向的方法中我们同样用策略来描述个人所具有的权利，但是，这种描述基于他们行动的结果(Gärdenfors 1981)。这些是用以表达实现或者是确保某一特定事态的可被允许的特征。因而与其说 i 具有继续行驶的权利，不如说 i 有权利实现事态 z。不难看出，如果把结果本身用组成它们的策略加以定义，两种方法之间的差别就消失了。也就是说,比如,我们可以把 z 定义为如下事态,i 通行而 j 停车。

另一种可能性是假定用以描述权利的博弈型因人而异(Van Hees 1995,1996)。这样处理在研究结果导向的权利时是有好处的。个人,按其行为影响局势的不同方式,可以被认为对事态负有不同的责任,通过分配给个人各自"被允许的博弈型",这种差异就能够得到体现。为描述以结果为导向的权利,必须澄清,当我们说个人拥有(或者不拥有)借以确立实现某种事态的许可或义务时,这究竟意味着什么。Van Hees(1995,1996)所采用的方法是,个人拥有做某事的许可(可以认为……),当且仅当他在被允许的博弈型中具有一种可被允许的策略,这种策略将导向一种与他人在该博弈型中采用的策略无关的事态。这样一来,特定博弈型的任意弈局被分配给问题中的个人,个人采用哪种策略,并导向实现某种特定事态的结果。我们说个人具有认识到某事态的义务(应当明白……),当该个人的每一种可被允许的策略,无论他人采取何种策略,均能在分配给他的博弈型中导向那种事态。回到关于通行的例子,假设我们要把 j 的义务模型化,以保证 i 首先通过路口。我们看到,在最简单的博弈型里,矩阵 10.2 描述的只是不依赖于条件的和被允许的策略,i 具有两种可被允许的策略("继续通行","停车,让另一辆车通过")而 j 只有一种策略("停车让对方通过")。在这个博弈型中只有两个弈局,每一种均导向 j 在十字路口停车的特定事态。因而,我们会说 j 有义务认识到如下的事态:j 不具有可被允许的能够导向一种不同事态的策略。然而,既然同一种博弈型同样被用来描述 i 的义务,也可以把同样的说法用于 i。我们会说她有义务认识到 j 会停车,但这显然是荒谬的。为了避免这种奇怪的结论,我们可以假定 i 和 j 的博弈型不相同。根据我在别处使用的术语(Van Hees 1995),他们的"道义域"(deontic realms)是不同的。

所有这些各不相同的模型——具有或不具有关于可行性信息的博

弈型，广义的博弈型，可被允许的博弈型——的共同点在于，个人所具有的权利，根据他们的策略和(或者)这些策略导致的结果而定义。人们应当采用哪种模型，依赖于他所要研究的是哪一类问题。在以后的几章里，我会使用一些最简单的博弈论模型来分析权利，也就是说，假定存在一种可以描述所有个人的许可和义务的博弈型。进一步，我将集中于研究个人的被允许且可行的策略，而忽略可行但不被允许的行动，以及被允许但不可行的行动。同样我还将忽略如何区分从博弈论角度区分不同的权利类型这个问题。原因在于，这个研究的目的并非主要是关注博弈论工具对某一特定决策局势的运用，而是为了说明博弈论在分析一般法律体系上的作用。[①] 并且，我会采用结果导向的方法来分析权利。这样一来，当谈到权利时，我所指的总是实现某一特定结果的权利。在以下几节里，我将以一种精确的方式使用依结果定义的权利概念。

3. 法律—政治博弈

每天人们都要做出许多决策，每一种决策都可以看作使用特定权利的一种方式。例如，在平常的工作日，我使用权利决定吃早饭还是不吃早饭，使用权利决定是开车还是骑自行车去大学上班，使用权利决定我工作的时候是喝咖啡还是茶，等等。一个策略在本质上是各种行动的组合。例如，我的一个特殊策略规定了我吃早餐、骑自行车去上班以及在工作时喝咖啡。我的另一个策略可能是我吃早餐、开车上班以及

① 对不同类型的权利的博弈论描述，参见 Van Hees (1995)。这里采用的方法雏形源自 Kanger 和 Kanger (1966)，他们的研究基于更早的法律理论家 W. H. Hohfeld 的工作(Hohfeld 1919；同样参见 Lindahl 1977)。其他的研究方法例如 Fleurbaey 和 Gaertner (1996)，以及 Fleurbaey 和 Van Hees (2000)。

在工作时喝茶,等等。当每人选择了一种特定策略时,一种事态出现了——比如说,每个人都吃早餐,一些人开车上班而另一些人乘坐公共交通,一些人在工作时喝咖啡而另一些人在工作时饮茶。显然,个人会采取更多的行动,并且,依据我们描述的事件的时间结构,这些行动同样构成个人策略的一部分。

正如我们所看到的,策略的每一种联合——每人一种策略联合——导致一种事态或者是社会状态。我们把所有可行的事态的集合定义为 S,这些事态是由个人的策略联合——每人一种策略联合——所导致的。在上一节所举的交通博弈的例子中,我们已经指出个人的策略可以被视为化约可能性结果的可能方法,现在我要更清楚地解释这一点。如果我选择了吃早餐、开车而不是骑自行车上班,那么所有关于我不吃早餐或者是我不开车的事态就不会成为博弈的结果:我已经把可能结果的集合化约为一个更适当的 S 的子集。与此类似,使用某人的权利抽一支雪茄,读一本书,或是加入一个政党,均能被视作化约可能结果的集合的方式。给定这种关系,我们能够描述个人的策略,因此我们同样可以根据由所有可能事态集合化约而来的事态的集合来描述他们的权利。①

考虑下面的例子。一间小公司有一辆汽车和几辆自行车供员工使用。一天某两名员工 i 和 j 碰巧需要一种交通工具。因为两人的目的地不同,他们不能同时使用汽车。为了使问题大为简化,我们忽略博弈局势的所有其他方面,简单地假定只有三种可能的事态。这些可能的结果被标示为 (c,b)、(b,b)、(b,c),其中第一个向量指的是 i 的交通工具,第二个向量指代 j 的交通工具(c 代表汽车,b 代表自行车)。现在

① 根据博弈论的术语,在此方法中个人的权利取决于个人的 α 效率。由 Van Hees(2000)所探讨的另一种结果导向的方法(在此不做进一步讨论),是根据个人的 β 效率定义的。

假设 i 是 j 的上级,按规定 i 可以使用汽车,但如果他愿意的话,同样可以骑自行车。另一方面,j 应当骑自行车:按规定他不得使用汽车。并且,公司条例规定 i 应当在开汽车和骑自行车中做出选择:因为他必须去赴约,他不得放弃自己的权利。假设 j 按规定行事(不使用汽车),我们就可以按照 i 的被允许策略,把可能结果的集合分别化约为 $\{(c,b)\}$ 和 $\{(b,b)\}$。如果他选择开车,他会确知事态 (b,b) 和 (b,c) 将不会出现。因而,他就把结果化约为 $\{(c,b)\}$。另一方面,如果他骑自行车事态就会化约为 $\{(b,b)\}$。j 的唯一被允许的策略是骑自行车,这个策略把可能结果的集合化约为 $\{(c,b),(b,b)\}$。

个人所被允许采用的可行策略是用它们能够导致的结果加以描述的,这些策略构成了我所说的个人权利。对每个个体权利的规定被称作权利结构。一种权利结构总是在给定一组个人和可行结果的集合 S 的场景之中得到描述。例如,给定可行的选项集合为 $S=\{(c,b),(b,b),(b,c)\}$,只关注 i 和 j,上文所描述的博弈局势产生了如下的权利结构:

$$R(i):\begin{matrix}\{(b,b)\}\\ \{(c,b)\}\end{matrix}$$

$$R(j):\{(b,b),(c,b)\}$$

(权利结构 R_1)

这里 $R(\bullet)$ 指代问题中个人拥有的权利集合。为了避免任何的误解,我要强调的是我们必须注意符号。选项的集合用表示集合的大括号 $\{\cdots\}$ 指代,个人的每一种被允许的策略(每一项权利)对应于一个特殊的选项集合。因为个人 i 有两种不同的策略,经过对结果的化约,他就获得了两个选项集合。另一方面 j 仅有一种可被允许的策略,因此经过对结果的化约他就仅有一种选项的集合。换言之,i 的权利集合之中有两个元素,而 j 的权利集合中只有一个元素。

现在把上文描述过的权利结构同以下权利结构比较,如果 i 不履行其权利使用汽车的话,这时 j 可以使用汽车。i 仍然有两种策略,但此时骑自行车的策略将会以一种不同的方式化约可能结果的集合。既然 i 不知道,如果他放弃使用汽车的权利,j 是否会使用汽车,i 的该项策略就不是把结果化约为 $\{(b,b)\}$,而是 $\{(b,b),(b,c)\}$。现在 j 有两种策略,可以被描述为“无论 i 如何行动,我都选择自行车”,以及“如果汽车可以由我支配我将选择汽车,否则将选择自行车”。结果的集合 $\{(b,b),(c,b)\}$ 和 $\{(b,c),(c,b)\}$ 分别对应于这些策略。因此,现在的权利结构是:

$$R(i):\{(b,b),(b,c)\}$$

$$\{(c,b)\}$$

$$R(j):\{(b,c),(c,b)\}$$

$$\{(b,b),(c,b)\}$$

(权利结构 R_2)

现在考虑如下权利结构:i 放弃他使用汽车的权利,但他有两种方式供选择。首先,因为他是 j 的上级,他可以决定自己骑自行车同时禁止 j 使用汽车。其次,他可以决定自己骑自行车,同时,j 是否可以使用自行车取决于部门会议的讨论结果(他和 j 都将参加这个会议)。因此,他有三种策略:骑自行车同时拒绝 j 使用汽车;骑自行车,同时由会议结果决定 j 是否可以使用汽车;或者自己开车。这三种策略把可行的结果集合分别化约为 $\{(b,b)\}$、$\{(b,b),(b,c)\}$ 和 $\{(c,b)\}$。与此前的博弈局势相比,j 的被允许的策略同样发生了变化。他现在可以把可能结果的集合化约为 $\{(b,b),(c,b)\}$——“无论 i 如何选择均骑自行车”,或者是 $\{(b,b),(b,c),(c,b)\}$——“不开会就选择骑自行车,如果开会就接受会议的讨论结果”。① 因此相应的权利结构变为：

$$R(i):\{(b,b)\}$$
$$\{(b,b),(b,c)\}$$
$$\{(c,b)\}$$
$$R(j):\{(b,b),(b,c),(c,b)\}$$
$$\{(b,b),(c,b)\}$$

（权利结构 R_3）

如前所述，个人的权利指的是他们的策略。现在会有人质疑这仅仅反映了一种非常特殊的权利观念。在日常的语言中，权利可以被用来指代数量巨大的个人策略的被允许的特征。比如说我的读书的权利，就不仅意味着对于阅读《小熊维尼》(*Winnie the Pooh*)这个策略是被允许的，而且意味着阅读《纯粹理性批判》(*The Critique of Pure Reason*)是被允许的，等等。换言之，权利经常被看作是对实施一类行为(act-types)而非单独行为(act-tokens)的许可。在此处讨论的框架里，权利不是按照某一类行为的被允许的特征来定义，而是——仅就个人策略和单独行为的对应来看——按照单独的行为来定义的。② 因此，我们不说某人具有读书的一类权利，我们只是说他有权利(或单独的权利)去一边读《小熊维尼》一边坐在起居室里饮茶，或者是一边阅读康德一边在餐厅里喝白兰地和抽烟，等等。因为法律条文常常只是提到作为一类的权利，对单独的权利的推衍则是相当重要的事务。事实上，这项任务是司法体系的重要功能——例如，法庭解决争端，决定哪些单独的权利可以由现存的法律条款推出，哪些不能。这里我将忽略

---

① 请注意在第二种博弈局势中，i 的把对汽车的处置权交给 j 的策略，其建模的方式与把这项决策交给部门会议是一样的：决策以相同的方式化约结果集合。然而 j 的权利却发生了变化。他不再拥有在 i 的许可下拥有汽车的权利（权利$\{(b,c),(c,b)\}$），转而拥有等待会议结果的权利（权利$\{(b,b),(b,c),(c,b)\}$）。

② 同样参见第 11 章第 5 节。

这些问题,简单地假定,给定对可能性结果以及相关个人的详细规定,这里所定义的权利结构总是确定的。值得注意的另一点是我们对可行的和被允许的策略施加限制所带来的后果。既然根据定义个人被允许策略的任意联合都是可能的,作为使用权利的行动结果,化约后的可能结果集合就不可能是空集。至少存在一个选项是可行的——最终总有些事情会发生。换句话说,每个人都有一个权利的集合,个人权利的交集,总是被假定为非空的。更加形式化的表述是,如果有 n 个个人,假设个人 1 拥有的权利为 A_1,个人 2 拥有的权利为 A_2,等等,则所有这些集合的交集 $A_1 \cap \cdots \cap A_n$ 是非空的。

为了完成对我目前正在使用的权利的博弈论模型的表述,现在介绍法律一政治博弈的概念。① 对个人拥有或否的权利的规定,能够被看作是构成了更庞大的博弈的部分规则,例如我所说的法律一政治博弈的规则。这种法律一政治博弈描述了一个二阶段的决策过程。个人有某种权利,在决策过程的第一阶段,他们决定将要行使哪些权利。如前所述,每一种权利都化约了可能结果的集合。行使抽烟的权利意味着,所有可能结果的集合被化约为只有此人实际上正在抽烟的那些结果集合。如果集合 A 表示所有我抽烟的结果组成的集合,$S\text{-}A$ 表示所有那些我不抽烟的结果组成的集合,那么行使我的抽烟或不抽烟的权利意味着我将采取一种策略,把结果的集合化约为一个子集 A 或者是子集 $S\text{-}A$。这样一来 A 描述了我抽烟的权利而 $S\text{-}A$ 描述了我不抽烟的权利。如果 B 是表示"我正在喝啤酒"的结果集合,那么集合 $A \cap B$ 描述了我的抽烟与喝啤酒的权利,而 $A \cup B$ 描述了我的抽烟或者喝啤酒的权利,等等。因为每个人都能够通过行使权利把结果集合加以化约,所以一旦每个人行使他的权利的话,所有选项的集合通常都能在很大程度上被化约。然而,既然所有被允许的策略同时又被看作是可行

① 本书附录给出了对法律一政治博弈的形式化定义。

的，如我们在上文中看到的，就不会出现当所有人行使完他们的权利之后，所有的可行选项却均被排除在外的情形。事实上，通常不存在一旦所有个人行使了他的权利，所有问题就解决了的情形。

首先，有些人会决定不行使特定的权利，也就是说他们可以甘愿在遇到的问题中保持被动。例如，在上文的第三个例子中，i 可以不行使同意 j 使用自行车的权利，而是把这个问题委托给部门会议。与此相似的，j 也可能决定不行使他骑自行车的权利，而等待会议讨论的结果。如果两人在这种情况下均保持被动，使用权利的行动就把可能结果的集合化约为 $\{(b,b),(b,c)\}\cap\{(b,b),(b,c),(c,b)\}=\{(b,b),(b,c)\}$，并最后由部门决定结果最终是 (b,b) 还是 (b,c)。

其次，在有些问题中没有人能够独立做出决定性的决策：当涉及的问题被看作公共问题时，就没有人有权利去单独解决这些问题。例如，大多数个人不能够单独决定一条新公路是否修建，社会保险收益金是否应该增加，某些濒危物种是否应当得到保护，诸如此类。在某种程度上，在公共问题中个人可以说是被动的：没人能够仅凭借自己的力量，把结果的集合化约为诸如所有那些保持社会保险收益金不变的结果。与先前的被动形式相比的唯一变化是个人现在别无选择：对于这些问题他们应当保持被动。

因此，并非所有人行使了自己的权利就能解决一切问题。尽管我们假定可行选项的余集非空，这个集合可能包含不止一个元素，这就需要有第二个阶段来从余集中选择最终的结果。这第二个阶段将被称为公共决策制定的阶段。它由两类问题组成：第一类必须解决的问题是个人有意地避免行使他们的某些权利。这指的是，比如说，i 不行使他作为上级决定 j 应该使用何种交通工具的权利。接下来便由部门会议来进行公共决策的制定。第二类问题由我们通常认为的典型的公共问题组成——涉及集体物品、公共政策的决定，等等。第二阶段可能采用投票方式：每人对余下的选项集合表达其偏好，根据这些表达出来的偏好,由某个集体决策函数决定最终结果,这种集体决策函数也是一种社会决策机制,诸如多数投票法。

因此,我将假设,一个法律体系或者法律－政治体系既规定了一种权利结构,又规定了它所采纳的社会决策机制。因此,它不仅描述了个人所拥有的权利,而且描述了公共决策制定的解决方式。[①] 行动的理论和对法律－政治体系的分析现在就立即清楚了。我们用个人在私人和公共决策制定过程中采取的策略来描述一个法律－政治体系。因此,对法律－政治体系的分析不能脱离个人能够(和可以)采取的行动,也不能没有关于行动的理论。这印证了法律的制度理论为何要考虑把行动的理论纳入对法律制度的分析之中。进一步的,该分析与一种特殊的行动理论即博弈论密切联系也就清楚了。法律体系被认为是组成了决策制定的博弈局势,并且这些局势是博弈论学者的研究对象。现在,在博弈论中,仅规定了个人,可能结果,以及个人策略并不能完全说明一个决策局势:我们还需要关于个人偏好的信息。一个法律－政治博弈就包含着这样的信息。它不仅描述了个人权利和公共决策机制,而且还描述了个人的偏好。最后,应当注意到,对一个特殊的博弈论模型(法律－政治博弈)的选择并不需要以否定上文中描述过的模型为前提。法律－政治博弈的私人和公共决策制定的阶段是不同的,在这方面它比那些未做出这项区分的模型更严密。然而,在另一些方面它又比较不严密:它假定了所有权利都能根据结果加以描述。并且,它忽略了那些关于不可行但被允许的行动以及可行但不被允许的行动的信息。最终哪一种博弈论模型更适合取决于研究目标的需要。

---

① 在此我们假定,权利结构只是描述非政治的权利,即那些不决定公共决策的制定方式的权利。如果没有这项假定,私人和公共决策制定阶段的区分就消失了:行使权利的行为会包括诸如在大选中投票,以及在议会中投票等,它们将总能产生唯一的结果。

4. 法律效力和法律体系

在表明了权利如何可以被容纳入博弈论环境之后,我现在论述权利的存在性如何在这样一个框架下得到解释。给定这里采取的法律实证主义观点,这里的问题同样可以用依据法律效力概念的解释来表述。这个概念在法学理论,尤其是法律实证主义中发挥着重要作用,但它在博弈论模型或其他更一般的理性选择理论中却基本上没有发挥作用(Ruiter 1994)。在前面几节中,我们看到博弈型可以被用来对个人的权利建模。给定对一种特殊博弈型的描述,我们能够推断出关于个人的许可和义务的信息。通常我们假定,博弈型的结果并不能够说明社会做决策的方式。既然权利被视作决策,同时既然决策是做决定的工具,博弈型的结果通常并不说明个人拥有什么权利。虽然我们可以根据结果描述个人的权利,比如说"我被许可实现那种我正在抽烟的事态",对那样一种特殊结果的描述并不意味着我可以推论,我拥有(或不拥有)实现它的权利。况且,结果中通常不仅缺乏如何得出该结果的信息,而且经常被认为缺乏如何做出未来决策的信息。换句话说,那些可以从对博弈型的详细描述中推断出来的权利,用哈特(Hart)的术语来讲,是根据义务的首要规则而定义的义务或许可。它们描述的是对实施直接影响目前事态的行动的义务或者许可,而不是对实施影响社会决策方式的行动的义务或者许可。

为了在博弈论框架下研究权力决定的规则,我们必须研究那些结果包含关于个人权利的信息的博弈型。因为博弈型把权利模型化,这就意味着我们应当分析那些结果本身是博弈型的博弈型。因此,我们引进二阶博弈型的概念。在这个问题上,使用在上一章给出的化约主义解释的图示方法是有用的。二阶博弈型可以被视为一种背景条件,

其中个人行动导向一种特定的社会事件,继而导致用一阶博弈型描述的许可和义务的法律效力:

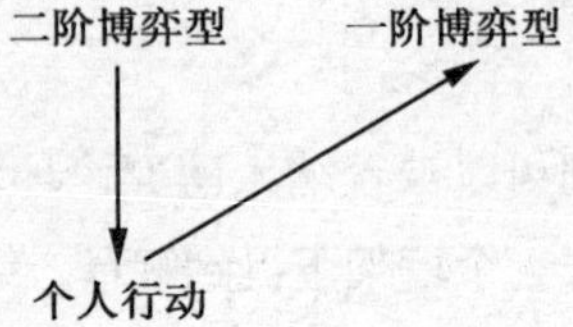

图 10.1

既然博弈型规定了社会内部既存的权利,一个二阶博弈型的弈局就能够被解释为对个人赋予了法律义务和许可。二阶博弈型的不同博弈方式代表了确定这些法律规范的不同方式。例如,考虑如下博弈局势,个人 k 签订了合约,使得他有义务为 j 建造一座房屋。签订该合约的行为可以被模型化为一个二阶博弈的弈局,该弈局的结果是一项特殊的义务,即“k 应当为 j 造房子”。该义务在法律上是有效的,因为它是二阶博弈型的博弈结果。另一方面,如果博弈结果是 k 没有签订合约,那么该义务就不成立。在后一种情形下该义务不具有法律效力。

正如在一阶博弈型的背景中那样,我们可以在二阶博弈型的基础上定义权利,这些博弈型的结果也是博弈型,因而也是法律规范。例如,如果 x 描述了义务“j 应该去上学”,那么说地方政府官员有义务实现 x 就意味着他有义务使得 j 处于上学的义务之下。为了描述诸如此类的二阶法律规范,我们可以采用与一阶法律规范,也就是由“普通的”博弈型定义的法律规范一致的程序。因此我们说,个人 i 有义务将 j 置于上学的义务之下,如果在 i 的二阶博弈型中,每一个被允许的策略都将导致特定的博弈型的结果,根据该结果,j 除了上学别无其他被允许的选项。

为了推断出由二阶博弈型定义的义务的法律效力,我们必须描述一种三阶博弈型,也就是一种其结果是二阶博弈型的博弈型。例如,为

了保证 k 有签订某种特殊合约的法定权利,我们必须考察赋予 k 权利的那个环境。给定三阶博弈型,我们能够详细描述三阶的权利。如图 10.2 所示。

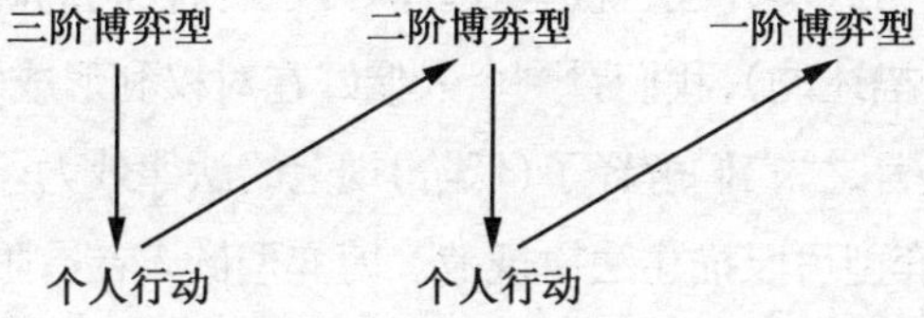

图 10.2

显然,三阶权利的法律效力同样会有问题。它们是由四阶的博弈型决定的。四阶权利的效力又由五阶博弈型推出,等等。更为一般的,我们可以定义一种 n 阶的博弈型($n \geq 2$),其结果是 $n-1$ 阶的博弈型。每一个 n 阶的博弈型都和对应的 n 阶的权利相联系。

个人基于什么考虑做出他们的选择?在博弈论方法中,我们假定他们以其偏好为基础而行动。每个人都会在给定的约束下尽可能地满足他或她的偏好。根据图示法,我们可以说特定规范的法律效力,一方面是在根据一阶博弈型定义的背景条件基础上得到解释的,另一方面又依赖于个人依其偏好做出的选择。这意味着,背景条件中不仅包含着更高阶的博弈型,而且包含着个人的偏好。例如我们可以把这个过程表示为:

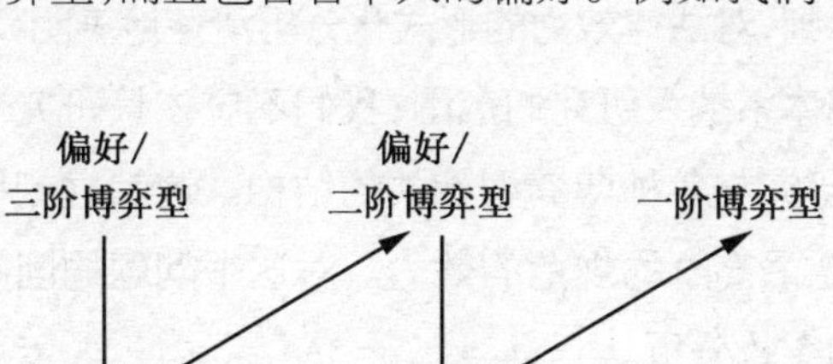

图 10.3

权利和法律效力的形式分析二者之间的关系是,个人在他们的偏好基础上做出选择。既然做选择意味着在一种特殊的博弈型中选择一种策略,这些策略定义了个人的权利,我们也可以说个人偏好决定了他们行使权利的方式。并且,就这些选择导致了新权利的确立而言(正如低阶博弈型所描述的),我们看到个人偏好在对权利形成的解释中起着重要作用。换言之,它们解释了(低阶)规范的法律效力。

总之,博弈型可以描述法律规范。博弈型嵌入在有限层次(比如说 m 层)的科层之中。在最上层只有一种博弈(m 阶的)形式被定义。m 阶博弈型的结果是 $m-1$ 阶的博弈型,而后者又构成下一层次的博弈。这些博弈型的可能弈局的结果是下一层次的博弈型。该结构的最低一层是"普通"的博弈型,即产生普通结果的博弈型。要了解一种由义务的基本规则所定义的义务是否有效,我们只要看产生这项义务的二阶博弈型。以此类推,除了最高阶规范之外的所有规范的法律效力都得以确立。

5. 法律效力和宪政问题

法律效力概念的引进对于权利的博弈论建模具有重要影响。在上一节中我们看到,对法律效力的形式化分析清楚地表明,博弈论模型应当把整个规范体系纳入研究的范围;我们不应该只研究一种特殊的博弈型,而应该研究与各种博弈型相关的结构。这就立刻引出了如下问题,即如何认定最高阶的规范的效力。对这个问题的回答构成了对法律效力概念的宪政分析。

在法律体系的存在和它被社会成员的接受之间存在着密切的关系。我们怎样才能把"接受"这一概念容纳进博弈论模型中?我们可能会认为,如果人们实际上遵守法律体系制定的规则,就是接受了法律体系。在我们的博弈论模型中,这将意味着个人倾向于采取被允许的策略,而避免不被允许的策略。然而,对接受观点的这种行为主义解释已经被证明引起了严重的问题(Shiner 1992)。接受不仅意味着个人的行为,还需要某些意向性的或与动机有关的因素。这种因素可以通过考察偏好得到解释,偏好也是个人行为的基础。① 偏好可以被视为对个人价值、态度和口味等方面的描述。在讨论法律和道德性之间的关系时,我们看到,在对法律体系的接受和社会成员的价值与规范之间存在着紧密的关系。既然价值和规范至少在部分上决定了个人的偏好,我们能够推断,在偏好和基本规范的效力之间存在着一种紧密的联系。事实上,一种特定法律体系的存在意味着对该体系不满的人数没有达到足以使之崩溃的数量。这一点对于社会中的官员的忠诚同样成立。官员对次级规则的接受不仅仅是因为他们应用那些规则;它依赖于官员们在其中奉行的价值。

社会成员的偏好究竟怎样与它们对法律体系的接受相联系起来,这当然是极为重要的问题。我们可以区分两种本质上不同的方法。一方面,人们可以认为,社会成员(官员或者是普通公民)对法律体系的接受取决于他们对规则本身的判断,也就是说,取决于他们怎样看待这些规则的内在价值。从这个角度看,个人对产生了(至少部分地)独立于其本身的结果的法律体系有其偏好。然而,同样可以假定,如果人们对法律体系产生的结果感到满意,就会接受这个体系,而无论该法律体系的具体特征是什么。这种方法中重要的是规则的工具价值。无论采取哪种方法,在对法律效力的涉及宪政层面的分析中,都有必要把偏好融入模型之中。最终,只有经验研究可以确定人们在何种环境下,以及如何接受一个法律体系。类似研究将会很好地表明,人们接受一个法律体系的条件随着时间和所处社会的变化而变化。在某些时间和地点,

① 偏好只是行为的部分基础,因为偏好并不必然代表个人的意向(intentions)。

内在价值将起到重要的作用,而在另外一些时间和地点,工具价值将起作用。[1]

我们将要忽略的另一个问题涉及“宪政有效性”对“形式上的无效性”起到的弥补程度。让我们假设,有一种具体的低阶权利,它不能通过一种形式化的有效方式得出,因为此前有人使用了不被允许(然而可行)的策略去产生这些权利:“权能制造权利”。如果我们仅注意个人可被允许的行动,就不用考虑这种可能。也就不用分析可行然而却不被允许的策略。现在,是否存在以下可能,尽管法律体系的规则和规范是通过一种无效力的方式得出的,而法律体系却无论如何“在总体上”是有效的?换句话说,形式上的无效性能否通过宪政上的有效性得到弥补?

人们可以说,宪政有效性把一些看上去不被允许的得出权利的方式转换成了被允许的方式。换句话说,只是因为该体系是“大体上有效的”,产生权利的方式才被看作是被允许的。在这些情形中,权能不仅被制造为权利,其本身也就是权利。如果我们采取了这种方法,就无须通过调整我们的博弈论模型来容纳关于个人的可行策略的信息:以使只有行使被允许策略才能产生形式上的有效性。然而,这一说法显得至少在某些情况下与我们的直觉相悖。不被允许的行为可能导致新的司法安排,同时行为不被允许的特征并没有被转化为被允许的特征。例如,考虑一名被恰当地定罪的囚犯所丧失的权利。通过将其定罪而剥夺此人某些权利是一件正确的行为,因为他已经犯下重罪,也就是说,此人已经采取了不被允许的策略。我们应当怎样把这个简单的例子模型化,以使分析框架中不存在关于个人所能行使的不被允许的策略的信息呢?我并不认为,这里举的这个例子构成了对此处论述方法的一个真正的反例,尽管它的确指出了模型的某些重要的特征。法定

---

① 参见 Pattanaik 和 Suzumura (1996),他们提供了分析这些问题的形式化框架。

权力由改变法律关系的能力组成。就此我们是否应当说,通过犯下一桩重罪,以及在其后认罪,一个人就有法定权力去褫夺自己的某些权利?不,我们不需要。法定权力由改变法律关系的法定能力组成,是法官来对那些行使这些权力的人定罪。对于那种定罪而言,实际发生的重罪的可信证据是必需的要件,但是这取决于法官的权力范围,而不是可能的罪犯所拥有的法定权力(除非,比方说,该权力涉及得到合法支持的权利)。换一种方式说,一种法律体系适用于一种特殊的情形,而该情形的特点("这个人犯了重罪")明确界定了个人(比如这个例子里的法官)能够行使他们的权利的方式。然而,这的确表明,如果想要解释为什么法官有法定权力在一件案子中定罪,我们必须考虑被定罪的那个人实施的可能是不被允许的行动。当然这并不十分令人惊奇。试图把世界解释为仅仅是从法律上被允许的行动中产生出来的,这实际上非常天真。这种看法低估了我们可以用多种不同的博弈论模型来分析讨论过的权利。采取哪一种模型,最终取决于人们想要解释的是哪一种现象。正如给重罪定罪这个例子所表明的,在某些情形下,我们同样希望容纳关于个人的可行但不被允许的策略的信息。在另一些情形下,采取一种简约的方法足矣。

在本书第11～第14章我将表明,我们可以预期,以个人偏好为基础,某些类型的法律-政治体系可以运作得更好。因此我们可以预期他们至少初看上去更有机会取得法律效力。然而,我们首先回到下面这个问题,即我们的法律化约主义能否真正地和制度理论相容。

6. 法和化约主义的制度理论

上一章反驳了化约主义方法不足以解释社会事件的说法。这些解释能够做出,并且已经被做出,正如我所论述的。特别的,我们在上文给出了化约主义的基本框架,对规范的法律有效性解释的博弈论方法。然而,仍有一种对于化约主义的拒斥,这是 MacCormick 和 Weinberger 在他们对法律的制度理论的论述中提出的。此类对化约主义的拒斥立足于两点论述。第一点的逻辑如下。假设所有的法律概念可以被化约为非法律的概念。这样就会产生一种法律社会学,为使其在方法论上纯粹,必须全然无涉法律概念,也就是说,它将完全不提及诸如财产、合约、对合约的违反、权利、责任、强迫、制裁、惩罚等概念(MacCormick and Weinberger 1986, p. 5)。显然,依此逻辑发展下去,这些省略了上述概念的对现实的描述并无多少意义,因为法律概念在人们的日常生活中发挥着重要作用。任何不涉及那些概念的社会学都必然得出一幅关于现实的不确切的图像——化约主义的企图必然要失败。

对化约主义的这一反驳缺乏根据,它建立在对化约主义分析的方法论后果的错误理解之上。我们说法律规范的效力最终依靠经验现象,并不意味着我们坚持认为社会学必须清除所有的法律概念。社会科学中的方法论个人主义的假定的作用证明了这一点。许多社会科学家自称为方法论个人主义者,同时他们也使用不以个人的行动、特征和确信为基础而定义的概念。原因有二。首先,正如我们在上一章所看到的,方法论个人主义的大部分支持者都没有说,我们应该根据个人属性来定义所有的社会现象,而只是说,人们应该最终通过类似概念解释那些社会现象的存在。用我们介绍过的术语说,一个人可以成为方法论个人主义的解释性版本的坚持者,而无须捍卫它的本体论阐述。故此经济学家分析一国的利率,而不必根据个人的行动和属性来定义利率:比如说一个国家的投资是多少,人们在金融市场上的信托是多少,等等。与此相类似,政治学家也不会试着仅仅根据个人特征定义诸如政党纲领等现象。然而,如果他们捍卫方法论个人主义的化约主义,他们会试着解释说,比如,一个从个人行为中产生的特殊政纲。其次,方法论个人主义并没有说,一个人应该切实地把他用的任何概念化约到个人层面，而只是说，这种化约在理论上应该是可能的。[①] 如果一个人对除了比如说利率或政纲之外的现象感兴趣——例如说财政赤字或者联盟的形成——他就会把利率和政纲分别作为外生变量，而对它们本身不作进一步解释。

这一点对于我所赞同的法律理论背景下的化约主义同样成立。首先，这种化约主义并不意味着人们应该总是根据经验现象来定义法律现象。说我在红色交通信号灯前停车的义务来自于更高阶的规范，进而这些高阶规范依赖于社会上的人对他们的接受及其行为，即使这样推论是可能的，这种复杂的推论方式实际上有些麻烦。其次，我已经指出，法律概念是否要根据社会学术语来定义，这一点取决于一个人的研究目标。例如，如果他只对从高阶而非基本的规范中推导出非基本的法律规范感兴趣，那就无须彻底的化约主义处理方式：只要考虑两种规范之间的关系就够了。从这个角度说，我们有必要回想到凯尔森所提到的，法律科学作为确立法和社会学之间差异的一门争论性学说的漫长历史。尽管这一论述作为对那种法律不可化约为事实的立场的捍卫是不成功的，但历史确实表明，法学家所研究的许多问题并不需要采取一种完全的化约主义方法。

我反对法律的制度理论所奉行的反化约主义，是因为它声称自己在方法论上具有实际影响；它所提出的对法律的制度分析方法并不意味着对化约主义方法论的抛弃。事实上，如果我们去看法律的制度理论的实际论述，会发现尽管它声称要反对化约主义，其在本质上仍是化约主义的。这一点通过考察基本规范在其理论中的地位就可以得到证明，这是法律的制度理论和凯尔森的法律实证主义的主要分歧点(MacCormick and Weinberger 1986, p. 20)。法律的制度理论反对关

① 然而，还应该记住，只有在人们保留某些社会现象未加解释的时候，方法论个人主义才是可能的。

于基本规范的假定特征，并坚持“法律作为一种制度事实的存在，一个关于在社会现实中实际存在着的事物的问题”(MacCormick and Weinberger 1986, p. 20)。换言之，基本规范的效力，以及它所构成的法律体系的效力可以通过经验现象被解释。毕竟，一种经验事实仍然是事实。MacCormick 和 Weinberger 注意到，人们只有通过一种方式把凯尔森的基本规范解释为一个假定，一个在经验上可检验的，关于法律体系的存在的社会学假定(MacCormick and Weinberger 1986, p. 30，注解 30)。

MacCormick 和 Weinberger 的第二点论述和所谓的法的规范性有关。在他们看来，“必须要有对规范的*规范性*(normativity)的论述，也就是它们被我们视为具有独特*规范性的*(normative)特质的那些引导和决定行动的方面”(MacCormick and Weinberger 1986, p. 20，*着重*为原作者所加)。他们认为，这必然产生“一种内在的观点”。换句话说，为了理解法的规范性我们应当采取一种阐释的方法。我们的化约主义方法能否提供这样一种基于内在观点的理解？是的，它可以。原因在于“模型”的概念。在物理学中模型被视作一种对物理实在的特征化的和抽象的描述。在这一点上我们所使用的博弈论模型没有差别，只是它关联的是社会现实。为了使得模型良好地适应于社会现实，我们必须注意确保模型包含现实的重要方面。然而，社会现实并不是被看作像原定事实那样外在于个人的东西。它指的是作为“为我们所见，并为我们所创造”的现实；它所指的是制度性的事实。换句话说，在选择正确模型的过程中我们不可避免地要采取阐释的方法。博弈型的各层结构指代的并不是简单的已经存在于彼的法律体系，它只能是在组成社会的个人们所具有的各种认识、共享知识、共同信念的基础上被建构起来。这一点已经在我们对不同权利的博弈论模型的差异讨论中被揭示出来了。我们能够区分模型化权利的不同方法，对方法的选择应当至少部分地由牵涉其中的人们的认识所决定。这一点不仅适用于对博弈论模型的描述部分(描述存在何种策略,哪些博弈者,什么结果,等等),而且也适用于解的部分。一个解的概念被视为反映了一种个人所采纳的"行为标准",因此也反映出一种"内在的观点"。有时候我们很可能会认为,在一个特殊的博弈论模型中采取的那种具体的解概念是不适当的,但这只是反映了作者采取了错误的内在观点,而不是博弈论不能采纳内在的观点。

采纳一种内在的观点,这是否足以使我们摆脱关于化约主义不能论述法的规范性的指责?约瑟夫·拉兹(1975,p. 154-155)认为,法的规范性所指的是一种作为行动的理性的法律规范。进而,他令人信服地指出各种制裁之所以存在其本身只是行动的"一种辅助性的局部的理性"(Raz 1975,p. 161)。它不能解释,例如,为什么有些法律是强制性的规范。我们的博弈论框架解释了行动的理性,正如我们所见,这种解释是通过对个人偏好的分析实现的,这些偏好或许会收到可能的制裁的影响,但并非总是如此。具有一种偏好是行动的理性,这种行动的理性无论是在宪政问题的层面还是在日常决策的层面(给定法律约束)均发挥着重要的作用。用拉兹自己的话来说(Raz 1975, p. 177):

"一些人相信规范的有效性并遵从它们。这就是依法产生的条文被广泛地使用的背景——事实是,即使不同意法律条文的人,其实际利益也会受到法律所规定内容的影响。这一点使得法律从一种并不必然被人们接受并视为有效的内在观点来看,具有了规范性的效果。"

7. 法和法律化约主义的制度理论

现在应该清楚的是,我们在这里为之辩护的那种方法,在何种程度上适用于对法的制度理论的分析。其一,法律化约主义代表了一种"规范性方法的基于社会现实的发展",一种在 MacCormick 和 Weinberger

看来是法律的制度理论的重要特征的规范性方法(MacCormick and Weinberger 1986, p. 6)。尽管我们认为法律规范能够被化约为事实，这些事实却具有特殊性质,因此化约并不意味着我们忽视了法的规范性视角。相反,法的规范性,以及其所蕴含的内在视角,构成了我们在建构法律体系的博弈论模型时的决定力量,因而是整个分析中的重要因素。其二,规范被假定可以化约为人类行动的表达形式。用来描述和分析法律体系的博弈论模型,因此也是行动理论的一部分。其三,该框架的形式化特性迫使我们在分析中保持严格,这种严格度能够保证以一种体系化的和复杂的方式来刻画法律制度的特征。其四,博弈论不仅为我们提供了刻画法律制度的方法,而且还提供了对行为的假定,这些假定能够在对法律制度形成的解释中作为基础。最后,通过使用共同的理性选择理论的分析框架,这里所采用的方法论不仅和法律的制度理论相适应,而且将使得法律的制度理论与社会科学中已经(和正在)发展起来的集中新制度主义理论二者之间的关系更为紧密。由此可见,两种制度主义的方法间的卓有成效的互动是可能的。

在解释和辩护了我对法律体系分析的方法论立场后,现在就需要把该方法付诸应用。本书第二部分的目标是表明这个框架的卓越效果。我将通过对“法定自由”和“法律之下的自由”概念的讨论和分析来表明这一点。在此我希望能够对 MacCormick 和 Weinberger 的一个说法做出进一步的辩护:

“我们这种形式的法律化约主义(如果它是的话)扩展了那些传统上是实证主义者研究的法律理论的研究前沿,在被视为法或法律的范围内,容纳了与法律决策相关的原则、价值和结果论证成理论(consequentialist argumentation)”(MacCormick and Weinberger, 1986, p. 8)。

现在我们就转而研究这些涉及“原则、价值和结果论证成理论”的因素。

第 11 章

法定自由:概念和内涵

1. 导论

对于个人所享有的自由的判断在评价不同的政治观念时扮演着重要的角色。例如,自由主义理论都表达了个人应当具有特定的权利和自由的思想。自由判断在日常的政治决策实践中也扮演了重要的角色。许多西方国家的对外政策部分基于其他国家对个人自由的尊重程度;欧洲融合的进程常常用个人自由的增加来进行辩护,等等。

自由因而通常被认为是非常重要的。许多人附以自由一个正的价值,并且一个人应当尊重且保护他人的自由这一思想构成了我们实在道德(positive morality)的一个重要组成部分。我们发现实在道德和法律之间存在着强相关性。给定功效所扮演的角色,并且给定功效与人们的规范和价值之间的关系,司法体制的特征能够被视为是在很大程度上取决于社会中实存的规范和价值。说西方世界的司法和政治制度保护并尊重个人自由是因为我们把自由看得很重要,确实等于什么也没说。然而尽管这样的推论看上去可能没有什么意义,但其也不是毫无问题的。首先，它基于的是一种仍然未获得证明的功能性推理(functional reasoning)的形式：说一种制度履行了一项许多人相信是有价值的功能——亦即，保护自由——这种说法自身并不能形成对于该制度存在的解释。我在此对自由民主的生成不应试图提供一种解释，也不应对这种生成给出一种“理性重构”。然而，正如这一专题第一部分所澄清的那样，对于特定制度的可能价值的分析在这样的解释或者重构中应当扮演一个相当重要的角色。从这方面讲，在此所提出的分析能够在观念上被视作为解释或者重构自由制度的生成提供了建筑材料。

其次，附着于个人自由观念之上的重要性意味着对该术语的含义具有一种共识。不幸的是，这样的共识常常是缺失的，特别是在研究自由概念的领域——政治理论和哲学。相反，在什么样的环境下一个人能够说有自由做某事，关于这个问题充满了争论。自由概念不仅仅是过去许多讨论的主题，而且仍然继续成为当代政治理论的主题。①

再次，即便我们清楚自由概念指的是什么，确定能够说个人所享有的总的自由，仍然是个问题，亦即，在什么样的环境下一个人能够说“缺乏”自由或者是“过于”自由这样的问题。例如，一个人有权利投票但是缺乏言论自由，或者他能够说任何他想说的话但是他被拒绝参与政治活动，一个人在前一种境况下是否比在后一种境况下更自由？对于这样的问题进行任何的分析都不应当仅仅基于自由是什么以及什么促成了个人的自由(例如，权利、政治自由)这样的一个概念，还要分析个人各种各样的权利和政治自由应当如何合计入有关个人的“总体”自由的判断中去。② 然而，除了 Steiner(1983，1994)和 Carter(1999)的工作

① 参见 Oppenheim 1961；MacCallum 1967；Berlin 1969；Day 1977，1983；Taylor 1979；Miller 1983；Swanton 1992；Steiner 1994；Kristjansson 1996；Carter 1999。

② 有关对于这种总体自由度量的重要性的辩护，参见 Carter(1999)。

外，关于“总体自由”的度量的问题在政治哲学中很大程度上被忽视了。有些人甚至相信这种度量事实上不可能。①

在 11～14 章中，我专注于对我所称的“法定自由”的分析。观念上说，该分析是作为对法律还原主义(legal reductionism)相当于什么的例证。用 MacCormick 和 Weinberger 的话来说，在此所提出的分析“拓展了法律分析的前沿，超越了实证主义者传统上处理的问题，包涵了与法律决策相关的原则、价值以及后果论证明的要素”(MacCormick and Weinberger, p. 8)。将要提及的原则是有关最大化个人自由的原则。这样，我将集中分析“自由制度”，亦即，尽可能保护和捍卫个人自由的法律一政治安排。接着，注意力将会放在这种保护个人自由的原则的可能价值之上。我将基于后果论主线的推理之上进行分析。

在分析保护个人自由的司法体制之前，首先要澄清自由与法律之间的关系是什么。出于这一原因，我将通过检验法律规章对我们自由的影响的方式来开始这一章。很明显，自由与法律之间存在着紧密联系。我的权利和政治自由决定了我的自由。除了这些清楚的直觉外，有关自由到底是什么，或者自由应当指什么都没有一致的共识。我将避免谈论对自由概念“不合法”的阐释，避免基于这样的阐释，接着描述法律如何影响自由。相反，我将提出的自由概念仅仅通过缺乏或者存在法律规章来定义，亦即，我将引入“法律之下的自由”或者“法定自由”的观念。对于这一特定的自由概念的分析是这一章的主旨。

2. 自由概念以及三元结构

自由概念是一个困难的概念。不同的人对自由是什么有不同的看

① 参见 Berlin(1969)，O'Neill(1980)，Oppenheim(1995)。

法，并且这些不同的看法似乎不可避免地与不同的道德和政治价值联系在一起。出于这一理由，自由概念——连同诸如“权力”、“平等”和“民主”这些其他的概念一起——被称为“核心争议概念（essentially contested concept）”。[①] 例如，古典自由主义者认为现代福利国家削弱了个人的自由。而另一方面，社会自由主义者则认为这样的干预通过提供给个人实现他们有意义的生活的途径，保护并捍卫了个人的自由。很明显，这些有关政府干预的适当范围的不同看法背后所体现的是不同的自由概念。古典自由主义者似乎仅仅以不存在外部阻碍来理解自由，而社会自由主义者似乎采纳的是可以用自治来定义的自由概念。当然，这两种概念并没有穷尽可能的概念集合。人们使用了大量不同的自由概念，而这尚且连前奏也算不上，未来仍然还会有其他的对于自由概念的阐释。我的目标不是讨论这些各式各样的概念中哪一个对于我们有关自由观念的直觉理解来说最适宜（如果这种理解存在的话），或者以道德的角度来评价这些概念。相反，我想要提出一个特定的自由概念，我称之为法定自由或者法律之下的自由，并且我认为其至少对应于我们关于自由的一些直觉。基本上，对于个人自由的这一观念指的是对个人的行为缺少法定约束。由于不存在法定义务而实施特定的行为，这能够被理解具有法定许可为其所允许的行为，所以我们也能够说法定自由的概念能够用存在法定许可来定义。一个人没有法定的限制要求他不实施特定的行为，因此也就是法律允许他实施该行为——比如说结婚、表达对政府的不满、离开国家——就是说他有实施这些行为的法定自由。

言及自由的概念似乎意味着，尽管这些概念都有所不同，但当时都含有某种共同的内核。毕竟，我们通常能够区分自由的概念与——比如说——平等的概念。在提出并讨论自由的另一个概念之前，检视一

① 参见 Gallie（1955/6）。

下这个共同内核也许是有用的。在一篇很有影响的论文中,MacCallum 论述自由判断总是具有三元结构(MacCallum 1967)。一个人只有在如下的背景下才能有意义地谈论自由,我们所谈论的某个人(或者某一个人团体)的自由,有关这个人的详细说明;什么样的事情对于这个人而言享有自由;以及什么样的事情这个人有自由去做(或者不去做,或者去成就,或者不去成就)。换句话说,有关自由的陈述总是能够根据如下形式进行再度公式化:"x 在 y 方面有自由(没有自由)去做(不去做、去成就、不去成就)z",其中 x 指行为人,y 指约束条件,z 指目标。例如,上面所述的古典自由主义者和社会自由主义者之间的差别可以被描述为两者在约束条件(y 因子)和目标(z 因子)方面的不同。古典自由主义者对现代福利国家的消极判断能够被视为取决于如下的信念,由于对市场过程的规制,行为人不再有摆脱法定约束的自由,比如说,与其他的行为人交换商品的自由。而另一方面,社会自由主义者会争论说通过保障最低生活标准,现代福利国家使个人摆脱了由于自然带来的艰难困苦,从而有自由去追求他们的人生目标。法定自由概念如何用这一三元结构来描述?其指的是什么样的行为人、约束条件和目标?

3. 法定自由:行为人

行为人,作为第一个变量,我们想到的第一件事就是其指的生活在一个特定国家中的公民的自由。毕竟,公民是法律的受众。规则和规章适用于他们身上。然而,公民权用一套现存的司法体制——通常规定公民权标准的法律——来定义,并且似乎用司法体制来限制法定自由观念的适用是不适当的。例如,假设在一个特定的国家一大群人类团体被否认拥有公民权——他们在那里永久性地工作和生活,但是他们——比如说——不允许购房、送他们的孩子去读书、参与政治决策过程,等等。很明显,说我们不能谈论国民是否存在或缺乏法定自由是荒谬的。相反,我们许多人会拒绝这样的司法体制恰恰是因为我们感到这些个人的法定自由遭受了严重的侵犯。另一方面,对以这种或那种方式受到特定的司法体制影响的所有的国民而言,应用法定自由的观念也是不可能的。假设我在国外度假,并且假定作为一名游客,我没有权利送我的孩子去当地学校读书。因为这一限制我的法定自由是否遭到了侵犯是有疑问的。用来评判我的法定自由的相关司法体制不是我在度假时遇到的司法体制,而是我的祖国的司法体制:根据游客观光旅游的国家法律,不能说该游客是(或者不是)自由的。尽管极端的情况可能是很清楚的——将概念局限于公民太狭隘了,而扩展到游客又太宽泛了——但是,确定在何处画下准确的分割线还是很困难。①

然而,对于我的目的而言,并不必须严格地明确界线,因而,我们能够简单地假定相关的行为人是那些在相对长的时期内,受制于我们所讨论的司法体制的规则和规章的人类。到底这段时期有多长不应在此讨论。尽管仍然是相当地泛泛而谈,我们还是应当指出,这一对行为人的形容足以能够明确排除某些其他的可能性。首先,通过指涉人类,我抛弃了将法定自由观念适用于非人类的可能性,例如动物。② 其次,我将自己局限于讨论个人而不是人类团体。多元文化主义者强烈反对仅仅关注个人权利的视角,认为这是不充分的,人们还要考虑把权利归于团体。③ 传统上,政治理论家只是关注个人权利。然而,多元文化主义

---

① 对于国家成员资格的明晰讨论,参见 Hampton(1997),第 6 章。

② 这并不是说我没有感到这样的运用没有意义。相反,目前在生物伦理上的发展,特别是讨论有关动物权利,似乎认为适用自由观念至少是值得的,因此将法定自由适用于动物也是如此。然而,对于检验法律效力和法定自由之间的关系而言,这种对法定自由概念涵盖范围的拓展看起来是不适当的。

③ 参见 Taylor(1995)和 Kymlicka(1995)。

者的观点表明把权利归于团体有很好的理由。例如,保护特定少数群体文化的权利可能在使得相应的社会法律—政治体制增加对该文化的接受程度方面发挥了很重要的作用。相反,对于这种权利的否认可能会挫伤这个体制的效率(参见 Kymlicka 1989, p. 215),甚至会导致其全然无效。然而,尽管他们很重要,但我还是要在此忽略这些问题。有一些类型的团体权利能够以个人权利的方式重新定义。例如,拿这样一个社会来说,基督教占主导地位的社会中规定所有的商店都应当在星期日停止营业,除了非基督徒的商店外。这样非基督徒就拥有了不在星期日停止营业的集体权利。不过,这一集体权利能够被视为是许多个人权利的联合,亦即每个非基督徒店主在星期日做生意的权利的集合。这种将团体权利化约为个人权利的方法,在所有的团体权利都是指相应的团体成员拥有的特权(特惠待遇,以财政支持来承认特殊的文化行为)的时候是可能的。在涉及这样的权利的范围内,将法定自由观念适用于团体的需要就消失了——需要的信息已经包含在有关构成那些团体之个人的法定自由的信息之内。

然而,并不是所有的团体权利都能够被视为个人权利的集合。例如,一个国家中居住在一个特殊地理区域的特定的文化少数群体拥有分离权(the right of secession)。[①] 如果满足了特定的条件,比如说居住在该区域的绝对多数人投票赞成独立,少数群体就能够独立。这种分离权看起来完全是集体权利,因为它不能被视作一大群个人权利的简单结合:没有个人可以根据他或她自身而拥有独立的权利。然而,它能够被化约为每个团体成员投票赞成分离的权利。尽管每个团体成员不能根据他或她自身确保达成独立的结果,但是一种行为的结合——每

① 对于这一权利的讨论,参见 A. Buchanan(1991)。

个团体成员的行为——导致了所欲求的结果。① 不过那么一来集体权利再一次能够用个人权利来定义。由于这些权利指的是集体决策作出的方式,他们也能够被描述为政治权利。换言之,他们指的是第 10 章所示的法律—政治博弈的第二阶段中发挥作用的权利。然而,我的注意力不会集中在这些政治权利上,而是集中在形成决策第一阶段的那些权利上,因此,我忽略这一类型的集体权利。

应当强调,将某些集体权利化约为个人权利,以及抛弃“全然的”集体权利,并不意味着对于这类集体权利观念的拒绝。当我们关注像文化差异与法律—政治体制的接受程度之间的关系这样的问题时,集体权利的观念会是非常有用的。它使得我们能够直接关注于其中相关的权利,即能够被化约为特定的个人权利的权利,或者是政治决策过程中涉及的权利。此外,团体权利的概念之所以重要是因为其把注意力转移到了诸如文化差异的政治后果这类问题之上——这类问题到目前为止很大程度上被自由主义的政治理论所忽视了,这一点是很清楚的。

4. 法定自由:约束条件

法定自由的第二个方面是很清楚的,即约束条件,指的是:法律。拥有法定的自由去做某事意味着法律不会干预;没有义务不去做相应的行为。换一种说法,一个人具有实施该行为的法定许可。有人也许会争辩说拥有这样的自由并不使得该人就具有了这样的才能、技能或者机会以相应的方式去行动。一个人也许有法律上的自由表达对现任政府的不满,但是,可能缺乏——比如说——表达他或她的观点、使人

① 有关个人行为和不同类型的集体权利之间联系的博弈论阐述,参见 Van Hees (1995)。

们能够理解的必要方式。可以认为去做某事的法定自由与拥有去做某事的机会、技能或才能之间往往缺少必然的关联。我享有法律上的自由去飞翔、流利地说中国话以及赢得纽约马拉松比赛,尽管我没有这样的才能、技能或者机会去飞翔、流利地说中国话或者赢得马拉松比赛。类似但更重要的,根据法律没有受过教育的人可以说和受过教育的人完全一样有书写的自由,饥饿之人可以和饱食之人完全一样有吃饭的自由,等等。根据这一假定,问题不在于一个人是否具有必要的才能、技能或者机会去以特定的方式行动,而是在于他或她在法律上是否允许以这一方式行动,以及是否他人在法律上有权或者无权进行干预。直觉上来说,我能赢得纽约马拉松比赛的法定自由意味着我在赢得马拉松比赛方面的无能与法律规定之间不存在因果联系——例如,不允许他人依据法律来阻止我进行训练。

现在这一因果链的缺乏对于一项标准来说可能被考虑得过强了。毕竟,如果一只蝴蝶拍打翅膀能够引起世界另一头一场飓风的话,那么也可以牵强地认为正好在我赢得马拉松比赛方面的无能和法律规定之间存在着因果联系。即使我可能在法律上被允许去做特定的事情,我不能实际地去做那些事情可能是法律规定间接的结果。事实上,因果联系不需要如此牵强。我能够相当令人信服地声称我不能赢得马拉松比赛是出于如下的事实,作为一名儿童,法律义务要求我去上学因而我没有机会每天练习跑步。类似地,我不能流利地说中国话是因为作为儿童我没有选择我自己所喜欢的学校的权利。法律上允许我的父母送我去他们所选择的并且恰巧是不教授中文的学校读书。尽管说法律(间接地)阻止我赢得马拉松比赛或者阻止我流利地说中国话听上去很奇怪。

如果决定性的选择由他人作出(父母或者其他权威机构)的时候,我们将所讨论的司法体制与另一种司法体制相比较,那么,我说中国话或者赢得马拉松比赛的法定自由遭到了侵犯这种说法产生的古怪性就会消失。就这样一种情况而言,在一套司法体制下我有权选择我自己喜欢的学校,或者根本不存在上学的法定义务。当我们将这一司法体制与实际的司法体制——我没有那些选择权的体制——进行比较的时候,很明显就这一问题而言,在前一种体制下我的法定自由更多。法律给予我更宽泛的选择权,在这一意义上一个人能够说没有这些选择权就是减少了我的法定自由。① 一个人不应当由于这些例子微不足道而被搞糊涂。在与政治相关的场景下会出现同样的问题。考虑一个有着自由市场机制的社会,在其中大规模的公民团体失业并生活在贫困当中。假定他们的处境是由于无法提供市场所要求的服务和技艺,以及缺乏社会保障体制。那么,失业和贫困不是因为其他个人——比如说富人——进行非法行为所导致的。相反,到目前为止这些问题是由于自由市场机制的运作所产生的,它们产生于实施并保护产权的司法体制的限制之内。在一个自由市场社会不存在法定义务单方面地将金钱或者商品转移给穷人。那么,一个人没有工作、没有住房、没有食物就是我们所谈论的司法体制(至少是间接地)造成的结果。

那么,仅仅关注容许的可行行为可能会——至少根据有些行为来说——给出对于个人自由扭曲的理解。这会暗示那些不那么富有的人比他人拥有较少的法定自由。古典自由主义者可能会反对这种干预。然而,他们真的反对吗? 再一次,采纳一种较宽泛的视角也许是有用的。在这样一种视角下个人所关心的法定自由与另一种法律安排下的自由相比较,比方说与政府保障其公民最低生活水平的法律—政治体制相比较。实际上,这样一种宽泛的视角常常在政府干预的反对者和支持者之间的辩论中被采纳。支持这种干预的人会争论说由于干预不

① 当然,我不是想要建议不去上学或者选择一个人自己喜欢的学校的法定自由从一个规范视角而言是值得欲求的。理解什么是法定自由的问题应当与法定自由的价值问题区分开来。对于后一个问题,参见 12.4 节以及第 14 章。

那么富有的人们的自由增加，抵消了国家干预造成的其他人可能的自由损失。这样有人会声称法律限制了不那么富有的个人，因为在另一套法律安排之下他们会有更多的机会，法律允许的可行的机会。然而，反对这种再分配的人会予以否认。他们会声称这种法律安排不可避免地导致其他得到允许的自由遭受损失，可能甚至会达到这样的程度，个人的法定自由缩减了。我不谈论这些争论的经验主张的优点是什么。然而，这些讨论表明的是在一种宽泛的视角下，古典自由主义者和社会自由主义者之间的观点差异可能看上去并不是全然由于对法律之下的自由是什么而形成的不同看法所造成的。相反，它们是由于对如下这种方式的不同经验评价所造成，即国家干预最终会影响个人的自由和机会的方式。

是否一个人确实能够在法律上有自由去做他不能做的事，我们可以通过对拥有法律上的自由去为特定的行为和一个人总的法定自由水平两者之间做出区分来绕开这个问题。我假定只有对一个人可行行为的容许或者不容许来决定一个人总的法定自由。对于不可行的行为的容许并不有助于提高一个人总的法定自由程度，因为这种行为仅仅构成了空头权利。一旦这种空头权利不再是虚无的了，它们就会有助于提高一个人的自由程度，但是不会立刻起效。我目前说中国话的权利没有影响我总的法定自由程度。然而，如果我精通了这门语言，就会使得其成为一项有意义的权利，确实会有助于提高我的法定自由——正如其对所有在我的国家说中国话的人们所起的作用那样。类似的，一项空头义务不会被认为降低了我总的法定自由程度。每个荷兰公民如果他或她拥有住房就有义务交财产税。现在考虑一个没有住房的人并且他——出于和财产税无关的原因——也永远都没有能力买房。我认为交财产税的义务没有降低这个人的法定自由——该义务没有影响这个人。然而,它确实降低了目前房屋所有者的法定自由。① 换句话说,获取权利或者失去权利,要么如果你喜欢法定自由,那就去做那些你不能做的事,它们不会影响你总的法定自由——这就是我们在此所要表达的意思。

5. 法定自由:目标

三元结构中第三个变量是有关目标的。个人在法律上有自由去做、去看、去成就或者去实现的东西是什么呢?我假定法定自由总是与行为或者决策有关,由个人来付诸实施。这样我言及个人在法律之下拥有为这样或那样的行为,作出这样或那样的决策的自由,却不会将该观念应用到事态中去。因此,我不会直接谈论作为某个特定的人的法定自由、拥有特定的权力的法定自由、从属于特定的社会团体的法定自由,诸如此类。由此该假定就是特定的事态总是能够用导致这些事态的个人的行为和决策的特殊结合来描述。通过指涉那些行为和决策,自由概念能够适当地涵盖那些我们在日常语言中会根据特定事态下的自由来理解的情况。这样我将把我的法定自由写作成为某个特定的人的法定自由、获取特定的权力的法定自由、加入特定的社会团体的法定自由,诸如此类。

不同的行为类型能够加以区分,并且不是所有类型都与评价一个人的法定自由的背景相关。我们业已略微论及了行动类型(act-type)和行动标记(act-token)之间的区别。一种行动类型是一个行为,能够具体显现(instantiate),或者能够以不同的方式来执行——不同的事件

① 事实上,这还降低了那些目前没有住房,但是将要有住房的那些人的法定自由。他们有一项可行策略却不被容许,即购买住房但不缴纳财产税的策略。

与之相对应(Steiner 1994,Carter 1999)。买一本书这一行动类型能够以不同的方式来具体化——今天在我当地的书店买一本《小熊维尼》(*Winnie the Pooh*),明天在我大学里的书店买一本《纯粹理性批判》(*The Critique of Pure Reason*),等等。这些较为具体的行动类别中每一个,都能被视为是买一本书这一行动类型的具体显现。由这一点出发还不可以推出这些较为具体的行动类别不能被进一步地明确化,它们本身可能也是行动类型。确实,我可能有机会在我学校里的书店买到康德著作的不同译本,我可能选择在上午买一本或者在下午买一本,等等。仅仅与一个事件相对应的行为是一个行动标记。它是具体的时间和地点都已明确,其物质构成也已明确的一个行为。这样购买康德的书这项行动标记会包含有相关的时间和地点以及目标在内(特殊的旧版精装本,我给收银员钱的数目,书交付给我的方式,等等)的精确描述。

很明显,对于评价一个人的法定自由而言,仅仅检验行动类型应用的法定约束是不够的。如果我只是被允许在特定的时间、在特定的地点购买特定的书籍,比如说在政府所有的书店购买政府认可的书籍,那么我们不会想说——就购买书籍而言——我的法定自由与没有这样的法定约束的社会中的法定自由是相同的;恰恰相反。因此行动类型看起来不能构成相应的目标(Carter 1999)。然而,这并不能推论我们不得不关注行动标记。事实上,可能很难给予行动标记的概念许多实际的意义,正如买书这个简单的例子已经表明的那样。首先,看起来有无限多种的方式使得特定行动能够被再细分。结果,一个人永远不能确定一种行为已经成为了一个行动标记——可能还有另一种方式去再细分那个特定的行为。此外,各种行动标记影响我们自由的方式可能有所不同,这也是事实。有些行动标记很清楚比其他的行动标记对这个世界有着更为重大的影响。买一盒特定的火柴这个行动不会与购买一套特定的住房的行动有相同的影响。从而不具有法定的选择权去购买那盒火柴似乎不会像法律禁止购买那套住房那样影响我总的法定自由。

我不把行动标记或者行动类型作为关注的焦点，而是采取一种中间立场。正如我们已经看到的，在博弈论的设定中，个人被假定为拥有某些策略。这些策略是有着具体空间、时间并且相互排斥的行为过程。然而，它们不是行动标记而是行动标记束：在这个书店买这本书的策略由诸如此类的行动标记所构成，买一个特定的版本、把钱给收银员，等等。现在，我不试图决定那些行动标记中每一个行动标记影响我们法定自由的程度，而是关注于策略，不再进一步明确其背后的行动标记。司法体制将这些策略中有一些标为容许的、有一些标为不容许的。说一些策略是不容许的是对如下说法的简单表述，即如果一个人采取了该策略，他或她就易于受到惩罚行为的惩罚。由于这样的惩罚行为构成了对这个人行为的约束，我们也可以说一个人的法定自由取决于他或她的获得容许与不被容许的策略。

总而言之，我勾勒了法定自由概念背后的三元结构。行为人是作为个体的人类，法律构成了约束条件并且目标以个人策略的方式被限定了。我采纳这样的观点，一个人行动的范围，特别是在缺乏外部约束限制该行动范围的情况下，决定了个人的自由。由于我把法律规定当作外部约束，我直觉上将法律之下的自由或者法定自由理解为缺少法定约束限制一个人行动的范围。我并不试图对每个构成要件提供更加精确的详细说明，亦即，对于人类的说明、对于法定约束和他们的策略的说明、对于法定自由概念的三元结构构成的说明。对于我的目的而言，这样一种准确的详细说明是不需要的，因为我试图为任何特定的有关法定自由深入的详细说明表明保护和捍卫法定自由带来的有益结果。换句话说，在此所提出的论证并不取决于描述法定自由的特殊方式。

6. 阻止措施与干预措施

从一种有些唯名论者的观点来看以一种特定的方式来定义像法定自由这样的概念没什么错,然后继续进行概念分析。一个人不必表明该定义真的抓住了"应当"抓住的东西。就这些观点看来,定义只能够从形式基础上进行批评,比如说不够严密、有矛盾等。然而,在我所提出的法定自由观念中,由于我假定该观念构成了通常我们根据一般意义上的自由概念所理解的那部分内容,因此,我暗中拒绝了唯名论者的观点。虽然我当然不想声称我的法定自由概念涵盖了当我们想到自由时所拥有的大多数制度,但是,我确实相信其至少涵盖了那些对自由的一般性直觉理解中的一部分。在我继续进行这项分析之前,我应当讨论一下对于如下的观点,即认为法定自由和我们有关一般意义上的自由直觉之间有重要的相似之处,可能提出的反对意见。

这样的批评会基于如此的假定,只有当个人的特定行为受到阻止时,才能够说一个人的自由受到了限制。Steiner(1994)对如下的观点作出了强有力的论证,阻止措施影响一个人的自由,但仅仅是干预措施则不会。[①] 根据这一观点,如果交警阻止我超速,比方说架起路障,就不能说我拥有超速的自由。然而,法律的大部分内容不是阻止行为,而仅仅是通过使得策略变得让人更有兴趣采纳或者不采纳,来干预行为人采纳或者不采纳特定策略的决定。警察通常不阻止我超速,但是进行威胁,如果我那么做的话则会惩罚我:他们能够对我开罚单。根据定义,这种惩罚行为是事后的——他们可能的行为干预我是否超速的决

---

① 一个类似但出于不同的自由概念的观点,能够在哈耶克(1960)的书中第九章发现。

策，但是他们并没有阻止这样的超速行为。由于他们仅仅是干预，因此无须争论，他们就没有构成对我的自由的限制。只有一旦该威胁实际兑现了，才会影响我的自由。①

根据这一观点，由于为一项行为的自由被假定为是不存在这样的干涉，通过使该行为变得不可能而阻止该行为，因此就不能说大多数法律安排限制了一个人的自由。毕竟，许多法律条款能够被视作构成了一种威胁：它们规定如果一个人进行特定的一连串行为，那么他或她可能遭受惩罚。如果一个人超速，主管机构有权课以一定的罚款；如果一个人贩卖成瘾毒品，那么他或她会被关进监狱，等等。一旦条件达成，亦即，一旦未经认可的行为已经作出，威胁总是会兑现，这是不正确的。这样一种假定真的是很幼稚。因此，如我已经定义的那种法定自由不会与这种更加一般性的自由观念有一丁点儿的对应关系。形成相同论证的一种不同方式是说，为了评价一个人的自由，一个人不能限制自己只选择得到容许的个人策略。根据这一观点，一个人的自由仅仅是这个人可行的与不可行的策略函数——有关那些策略本身是否得到容许的信息是不需要的。

因此，要论证法定禁令决定我们行动的自由，即便当这一自由是以使得相应的行动变得不可能的外部约束来定义的时候，应当澄清威胁确实会使得特定的行为变得不可能，即使那些威胁并不总是兑现。反驳这一观点的简单尝试要诉诸我们的直觉。如果有关自由的阻止观点意味着法定禁令没有剥夺我们的自由，那么那个自由概念中必定有什么地方错了。然而，这样一种论证不是很让人满意。在直觉之间存在冲突的情况下，我们不得不求诸一种观点，而不是简单地声称其中一种

① 然而，那样的话甚至不只是我超速的自由受到影响，而且我任意消费我的财务收入的自由也会受到影响。事实上，在这一自由概念之下，甚至这样的情况也不会总是对的。诸如此类的罚单并没有阻止特定的行为，而是构成了一种威胁，如果特定数目的金钱没有支付给主管机构，其他处罚（扣押工资、判决入狱）会随之而来。

直觉的优越性。Day(1977)给出了这样一种观点。在接受这样的观点——一个人只有当其他人使得其不可能实施一种行为的时候,才没有自由去实施该行为——之后,Day论证了威胁依然会剥夺我们的自由的观点。拿一个典型的威胁作为例子,“把你的钱给我,或者我要你命”,Day论证说,对于威胁没有剥夺我们的自由这个观点的论证,不能区分简单的和复合的行为。该威胁可能不会使保有你的钱这个简单行为变得不可能;但它的确使复合行为——保有你的钱并且留下你的命——变得不可能。根据Day的观点,正是通过阻止这种复合行为,威胁剥夺了受到威胁的人的自由。Day的观点遭到了批评,理由是其预先假设威胁总是会兑现(Gorr 1989, Steiner 1994)。通过相反的假定,取人性命的威胁可能不会兑现。在这种情况下,保有钱且留下命的复合行为依然是可行的选择,并且与Day相反,我们会得出结论,威胁并没侵犯个人的自由(同时参见Carter 1999)。现在威胁总是会兑现,这一点很明显是不对的。事实上,许多“法定威胁”不能被简单地兑现。例如,拿交通管制来说。要构想一个社会,每一个交通参与者的每一个行为都受到监视并且在违反有关规则的情况下受到处罚,这事实上是不可能的。这一点在几乎所有其他的法律部门中都成立:刑法、民法。

然而,即使一个威胁可能不会被兑现,其也确实影响了一个人的行动范围。要知道为什么,让我们用 x 表示前面的例子中该人被杀死的事态,用 y 表示他失去了他的钱但是保住了命的事态,用 z 表示他既没有失去钱又保住了命的事态。受到威胁的人很明显有两个行为可供他选择:交出他的钱或者不交出他的钱。如果他不交出他的钱,威胁或者会兑现或者不会兑现。换句话说,他不交出钱的行为可以被描述为一个将可能事态集合化约为 x 或者 z 的行为。另一种行为——交出钱——将可能事态化约为 y。[①] 现在把这一境况与没有作出威胁的境况相比较。让我们假定该人没有碰巧手里有把枪，从而不能向自己开枪，并且也没有其他方法可以自杀。在没有威胁的境况下他的选择是什么？尽管他不能选择杀死自己，他还是能够决定把钱送给他在街上遇到的陌生人(包括那个在另一个可能的世界拿着枪指着他的人)，或者留着自己的钱走开。这些策略各自将可能事态集合化约为 y 和 z。但是那样一来在两种境况下个人拥有的行动范围存在差异。虽然在两种境况下皆为一种可能的行为导致 y，另一种行为的结果则不一样。如果有威胁，不给钱则导致 x 或者 z，而如果没有威胁，则导致 z。换句话说，威胁确实对我的行动范围有影响。一旦威胁提出，就不能确定我的一种行为的结果会是什么，因为这要取决于他人的行为——亦即，取决于威胁的兑现——而如果没有威胁则行为的结果是确定的。如果我们以行为结果来描述行为，并且我也确实这么做了，这就推出威胁可能会影响一个人的自由。确保会出现 z 情况的行为不再有效。

对上述论证有人会反对说，一个人为了侵犯他人的自由甚至不需要表达他自己的意图。一个威胁是一项对于为特定行为的意图的声明。假设一名路人对自己说他会杀死接下来他看到的那个人，除非那个碰巧遇到我的人把他的钱给我。应用前面所述的逻辑，我们会得出结论说我们的自由遭受了这种意图的侵犯。事实上，可以走得更远，说另一个人无意的行动也能够限制你的自由。比如说你是一名心脏病患者，你正要把钱给一个你在街上碰到的乞丐，但正在这么做的时候因为一辆在你身旁的汽车突然间鸣起了喇叭，使你心脏病发作。尽管可以确定这不是司机的本意，但你还是当场死亡。换句话说，你死亡的可能

① 当然，有人会争论说存在一种可能，那些钱不会被接受——这个威胁可能是一个恶搞——或者那个人即使交出钱也会被杀。考虑这些可能性会使论证变得复杂，但不会使其受到影响。

还是能够归咎于某事,即便没有人有杀你的意图。这意味着你永远不能确保结果 z 会实现——总是会有突然死亡的危险;因而,交出钱的策略最多将可能结果的集合化约为 $\{x,z\}$。

我并不争辩说基于这些例子的推理总有些缺陷,因而,这些例子不能构成对威胁削减个人自由这个观点的反例,相反我相信该推理是正确的,但是该结论的反直觉性质值得质疑。有关威胁的争论中的困难之一是这样的事实:有些论证依据的是行动类型,不是策略(行动标记束)。进一步的困难是,正如 Carter(1999)所指出的,有关威胁对我们自由之影响的争论基于的是一种倾向,模糊以特定的方式行动的自由与我总的自由水平之间的差别。在分析各种各样的例子时把这两点差别记在心中是很有用的。首先,考虑心脏病患者在街上给一个乞丐钱的自由。这一自由以一种行动类型来表现,并且假设个人至少能够行使某些策略以具体表达这一行动类型也合情合理(他可以让别人去给钱,他可以过会儿再回来,等等)。因此,如果我们也把实施一项行动的自由观念应用到实施一种行动类型的自由上面,我们能够得出结论由于他的心脏问题他所冒的风险或许并没有侵犯这一自由。然而,他的状况确实限制了他总的自由水平,因为这至少在某种程度上限制了他的行动范围。有些策略不再有效:他不能避免当走在街上的时候、当给别人钱的时候等情况下心脏病发作的风险。这一点对健康路人也成立,他同样冒着风险——尽管是较小的风险,走在街上的时候被杀死(他可能因为有辆车轮胎漏气,撞上了他而被杀)。他行使走在街上的行动类型的自由没有遭受侵犯,但是他总的自由水平由于他不得不注意交通这一事实而受到削减。

同样的差别能够应用于威胁。想要我的钱或者我的命的强盗并没有侵犯我生存自由的行动类型,因为毕竟我能够决定给他钱。然而,这个威胁确实影响了我总的自由水平,因为我总的行动范围受到了影响:尽管威胁可能不会兑现,但我不能确定威胁不会被兑现,所以,一些行动我就不能选择。确实,直觉上来说真实的威胁和受威胁的人知道永远不会兑现的威胁之间存在着差别。后者不会影响一个人总的自由水平,前者则会。

我们现在能够知道为什么对于许多法律规定会影响我们的自由,毋须觉得非常奇怪。把法定禁令想作威胁,我们能够得出结论,与威胁影响一个人总的自由的方式相同,一个人总的法定自由受到那些禁令的影响。有些行动不再可行:我无法不冒被罚款的风险而超速。我在法律上有自由行使超速的行动类型吗?根据前面给出的分析,我们得出结论如下情况可能为真——至少在有些地方我能够超速并且与此同时确信不会有诸如支付超速罚单之类的任何法律后果。我将法定自由的应用限制于策略,这样并没有言及行使行动类型的法定自由。正如我们前面所看到的,一项策略是一个行动标记,或者更确切说是行动标记束。我们常常用看上去像行动类型("持续驾驶"、"停车避让"、"读一本特定的书"、"超速")的方式描述策略的唯一原因是因为我们预先假设其他的方面与当下的境况无关。如果一项策略是一束行动标记,而不是一种行动类型,那么我们就避免了自相矛盾的结论,一个人能够在法律上有自由行使法律上禁止的行动类型。然而,至少有些行动类型的实例或许是有可能的这一事实,暗示着至少有些没有得到容许的策略,采纳它们却永远不会有任何法律后果。毕竟,我刚刚说,可以想象一个人在某些特定的时间、特定的地点超速不会有任何随之而来的法律后果。换言之,悖论看起来仍然存在:在某些境况下一个人或许能够说有自由采纳某一特定的策略,尽管该策略为法律所禁止。这一自相矛盾的结果确实是在此采用的方法所要支付的代价。然而,我相信这是很小的代价,因为这样的境况看起来很少见。只有在不仅仅确定没有惩罚行为而且没有任何其他的法律后果的境况下,才会出现悖论。例如,超速的司机必须还要确信他不会被卷入车祸——因为超速他要对车祸负责——中去。出于这个原因,我将忽略这些可能性并且从此以后，在如此这般的情况下选择如此这般的策略的法定允许之存在（或者不存在），相当于在那样的情况下选择那样的策略的法定自由之存在（或者不存在）。

第 12 章

选择自由

1. 导论

前一章解释了一个人法律上有自由去做某事意味着什么。通过指出一个人在法律上有自由去做的事,与他总的法定自由水平之间的区别,我们回避了一些属于法定自由之本质的问题。已经作出了一些有关总的法定自由水平之度量的假定,特别是“空头权利”所扮演的角色方面,亦即,容许但不可行的行为。在这一章以及下一章中,将会对如何评价法定自由总体水平这个问题进行更加系统化的分析。我将用公式表述一些条件,在这些条件下,不同的社会境况能够用个人享有的法定自由总量来进行比较。① 在下一章我将转向如下的问题,如何把社会总的法定自由水平的评价基于个人自由判断的基础之上。

正如我们已经指出的,对于个人所享有的总体自由水平的判断在政治讨论中扮演着重要的角色。我们指责那些不授予其国民一定权利

① 我将自己限于讨论如何获得序数自由比较的问题,忽略如何以基数度量讨论自由的问题。

和自由的政权，因此——间接地或者直接地表明——假定那些国家的公民要比生活在权利和自由得到法律保护的社会中的公民总的来说享有更少的自由。除了 Steiner(1983)和 Carter(1999)的工作外，如何确立一个人总的自由这一问题还没有得到政治理论家们的真正关注，并且正如已经指出的，事实上有些理论家相信这样的自由判断实际上是不可能的。

然而，近来对于总的选择自由程度的度量成为福利经济学家和社会选择理论的研究课题。[①] 这些研究考查了这样的境况，个人面对一个相互排斥的选择集合，从中他或她可以（"自由地"）挑选一项选择。该选择通常被解释为明确的商品束，但是也可以——例如——代表行为。然后，一个人可以问可供行为人选择的不同的选择集合如何能够用它们提供给个人的自由总量来进行比较。因此这项分析并不是关注于确定说一个人有自由或者没有自由去选择意味着什么，而是关注于从选择自由集合中，能够说一个人达到了什么样的总的自由程度。

在研究这一问题时人们采用了一种公理演绎证明(axiomatic-deductive)方法。并不是从讨论不同的度量手段的相对优点出发，而是以特定条件的公式所构成的出发点——公理出发，把公理加于可能的自由度量之上。然后，我检验哪些自由度量满足这些条件。该方法具有某些显而易见的优势。首先，公理演绎证明方法使得其非常清楚哪些条件结合是可能的，哪些是不可能的。这使得我们将讨论局限于那些相互匹配的条件。此外，对于度量自由之方式的不同观点能够基于对它们背后的假定的评估来进行评价。换句话说，我们能够不关注这些不同度量方法的优点，而是关注它们背后的假定。

---

① 参见 Suppes(1987)、Sen(1988, 1990, 1991)、Pattanaik and Xu(1990, 1997, 1998)、Klemisch-Ahlert(1993)、Arrow(1995)、Puppe(1995, 1996)、Van Hees(1998, 1999a)。

下一章我们会考查对于总的选择自由程度的文献分析在什么样的层面上有助于确定个人享有的总的法定自由程度。为了这一目的，我在这一章会描述和讨论选择自由文献中采纳的方法。特别是，我将澄清存在什么样的局限，在这方面还能够做什么。

2. 简单计数规则

对于选择自由的公理演绎证明分析围绕着“机会集合”的观念建立起来。一个机会集合是一组相互排斥的选择，通常被解释为商品束，从中一个人能够选择一件商品。如果 S 表示所有可能选择的集合，机会集就是这一集合 S 的非空子集。每一个这样的机会集合描述一种可能的选择境况，而问题就是如何用它们提供给个人的选择自由程度来比较这些不同的选择境况。更正式地说，问题就是如何以 S 所有可能的非空子集来定义个人的自由排序。困难在于找到一个程序，将有关个人不同的机会集合信息作为输入信息，以那些信息为基础得出一个人的“自由排序”，即描述不同的选择境况如何能够用它们提供给个人的选择自由来进行比较的排序。

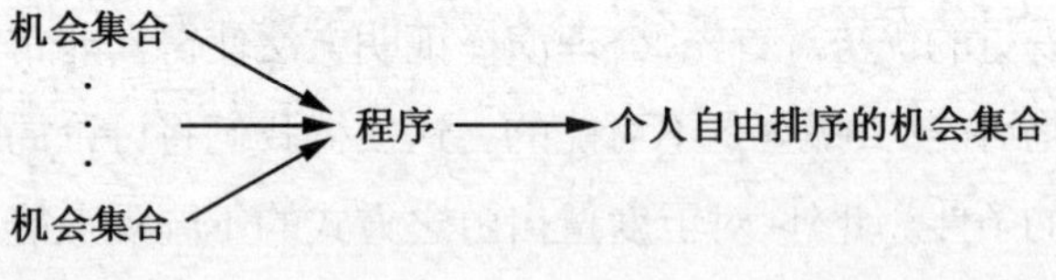

图 12.1

现在，我们能够简单地进而试图作出一套程序或者规则，看上去与一个人的直觉相符。正如前面所解释的，在文献中采取的方法是不同的。这是公理演绎证明：一个人试图公式化其认为这样的程序应当满足的条件,然后检验哪些程序满足那些条件。这一方法的优点在于有关适当程序的不同直觉能够追溯对于这些程序背后的公理的不同观点。从而看上去可能相当不明确的直觉能够变得更加清楚。

在一篇具有潜在影响的论文中,Pattanaik and Xu(1990)提出了三个很明显相当合理的条件,加在用来得出机会集合的自由排序的程序之上。然后,他们表明这些条件产生出了相当奇特的获得个人自由排序的方法。他们加在自由排序之上的第一个条件——即他们的第一公理——是:

无选择境况之间的无差异性:只包含一种选择的机会集合产生相同的选择自由总量。

其背后的直觉是只包含一个要素的机会集合(所谓的单元素集合)根本没有给出任何的选择自由。如果可供我选择的内容只有一项,那么我就是被迫选择该选项,并且出于这个原因一个人能够说只包含一个要素的机会集合没有提供任何的选择自由。[①]

第二公理被称为严格单调性公理:

严格单调性:对所有不同的选择 x、y,同时包含 x 和 y 的机会集合与只包含 x 的机会集合相比,严格产生更多的选择自由。

这看上去是相当可信的公理。如果在我能作的选择之间——即 x 或者 y——我至少有一些选择权,那么与我处于被迫在这些选项中选择其一的境况相比,我享有更多的自由。

第三条公理稍微有些复杂。

独立性:对所有机会集合 A 和 B 以及所有既不属于 A 也不属于 B 的选择 x,A 给予了至少与 B 相同的选择自由,当且仅当 A 和 $\{x\}$ 的并

① 注意不选择选项这个选择本身能够被视为一个选项。例如,不购买一个商品束能够被描述为选择了这样一个商品束,我得到数量为零的货物 a、数量为零的货物 b,等等。

集给予了至少与 B 和 $\{x\}$ 的并集相同的选择自由。

换句话说,如果我们有两个机会集合,我们知道如何去比较自由,那么在两个集合中加上或者减去相同的要素不会影响两个集合的自由比较。

Pattanaik 和 Xu 然后证明了一个相当令人惊讶的结论:三条公理结合在一起产生了一套独一无二的程序。这套程序极为简单,并且用他们的话来说,相当“幼稚”。[①] 根据这一规则——我称之为简单计数规则,其足以计算不同机会集合的要素数目以决定它们提供了多少的自由:一个机会集合给予了以某个其他的机会集合至少相同的选择自由,当且仅当其包含了至少同样多的要素。换言之,一个行为人总的选择自由可以简单地通过计算可供他选择的选项数目来确定。一个人拥有的选择越多,他享有的选择自由就越多。

3. 偏好简介

Pattanaik 和 Xu 认为他们的结论是一种不可能定理。他们的自由度量非常不受欢迎:我们真的想要说在两个牌子的可乐之间进行选择的机会给予了我们和能够在——比如说——城里还是乡下买房进行选择相同的选择自由吗?肯定有地方出错了:至少其中有一条公理必定要放弃。在他们最初的论文中,Pattanaik 和 Xu 指责在自己的论文中独立性公理没有考虑选择之间可能相互不同的程度。为了阐明这一点,他们举出了如下的例子。假设当前的选择问题是关于不同的交通模式。现在考虑一名行为人要么被迫乘坐火车,要么被迫乘坐一辆蓝色汽车。根据第一公理,两个机会集合{火车}和{蓝色汽车},产生相同

① 因此假定“给予至少相同的自由”的关系是可传递的且自反的。

的自由程度，即一点自由都没有。现在假设我们在两个机会集合中都加上一个不同的选择，即一辆红色汽车。独立性公理意味着加上这样一个额外选择并没有使得两个机会集合相互间的排序关系发生任何差异。因此，推出如下结论，{火车，红色汽车}产生与{红色汽车，蓝色汽车}相同的自由总量。这很不合理；非常明显能够在两种完全不同的交通工具(火车和汽车)之间进行选择，要比仅仅有机会在驾驶红色汽车还是蓝色汽车之间进行选择给予更多的自由。换句话说，独立性公理忽视了不同选择之间的差异程度。如果一个人加上了本质上不同于已有选项的选择，那么，与一个人加上与已有选项几乎相同的选择相比，他就可以获得更多的额外自由。

如果这是计数规则唯一的缺陷，那么，其至少在那些选择间相互差异都相同的情况下有用。然而，还存在另一种批评，由 Sen 提出。他指出在整个方法背后有一个更加根本的问题，即忽视了行为人的偏好(Sen 1990; 1991; 1993)。根据他的观点在偏好与自由之间有一种根本性的关系，任何自由排序都需要考虑而简单计数规则则不需要考虑的关系。Sen 认为，对于自由的度量，非基于偏好的方法的根本缺点在于其忽视了所谓的自由的机会层面。自由不仅仅只是在选项之间具有选择权；同样重要的还有我们是否具有机会“按照我们喜欢的方式生活，做我们选择做的事，获取我们愿意获取的事物”(Sen 1990, p. 471)。在 Sen 看来，对于这自由的机会层面的合理分析不能漠视被授予自由的个人或者团体的偏好。正是偏好决定是否一个人在一种境况下所享有的自由可以实际上比其在另一种境况下所享有的自由更有价值(Sen 1990, p. 470)。无选择境况之间的无差异性公理和严格单调性公理都遭到这一理由的批评。对于无选择境况之间的无差异性公理而言，Sen 给出了如下的例子(Sen 1990)：假设一个人不得不对两种被迫从家到办公室的不同行路方式进行比较——要么是被迫按照通常的方式走路去，要么是被迫单脚跳着去。由于很明显任何人都更愿意走路回家，因此在 Sen 看来,说行为人在被迫跳着回家的境况下与他或她在被迫照通常方式走路回家的境况下同样自由是很荒谬的。

为了避免这类问题,Sen 提出如下的对无选择境况之间的无差异性公理的重构(参见 Sen 1991, p. 24):

对于 S 的所有要素:如果行为人严格偏好 x 甚于 y,那么仅包含 x 的机会集合比仅包含 y 的机会集合产生严格较多的自由。

很明显,如果行为人对 S 的要素具有严格偏好,那么该公理与如下公理相冲突,即宣称正好只包含一项要素的机会集合总是产生相同的自由程度。

Pattanaik 和 Xu 的严格单调性公理遭受了基于类似理由的质疑。有人称个人的自由不需要通过任何可能的机会集合的增加而得到提高,因为加入的选择可能非常不受欢迎。根据这一观点,例如我的自由会得到提高,如果我拥有遭受可怕疾病的额外选择(Puppe 1996, p. 176),或者我拥有在黎明时被砍头的额外选择(Sen 1991, p. 24),这么说就很让人感到奇怪。因而严格单调性公理以如此方式作了重构,只有当加入的额外选择要比行为人已经选择的选项严格受到偏好时,该额外选择才会引致更多的自由。

正如 Sen 自己所观察到的(例如 Sen 1993, p. 529),他的机会自由概念的一个局限是对于一个人未来的偏好不允许不确定性。这不是一个容易发现的不合逻辑的缺陷。在现实生活中,我们可能今天能确定自己的口味和偏好,但是,如果我们不得不对可能的生活道路做出抉择,我们不会如此确信未来的癖好,这也是生活的事实。在这些情况之下,灵活应变,选择最小化无法满足一个人未来偏好的风险的生活道路,可能更加明智些。因而,基于偏好的方法接下来的发展是公式化每个行为人他或她可能的偏好集合,并重新定义这些可能偏好的公理

(Arrow 1995)。[①] 要尝试一下这类信息的合并可能意味着什么，考虑如下对严格单调性公理的重构：

对所有不同的选择 x、y，同时包含 x 和 y 的机会集合比仅包含 x 的机会集合产生严格更多的自由，当且仅当行为人具有一个潜在偏好排序，其中 y 严格偏好于 x。

再次容易看出，对于个人潜在偏好集合给出一些适合的假定，依据这些假定而重构的三条公理会导致不同的自由排序，即自由排序至少会部分取决于个人潜在的偏好。

基于 Jones 和 Sugden(1982)、Pattanaik 和 Xu(1998)的工作，他们试图在其后的论文中抓住这样一个事实，自由可能具有内在价值，他们认为基于一个人潜在偏好的自由排序无法做到这一点。他们举出例子，一个绝对确信自己永远不会想要参军的妇女。根据前面所勾勒的方法，去除这名妇女参军的权利，不会减少行为人的自由。Pattanaik 和 Xu 反对说，这是一个违反直觉的结论，因为“我们相信大多数人会觉得这样一种禁止会减少这名妇女的自由”(Pattanaik and Xu 1998, p. 177)。Pattanaik 和 Xu 观察到使得对于该妇女的禁令变得可鄙是由于如下的事实：

“给定该妇女的境况，她本可以合理地选择参军(……)即便她实际上不想这么做，并且即便她赋予她想这么做的概率为零”(Pattanaik and Xu 1998, p. 179)。

Pattanaik 和 Xu 认为自由的内在价值在于在有意义的选项间具有选择权，而不是在于能够进行选择。他们承认，不是每一次选择集合的扩展都应当算作个人自由的增加，也不是每次缩减都应当算作个人自由的减少。不是每一个新的选择都具有相等的价值：一项在黎明时被砍头的选择通常不会被视为对行为人自由的拓展。对此的理由是，在

① 同时参见 Kreps(1979)。

该行为人的情况下，没有理性的人会决定选择在黎明时被砍头。对于评价机会自由很重要的偏好，不是行为人可能在未来某个时间点会具有的偏好，而是理性的人在该行为人的境况下会具有的偏好(Pattanaik and Xu 1998, p. 180)。

许多作者接受这一观点，自由和偏好具有内在关联。所以，文献涉及考虑个人偏好的自由排序公理特征化的方向(Sen 1991; Arrow 1995; Puppe 1995, 1996; Pattanaik and Xu 1998; Sugden 1998)。根据考虑的偏好类型不同，特征化的方式不同。它们可以是行为人在特定的时间点具有的实际偏好，他或她实际的偏好以及可能的未来偏好，或者他们可以是一个理性的人可能具有的偏好。在下一节我将讨论应当考虑偏好的思想，以及为此已经研究过的三种方法——使用实际的、潜在的或者理性的偏好。我认为，为了度量这类自由，个人偏好(无论是实际的、潜在的还是那些理性人的)并不需要考虑。

4. 自由与偏好

在评价最初由 Pattanaik 和 Xu 提出的三条公理的各式各样的修正的基本原理之前，让我们讨论一下前一节提出的例子。第一个例子是关于无选择境况之间的无差异性公理。根据这一公理，单元素集合产生相同的自由总量，即根本没有自由。现在再一次将如下两种境况进行比较，一个人被迫按通常方式走路，与一个人被迫单脚跳。根据 Sen 的观点，第一种境况给予该人比第二种境况更多的自由。我同意 Sen 的这一结论，但是我与 Sen 对于为何如此给出的理由不同。问题在于：为什么我们感到被迫单脚跳要比被迫照常走路给予更少的自由？根据 Sen 的说法，这是因为我们从走路中要比从跳脚中获得更多的效用。换句话说，个人的实际偏好很重要。还可以认为单脚跳严重限制了一个人的行动范围。单脚跳是一项艰巨的任务，要比通常走路花费更多的时间和能量，不然的话时间和能量可以投入到其他的活动中去。如果我们单脚跳，很有可能我们会晚到家，我们不能对往来交通作出灵活反应，我们不能把公园里踢球的孩子们的球踢回去，诸如此类。另一方面，按通常方式走路不仅使我们更早到家并因此允许我们在家做更多事，而且还允许我们选择要不要把球踢回给孩子们，对于往来交通是选择加速前行还是停下避让，等等。换言之，{走路}和{跳脚}的集合不只是充分描述了两种境况。代表我照常走路的境况的机会集合包含了对一个能够正常走路的人各种各样选择的描述（是否把球踢回去，由于交通是否停下来，等等），而描述单脚跳义务的集合则包含较少的要素。但是，那么一来就不再清楚为什么这个例子会与公理相悖，或者更一般性的，为何其构成了对简单计数规则的反例：我拥有较少自由的机会集合要比其他集合包含更少的要素。

也可以用不同的方式得到相同的观点，即通过检验如果我们以如下方式重新定义两种选择境况，则会发生什么。两种选择境况可以用两个具有相同数量的要素，且各要素皆相似的集合来代表。例如，假设我们迫使行为人各自以明确的方式走路和跳脚。他们都必须走特定的路线，都不被允许把球踢回去，他们都必须每五秒正好走一步（或者跳一步），他们都必须一见到街上有车就停步，等等。我们是否还想说走路的义务给予我们更多的自由，例如因为我们恰好更喜欢走路而不愿意单脚跳？这是个直觉问题，但是我的直觉是这两种选择境况提供了相同的自由，即一点自由都没有。而这正是无选择境况之间的无差异性公理所抓住的直觉。

接下来检验与严格单调性公理相悖的例子。本质上，该公理声称机会集合的增加总是导致自由的扩展。如果我可以在 x 和 y 之间进行选择而不是被迫选择 x，那么，我的自由增加了。正如我们所见的，这一公理由于没有考虑选项的性质而遭到批评，在这个例子中就是得到扩张的集合的选项的性质。其观点是如果是非常不受欢迎的选择,我或者当时任何理性的人都永远不会自愿选择这些选项,那么我的自由就没有增加。例如,考虑我被迫喝一杯茶的境况,并假设我的选择扩大了,增加了染上非常严重和痛苦的疾病的选择。新的机会集合{茶,可怕的疾病}比集合{茶}提供了严格更多的自由吗？由于人与人的直觉可能不一样,让我们加上更多的细节。假定喝茶能够防止染上这种可怕的疾病,并且在第一种选择境况下,法律“迫使”我喝茶——我没有法律上的允许自己染上疾病。因而,该假定是司法当局知道什么对我是最好的。由于知道我不会选择得病,他们将这个选择也去除了。第二个机会集合没有这种家长制作风,我不得不作出自己的选择:喝茶或者死亡。无论我是否更喜欢喝茶,无论我是否不会考虑自己染上这可怕的疾病,很清楚第二个机会集合较少有他人的干预。现在,如果一个人用缺乏约束条件来定义自由,就推出通过去除任何他人的干预,包括家长制式的干预,我的自由会增加。注意尽管我只是提及个人实际的偏好,对于自由的度量依赖于个人潜在的或者理性的偏好而言,也能推出相同的结论。即便我知道我永远不会自己去染病,或者永远不会有理性的人在我的境况下会去那么做,对于自我染病的禁止仍然意味着我的总的自由的减少(当其他条件都相同)。如果我们仅仅用对行为人行动范围的限制来定义自由,并且这就是我定义法定自由的方法,那么,没有去做非常不理性的行为的可能当然会限制我们的自由。例如,即便我们能够想到没有任何情况下理性的人会自杀,获得承认自杀的法定权利仍然会增加我们的自由。这项权利也许对我们没有价值,但正是因为这是一项法定权利,其确实增加了我们的自由。

这样在更仔细的审查之后这些反例看起来失去了他们的力量。不再清楚非基于偏好的方法在哪里出了错,除了当决定什么是选择要素的时候应该注意分辨外。然而,表明这些例子不是真正的反例,依然不能意味着在自由度量中我们不必求诸偏好。毕竟,可能还有其他的例子,确实能让人确信。然而,任何对自由的度量至少部分取决于实际的或者潜在的偏好,这一观点有严重的缺陷。例如,考虑偏好改变的问题。赛亚·柏林(Isaiah Berlin)最初也采纳了基于偏好的自由概念,后来由于如下的可能性抛弃了这一立场:

“如果自由程度是欲望满足的函数,那么我去除欲望同满足欲望都能一样有效地增加自由;我能够通过决定人们失去那些我决定不予满足的原初欲望来提供人们(包括我自己在内)自由。与其抵制或者去除压在我身上的压力,不如将它们‘内在化’。这是当 Epictetus 声称他作为一名奴隶比他的主人更自由时,所获得的自由”(Berlin 1969, xxxvii)。

如果我开始享受跳跃活动,例如,因为我在闲暇时间参加了健身课程,我会变得更自由吗?喜欢做汽车牌照的囚犯比讨厌汽车牌照的囚犯更自由吗?直觉上来说,看起来很清楚,只要我对跳跃活动或者做汽车牌照的厌恶不是外部约束的结果——例如故意洗脑,那么我拥有的自由或者缺少的自由就不取决于我的偏好。不开心的囚犯并不因为他讨厌做汽车牌照而不自由,而是因为他人迫使他去做那些牌照。

一个相关的问题是基于实际的或者潜在的偏好的自由度量具有这样的缺陷,对于拥有完全相同的选择权的行为人来说,它们可能导致不同的自由判断。原因是行为人可能具有不同的潜在偏好。如果我确知我永远不会严格偏好 x 于 y,而你知道你可能严格偏好 x 于 y,但是永远不会有相反的偏好,那么机会集合 $\{x, y\}$ 给予我——根据前面的公理——至少与机会集合 $\{y\}$ 一样的自由。另一方面,机会集合 $\{x, y\}$ 给予你比 $\{y\}$ 更多的自由。对于我们有关自由观念的直觉而言,这看上去前后不一致。

正如 Pattanaik 和 Xu 在他们最近的研究中得出的,使用理性人可能具有的偏好似乎能够避免这些问题。能够说开心的囚犯比不开心的囚犯更自由,当且仅当他的偏好能够说是理性人所具有的偏好,而这令人怀疑;理性人不会碰巧喜欢被囚禁在牢房里。如果对每个行为人来说相关的偏好都是相同的,那么可以根据一个正好具有相同的选择可能性的行为人享有同等的自由来获得一种自由度量。然而不幸的是,Pattanaik 和 Xu 的方法同样也使得自由被理解为一个按照境况定义的概念:他们论及"理性的人*在行为人的境况*下可能会具有的"偏好(Pattanaik and Xu 1998, p. 180,斜体为引者所加)。如果行为人的自由在原初的境况下度量,则存在一个在每种想象得到的境况下行为人具有完全相同的选择权的一个自由排序。因此,拥有完全相同的选择权的行为人可能具有不同的自由判断。①

三种不同的基于效用的方法具有相同的基本结构。在每种情况下得到简单计数规则的原初公理通过考虑偏好做了重新定义。然而,相关偏好的集合却不同。它们可能只包含了相应个人的固定偏好序,或者该人在未来某个时间点可能具有的所有可能的偏好序,或者理性人可能具有的所有偏好序。现在我在这章的主要兴趣是得到对个人总体自由水平的度量,并且我抛弃了基于偏好的方法作为对这一问题的可能回答。这并不意味着基于偏好的方法是为了回答同一问题而发展起来的。尽管使用这些方法的作者确实谈及对自由的度量,但有人还谈及作为机会、有效自由或者如我们前面所看到的自由的内在价值的自由的分析和度量问题。② 这些用语已经指出,基于偏好的方法尽管在度量这类总体自由水平上是不适当的,但是在确定自由的价值上可能相当重要。

我们已经看到 Pattanaik 和 Xu 引入理性人的偏好来抓住自由的内在价值。采取相关偏好的集合构成个人实际的或者潜在的偏好,可能

① 对于这一问题的更多讨论,见 Van Hees and Wissenburg(1999)。

② 例如,Pattanaik 和 Xu 的中心问题是"如何考虑偏好会涉及我们对于这一内在价值的评价"(p. 178)。然而他们也提及用他们所提供的自由程度来排序机会集合(p. 181),从而提出检验的是自由本身,而不是自由的内在价值。

能够构想出度量自由的工具价值的方法，或者更确切地说度量不同机会集合的工具价值的方法。我在后面将回到自由的工具价值这一问题上来，但是，在目前阐明在什么样的程度上自由的工具价值可能与个人的偏好相关，可能就已经很有用。如果我目前严格偏好选择 x 而非所有其他选择，那么，能够说包含 x 的机会集合比其他没有包含 x 的机会集合对我来说更具有工具价值；它们对我来说具有更多(间接)的效用。或者，有人采取更宽泛的视角，包含我发现潜在更具吸引力的选择(即在未来某个时间点我偏好这些选择甚于所有其他选择具有正的概率)的机会集合，给予我比那些没有包含这类选择的机会集合更多的预期效用。那么，工具价值用行为人的预期(间接)效用来表示。基于实际或者潜在偏好的方法检验的是自由的工具价值而不是自由本身，对于这一观点，更多的证据由较早的反对意见所给出，这些方法导致具有完全相同立场的行为人做出不同的判断。如果比较的客体是行为人的自由水平，这可能与直觉相悖，然而如果比较客体是自由的价值，则完全合理。[①] 一个机会集合可能对一个人来说没有任何价值，而对另一个人来说很有价值。

总而言之，我已经讨论了基于偏好的方法，其试图规避如下的反直觉观点，机会集合所给出的自由仅取决于集合中要素的数目。我已经证明根据这一基于偏好的方法，并不真的是这类个人自由水平得到度量，而是自由的工具价值或者内在价值得到度量。为了确定个人所享有的自由水平，需要不涉及偏好——无论是实际的、潜在的还是理性人所具有的——的方法。

---

① 参见 Rawls(1971, p. 204)。

5. 相似性与相异性

基于偏好的方法可以被视为批评 Pattanaik 和 Xu 的计数规则的前两项公理的结果,无选择境况之间的无差异性公理和严格单调性公理。虽然 Pattanaik 和 Xu 他们自己后来提出将理性偏好整合到他们的框架中去,但是,他们认为在他们原初的论文中,人们应当关注的是第三条公理,即独立性公理,该公理引起计数规则缺乏吸引力。理由是该公理忽视了不同的选择之间相似或者相异的程度。正如已经证明的,虽然机会集合{火车}产生与{蓝色汽车}相同的自由可能是对的,即一点自由都没有,但是仍然称机会集合{火车,红色汽车}与{蓝色汽车,红色汽车}也产生相同的自由则不能令人信服。质疑这一结论的理由是两种新的选择与已有的选择不同。在第一种情况下,加入开红色汽车的可能性根本改变了选择范围,而第二种境况则基本没有改变任何事。

这个例子表明,该框架应当按这样的方式进行扩展,有关各种各样选择的"相似性"或者"相近性"信息应当被包括,或者对其的使用应当限于那些相互间同等、相似,或者相近的选择。必须重新定义独立性公理,可能其他两条公理中的一条或者全部也要一起被重新定义;我们应当拥有一种同时考虑到选择之间的相似性或者相异性程度的自由度量。在这一节,我将讨论与得出这样一种度量方法相关的问题,并且我将在 Marlies Ahlert 提出的具体建议的基础上进行讨论(Klemisch-Ahlert 1993)。

在 Ahlert 的框架中,所有可行的选择能够被描述为数字的 n 元向量。理解这些数字的一种方式是将一项选择视为一种社会状态,即对于一个社会事态的完整描述。那么维度则描述了这样一个事态的特定方面。举例来说,这样一个维度可以指汽车的数目,另一维度指不同报纸的数目,第三维度指允许行为人表达的特定观点(其中数目可以指在某种意识形态范围内该观点所处的位置),等等。为了容易表述,假定仅有两个维度。那么一个机会集合的要素能够在平面上用图示表现出来。令 A 为由点(1,5),(2,1),(2,2),(3,4),(3,8),(4,4)和构成的集合(见图 12.2)。

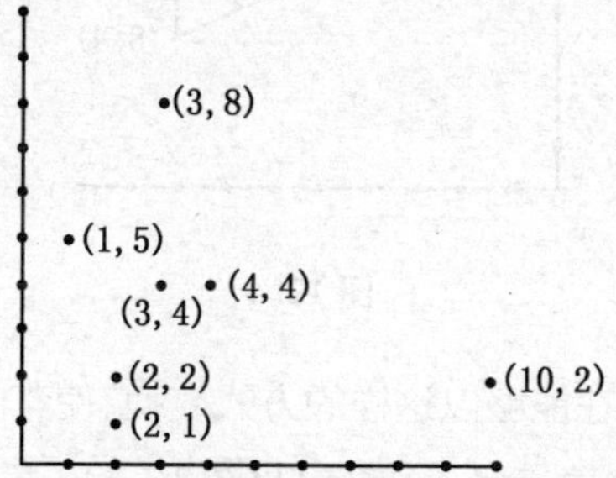

图 12.2

如果我们将每个外围的点连线,得到所谓的 A 的凸包(见图 12.3)。

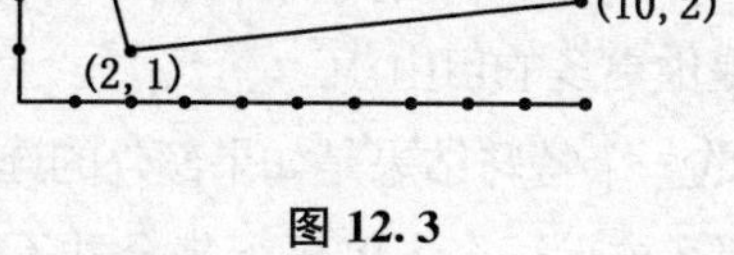

图 12.3

Ahlert 现在认为一个机会集合比另一个机会集合提供更多的自由,如果第二个集合能够以这样的方式转换和变换,其凸包构成第一个集合的凸包的适当子集。为了证明这一点,令 B 为由点(4,6),(7,5),

(7,6),(7,7),(8,4),(8,10)构成的集合,那么其凸包如下(见图12.4):

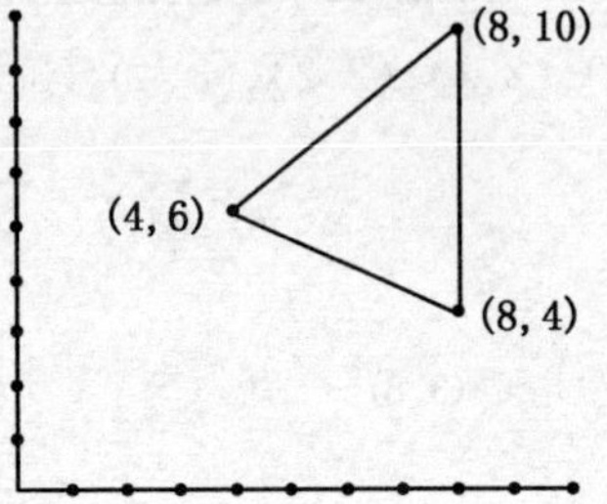

图 12.4

机会集合 B 现在能够以这样的方式变换,使其凸包包含在集合 A 的凸包之内,例如绕着点(4,6)旋转(见图 12.5):

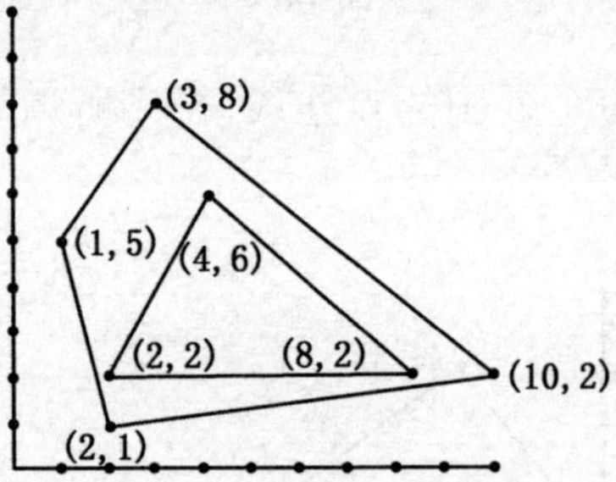

图 12.5

因此,A 比 B 提供更多的自由。①

Ahlert 的方法的一个特殊结果是如果额外的选择已经存在于机会集合的凸包之内,那么扩大一个人的机会集合并不会导致他的选择自由的增加。换句话说,只有极限位置才会影响一个人的选择自由:

① 注意所描述的程序只能产生机会集合的部分排序。其不能比较这样的集合,它们的凸包相互不能以所描述的方式包含。

“对于言论自由的权利来说，允许发表极端观点（如果位置能够用 *n* 维特征空间来表示的话）是决定这类自由的主要因素。事实是额外容许一些普通观点或者处于极端观点之间的混合观点并不能增加这一权利所赋予的选择自由”(K*lemisch*-Ahlert 1993，p. 197)。

Ahlert 对机会集合的凸包的使用是试图公式化一种基于有关选择之间相似性程度的信息的自由排序的一种方式。文献中有一些其他的排序方法，但是它们都具有缺点。[①] 例如，Pattanik and Xu(1997)介绍了一种选择集合的相似性关系，然后介绍了一种自由排序，该方法是基于分解子集的最小数目，由此机会集合可以被分解开。从而要求每个子集中的所有要素相互间都近似。这种自由排序方法说明机会集合给予的自由越多，这种最小数目就越大。为了证明这一点，令机会集合为{火车，红色汽车}。由于一辆火车和一辆汽车是不同的，使得集合按所描述的方式分开的分解子集的最小数目就是 2：子集为{火车}和{红色汽车}。然而，由于红色汽车和蓝色汽车相似，所以集合{红色汽车，蓝色汽车}能够被分开的分解子集的最小数目为 1：该集合本身。因此，推出集合{火车，红色汽车}比集合{蓝色汽车，红色汽车}给予了更多的自由：Pattanaik 和 Xu 原初的计数规则的反例对这一规则并不构成问题。由于该规则没有考虑选择之间的相似性或者相异性程度，其仍然不能令人满意。在他们的例子中假定蓝色汽车和红色汽车相互间相似。这一假定本身就相当可疑：一个人最多可以说蓝色汽车与火车比起来更近似于红色汽车。确实，按照他们的排序我们不得不说在红色汽车和蓝色汽车之间进行选择给予了被迫选择红色汽车相同的自由。很明显，这并不非常令人满意。一个人有自由选择汽车的颜色不等于拥有了许多自由，但是这至少提供了一定程度的选择自由。此外，由于

① 对于其他方法，参见 Pattanaik and Xu(1997)，Nehring and Puppe(1998)，Bavetta and Del Seta(2000)。

选择之间相异性程度被忽略了，反对简单计数规则的意见也能适用于此。例如，让我们引入第三种选择，比方说自行车。因为一辆自行车不同于汽车或者火车，所以我们不得不得出结论认为{汽车，自行车}给予你和{汽车，火车}相等的选择自由。这可能为真，也可能不是。例如，有人会争论说自行车与汽车之间的相异性大于火车与汽车之间的相异性(有辆自行车使得你能够去汽车或者火车到不了的地方，它允许你享受阳光，防止你遭受一些消极的外部影响，等等)。因而，在自行车和汽车之间进行选择会给予你比仅仅具有在火车或者汽车之间进行选择的可能性更多的选择自由。

在公理演绎证明方法中，如何评价选择项的多样性对一个人的自由的影响这一问题，仍然看起来是一个开放性问题。事实上能够证明采纳基于信息的方法太过于局限以至于根本不能处理这一问题。[①] 在下一章中我将回到这一问题上来——集合的多样性对一个人的自由的影响，并表明通过扩大信息基础，如何至少给出部分的回答。然而，首先我要回到单调性公理和对其可能的批评上来。

6. 单调性和技术变迁

我们已经讨论了几条公理，基于这些公理可能有一种对自由的度量。已经讨论了对于这一问题的两类方法；整合了有关偏好的信息的方法和考虑了有关各种选择之间的相似性和相异性信息的方法。在基于偏好的方法中，严格单调性公理特别遭受批评。其思想是认为在一个选择集合中加上一个非常不受欢迎的选择，不会增加个人的自由(其中不受欢迎可以用一个人的实际偏好，或者用一个人的潜在偏好，或者

① Van Hees(1999a)给出了这一观点的正式证明。

用理性人的偏好来定义)。我认为,基于效用的偏好针对的问题是确定拥有一定量的自由应当附以多少的价值,而不是针对度量自由本身的量的问题。由于我在此关心的是后一个问题而不是前者(自由价值问题会在第 13 章涉及),因此这一批评,特别是对单调性公理的批评就丧失了力量。

在整合了有关选择的相似性和相异性信息的方法中,其也质疑了是否加入额外的选择总是会导致自由的增加。根据这些公理,仅当加上的选择与已有的选择十分不同的时候,该额外的选择会导致自由增加,其中"十分不同"用该选择加入的集合的凸包来定义(Klemisch-Ahlert 1993),或者用一种相似关系来定义(Pattanaik and Xu 1997)。我认为这些排序导致反直觉的结论,其中有些结论源于这样的事实,这些排序使得如果一个人机会集合扩大,他的自由不会增加。认为一个人的机会集合的增加总是导致他的自由的增加,这一思想通过如下的单调性公理表达出来,其比 Pattanaik 和 Xu 的单调性公理还要强:

强单调性。对于所有机会集合 A 和所有不属于 A 的要素 x,A 和 $\{x\}$ 的并集提供了比 A 严格得多的自由。

应当注意到,基于偏好的方法和基于整合了有关各种选择信息的方法都可能引出对如下思想的否认,即额外的选择总是导致一个人自由的增加;但还没有人讨论过加入这样的额外选择会引起一个人自由的减少。

我现在应当讨论与对于自由排序应当满足强单调性这一思想完全不同的批评立场。事实上,其不仅是拒绝强单调性公理,甚至拒绝这样的观点,额外的选择永远不会导致一个人自由的减少。到目前为止我们假定所有可行选择的集合 S 是不变的。现在假设这一集合可以作为技术创新的结果而发生变化。例如,假设发明了新机器能够治愈大量相关的疾病——那些迄今不可治的疾病。比如说有 n 种不同的疾病能够被治愈,这样相关选择的集合被扩大了 n 个选项(n 个选择中每一个描述了治愈其中一种疾病的行为)。然而,根据法律该机器只可以用来治疗一种特定的疾病,即恰巧是不那么严重的疾病。尽管一个人可能的选择范围扩大了——一个人现在有了治愈这一特定疾病的选择——但是,人们可以令人信服地证明由于附加的禁止条件使得不能用该机器治疗其他 $n-1$ 种更加严重的疾病,一个人总的自由反而减少了。为了使同样的观点更具一般性,考虑一个不那么发达的社会,在其中一个人能够做的事不是那么多,但同时阻止一个人做的事也不是那么多:由于技术可行选择的数目很少使得选择项数目很少——没有达到外部限制。现在将这一境况与另一个社会作比较,在其中技术可行事物集合大得多。即便一个人在这样的社会中具有更多选择权,同时还有更多的限制。我们应当只关注一个人有自由去做的事,并因此忽视他人阻止我们去做事——比如说根据法律——的程度吗,或者我们应当也考虑限制条件的数目吗?根据 Hillel Steiner 的理论,这样的信息应当被纳入考量之中:

“因为如下的情况毫无疑问是真的,一个发达社会中的普通人要比不发达社会中相应的人有能力去做、有自由去做更多的行为;那么这样的情况同样也是真的,他有能力去做,但是受到限制不能去做的行为也比不发达社会中的人要多。即有更多的行为他没有自由去做。在评价一个人的自由程度的时候简单地忽视它们,就是误解了评价对象”(Steiner 1983, p. 75)。

Steiner 提供了一套自由的度量制度,采用一个人有自由去做的事的数目与他或她有自由或者没有自由去做的事的总和数目的比值。用机会集合来说,一个人总的自由程度能够用一个人机会集合 A 的要素数目和集合 S 全部要素数目——即所有可行选择的数目——的比值来描述。另外符号 # 指一个集合的要素数目,这样一个人总的自由用

比值 $\# A/\# S$ 给出。[①] 现在如果一个人想要考虑 S 内的变化——也许有其他方式整合个人不允许做某事的程度，就不是十分明显为何应当得出这样的排序。确实，一种由技术变迁的结果所赋予的评价自由的备选方式是采取集合 A 的要素数目与所有可能性的总数之差来指代一个人总的自由程度。$S-A$ 集合越大，个人总的自由程度越小(Van Hees 1998)。无论一个人更喜欢两种排序中的哪一种，不难看出它们都意味着一个人可能获得了额外的选择，然而发现他总的自由程度降低了。根据 Steiner 的排序，如果一个人开始有自由去选择的新行为的数目和新行为的总数之比值小于创新前有自由去做的行为的数目和总的行为数目的比值，那么，一个人总的自由减少了。[②] 取决于非自由但可行之选择的绝对数目的自由排序意味着能够更容易发现一个人即便有了更多选择还是失去了自由。集合 S 扩展的每一个选择都应当也是有自由采取的选择。如至少有一个行为不是如此，个人总的自由程度就会缩减。[③]

假定一些基本自由诸如言论自由、迁徙自由等，与一个社会的技术进步水平之间存在着正相关关系，许多自由主义者捍卫这种自由，最著名的可能是哈耶克(Hayek 1960)。据我们所知，一个人总的自由程度和技术之间概念上的关系到目前为止被大大地忽视了。前面叙述的对排序的讨论能够形成对这一关系进行分析的有意义的出发点，尽管只是出于如下的原因，即两种排序中都不能很清楚地表现出优于对方，然而它们会导致十分不同的自由判断。此外，还有许多其他的问题需要讨论。例如，拿政府对技术研究的管制来说。如果特定类型的研究遭

① Van Hees(1998)给出了这一排序的公理特征化。

② 令 S' 为开始可行的额外选择集合，并令 A' 为行为人能够做的额外选择集合。如果 $\# A'/\# S' < \# A/\# S$，那么 $\#[A \cup A']/\#[S \cup S'] < \#[A/S]$，意味着 $A \cup A'$ 比 A 给予更少的自由。

③ 对于 S' 所有适当的子集 A'，$\#(S \cup S') - \#(A \cup A') < \# S - \# A$。

到禁止，例如基因控制，当我们评价社会自由时，应当使用目前可行的选择集合作为参照集合，还是应当使用如果没有限制事实存在可能可行的选择集合作为参照集合？只有当这类困难的问题有了答案之后，人们才能够检验是否一个社会技术水平的提高总是伴随着总的个人自由程度的增加。可能存在技术与自由之间正相关的关系，但是也有可能生活在现代社会中的个人享受着实质上比生活在不那么进步的、前现代社会中的人们更低的总体自由程度。然而，到目前为止从讨论中能得出的结论是，如果技术状态依然保持不变，那么一个人选择范围的扩展意味着他总的选择自由的增加。换句话说，自由排序确实满足强单调性公理。

我们现在已经检验了基于社会选择理论家和福利经济学家发展出来的公理演绎证明方法的如何评价一个人总的自由程度的问题。除了Steiner的研究是一个例外，对这些问题进行分析的参考文献没有一个是从政治或者道德哲学的角度出发的。然而，Carter(1999)近期发表了一项非常重要的研究，可能有助于处理其中涉及的一些问题，特别是如何考虑选择的多样性的问题。然而，Carter的方法本质上不同于这一章所讨论的机会集合的方法。在下一章我将分析这一问题，如何度量一个人总的法定自由。特别是，我将讨论如下的问题，说一个人享有最大化的法定自由意味着什么。为了进行这一工作，我将同时参考Carter的研究以及社会选择理论家和福利经济学家所作的更加正式的研究。

第 13 章

法律自由的条件

1. 导论

在这一章，我将继续分析对自由的度量，但是我会把分析更集中在个人的法律自由的语境之中。我将考察，在多大程度上能够把对选择自由的度量结果运用到对个人的法律自由的测量上去。首先，我将要讨论的是近来对于自由度量的一个重要研究，这是由伊安·卡特(Ian Carter)做出的。卡特工作的框架并不是到目前为止我们讨论过的以选择为基础的框架，而是在主流分析政治哲学的框架里工作。我们会详细讨论他的分析，以及他提出的对自由的具体度量方法。尽管我们会指出，这些测量方法有其缺点，但卡特的更为宽泛的信息框架，比起以机会集合方法为基础的抽象框架有明显的优点。然而，卡特的框架也存在不足之处，这限制了它的适用性。部分地借助卡特的工作，我将研究另一种扩展选择自由的抽象框架的可能方式，这种方法就是通过利用我们在第 10 章介绍过的法律－政治博弈来定义机会集合的概念。这样，我对可得选项的分析就采用了一种特殊形式：它们被用以表示人们的被允许的策略。因此,机会集与个人权利的集合是相一致的。法律自由指的是,加之于个人行为的法律约束存在的范围有多大,以及一个法律体系为每个人决定了可得策略的集合。因此,在评估不同法律体系中个人所享有的法律自由的数量时,我们能够把问题集中在如何为不同的权利结构排序,进而以权利结构提供给个人的法律自由的数量为基础来为不同的法律一政治博弈排序。在这个过程中我也会给出对卡特式的自由的一种在法律一政治博弈语境下的可能的重新构造方式。遗憾的是这种度量存在严重的缺点。即便一种法律一政治博弈能够提供比选择方法的自由更多信息,从而避免某些直觉上的问题,仍远不足以避免所有的问题。事实上,可以质疑是否存在一种对于自由的理想度量:不管其适用性,卡特的度量同样存在其他缺点。我将提出,对于法律自由的理想度量至少需要满足两个条件,也就是强单调性和占优条件,而不再继续探讨其所有必需要求。正如我们在上一章所见,第一个条件与对个人自由的判断有关,第二个条件考虑的是如何把个人自由判断加总为集体的自由判断。

2. 对经验性自由的卡特式度量

近来,卡特(1999)发表了关于自由的度量方法的令人瞩目的研究。尽管他的工作并不处在此前讨论过的公理化演绎传统中,他的研究对于此后的大部分分析有着重要的影响。沿着斯坦纳(Steiner)的思路,他把自由概念称为经验性的,因为它不涉及任何关于我们有自由或没有自由去做的事情的价值。卡特的度量整体经验性自由的程序可以描述如下。其基本假定是,当我们希望确知一个人的整体自由的程度,我们不应该仅关注于人们被限制或不被限制采取的行动的数量。我们同样应该关注的是,同那个行动者的行为相容的行动数量和行动集合的大小,以及这些行动集合是否被禁止(Carter 1999, p. 181)。这个观点在第 12 章的第 3、4 节中讨论过的例子“走还是跳”中得到了最好的展示。尽管我们不认为这个例子构成了一个非偏好方法为基础的自由的真正反例,我们提到该例子的确说明了人们在构造选项时需要小心。“走路”这个选项通常要比“单腿跳”与更多的其他行动相容,对自由的度量必须要把这个因素考虑在内。无论是正常走路的义务,还是单腿跳的义务,都不应该根据只有一个元素“走路”或“单腿跳”组成的机会集合来描述,而是应该根据由许多不同元素组成的机会集合来描述。由走路回家的义务,形成了一个由多种不同事态组成的机会集合,其中每一个元素都拥有事实“这个人正在走路”。在一种事态中,他一边走路一边愉快地吹着口哨;在另一种事态中,他一边走路一边拎着一个沉重的皮箱;在第三种事态中,他一边走路一边和公园内踢足球的小孩争吵,等等。相似地,单腿跳的义务应当被描述为一个由他可以单腿跳的不同方式组成的机会集合。可以预计这个集合小于第一个集合。例如,或许不可能一边单腿跳一边愉快地吹口哨,或者一边单腿跳一边拎着沉重的皮箱。由于这个原因,被迫单腿跳回家要比被迫走路回家提供了更少的自由。

在本质上,这种观点采取了更为宽泛的方法,并把能够与个人行动相容的其他行动也考虑在内,它构成了卡特提出的自由的度量方法的基础。给定对于个人能够或者不能够采取的行动的一种说明,人们应当为每个人规定其他行动能够与之共存的那些行动。这样的共存行动集合能够被视为时间,比如说是一边走路回家一边拎着箱子,或者是一边走路一边向邻居大吼的事件,等等。并且,所有集合被假定为在时间和空间上是大小相同的,因此,他们能够互相比较并且能够被不加扭曲地加总。比如说,在把我的自由和你的自由加以比较时,不能够把我从现在到下个星期所能做的事情与你在从现在到明天早上所能做的事情加以比较。为得出一个人的总体自由程度的最终的要素,是不同的可能性事件没有受到组织的概率。

卡特按照如下方式推导出个人的自由。首先,为某一特定个人确定,存在哪些共存行动集合 s,行动者的特定行动 a 是集合的一个元素,然后把这些集合不被阻止的概率加总。把概率和 F_a 表示为:

$$F_a = \sum_{s \in S(a)} P(s)$$

其中 $S(a)$表示由所有以 a 为元素的共存行动所组成的集合,$p(s)$代表行动者在做 s 时不被组织的概率。① 对 F_a 的一个可能的解释是,它描述了行动 a 的可得性为个人的总体自由所增加的自由的数量。然而,遵循斯坦纳(Steiner)的思路(参见第 12 章第 6 节),卡特认为个人的总体自由不仅依赖于个人能够不被阻止去做的事,而且也依赖于事件被阻止的程度。可能存在着以 a 为元素,但同时被阻止的共存行动的集合,人们同样应当把这种信息考虑在内。卡特把这种信息包括进来的具体方法与斯坦纳的基本一致:卡特假定一个人的自由能够被描述为所有个人能够自由选择的选项数占到所有(自由或不自由)选项数量的比例。

一个人所不能够自由地实现以 a 为元素的事件的程度能够被计算如下:

$$U_a = \sum_{s \in S(a)} 1 - P(s)$$

现在,一个人实现事件 a 的自由能够被描述为:

$$F_a/(F_a + U_a)$$

最后一步是把关于所有行动 x 的值加总。这就得到卡特式的对自由的度量:

$$\sum_{x \in A} [F_x/(F_x + U_x)]$$

其中,A 是所有行动的集合。卡特的公式在某种程度上可以化简。用符号 # 表示集合中元素的数量,根据初等算术 $\sum_{x \in A} [(F_x + U_x)]$ 等

① 因为 F_a 和 $p(s)$的值仅对特定个人 i 而言成立,更加正确的做法是给符号加上下标 i。为了阅读顺畅我省略了这种方法。

价于$\sum_{x\in A}[\#S(x)]$,因此该表达式等价于:

$$\sum_{x\in A}[F_x]/\sum_{x\in A}[\#S(x)]$$

为了表明这种度量,让我们来考虑下列根据卡特加以变化的例子。假设我们要比较我和你的总体自由,令存在三种可能行为:(a)在时间点t沿着街道走;(b)在$t+1$从商店偷一瓶啤酒喝;(c)在$t+2$从商店走开。接下来假设每种行为都能够联合地实施,只是如果我们不去做(a),就不能够去做(b)或(c)。因此,我们能够同时实现的共存行为的集合是$\{a\}$、$\{a,b\}$、$\{a,c\}$、$\{a,b,c\}$。然而这些时间将被阻止的概率却和我们的例子里不同。假如,有一个警察跟踪我们,并且如果你做b的话会以90%的概率逮捕你,而我更娴熟的扒窃技巧使我只有20%的可能被抓住。而且,如果某人因为做b被逮捕,他就不能够再做c。因此,你对行为a、b、c的赋值F_a、F_b、F_c:

$$F_a=p(\{a\})+p(\{a,b\})+p(\{a,c\})+p(\{a,b,c\})=1+1+1+0.1=3.1;$$

$$F_b=p(\{a,b\})+p(\{a,b,c\})=1+0.1=1.1;$$

$$F_c=p(\{a,c\})+p(\{a,b,c\})=1+0.1=1.1。$$

因为

$$\sum_{x\in A}[\#S(x)]=\#S(a)+\#S(b)+\#S(c)$$
$$=\#\{\{a\},\{a,b\},\{a,c\},\{a,b,c\}\}+\#\{\{a,b\},\{a,b,c\}\}+\#\{\{a,c\},\{a,b,c\}\}$$
$$=4+2+2=8,$$

所以你的总体自由度是:

$$(3.1+1.1+1.1)/8=0.6625。$$

运用同样程序可以计算得到我的自由度是:

$$(3.8+1.8+1.8)/8=0.925。$$

这种测量方法对应于迄今为止被论述过的集中关于自由本质的看

法。首先,在确定个人的总体自由过程之中没有涉及他的偏好的问题。其次,似乎至少可以部分地把自由的效应同人们能够选择的选项的种类联系起来。如果我们再一次考虑在"火车或红汽车"与"红汽车或蓝汽车"之间的选择的局势,立刻能够明白第一种局势给予了我们更多自由。能够在红汽车与火车之间选择意味着人们能够不被阻止地实现比当他们只能在红汽车与蓝汽车间选择时更多的事件(Carter 1999, pp. 198-204)。再则,这种度量足够一般性,能够运用于包括我们的法律自由概念在内的特殊的自由概念。正如我们在第 9 章所解释过的,能够把各种自由概念区分开来的一个方面是约束的性质,把卡特对自由的度量用于法律自由的概念,这意味着我们把共存事件的集合理解为对在法律上受到或未受限制的事件的描述。换句话说,事件被阻止或否的概率应该被理解为事件被合法地阻止的概率。并且,正如上面的例子所表明的,在这种运用过程中,法律能够限制我们的自由,即使法律不一定阻止一种行为,而只是干预它。最后,这种度量似乎与特定的博弈论框架相符合。这里度量中输入的数据不是商品集合,而是行动,并且如我们所见,一种策略可以被看成是由这样的行动符号(act-tokens)的集合构成。除此之外,一种策略所能导致的不同结果,能够被看成是构成了这些行动与之相容的不同的事件。将要发生哪一种特定的事件,这至少部分依赖于其他人的行动。

然而,这种度量仍有它的缺点。很难给它任何实际的含义。例如,在什么程度上,人们能够真正地知道,哪些事件与一种特定行动相容;并且哪些事件应当拥有相同的时间和空间的大小?卡特正确地指出,如果人们知道理想的度量应该是什么样子的话,人们只能够评估哪一种度量在特性上"更接近于现实"(Carter 1999, p. 171)。既然他的目标是提出一种理想的度量,缺乏实用性就应被指责,至少可以说是缺乏成熟的度量。然而,我们在稍后将会看到,如果人们希望把博弈论方法和卡特式法律自由分析结合起来,这的确是个问题。即便这些度量看上去和我们的博弈论模型相容,对这种度量的博弈论运用必然要求大量额外的数据——关于不同的概率的数据,构成策略的行动的信息,和关于不同结果的构成要素的信息,等等。

这种度量还引起更多的问题。首先,尽管这种度量似乎体现了选择集合对于个人自由的影响,却不清楚是否所有的影响均被考虑在内。例如,我们比较两种局势,你被邀请参加一个排他性的晚餐派对,出席这个派对对装束有特殊的要求,比如说必须穿某种特定颜色的夹克。在每种局势下你只有两种选项。在第一种局势下面,你必须在两种深蓝色夹克中选择其一(这两种颜色的差别可以辨认)。在第二种局势下面,你可以在穿深蓝色夹克和穿白色夹克之间做选择。从直觉上说,人们似乎在第二种局势下拥有更多的自由,一个可能的解释是第二种选择提供了更多的多样性。现在,可以合理地说,与穿特定夹克相容的各种行动集合是相同的——一个人的夹克的颜色对他所能做的其他事情没有影响。① 但如果这是真的,那么在其他条件不变的情况下,卡特的度量就会得出两种局势下自由的数量是相同的。有人会反驳说,这表明人们应当放弃他们的如下直觉,即选择集合多样性对于人们的自由而不是与之冲突的自由概念有影响。卡特的立场是:他令人信服地证明了,并非所有我们关于自由的直觉都能够通过一种特殊的自由概念来体现,人们应该在他们关于自由的直觉、自由的定义方式和自由的度量之间寻找一种"反思均衡"(reflective equilibrium)。然而,应该注意的是,有许多与穿夹克的例子相似的局势,其中人们关于自由的直觉和卡特提出的对自由的度量方法相悖。任何人们的选择与同一个行动集

① 人们可以不承认这项假设,例如,因为你的夹克的颜色可能会影响到其他人的行为,从而也会以不同方式影响到你能去实现的事件。比如说,如果你穿白色夹克,就不能够坐在主人的身边。但是如何把例子稍作修改,使个人行动不会对他人产生影响,结果将会如何?比如说,假设这两种局势间的差异不在于人们的夹克的颜色,而在于他们手帕的颜色。

合相容的局势都提供了同等程度的自由，无论这些选项彼此之间如何不同：一个只给你提供三部迪斯尼电影作为选择的电影院，与另一家让你可以在一部迪斯尼电影，一部西尔维斯特·史泰龙(Sylvester Stallone)的电影和一部斯坦利·库布里克(Stanley Kubrick)的电影之间选择的电影院相比给你提供了同等的自由；一个你只能够买阿巴(Abba)乐队唱片的商店为你提供的自由和一家你有更多选择(但唱片的数量相同)的唱片店相比一样多。

值得注意的第二个问题是关于共存集合与个人自由之间的关系的。假设你正忍受某种奇怪疾病的折磨，这种疾病会使你的身体在喝了哪怕是一口酒之后也会立即崩溃。这意味着，偷(饮)啤酒并转身逃走的行动不再是可行的，或者按照卡特的概念，行动 b 和 c 不再是共存的。现在你的自由是：

$F_a = p(\{a\}) + p(\{a,b\}) + p(\{a,c\}) = 1+1+1=3$；

$F_b = p(\{a,b\}) = 1$；

$F_c = p(\{a,c\}) = 1$。

现在 $\sum_{x\in A}[\#S(x)]$ 的值是 5，你的总体自由度是 5/5=1。换句话说，你的疾病，以及随之而来的不能偷饮啤酒然后逃走的事实意味着你将享受更多的自由。或许有人反对，认为我在这个例子里面默认使用了一种对共存和占优集合的一种极特殊的解释。卡特(1999, p. 173)区分了三种可能的解释：这些集合指的可以是在技术上能够实现的事件，或逻辑上可能的事件，或者是一种“必然”(nomic)的可能性，即在给定自然法则下的可能性。在上面的例子中，我默认采取的实际上是最后一种立场，这就引起了问题。① 现在假定分母包括的是逻辑上可能

① 保持必然性解释同时又避免疾病意味着完全自由的反直觉结论的一个办法(卡特在私人通信中向我指出这点)是，人们应当在适用于所有人和所有场合的自然法则和那些并非如此的自然法则之间做出区分。疾病只能够被看作一种减小分子的因素。

的行动。在这个例子中,上面的例子不再构成反例。你的疾病不再影响到你喝酒并走开在逻辑上的可能性,我们现在获得一种总体性的自由判断,其中当你生病时,你获得更少的自由。① 然而如果只有逻辑可能性是重要的,那么就不清楚我们为什么需要一个分母。假定逻辑可能的世界会随着时间而变动是奇怪的。如果分母是常数,我们就能消除这个问题——对自由的比较不会因此受到影响。

比较不清楚的情况是,如果分母根据技术上的可能性来确定,上面的例子将会如何:给定你生病,你喝酒并走开是否在技术上可行,哪怕这对你的身体来说是不可想象的事。尽管答案不清楚,但存在着一些局势,其中以技术可能性为基础的解释明确产生了问题,其理由和我们讨论过的斯坦纳的度量相仿。假定你发现了某种既便捷又舒服的访问火星的方法,却存在着技术上的制约。总共只有不超过 100 个人可以使用这个装置。因为你极为富有,并且是一个慈善家,你决定免费提供火星之旅,并由抽签来决定哪些人可以去(申请人数超过 100 人的概率为正)。现在考虑任意的公民的自由,并把他的自由同他在火星之旅被发明前一天的自由相比较。根据卡特的公式,即使公民的行动范围扩展了,他的自由也会因为火星之旅被发明而减少。原因在于,由于抽签的存在,去火星的概率,以及由此某人原先所能做的一切事情的概率都不会超过 100%。因为这对于所有公民——可能除了你自己——成立,我们可以说每个人的自由都因为你的发明和慷慨而减少了。或者,再举一个相似但更可信的例子,考虑电视机的发明。该发明意味着你的自由减少了,因为存在着(尽管很小)你的电视被偷走的概率。要理解这里的逻辑,让我们做大幅的简化,假设在电视发明之前,你只有两种选择来打发晚间时光,要么阅读诗歌,要么和你的朋友聊足球。把这

① 这种判断是什么,依赖于事件(a,b)和(a,b,c)的概率是否受到你的疾病的影响。

两种方案分别表示为 a 和 b，并假设你不能一边读诗一边聊足球，你的可能行为集合是$\{a\}$和$\{b\}$。假设你以100%概率可以不受阻碍地去完成这两个行为，所以你的总体自由是[1+1]/2=1。电视机的发明导致了新的可能集合：现在你不但能够看电视$\{c\}$，并且能够一边看电视一边聊足球$\{b,c\}$。一边看电视一边阅读诗歌实际上是行不通的。假设存在很小的概率，比如说1%，你的电视会被偷走。因此我们有 $p(\{a\})=1, p(\{b\})=1, p(\{c\})=0.99$。所以，你的自由程度现在是[1+1.99+1.99]/5=0.996。你的自由下降了。这表明对可能行为集合的解释会影响分析结果。如果假设它们指的是在技术上可行的事件(Carter 1999, p. 173)，那么使用比率来度量自由就会导致反直觉的结论。

卡特的方法引致的另一个问题涉及对有关概率以及它们和个人偏好之间关系的解释。回到偷啤酒的例子，但现在假设只有一瓶啤酒，或者被你或者被我所偷，而我们不能同时偷走这瓶啤酒。进一步假设我不喜欢酒精并绝不会考虑饮酒或即便是请他人饮酒。反之，你酷爱喝啤酒。既然我是一个理性的人，我不会去做我不想做的事，因此我偷走啤酒的概率是零。因此，你的自由和原先例子中相同：(3.1+1.1+1.1)/8=0.6625。接下来，假设我的确培养同你一样的嗜好，而现在你有50%的概率抢先拿到啤酒。对你的自由的计算如下：

$$F_a=p(\{a\})+p(\{a,b\})+p(\{a,c\})+p(\{a,b,c\})=1+[0.5\cdot 1]+[0.10\cdot 0.5\cdot 1]=2.55$$

$$F_b=p(\{a,b\})+p(\{a,b,c\})=[0.5\cdot 1]+[0.10\cdot 0.5\cdot 1]=0.55$$

$$F_c=p(\{a,c\})+p(\{a,b,c\})=1+[0.10\cdot 0.5\cdot 1]=1.05$$

以上计算得出总的自由的4.15/8=0.51875。换句话说，由于我对于啤酒的偏好的变化，你的自由减少了。在偏好和自由间存在的这种关系是因果性的，而并非像在以偏好为基础的方法中那样是概念性的。在他人的偏好和他们的行为中存在一种因果性的关联，因而导致在他们的偏好和我的自由之间存在因果性的关联。然而，即便这种关联是因果性而非概念性的,由上述以偏好为基础的方法导致的某些反直觉结论仍然会出现。比如,虽然在这个例子中我们不能说压制某个人的欲望会增加此人的自由,但减弱其他人的欲望却可以使他或她的自由增加。我们仍然需要说明的是这是否构成一个问题。正如在一个人的选择的多样性对自由影响的问题上,我们能够主张(就像卡特认为的那样)我们应该放弃关于自由的某些直觉而不是自由这个概念本身。

最后要强调的一点涉及卡特对自由的度量为一个比率这一事实。首先,我们意识到当分母被理解为技术上的可行性时会存在问题。但是,*为什么*对自由的度量必然是一个比率这一点并不清楚。在这一点上,卡特的度量,正如斯金纳的度量,具有某种场合性的特质。正如在我们对斯坦纳的度量的讨论中所看到的,人们能够设想到其他方式来容纳个人的不自由的信息。对各种度量的评价应该基于它们背后预设的假定,比如说,以技术革新和个人自由间的相互关系的假定作为基础。然而,我将简单地假设所有可能行为的集合应当被理解为所有技术上可行的行为的集合,而不去讨论这些重要的问题。我进一步假设这个集合是固定不变的。换句话说,我讨论一个人的自由以及这些自由所具有的效果,假定技术上的状态是给定的。既然唯有技术革新能够构成某种场景,使我们认为享有额外选项会导致个人自由的减少,我们因此应当假定,给定固定不变的技术,享有了额外的某种自由必然导致总体自由的增加。我们关于技术固定的限制不应当被认定为是分析上的缺陷。事实上,因为我们对自由的捍卫着眼于它对社会的技术发展所具有的正面作用,该分析有可能对已有研究文献做出重要的贡献。如果我们能够表明法定自由具有重要的贡献,即使当所有技术上可行性行为保持固定不变,也能够对自由构成一个重要的补充性的支持。

卡特提出的对自由的度量不应被视作对该课题的结束。在理论和实践上都存在重要的问题。提出这一点并不是贬低卡特对自由的分析所作出的贡献。相反,他的研究无疑对该领域在今后的发展具有深远的影响。[①] 事实上,我们希望学者们能够就公理演绎法对自由的分析和卡特的研究做出成果丰硕的整合。在接下来的两节里我将试图对这种整合的可能框架做一个大概介绍。

3. 策略与机会集

在上一章中,我们看到尽管公理演绎的方法具有某些重要的启示,却不能说它最终回答了一个人的选择自由是如何决定的这个问题。首先,我们是在一种抽象的系统中进行分析。正如我们所见,个人面临着选择集并从中作出选择。我们把这个可选择集合称为此人的机会集合,但这个集合里的元素并没有被加以界定;它们可以是行为,物品或商品组合,等等。其次,机会集合是外生给定的,我们并没有提及个人通常必须做出选择的制度性场合。再次,在对自由的排序应当规定的条件上存在不同的选择。有些作者相信对自由的排序在某种程度上应当以人们的(实际,潜在或合理的)偏好为基础,另一些作者则认为无须考虑个人偏好。有些人认为不以偏好为基础的方法更为适当。以偏好的基础的方法把对自由的度量和对自由价值的度量统一了起来。一个重要的问题在于如何考察供选择的选项间的相似或不相似性。卡特的方法在对这个问题的分析上做出了重要的贡献。然而,他的方法预设了对于可得选项及与之相容的可能世界的状态存在足够多的信息。

为了把公理演绎方法应用于对总体法定自由的分析和度量,我将首先重新在博弈论框架下对各种定义和假设做出界定,从而为这个方法赋予更多的制度性的“血肉”。从描述个人被允许做的事情的意义上

① 这一点不仅在他对自由的度量的分析上是成立的,而且在他对自由价值的分析上也是成立的。我将会重新回到这个问题。

说，一个权利集合类似于选择集合，但它在一个重要的方面有别于选择集合。在对选择自由的研究文献中，个人的机会集合由特定的结果组成，而一个权利集合则由结果的集合构成。我们可以通过采取特殊的策略来确保把可能结果的集合化简为 S 的一个子集，但我不能确保哪一种结果最终能够成为实际的结果：这通常也取决于他人采取的策略。与此相反，机会集合的概念表明个人能够唯一地决定最终结果。既然我们感兴趣的是法定自由以及人们的权利，就应当把重点放在对权利集合而不是机会集合所蕴含的自由的对比。我们先前把一种权利结构定义为对每个人的权利集合的描述，并且可以说对总体法定自由的测量问题可以归结为对不同的权利结构所提供的自由程度的比较。请注意这里我们明确地把他人的可能行为考虑在内。毕竟在实际的生活中，我们无法随心所欲地选择自己所要面对的选择集合；我们的选项集合将取决于他人怎么做。换句话说，我们在一种*策略情境*中度量自由，而不是在一种*给定参数的情境*下这么做，这样做的好处是，更符合自由作为一种社会概念的直觉。通过用法律－政治博弈来描述机会集合，我们也不必把机会集合当作是外生给定的。通过对博弈型的分层描述，我们能够对特定的权利和机会集合的存在做出解释，正如在第 10 章中所看到的那样。我们再把个人的机会集合嵌入制度架构之中，在法律系统的语境里来研究这个问题。

4. 对法定自由的一种度量和几个问题

通过把机会集合解释为结果集合的集合，我们距离卡特所采取的方法又近了一步。正如我们所见，在他对于自由的度量中，可共存性集合的概念起到了重要的作用。机会集合构成的结果集可以被视作与被考察的策略（即权利）相容的世界状态的集合。一个可共存性集合被定义为一个共同相容的行动集合,而不是结果的集合。然而,策略本身是一个行动,当策略可得时,我们假定这些行动是共同相容的。比如说,如果我有一个可得策略能够被描述为"边喝啤酒边吃中餐",那么"吃中餐"的行为和"喝啤酒"的行为是共同相容的。换言之,策略本身可被视作对相容的行动的描述。我们已经注意到,要运用卡特对于自由的度量概念,首先需要考察与每一种行动相容的那些行动。由于我们所涉及的只是策略而不是组成策略的行动,人们可能会认为博弈论框架和卡特的方法是不相容的。然而,既然我们是按照策略所引致的结果来描述策略,就有可能避开这个问题。假如说,为简单记,只存在四种可能的世界状态:x 为"边吃中餐边喝啤酒",y 为"吃中餐而不喝任何东西",z 为"不吃中餐但饮一杯红酒",v 为"不吃中餐也不喝任何东西"。进而假设我的行为的结果是唯一确定的:我的第一种策略导致结果 x,第二种策略导致结果 y,依此类推。这些结果每一种组合都描述了世界的某些由我的行为而决定的侧面。比如说,结果 x 和 y 可以被刻画为"我将要吃中餐"这个事实。相类似地,结果集合 $\{x,z\}$ 描述了"我将要喝某样东西"的世界状态。因此,如果说我有一种策略总是能导致集合 $\{x,z\}$ 中的某个元素,那么,我就能够完成喝东西这个行动——另一种可能的世界侧面。在行动和结果之间的这种密切的联系也使我们能够对各种可行的策略作出论述。如果用 S 指代可能世界的集合,S 的每个非空子集指代由我的特定行为所导致的世界的一种可能侧面。这看起来有点奇怪:以结果集合 $\{x,v\}$ 为例。在 x 中我边吃中餐边喝啤酒,在 v 中我什么也不做。在何种程度上,这个由完全相反的选项组成的集合能够指代由我的行为所决定的世界的某一侧面?它可以对应于"不在选择中餐或者是喝某种东西之间做选择"这个行动。用第 10 章的术语来说,它的对应行为是对与吃喝有关的问题保持被动。拥有此类保持被动的权利也会提高人们的自由,因此也应当考虑在内。

我们能够用这种方法来为卡特的度量给出一个基于博弈论的描

述。一个法律-政治博弈描述的是个人所拥有的策略,和这些策略能够导致的结果,以及所有可行结果的集合 S。对于每一个结果的非空子集 A,我们再来决定要保证其结果属于这一集合需要多少策略。不考虑概率分布,这个数字与卡特的 F_a 在结果上是等价的。把这个数字记为 F_A,我们可以得到:

$F_A = \#\{A|A \in [S]$并且 A 是某些 $B \in R(i)$的子集$\}$

这里,$[S]$指代集合 S 的所有非空子集构成的集合。把每个集合 A 所对应的数字加总,我们得到相应于卡特度量中的(非概率意义上的)分母:

$F = \sum_{A \in [S]} F_A$

正如上文所解释的,由于我们能够假设技术可行性状态以及技术上的可行结果集合保持恒定,因此可以忽略关于用比率来度量自由是否适合这个问题。① 接下来的问题则是:F 在何种程度上可以被用来描述一个人的总体的法定自由?

与一些简单的计算规则(例如 Pattanaik 和 Xu)相比,F 度量具有明显的优势。通过把机会集合解释为一个人在法律-政治博弈中所拥有的策略的集合,F 度量清楚地表明了个人的行动是策略式的而不是参数式的。并且,对法律-政治博弈的参照清楚地界定了制度性要素所决定的我们自由的范围。

令人遗憾的是,这个度量本身还不够令人信服,它所引起的一些问题和卡特的度量所引起的问题是相似的。首先,考虑概率的作用。我们是否应该以和卡特一样的方式把概率考虑进来?在第 2 小节中,我指出这需要在度量中引进偏好,这一点在法定自由的度量上更为明显。

① 然而,对卡特的度量的博弈论表述可以建构如下。与价值 U_a 相对应的是 $U_A = \#\{A|A \in [S]$并且 A 不是某些 $B \in R(i)$的子集$\}$,这些值的和为 $U = \sum_{A \in [S]} U_A$。能够证明 F 和 U 的和等于集合$[S]$的非空子集的总数,也就是以 2 为底,集合的幂为指数的幂减去 1。所以值 $F/[F+U]$等于$\sum_{A \in [S]} F_A/[2^{S的幂}-1]$。

假设法律禁止公民焚烧他们私人持有的图书，并且，假设公民们并不热衷于焚烧图书，由于缺乏焚烧图书的意愿，法律部门并没有实行一项积极的反焚书项目：如果你打算烧掉自己的一些书，只有在很小的概率下有关部门才会干预。若考虑概率，则不具有焚书的自由这件事对于你的总体的法定自由的影响很小。这表明了某些看上去仅仅是条件概率的情形——“给定你要焚书的条件下，焚书将被制止的概率”——实际上可能并非是条件性的：某事件被制止的概率有可能取决于人们试图去实现它的概率，因而也取决于偏好。人们可能主张，概率首先不应该被理解为条件概率，而是该事件将要实现的整体概率。然而，这样我们将采取一种真正的以偏好为基础的方法。如果说某位米饭的爱好者考虑买面条的概率为零，那么由政府实施的对买面条的禁止令将不会限制其个人的自由。如果我去读 D. H. 劳伦斯(D. H. Lawrence)的概率很小，那么政府对查泰莱夫人的情人(*Lady Chatterly's Lover*)一书的禁止将几乎不会影响我的个人自由，诸如此类。从另一方面说，完全无视概率也会产生令人不满的结果。我们将无法区分开人们在被严格实施的法律体系中的法定自由和人们在不那么强制性的法律体系(尽管法律完全相同)中的法定自由。换句话说，要把本节中定义的 F 作为对法定自由的度量，就会对法定自由做出一个极其形式化的解释而忽略了法定义务在何种程度上真正影响了人们行为的限度。

另一个可能的问题在于该度量违反了以下观念：如果人们无可选择，他们的总体自由也就为零。在法律—政治博弈的场景中，这一点可以被表述为：如果人们在不同的法律体系中都必须守法而选择了某个特定的策略，那么这些法律体系就为他带来了等量的法定自由。接下来考虑你只有一种权利的情形，比如说你被迫只能生活在阿姆斯特丹这个城市，故此唯一的权利由“在阿姆斯特丹生活”构成。把这个情形，与你被迫生活在阿姆斯特丹或鹿特丹，且除了在二者之一生活外别无其他权利的情形相比较。① 你无法决定是生活在阿姆斯特丹还是鹿特丹，这一点由他人的行为决定(比如说，人们通过投票来决定你必须去哪座城市。)只考虑投票前的情形并忽略其他问题，我们发现你的在某地生活的权利，在第一种情形中可以被描述为$\{a\}$，而在第二种情形中他被描述为$\{a,r\}$(a和r分别表示生活在阿姆斯特丹或鹿特丹)。根据对F的博弈论表述，第一种情形给了你比第二种情形下更多的法定自由：以$\{a\}$为子集的集合数量比以$\{a,r\}$为子集的集合数量更多。然而在这两种情形中你都没有真正的选择：法律强制了你去采取某个特定的策略。

最后，该度量仍然可能无法体现一个人的权利集合的变化对其法定自由的影响。假设前述的情形变化如下：在第一种情形下，人们或者可以使得对于阿姆斯特丹和鹿特丹的选择由投票决定(使用权利$\{a,c\}$)，或者决定选择阿姆斯特丹(行使权利$\{a\}$)。在第二种情形下，他仍保留了通过投票决定阿姆斯特丹和鹿特丹的选项(权利$\{a,r\}$)，但也可以决定选择柏林($\{b\}$)。当其他条件不变时，该度量决定了两种情形下人们的总体自由度相等。但是有人会觉得第二种情形赋予了人们更多的自由。无论如何，策略集$\{\{a,r\},\{b\}\}$比起集合$\{\{a,r\},\{a\}\}$有更多的变化。人们或许可以反对说，这个例子并不是一个真正的反例，因为权利并没有被精确地描述。我们可以用与反驳“跳还是走”的例子相同的论断来反驳：行为结果没有被清楚地描述。在柏林生活能够使人们拥有在阿姆斯特丹或鹿特丹生活所没有的选择，因此我们觉得第二种情形给了我们更多的自由。换句话说，我们不应该说第二种选择情形赋予我们更多的自由是因为它存在更多的变化，相反应该说因为它赋予了我们更多的自由，所以它具有更多的变化。② 然而，这个例子

---

① 应该把该权利和必须选择在阿姆斯特丹或鹿特丹生活的义务区别开。

② 见卡特(1999，203页)。

向我们表明在所采用的度量是否恰当和是否实用之间存在一种平衡。我们已经了解到,要有一种令人信服的对自由的度量,我们应当拓宽机会集合方法的信息基础——这仍然需要关于各种结果特征的更多的信息。

正如上文所谈到的,这里我们并无意否定寻求一种令人信服的自由度量的重要性。并且事实上,我希望我已经证明了卡特的研究所进行的分析和公理演绎的方法在这种探求过程中都起着重要的作用。我尤其希望,我已经证明了本节所展示的方法能为未来对理想的自由度量的推导工作提供一条可行的道路。

5. 强单调性和占优

给定我们在寻求自由度量中所遇到的各种问题,有两种方式来讨论拥有某种程度的法定自由意味着什么。第一种方式是采用一种我们认为最接近于理想的自由度量的度量。尽管意识到这种度量是不完善的,仍然以此为基础进行分析。另一种方法是,尽管我们还不清楚理想的度量是怎样,但我们可以知道所有理想的度量都必须满足的性质,并以*所有的*满足这些性质的度量概念为基础进行分析。在这里我采用第二种方法。我将特别假定对自由的排序必须满足两个条件:对人们的自由程度的比较必须满足强单调性公理,以及对集体自由的比较必须满足占优性公理。

在上一章中,我们已经讨论了强单调性公理,但它是用普通的机会集合,而不是权利集合来定义的。用个人权利来描述它,可以是:

强单调性。对于所有的权利集合 $R(i)$ 以及所有不属于 $R(i)$ 的权利 A:$R(i)$ 和 A 的合集提供了比 A 更多的权利。

换言之,如果一个人取得了更多的权利,他的法定自由总是会增加。为了应用这个公理，我们比较10.3节中的例子1和2(这里结果的第一和第二部分分别表示 i 和 j 骑自行车或开唯一的汽车)：

权利结构 R_1	权利结构 R_2
$R(i):\{(a,b)\}$	$R(i):\{(b,b),(b,c)\}$
$\{(c,b)\}$	$\{(c,b)\}$
$R(j):\{(b,b),(c,b)\}$	$R(j):\{(b,c),(c,b)\}$
	$\{(b,b),(c,b)\}$

j 的法定自由有所增加。在第二种情形下，他不但拥有骑自行车的无条件的权利(由集合 $\{(b,b),(c,b)\}$ 表示，而且还拥有开车的条件权利 $\{(b,c),(c,b)\}$。另一方面，仅仅依靠强单调性我们无法判断 i 的法定自由是增加还是减少了。当他自己骑自行车时，就失去了不让 j 开车的权利，也就是权利 $\{(b,b)\}$，但他同时获得了权利去使得 j 既能够骑自行车又能够开车，也就是权利 $\{(b,b),(b,c)\}$。接下来考虑例子3中的权利：

$$R(i):\{(b,b)\}$$
$$\{(b,b),(b,c)\}$$
$$\{(c,b)\}$$
$$R(j):\{(b,b),(b,c),(c,b)\}$$
$$\{(b,b),(c,b)\}$$

权利结构 R_3

采用强单调性公理，我们得知这个权利结构提供给 i 的自由严格地多于 R_1 和 R_2。对于他在前两个权利结构中拥有权利，他在第三个权利结构中也都拥有。并且，和这两种结构相比他都拥有一种额外的权利。在第一种权利结构中，他没有让 j 去开车的权利($\{(b,b),(b,c)\}$)，在第二种他没有权利确保他们都骑自行车($\{(b,b)\}$)。就 j 所拥有的法定自由而言，强单调性意味着权利结构3给予了他比权利结构1更多的法定自由。但仅根据强单调性公理，无法对 j 的自由在权利结构2和3

中加以比较。与第二种情形相比,j 取得了一种新的权利,也丧失了一种权利。

可以从几个方面反对施加强单调性条件,其中大多数我们已经有所涉及。简要重述,首先,人们可以主张个人权利的扩张只是增加了个人的总体自由,如果增加的那部分自由至少在某部分上是有价值的。假设我取得了一项我绝无可能考虑行使的额外权利,好比说砍掉脚趾。正如在以偏好为基础的自由方法中所充分讨论的那样,该论断把对个人所拥有的自由的程度的度量和对自由的价值的度量混为一谈了。其次,我们能够论证,只有当个人所取得的额外的权利显著地不同于他已经拥有的权利时,该公理才有意义。尽管在那些环境中,人们的自由的增加可能是微不足道的,至少存在你可以改变和不可以改变的世界的某些方面。换句话说,增加是微小的,但仍是增加。另一个可能的反对的基本观点是说,如果在扩张的个人所不被允许做的事情也增加的话,个人权利的扩张未必意味着自由增加。然而,如果这些扩张是由技术性可得结果的集合所导致的话,这只能被视作是违反了强单调性。① 但我已经假设,该集合保持不变。因此可以断言,正如选择自由的度量那样,个人的总体法定自由度应当总是满足强单调性公理:如果个人获得了更多的法律上的许可,他的法定自由就会增加。

到目前为止,我们讨论了个人所有的法定自由的程度。我要施加的第二个条件涉及对集体自由的比较。自由概念往往具有一种更普遍的意义。例如,我们说如今在美国的自由多于在利比亚的自由,如今在

① 考虑两种情形,把第一种情形下所有可得选项的集合记为 S_1,把第二种情形下的选项集合记为 S_2。令这两种情形下 i 的权利集合分别为 $R_1(i)$ 和 $R_2(i)$,其中 $R_1(i)$ 是 $R_2(i)$ 的真子集。根据权利集合的定义,i 的可行策略的集合在这两种情形下分别为 $[S_1]-R_1(i)$ 和 $[S_2]-R_2(i)$(这里 $[S_1]$ 和 $[S_2]$ 分别表示为 S_1 和 S_2 的非空子集构成的集合)。然而如果 S_1 是 S_2 真子集的话,在第一种情形下有可行策略构成的集合 $[S_1]-R_1(i)$ 只能是第二种情形下的策略集合的真子集。

波兰的自由多于20年前波兰的自由，或者执行某个政策将会减少社会的自由。如何对这些集体自由做出判断，它们又如何与对个人自由的排序相联系？假如说，除了以上提到的困难外，我们的确知道如何就每个个人所享有的法定自由对各个不同的法律体系进行排序。我们如何能够在这些信息的基础上得出一个集体性自由的判断，也就是说，如何能够就集体自由的数量得出对这些法律体系的排序？

有时候，看上去的确不存在真正的集体自由判断，集体自由判断是对大量的个人自由判断的简单化表示。说在利比亚的自由少于在美国的自由可能意味着，比如说，*任*一美国公民所拥有的法定自由程度均大于*任*一利比亚公民。而事实上，当我们比较对人权的尊重上差异甚大的国家时，我们往往采取这样的解释。然而即使是在这些泾渭分明的例子中，这种解释方法也并不总是可以成立的。说因为民主国家尊重基本权利和自由，而独裁国家大量违反某些权利和自由，因此，民主国家的每一个公民均比独裁国家的每一个公民享有更多的自由，这完全不成立。尽管在独裁国家中，显然有许多人就自由而言的处境变坏了，然而——几乎根据独裁的定义——至少有一个人享有众多的自由并且其就自由而言的处境比在民主制中更好：独裁者本人。

换句话说，当我们谈论社会中总体自由的程度，当我们讨论一个法律体系所赋予人们的法定自由的程度时，我们常常的确是在对集体性自由做判断。我们首先考虑不同的人所享有的自由的程度，然后通过某些平衡和加权的程序去达到一种对集体性自由的判断。因此，存在一种加总程序，把对法律体系的个人自由排序作为输入，并产生一个集体自由的排序（见图13.1）。

在对得出个人自由排序的各种方法中，我们并没有支持某个特殊的程序，而是指出任何这样的程序应当至少满足强单调性公理。与此类似，我将试图不去提出某个得出集体自由排序的特定的程序，而是仅仅指出任何这样的程序必须满足至少一个公理。这个公理的精神和单

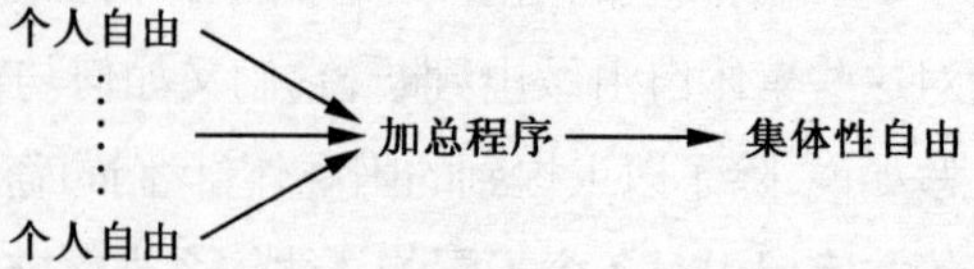

图 13.1

调性公理相似：

占优。如果所有人在法律体系 A 中所享有的法定自由至少与在法律体系 B 中一样多，且至少有一个人在体系 A 中所享有的自由严格多余体系 B，则法律体系 A 比体系 B 提供了更多的法定自由。

某些反对强单调性的理由也可以被用来反对占优性公理。例如说，有人会声称该公理忽略了个人所取得的额外的权利的价值。从这个角度说，人们可能会质疑从个人角度的自由的增加是否真正地增加了集体自由。与此相似，可以说如果个人的法定自由之增加来自于与个人已经法律许可相类似的事宜，则集体自由并未增加。但是，基于和我们在拒绝对个人自由判断的批评中所采取的理由完全一致的理由，我们可以拒绝这些批评：它们混同了对集体自由之价值的度量和对集体自由本身的度量，即它们没有认识到总体的集体性自由的程度增加可以是微小的。在下一小节里，我们讨论另一种批评，这种批评假定了只有当额外的权利和自由平等*地*在所有人中分配时，我们才能够讨论集体性自由的程度的增加。

6. 占优和平等

在一个社会的集体自由的等级以及权利和自由在社会中分配的平等或不平等程度之间，看上去存在一种重要的关系。再以民主和独裁的对比为例。说民主比独裁体制拥有更多法定自由的原因之一是在民主中法律面前人人平等。自由派(和自由放任主义者们)因此可能主张人们应该最大化依赖于平等的自由。这样一种原则可以从,比如说,罗尔斯(Rawls)的正义的第一原则所得出,即“每个人对于最广泛的基本自由拥有平等的且与他人的相似自由相容的权利”(Rawls 1971, p. 60)。主张一种最大化平等自由起到重要作用的正义理论,并不意味着集体自由的判断应当在某种程度上依赖于权利和自由在社会中的平等分布。相反,说人们应当最大化平等自由意味着人们可以以一种不平等的方式来最大化自由。如果集体自由只能在人人拥有平等自由的前提下被最大化,再谈论最大化平等自由的原则就是多余的。最大化的自由将总是一种最大的平等自由。

然而,我们可以论证集体自由本身意味着在权利分配上的某种程度的平等。Philippe van Parijs(1995)认为在一个自由的社会中一种得到很好的执行的权利结构保证了安全的存在,这个社会使得每个人在权利结构下“拥有自己”并达成一种词典式*最大的*机会。后者意味着每个人的机会得到最大化的前提,是对拥有最少机会的人的自由的最大化应当如词典序般的优先于对拥有更多机会的人的机会的最大化。如果满足了这三个条件,我们就能说社会提供了词典序的自由——如同 Van Parijs 所说的——对于所有人的真正的自由。

对于 Van Parijs 是否假定词典序的自由是一个二元的变量——即社会中或者存在或者不存在自由——这一点并不是完全清楚的,我们也不清楚他是否会允许不同程度的词典序自由存在。如果假定这是一种二元的变量,几乎直接可以得出结论说,人们能够取得更多的权利和自由而无需自由社会的实现。比如说有一个极为压抑自由的社会,没有人拥有言论自由,假设它转变为一个压抑程度较小的社会,人们可以自由地发表意见但缺乏许多其他的基本权利和自由。由于自由尚未实现——假定人们在两种情形下均缺乏安全——同时由于集体自由是一种二元变量,这种转变是从非自由社会向自由社会的转变。额外的权利和自由的分配并未导致集体性自由的等级的增加,这就违背了占优性公理。

这一针对占优性公理的特殊反例在很大程度上依赖于集体自由为二元变量的假定。但这个假定并不十分可信。主张普遍的赋予人们权利不增加集体自由是反直觉的。好比说,我们认为废除奴隶制导致了集体自由在美国的真正的增加,苏联东欧的崩溃导致了自由在东欧的增加,种族隔离制度的废除导致集体自由在南非的增加,等等。然而我们不相信在这些社会中每一个公民的自由都已经被最大化了。

因此,假定社会能够满足不同程度的词典式自由:一个社会满足更多的词典序自由,则认为它提供了更多的集体自由。更准确地说,要比较社会 A 和社会 B 我们首先考虑两个社会中就自由而言处在最不利地位的人的自由等级。[①] 如果处在最不利的状态的人在一个社会所享有的个人自由多于另一个社会,就说明第一个社会具有更多的集体性自由。如果集体自由的等级相同,我们比较其次不利的人的自由。同样,如果其中之一享有比另一个更多的自由,则此人所在的比另一个社会拥有更多的法定自由。如果他们的自由程度相同则我们再考察位于第三不利等级的人,依此类推。并不难看出由此得到的对集体自由的排序的确满足占优性公理。[②] 换句话说,我们的方法与考虑了平等的集体自由概念是十分匹配的。那么是否就不存在违反占优性的考虑平等条件的集体自由?以极权制度为例,假定只有独裁者拥有特定的额外权利。这种情况是否会导致集体自由的增加?回答是肯定的,且并

---

① 假设对于自由是可以进行人际间的比较的。

② 假设某些人的权利集合被扩展,而另一些人保持不变。既然至少一人的自由等级增加了,在自由增加的人当中必然有一个人就自然而言的排序最低。因此,新的情形比原有情形提供了更多的“词典式”自由。

不像看上去那样反直觉,因为假设其他人的个人自由没有下降,占优性公理恰恰保证了这个结论。通常情况下,这一点会被违反——如果独裁者取得额外的自由,这经常是以人民的自由牺牲为代价。① 我认为,正是由于这个事实,而不是不平等的增加,使得我们倾向于认为独裁者的自由的增加不可能导致集体的自由在整体上的增加。当然,如果人民的自由也能够增加,例如赋予他们更多的权利,随之而来的集体自由的增加会更大。

因此,我们认为不应当因为可能导致自由分配的不平等而反对占优性公理。显而易见,这并不是说满足占优性条件的集体性自由排序总是满足对平等的需求。事实上,正如下一小节所要表明的,一个法治社会有可能满足我所定义的最大化法定自由条件,但同时违反了基本的对平等的需求。

7. 最大化法定自由

强单调性和占优本身并不足以用来比较所有权利结构所赋予人们的自由。仅仅只在强单调性和占优基础上得出的对集体自由的排序将是不完全的。但我们可以用一种方式讨论以这些条件作为基础的最大化自由的法律体系。从直觉上说,当我们在一个法律体系中无法去分配额外的权利而不违背至少另外一个人的权利时,该体系就最大化了自由。换句话说,当给定同样一批人和可得选项的集合,如果不存在其他的权利结构就自由而言对某个权利结构占优,就说是该权利结构体系提供了最大化的法定自由。进一步说,我们将假定在最大化自由的

① 这里不应该理解为我假定自由是一个零和博弈,即一个人取得自由总是意味着另一个人失去自由(对于这种观点的论述,见 Steiner 1994)。

情形下，如果所有人都行使他们的强权利，则对权利的形式总是会产生唯一的结果。

给定 A 是一种权利，当某人 i 没有针对 A 的真子集的权利时，我们说 A 是 i 的强权利。为了表明这一点，假定存在三个选项 x, y, z 并且某个人拥有权利 $\{x,y\}$，$\{y,z\}$，$\{z\}$ 和 $\{x,y,z\}$。权利 $\{x,y\}$ 和 $\{z\}$ 是强权利而权利 $\{y,z\}$ 和 $\{x,y,z\}$ 不是：此人并不拥有实现 $\{x,y\}$ 和 $\{z\}$ 的某个真子集的权利，而他的确针对 $\{y,z\}$ 和 $\{x,y,z\}$ 的某个适当真子集拥有权利。从某种意义上说，行使强权利意味着个人尽可能地减少可得的行动集。因此，要求每个人在行使其强权利时对应的结果集合减少到唯一结果，这带有一种自由放任主义的特征。它最终要求行使权利的行为本身足够产生出一个最终结果：我们不事先假定必须在第二阶段进行公共决策的制定。①

最大化法定自由。给定一群人和可得结果的集合，一个权利结构提供了最大化法定自由，当且仅当：(1)给定相同的一群人和可得结果的集合，不存在其他的权利结构对它占优，以及(2)在每个人行使其强权利时无须公共决策制定。

换句话说，当不存在另外的法律体系为所有人提供了至少一样多的法定自由且至少赋予一个人更多的自由，并且行使权利的行为本身足以决定最终结果，我们说该法律体系提供了最大化的法定自由。尽管正如上文所论述的，就其自由放任主义的特征而言这个定义的条件很强，但由于总是能够存在多个提供最大化法定自由的法律体系，这个定义又是弱的。为了理解该定义是如何应用的，我们再次考察权利结构 R_3。该权利结构满足定义的第二部分。i 拥有两种强权利 $\{(b,b)\}$ 和 $\{(c,b)\}$，这些本身为单元素集合。因此 j 的强权利的并集 $\{(b,b),$

① 定理 14.1 的推导用到最大化法定自由的定义的第二部分。但我们可以推知即使放松这部分定义，该定理也仍然成立（见 Van Hees 1999b）。

$(c,b)\}$也是单元素集合。然而，该权利结构不满足最大化法定自由的第一个条件。为了理解这一点，考虑所有还没有被分配给 i 或 j 的所有可能的权利，试看是否可以把权利赋予尚未享有它的人。我们所要考虑的唯一的约束就是给定他人所拥有的权利，对权利的分配应该是可行的。例如，j 没有被$\{(b,b)\}$所描述的权利。我们能否赋予 j 这个权利而不违背 i 的权利？答案是否定的，因为这与 i 的权利$\{(c,b)\}$相矛盾：$\{(b,b)\}$和$\{(c,b)\}$的交集为空。基于同样的理由，可以得知我们不能够授予 j 权利$\{(b,c)\}$或者$\{(c,b)\}$；这与 i 的权利$\{(b,b)\}$相冲突。相似地，我们不能够授予 j 权利$\{(b,c),(b,b)\}$，它与 i 的权利$\{(c,b)\}$相冲突，也不能授予 j 权利$\{(c,b),(b,c)\}$，因为这与 i 的权利$\{(b,b)\}$相冲突。因此，我们不能在扩张 j 的权利的同时不违反 i 的权利。接下来考虑 i 尚未拥有的权利。他缺少权利$\{(b,c)\}$，我们却无法授予他这个权利而不违反 j 的权利$\{(b,b),(c,b)\}$。他同样缺乏的其他权利有$\{(b,c),(c,b)\}$，$\{(b,b),(c,b)\}$和$\{(b,c),(c,b),(b,b)\}$。这些权利能够被赋予 i 而不致违反 j 的权利。相对应的权利结构为：

$$
\begin{array}{c}
R(i):\{(b,b)\}\\
\{(b,b),(b,c)\}\\
\{(c,b)\}\\
\{(b,c),(c,b)\}\\
\{(b,b),(c,b)\}\\
\{(b,c),(c,b),(b,b)\}\\
R(j):\{(b,c),(c,b),(b,b)\}\\
\{(b,b),(c,b)\}
\end{array}
$$

权利结构 R_4

该权利结构的确给出了最大化法定自由：我们不能够对某个人赋予额外的权利而不违反另一个人至少某项权利（注意第二个条件也是满足的）。

至此不难看出最大化自由或许与平等的要求相冲突。i比j拥有更多的权利,因此他更有能力决定最终结果。并且,应当注意到虽然权利结构R_3已经蕴含了一种可能性,即对权利的行使并不总是产生唯一的结果,所以可能需要一种公共决策机制,但是新的权利结构包括许多的其他途径让人们来行使他们的权利,而不致决定唯一的结果。原因很清楚:i拥有许多其他的方式去决定保持被动。

决定保持被动是满足最大化自由的权利结构的一个主要的因素。如果我被赋予了在问题A上做决定的权利,我就能够被赋予在问题A上保持被动而不违反他人权利的权利。因此,要满足最大化的法定自由,我应该被授予这些保持被动的权利。人们或许会反对说这意味着某种程度的家长制作风,而按照康德的说法,家长制作风是最坏的专制形式并且与自由主义相悖。① 无论如何,为什么要使得他人能够决定我的私事诸如是否抽烟,是否喝一杯牛奶或是否穿蓝衬衫等?然而,对家长制作风的职责是不恰当的,因为归根结底是处在问题之中的这个个人决定要保持被动。如果某人决定不去行使他的某个权利,那么就不涉及家长制;家长制没有规定人们必须行使他们所拥有的权利。但是,最大化自由的定义所意味的是,在一个最大化法定自由的法律体系里,应当存在有其后的公共决策制定阶段,通过这个阶段人们决定是否保持被动。换句话说,在我们看来,最大化法律自由意味着一种公共决策制定机制的存在而不是与之矛盾。从这个意义上说,这个定义并不像最初表明的那样具有自由放任主义的特征。

在下一章中我将讨论法律体系在保证某种程度的法定自由上的可能价值。在转向讨论这个问题前,应该强调我只是在对法律—政治博弈第一阶段的分析中应用了强单调性公理和占优性公理。因此,当讨

① 这个论断是由 Suzumura(1996,p. 26)在讨论以权利交换作为解决森悖论的一个可能路线时提出来的(见下一章对该悖论的讨论)。

论自由也即最大化法定自由的程度时，我所讨论的不是个人享有的政治自由的等级，并且在分析法定自由的可能价值时，我会忽略掉拥有政治权利和自由的可能价值。

第14章

法定自由的价值

1. 导论

到目前为止,我们主要关注概念和方法论问题:如何定义法定自由的观念,如何衡量法定自由,权利和博弈论之间的关系是什么,等等。本书的第9、10章表明对于司法体制的法律化约论阐释能够有助于回答有关司法体制存在性的*解释性*(*explanatory*)问题。此项研究的另一个目的是表明这样的分析方式有助于回答有关特定法律安排的价值问题,也许这看上去有些自相矛盾,因为法律化约主义被认为是一种比法律实证主义还要实证的分析方法。在本书的最后一章,即本章,我将着手分析法定自由的可能价值,特别是提高个人的法定自由所具有的可能价值。首先,我将提出一种分类系统,自由可能具有的潜在价值形式。这一分类系统基于两个维度:一方面是自由的特定价值和非特定价值之间的区别,另一方面是自由的工具价值和内在价值之间的区别。然后我将讨论这样一个问题,即对于提高个人自由的潜在价值我们能说些什么。该问题所问的是自由的司法体制的可能价值,因为对于法定自由的保护和最大化可以被视为重要的自由理想。

2. 价值的类型

在讨论法定自由具有何种价值这个问题以前,分析一下当我们提及自由的价值时我们所指的含义是什么会对我们的讨论有所助益。关于这方面卡特(Carter 1999)的著作可以作为较好的出发点,他区分了自由可能拥有的不同价值类型或形式。他提出的第一种区分是特定的(*specific*)和非特定的(*non-specific*)自由价值之间的区别。[①] 自由的特定价值指的是那些构成我们自由的事情所具有的价值。如果一个人的自由中至少其部分价值源于该行为人自由去做的特定事情所具有的价值,那么这个人的自由就包含特定价值。举例来说,一个人除了其他自由外,可以自由去信仰某一宗教,那么其自由的价值至少部分源于该行为人从实际信仰宗教中所获得的价值。

如果能够说一个人可以自由去做的事情不管是什么自由都具有价值,那么,自由所具有的是非特定价值。是否自由能够拥有非特定价值这个问题与另一个主题密切相关,是否自由加总层面(aggregate level)的度量具有意义。正如卡特清楚地指出,受人尊敬的学者诸如德沃金(Dworkin)、金里卡(Kymlicka)以及晚年的罗尔斯(Rawls)均否认自由能够具有这种非特定价值。在他们看来,不存在等同于自由本身的事情,只有具体的自由。因此,谈论自由本身的价值——亦即不管行为人自由去做的事情的价值是什么,其自由所具有的价值——是没有用的,从而认为自由是某种能够被度量的东西,甚至认为其是某种能够减少

① 同时参见 Carter (1995),在这篇文章中这两个术语相应地表述为非独立(dependent)价值和独立(non-dependent)价值。

或增加的东西也是没有用的。卡特试图表明自由能够具有一种非特定的价值。如果自由确实能够具有这种价值,那么就存在一种基础,能够谈论自由的价值而无须指涉行为人自由去做(或者不去做)的特定事情。换言之,谈论一个人的总体自由并因此认为试图去度量这种自由也是正当的,这种做法是有意义的。

尽管卡特的意图不是提出一种自由能够具有的价值类型的分类系统,但是,卡特在不同的价值类型间所作的区分能够被用来作为这种分类系统的出发点。他区分了四种不同的非特定价值:“无条件价值”、“内在价值”、“非特定工具价值”和“建构价值”(constitutive value)。如果自由“不论其结果的价值是什么,比任何其他事物具有更多的价值,并且在任何可能的世界都具有如此的善”(Carter 1999, p. 37),那么,我们说自由具有无条件价值。正如卡特所指出的,虽然称自由具有无条件价值的主张有时候能够在自由至上论者(libertarian)的圈子里听到,但是,很难在文献中找到例子,更不用说找到对该主张令人信服的辩护。然而即便承认找到这种辩护的困难性,认为自由具有此类形式的非特定价值看起来也不值得进一步关注。此外,出于获得自由价值的一种分类系统的目的,将无条件价值作为非特定价值的一种类型抛弃也有一个更为基本的理由,即这根本不是一种明显的价值类型。特定事物总是具有价值,一个人不能从这一陈述中推导出这些事物的价值构成了一种独立的价值形式。在大多数国家里,带着当地货币旅行被认为是携带贵重物品,相反只带着信用卡旅行并不总被认为是携带贵重物品。毕竟,人们并不总是接受信用卡。然而我们并不能由此推出携带货币旅行的价值与携带信用卡旅行的价值相比是属于不同类型的价值。无条件价值不是一种不同的价值类型——说某样事物具有无条件价值并不是说其具有什么样的价值,而是说其具有多少价值。

卡特区分的第二和第三种非特定价值类型分别是内在价值和非特定工具价值。如果自由具有一种价值,不能完全化约为任何其他价值,那么我们就说自由具有内在价值。[①] 尽管要为自由具有内在价值这样的观点辩护,或者要解释为什么事物具有这样的价值并不容易,但是,认为某些事物能够具有内在价值这种观念已成为既定事实,并且在伦理学和政治理论历史上占据了受人尊重的位置。例如,关于最高的善经常被用于论辩中。非特定工具价值指的是自由的结果的价值,而无须与行为人自由去做的具体事情的价值相衡量。显而易见的一个例子是哈耶克(Friedrich Hayek 1960),一位强调自由的非特定工具价值的思想家。按照哈耶克的说法,“人类境况”的改善通过试错过程来进行。为了参与这些进程人们应当享有自由:他们应当能够犯错,去实践“错误的”自由。因此,自由具有工具价值(其改善了人类境况),但是,其价值并不是源于人们自由去做的具体事情的价值。穆勒(John Stuart Mill 1859)给出了关于自由的非特定工具性观点的另一个例子,他在这方面的评论可以在某种程度上视为哈耶克理论的微观版本。穆勒强调实践选择自由与个人作为一名决策者的能力发展之间的因果联系。[②] 一个人拥有越多的自由,他就拥有越多的行为方式,个人决策的过程就越复杂。由于这种过程的复杂性,行为人进一步拓展和培养了他们的决策能力,因而是有价值的。自由使得试错过程成为可能——无论是在宏观层面还是在个人决策层面,而这些过程是有价值的。因此,自由具有非特定工具价值。

最后一种非特定价值类型被称为建构价值。如果自由构成了(至少部分地)某种具有内在价值的事物,那么,就可以说其拥有建构价值。

---

① 我加上一条,自由所具有的价值不能完全化约为某种其他现象的价值,那么自由才拥有内在价值。没有这项限制的话,人们可以争论说自由不能同时具有内在价值和工具价值。那么就有人会说如果自由至少具有某种工具价值,其总体的积极价值就可以化约为——至少部分地——某种其他现象的价值,由此就会得出结论说自由不可能具有内在价值。

② 同时参见 Sugden(1998)。

卡特以赫卡(Thomas Hurka)的观点来阐明自由具有建构价值(Hurka 1987)。赫卡的观点可以被理解为,说自由具有价值是因为其成为了主体能动性(human agency)构成部分。具有更多的自由意味着我们应当更经常地对可能的选择说“不”,而这意味着我们更好地体验到我们的能动性和责任感,人们认为能动性和责任感本身就具有价值。罗尔斯对自由和自尊之间关系的评价构成了另一个例子(Rawls, 1971)。对于能动性和责任感来说自由是必需的,而能动性和责任感则成为自尊的必要条件。因此,自由构成了自尊,人们认为后者具有内在价值——对罗尔斯来说也许是最重要的基本善(primary good)。对于这些例子人们可以争辩说通过指出自由的有益结果(自由“导向”有价值的事物,即能动性和自尊),它们表明自由具有非特定工具价值。但是,它们并不表明一种截然不同的价值类型的存在。卡特否认了这类批评,他的理由是这种批评混淆了分析性事实(analytical truth)和因果性事实(causal truth)。在赫卡观点的背景下他评论说:

“说如果自由不为了能动性就不具有价值,并不必然是称自由是能动性的一种手段。因为说自由是能动性的必要条件,这可能是分析性事实而不是因果性事实”(Carter, 1999 p. 59)。

类似地,卡特论证说罗尔斯关于自由和自尊之间关系的主张能够被阐释为如下的主张,“人们的自尊属于他们的自由的一部分功能——这是分析性的而非因果性的事实,一个人为了实现自尊而需要某种程度的自由”(Carter 1999, p. 60)。我不会争论这一主张,自由是能动性的一项分析性必要条件:成为能动主体似乎确实从逻辑上需要个人自由作出某些选择。① 然而,有人会质疑自由是自尊的一项分析性必要条件。自尊是关于能动主体对他或她的能动性的感知,而自由的界定

① Gewirth(1978)论证说自由是行动的一般特征。如果我们定义能动主体为行动的个人,就会得出如下结论,自由是能动性的一项必要的分析性条件。

是非主体性的。出于这一原因，自由和自尊之间最多存在一种因果关系。① 如果这是真的，罗尔斯关于自由价值的观点不能被阐释为卡特所称的建构自由，反而应该被视为自由的(非特定)工具价值。

因此，是否能够从自由成为某样有价值事物的一项分析性必要条件推出自由的建构价值，就像卡特对于赫卡有关自由和能动性之间关系的观点所作的阐释那样？我们可以有理由主张自由具有这样的价值，即其可以构成某种像能动性那样具有内在价值的现象的一项分析性必要条件。② 然而，有人会质疑这一价值是否真的构成一种独立的自由价值形式。举例来说，假设对能动性还有某种其他的分析性必要条件没有满足，诸如意向性。我们是否真的能够说一个缺乏意向性，因而，永远不会体验到能动性的个人所拥有的自由，因为该自由是能动性的构成部分所以是有价值的？似乎更恰当地说仅当能动性确实实现时，自由才具有这种建构价值。或者更一般地说，自由因为成为某种有价值事物的分析性必要条件而具有价值，当且仅当该现象确实实现的情况下才成立。但如此一来是否自由的建构价值真的不同于其构成的现象的价值就值得怀疑了。如果自由构成一有价值的现象(就分析性必要条件的意义而言)，那么，这一现象的价值形成了部分的自由内在价值——其并不形成一项独立的价值类型。有人可能会反对说这与内在价值的定义相悖，因为自由的内在价值被定义为自由所具有的这样

---

① 关于这种关系的因果性阐释，参见舒(Henry Shue，1975)。卡特也提及舒，但是在舒看来，自由是一项充分而非必要条件。附带提一下，人们能够质疑自由是自尊的一项必要条件的观点，也能够质疑其是自尊的一项充分条件的观点，理由是一个人可能对另一个人的自由具有歪曲的看法。一个人能够体验许多的自由而获得高度自尊，即使他实际上并未享有这种自由。但是一个人也可能获得很少的自尊，因为他错误地相信他没有太多的自由。

② 没有自由就不能成为能动主体，对这一观点有一个有趣的博弈论证明。一个人只有一项策略——因此实际上没有选择——会被称为虚位参与人(*dummy player*)。我们能够将虚位参与人从博弈中除去，而不会在任何方面影响博弈的结果。

一种价值，其不能够被完全化约为某种其他现象的价值。然而，关键之处在于，如果能动性实现了，自由并不是某种有别于能动性的现象。毕竟，我们假定能动性和自由之间的关系是分析性的，而不是因果性的。

虽然卡特没有那么做，但人们同样也可以问是否自由的建构价值与其成为某样有价值事物的一项分析性充分条件相关。运用上述同样的推理，我们可以得出结论，成为一项分析性充分条件所具有的可能价值，与该条件所构成的现象的价值相一致。换句话说，只要我们能够说自由具有这种建构价值，这一价值就又成为其内在价值的一部分，也就是描述了自由作为一项分析性充分条件的事物之价值的那一部分。

这样我们发现自由的建构价值形成了自由的内在价值的一部分；其不是一种截然不同的价值类型。而且，这一自由的内在价值部分能够被化约为其所构成的现象的价值。然而，在自由形成某种有价值事物的一项分析性必要条件的情形下，为了能够说这一自由的内在价值部分存在于成为这样的一项分析性必要条件之中，这种有价值的现象应当确实实现。因为，通过定义，一项分析性必要条件成为该现象所必需，那么成为某种有价值事物的一项分析性必要条件的自由价值就总是与其构建的事物的价值相一致。①

这样的结果使卡特的四种非特定价值类型有两种可以使用：(非特定的)内在价值和(非特定的)工具价值。接下来考虑特定价值的可能形式。卡特仅仅区分了两种特定价值类型——特定的建构价值和特定的工具价值。我们不清楚为什么他没有论及自由潜在的无条件特定价值或者潜在的内在特定价值概念。但是，正如前面提出的反对意见，认

① 在此可能有一种建构价值形式没有涉及。这是康德主义(或者受康德启发)的观点，认为享有自由，并且仅仅是自由本身，就具有“赋予价值的状态”(value-conferring status，参见 Korsgaard，1996，p. 122 和 Guyer，1998)。依照这种观点，自由具有无条件价值——其本身就享有价值赋予。然而，具有如此前提假定的自由概念很明显与我们法定自由的概念不一致，所以在此我不予讨论。

为自由不具有无条件的或者建构的非特定价值，也可以用来反对认为自由具有无条件的或者建构的特定价值的观点。自由的无条件特定价值能够告诉我们自由具有多少价值，但是，其不能告诉我们自由拥有一种独立的特定价值。自由的特定建构价值相当于“自由具有这样的价值是因为人们自由去做的事情（至少部分地）构成某种具有内在价值的东西”，其中建构的关系不是因果性的而是分析性的。正如在假定自由具有非特定价值的情形下，我们能够说这一价值是自由的内在价值的一部分；再次，其不构成一种不同的价值类型。根据卡特的观点，我们能够说自由具有一种截然不同的价值类型的，是特定工具价值。它指的是人们自由去做的事情可能具有的工具价值。举例来说，如果言论自由被化约为与集体决策过程相关的不确定性程度，而这有助于提高这些决策过程的效率，那么自由至少具有某种特定工具价值。

最后，考虑这一观点，自由具有特定内在价值。我们不清楚为什么卡特在他的价值类型表中没有提及这一种价值（Carter 1999, pp. 66－67）。一个原因可能是说自由内在地有价值——本身具有价值，以及同时说这种价值来源于一个人自由去做的特定事情的价值，二者之间在逻辑上不一致。然而，我们换一个角度来审视特定价值和内在价值的定义是非常有益处的，以便于我们看清楚特定内在价值能够成为一种独立的价值类型。遵照卡特的定义（p. 34），如果自由的价值能够部分地表述为由一件物品引致或者由该自由的一项具体事例所贡献，那么，自由就具有特定价值。如果自由总体的积极价值不能完全化约为某种其他现象的价值，那么，自由就具有内在价值。从这些定义我们可以推出，人们仅仅能够否认一个人可以有意义地谈论自由的内在价值，如果他看到“自由的一项具体事例”——其决定了自由的特定价值，正如在内在价值定义中提及的“其他现象”。换言之，某一个人自由的事例被视为与另一个人同样的自由有所不同。现在，如下的主张——我们也许能够有意义地谈论一个人总的自由程度（“同样的自由”）而无须指涉他们自由去做的具体事情,不应与另一种观点相混淆,即一个人总的自由是一个实体,其完全不同于他所享有的具体自由。和卡特一样,在我看来,认为一个人能够有意义地谈论总的自由程度而无须指涉特定自由这一主张并没有使得人们能够决定一个人总的自由程度而无须首先考虑那些特定自由。相反,为了评价一个人总的自由程度,我们需要关于他或她自由(以及不自由)去做的事情的信息。换句话说,总的自由是特定自由的一项功能。那么,我们能够将一个人自由的特定内在价值视为他自由去做的事情的内在价值。这样举例来说,如果言论自由具有内在价值,并且如果我拥有这种自由,那么我的自由至少具有某种内在价值。

现在我们已经准备好提出一个自由的潜在价值的分类系统。其基于两种二分法:一方面是工具价值对内在价值;另一方面是特定价值对非特定价值:

	内在的	工具的
特定的	特定内在价值	特定工具价值
非特定的	非特定内在价值	非特定工具价值

图 14.1　自由的价值

基于这一分类系统,我现在将讨论法定自由可能具有什么价值。

3. 参数环境下自由的特定价值

对于法定自由的特定价值我们能够讨论到什么样的程度？我们的法律实证主义的化约论在这一领域能够做出多大的贡献？在讨论这些问题之前首先考虑一下参数环境(parametric situation)可能有所助益;即一个人的行为独一无二地决定结果并且他能够因此而忽略其他可能行为的环境。在对于选择文献自由的讨论中,我们发现能够区分出几种用来度量自由的基于偏好的方法。人们争论说这些方法所基于的是对自由的价值和同类自由的度量二者的混淆。尽管他们因此是在讨论关于如何去度量自由的背景下作出这一反驳的,这对于讨论至少部分的自由价值还是非常有帮助的。

假设你要买一辆新车,而且对于现有的不同车型你具有明确的偏好排序。现在可能的情况是——事实上常常会是如此,你不能买下所有你钟意的车型。可能会有外部约束,限制你的选择范围,并且有些约束可能具有法律来源:比方说政府,出于预算原因,对于一些特定车型课以重税。由于这些约束你的选择集或者机会集合不会是所有在售汽车的集合,而是其子集。假设你最喜爱的车型不能够选择——由于征税使得其太贵。现在假设政府废除了对新车课税,并且进一步假设这一废除课税对你的选择范围并没有产生任何其他的后果(没有课以其他会影响你的税收)。这样就增加了你的选择范围,并且根据严格单调性公理,你的法定自由增加了。法定自由的增加意味着你能够从更大的范围中选择你要买的车,从而现在你能够购买你最喜爱的车型。

很清楚这就是一个特定工具价值的例子,拥有更多的法定自由你就有权享有这类价值——你能够更好地去实现你的偏好。增进你的自由的特定工具价值部分源自你附加在你现在能够购买但以前不能购买的车身上的价值。很明显,并不是你所有法定自由的增加都会具有这种效果。正如第 12 章第 3 节中的例子所清楚表明的那样,你的选择集合可能会通过一项你发现非常不喜欢的备选项而扩大。尽管集合的扩大增进了你的法定自由,但这并不使得你的新选择集合具有更多的特定工具价值。如果你永远不会想要买一辆跑车,获得购买一辆特定跑车的可能性并不会对你具有基于偏好的特定工具价值。

然而,很容易发现在参数环境下你的机会集合的扩大永远不会导致你满足你的偏好的程度恶化。根据定义你的法定自由的特定价值取决于你自由去做的特定事情的价值。既然你的特定自由由选择机会集

合中一项要素的自由所构成,我们能够假定如下公理成立:

(基于偏好的)特定工具价值公理。由机会集合提供的、个人所享有的自由(基于偏好的)特定工具价值等同于该集合所包含的要素的(基于偏好的)特定工具价值,对于该行为人而言,最高的(基于偏好的)特定工具价值存在于该集合的要素之中。

例如,如果你能够从 x、y 和 z 三个选项中进行选择,你将获得的效用比如说分别为 15、20 和 4,那么机会集合 $\{x,y,z\}$ 的(基于偏好的)特定工具价值等于 20,机会集合 $\{x,z\}$ 的(基于偏好的)特定工具价值等于 15,诸如此类。由该公理可以直接推出,你满足你的偏好的程度决定你总的自由的特定工具价值,就这一点而言,如果你的自由增加了,你总的自由的特定工具价值不会减少。这样,享有最大限度的法定自由,亦即,法律上允许选择任何可行的选项,所具有的基于偏好的特定工具价值对你而言至少与任何其他的机会集合具有的特定工具价值一样多。换一种方式说,享有最大限度的自由给予你至少和任何其他境况一样多的效用。然而,其并不必然给予你比任何其他境况更多的效用。如果你别无选择只能选取你最喜爱的结果,那么,你的自由,或者更确切地说你的不自由,具有和最大限度自由境况下一样多的(基于偏好的)特定工具价值。换言之,如果选项 x 对你来说具有最大的效用,机会集合 $\{x\}$ 与机会集合 $\{x,y,z\}$ 的特定价值是一样的——其等于你赋予 x 的价值。

我们同时也讨论了个人对于他未来的偏好不确定这种潜在情况。在这些情形下,要确定(基于偏好的)自由的特定工具价值,仅仅关注个人当前的偏好就过于局限了。正如我们所发现的,关注个人潜在偏好或许更加适合。尽管目前我当然不打算买一辆跑车,但是,我不能排除我的偏好也许会改变,在未来我也许会打算买一辆这种跑车。给定这一不确定性,对我来说允许买某辆跑车确实具有特定价值:其具有间接的预期效用。例如,假设我会分配给 x 的效用为 4,y 和 z 的效用为 2,

而我这么做的概率为0.5,同时 x 的效用为2、y 的效用为3、z 的效用为0的概率是0.5。那么,x、y 和 z 的预期效用分别为3(0.5·4+0.5·2)、2.5(0.5·2+0.5·3)和1(0.5·2+0.5·0)。给定特定工具价值公理,机会集合的特定价值和其具有最高间接预期效用的要素的价值相等。这样集合 $\{x\}$ 和集合 $\{x,y,z\}$ 一样,特定价值为3;集合 $\{y,z\}$ 的特定价值为2.5,等等。① 人们能够很容易发现,根据这一方法,一个人选择集合的扩大也永远不会导致间接效用的减少。因此,享有最大限度的自由使得由偏好满足决定的特定工具价值同样也最大化了。

虽然实际的或者潜在的偏好能够解释至少部分的自由的特定工具价值,也就是它所具有的偏好满足效果,但是,其并不能够解释所有可能的特定价值来源。例如,一个人或许对某些选择具有强烈的偏好,即便这些选择没有更多的工具价值。尼古丁成瘾使得我对抽烟具有强烈的偏好,但是,我决不敢说吸烟自由对我而言具有积极的工具净价值。类似地,出于这样或那样的原因,我或许对某些东西没有欲望,即便这一选择具有工具价值。因此,偏好的满足——无论是实际的还是潜在的——只能解释自由部分的特定工具价值,但它不能解释自由全部的特定工具价值或者自由不具有特定工具价值。此外,它也不能解释可供选择的选项所具有的特定内在价值。毕竟,行为人的偏好不需要与这种价值相关。现在我将转而检验引入理性偏好如何能够帮助我们评定自由的价值。

① 基本上,这是采取 Arrow(1995)的方法。

4. 理性偏好与总的特定价值

你的自由的特定工具价值是能够被化约为你可以自由去做的事情之后果的自由价值。如果你能够自由去做的一些事情至少具有某种内在价值,那么自由就具有内在特定价值。我们已经看到引入理性人的偏好来评定自由能够具有的内在价值。引用 Jones and Sugden(1982)、Pattanaik and Xu(1998)早期著作中的证明,我们能够将引入理性人的偏好解释为对自由内在价值的反思。他们论证说,加入选项 x 导致的选择集合的扩大可以具有内在价值,如果至少有一名理性人,在行为人的立场上,他偏好 x 更甚于任何其他既存的选项。然而,这一观点具有某些奇特的后果。例如,假设你喜欢富有而不是贫穷——金钱对你而言具有工具价值。假定你是一个合乎理性的人,从而假使你处于我的立场你的偏好也不会改变(我也能够使用一些金钱)。那么我们不得不得出结论说,拥有(或者获得)金钱的自由对我而言也具有特定内在价值。类似地,考虑这样一种境况,你的工作报酬很低,你部分的收入来自于小费。假定一名理性人处于你的立场,因为他不能赚很多钱,他将有很强烈的偏好去获得小费。我们不得不得出结论说获取小费的自由对你而言具有特定内在价值。

虽然我不想声称这类自由不具有特定内在价值,但是,这些例子确实表明用这种描述性方法——使用关于理性人的偏好的信息——去得出价值是不适当的。合乎理性的人他们自己能够从他们的自由中获得特定工具价值,因而从理性人的偏好中获得特定内在价值也许会混淆内在价值与工具价值。

或许有办法避开这些难题,至少部分地避开。我们可以作出如下可靠的假设,不同选择的内在价值是独立于行为人的。我们可以假定一特定选项的内在价值是独立于能够选择这一选项的特定行为人以及该行为人所处的特定境况的。因而为了讨论自由的特定内在价值，我们不应当使用处于行为人境况中的理性人的可能偏好，而是使用没有处于行为人境况中的理性人的可能偏好。正如小费的例子所表明的，一个人的自由的特定工具价值至少部分取决于他所处的特定境况。通过使用没有处于行为人境况的理性人之偏好的相关信息，我们能够将个人自由的特定工具价值从其特定内在价值中分离出来，从某种程度上说，该特定工具价值由行为人的境况所决定。进一步，为了得到行为人自由选择 x 的特定内在价值，我们不能只是关注至少一名理性人对 x 所具有的偏好，而是要关注大量的具有这种偏好的理性人。

鉴于内在价值是独立于行为人的，我们就能预计个人自由的工具价值。特定工具价值的一部分将由个人的偏好决定，并且正如上一节所指出的，这一价值能够无须指涉理性人的偏好而得以成立。然而，如果自由的非基于偏好的特定工具价值要得以成立，引入理性人的偏好则会有所助益。我对于吸烟具有偏好，因而我吸烟的自由对我来说具有基于偏好的特定工具价值。但是，我们能够预期许多理性的人，当他们处于我的境况时，不会具有这种偏好，这样就揭示了如下事实，我吸烟的自由对我来说并不具有非基于偏好的特定工具价值。

一方面是理性的偏好，另一方面则是个人自由的(非基于偏好的)特定工具价值或者特定内在价值，二者之间的确切关系是一个非常复杂的难题。其中包含了一些困难的哲学问题，诸如个人的偏好与个人的境况之间的关系(任何一个人，能不能——理性的或者非理性的——处于我的境况之中，而具有不同于我现在所具有的偏好呢?)；对于何为理性人的精确表述是什么；上述例子中为了避免其他难题而要求具有特定偏好的理性人“数量众多”，其数量究竟为多少，等等。例如，有人会说备选项 x 对行为人而言至少和备选项 y 具有同样的(非基于偏好的)特定工具价值，当且仅当处于行为人境况之中的偏好 x 甚于 y 的理性人数量,至少和偏好 y 甚于 x 的理性人数量一样多。类似地,人们也可以假定对行为人而言 x 至少与备选项 y 具有同样的特定内在价值,当且仅当没有处于行为人境况之中的且偏好 x 甚于 y 的理性人数量,至少与没有处于行为人境况之中的且偏好 y 甚于 x 的理性人数量一样多。除其他条件外,这些假设是否成立取决于,确切地说“理性人”的含义是什么(一名理性人能够是吸烟的人吗?),“处于(或者没有处于)行为人的境况之中”这一从句的限制条件包含哪些(处于我的境况中的某人能够真的不是一名吸烟者吗?),等等。

尽管在此我不应当讨论这些困难的问题,但是,通过某种方式或许我们能够推论出关于自由的特定价值的某些内容,这就是通过(基于偏好的)特定工具价值公理的一般化方法。由于一个人的自由的特定价值仅仅取决于行为人能够选择的选项,并且由于在参数环境下个人的行为的结果不存在不确定性,我们可以预期个人从机会集合中获得的总的特定价值等于具有最高总价值的要素的总体价值:

特定价值公理。机会集合 A 的总的价值与集合 A 中那些比其他集合内的要素具有更多特定总价值的要素之总体价值相等同。

无论个人是通过何种确切的方式获得自由的特定工具价值或者特定内在价值,是从我们所考虑的个人之偏好的信息中获得价值,还是从我们所讨论的处于或者没有处于行为人境况之中的理性人那里获得价值,我们都能根据这一公理得出,增进你的自由永远不会致使你的自由之总的特定价值减少。因此,在你享有最大自由的参数环境下——允许选择任何可行的选项——与其他任何参数选择环境相比至少具有同样的总的特定(工具的或者内在的)价值。

到目前为止,我们仅仅谈及参数环境下自由的特定价值。选择环境的参数性质似乎不能让我们在这种环境下对自由的非特定价值(无论是工具的还是内在的)讨论更多。例如,拿关于我们的决策技巧上自由可能具有的后果这一事例来说。人们会争论说你的选择集合的扩大确实会带来那些有利的结果，但同样可能的情形是，由于你花费了更多的资源去评价各种各样的备选项而导致的非特定的价值耗散抵消了那些有利结果的价值。多了另一种牌子的牙膏可供选择是否真的对我的决策技巧具有积极的影响呢？在参数环境下对自由的分析过于受局限而不能讨论这样的问题。事实上，由于我们只拥有行为人(理性的或者非理性的)对机会集合中的要素所具有的偏好的信息，并且由于个人的每一次行动与唯一的选项相一致，我们能否推导出独立于机会集合内的要素价值的任何机会集合自身的价值，是值得怀疑的。然而，正如目前我们所看到的，在策略的(*strategic*)选择环境下我们能够讨论自由的非特定价值。但是，首先我们应当检验，在参数环境的背景下得出的自由的特定价值之结果能够在何种程度上同样有效地应用于博弈理论环境下。毕竟，正是在这种策略的背景下我们定义了法定自由的观念。

5. 法定自由可能具有的价值耗散

尽管我们论及参数环境下获得更多的法定自由永远不会导致个人自由的总的特定价值减少，但是，在后果取决于行为而不是个人自身这种决策境况下，自由价值的减少看起来确实是可能的。比如说，考虑一个由五名成员组成的小组，在一个相当小的房间里开会。他们每个人都是吸烟者并且在开会期间想抽支烟。然而，由于会议室太小，每个人都希望他人不要抽烟。此外，每一个人都想避免那种恼人的境况：他或她自己没有吸烟而其他人在吸烟。如果我们忽略所有其他的情况而只关注吸烟还是不吸烟的决策，每个行为人 i 的偏好排序按降序排列就是[其中 (i,k)，相应地，$(not\ i,k)$]指的是一种社会状态(social state)，表明行为人 i 吸烟(相应地就是不吸烟)同时正好有另外 k 名行为人也吸烟)：

$$(i,0)$$
$$(not\ i,0)$$
$$(i,1)$$
$$\vdots$$
$$(i,4)$$
$$(not\ i,1)$$
$$\vdots$$
$$(not\ i,4)$$

现在假设法律禁止在政府机关的建筑内吸烟。这样每个行为人现在就仅有一项策略可供选择,就是不吸烟。假使所有人都采纳了这项可供选择的策略,结果是没有人吸烟的境况。接下来假定行为人的法定自由增加了:每个人现在都可以自己选择吸烟还是不吸烟。不难发现,在这种情形下每个人都吸烟的结果是一个均衡。每个行为人正好有一项占优策略:不管别人的决策怎样,对个人来说吸烟总是更有利的。由于对所有行为人来说这一点都是对的,因此每个人都吸烟的情形是唯一的均衡。然而,每个人都会偏好没有人吸烟的情形;那么这样的结果就是次优的。每个行为人 i 严格偏好 $(not\ i,0)$ 甚于 $(i,4)$。换句话说,自由的增加导致了每个行为人境况恶化的结果。①

这样,我们不能推论说增进一个人的法定自由总是会使得他的自由的(与偏好相关的)特定价值也增加。这一重要的洞见可以在由 Sen (1970)所得出的重要结论基础上进行一般化。② 让我们说一名行为人有选择的义务,如果该行为人

① 增加个人的自由导致不喜欢的结果,关于这方面的其他例子(特别是在讨价还价的情形下),参见 Schelling(1960)。

② 我在此使用了森的自由悖论的博弈论公式,参见 Van Hees(1995)和 Deb et al. (1997)。正如第 10 章第 2 节所提到的,Sen(1970)中原初的结论在一种社会选择理论框架的背景下做了公式化。

(1)得以允许注意到一种事态，

(2)得以允许注意到另一种相反的事态出现，但是

(3)不可能以消极回避应对该事态，即行为人应当决定两种事态选择哪一种。

现在能够表明，当至少两名行为人具有一种选择义务时，这种的权利结构可能会导致无效率的法律—政治博弈，也就是导致没有一个均衡结果是帕累托最优的：对于每一个均衡来说，都有另一个所有人都更偏好的结果。正如我们所见到的，一个权利结构、一组决策功能以及对行为人偏好的一种规定三者共同构成一个法律—政治博弈。在理想条件下，我们能够具有一个权利结构和一组决策功能对每一种可能的行为人偏好规定都构成一个有效率的法律—政治博弈，即至少具有一个帕累托最优均衡结果的博弈。然而森的结论表明，如果至少有两名行为人有选择义务，那么就不能保证法律—政治博弈的效率。

森的自由悖论 任何使得至少两名行为人具有选择义务的权利结构与任何的决策功能组相结合至少会构成一个无效率的法律—政治博弈。

现在应当很清楚，为何对个人自由的限制(增进)有时候可能会导致较好(较坏)的后果。例如，在吸烟这个例子中每个行为人都被赋予吸烟的权利。这一权利由一项选择义务所构成；他或她必须决定是吸烟还是不吸烟，不能消极回避这一选择。如果吸烟是被禁止的，那么行为人就没有在吸烟还是不吸烟之间选择的义务。他们只是简单地有义务克制不要吸烟。这一对于他们自由的限制反过来意味着一种较好的结果得以实现：人人偏好他们都不吸烟的境况，而不是如果他们拥有吸烟权利后导致的境况。因此，对他们自由的限制致使他们自由的(基于偏好的)特定价值提高。

6. 消极回避的自由

森的结论表明,我们不能在一般意义上说拥有特定的最低程度的自由就能确保效率。如果至少有两名行为人对于某一特定事宜有选择义务,那么,剥夺他们在该事项上的选择权利反而有可能实现更好的结果。然而,这并不是说要通过限制个人的自由而不是扩大个人的自由来达到更好的结果。选择的义务可以通过两种方式被排除:限制个人的自由(消除对某一事项作出支持或反对的选择的可能性,由此取消选择的义务)和扩大个人的自由(保留对该事项作出选择的可能性,但是取消选择的义务)。一项选择的义务意味着个人不能对特定事项采取消极回避态度。然而,这样一来我们便会很奇怪地发现缺少了某些权利,即采取消极回避的权利,这种权利对于遵循自由主义理论来说是必需的。如果义务能够被放弃而不损害任何其他人的权利,那么,从自由主义者的角度而言,就有理由争论个人是否应当放弃义务。因此,这就产生了一种关于决策境况无效率性的结论,在这种境况下行为人缺乏特定的权利,这样我们就不能认为自由主义和效率之间建立了一种内在固有的密切联系。为了建立这样一种内在固有的密切联系,我们必须表明在所有的赋予行为人比最低程度更多的自由的权利结构下,这样的密切联系依然存在。依据早期研究得出的结论(Van Hees 1999b),我们在这一节将清楚地表明这样的一般性结论无法成立。

当行为人对他人行使权利的方式具有偏好时,他们通常会放弃行使自己的权利,反而决定以一种集体选择程序来解决问题。比如拿前一节五个行为人的例子来说。我们现在假定他们不仅只有吸烟或者不吸烟的可能性,而且他们还能决定采取消极回避方式,即使得他们吸烟或者不吸烟的决策附属于集体的选择,比如说用投票来决定。考虑如下的行为人策略：

“在第一回合，我决定不行使自己吸烟的权利而是消极回避。然而，如果至少有一名行为人行使他的权利开始吸烟，并且没有因此将这一事项提交投票，那么在第二个回合我会投票支持人人都吸烟的境况。在所有其他境况下，我会投票支持人人都不吸烟的境况。”

如果每个人都采取了这一策略并且如果在第二回合使用的是多数票方式，那么，没有人会吸烟。但是，这次没有人有偏离常规的动机：如果有人选择不同的策略，而所有其他人坚持他们的策略，结果要么是毫无变化，要么就是每个人都吸烟的境况——每个行为人都会发现这是要比没有人吸烟的情形要差的境况。此外，这样的博弈不仅形成一个均衡，而且该结果还是帕累托最优的：没有其他每个人都偏好的结果了。

不允许行使行为限制了个人自由。如果给予我额外的消极回避的选择，比如说让我的衬衫的颜色取决于他人衬衫的颜色，那么，我的自由得到增进。确实，赋予行为人尽可能多的自由的司法体制是那种行为人具有消极回避权利的司法体制。现在比方说如果一个法律—政治博弈的权利结构提供了最大的法定自由，那么，该博弈就提供了最大的法定自由(参见第 13 章第 7 节)。我们具有如下的结论。

定理 14.1(Van Hees 1999b) 任何提供最大法定自由的法律—政治博弈 G 至少具有一个帕累托最优的(纯)纳什均衡。

为了证明该定理，以前一节吸烟情形为例。并且为了简单起见，假设现在只有两名参与人。描述行为人权利的另一种方式如下：

i/j	不吸烟$\{x,z\}$	吸烟$\{y,v\}$
不吸烟$\{x,y\}$	x	y
吸烟$\{z,v\}$	z	v

这样，参与人 i 的吸烟权利化约为后果集合 $\{z,v\}$，他不吸烟的权

利化约为$\{x,y\}$等。很明显,在这个例子中行为人有义务去选择,这样就导致森的结论,行为人的偏好结构致使次优的均衡结果。实际上,考虑如下形式:

i/j	不吸烟$\{x,z\}$	吸烟$\{y,v\}$
不吸烟$\{x,y\}$	(3,3)	(1,4)
吸烟$\{z,v\}$	(4,1)	(2,2)

注:其中数字描述了行为人的偏好以升序排列。

现在假设我们给予参与人额外的权利,只要这些权利不会妨碍他人的权利。例如,我们能够给予左列的参与人策略$\{x,v\}$,当采取该策略时能够确保双方参与人要么都吸烟要么都不吸烟。会出现哪一种结果取决于参与人j的行为。进一步说,我们能够给予他策略$\{y,z\}$,这样对他而言也许可以确保他们不会作出相同的选择。注意这两项权利能够给予参与人i而并不因此影响参与人j的权利。参与人j仍然拥有决定吸烟还是不吸烟的权利。但是,参与人i得到的额外权利不能同样也给予参与人j。① 此外,我们能够给予行为人许多额外权利,也就是采取回避的权利。特别是,如果一名参与人有权利将结果集合限制在集合A之内,那么也能够授予他权利将结果集合限制在超集(superset)A之内。如果给予两名参与人所有这些额外权利,我们就得到一个满足最大自由限度的司法体制。很明显,个人权利的每一种组合现在并不是都会导致一个特定的结果。如果参与人双方都选择了其中这样一项权利,他们都——至少部分地——采取回避态度,那么,就有两种或者更多种结果仍然有可能会发生,这样就需要第二阶段的决策。如此一来最后的结果就取决于在第二阶段使用的决策程序。假设在这

① 如果参与人i具有权利决定他们都作出相同的选择,那么就不能给予参与人j决定他们不会作出相同的选择的权利。因此,由参与人i具有权利$\{x,v\}$可以推出参与人j不能具有权利$\{y,z\}$——两项权利的交集是空集。类似地,由参与人i具有权利$\{y,z\}$可以推出参与人j不能具有权利$\{x,v\}$。

第二阶段他们决定用投票方式选择剩余的选项。如果他们碰巧都投票选择了相同的选项，那么，该选项就会被选择。①

现在假定参与人 i 决定使用由集合 $\{x,v,z\}$ 描述的权利——他投票支持结果 y——而参与人 j 通过行使权利 $\{x,y,v\}$ 投票支持结果 z。这样只有两种结果仍然可行，x 和 v。由于两名参与人都偏好 x 甚于 v，因此，在第二阶段他们都会决定投票支持 x，并且给定前文所述的决策程序，x 就会是最后的结果。该结果是帕累托最优的，但是否同时也是一个均衡？如果参与人 i 单方面更改他的策略，也许是行使另一项他所享有的权利，也许是在第二阶段投票选择别的选项。如此一来结果要么仍然是 x，要么变为 y 或者 v。由于和其他两项选择相比他更偏好 x，他没有动机去改变选择。类似地是，参与人 j 单方面的改变要么不会影响结果，要么导致结果 v 或者 z——比 x 更糟糕的结果。因此，该博弈确实产生了一个帕累托最优的均衡。

这样，该定理表明能够授予个人额外的权利而不会必然损害实现这些权利的决策境况的稳定性或者有效性：个人可以尽可能地扩展任何权利结构，仍然能够确保博弈结果的稳定性和有效性。虽然最大自由是相当苛刻的条件，但如果我们作出一些关于第二阶段使用的小组决策功能的额外假设，也有可能用更弱的假定对于权利分布形成同样可能的结果。比如说如果行为人 i 有权根本不对结果集合作任何化约，即包含所有结果的集合 S 属于行为人个人的权利集合 $R(i)$，那么该行为人享有采取完全消极回避的权利。施加于小组决策功能上的额外条件要求，一旦一个选项成为小组决策过程的对象，没有参与人拥有否决权，即没有行为人能够凭借他或她自己保证该选项不会被选择。更确切地说，对于公共议程中的任何一个议题 x 而言，与任何其他结果

① 根据这个例子所要表达的意图，并不需要明确指出如果参与人投票选择了不相同的选项，结果会怎么样。

相比，如果所有其他行为人都表现出对于 x 的严格偏好，那么，x 就是最终的结果。这样个人确实在公共决策阶段不具有任何额外的“权利”，也就是说他们缺乏权力阻止议程中的某些议题。

定理 14.2(Van Hees 1999b) 令至少有三名行为人。[①] **如果每一位行为人享有采取完全消极回避的权利，并且如果没有行为人在公共决策过程中拥有否决权，那么该法律—政治博弈是稳定且有效的。**

这一结果已经由原初五人版本的吸烟例子所证明。通过给予行为人采取完全消极回避的权利，他们能够决定自我克制不行使他们的权利去选择吸烟还是不吸烟，并使得他们的决策取决于投票的结果。在第二阶段，使用多数票规则决定那些仍然采取消极回避态度的行为人是否吸烟。正如我们所见到的，如果每一位行为人采取“有条件的不吸烟”策略(也就是决定不行使吸烟权利，但是如果至少有一名其他行为人吸烟，他们在第二阶段就会投票赞成吸烟)，那么，就形成一种帕累托最优的纳什均衡情况。

7. 策略环境下自由的特定价值

这两个结论到底告诉我们关于法定自由价值哪些内容？首先，我们应当注意到实现最大自由或者享有采取完全消极回避的权利使得至少存在某种帕累托最优的均衡结果；但这不意味着所有均衡结果都是帕累托最优的。[②] 如果我们想要对一个人所享有的权利的特定工具价

① 严格说来，这一假定是多余的。因为如果至少有三名行为人，那么小组决策功能只能满足不具有否决权。

② 确实，博弈论中一个重要结论(Hurwicz and Schmeidler, 1978 中的定理 2)揭示了对于所有权利结构和所有非强加的小组决策程序来说都有这样一种性质，这种法律—政治博弈的结果要么没有均衡，要么包含一个并非帕累托最优结果的均衡。

值,以及他在拥有这些权利的情况下所参与的法律一政治博弈的价值发表任何意见,我们就需要能够讨论该博弈预期结果的效用。然而,如果存在好几个均衡结果,就不清楚可以预期哪个是最终的结果。一种可能性是假定均衡结果集合的所有要素存在某种概率分布,然后将这些结果的预期效用作为博弈的"收益"。例如,这种分布比方说可以是如下形式,所有纳什均衡发生的概率相同。在这种情况下,从所有均衡结果中行为人获得的效用的平均值能够被用来描述行为人从该博弈中获得的预期效用。另一种可能性是假定理性行为人总是选择帕累托最优纳什均衡,并且每一个这样的结果发生的概率相同。那么我们可以将行为人从所有帕累托最优均衡结果中获得的效用的平均值用来指示该行为人从这一博弈所得收益。此外,和参数环境的情况一样,我们也许同样要考虑行为人偏好的种种可能改变,从而检验在各种各样潜在偏好集群下会发生什么样的情况。这样我们不仅具有一个特定博弈的均衡集合的概率分布,而且还能知道行为人具有各种各样偏好时的概率分布,以及由此而得的各种各样法律一政治博弈的概率分布。如此一来享有特定权利集合的预期效用可以被用来作为行为人享有该权利集合时参与的各种各样法律一政治博弈的预期价值。

无论采用何种方法,森的自由悖论揭示了不能在一个人的自由程度和由此得到的个人自由的(基于偏好的)特定工具价值之间建立一种普遍的正相关关系。因此,依据在参数情况下特定工具价值间的关系得出的结论一般在策略环境下并不成立。然而前一节我们得到的结论确实表明,通过分配权利使得行为人能够采取消极回避态度,能够避免得到次优结果。并且,我们应当注意到如下观点并不总是正确的,即只有通过最大化法定自由或者通过给予每个人采取完全消极回避的权利,才能得到最优结果。根据法律一政治博弈的特定属性,也许只要分配某些额外权利以确保帕累托最优结果存在就足够了。例如,假设大多数行为人对他人信仰的(如果他们确实有宗教信仰)宗教非常不关心，这样作为这种漠不关心的结果，在决定信仰何种宗教时就不会出现囚徒困境的情况。在这样的境况中，我们当然不需要对参与特定宗教信仰的选择分配一种采取消极回避态度的权利。确实，对个人宗教信仰的选择采用投票方式决定想起来会觉得非常古怪。这两个结论表明分配额外权利能够确保一个帕累托最优均衡的存在。它们并不要求我们对每种情形都应当分配额外的采取消极回避的权利。换一种方式说，这两个结论表明分配某些额外权利就能够形成帕累托最优纳什均衡存在的充分条件；并不总是要求这些额外权利同样也是必要条件。

这两个结论揭示了拥有更多的法定自由至少具有一种积极效果——在特定情形下其能够使有效结果得以实现。在讨论参数环境下自由的特定价值时我们发现该框架过于狭隘而不能将自由特定的内在价值从特定工具价值中区分出来做任何讨论。然而，通过加入理性人的偏好以及使用总的特定价值化约公理，我们能够发现在参数环境下法定自由的增加永远不会致使自由总的特定价值减少。不难认识到这一结论不能直接地转用到策略背景下。即便我们拥有应用于策略背景的总的特定价值化约公理的适当转化形式，我们最多也只能表明在某些情形下获得额外的法定自由会产生总体上的特定价值净增加；不能证明这种结果在所有情形下都会发生。①

这两个结论非常有意思的一个方面是它们揭示了小组或者公共决策的重要性。有些时候人们会争论说个人自由应当缩减以避免个人行使权利的行为之间的消极影响。这样，问题就不再由个人行使权利的行为来决定，而是变成了政治决策过程的对象。反对这种为政府干预辩护的观点的人常常会指出揣测的效率提高并不能为自由的丧失正

① 总的特定价值化约公理的一种可能转化形式是："给定具有至少一种均衡结果的法律—政治博弈，权利集合 $R(\cdot)$ 的总的特定价值等同于该博弈均衡结果的预期总的特定价值。"

名,这些自由对于效率的实现是必需的。认为自由和效率之间需要权衡得失被假定存在于如下类型的推理中:要么是限制个人自由才能保证结果的有效性,要么是确保个人自由而同时接受效率损失的风险。然而,在此我们看到的结论表明这种得失权衡并不是必要的,人们能够在增加自由的同时实现效率。

8. 稳定性、有效性和法定自由的非特定价值

没有司法体制能够确保它们所产生的结果的有效性和稳定性,自由的司法体制也做不到这一点。然而,给予行为人实质性的法定自由程度——如极端情况下的最大法定自由,或者在较温和的情况下那种给予行为人采取完全消极回避的权利——确实使得稳定且有效的结果成为可能。正如我们已经提及的,效率和自由之间的紧张关系通常被用来使得那些强调效率方面价值的理论名誉扫地。例如,教科书拒绝功利主义是基于如下观点,对效用的追逐可能会干涉个人享有的权利。人们通常会说在将重要性归于平等还是效率时也存在类似的紧张关系:有人说平等主义与效率考量相冲突。

我们很清楚前一节的结论与传统的那种明智看法相抵触,即认为追逐效率会和对个人自由的保护发生抵触。至于和平等主义的冲突,即认为最大法定自由肯定会与平等考量不一致,第一个结论表明最大法定自由和效率相容,因而没有显示平等和效率考量之间的冲突确实不存在。然而,依据第二个结论,效率和程序平等主义——平等对待决策过程中的行为人——确实能够相容。该结论预先假定所有行为人都具有采取完全消极回避的权利,并且因此没有人拥有公共否决权。换句话说,这假定了我们所讨论的司法体制对待行为人至少在某些方面是平等的,同时也不排除行为人在许多其他方面同样得到平等对待。

这样不仅表明效率能够在所有如下权利结构中获得,即平等对待各个行为人权利的权利结构;同时表明在另一种权利结构下效率也能达到,即和其他方面相比并非平等对待行为人的权利结构。

对于追求效率的质疑主要的争论来自关于自由或者平等的思考。由于这一章的结论表明在我所检验的司法体制背景下这些争论是无关紧要的,我们能够说自由司法体制的效率——即司法体制为其对象提供了具有实质性意义的自由程度——构成了由这些司法体制所提供的法定自由价值的一部分。不难看出这一部分的法定自由价值是非特定的——结果的得出不需要指涉行为人自由(或者不自由)去做的特定事宜。这一点在最大自由的背景下最明显。我们能够表明最大自由使得效率成为可能——这是一个一般结论,不需要对我们自由去做的事作任何进一步的假定。另一方面,第二个结论说人们具有采取完全消极回避的权利,这样似乎(至少部分地)指涉我们能够自由去做的事,也就是享有什么都不做并且把所有问题都移交给公共领域去讨论的自由。在这种情形下,获得效率的可能性构成了法定自由的特定价值的一部分,这种法定自由是行为人能够享受采取完全消极回避态度的自由。但是,该结论和属于集合 S 的选项是无关的,即同个人享有对某特定事宜采取消极回避态度的自由是无关的。出于这一理由该结论告诉我们,享有采取完全消极回避的权利具有某种非特定工具价值。

接下来的问题是,这种非特定价值是内在价值还是工具价值。我们能避免处于让所有人感到不满的境况是具有内在价值呢,还是具有工具价值?对于这一问题的最佳回答似乎是两种可能的答案都没有能排除一个需要优先考虑的问题,因为我们不知道基于什么样的行为人偏好。也许这些偏好由所涉及的结果的属性来决定是比较合适的,而一个特定结果是帕累托最优的,因为行为人相信其显示出某种内在的或工具的价值。而与此同时,如下结论也可能是正确的,这与我们在此检验的非特定价值无关。前面所说的这些结论的无关性是指不管所涉及的选择项的属性是什么,都表明自由具有非特定价值。因而,我们不能够从行为人的偏好中得到这一部分的自由价值,只要这些偏好由结果的属性所决定。为什么我们能够说帕累托最优均衡结果的实现具有价值,其理由或许最好能通过考虑在相反境况下的价值耗散来理解,也就是处于一种稳定的境况而所有人都偏好另一种境况。处于这样一种稳定但是次优的境况可能会导致一种挫折感,并且对个人的决策能力感到怀疑。正如无数关于囚徒困境的文献足以指出,理性的行为人会导致次优结果,这样的观点是一种悖论。尽管也许没有出于决策理论的明确理由来否认那些导致次优均衡的行为是理性的,但我们也希望至少其中个别行为人的行为本身表明是不理性的。

此外,个人想要远离次优境况的努力可能会失败,并且事实上可能会招致成本。自尊在某种程度上是具有内在价值的,而我们看到罗尔斯主义的视角就是如此认为的;只要对于个人行为的挫折和怀疑影响到行为人的自尊,那么,就会出现无价值的次优结果。避免这种价值耗散至少部分地构成了达到有效结果所带来的价值。无效率与自由、自尊之间的联系是因果关系不是分析性关系,并且——根据本章第 2 节给出的观点——无效率导致更少的自尊,因此,具有消极的工具价值。避免这种可能的工具价值耗散情况构成了(至少部分地)效率的工具价值,而因此构成了享有一定程度法定自由的非特定工具价值的一部分。行为人为了远离次优境况作出努力而遭受成本损失,避免这一成本损失构成了另一部分效率的工具价值。例如,不需要设计那种会使行为人想要做出如此举动的机制。

最后需要考虑的很重要的一点是,对于自由可能具有的价值分析的局限性。通过提出自由具有的价值形式的分类系统,在本章第 2 节,我们给出了这些形式的几个例子。对于某些权利结构的有效性和稳定性的分析更详细地揭示出法定自由所具有的非特定工具性价值。但是,这一分析并没有确立起法定自由总的价值。要确立总的价值,我们不应当仅仅关注法定自由能够具有的那些价值类型,还应当考虑自由可能具有的负面价值。

现在我们的论述接近了尾声,我们分析了法定自由的观念,分析了如何度量个人总的法定自由状态的难题,分析了某些法定自由程度下可能具有的价值。正如我们已经数次澄清,但许多问题仍然没有确切答案。然而,我希望在第 11 章~第 14 章研究已经表明法律化约主义的方法形成了一种强有力的分析框架,在这一框架内,我们对这些问题能够进行讨论。此外,通过在第 9、10 章的研究中对所提出的法律化约主义的说明以及方法论的辩护,我希望已经清楚地证明化约主义分析框架以及由此得出的结论能够对司法体制有效性的解释作出重要贡献,并因此对于这些制度实存的解释作出重要贡献。

附录

原子式权利的类型

原子式权利的类型

康格的原子式权利类型（Kanger & Kanger 1966，93－94 页）。

清单 1：

1.1　权力,非豁免,反诉求,非反豁免

1.2　非权力,豁免,非反制力,反豁免

1.3　主张,非反自由

1.4　非主张,权力,豁免,反自由,非反制力,非反豁免

1.5　权力,豁免,反制力,反豁免

1.6　主张,权力,反自由

1.7　主张,非权力

1.8　权力,豁免,反自由,非反制力,反豁免

1.9　权力,豁免,反制力,非反豁免

1.10　权力,非豁免,非反制力,反豁免

1.11　非自由,反诉

1.12　自由,非权力,非豁免,非反诉,反制力,反豁免

1.13　自由,反诉,反制力

1.14　反诉,非反制力

1.15　自由,非权力,豁免,反制力,反豁免

1.16　权力,非豁免,反制力,反豁免

1.17　非权力,豁免,反制力,非反豁免

1.18　非权力,非豁免,非反制力,非反豁免

1.19 非主张,非反自由,非反豁免

1.20 非反自由,反豁免

1.21 非主张,非权力,豁免,非反制力,非反豁免

1.22 权力,非豁免,非反制力,非反豁免

1.23 非自由,非豁免,非反诉

1.24 非自由,豁免

1.25 非权力,非豁免,非反诉,非反制力,反豁免

1.26 非权力,非豁免,反制力,非反豁免

在 C_1 和 D_1 中出现的所有原子式个人权利的清单①

清单 2

2.1 主张,非自由

2.2 主张,自由,非权力,反制力

2.3 主张,权力,非反自由,反自由

2.4 主张,非反自由

2.5 主张,权力,反制力

2.6 主张,非权力,非反制力

2.7 非自由,反诉

2.8 非自由,非主张,豁免,非反豁免

2.9 非自由,非豁免,非反豁免

2.10 非自由,豁免,反豁免

2.11 非自由,非豁免,反豁免,非反诉

2.12 反诉, 非反自由

① 给定一种描述个人 i 和 j 之间($i\neq j$)之间的事态的结构良好的表达式(well-formed formula,简称 wff)φ 和自由的时间符号 t_k,在清单 2 和 3 中的每一个输入 y(以及非 y)代表"在时间 t_k,i 拥有(或不拥有)针对 j 的以 φ 为标准的简单权利。":

2.13 反诉,权力,非反权力,反自由

2.14 反诉,非权力,非反制力

2.15 反诉,权力,反制力

2.16 反诉,自由,非权力,反制力

2.17 非反自由,非主张,豁免,非反豁免

2.18 非反自由,非豁免,非反豁免

2.19 非反自由,豁免,反豁免

2.20 非反自由,非豁免,反豁免,非反诉

2.21 非主张,豁免,非反豁免,权力,非反制力,反自由

2.22 豁免,反豁免,权力,非反自由,反自由

2.23 非豁免,非反豁免,权力,非反制力,反自由

2.24 非豁免,反豁免,非反诉,权力,非反制力,反自由

2.25 非主张,豁免,非反豁免,权力,反制力

2.26 豁免,反豁免,权力,反制力

2.27 非豁免,非反豁免,权力,反制力

2.28 非豁免,反豁免,非反诉,权力,反制力

2.29 非主张,豁免,非反豁免,非权力,非反制力

2.30 豁免,反豁免,非权力,非反制力

2.31 非豁免,非反豁免,非权力,非反制力

2.32 非豁免,反豁免,非反诉,非权力,非反制力

2.33 非主张,豁免,非反豁免,自由,非权力,反制力

2.34 豁免,反豁免,自由,非权力,反制力

2.35 非豁免,非反豁免,自由,非权力, 反制力

2.36 非豁免,反豁免,非反诉,自由,非权力,反制力

在 C2 和 D2 中出现的所有原子式个人权利的清单:

清单 3

3.1 主张

3.2 非反豁免，权力，非主张

3.3 非反豁免，非权力，豁免

3.4 非反豁免，非豁免

3.5 非反制力，反豁免，权力

3.6 非反制力，反豁免，非权力，豁免

3.7 非反制力，反豁免，非豁免

3.8 反制力，权力

3.9 反制力，非权力，豁免

3.10 反制力，非豁免，非反诉

3.11 反诉

给定一种行动道义逻辑(DLA*)的结构良好的表达式 φ，以及两个联盟 F 和 G，清单 2 也可以被理解为 D_1 当中所有存在于 F 和 G 之间的原子式集体权利类型的清单。如果联盟是分离的，清单 3 也可以被理解为 D_2 当中所有存在于 F 和 G 之间的原子式集体权利类型的清单①。在 D_2 中存在于两个相连的联盟间的所有原子式权利类型的清单为：

清单 4

4.1 主张

4.2 非反制力，权力，豁免，反豁免

4.3 非反制力，非主张，权力，豁免，非反豁免

4.4 非反制力，权力，非豁免，反豁免

4.5 非反制力，权力，非豁免，非反豁免

① 在这两种情形下，输入 y(或非 y)应该被理解为“在时间 t_k，F 拥有(或不拥有)针对 G 的以 φ 为标准的简单权利(φ 是描述存在于 F 和 G 之间事态的结构良好的表达式)。这对于清单 4 亦然。”

4.6 非反制力,非权力,豁免,反豁免

4.7 非反制力,非权力,豁免,非反豁免

4.8 非反制力,非权力,非豁免,反豁免

4.9 非反制力,非权力,非豁免,非反豁免

4.10 反制力,非反豁免,权力,豁免

4.11 反制力,非反豁免,权力,非豁免

4.12 反制力,非反豁免,非权力,豁免

4.13 反制力,非反豁免,非权力,非豁免

4.14 反制力,反豁免,权力,豁免

4.15 反制力,反豁免,权力,非豁免

4.16 反制力,反豁免,非权力,豁免

4.17 反制力,反豁免,非权力,非豁免,非反诉

4.18 反诉

参考文献

上篇

Abdou, J. and Keiding, H., 1991. *Effectivity Functions in Social Choice*, Dordrecht.

Aldrich, J., 1977, 'The dilemma of a Paretian liberal: some consequences of Sen's theorem', *Public Choice* 30, 1—34.

Apostol, L., 1960, 'Game theory and the interpretation of deontic logic', *Logique et Analyse* 3, 70—90.

Apostol, L., 1978, 'The elementary theory of collective action', *Philosophica* 21, 129—157.

Åqvist, L., 1974, 'A new approach to the logical theory of actions and causality,' in S. Stenlund (ed.), *Logical Theory and Semantic Analysis*, Dordrecht, 73—91.

Åqvist, L., 1984, 'Deontic logic', in D. Gabbay and F. Guenthner (eds.), *Handbook of Philosophical Logic. Volume II: Extensions of Classical Logic*, Dordrecht, 605—714.

Åqvist, L., 1985a, 'A game-theoretical companion to Chisholm's ethics of requirement', in G. Holmström and A. Jones (eds.), *Action, Logic and Social Theory. Dedicated to Ingmar Pörn on the occasion of his 50th birthday*, *Acta Philosophica Fennica* 38, Helsinki, 327—347.

Åqvist, L., 1985b, 'Crime descriptions', *Synthese* 65, 291—306.

Å, L. and Mullock, Ph., 1989, *Causing Harm. A Logico-Legal Study*, Berlin.

Arrow, K. J., 1963, *Social Choice and Individual Values*, 2nd ed., New Haven.

Barry, B., 1986(1989), 'Lady Chatterley's lover and Doctor Fischer's bomb party: liberalism, Pareto-optimality, and the problem of objectionable preference', in J. Elster and A. Hylland (eds.) *Foundations of Social Choice Theory*, Cambridge, 11—43.

Batra, R. N. and Pattanaik, P. K., 1972, 'On some suggestions for having non-binary social choice functions', *Theory and Decision* 3, 1—11.

Belnap, N. and Perloff, M., 1989, 'Seeing to it that: a canonical form for agentives', *Theoria* 54, 175—199.

Berlin, I., 1969, 'Two concepts of liberty', in I. Berlin, *Four Essays on Liberty*, London, 118—172.

Bernholz, P., 1974, 'Is a Paretian liberal really impossible?', *Public Choice* 20, 199—107.

Deb, R., 1990, 'Rights as alternative game forms: is there a difference of consequence?', Dallas, mimeo.

Deb, R., 1994, 'Waiver, effectivity and rights as game forms', *Economica* 61, 167—178.

Fine, B., 1975, 'Individual liberalism in a Paretian society', *Journal of Political Economy* 83, 1277—1281.

Føllesdal, D. and Hilpinen, R., 1971, 'Deontic logic: an introduction', in R. Hilpinen (ed.), *Deontic Logic: Introductory and Systematic Readings*, Dordrecht, 1—35.

Fudenberg, D. and Tirole, J., 1991 (1993), *Game Theory*, Cambridge.

Gaertner, W. , 1992, 'Einige Überlegungen zu A. Sens Formulierung individueller Rechte', in M. Hollis and W. Vossenkuhl, *Moralische Entscheidung und rationale Wahl*, München, 63—73.

Gaertner, W. , 1993, 'Right and game forms, types of preference orderings and Pareto inefficiency', in W. E. Diewert, K. Sqremann and F. Stehling (eds.), *Mathematical Modelling in Economics. Essays in Honor of Wolfgang Eichhorn*, Berlin, 177—187.

Gaertner, W. , Pattanaik, P. K. and Suzumura, K. , 1992, 'Individual rights revisited', *Economica* 59, 161—177.

Gärdenfors, P. , 1981, 'Rights, games and social choice', *Noûs* 15, 341—356.

Gärdenfors P. and Pettit, P. , 1989, 'The impossibility of a Paretian loyalist', *Theory and Decision* 27, 207—216.

Gibbard, A. , 1974, 'A Pareto-consistent libertarian claim', *Journal of Economic Theory* 7, 388—410.

Gibbard, A. , 1982, 'Right and the theory of social choice', in L. J. Cohen, J. Los, H. Pfeiffer and K. -P. Podewski (eds.), *Logic, Methodology and Philosophy of Science*, vol 6, Amsterdam, 595—605.

Gigliotti, G. , 1988, 'The conflict between naive and sophistcated choice as a form of the 'liberal paradox', *Theory and Decision* 24, 35—42.

Gray, J. , 1983, *Mill on Liberty: A Defence*, London.

Haack, S. , 1978(1979), *Philosophy of Logics*, Cambridge.

Hammond, P. J. , 1994, 'Game forms versus social choice rules as models of rights', Stanford University, mimeo.

Hammond, P. J. , 1995, 'Social choice of individual and group rights', in W. A. Barnett, H. Moulin, M. Salles and N. J. Schofield (eds.), *Social Choice, Welfare, and Ethics. Proceedings of the eighth international symposim in economic theory and econometrics*, Cambridge.

Hansson, S. O., 1986, 'Individuals and collective action', *Theoria* 52, 87—97.

Hansson, S. O., 1988, 'Rights and the liberal paradoxes', *Social Choice and Welfare* 5, 287—302.

Hintikka, J., 1969, 'Deontic logic and its philosophical morals', in J. Hintikka, *Models for Modalites, Selected Essays, Dordrecht*, 184—214.

Hintikka, J., 1971, 'Some main problems of deontic logic', in R. Hilpinen (ed.), *Deontic Logic: Introductory and Systematic Readings*, Dordrecht, 59—104.

Hohfeld, W. N., 1919 (1978), *Fundamental Legal Conceptions as Applied in Judidicial Reasoning*, W. W. Cook (ed.), Westport.

Holmström-Hintikka, G., 1984, 'Rights and practical possibilities', in A. Peczenik, L. Lindahl and B. van Roermund (eds.), *Theory of Legal Science*, Dordrecht, 607—615.

Holmström-Hintikka, G., 1985, 'Wills, purposes and action', in G. Holmström and A. J. I. Jones (eds.), *Action, Logic and Social Theory. Dedicated to Ingmar Pörn on the occasion of his 50th birthday*, *Acta Philosophica Fennica* 38, Helsinki, 49—62.

Holmström-Hintikka, G., 1991, *Action, Purpose and Will. A Formal Theory*, *Acta Philosophica Fennica* 50, Helsinki.

Hughes, G. E. and Cresswell, M. J., 1968 (1989), *An Introduction to Modal Logic*, London.

Jones, A. J. I. and Pörn, I. , 1986, "Ought' and 'Must", *Synthese* 66, 89—93.

Kanger, S. , 1971, 'New foundations for ethical theory', in R. Hilpinen(ed.), *Deontic Logic: Introductory and Systematic Readings*, Dordrecht, 36—58.

Kanger, S. , 1972, 'Law and logic', *Theoria* 38, 105—132.

Kanger, S. , 1985, 'On Realication of human rights', in G. Holmström and A. Jones(eds.), *Action, Logic and Social Theory, Dedicated to Ingmar Pörn on the occasion of his 50th birthday*, *Acta Philosophica Fennica* 38, Helsinki, 71—78.

Kanger, S. and Kanger, H. , 1966, 'Rights and parliamentarism', *Theoria* 2, 85—115.

Kelly, J. S. , 1978, *Arrow Impossibility Theorems*, New York.

Lindahl, L. , 1977, *Position and Change. A Study in Law and Logic*, Dordrecht.

Luce, R. and Raiffa, H. , 1957(1989), *Game and Decisions, Introduction and Critical Survey*, New York.

Mill, J. S. , 1859(1985), *On Liberty*, G. Himmelfarb(ed.), London.

Moulin, H. , 1983, *The Strategy of Social Choice*, Amsterdam.

Moulin, H. and Peleg, B. , 1982, 'Cores of effectivity functions and implementation theory', *Journal of Mathematical Economics* 10, 115—145.

Nozick R. , 1974, *Anarchy, State, and Utopia*, New York.

Pattanaik, P. K. , 1978, *Strategy and Group Choice*, Amsterdam.

Pattanaik, P. K. and Suzumura, K. , 1992, 'Individual rights and social evaluations: aconceptual framework', Riverside, mimeo.

Pattanaik, P. K. and Suzumura, K. , 1994, 'Rights, welfarism, and social choice', *The American Economic Review* 84,435—439.

Peleg, B., 1984, *Game Theoretic Analysis of Voting in Committees*, Cambridge.

Peleg, B., 1994, 'Effectivity functions, game forms, games and rights', Cornell University, mimeo.

Pörn, I., 1970, *The Logic of Power*, Oxford.

Pörn, I., 1971, *Elements of Social Analysis*, Uppsala.

Pörn, I., 1977, *Action Theory and Social Science. Some Formal Models*, Dordrecht.

Rees, J., 1985, *John Stuart Mill's On Liberty*, Oxford.

Riley, J., 1986, 'Generalized social welfare functionals: welfarism, morality and liberty', *Social Choice and Welfare* 3,233—254.

Riley, J., 1989, 'Right to liberty in purely private matters. Part 1', *Economics and Philosophy* 5,121—166.

Schwartz, T., 1981, 'The universal-instability theorem', *Public Choice* 37,487—501.

Segerberg, K., 1981, 'Action-games', in I. Pörn (ed.), *Essays in Philosophical Analysis Dedicated to Eric Stenius on the occasion of his 70th birthday*, *Acta Philosophica Fennica* 32, 1981, Helsinki, 220—231.

Segerberg, K., 1982, 'The logic of deliberate action', *Journal of Philosophical Logic* 11,233—254.

Segerberg, K., 1985, 'On the question of semantics in the logic of action: some remarks on Pörn's logic of action', in G. Holmström and A. Jones (eds.), *Action, Logic and Social Theory. Dedicated to Ingmar Pörn on the occasion of his 50th birthday*, *Acta Philosophica Fennica* 38, Helsinki, 282—297.

Sen, A. K. , 1970 (1984), *Collective Choice and Social Welfare*, Amsterdam.

Sen, A. K. , 1976, 'Liberty, unanimity and rights', *Economica* 43, 217—245.

Sen, A. K. , 1982, 'Liberty as control: an appraisal', in P. A. French, T. E. Uehling jr. , H. K. Wettstein (eds.), *Midwest Studies in Philosophy* 7, Minneapolis, 207—221.

Sen, A. K. , 1983, 'Liberty and social choice', *The Journal of Philosophy* 80, 5—28.

Sen, A. K. , 1986, 'Social choice theory', in K. Arrow and M. Intriligator (eds.), *Handbook of Mathematical Economics*, vol. 3, Amsterdam, 1073—1181.

Sen, A. K. , 1992, 'Minimal liberty', *Economica* 59, 139—159.

Sen, A. K. , 1993, 'Internal consistency of choice', *Econometrica* 61, 495—521.

Stransnick, S. , 1979, 'Moral structures and axiomatic theory', *Theory and Decision* 11, 195—206.

Sugden, R. , 1985, 'Liberty, preference, and choice', *Economics and Philosophy* 1, 213—229.

Suzumura, K. , 1991, 'Alternative approaches to libertarian rights in the theory of social choice', in K. J. Arrow (ed.), *Issues in Conremporary Economics. Vol. 1: Markets and Welfare. Proceedings of the Ninth World Congress of the International Economic Association, Athens, Greece*, Basingstoke, 215—242.

Thomson, J. J. , 1987, 'Verbs of action', *Synthese* 72, 103—122.

Van Hees, M. , 1994, 'Libertarian collective dicision-making: a new framework', *Social Choice and Welfare* 12, 155—164.

Von Wright, G. H., 1951, 'Deontic logic', *Mind* 60, 1—15.

Von Wright, G. H., 1963, *Norm and Action. A Logical Enquiry*, London.

Von Wright, G. H., 1968, *An Essay in Deontic Logic and the General Theory of Action. With a bibliography of deontic and imperative Logic*, *Acta Philosopgica Fennica* 21, Amsterdam.

Von Wright, G. H., 1971, 'A new system of deontic logic', in R. Hilpinen (ed.), *Deontic Logic: Introductory and Systematic Readings*, Dordrecht, 105—120.

Von Wright, G. H., 1980, *Freedom and Determination*, *Acta Philosophica Fennica* 31, Amsterdam.

Von Wright, G., 1991, 'Is there a logic of norms?', *Ratio Juris* 4, 265—283.

Weinberger, O., 1985, 'Freedom, range for action, and the ontology of norms', *Synthese* 65, 307—324.

Weinberger, O., 1991, 'The logic of norms founded on descriptive language', *Ratio Juris* 4, 284—307.

Wriglesworth, J. L., 1985, *Libertarian Conflicts in Social Choice*, Cambridge.

下篇

Anderson, A. R. (1958). 'A Reduction of Deontic Logic to Alethic Model Logic,' *Mind*, 67, 100—103.

Alexy, R. (1989). 'On Necessary Relations Between Law and Morality', *Ratio Juris*, 2, 167—183.

Axelrod, R. and R. O. Keohane. (1985). 'Achieving Cooperation under Anarchy: Strategies and Institutions', *World Politics*, 38, 226—254.

Åqvist, L. and Ph. Mullock(1989). *Causing Harm. A Logico-Legal Study*, Berlin: de Gruyter.

Arrow, K. J. (1995). 'A Note on Freedom and Flexibility', in: K. Basu, P. K. Pattanaik, K. Suzumura(eds.), *Choice, Welfare, and Development. A Festschrift in Honor of Amartya K. Sen*, Oxford: Clarendon, 7—16.

Bavetta, S. and M. Del Seta(2000). 'Rough Set Approximations and Freedom of Choice', *Theory and Decision*, forthcoming.

Berlin, I. (1969). *Four Essays on Liberty*, Oxford: Oxford University Press.

Bhargava, R. (1992). *Individualism in Social Science. Forms and Limits of a Methodology*, Oxford: Clarendon.

Brodbeck, M. (1968). 'Methodological Individualisms: Definitions and Reduction', in: M. Brodbeck(ed.), *Readings in the Philosophy of the Social Sciences*, New York: MacMillan, 280—304.

Buchanan, A. (1991). *Secession. The Morality of Political Divorce from Fort Sumter to Lithuania and Quebec*, Boulder: Westview Press.

Carter, I. (1995). 'The Independent Value of Freedom', Ethics, 105, 819—845.

Carter, I. (1999). *A Measure of Freedom*, Oxford University Press.

Coven, M. D. and R. Axelrod(1984). 'Coping with Complexity: The Adaptive Value of Changing Utility', *American Economic Review*, 74, 30—42.

Day, J. P. (1977). 'Threats, Offers, Law, Opinion and Liberty', *American Philosophical Quarterly*, 14, 257—272.

Day, J. P. (1983), 'Individual Liberty,' in: A. Phillips-Griffiths (ed.), *Of Liberty*, London: Cambridge University Press, 17—29.

Deb, R. (1990). 'Rights as Alternative Game Forms: Is There a Difference of Consequence?', Dallas, mimeo.

Deb, R. (1994), 'Waiver, Effectivity and Rights as Game Forms', *Economica*, 61, 167—178.

Deb, R. , P. K. Pattanaik and L. Razzolini (1997). 'Game Forms, Rights and the Efficiency of Social Outcomes', *Journal of Economic Theory*, 72, 74—95.

DiMaggio, P. J. and W. W. Powell (1991). 'Introduction', in: P. J. DiMaggio and W. W. Powell (eds.), *The New Institutionalism in Organizational Analysis*, Chicago: University of Chicago, 1—38.

Eichberger, J. and R. Pethig (1994). 'Conganizational Choice of Rules', *European Journal of Political Economy*, 10, 311—337.

Elster, J. (1983). *Explaining Technical Change. A Case Study in the Philosophy of Science*, Cambridge: Cambridge University Press.

Finnis (1980). *Natural Law and Natural Rights*, Oxford: Clarendon Press.

Fleurbaey, M. and W. Gaertner (1996). 'Admissibility and Feasibility in Game Forms', *Analyse & Kritik*, 18, 54—66.

Fleurbaey, M. and M. van Hees (2000). 'On Rights in Game Forms', *Synthese*, forthcoming.

Friedman, M. (1968). 'The Methodology of Positive Economics', in: M. Brodbeck (ed.), *Readings in the Philosophy of the Social Sciences*, New York: MacMillan, 508—528.

Friedman, J. (ed.) (1996). *The Rational Choice Controversy. Economic Models of Politics Reconsidered*, New Haven: Yale University Press.

Fuller, L. (1969). *The Morality of Law*, London: Yale University Press, 2nd ed.

Gaertner, W., P. K. Pattanaik and K. Suzumura (1992). 'Individual Rights Revisited', *Economica*, 59, 161—177.

Gallie, W. B. (1955/6). 'Essentially Contested Concepts', *Proceedings of the Aristotelian Society*, 56, 167—198.

Gärdenfors, P. (1981). 'Rights, Games and Social Choice', *Noûs*, 15, 341—356.

Gerber, E. R. and J. E. Jackson (1993). 'Endogenous Preferences and the Study of Institutions', *American Political Science Review*, 87, 639—656.

Gewirth, A. (1978). *Reason and Morality*, Chicago: University of Chicago Press.

Gorr, M. J. (1989). *Coercion, Freedom and Exploitation*, New York: Peter Lang.

Green, D. P. and I. Shapiro (1994). *Pathologies of Rational Choice Theory. A Critique of Applications in Political Science*, New Haven: Yale University Press.

Guyer, P. (1998). 'The Value of Reason and the Value of Freedom', *Ethics*, 109, 22—35.

Hampton, J. (1997). *Political Philosophy*, Boulder: Westview Press.

Hardin, G. (1968). 'The Tragedy of the Commons', *Science*, 162, 1243—1248.

Hart, H. L. A. (1977). 'Positivism and the Separation of Law from Morals', in: R. M. Dworkin (ed.), *The Philosophy of Law*, Oxford: Oxford University Press, 17—37.

Hart, H. L. A. (1994). *The Concept of Law*, Oxford: Clarendon Press, 2nd ed.

Hayek, F. A. (1960). *The Constitution of Liberty*, London: Routledge & Kegan Paul.

Hees, M. van (1995). *Rights and Decisions. Formal Models of Law and Liberalism*, Dordrecht: Kluwer Academic.

Hees, M. van (1996). 'A Game-Theoretic Logic of Norms and Actions', *Logique et Analyse*, 155—156, 229—241.

Hees, M. van (1998). 'On the Analysis of Negative Freedom', *Theory and Decision*, 45, 175—197.

Hees, M. van (1999a). 'Freedom of Choice and Diversity of Options: Some Problems', in: H. de Swart (ed.), *Logic, Game Theory and Social Choice. Proceedings of the International Conference, LGS'* 99 May 13—16, 1999, Tilburg: Tilburg University Press, 491—503.

Hees, M. van (1999b). 'Liberalism, Efficiency, and Stability: Some Possibility Results', *Journal of Economic Theory*, 88, 294—309.

Hees, M. van (2000). 'Negative Freedom and the Liberal Paradoxes', *Rationality and Society*, forthcoming.

Hees, M. van, and B. Steunenberg (2000), 'The Choices Judges Make: Court Rulings, Personal Values and Legal Constraints', *Journal of Theoretical Politics*, forthcoming.

Hees, M. van, and M. Wissenburg (1999). 'Freedom and Opportunity', *Political Studies*, 47, 67—82.

Hobbes, Th. (1651/1985). *Leviatham*, ed. by C. B. Macpherson, Harmondsworth: Penguin Books.

Hohfeld, W. N. (1919). *Fundamental Legal Conceptions as Applied in Juridicial Reasoning*, Westport.

Hurka, Th. (1987). 'Why Value Autonomy?' *Social Theory and Practice*, 13, 361—382.

Hurwicz, L. and D. Schmeildler(1978). 'Construction of Outcome Functions Guaranteeing Existence and Pareto Optimality of Nash Equilibria,' Econometrica, 46, 1447—1474.

Hyde, A. (1983). 'The Concept of Legitimation in the Sociology of Law', *Wisconsin Law Review*, 379—426.

Jones, P. and R. Sugden(1982). 'Evaluating Choice', *International Review of Law and Economics*, 2, 47—65.

Kanger, S. and H. Kanger(1966). 'Rights and Parliamentarism', *Theoria*, 2, 85—115.

Kelsen, H. (1967/1989). *Pure Theory of Law*, Transl. M. Knight, Gloucester: Peter Smith.

Kelsen, H. (1991). *General Theory of Norms*, Transl. M. Hartney, Oxford: Clarendon.

Kelsen, H. (1992). *Introduction to the Problems of Legal Theory*, Transl. B. L. Paulson and S. L. Paulson, Oxford: Clarendon Press.

Klemisch-Ahlert, M. (1993). 'Freedom of Choice. A Comparison of Different Rankings of Opportunity Sets', *Social Choice and Welfare*, 10, 189—207.

Korsgaard, Ch. M. (1996). *Creating the Kingdom of Ends*, Cambridge: Cambridge University Press.

Kreps, D. M. (1990). *A Course in Microeconomic Theory*, Princeton: Princeton University Press.

Kristjánsson, K. (1996). *Social Freedom. The Responsibility View*, Cambridge: Cambridge University Press.

Kuran, T. (1991). 'Cognitive Limitations and Preference Evolution', *Journal of Institutional and Theoretical Economics*, 147, 241—273.

Kymlicka, W. (1989). *Liberalism, Community and Culture*, Oxford: Clarendon.

Kymlicka, W. (1995). *Muliticultural Citizenship: A Liberal Theory of Minority Rights*, Oxford: Claredon.

Lindahl, L. (1977). *Position and Change. A Study in Law and Logic*, Dordrecht: D. Reidel.

Lukes, S. (1973). 'Methodological Individualism Reconsidered', in: A. Ryan(ed.), *The Philosophy of the Social Explanation*, London: Oxford University Press, 119—129.

MacCormick, N. and O. Weinberger(1986). *An Institutional Theory of Law. New Approaches to Legal Positivism*, Dordrecht: D. Beidel.

MacCallum, G. C. (1967). 'Negative and Positive Freedom', *The Philosophical Review*, 76, 312—334.

March, J. G. and Olsen, J. P. (1984), "The New Institutionalism: Organizational Factors in Political Life", *American Political Science Review*, 78, 734—749.

March, J. G. and Olsen, J. P. Olsen(1989). *Rediscovering Institutions. The Organizational Basis of Politics*, London: Macmillan.

McKelvey, R. D. (1976). 'Intransitivities in Multidimensional Voting Models and Some Implication for Agenda Control', *Journal of Economic Theory*, 12, 472—482.

Mill, J. S. (1859/1985). *On Liberty*, G. Himmelfarb(ed.). London: Penguin Books.

Miller, D. (1983). 'Constraints on Freedom', *Ethics*, 94, 66—86.

Nehring, K. and C. Puppe(1998). 'A Theory of Diversity', mimeo.

Nozick, R. (1974). *Anarchy, State, and Utopia*, New York: Basic Books.

Nozick, R. (1977). On Austrian Methology, *Synthese*, 36, 353—392.

O'Neill, O. (1980). 'The Most Extensive Liberty', *Proceedings of the Aristotelian Society*, 80, 45—59.

Oppenheim, F. E. (1961). *Dimensions of Freedom: An Analysis*, New York: St Martin's Press.

Oppenheim, F. E. (1995). 'Social Freedom and its Parameters', *Journal of Theoretical Politics*, 7, 401—420.

Ordeshook, P. C. (1980). 'Political Disequilibrium and Scientific Inquiry: A Comment on William Riker's "Implications from the Disequilibrium of Majority Rule for the Study of Institutions"', *American Political Science Review*, 74, 447—455.

Ostrom, E. (1986a). 'An Agenda for the Study of Institutions', *Public Choice*, 48, 3—25.

Ostrom, E. (1986b). 'A Method of Institutional Analysis', in: F. X. Kaufmann, G. Majone, V. Ostrom (eds.), *Guidance, Control, and Evaluation in the Public Sector. The Bielefeld Interdisciplinary Project*, Berlin: De Gruyter, 459—475.

Ostrom, E. (1991). 'Rational Choice Theory and Institutional Analysis: Toward Complementarity', *American Political Science Review*, 85, 237—243.

Pattanaik, P. K. and K. Suzumura (1996). 'Individual Rights and Social Evaluation: A Conceptual Framework', *Oxford Economic Papers*, 48, 194—212.

Pattanaik, P. K. and Y. Xu(1990). 'On Ranking Opportunity Sets in Terms of Freedom of Choice', *Recherches Economqies de Louvain*, 56, 383—390.

Pattanaik, P. K. and Y. Xu(1997). 'On Diversity and Freedom of Choice', mimeo.

Pattanaik, P. K. and Y. Xu(1998). 'On Preference and Freedom', *Theory and Decision*, 44, 173—198.

Paulson, S. L. (1992). 'The Neo-Kantian Dimension in Kelsen's Pure Theory of Law', *Oxford Journal of Legal Studies*, 12, 311—332.

Peleg, B. (1998). 'Effectivity Functions, Game Forms, Games, and Rights', *Social Choice and Welffare*, 15, 67—80.

Puppe, C. (1995). 'Freedom of Choice and Rational Decisions', *Social Choice and Welfare*, 12, 137—153.

Puppe, C. (1996). 'An Axiomatic Approach to "Preference for Freedom of Choice"', *Journal of Economic Theory*, 68, 174—199.

Rawls, J. (1971). *A Theory of Justice*, Cambridge: Belknap Press.

Raz, J. (1975). *Practical Reason and Norms*, London: Hutchinson & Co.

Raz, J. (1979). *The Authority of Law*, Oxford: Oxford University Press.

Raz, J. (1986). 'The Purity of the Pure Theory', in: R. Tur and W. Twining(eds.), *Essays on Kelsen*, Oxford: Clarendon, 79—97.

Riker, W. H. (1980), 'Implications from the Disequilibrium of Majority Rule for the Study of Institutions', *American Political Science Review*, 74, 432—446.

Riker, W. H. (1982), *Liberalism Against Populism. A Confronta-*

tion Between the Theory of Democracy and the Theory of Social Choice Prospect Heights: Waceland Press.

Ross, W. D. (1930/1973). *The Right and the Good*, Oxford: Clarendon.

Rosenbaum, E. F. (1999). 'On Measuring Freedom', *Journal of Theoretical Politics*, forthcoming.

Rowe, N. (1989). *Rules and Institutions*, Ann Arbor: Michigan University Press.

Ruiter, D. W. P. (1993). *Institutional Legal Facts. Legal Powers and their Effects*. Dordrecht: Kluwer Academic.

Ruiter, D. W. P. (1994). 'Economic and Legal Institutionalism: What Can They Learn From Each Other?', *Constitutional Political Economy*, 5, 99—115.

Scharpf, F. W. (1983). 'Zur Bedeutung institutioneller Forschungsansätze', in: F. W. Scharpf and M. Brockmann (eds.), *Institutionelle Bedingungen der Arbeitsmarkt-und Beschäftigungspolitik*, Frankfurt: Campus, 9—20.

Schelling, Th. (1960). 'An Essay on Bargaining', in: Th. Schelling, *The Strategy of Conflict*, Cambridge: Harvard University Press, 21—52.

Schelling, Th. (1978). *Micromotives and Macrobehavior*, New York: Norton.

Schotter, A. (1981). *The Economic Theory of Social Institutions*, Cambridge: Cambridge University Press.

Sen, A. K. (1970). 'The Impossibility of a Paretian Liberal', *Journal of Political Economy*, 78, 152—157.

Sen, A. K. (1986). 'Social Choice Theory', in: K. J. Arrow and M. Intriligator (eds.), *Handbook of Mathematical Economics*, vol. III,

Amsterdam: North Holland, 1073—1181.

Sen, A. K. (1988). 'Freedom of Choice. Concept and Content', *European Economic Review*, 32, 269—294.

Sen, A. K. (1990). 'Welfare, Freedom and Social Choice: A Reply', *Recherches Economiques de Louvain*, 56, 451—485.

Sen, A. K. (1991). 'Welfare, Preference and Freedom', *Journal of Econometrics*, 50, 15—29.

Sen, A. K. (1993). 'Markets and Freedoms: Achievements and Limitations of the Market Mechanism in Promoting Individual Freedoms,' *Oxford Economic Papers*, 45, 519—541.

Sened, I. (1991). 'Contemporary Theory of Institutions in Perspective', *Journal of Theoretical Politics*, 3, 379—402.

Shepsle, K. A. (1979). 'Institutional Arrangements and Equilibrium In Multidimensional Voting Models', *American Journal of Political Science*, 23, 27—59.

Shepsle, K. A. (1986). 'The Positive Theory of Legislative Institutions: An Enrichment of Social Choice and Spatial Models', *Public Choice*, 50, 135—178.

Shepsle, K. A. (1991). *Models of Multiparty Electoral Competition*, Chur: Harwood.

Shepsle, K. A. (1992). 'Congress is a 'they', not an 'it': Legislative Intent as Oxymoron', *International Review of Law and Economics*, 12, 239—256.

Shiner, R. A. (1992). 'The Acceptance of a Legal System', in: D. M. Patherson (ed.) *Wittgenstein and Legal Theory*, Boulder: Westview Press, 59—84.

Shubik, M. (1982). *Game Theory in the Social Sciences. Concepts and Solutions*, Cambridge: MIT Press.

Shue, H. (1975). 'Liberty and Self-Respect,' *Ethics*, 85, 195—203.

Smith, R. M. (1988). 'Political Jurisprudence, the "New Institutionalism", and the Future of Public Law', *American Political Science Review*, 82, 89—108.

Steiner, R. W. (1988). 'Political Jurisprudence, the "New Institutionalism", and the Future of Public Law', *American Political Science Review*, 82, 89—108.

Steiner, H. (1983). 'How Free: Computing Personal Liberty', in: A. Phillips-Griffiths (ed.), *Of Liberty*, London: Cambridge University Press, 73—89.

Steiner, H. (1994). *An Essay on Rights*, Oxford: Blackwell.

Sugden, R. (1998). 'The Metric of Opportunity', *Economics and Philosophy*, 14, 307—337.

Suppes, P. (1987). 'Maximizing Freedon of Choice: An Aixiomatic Analysis', in: G. R. Feiwel (ed.), *Arrow and the Foundations of the Theory of Economic Policy*, Basingstoke: Macmillan, 243—254.

Suzumura, K. (1991). 'Alternative Approaches to Libertarian Rights in the Theory of Social Choice', in: K. J. Arrow (ed.), *Issues in Contemporary Economics. Vol. 1: Markets and Welfare. Preceedings of the Ninth World Congress of the International Economic Association, Athens, Greece*, Basingstoke: Macmillan, 215—242.

Suzumura, K. (1996). 'Welfare, Rights and Social Choice Procedure: A Perspective', *Analyse & Kritik*, 18, 20—53.

Swanton, Ch. (1992). *Freedom. A Coherence Theory*, Indianapolis: Hackett Publishing Company.

Taylor, M. (1976). *Anarchy and Cooperation*, London: John Wiley.

Toylor, Ch. M. (1979). 'What's Wrong with Negative Liberty', in: A. Ryan (ed.), *The Idea of Freedom*, Oxford: Oxford University Press, 175—193

Taylor, Ch. M. (1994). 'The Politics of Recognition', in: Ch. M. Taylor, *Philosophical Arguments*, Cambridge: Harvard University Press, 225—256.

Thaler, R. H. and H. M. Shefrin (1981). 'An Economic Theory of Self-Control', *Journal of Political Economy*, 89, 392—406.

Thelen, K. and S. Steinmo (1992). 'Historical Institutionalism in Comparative Politics', in S. Steinmo, K. Thelen, and F. Longstreth (eds.), *Structuring Politics: Historical Institutionalism in Comparative Analysis*, Cambridge: Cambridge University Press, 1—32.

Tsebelis, G. (1990). *Nested Games. Rational Choice in Comparative Politics*, Berkeley: University of California.

Van Parijs, Philippe (1995). *Real Freedom for All. What (If Anything) Can Justify Capitalism?* Oxford: Clarendon.

Von Neumann, J. and O. Morgenstern (1994/1990). *Theory of Games and Economic Behavior*, Princeton: Princeton University Press.

Watkins, J. W. N. (1968). 'Methodological Individualism and Social Tendencies', in: M. Brodbeck (ed.), *Readings in the Philosophy of the Social Sciences*, NewYork: Macmillan, 254—269.

Weibull, J. W. (1995). *Evolutionary Game Theory*, Cambridge: MIT Press.

Weinberger, O. (1991). *Law, Institution and Legal Politics. Fundamental Problems of Legal Theory and Social Philosophy*, Dordrecht: Kluwer Academic.

经济学术译丛

当代制度分析前沿系列

自然正义

[英] 肯·宾默尔 (Ken Binmore) 著
李晋 译
韦森 马丽 审订

上海财经大学出版社

图书在版编目(CIP)数据

自然正义/(英)肯·宾默尔(Ken Binmore)著;李晋译;马丽,韦森审订.一上海:上海财经大学出版社,2010.1

(经济学术译丛·当代制度分析前沿系列)

书名原文:Natural Justice

ISBN 978-7-5642-0650-5/F·0650

Ⅰ.自… Ⅱ.①宾…②李… Ⅲ.①经济学:哲学-研究 Ⅳ.①F0-02

中国版本图书馆 CIP 数据核字(2009)第 204298 号

□责任编辑 吴晓群

□封面设计 周卫民

ZIRAN ZHENGYI

自 然 正 义

[英] 肯·宾默尔 (Ken Binmore) 著

李 晋 译

韦 森 马 丽 审订

上海财经大学出版社出版发行

(上海市武东路 321 号乙 邮编 200434)

网 址:http://www.sufep.com

电子邮箱:webmaster @ sufep.com

全国新华书店经销

上海第二教育学院印刷厂印刷

上海远大印务发展有限公司装订

2010 年 1 月第 1 版 2010 年 1 月第 1 次印刷

890mm×1240mm 1/32 11.75 印张 304 千字

印数:0 001—4 000 定价:33.00 元

图字：09-2005-580 号
Natural Justice
Ken Binmore

“当代制度分析前沿系列”总序

林毅夫

这些年来我在各种场合经常讲中国经济现象是经济学研究的一个大金矿，研究中国的经济问题有可能产生一批世界级的经济学大师。我的信念源自经济理论的作用在于解释经济现象，其贡献的大小由所解释现象的重要性决定。在现代社会中，各国经济紧密相连，发生在世界经济中心的经济现象影响远大于发生在周边小国的现象。所以，自亚当·斯密出版《国富论》，经济学成为一门独立的社会科学以来，世界级的经济学家大多先后产生于作为世界经济中心的英国和美国。中国的经济规模很有可能在21世纪30年代超过美国，中国将有可能逐渐成为一个新的领导经济学思潮的国际中心。如果我的乐观预测是正确的，中国经济学界的第一个诺贝尔经济学奖获得者，最有可能是来自于从事制度经济学研究的经济学家。

从工业革命开始西方殖民强权兴起，亚、非纷纷继拉美之后沦为殖民地。20世纪初民族自决风起云涌，到了第二次世界大战之后，亚、非、拉被殖民国家终于迎来了民族解放，开始了独立建国后的追赶发达国家的努力。但是，除了东亚的日本和几条小龙外，世界上绝大多数发展中国家和地区不但没有赶上或缩小与发达国家的差距，而且，这个差距还不断在扩大，到2001年底，世界人口总数为61.3亿人，中低收入国家和地区的人口占了81.5%。怎样缩小，甚至赶上发达国家仍然是当今世界最大的经济问题之一。

根据 Robert Solow 在 20 世纪 50 年代提出的新古典增长理论，发达国家和发展中国家可以采用同样的技术来生产，发达国家资本较多，资本的报酬较低，那么，发展中国家会有比发达国家更高的资本积累，取得更快的经济增长，两者的人均收入差距应该逐渐缩小；然而，许多发展中国家经过三四十年的努力，并未取得预料中的快速增长。由于新古典增长理论不能解释发达国家和大多数发展中国家收入差距的持续扩大，Paul Romer 和 Rober Lucas 在 20 世纪 80 年代提出了内生增长理论，认为一个国家的技术创新速度是由人力资本积累、研究和开发、“干中学”等因素内生决定的；发达国家在这些方面的投资多于发展中国家，因此，技术变迁较快，避免了资本的边际报酬递减，使发达国家经济保持持续增长，并且拉大了和发展中国家的收入差距。然而这个理论也有缺陷，韩国、中国台湾、中国香港特别行政区、新加坡以及后来加入的中国等亚洲新兴工业化经济，在 20 世纪最后 30 年间取得了超乎寻常的经济增长，赶上或大大缩小了和发达国家的差距，但是，这些国家或地区在追赶时期并未在内生增长理论所强调的因素上比发达国家有更多的投资。到了 20 世纪 90 年代末，以哈佛大学的 Dani Rodrik、Andrei Shleifer 和 Daron Acemoglu 等为首的一批经济学家，开始把眼光从资本积累和技术创新转移到制度问题上来，试图从市场的效率、政府干预、腐败的程度等制度因素来解释发展中国家发展绩效的差异。〔1〕

制度对经济发展的重要性从我国改革前后的经验可以得到印证。主流经济学家间对于市场和政府这两个最重要的制度应该如何发挥各自的作用的认识并没有多大分歧。以世界银行和国际货币基金组织等国际发展机构为主的经济学家，根据主流经济学的认识提出了“华盛顿

〔1〕 有关这方面的文献回顾请参见林毅夫和刘明兴为 2003 年 5 月 21～22 日在印度举行的第 15 届世界银行年度发展经济学会议所准备的论文《发展战略，自生能力和落后地区的发展挑战》。英文稿可从北京大学中国经济研究中心讨论稿网页下载。

共识",并从20世纪80年代初起,以此共识来推动绝大多数发展中国家的经济改革。可是,根据世界银行的一位经济学家William Easterly的研究,1960～1979年间发展中国家人均国民生产总值的年均增长率为2.5%,进行了改革后的1980～1998年间增长率反而下降为0.0%[1]。因此,Easterly将20世纪80年代和90年代称为"迷失的年代"。

"迷失的年代"的出现反映了经济学家虽然已经认识到了制度的重要性,但是对制度是怎么形成的,以及怎么作用于经济的了解远远不足。西方主流的经济学是以有效的市场制度为前提建立起来的,直到20世纪60年代以Ronald Coase、Douglass North、Armen Alchain、Harold Demsetz、Oliver Willimson、张五常等为代表的"新制度经济学派"出现以后,主流经济学家才越来越多地将制度作为一个内生变量来研究。然而,发达国家本身的制度已经相对成熟、稳定,少有值得研究的大的制度变迁。从发达国家和发展中国家的制度差异来研究,对于生活、工作在发达国家的经济学家来说,则又受到文化、历史知识的局限,不易把握问题的实质。所以,制度的研究,尤其是一个发展中国家的制度结构如何向一个现代化的市场经济制度体系演进的研究,是一个有待突破的重要领域。

我国从1949年新中国成立以来,经历了从落后的市场经济向计划经济转变、又从计划经济向完善的市场经济转型的经验,等于将发达国家需要几百年时间完成的制度变迁压缩在半个世纪里完成,而且,当中还增加了一个非市场经济制度的实验。这些大的制度变革脉络清晰,影响显著,资料易得,不仅可以用来检验现有制度经济学的前沿理论假说,而且,可以从中提炼出许多新的理论来解释制度的形成和发挥作用的机制。中国的经济学家在了解中国的社会经济现象上有"近水楼台

---

〔1〕 William Easterly. *The Lost Decades: Developing Countries' Stagnation in Spite of Policy Reform 1980－1998*. paper prepared for the Global Development Network meeting in Cairo, February 2001.

先得月”的优势，研究这半个世纪以来中国社会经济变革的成败经验，既是关心中国未来命运的当代中国经济学人的使命，也是中国经济学家最有可能对当代经济学做出巨大贡献的领域。

1995年我曾写了一篇“本土化、规范化、国际化”的文章祝贺《经济研究》创刊40周年，强调本土问题的研究，必须置于国际学术界对同一问题的研究中已经取得的成果的基础之上，才能了解自己的研究对知识增量的贡献在何处，同时也必须按国际学术界前沿的分析方法来表述，才能取得国家学术界公认的成果，对国际学术思潮的发展产生影响。这些原则在制度问题的研究上同样适用。

自20世纪60年代以来，当代西方经济学界的制度研究，除了以交易费用为分析工具的“新制度经济学派”外，还出现了以 Kenneth Arrow、Frank Hahn、Joseph Stiglitz 和 George Akerlof 等一批当代新古典主流经济学家，或使用一般均衡的分析方法，引进交易费用，或从信息的不对称、克服道德风险的角度来研究制度的作用和选择。这一派学者多是一些建立数理模型的高手，文章大多发表在世界顶尖的经济学期刊上。第三个流派是以博弈论，尤其是90年代中后期发展起来的演化博弈论为工具的制度分析，主要代表人们有 Ken Binmore、H. Peyton Young、Robert Sugden、Avner Greif 等。每一个特定的制度安排都是社会中人们共同接受的制约彼此互动行为的一套规范，它的变革又都是在一定的制度结构、发展阶段当中发生，所以，这一流派凭其分析工具之利，最有可能在制度研究上开拓出一片宽广的天地。

1987年我从美国回国之前为了了解经济改革的实质意义，曾经花了一段时间阅读新制度经济学和 Kenneth Arrow、Joseph Stiglitz 等新古典主流经济学家有关制度的论著，后来根据我的读书心得以及对政府在制度变革中作用的分析，写了一篇“An Economic Theory of Institutional Change: Induced Change and Imposed Change”发表于 *Cato Journal* 上。中文译稿几经周折以“论制度和制度变迁”为名在国内发表。其后,制度分析成为国内经济学界的一个热门课题,国外的著作纷纷被译成中文,科斯、诺思成为国内经济学界耳熟能详的名字。不过到目前为止,引进到国内来的主要是“新制度经济学”的论著,对于新古典主流和博弈论这两个流派的制度分析文献,国内学术界仍然知之甚少。国内有丰富的制度分析的素材,国内年轻的本科生和研究生在数理工具的学习上有先天的优势。掌握这两个流派的研究成果,并以这两个流派的分析工具来从事国内丰富的制度变迁经验的研究,将会是我国经济学人进军国际经济学术殿堂的一条大道。

复旦大学经济学院的韦森(李维森)教授最近倡议翻译出版一套“当代制度分析前沿系列”,引进近几年西方几家著名出版社出版的博弈论和新古典主流制度分析的经典名著,以推动我国经济学界在制度经济学的研究和分析上再上一个台阶,并邀我为这套丛书写一个总序,我欣然答应。韦森君在国外攻读博士学位期间即已潜心研究当代制度分析的前沿各家论述,后来到英国剑桥访问期间更广泛收集了各个主要学术期刊上的制度分析经典文献。现在,这套丛书经他的策划,即将陆续由上海财经大学出版社出版,这是韦森君为我国经济学界所做的一个新贡献,也是我国经济学界的一件盛事。

译书要做到“信、达、雅”是一件辛苦而又充满挑战的工作。韦森君在教学、研究之余,笔耕不辍,随笔文学隽永,发人深省,译著信、雅、达兼备,有上世纪初的译者之风,是主持翻译这套丛书最合适的人选。作为一位关心中国经济学科成长的学者,我感谢韦森君及这套丛书的诸位译者、校者的努力,也期盼这套丛书的读者有志一同,为中国制度经济学的研究走向国际经济学思潮的前沿而努力。

2003年5月18日
于北京大学朗润园

前　言

1984年底，我接到一个邀请，是去加拿大的某个著名的学术会议发表演讲，主题是社会选择，我冲动之下答应了下来。从我的研究履历来看，我的研究与这个主题并没有任何相关，于是我就立即着手写了一篇关于该主题的论文。在此之前，对于社会选择这个主题，我也只有过一些零星的思考。

约翰·罗尔斯(John Rawls)在他的著作《正义论》一书中，提出了一个假想的场景，就是一个社会的所有公民在一起聚集商议，要规划出一个新的社会契约。罗尔斯建议，公民们达成一致的这个社会契约，为了保证它是公正的，只有当公民们在这样的讨价还价中都把自己的身份隐藏在无知状态下才行。这样一来，每个公民都有同样的理由害怕，如果最终达成的这个契约偏离公正的话，自己就有可能成为这种不公正的受害者了。我的想法是，可以把阿里尔·鲁宾斯坦 (Ariel Rubinstein)最近创新的"理性议价理论"(theory of rational bargaining)应用到这个由"罗尔斯的无知之幕"(Rawlsian veil of ignorance)所产生的协商问题中来。

四周之后的某天早晨，我到达那个学术会议，并宣讲了我这篇论文，而参会的那些听众对我而言，大都是陌生人。在我的演讲结束后，有一个高个的绅士从座位起身，自我介绍说他就是约翰·罗尔斯。尽管我当时是在这个自己不熟悉的题目上即兴而讲，但罗尔斯却非常熟悉这个主题，他对我当时的演讲给予友好评价且超过了他的责任所在。

尤其是我现在知道,他在那时已经对把经济学理论作为研究政治哲学的工具失去了信心。尽管这样,他自始至终对我的鼓励使我觉得,我有必要把一些过去留下的哲学观点的零散资料理清,以整理成可发表的文字。

1994 年,当我在整理这些零散资料时,这个过程几乎把我推向绝望,因为我在一次次试图为一个研究公平规范的科学理论建立一些合宜的基础时,这样的尝试让更多的新的细枝末节冒出来,这些却是我之前根本没有料到的。如果有人曾经试图理解伊曼纽尔·康德(Immanuel Kant),他一定也有过这样的感觉,就是这其中有太多的挣扎。我曾经把密歇根大学图书馆里可以找到的康德的每一本著作都拿来阅读,尝试弄清楚罗尔斯所坚称的东西——他只不过是在把康德的一些定言命令(categorical imperatives)进行了处理。然而,这样的努力仅仅显明了自我的拯救。我最终还是意识到了一点,就是我当时就像是在读一个国王写下的作品,在这个国王身上,除了装饰着其佶屈聱牙的散文体之外,就是一丝不挂。

康德从来没有为他自己的观点提供任何真诚的辩护——即使是在他的《道德的形而上学基础》里也没有。他的定言命令只是一种辞藻华丽的说法,表达的意思其实就是民间谚语,如同我母亲有一句出名的劝诫,即,"要是每个人都那样做的话,世界会怎样啊?"而如果有人会对这句话持有保留意见,那么他就是不道德的。康德主张,人们应该出于理性的原因去遵守这个原则。这个观点却是凭空设想的。然而康德仍旧被普遍看作人类历史上最伟大的道德哲学家。有没有可能是他之所以获得这个道德哲学家的声誉,其实只是因为他比其他人更早发现了囚徒困境中的谬论之一呢?

如果不是因为我曾经在伦敦经济学院的数学系担任过系主任,还有机会和卡尔·波普(Karl Popper)有过一些接触的话,我将有可能会觉得以上那种提议是非常无理而且不需要认真考虑的。我不能说我觉得波普的举止行为很有魅力，但人们还是需要去读一读他从柏拉图(Plato)的《理想国》(*Republic*)中摘录的内容。读过以后，你就会发现波普在他的《开放社会及其敌人》(*Enemies of the Open Society*)一书的论点是正中要害，他拒绝承认一个大家都接受的观点，即人们普遍把柏拉图当作理性自由主义(rational liberalism)的创始人，波普认为，这样的观点与柏拉图真实相信的东西不相符。用当代语言来表达，柏拉图是一个法西斯分子，他认为我们都需要有这样一个领袖，如果没有这个人的许可，人们连"起床、走动、洗漱或吃饭"都不可以！如果哲学的学问可以把如此这样一种尚未成熟的专制主义(adolescent authoritarianism)转变成一种公民辩论的模式，那它岂不同样可以帮助康德逃避归纳推理的规则吗？

我那些学数学的朋友和同事都帮不上忙，因为他们所接受的逻辑训练使得他们比我更早丢弃了康德。于是我开始用自己的一些异端思路来分析这些哲学家。那些愿意与我交谈的哲学家，我把他们分为三类。第一类哲学家认同定言命令为的是促进囚徒困境中的合作。他们排斥博弈论，认为博弈论有误导而且是不相关的。第二类哲学家解释说，康德对一个公理和普世法则的概念化太过微妙，以至于针对在囚徒困境中的合作是不是理性的这个问题，并不能给出一个绝对的"是"或"不是"的答案。但是，我自己还是比较能和第三类哲学家气味相投，他们告诉我应该去读读大卫·休谟(David Hume)的著作。

读休谟著作的时候，不能说我立刻就意识到了他真的配称为历史上最伟大的道德哲学家。与大多数人一样，我承认他是最懂得使用英语语言文体的人之一，他文笔上的精湛足以遮蔽我对他天才的创造性的欣赏。他的文笔就像是在和你进行日常对话，他如果在今日，可以向在公交车上遇到的任意一个人在闲谈中解释量子物理，而不会让谈话的另一方感到不适。但人们倾向于用商品的价格来衡量它的质量，这个趋势竟然也潜入了哲学界。如果我们要花这么多时间来费力搞懂康德，这个就一定可以作为对他的思想的深度和原创性的度量吗？相比来说，休谟的洞见是不是就显得比较低廉呢？

然而，作为一个博弈论学者，他应该从一开始就知道，休谟最先发明互惠利他主义——他第一个认识到，在对于了解人类社会怎样运作的问题上，目前博弈论研究的均衡思想是至关重要的。他很清楚人们需要从演化中寻找均衡选择问题的解——这个结论是当代博弈论理论家在 50 年毫无进展的尝试后才得出的，这些博弈论学者花了这么长的时间，为的是要通过发明一些阳春白雪的康德式的对理性的定义来解决均衡选择中的困难。休谟甚至还预见到当代博弈论学者会把法律改革看作机制设计中的一个问题。

阅读休谟的著作，让我有勇气甩掉康德的形而上学的流毒，为罗尔斯关于人类公平标准的有力的直觉寻找一些自然主义的基础。我自己从数学家转向经济学家的背景，也让我可以在一个理想的位置，用冯·诺依曼(Von Neumann) 和摩根斯坦(Morgenstern)发明的博弈论的语言，把罗尔斯的雏形思想转换成简单的数学模型。

这项工作的时机很成熟，因为汉密尔顿(Hamilton)、梅纳德·史密斯(Maynard Smith)和其他一些人也已经把博弈论的语言应用到了演化生物学上，帮助人们理解家庭在人类道德演化中的作用。在很长的一段时间里，我一直觉得有必要建立一个关于效用的人际间比较(interpersonal comparison of utilities)的理论，但当我意识到，罗尔斯的平等主义理论(egalitarianism)与约翰·哈森伊(John Harsanyi)的功利主义理论(utilitarianism)之间的差距并不像看起来那样大时，我原来那个问题就自动消解了。一旦我把哈森伊关于人际间比较的形而上学的理论重新用自然主义的术语来阐释，再把它放进一个罗尔斯式的过滤器中，我就得到了一个关于公平的配方，而且非常接近生理学上的平等法则。对于这个法则，人们已经在实验室里找到了一些实证的支持。

当我要把这些材料整理成可发表的文字时，整个过程简直成了一场噩梦。几乎我所说的每个观点对有些人而言都会引起争议，所以我的基本框架需要很精确。但是，我怎么可能对一些没有受过数学训练的人来做精确的解释呢？最后，我还是妥协了，写出两卷本的《博弈论与社会契约》(*Game Theory and the Social Contract*)，由麻省理工学院出版社出版了。在这本书里，尽管我把一些公式简化，尽量使它们最少化，但还是有大段大段的说明性文字，甚至我还自由地使用到一些数学公式。

《博弈论与社会契约》的第一卷《公平博弈》(*Playing Fair*)是1994年出版的，在这本里，我借着澄清一些广为人们接受的经济学理论的错误思想，来做一些清理的工作。例如，在第三章里，我列出我遇到过的所有关于囚徒困境的谬论，并对每一个在推理上犯错误之处一一做了详细的解释。在第二卷《公正博弈》(*Just Playing*)于1998年出版之前，中间还有一段时间的耽延，我在第二卷中写的是这个理论的重头。在第一卷和第二卷出版期间，我阅读了大量人类学、生物学、经济学、哲学和心理学的著作，比我之前读的康德的著作要多得多。这段经历后来让我获益匪浅，不过每次当我知道还有一整块文献是我之前不了解的，我承认自己总会觉得有些灰心。

不像大卫·休谟的第一本伟大著作太具充分的原创性而导致"刚出版就流产"〔1〕，这本《博弈论与社会契约》卖得却很好。不过，这本书并不是写给广大普通读者的。它是一本学术书籍，有冗长的注脚，以及为澄清一些突兀的论点而加上的边注。就像其他此类的书一样，这本书讨论一些边缘相关的文献，为的是希望批评家卸下他们的批评，否则他们一定会质疑作者的学术资历。最糟的可能是那些方程式——按斯蒂文·霍金(Stephen Hawking)的估计，每一个方程式大概会让一半的读者读不下去了。

---

〔1〕 指休谟的《人性论》第一次出版时，销量极少，不为世人所关注。——译者注

我写这本《自然正义》，是为了尝试将自己的一些想法带给更广泛的读者群体。之前出版的《博弈论与社会契约》给予我充分的自由度，可以采用一些流行的科学书籍的写作规范而不觉得忐忑不安。在《自然正义》一书中，我毫无保留也毫无架势地呈现我的一些学术假想。其中的一些观点并没有加以证明，但我用一些例子对它们进行了阐释。在这里，我很少引用学术文献作为参考。最重要的是，这里没有代数方程式。如果霍金的估计是对的，我从《博弈论与社会契约》一书中每删去一个方程式，我的读者就多一倍，那么我可能会成为历史上最成功的作者了！

不过，如果《自然正义》一书至少可以让一些人转而认同一个观点，那就是，关于公共道德和政治改革的争论不必仅仅局限在那些假冒的哲人王之间进行——他们所做的只是继续为柏拉图做注脚，如果可以做到这一点，那我就心满意足了。过去2 000多年中，像这样的道德权威使我们一事无成，而且将来也不会有什么进展。当然，我们现在对人性已经有了足够的认识，可以开始把我们的注意力放在对社会的期望上，因为这个社会还是可以有所作为的。

最后，我要感谢所有曾经帮助过我出版这本书的人，尤其是约翰·威马克(John Weymark)和特里·沃恩(Terry Vaughn)，他们对这本书的信心，一直是对我的安慰和支持。

肯·宾默尔(Ken Binmore)
于威尔士蒙默思郡(Monmouth, Wales)

目　录

“当代制度分析前沿系列”总序　林毅夫/1

前　言/1

1　道德科学/1

1.1　演化伦理学/3
1.2　恶意诽谤/4
1.3　社会契约/6
1.4　稳定/10
1.5　效率/13
1.6　公平/25
1.7　改革/31

2　讨价还价/35

2.1　现实中的讨价还价/37
2.2　会面博弈/38
2.3　议价问题/40
2.4　纳什讨价还价解/43
2.5　效用的人际间比较/46
2.6　社会指数/49

2.7 功利主义的讨价还价解/50
2.8 平等主义的讨价还价解/53
2.9 功利主义对平等主义/55
2.10 强制实施/56
2.11 文化的演化/57
2.12 毫无意义？/61

3 主义之争/63
3.1 甚嚣尘上/65
3.2 经验主义/66
3.3 自然主义/74
3.4 相对主义/83
3.5 还原主义/92
3.6 不要灰心！/95

4 均 衡/99
4.1 发明对与错/101
4.2 玩具博弈/102
4.3 合作与冲突/103
4.4 混合策略/107
4.5 囚徒困境/109
4.6 多重均衡/116
4.7 纳什要价博弈/125
4.8 超越均衡行为/128

5 互 惠/131
5.1 针锋相对/133

5.2　无名氏定理/136
5.3　惩罚/141
5.4　谁来监管监管者？/145
5.5　突发现象/147
5.6　令人厌恶的行为/152
5.7　所有人的自由？/156

6　责　任/159
6.1　善、正当和适当性/161
6.2　权利/163
6.3　乔装打扮/166
6.4　道德责任/167

7　亲缘关系/175
7.1　同情心/177
7.2　亲缘选择/178
7.3　社会性昆虫/183
7.4　修正汉密尔顿规则？/188
7.5　学习得到一个均衡/191
7.6　家庭的扩展/193
7.7　助人为乐/194

8　同理心/197
8.1　同理心偏好/199
8.2　感同身受/200
8.3　效用/204
8.4　人际间的效用比较/211

8.5　同理心偏好的演化/217

9　黄金法则/223

9.1　古今圣贤/225

9.2　狩猎者和采集者/227

9.3　机制设计/235

9.4　黄金法则的一个起源？/241

9.5　强制实施/247

10　功利主义/251

10.1　约翰·哈森伊/253

10.2　空中吊车？/255

10.3　至善/257

10.4　政治的合法性/258

10.5　原初状态的讨价还价/261

10.6　社会演化/268

10.7　功利主义的正义如何运作/270

10.8　一个食物共享的例子/273

10.9　亲戚关系/274

10.10　功利主义有何不可？/277

11　平等主义/279

11.1　原罪/281

11.2　平等/281

11.3　罗尔斯的差别原理/284

11.4　幻想中的硬币/286

11.5　公平的社会契约/290

11.6 平等主义如何可能/296
11.7 无信任的交易/298
11.8 社会指数和情景/302
11.9 市场/308

12 有计划的分权/311
12.1 第三条道路？/313
12.2 辉格党原则/314
12.3 为什么分权？/318
12.4 为什么要计划？/320
12.5 设计一种社会机制/324
12.6 改革一个社会契约？/329
12.7 未尽的事业/332
12.8 一个完美的共和国？/336

参考文献/338

译后记/344

1◉

道德科学

那些了解狒狒的人，可以对形而上学做出比约翰·洛克(John Locke)还大的贡献。

——查尔斯·达尔文(Charles Darwin)

1.1 演化伦理学

我们应该以什么为目标？我们在其中的责任是什么？我们应该怎样生活？诸如此类问题已经讨论了数千年，但收效甚微，这使得道德哲学家普遍承认，他们所有努力的总和，只能作为给柏拉图的一个脚注。在这么长的时间内，道德哲学的成就怎么会如此之少呢？

我认为，传统的道德哲学之所以裹足不前，是因为问错了问题。如果道德是与人类一起演化的，那么，去追问我们应该怎样生活这样的问题，就与追问什么动物应该存在、我们应该说哪种语言等类似问题一样，没有太多意义。

那些持相反意见的大师所声称的权威(authority)是无中生有。他们不过是一些道德绝对者，与给我们送报纸的报童一样，对于实体世界(noumental world)[1]也缺乏认识。如同我们其他人一样，他们的直觉(intuitions)实际上是从对那些指导我们道德行为的真实规则(real rules)的观察中获得的。这不是我们用来教育孩子的一些完全荒唐、不切实际的道德原则，否则孩子们很快就学会把这类教导归为类似圣诞老人和牙仙的故事一类。任何一个父母都知道，除非自己言行一致，否则对孩子的说教就是在浪费时间。

真正支配我们行为的道德法则(moral rules)是由很多要素构成的，包括本能(instincts)、习俗(customs)，以及那些比传统学术的理解

〔1〕 康德将世界区分为现象世界(phenomenal world)和实体世界。

更为世俗同时更复杂得多的惯例(conventions)。在很大程度上,这些都被演化的力量——有社会性的也有生物性的——所型塑。如果有人想通过寻求怎样提高“善”(the Good)或者保持“正当”(the Right)来研究这些法则,是行不通的。相反,他必须追问这些法则是怎样演化的,以及为什么可以继续存在下去。也就是说,我们需要把道德视为一门科学去研究。

1.2 恶意诽谤

从演化的视角才能最好地理解道德,这个想法一直可以追溯到查尔斯·达尔文,但后人对达尔文的众多洞见中这个最具争议的观点的发展却异常缓慢。人们是如此不愿意放弃对于道德的传统思考方式,以至于他们积极地在这条路上为那些更喜欢探求的人们设置了这样或那样的障碍,或挖苦,或歪曲他们的观点。

当一伙早期假冒的道德家(would-be moralists)出现时,这样的攻击就明显地可以看出来,他们宣称应该允许强者去践踏弱者,因为适者生存。哲学家摩尔(G. E. Moore)公开讽刺他们的观点,称其为“我们应当往演化的方向前进,仅仅就是因为那是演化的方向”。尽管这种将达尔文主义视为目的论(teleologyical)的看法明显是荒谬的,然而这个令人不悦的信条现今被冠以“社会达尔文主义”(Social Darwinism)之名,其目的是败坏任何人在同一个句子中使用“演化”(evolution)和“伦理学”(ethics)的词汇的资格。对爱德华·威尔逊(Edward Wilson)的生物社会学 (Sociobiology)的批评就是这样一种恶意尝试。这种尝试非常成功,并且使得此理论的后继者现在更偏向于自称为“行为生态学者”(behavioral ecologyists)或“演化心理学者”(evolutionary psychologists),而不愿被指责为“生物社会学法西斯主义者”(sociobiologyical fascists)。

对于此类恶意诽谤同样敏感、脆弱的反应，可以在机场附近书店的大量关于演化理论的流行书籍中找到。这类书籍通常是提出证据证明，我们的精神和肉体是从简单生物形态演化来的，而其论证技巧之高妙，使人怀疑那逐渐减少的一小群坚持说演化仅仅是一个理论的人是不是出于真诚。但是，当涉及演化伦理学时，流行作家的雄辩就干涸了，人们通常开展的主题就只剩下用一些无异议的陈词滥调来收尾了。

纵然我想，却也没有可能如履薄冰地这样去做。如果人们都认真对待我所说的，我知道自己将因此四面受敌，被当作无知的只会讲"就是这样的"故事的人。诚然，人不能把人类道德描述成如同寄生虫矛形双腔吸虫(dicrolium dendriticum)或者切叶蚁新生的生殖蚁交配(acromyrmex versicolor)的生命循环中那样的可信，但是这个主题的重要性的确允许建立在一定知识的推断上。毕竟，当宇宙学家推测宇宙的绝大部分是由根本不能直接证明的暗能量和暗物质所组成时，没有人会对此提出抱怨。那为何当以同样的推理过程研究道德时，这样的努力会被禁止？我认为，这正是因为道德和宗教的狂热者，将此视为对于他们伪造出来的权威来源(spurious sources of authority)的挑战。

无论如何，我试图把演化的基本事实(basic facts of evolution)作为理所当然的前提，直面这些不可避免的贬责之语，将整本书致力于一条持续的主线，即对根植于我们人类正义的概念(notions of justice)中关于人类公平标准(human fairness norms)演化起源的推想。

我过去花费了很多精力在数学建模这个方向进行探索，但是，这本书却没有用到任何代数。既没有比较重的哲学化倾向，也没有学术参考目录和知识性的旁白解释我为什么与其他学者不同。我的计划是尽可能无愧地继续讲我的故事。如果有人对此非常感兴趣，可以在我的两卷本的《博弈论与社会契约》里找到本书旁注中提到的文献，作为参考。

1.3 社会契约

“社会契约”指的是一个社会的公民用以协调(coordinate)他们的行动的一套共同认识(a set of common understandings)的集合。

这些共识或惯例组成的某个社会契约可以是多种多样的。从我们在正式宴会上所使用的少有人了解的各式各样的餐桌礼仪,到我们给钱包里那些画有总统头像的绿色纸片所赋予的重要性;从我们该怎样在拥挤的交通中驾驶车辆的规则,到我们所说语言中词汇的含义;从对某些食物或者对性的禁忌,到对于荣誉公民应该达到怎样的正直、诚实的标准;从变幻莫测的流行趋势,到人们拥护的保障财产权利的个人所有权的标准;从我们认为在旅馆里付多少小费合适,到在哪些情况下我们会对于别人的权威顺服;等等。

在以上列出的这些成对出现的例子中,看起来更为深刻的那一个,通常被解释为是从道德的铁律(iron laws of morality)引申而来的,源自某种不可言说的起源(an ineffable source),要对其做更深入的探究,是不被提倡的。但是我认为,在这些对偶中,琐细的与深刻的例子之间,两者的区别仅仅是程度上的不同。除了我们的基因中的编码之外,不存在铁一样的定律法则。就像小说里周游小人国的格列佛(Gulliver)一样,我们仅仅是被自己持有的如同千丝万缕的蛛网般的信念和观点束缚住了。

每个人都相信,这个观点可以适用于时尚和礼节,在这个领域,规则瞬息万变,快到足以将落在潮流后面的人(outsiders)与紧跟潮流的人(insiders)分开的地步。将这个观点应用于饮食禁忌的话,或许有人会持相反意见,但是,我们中的绝大多数人都完全明白,如果让我们成长在其他社会,我们可能不愿意吃掉一头牛或者一头猪,就如同我们现在不愿意吃掉一条狗或一只毛毛虫一样。有关性行为的规范尤其不稳定。在尼日利亚，一个犯有通奸罪的妇女可以被石头打死，然而在美国比华利山庄[1]一带，一个女子如果被发现是守身如玉，反而有可能遭遇社会排斥的风险。

同样，诚实和公平行事在不同的社会也有不同的标准。关于存在普世标准的神话，即使从一开始也说不通。我们自己甚至都认为，在不同的情景之下就应该使用不同的标准。例如，你知道同事在纳税申报单上作假，你是否会公开揭发他呢？但是，如果是他伪造科学实验报告中的结果呢？

确实，我们有些文化惯例被法典化为法律，但是现代社会的法律体系和宪法是否与某个社会契约相关，只取决于它们是不是在现实中真正得到遵守。如果行贿受贿被认为是习以为常的，那么行贿受贿行为就是这个社会契约的一部分——无关乎法律怎样规定。

就宪法的权威而言，我们所有人都应该会很高兴地愿意享受按照苏联的宪法所保障的公民权利。就连教皇、总统、国王、法官或警察，这些社会中行使职务的，都不能被排除在这个社会契约的约束之外。他们的角色不是强制社会契约的施行，而是从这样一个社会惯例中获得权力，这个社会惯例规定普通市民必须接受他们的管理。如果这些执法者被忽视，就像交通信号被那不勒斯市民忽视一样，他们也将对此完全无能为力。

社会契约如何工作？

是什么将一个社会黏合在一起的？不是法律或宪法，这些仅仅是写在纸上的文字；不是国家的官员，他们不过是如同你我一样的人。那

---

〔1〕 Beberly Hills，比华利山庄，美国洛杉矶市靠近好莱坞的富人别墅区，成人色情娱乐业发达。——译者注

是因为我们持有的道德责任感吗？但就连小偷，其中也有人有类似的廉耻感。那是上帝吗？但有些社会契约是如此可怕，甚至原教旨主义者有时也对其产生怀疑。

在以上清单里没有合适的答案，因为我们提错了问题。一个稳定的社会契约不需要任何黏合剂。

陀思妥耶夫斯基(Dostoyevsky)的自传体小说《死屋手记》非常清晰地阐明了这一点。当描述自己作为沙俄专制集中营中一名政治犯的经历时，他写道，“这些人中绝大多数道德败坏并且彻底堕落。丑闻和流言从未停止过，这是地狱，灵魂的暗夜。但是没有人敢反抗这内生于监狱里、已经被接受的规则，所有人都屈服于它。进到监狱里来的人，都曾经离经叛道……都是曾经让整个村庄和城镇闻风丧胆的人……[但是]新来的罪犯……不自觉地屈服和融入了这里普遍的基调”。陀思妥耶夫斯基的狱友们不是因为道德原因而遵守在集中营中演化的社会契约，也不是出于对狱卒的惧怕，他们不知不觉地服从了这些规则，是因为如果他们不这样做，就会受到狱友的惩罚。

当提到惩罚时，人们自然首先想到的是将陀思妥耶夫斯基关入铁窗后的那种制度化的暴力。但那些阻止我们违背社会契约的惩罚，通常是如此轻微，以至于我们几乎都不会注意到。在我所在的国家，我发现，当我的邻居用微妙的肢体语言和词汇的渐变表达来暗示我、提醒我说，如果我不开始改变自己的行为方式，我当下的行为就有可能造成更多的社会排斥时，我都很难把握他的意思。一个人如此习惯于对当下作出适当的反应，而这类微小的、难以察觉的信号会自动转化为行为表征，甚至不需要有意识地控制。只有当发生在另外一个国家，个人在收到不熟悉的信号反馈而表现出失态时，这样一种机制才变得显而易见。

在大卫·休谟的隐喻中，社会契约能够彼此结合在一起，就像是只用石头不用灰泥所垒起的墙，或者是建造一座全是石头造的拱桥一样。每块石头与周围的石头相互支撑，不需要水泥或糨糊来黏合。在现代博弈论里,也表达了同样一个观点,那就是,一个稳定的社会契约中的规则,对于生活中的博弈,可以成功地基于均衡来协调我们的行为。在这种观念下,我们能够放弃对社会的研究,采取像那些中世纪哲学家为了解释各大行星是怎样围绕各自的轨道运行,而发明出类似天使那样的东西的研究。就像太阳系一样,我们的社会完全是自发运行。

本书很大一部分致力于探讨大卫·休谟所洞见的结论,他认为,可以将社会契约看作一种广泛的共识(consensus),它能在未被意识到(unrecognized)时起到协调我们彼此之间生活中博弈处于一个特定均衡的作用。正如休谟所解释的,“两个人在船上划桨时,是依据一种合同或协议而行事的,虽然他们彼此从未互相做出任何许诺。关于财物占有的稳定的规则虽然是逐渐发生的,并且是通过缓慢的进程,通过一再的经验到破坏这个规则而产生的不便,才获得效力,可是这个规则并不因此就不是由人类协议得来的……同样,各种语言也是不经任何许诺而由人类协议所逐渐建立起来的。同样,金银也是以这个方式成为交换的共同标准,而被认为足以偿付比金银的价值大出百倍的东西。”

那么,什么是均衡?如何用这个概念来概括休谟的宏大理论?一个社会怎样自己确定一个均衡而不是另外的某一个均衡?

写关于这个主题的文字,就像一个表演杂耍的演员,在手里要玩转几个滑溜溜的球的同时,还在被台下粗鲁的观众投掷烂蔬菜。评论家是极其没有耐心等你在空中一次接住一个球的,他们总是把你先搞定的那一个球当作整个理论的开始,这样他们就可以说你天真幼稚来反驳你,因为你没有照顾到其他球。

这一章和接下来的一章,我试图对急需解答的粗略的问题提供一些粗略的答案,以此来阻止这类草率的批评。首先,通过演化的方法来诠释社会契约,因此有必要区分社会契约的三个优先层面(levels of priority)。这三个优先层面是:

- 稳定(stability)

- 效率(efficiency)
- 公平(fairness)

一个社会契约必须是内在稳定的(internally stable),否则就无法维持。它必须是有效率的,否则就不能成功地与其他社会的社会契约竞争。传统的道德哲学几乎很少或者没有关注过这些问题,但我们应该发现,这些问题是弄清楚在第三个优先层面上所引发的一个问题的关键:社会契约怎样才是公平的?社会契约为什么要公平?

我知道在本书一开始的时候就写这样一个扩展开的导论是冒险的,势必会被批评者假定,我无法为在这里提出的主张提供细致的论述支持。但是,我将在以后的章节里逐步从这三个优先层面展开论述,细细佐证现在提出的论点。对于那些认为社会正义不可能存在自然起源的人,我奉劝他可能需要一点点耐心,因为我只有到第9章才会真正开始展开这个话题。

1.4 稳定

在《美丽心灵》这部电影上映后,人人都知道了约翰·纳什(John Nash),精神分裂症迫使他此后40多年一直处于学术界的边缘,但他在康复后却获得了诺贝尔奖。他被授予诺贝尔奖是因为在讨价还价理论上做出的贡献,以及在博弈论中建立了均衡的概念。在这部电影中做了一个无力的尝试,即试图给出一个纳什均衡的例子,尽管这个基本概念并不难理解,但这个例子却错得十分离谱。

博弈就是人类或者动物在任何情况之下的互动。参与者所计划采取的行动称为策略(strategies)。纳什均衡是一种策略组合——对于每一个参与人所选择的策略都是对于其他参与人的策略所做出的最优的反应。

一个很简单的例子就是驾车博弈,我们每天清晨开车去上班,就是一种博弈。我们应该是在左边还是在右边行驶?如果我们所有人都注意避免发生交通事故,这个博弈就存在三个纳什均衡。第一个纳什均衡是,我们选择的策略都是在公路左边行使。第二个纳什均衡的策略是,我们都选择在公路右边行驶。第三个纳什均衡策略是,我们每个人都随机地选择是在左边或是在右边行驶。第三种选择的方法貌似可疑,但如果每个人都是随机化他的选择,无论你怎样做,发生车祸的概率都是一样的,所以随机选择和其他策略一样,是对其他人的策略所做的最好的策略反应。

为什么我们应当关注纳什均衡呢?这里至少有两个原因。第一个原因是,如果所有的参与人都具备共同知识(common knowledge),并且这个博弈存在一个理性解(a rational solution),那它必定是一个均衡。如果不是这样的话,那么其中的一些参与者必定会认为,在知道其他人将要做的选择的前提下,不选择最优的反应的策略才是最合理的。但是,如果没有达到最优,就不是理性的,这就产生了矛盾。

第二个说明均衡为什么如此重要的原因是,如果参与人所获得的博弈中相应的收益(payoffs),与他们参与人本身是相对应的,那么倾向于适者但有损于劣势者的演化的过程——无论文化上的还是生物学意义上的,将会在达到均衡时停下来,因为所有的幸存者都达到了可以适应这种环境的底线。

博弈论作为一种概念性工具(a conceptual tool),之所以有解释力,是因为在对均衡提供的理性解释(rational interpretation)和演化的解释(evolutionary interpretation)两者之间,它具备逆向 (backward)推导或者前向 (forward) 推导的可能。因为这是一个很容易被误解的观点,第一个优先层面旨在解释为什么转化成这样的解释是合理的(legitimate)。

自私基因？

因为演化在均衡时就会停止，所以生物学家认为，纳什均衡就是演化的稳定。[1] 染色体上的每个相关基因座(relevant locus)被具有最大化适应性的基因占据。而基因仅仅是分子，不能选择最大化自己的适应性，但是，演化使得它看起来好像可以做到。这是个极具价值的见解，因为它能使生物学家使用均衡的合理性解释去推测演化进程的结果，而不需要沿着演化过程的每个复杂环节来预测。

理查德·道金斯(Richard Dawkins)的《自私的基因》(*Selfish Gene*)一书，简要地表达了这样的观点，但也因此激起了众多的批评。我听说，曾经有一个老太太指责道金斯说，他没有能够明白分子是不可能有自由意志的。这样的批评还是可以容忍的，但是对于类似莱旺顿(Lewontin)或古尔德(Gould)的批评就不容易忍受了。在类似的问题上，他们刻意激起公众的敌意去反对爱德华·威尔逊(Edward Wilson)及其追随者。如阿尔科克(Alcock)的《生物社会学的胜利》(*Triumph of Sociobiology*)所记录的，他们蓄意装作不理解生物社会学家所努力解释的是生物现象的根本原因(ultimate causes)，而不是近因(proximate causes)。

譬如，为什么黄莺会在早春唱歌？近因很长而且很复杂：这个分子碰撞另一个分子；这个化学反应是通过那个酶被催化的。但是这个问题的根本原因是，这些鸟为了避免与其他的鸟发生不必要的冲突，互相发出自己领土的信号(signal territoryial claims)。它们既不知道也不会去关心这个行为是否是理性的。它们只是这样做了。但是一个异常

---

[1] 约翰·梅纳德·史密斯(John Maynard Smith)把演化稳定策略(an evolutionary stable strategy, ESS)定义为，一个自身最优的反应是比它任何所有可供选择的自身的最优反应要优的策略，但是，生物学家很少担心包括了可供选择的最优反应的这些限制性附属细则。

复杂的演化过程的实际效果就是,黄莺的这些行为使它们看起来好像是它们理性地选择了去最大化其适应性(fitness)。

当研究到黄莺和其他动物社会化的行为时,演化生物学家和这些动物自身一样,很少具备对所观察到行为的近因的知识。但如果有人评论说,他们在解释社会行为时,用博弈论学者最为热爱的方法对根本原因进行的探究也是失败的话,那人恐怕就是最有偏见的评论家了。

1.5 效率

社会契约的第一个特性是稳定,这个特征仍待使用博弈中均衡的观点使其简化成模型来表达。社会契约的下一个特性就是效率,这意味着没有浪费。继承维尔弗雷多·帕累托(Vilfredo Pareto)的经济学家将没有浪费等价于这个条件,即要求在不使其他任何一个人情况变坏的前提下,无法使任何一个人的情况严格变好。

亚当·斯密著名的解释是,"看不见的手"驱使完全竞争市场达到一个有效率的结果。这个看不见的手,就像自私的基因一样,是另外一种隐喻。实际发生的情形是,卖家不情愿地渐渐降低价格来达到买家可以接受的价格,使得商品能够卖掉,买家勉强地渐渐地抬高价格来达到卖家可以接受的价格,使得可以买到商品。当这个过程停止时,就不存在浪费,因为需求等于供给。在经济调节的过程中,没有为了生存而竞争的基因,但是我依旧称之为演化,因为这些过程是自发运转,不需要计划和监管,直至达到均衡为止。

有些时候,传统经济学家忘记了完全竞争市场是一个例外而不是一个规则,因此我们常常期盼人们彼此间互动的所有博弈的均衡都是有效率的[1],但这却与事实相距甚远。

公地悲剧(tragedy of the commons)是一个程序化的博弈描述——解释为什么均衡通常是没有效率的。有 100 户人家在公地上放羊,按总计1 000只羊来算,奶产量可以达到最多,那每户应该养多少只羊来最大化其奶产量?

乍一看,答案好像是 10 只,但是对于每一户而言,养 10 只羊并不是一个均衡。如果其他家庭都养 10 只羊,那么你家的最优选择就不是和他们一样,你最好再多养 1 只羊,因为这只羊所带来的全部收益都属于你家,但其成本,就是减少了其他羊所吃的草料,却由整个社区来共同承担。因此,每家都会增加羊的数目,直到公地变得荒芜。然而,这个结果实际上是非常无效率的。

公地悲剧概括了一系列环境灾害的逻辑,即灾害是我们自己造成的。撒哈拉沙漠正在无情地向南部扩展,部分原因就是,住在南部边境的牧民在边缘的草地上持续不断地过度放牧;我们交通拥堵是因为车多;我们毒害河流,污染大气;我们砍伐雨林;我们大肆捕捞鱼群,直到其数目减少到不能恢复的地步。

博弈论学者因为提出很多类似的例子,常遭受到猛烈的抨击。我们的批评者问道,一个社会怎么可能去理性化地设计制造出类似的灾难呢?难道我们不知道,如果人人少占一点公共资源的便宜,大家就都可以过得更好吗?这样的推理犯了一个最基本的错误。参与到人类生活博弈中的个体,并不是某个抽象的所谓“人人”。我们都是独立的个体,并且每个人都有自己的目标和意图。即使当我们出于爱心去为其他人做出牺牲时,我们每个人也是用自己的方式,为了各自的原因。

---

〔1〕 对于完全竞争而言,即使忽视调整过程中的摩擦,也要有一整套的条件必须满足。我们需要大量的卖者和买者,没有人能够独自拥有足够大的市场力量;没有人有任何秘密;生产的规模报酬必须是递减的;等等。

在生物学中，把这种将个体目标与集体的目标混淆的错误，称为群体选择谬误(the group selection fallacy)。据说，生物学家温—爱德华兹(Wynne-Edwards)因为首先提出此谬误而不断地受到谴责，让人不得不为他感到遗憾。但是，如果要对那些以牺牲自己的适应性来扩展种群的生存的基因表示称赞，那肯定是不正确的。例如，椋鸟在晚上聚集，不是为了去点数，而使每一只鸟能无私地约束自己的生育机会，来使得种群保持最优的数量。如果它们这样做，突变的异种椋鸟就会有计划性地利用同伴们的贞洁，进行不加约束的繁殖，从而使这样的椋鸟可以很快占据数量优势。

互惠的利他主义

要依靠“看不见的手”来使一个群体博弈的结果达到有效率，只有一种例外的情况，就是当博弈所有的均衡都是有效率的均衡时。完全竞争市场就是这样的一个例子，但问题是，当我们人类刚和其他的猿人区分开来时，市场还并不存在。那么，我们特有的合作方式究竟是如何演化的呢?

因为亲属间有共享的基因，基于这一点，要解释家庭内部合作的演化就显得很容易。例如，我的任何基因都有一半的概率会与我姐姐的相同。如果我的基因可以有计划性地遗传给下一代，并能产生最多的复制基因，那我就可以把我姐姐的每个孩子当作我的半个孩子。这大概就是为什么有一些鸟在自己没有机会养大孩子时，会去抚养它的侄子或侄女的原因吧。

但是人类的合作就相对复杂多了。有时在街头帮派或者军队中产生出的高度忠诚感，也许可以这样解释，就是这样的集体作用成了家庭的替代物(surrogate family)，但我们通常能够成功地应付与陌生人的合作，甚至可以与那些我们很不喜欢或厌恶的人达成合作。这样的情况，是不是就与自私基因的教义看似矛盾了呢？为什么会这样？

对于这个疑惑,1976 年罗伯特·特里弗斯(Robert Trivers)提出了"互惠的利他主义"作为解答,其实大卫·休谟早在 1739 年就有所论述了。

正如休谟解释的:"因此,我就学会了对别人进行服务,虽然我对他并没有任何真正的好意;因为我预料到,他会报答我的服务,以期望得到同样的另一次的服务,并且也为了与我或与其他人维持同样的互助的往来关系。因此,在我为他服务而他由我的行为得到利益以后,就诱导了他来履行他的义务,因为他预见到他的拒绝会有什么样的后果。"

在实际中,吸血蝙蝠提供了一个异乎寻常的互惠案例。白天,这种蝙蝠大量地栖息在洞穴中,到了晚上开始搜寻可以吸血的食物,但它们不一定总成功。如果它们连续几个晚上吸不到血,它们就会死去。因而,演化的压力是如此强大,迫使它们共享血液。

生物学家威尔金森(Wilkinson)的报告中谈到,一只饥饿的蝙蝠会向同伴乞求鲜血,它的同伴有时会从胃中反刍一些鲜血给这只饥饿的蝙蝠。如果这两只蝙蝠是有亲缘关系的,这样的行为并不会令人吃惊,但蝙蝠也会给予自己没有血缘的同伴分享血液。不管怎样,这种行为仍具有演化的稳定性,因为这种共享是建立在互惠之上的,这就意味着蝙蝠更有可能去帮助那些曾经帮助过它自己的同伴。那些拒绝帮助同伴的蝙蝠,就很冒险,因为以后它自己可能也得不到别的蝙蝠的帮助。

尽管吸血蝙蝠的基因是自私的,但在它们的生活博弈中,互惠共享(reciprocal sharing)却作为一种均衡得以维持。因此,我们不需要总是从人是无私的这样的假设出发来解释人类生活博弈中的合作。海德先生们(Mr. Hydes)的世界与杰柯博士们(Dr. Jekylls)[1]的世界一样,

---

〔1〕 此比喻出自罗伯特·刘易斯·斯蒂文森(Robert Louis Stevenson)的小说《化身博士》(*The Strange Case of Dr. Jekyll and Mr. Hyde*),里面描述了一个具有双重性格的人,一面是学识渊博且德高望重的杰柯博士,一面是爱寻欢作乐又邪恶的海德先生。——译者注

都可以利用互惠利他主义去维持一个有效率的社会契约。我们可能不喜欢他们为了避免浪费的动机，但是，这些确实使得社会契约有足够的效率从而避免了浪费。

助人为乐？

如果有人说，互惠利他主义对于维持人类社会的契约十分重要，可能就有人以为他是在否定无私利他主义(selfless altruism)的存在。所以，我需要坚持说，我也偶尔会从自己的无私举动中收获一点快乐。我会像其他中产阶级一样捐款给慈善机构。如果我游泳技术好些的话，可能也会像有些人一样，冒着生命危险跳下急流去营救一个溺水的陌生人。

但是，我们不得不面对一个事实，即像这样的无私的利他主义之所以还留存，是因为它不需要付出太大的代价，也不需要经常使用。抛开一些圣徒不说，谁会把自己的收入捐给慈善机构，一直捐到损害自己的程度？遛狗散步时，如果常看见陌生人落水，谁会一直不停地跳进水里救人？如果可以用自愿捐献代替缴税，那么公地悲剧的结局将会怎样改写？如果没有警察，我们晚上散步还会安全吗？

我们所有人都是复杂的混合体，一半是天使像那个无私的杰柯博士，一半是魔鬼像那个自私的海德先生。如果人性中多些像天使而少些像魔鬼，应该会很好，但是，没有任何人，即使是肆意妄为的生物社会学家，也不可以改变这里面的演化结果。历史充斥了这种只要条件允许，就想用人性中的善取代恶的乌托邦的失败。如果想避免重复这样的错误，我们需要面对这样一个现实，那就是善良和邪恶混杂在我们的本性里。

我成长在一个粗暴的社区环境里，这教会了我对人性的善不抱有太多期望。在我亲友之外的圈子里，也是恶人多过好人。绝大多数读这本书的人，应该比我幸运些，都相对成长于一个较温和的社会契约环境里。然而,每个人依旧在报纸和历史书中可以读到人性的败坏。

那些因为对不听使唤的黑人设立私刑而受罚的美国南部的绅士们是谁呢？那些普通的德国家庭妇女,为什么在被征召做了拉文斯布吕克集中营的看守后就会变得如此野蛮凶暴呢？在米尔格拉姆(Milgram)的实验中,那些因为听到权威的命令,而不顾无助受害人的明显的痛苦反应,继续对其施以电击的参与者,他们又怎样呢？这些人其实就代表我们自己,或者说,如果我们生活在他们的文化中,我们可能也会那样做。可能我和你是难得的例外,但谁会乐意看到我们的社会契约是靠每个人的真实的本性来维持的呢？

无名氏定理

当讨论互惠时,博弈论学者根本不会讨论利他主义。可能这就是为什么他们发现了互惠利他主义怎样运作的秘密却没有引起多大的关注的原因,直到 25 年后,是特里弗斯(Trivers)将利他主义的观点带给了生物学家。到了 20 世纪 50 年代,在约翰·纳什建立了纳什均衡之后,这个秘密已经成了显而易见的,但没有人知道这个观点究竟应归功于谁,因此就被称为无名氏定理(the folk theorem)。

除非人们在进行无限期的重复博弈,否则,在可以预见他们的关系终结的时期,理性的互惠就不可能运作起来。如果我今天帮你挠背的原因是我期望你明天会给我挠背,但假使我们知道最终没有明天的话,那我们的合作安排就进行不下去了。

所以说,一个最简单的展现互惠的博弈是无穷期的重复博弈(repeated game with an indefinite time horizon)。无名氏定理最简单的特点是这一个博弈中所有的均衡都是发生在当所有的人都不能隐瞒自己的任何信息,对明天的关注与对今天的关注是一样的条件下,重要的是,在参与者任意的初始博弈(original game)中所达成的任何有效率的结果,都近似于在重复博弈中所达成的均衡结果。

例如，在公地悲剧中，有效率的结果是在公地上正好放养1 000只羊。如果这100个家庭聚集在一起开个秘密会议，他们可能会为每家应分摊这1 000只羊的多少而达成协议。但是，如果没有一个外部的执行者去管理这件事，这样的协议就不可能生效，因为如果某户放养的羊比当初协议的要多时，没有什么办法可以用来阻止这样的欺骗行为。

但是，如果公地悲剧可以无限重复地进行，根据无名氏定理，这样的会议中达成的协议，会成为一个自我执行的社会契约(a self-policing social contract)，从而可以维持下去。在达到均衡时，没有家庭会通过违背协议来尝试改变自己的运气，因为他们意识到，其他家庭将会在未来的决策中对他们的行为作出反应，以抵消他们现在所得的好处。

在接下来的几章里，读者会发现，无名氏定理是基于大卫·休谟的观点上的一种进步。休谟认为社会契约像石拱桥或石头垒成的墙，而无名氏定理使我们能去检验那些维持均衡策略的细节。通过这种方式，我们脱离了传统的观点，即在解释社会契约时把诸如“权威”、“责任”和“信任”等概念当作不证自明的，其实这些也不过是由演化而产生的、用来描述不同社会契约的词汇。

例如，现今非常流行一种做法，就是将我们当前社会的不幸解释为，我们缺少我们祖父母那辈人所享有的“社会资本”。这个分析暗示，要解决问题的方法就是往政体中注入更多社会资本。但是，要去寻找较多的社会资本，就如同行业老手开新手的玩笑，要他去找一件编造出来的不存在的物品一样。社会资本不是一样“东西”——它仅仅只是一个词语，一个当我们谈论到伴随生活中的博弈演化的均衡的特征时所使用的词汇。类似的是，如果我们想知道为什么一个公民服从国家的官员，不能解释成是因为公民尊敬官员的权威。如果要这样解释的话，那就如同在说，石拱桥的石头之所以在那里是因为它不会动。

就好像我们会认为“只要人们无私合作，合作就有可能”这样的道理是有害的一样，同样，如果认为无名氏定理能解释如“权威”、“责任”

以及“信任”等复杂的概念是怎样运行的，这样的想法也很幼稚。所以，在此容我尽快解释一下，没有人会认为这些概念的运作方式会是简单的。真正意义上的社会契约具体是怎样运作的，其细节的复杂程度超出我们的想象。但传统伦理学者忙于把简单的事情复杂化，甚至忙得都没时间先来解决这些基础问题。他们认为，无名氏定理告诉我们的不过是关于人类交往行为的一点点秘密，如果把其意义扩大就幼稚了，这一点他们是对的，但我们将会发现，这样一个小秘密，就可以平息众多专家学者因争论不休而搅动起来的尘雾。

合作的演化

达尔文评论说我们和狒狒相似。黑猩猩被认为是我们最近的近亲。不仅是人类的基因几乎全部和他们的相同，而且我们的行为在许多方面也和黑猩猩相似。德沃尔（De Waal）所著《善良的天性》（*Good Natured*）一书甚至还提供了确信的证据，说猩猩彼此间能够有同理心（empathize），会把它们自己放在同伴的角度去看问题。因此，我们的正义感的基石必定是在人类出现之前就已经存在了。

这些关于黑猩猩和其他灵长类动物的研究发现已经使得一些学者坚信，人类就是另一种灵长类物种。这是对于流行的笛卡儿主义的一种自然反应。笛卡儿主义宣称，人类是因为被赋予了一种神圣的灵光才得以从猫狗等只受本能自动控制的物种中提升出来的。但是，如果采纳这样一种把人类与其他动物的差异最小化的观点，就相当于放弃对一个差别的解释，即，在黑猩猩族群中常见的分享食物的行为，与人类社会中从狩猎采集时期就沿用到现代的极度平等主义之间有着怎样的差异。

我们确实是裸猿，但这也不是说，要研究人类的餐桌礼仪，就需要去观察狒狒怎么进食。我们的大脑也是一件件生物机器组成的，但我们不能通过听真空吸尘器的声音来学习法语。如同礼节和语言一样，正义是人类所特有的现象。为了理解正义，我们需要更多地关注那些使我们与其他动物不同的因素而不是那些相同的因素。我认为部分的答案是，我们人类所特有的能力在于能够用文化去解决均衡选择问题。

通常而言，博弈存在多个均衡。例如，驾车博弈就有三种均衡。其中之一是每个人都在左边开车的均衡，另一种是每个人都在右边开车的均衡，这两种都是有效率的。但是，由每个人随机决定靠左边还是靠右边驾车的第三种均衡，是没有效率的，因为，如果每个人都走相同的方向，将会获得更高的收益。

因为在生活的博弈中存在多重均衡，而演化要求把参与者都组织成一个正常运作的社会，这样就产生了均衡选择问题。例如，在驾车博弈中，演化怎样使用有效率的社会契约(同方向驾驶)来代替无效率的社会契约(随机驾驶)呢?

无名氏定理告诉我们，多重均衡的问题在我们前人类的祖先进行的重复博弈中更为糟糕。不仅仅是所有理性参与者可能愿意的那些有效率的结果是均衡的，而且还存在大量无效率的均衡。为什么我们期望演化能够成功地选择出一个有效率的均衡，而不是一个没有效率的均衡呢?

得到答案的前提是以存在种群间竞争(competition among groups)为假设的。假定有许多同样的小型社会并且它们各自在按照两种社会契约中的一种运行，契约 a 和契约 b。如果 a 使其中的每个社会成员比在 b 中的社会成员更能适应，那么这就支持一个论点，即 a 将最终占优于 b。

在这个语境之下，当说到某社会成员适应性更好，意思就是说，这个成员的后代的平均数目将较大。执行社会契约 a 的社会因此会增长更快。假设社会是通过分裂到殖民地来应付人口增长问题的，那这些殖民地也会继承母体社会的社会契约，那我们最终将观察到，执行 a 类型社会契约的社会数量远远大于执行 b 类型的社会契约的社会数量。

用这样的方式重新描述一个标准的演化故事是不同寻常的,原因有两方面。一是发生在种群之间的选择。那为什么这种选择不会变成群体选择谬误的一个例子呢?

原因在于,一个社会契约被视为生活中的博弈的一种均衡,这个博弈是由每一个正在竞争的社会参与进来的。但是,要从多重均衡中做出选择,并不要求个体为了公共利益而做出牺牲,因为在每个种群中的个体,也早已通过根据他自己社会的社会契约来使自己的适应性达到最优。因此,自私基因的范式(the paradigm of selfish genes)是贯穿始终的。

这个演化故事的不同寻常之处还在于,母体社会的社会契约是通过文化方式而不是基因方式传递给其殖民社会的。

这样的发现使得对生物社会学的批评者丈二金刚摸不着头脑,因为他们本来已经确信生物社会学家是"基因决定论者"。所以,对被搁置在一旁的协同演化问题这个主题,有必要及时给予重视,那就是,生物社会学家并不赞成说基因决定人类的本质,这对于他们而言其实是个明显有点愚蠢的观点。正如其他每个人一样,他们也相信文化的重要性。

协同演化

是什么把我们从动物中区分出来?一个天真的回答是,不知何故,演化赋予了我们较大的大脑,使我们能够创造出艺术和科学,这些又使我们得以统治世界。但是,我认为,生物社会学家可能是正确的,他们拒绝接受那种认为我们一开始就具备了较大的大脑的简单假设,所以,他们有资格被奉为对人类种族的成功提出解释的主角。

尽管他们的批评者指责他们说,这些生物社会学家除了认为生物与人类行为相关外,什么也不相信,但在用主流生物社会学立场写成的书籍里,如劳拉·贝齐格(Laura Betzig)的《人类的本性》(*Human Na-*

ture)或博伊德(Boyd)和里彻森(Richerson)的《文化与演化过程》(*Culture and the Evolutionary Process*),这些作者认为,人类是在生物性和文化性的前后相继的次序中演化产生的。爱德华·威尔逊甚至采用"协同演化"(coevolution)这个词来强调:我们从自身长大成熟的文化中学习到的,与那些写在基因上的本能一样,对我们都很重要。

就像各类关于野孩子的故事所说明的,除非我们所成长的文化,是一种可以在正确的发展阶段给孩子提供适合教导的文化,否则我们的大脑就没有什么作用。与其说仅仅用大型大脑的理论来取代笛卡儿的灵光说法,不如学会一门功课,那就是,我们需要将文化视为一种自发独立的现象。

文化是怎样把我们与动物区分开来的呢?毕竟,黑猩猩和狒狒也是社会性动物,因此也维持了类似的一种文化。甚至连鸣叫的鸟也可以通过聆听邻近的鸟儿的叫声,来学会当下的流行曲。除去我们人类性行为的特殊性,最明显的答案就是,我们拥有高度灵活的语言,而其他动物只能受制使用有限的一系列信号,而且这些信号只与当时发生的状况相关。但是,要理解人类的社会契约的起源,我认为我们需要重新追溯到在语言作为人类信号系统之前,去求问是什么使人类社会能孕育如此丰富的语言?我的猜测是,到那时为止,协同演化已经把我们与其他的猿类的区分迈出了一大步。

我们人类还是学会了把文化作为一种"集体无意识"(collective unconsciousness)或"群体观念"(group mind),这些包含了由从过去经历中反复试错而积累起来的经验果实,也包括当下个体的新发现。拥有这样一种文化资源,使得种群在面对新的挑战和机会时,可以做出灵活的反应,并且因此为整个种群创造出一个更大的"蛋糕"来分配,而相比之下,如果每个人都只知道单独去寻找,即使有可能造出"蛋糕"来,其分量也要小得多。

我们文化中的很大一部分,是关于我们如何彼此相处,怎样避免浪费性的冲突，来分配我们共同创造的“蛋糕”。正是因为这一点，我才关注社会契约。许多人类学家依旧坚持，只有我们的文化传统才与这类问题相关，但对于我来说，有一点是很明显的，即人类生物学一定为可以演化出什么样的社会契约造成了限制，正如人类生物学对语言演化的深层结构起着约束作用一样。

大卫·休谟也提出了相似的观点，他观察到，所谓管理着我们的社会的“自然法”实际上都是人造的(artificial)，这些法则之所以被称为“自然法”，是因为每个人都认为人类很自然地应该有这些法则。与此类似，人类社会应该有语言，这也是很自然的，但其实人类社会的语言是人类文化历史的产物(artifact)。我认为，总的来说，这也适用于描述社会契约。人类社会应该有社会契约，这是很自然的，但实际上，社会契约是人类社会的文化历史的产物。

所以，如果我们想在人类道德中寻找普世性的东西，就必须探究在不同社会文化之下是什么。我们必须看到那写在我们基因上的人类社会契约的深层结构。

因循守旧者会对这个建议很敌视，因为他们认为，除了自然的野性、腥牙血爪外，再没有什么写在我们的基因上。我觉得，他们正确地认识到，我们只能使用的社会契约是那些在生活的博弈均衡中所达到均衡的；但他们还认为，这样的均衡必须像霍布斯(Hobbes)的自然状态，即人生是“孤独、贫乏、污秽、粗野并且浅薄”的，我认为传统主义者的这个观点是错的。恰恰相反，无名氏定理告诉我们，将前人类祖先束缚于重复生存博弈下均衡的社会契约，这原本就不会对他们社会中演化出有效合作起到什么阻碍作用。

1.6 公平

自然正义的“稳定”告诉我们,社会契约必须是达到了生活中博弈的均衡。但是,绝大多数的博弈存在多重均衡,因此,我们面对一个均衡选择的问题。自然正义的“效率”为我们提供了一种解决这个问题的方法,但是,无名氏定理告诉我们,有许多有效率的均衡是可以选择的,它们都有可能成为社会契约。为了使其成功运作,一个社会需要拣选出其中的一个,来按照它进行协调合作。

例如,在公地悲剧中,有效率的羊的数量是1 000只。有许多种方法能够分配这些羊,每一种方式都能够找到支持,作为重复博弈的一个均衡结果。因为我们不知道在公地悲剧故事中每个家庭的特殊背景,所以其中就有一个特别值得注意的结果,即每户允许放牧 10 只羊。为什么?因为我们有理由相信,这就是公平(fairness)的结果。

我们为什么关注公平?我认为,我们之所以关注它,是因为在我们先祖的生活的博弈中,公平是均衡选择问题所演化的解。

出于什么样的理由会这样认为呢?在人类学家研究的所有社会中,所有能够幸存到现代的纯粹狩猎—采集型经济中,都有具备相似深层结构的社会契约。这一点可以应用于全世界,从喀拉哈里沙漠(南部非洲沙漠高原)的丛林人、格陵兰岛的爱斯基摩人、澳大利亚的土著,到巴西的印第安人,他们没有人指挥,却都共有一个平等主义的基础。

关于这个绝妙的发现,我将在以后做更多讨论,但目前我想强调的仅仅是,尽管这样的全球性行为被假定是由基因决定的,我们发现自己并不是一帮无助的基因预定论的受害者,活在一个各尽所能、各取所需的乌托邦无政府状态下。随着一个社会的经济生产方式日益复杂化,如果技术改进和劳动分工带来的潜在收益被有效地开发出来,那么它的社会契约就必须适应这种变化。但是,所有历史记录中的这类适应几乎都有其文化起源,然而时间跨度通常比较短,短到不能用生物学来解释。

当纯粹的狩猎—采集型社会已经接近尾声时,人类学家才开始大量收集这个社会中关于食物共享行为的证据。所以我们不清楚,在不同的社会里,不同的人是怎样看待具体多少才是公平的问题,其中,文化起到多大的决定性作用。但是,如果埃尔斯特(Elster)的《地方性正义》(*Local Justice*)或者扬(Young)的《平等》(*Equity*)等书中提出的关于公平的标准是怎样在当代社会运作的评论是可靠的话,那么我们认为,目前"公平"在不同文化中有很大的差异。所以,我们用到的公平的标准,不可能是完全由基因决定的。

不同的社会,对于什么是公平的看法,其差异之大,不亚于各地所讲的语言的差异性。正如在一个使用单一语言的国家里,不同地区还可能有不同的方言,对于公平的看法也可能因不同的社会而不同,或者因为在同一个社会但不同时空里而相异。即使是在一个特定的社会中,不同的个人,当他在不同团体中或在不同情景的同一团体中相互交往时,甚至也会有不同的标准,这就像青春期的学生,他们对彼此说暗语,但是在与父母交流时就用容易明白的语言。

我一直主张这样一种观点,就是我们认识到的公平,取决于我们的文化和基因。尽管文化不同,但任何正义的普世的原则——正义的深层结构,很可能是我们共同的人类基因中所携带的。如果我的猜测正确,真的存在这样一种深层结构,接下来就有一个问题:公平的深层结构是什么样的?

原初状态

我在这本书中的论点就是,人类公平标准的普遍深层结构,可以用约翰·罗尔斯(John Rawls)的经典之作《正义论》(*A Theory of Jus-*

tice)中传达的观点来概括,罗尔斯在书中称之为原初状态(the original position)。

罗尔斯用原初状态作为一个预设的立场,从这个立场来判断,一个公正的社会是如何被组织起来的。一个社会的成员被问及:设想如果他们处在一个无知之幕下,使他们目前的社会角色被隐藏起来,那么他们将会认同怎样的一种社会契约?在这个无知之幕背后,一个依据计划运作的社会中,利益的分配就好像抽乐透一样。对于那些处在原初状态下讨价还价的参与者,落后者遭殃的原则就不会具有吸引力,因为你也可能成为落后的遭殃者。

罗尔斯主张原初状态的机制,就是康德的"定言命令"的可实施方案,但是我认为,这些只不过是装装门面。罗尔斯的这个观点确实使许多人第一次听到时就会产生共鸣,但是我不相信这些,因为它本质上有形而上学的倾向。我认为,这是因为他们发现,有一项原则是与公平标准相协调的,就是他们在实际中每天在用的、为解决各种小范围的协调博弈中产生的均衡选择问题,但也就是这些小的合作博弈才构成每日的常规生活。

在这里,我需要强调的,很重要的一点就是,我不是顺着罗尔斯的思路讨论那些是民族国家所面对的大的合作问题。我们的公平感不是为了适用如此大的范围而演化出来的。我也不是在讨论被那些以道德家自居的人推崇的正义原则,那些原则是人为制造而且不实际的,人们对这样的原则通常也只是说说而已。我也不是在讨论道德病理学,类似奥萨马·本·拉登(Osama bin Laden)如何会认为成百上千无辜的纽约人应该去死,以此来补偿他认为穆斯林在西方所遭受到的羞辱。我目前所讨论的是,我们在解决每天实际的协调问题时所使用的真正的原则。

我头脑中的各种协调问题,是我们平常不用思考或讨论就能解决的问题,这些可以如此轻松不费力就解决,容易到甚至连我们自己都没有注意到，那其实是一个协调问题。譬如，谁第一个进那扇门？亚当能讲多久，才能轮到夏娃？当一位手里提满了购物袋的胖妇人，与一个穿鼻环的少年，在同时穿过一个狭窄的过道时，谁应该让谁？应该让多少空间？面对一盘受人欢迎但分量不多的菜肴，谁可以分到？可以分到多少？堵车时谁该给谁让路？谁该获得停车位？今天轮到谁洗盘子？这些都是琐事，但是如果每次要解决问题的时候都发生冲突，我们的社会可能就会崩溃。

绝大多数人会感到惊讶，为什么两个人如何穿过走廊也可能产生问题呢？当与相同文化中的人彼此互动时，我们通常可以非常轻而易举地解决诸如此类的协调问题，甚至都不察觉这是个问题。此时，我们下意识里就有一套公平机制在很好地运作，类似开车或系鞋带这样的行为，我们已经内化为常规了。如同莫里哀(Molière)的《贵人迷》中的茹尔丹先生，他欣喜地发现，原来自己一生都在说散文。在小范围的情形下，我们的行为是道德的，甚至连这点都没有被我们有所觉察。

正如我们只有拇指疼时才会注意到它，只有当我们尝试把道德规则应用于某些情景中却发现它们并不适用时，我们才会注意到这些道德规则。我们的情况就像康拉德·洛伦茨(Konrad Lorenz)所做的，当他观察一只完全没有经验的寒鸦幼鸟，虽然被放在大理石的桌面上，却做出一系列在水池中洗澡的动作。通过刺激动物在异常环境中做出本能的反应，洛伦茨收获颇多，他更清楚当寒鸦在水池中洗澡时，哪些是本能而哪些不是。但要得出这个至关重要的发现的关键是，不能错误地假定寒鸦的洗澡行为使得它具备在大理石桌面上也可以做出类似动作的演化优势。

同样，通过在异常环境中进行刺激，可以使研究者了解很多道德法则的机制——但只有研究者不会错误地假定认为道德规则是去适应那些他们不能解决的协调合作的问题。无论如何，我认为，传统道德家正是从类似居高临下的这样的状况中无意识地提炼他们的伦理原则的。

我们只能对这里的状况进行无休止的讨论,因为我们在协调上的失败,成功地使这类问题得到了关注。

这不是说我们不应该谈论这样的博弈。正相反,有一部分原因恰好是因为我们需要充分地对社会契约扩展可以运用博弈的范围,这才是我们研究的意义所在。但是,如果只把注意力限制在一些自然道德不起作用的情况里,我们就不能了解它是如何运作的。

平等主义或功利主义?

要论证罗尔斯的原初状态被纳入了人类公平标准的深层结构中这个论点,我有两个任务要完成。第一项任务是,我需要提供一个合理的论述来解释,可能是因为演化的压力使得这样一种机制被写入我们的基因组中。第二项任务是,我需要解释这种生物性机制是如何与我们的文化传统相互作用的,而后它们是怎样在我们的生活博弈中产生特定的均衡选择的。

我将第一项任务保留到第 9 章再讲,而第二项任务需要我们立刻加以关注,这是因为,在与原初状态相关的传统文献中有两个立场,这两个立场通常被认为是截然相反的。罗尔斯主张,在每一个公民的基本权利和自由得到保障之后,使用原初状态的机制,将导致物品和服务的平等主义分配方式。约翰·哈森伊(John Harsanyi)与罗尔斯几乎同时独立提出原初状态的机制,但哈森伊主张它的使用将导致功利主义的分配方式。

我的自然主义的方法在一定程度上调和了哈森伊和罗尔斯的结论,但这种调和是通过把他们的观点祛康德化(de-Kanting)后,再装进休谟的瓶子中(a Humean bottle)。这样的尝试只会招来一些审慎的同情。但采用这样的一种新角度,不仅可以让我们抛开所有形而上学的推理,还能使我们把人类对于同理心的能力(the human capacity for empathy)与使用公平作为协调机制的努力互相联系起来。

同理心和人际间比较

原初状态可以表述为“己所欲，施与人”的原则，但必须考虑到其缺点就是那种不应该对别人做一些自己希望被那样对待的行为，因为别人的偏好可能与你不同。譬如，亚当可能热衷于慢跑，他喜欢在黎明前起床，冒着冰雪跑 10 公里。但如果亚当让夏娃也这样做，在太阳升起前把她叫醒，夏娃的反应一定不会很好。这个原初状态使得亚当不得不考虑夏娃在此类情况下的偏好，这要求亚当去假想一下：如果从夏娃在生活中所处角色的无知之幕背后出来，将会是怎样的情形？因此，他必须对夏娃有同理心，以她的观点、站在她的角度去考虑问题。

约翰·哈森伊抓住了两个理性人彼此可以有同理心的方法，解决了一个长期存在的难题，即怎样能够比较合理地进行人与人之间效用的比较。由此，他创立了一个简单的理论，在这个理论中，可以用公平比较的方法去测算亚当和夏娃的福利。他用形而上学的术语解释出现的人际比较的标准，但我认为，这个标准只是人类社会文化史的产物。

我们对效用所做的人际间比较的标准是由文化决定的。这个宣称是我在将公平和语言做类比时的第二个支柱。埃尔斯特的《地方性正义》和扬的《平等》记录了公平的标准可以在不同时空有如此大的差异，但在这样的描述背后暗含的一个假设是，人际间比较的标准是无误的，只是公平标准的基本结构存在很大差异。对于部分差异，我的另一个解释是我们的生物学特性保障，这个深层结构通常就是原初状态机制，而其他可观察到的公平标准差异部分，我将大部分使用人际比较的文化差异或情景差异来解释。

但是，如果要分析亚当和夏娃怎样在原初状态下讨价还价，我们怎样考虑，才能把以上因素包括进去呢？这些考虑与哈森伊和罗尔斯之间的辩论有什么相关呢？对于每天的公平标准，我们应该期待它是平等主义，还是功利主义呢？哪怕是对这些问题的粗略解释，也要求对讨价还价的经济学理论具备一定的知识,但在进行下一章的这项任务之前,我想总结一下目前的进展。

1.7 改革

在这一章里,我预先展示了我在本书中建立的公平理论的一个特点,即基本主张:所有公平标准在实际应用时,都具有罗尔斯所提出的原初状态的深层结构。这个深层结构是由生物学所决定的,并因此在人类中是普世的,但是,需要引入原初状态的人际间比较的标准是由文化决定的,因此它随时空不同而有所差异。

将公平的标准和语言做类比是比较相近的。就如同语言一样,我认为人类具备使用公平标准来解决协调问题的能力,这是把人与动物区分开来的少有的一些特征之一。我知道这样的推测很大胆,但我希望我已经把这个观点阐释得较为合理了,并且值得我们在下面的章节中继续探究它的引申意义。

卡尔·马克思(Karl Marx)可能会对此回应说,一切试图理解社会的努力都是很好的,但关键是要去改造它,但我不是很认同这一点。我非常希望社会科学研究可以最终使世界变得更美好,让我们的子孙后代可以生活在其中,这就要求我们认清什么样的变革是与人的本性兼容的,而哪些变革是会因为不兼容而失败的。

举个例子,考虑一下实际中的建议,就是我们可能需要把日常小范围协调问题中使用的公平标准,应用到大范围的社会改革中去。这就是一些为传统道德家不能全部接受的事情之一。但是,他们想要先把这个想法拿去应用,而不是先努力思考清楚小范围内的公平标准是怎样运作的这个问题。尤其是,他们不愿意面对一个事实——公平标准没有演化成权力运作的代替物,而是作为一种在众多平衡权力的方法中的一种协调方式。

传统主义者不愿意面对现实,这一点最明显地表现为,在应用原初状态作为工具时,他们开始告诉每个人"应该"怎样进行人际比较。但如果我是对的,也就是说,在进行小范围的公平判断时,如果作为投入的人际比较的标准是由文化决定的,那么这些态度必然会反映出这个社会的深层权力结构。有人可能会希望,不管出于什么原因,这些态度会是不同的。有人争论:在一个想象出来的理想社会中,什么样的规则会被认为是公平的?但是,陷入这样形而上学的争论,只会把实战派改革家的水搅浑,而这些人实际上还抱有改变人心的希望。以社会改革为例,如果按照现有的习惯和风俗来看,改革所带来的成本与收益的分配看起来是对人们不公平的,那么,不管上面的人怎样说教,没有人会在公平的基础上服从这场改革。

确实,要面对这样的事实,必须要认识到,有时如果一个社会还没有预备好就急着变革的话,那是毫无意义的,甚至会起到相反的效果。如果有人在古希腊时期就提出废除奴隶制度的话,会有什么成效吗?在那个时候,连亚里士多德都认为野蛮人天生就是做奴隶的料。如果在圣人斯宾诺莎(Spinoza)的时代就提出解放妇女会怎样呢?连斯宾诺莎都需要公开承认女人低于男人。我认为改革家们需要思考一系列的问题,而不是向这些风车挑衅。这些问题包括,运行于当前社会的社会契约的本质是什么——改革家们需要对此做一个准确而讲求实际的评估。以及,如果可以使用目前手上不同程度的权力来推动改良,这个社会契约有可能会向哪些契约转化。只有当这些可行性的问题经过严肃思考后,要问什么是最优的社会契约这个问题才有意义。

这个实用性的态度一般会让传统道德家迷惑不解,他们会装作完全不理解为什么我这样一个自然主义者可以谈论最优化的问题。我怎么知道什么是对社会最好的呢?我从哪里获得说这话的权威性?我的燃烧的荆棘和石版[1]在哪里呢？

答案是，我的论点根本不是源自任何道德权威，但我认为，其他每个人都与我在同一条船上。我非常清楚，自己期望中的那个更好的社会，也是从我个人成长史和我成长的文化中的种种偶然拼凑出来的。如果我的人生是另外一个样子，或者我在另一种文化中长大，可能我就会有不同的期望了。但就是基于现状，我才会有自己目前持有的期望——就像其他每个人一样。

在这一点上，自然主义者与传统主义者的差别在于，自然主义者不会因为要取悦某种绝对权威，而把自己的期望强加于他人。要社会变得不同这个愿望，我们不需要某个权威才能实现。如果有足够多的人持有相似的期望，而且具有接近各层的权力，他们可以聚集在一起并且改变社会契约，这只是因为他们想要这么做而没有其他原因。

自然主义者认为，当人们有意识地实施改革时，这是经常发生的，不管相随的花言巧语是什么。如果我们也遵从传统的办法四处寻找当下最有说服力的修辞，我们无疑会更成功地吸纳更多人认同我们的观点，但是学术的诚实却是文化史印入我们头脑中的众多品德之一。

我们是怎样陷入以及为何陷入这样一个烦扰的文化拟子(meme)，这是一个谜，连我也不知道怎样解释，但我们会以嘲笑对手建造的空中楼阁来尽力担负起这个不利条件。不过，我要到第3章才加入这样的趣事，因为日程上的下一个条目是带读者进入一次对讨价还价理论的奇幻旅程。

---

[1]《圣经》中摩西在燃烧的荆棘旁被上帝呼召，后来还得到上帝颁给的“十诫”石版。作者用此隐喻的意思是，认为自己会被传统道德人士质疑其论点的权威性。——译者注

2◎

讨价还价

当我提出25这个比他提出的30看上去更合适的数字时，他抱歉地摇了摇满头银发的脑袋，然后我们继续砍价，他比我厉害，因此我们最终以35美元成交。

——P. G. 沃德豪斯(P. G. Wodehouse)，

《姑妈们不是绅士》(*Aunts Aren't Gentlemen*)

2.1 现实中的讨价还价

第1章大致勾勒了我关于公平的理论，这一章作为前一章的延续，会继续研究在讨论原初状态下存在的讨价还价问题。

当两个人使用公平原则去解决某个日常的协调问题时，我相信他们正暗自计算着双方将如何达成这个协定，这场讨价还价的前提是，谈判结束后，他们的身份将被重新随机指定。尽管这样一种假设的讨价还价过程通常是在我们的潜意识里运作着，但我们还是能感觉得出来，以至于当有人根据约翰·罗尔斯的原初状态来描述这个机制时，大多数人在表示认同之外，还会感到一阵阵激动。

我期待看到，罗尔斯所设想的原初状态把我们中一些有变革热情的人聚集在一起，他们会认为我们的子孙后代将生活在更趋向公平的社会里，过着更令人满意的生活。但我也与其中绝大多数人所相信的不同，这些人都相信，如果我们只像现在一样把原始状态用于解决日常琐事中的公平问题，而不在大规模的改革中使用它的话，其解决社会问题的潜力也将会消失。

有一点尤其重要，就是要现实地认识到，我们想象中的讨价还价过程是发生在无知之幕下。如果使用原初状态的机制作为分析根据，假设其中的讨价还价是参与者经验之外的，那他们在现今如何能够使用原初状态呢？尽管有些决定仅仅是一些小事，譬如，决定谁今晚洗碟子。

因此,这方面理论的进步,取决于一个合理的讨价还价的经济学理论。这样的理论不仅需要现实地对待谈判双方,他们讨价还价的规则是怎样的,还必须撇开处于原初状态下的讨价还价双方的动机,不将对动机的追究抬高到谈判双方的自身利益考虑之上,尽管这是个诱人的倾向。因此,在预测人们会在原初状态下如何讨价还价的理论中,公平标准是没有地位的。除了其他的考虑外,如果在使用原初状态时,它自身不能作出公平判断的话,那么,将原初状态作为一个解决公平问题的最终提议是没有意义的。使用非策略性的讨价还价也不符合原初状态的演化起源,这点我将在第 9 章说明。

这不是说公平的讨价还价理论没有意义或无趣。相反,本书的目标之一就是支持一个特别的观点,即一个公平的讨价还价由什么组成。但这个观点将会作为理论的结论出现,而不是包含在理论的前提中。

2.2　会面博弈

20 世纪 50 年代, 托马斯 · 谢林 (Thomas Schelling)就人怎样解决协调的问题开创了一些有意义的实验。在他最著名的一个实验中,实验参与者被问及,如果两个人明天相约在纽约碰面,但没有预先约好具体的地点和时间,他们将怎样做。标准的回答是,他们将在正午于中央车站碰面。在伦敦,这两个人将会在正午于皮卡迪利广场碰面。

当人们普遍认同应该如何解决此类的协调问题时,谢林认为,他们所汇报出来的共识 (consensus) 构造成了一个聚点(focal point)。我认为,有一点非常重要,那就是,尽管人们极少能提前洞察到哪些因素是对选择聚点起到决定性作用的,但他们还是很善于认识到其他人在这个特定的协调情景中会把什么作为聚点。本书讨论的是关于那些被人们称为公平的聚点。在谢林的会面例子中,没有提到公平,因为参加者只关心在同一个地点会面,而不在乎在哪里。但是,当讨论讨价还价问题时,我计划用会面博弈(meeting game)作为数字的例子,其中,对于哪里是最好的会面地点,亚当和夏娃持相反意见。[1]

表 2—1　　　　会面博弈中,在每一地点亚当和夏娃的收益

地点	1	2	3	4	5	6	7	8	9	10
亚当的收益	0	6	16	19	22	28	34	40	44	46
夏娃的收益	36	36	34	32	30	26	22	18	8	0

每个参与者都独立地在表 2—1 中选择一个地点,去等候另一个人。如果他们选择同样的地点,每个人都得到表中相应的收益,收益额度是用代表“效用”的名义计量单位,即经济学家称为“utils”的单位来度量。如果他们选择不同的地点,亚当获得一个最小的收益为 4,夏娃获得一个最小的收益为 2。因此,他们有共同的利益使得他们去协调到同样的地点,但是亚当更喜欢从右边开始排序的位置,而夏娃则偏好从左边排序的位置。

亚当和夏娃应该怎样解决这样一个经典的协调问题呢?有两个地点可以立刻予以排除。亚当根本不会去地点 1,而夏娃则根本不会去地点 10。但是,其他的八个地点都是会面博弈的有效率的均衡点,因此,亚当和夏娃所面对的均衡选择问题,在我看来,是公平演化出来的解决问题的一种情形。

在这样的状况下,公平是如何运作的?数不清的理论想吸引人们的关注,但其中两个独领风骚的理论是平等主义(egalitarian)和功利主

〔1〕 会面博弈在传统上被称为性别战(battle of sexes),这样的阐释在政治上是不正确的。亚当和夏娃是一对蜜月期的情侣,他们在会面地点上(究竟是去看芭蕾舞还是去看拳击赛)没有达成一致。夏娃更喜欢芭蕾,而亚当喜欢拳击比赛。

义(utilitarian)关于公平结果(a fair outcome)的概念。我相信主流学术著作聚焦在这两个理论上是正确的,但究竟哪一个适合应用在什么样的环境中呢?要在特定情况下才能回答这个问题。我认为,可以使用原初状态的机制来做决定。尽管如此,如果亚当和夏娃想在无知之幕下讨价还价并能达成一致,要对此进行预测的话,我们还需要一个现实的关于策略性讨价还价理论。

如果将这样一个策略性讨价还价理论直接应用到会面博弈中,会是什么结果?也就是说,如果亚当和夏娃,作为自利的参与者,可以有机会进行面对面的讨价还价,那么他们最理性的选择会是在哪一个地点?本章下面的部分将比较在相同的问题中用博弈论的方法,对于平等主义和功利主义的公平标准提供的结果有着怎样的不同。

2.3 议价〔1〕问题

图2-1展示了一个化繁为简到最本质的一个一般性的议价问题。阴影集 X 代表参与双方所有可能达成协议的集。在 X 集上,每个点上的两个坐标所表示的是,如果两个参与者在该点上达成协议,两者将得到的收益。就如会面博弈中一样,他们的收益用"utils"(代表效用的名义单位)来衡量。可行集 X 的边界内包括所有可能达到的有效契约。

在可行集中用字母 D 表示的点是目前的状态(status quo),即如果亚当和夏娃根本不能达成任何协定的话,这个现状点 D 就是结果。边界被加粗的部分代表所有不劣于点 D 的有效协定。一般认为,理性的参与者将会在其中的一点达成协定,但我们也需要更深入地对此进行

〔1〕 本书中的议价和讨价还价的英文均为"bargaining",翻译时按照语境和繁琐程度,做了一些权衡处理。——译者注

说明。[1]

如果不能达成契约点 D 点坐标为(4,2),一个议价问题就可以当作会面博弈的一个概括,在这个会面博弈中,双方有可能达到可行集 X 上的无效率点,他们也同样有可能达到 X 集边界上的有效率点,这些点分别对应会面博弈中的某个位置。

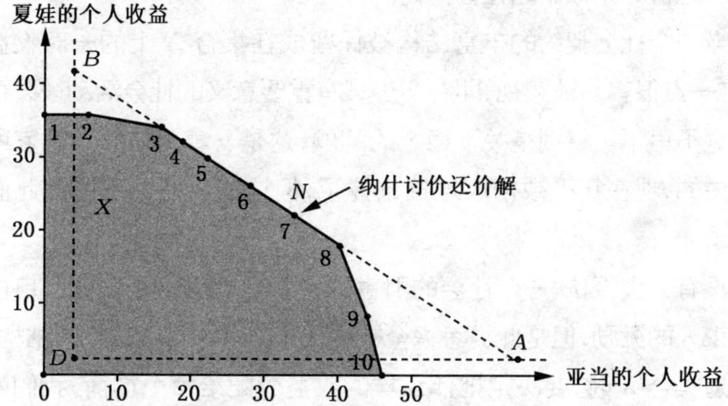

对于会面博弈一般形式的议价问题,这里的 10 个地点都标上了数字。为了找到纳什讨价还价解 N,画出可行集 X 边界上过点 A 和点 B 的切线,切线 AB 的中点就是纳什讨价还价解 N。

图 2—1　一般性议价问题图示

社会契约

在本书中,我总是将社会契约问题几乎都限制在两个参与者之间发生,这样使得问题变得简单。这两个参与者,我罗曼蒂克地把他们想象为从伊甸园里逐出的亚当和夏娃。

当用社会契约来解释一个讨价还价问题时,就会是这样:在亚当和

---

〔1〕 经济学家在谈及理性的参与者将达成一个有效率的结果这一观点时,称之为科斯定理(Coase theorem)。尽管埃奇沃思(Edgeworth)在 1881 年就有类似的提议。

夏娃必须立刻面对重复的生活中的博弈时，如果他们在一个均衡上互相协调的话，那么每一个在可行集 X 上的点，就可以当成他们所获得的一对效用或收益。集合 X 代表他们所有可行的社会契约的集——扩展到人类生活中的博弈，集合 X 就代表所有可能存在的社会和经济组织的稳定形式。在议价问题中，不能达成协议点 D，表示亚当和夏娃目前所运行的无效率的社会契约。

当一个社会契约的丰富结构被保留成在集合 X 上的一对收益点时，有一点很容易被忽视，即有多少具有重要意义的社会活动被装进一个黑盒子里了。特别是关于稳定的问题，这是一直为右翼思想家所普遍关注的，现在几乎被彻底地抽象掉了，但这些问题并不能因此而忽略。

没有人会否认，一个社会的财富取决于它提供给企业家的自由和给予工人的激励，但是此类考虑全被纳入了生活中博弈的均衡结构里。在构造集合 X 时，要决定把什么样的收益分配给每个均衡，我们就需要考虑这些因素。特别是，与计划经济相比，那些适当使用市场的社会契约一般会产生更高的收益。但是，在集合 X 构建起来之后，只有在这些问题对 X 的大小和特性起到决定性作用时，才会引起人们的注意。

当然，在一个社会契约从可行集 X 中被选择出来以后，就有必要打开黑盒子，这样每个人才能知道，他们需要什么样的策略才能使社会按着已达成一致的契约运作。当我们在讨论从前面的可行集 X 中选择出什么样的有效结果被认为是公平的时，所有这些被右翼思想家质疑的问题，在这里都被我们忽略了。

自然状态

当讨论社会契约时，传统上一般把那个不能达成协定的点称为自然状态(state of nature)，但是我的自然状态不是类似托马斯·霍布斯

(Thomas Hobbes)的“所有人反对所有人的战争”；它也不同于约翰·洛克的田园牧歌，在那里每个人都享有自然权利，在那里“没有人应该去损害其他人的生命、健康、自由或财产”，只要可以“有剩余还可以给予他人”，一个人就可以从劳动和商品的结合中获得财产权利。这些在我看来仅仅是小说创作，被创造出来的导向带有一些偏见的结论。〔1〕

我认为没有什么意义去追随功利主义者的观点，他们觉得根本不需要关注当前的社会契约，就假装可以建立一个新的耶路撒冷。你可能会想起一个古老的爱尔兰人的笑话，一个农夫解释说，如果他在都柏林，他就不用在这里启程了。这个农夫是对的，如果我们能够从其他地方开始，或者根本无处开始，我们可能还会更好些。但这里就是我们所在的地方，不管你喜不喜欢它，我们都是处于历史中而被历史所型塑。

2.4 纳什讨价还价解

在可以面对面的谈判中，如果双方都可以随意地利用手上讨价还价的权力来对别人施加压力，在这样的情况下，议价问题将怎样解决？在这类策略性讨价还价中，公平仅仅起到修饰的作用。例如，乔恩·埃尔斯特(Jon Elster)列举了在瑞典进行工资谈判时的 24 种不同的公平标准。议价双方不用直接提出每小时应付多少工资，而是可以讨论谁的“公平标准”适用。

博弈论在分析理性人之间的策略性议价问题上取得了实质性的进

〔1〕 霍布斯在英国内战的混乱之后，试图将君主政体合法化。洛克也同样想虚构出一个论点来使新贸易阶级的道德观合法化，在他那个时代，这种道德观正在逐渐代替中世纪的基督教传统。

步。在博弈论中,参与者的特征和讨价还价的本质已经成为“共同知识”了。因此,我经常使用这个事例,尽管它有时缺乏真实感。原因是,当参与者有同样的讨价还价能力时,几条沿着不同主线的讨论都汇总到一点——认为纳什讨价还价解才是理性的契约。[1]

这个首次提出纳什讨价还价解的纳什,正是那个建立了纳什均衡概念的纳什,但我们会发现,这显然是两个不同的概念。认同这一点的人并不多,但我认为,纳什获得诺贝尔奖,更多归功于他的讨价还价解,而不是他的均衡概念,因为,他对讨价还价理论所做出的贡献完全是原创性的,而他的均衡观点却有很多先驱已经提出了。

要从众多例子中看出有没有纳什讨价还价解是很简单的。当每个参与者所得收益减去他们各自在不能达成契约时得到的收益,这两个数值相乘所得的最大乘积,就是纳什讨价还价解。因此,在会面博弈中,纳什讨价还价解是在位置 7 上,因为,这个点上的收益乘积为

$$(34-4)\times(22-2)=600$$

超过了其他位置所得收益的乘积。[2] 与它非常接近的位置是 6 和 8,其收益的乘积分别为:

$$(28-4)\times(26-2)=576 \quad (40-4)\times(18-2)=576$$

具有几何思维的人可能会注意到,在图 2-1 中,纳什讨价还价解是用字母 N 表示的点。这个点是 X 的边界上过点 A 和点 B 的切线的中点,即点 N。

为什么是纳什讨价还价解?

当两个理性的参与者,在不需要考虑公平,并且拥有同等的面对面

---

〔1〕 我关注于议价双方有平等的讨价还价能力的案例,是因为,在无知之幕下,可被人利用的讨价还价的策略,对于参与者双方来说都是一样的。

〔2〕 如果我们让亚当和夏娃抛硬币或抽卡片去解决这些争端,仍旧可以得到最大值,但在这一章里,我不打算去考虑关于作为工具的随机机制的使用。

讨价还价的能力时，纳什讨价还价解是博弈论中最好的预测他们将要达成某种契约的一个工具。

在博弈论中，与纳什讨价还价解相当的理论，还有如对称的讨价还价解理论，即 Kalai-Smorodinsky 解——这是大卫·高蒂尔(David Gauthier)在他的《约定的道德》(*Morals by Agreement*)一书中重新构建的，但在这些竞争性理论中，没有一个与纳什讨价还价解一样有如此的深度。然而，这本书不是关于策略性讨价还价理论的，因此，我仅仅给出最简单的观点，对它予以支持。

在图 2－1 中，点 N 是切线 AB 的中点。如果议价者有同样的讨价还价的能力，当可行集是在所有穿过点 A、B 的直线上时，那么点 N 就自然成为理性谈判的结果。现在，让我们抛开这个名义上有可能出现的可行集，除非我们得到一开始时的可行集。这些被排除的选项是“不相关的”，因为，即使当它们可供选择，议价者还是会选择点 N 而放弃它们。因此，在它们被排除后，达成契约的结果仍会是点 N，因为它们是谈判中“无关紧要”的部分，即使发生变动也不会影响到结果。

纳什通过研究在一个具体的议价模型中，两个参与者同时对对方做出“要么接受，要么放弃”的要求(参见第 4.7 节)，对这个议题做了补充。这类讨价还价模型通常存在多重均衡，但均衡选择问题的一个很自然的结果就是得出一个纳什讨价还价解。阿里尔·鲁宾斯坦(Ariel Rubinstein)研究了现实中大量的关于参与者轮流讨价还价、直到一方让步的例子。这样的均衡选择问题很自然还是得出一个纳什讨价还价解，但条件就是，双方提出要求之间的时间间隔必须足够短。

尽管有这样那样的论据支持并且是强有力地支持纳什讨价还价解，但这些并不具有绝对的说服力。如果在我的理论中，一些合理的选择替代了纳什讨价还价解，那将会怎样呢？这个理论的细节将变得非常复杂，但我认为，其结果不会有很大的质的变化。

为什么不直接讨价还价？

纳什讨价还价解的引入，是为了帮助预测在原初状态下讨价还价的结果。但是，为什么不直接使用它去解决亚当和夏娃讨价还价的问题呢？这里有两个原因。

第一个原因是，当面对面的议价不是可供选择时，"公平"才演化出来被人们使用。据我猜想，公平演化也许在人类使用语言之前。毕竟，我们需要一定的彼此间的协调方式，去创造一些条件，使真正的语言能够演化出来。现在，我们是在几种情况下才使用"公平"标准，就是当不太可能进行谈判的时候，或者当谈判的成本(时间和金钱方面的)远大于谈判的收益的时候。

第二个原因是，纳什讨价还价解不包含"公平"。如果你注意到，议价结果的产生根本不取决于我们是用什么来度量亚当和夏娃的效用的，这点就显而易见了。例如，如果我们用双倍度量亚当的效用单位"utils"，这样的话，新的效用单位就只值原来的效用单位的一半，亚当得到的新的纳什讨价还价解直接成了亚当的效用的两倍。所以，在会面博弈中，纳什讨价还价解总是选择位置 7，不管在把亚当的总收益(包括他的不能达成协议时的收益)加倍之前还是之后。同样，不管是给夏娃的收益只增加 3 之前还是之后，纳什讨价还价解总选择位置 7。在策略性讨价还价中，事情怎样才能改变呢？参与者不能够通过改变他们选择的效用的度量单位来改变他们的议价能力，就如同物理学家不能通过把温度计从摄氏改成华氏来试图改变房间的温度一样。

2.5 效用的人际间比较

从一开始，纳什讨价还价解就不具有作为公平标准的资格，因为对于什么才可以作为一种公平标准，有一个最低要求，那就是，这个标准可以在某种程度上去对亚当和夏娃各自的福祉[1](welfare)进行比较。

经济学教科书中通常说，把各人的效用做人际间的比较，是不可能的。照字面意思理解，这种说法只是一纸教条，没有任何理论支持。但教科书的这种说法在一定程度上也是有道理的，不能假设亚当的效用单位能够和夏娃的效用单位以通常可以明白的比率进行换算，就如同那些致力于解决这个问题的哲学家遇到的情况一样。因此，我认为有一点要注明，那就是，我会沿着约翰·哈森伊的思路，将效用的人际间比较的理论，建构在对人类彼此间有同理心能力的基础上，这点非常重要。

有同理心的换位思考

假设亚当和夏娃都是孤独症患者，或者因为其他原因导致他们彼此间没有同理心，那么原初状态的机制对他们就不起作用。如大家常常碰到的一样，当我们试图在日常博弈中使用一些公平标准，而这些标准又变得歪曲时，我认为很大的原因在于人们的同理心认同出现了失灵。但是，在试图首先解释公平的标准是如何运转之前，我按照哈森伊的理想化的例子，认为亚当完全能够尝试以夏娃的角度看问题，即对夏娃具有同理心。

可能亚当是很谦卑的人，并会因此在不得不从无花果叶子与苹果中进行选择时，更偏好选择无花果叶，但如果夏娃是个比较厚颜无耻的女人，假设她在同样的状况下会选择苹果，那么我们理想化的亚当会把自己想象成夏娃，那他也会接受夏娃的选择。在这个假设上，哈森伊给出了一个简单的论述，暗示说，原初状态下的人们在讨价还价时，会变得好像他们知道怎样能把亚当的效用单位以固定的比率换算成夏娃的效用单位。

---

[1] 这里对 welfare 的翻译，本书遵从黄有光教授的译法。——译者注

文 化

我认为，只有那些新古典经济学的顽固分子，才会不承认我们实际上是有标准可以进行效用的人际间比较的，并且这些比较是被一个特定社会广泛共享的。但是，人们通常很少询问，为什么演化本应该让我们的大脑具备潜意识的能力，在决定谁在怎样的情况下价值是多少时做一些必要的复杂的计算，但实际上演化却没有给予我们这样的能力。

人们很容易猜到这种能力的起源，是因为一个扩展型家庭的成员(members of an extened family)需要认识到他们彼此间是怎样亲密相连的。但是，我们为什么会需要在家庭之外进行效用的人际间比较呢？一个原因是，将这些"比较"作为原初状态机制的投入是必需的。这说出来是个比较绝对的观点，但我认为，这就是为什么演化使得我们可以将自己的福祉与其余人相比的唯一原因。

但是，为什么每个在特定情景下的人，就应该使用同样的标准来做人际间的比较呢，如同哈森伊和罗尔斯假设的那样？要找到答案，我认为必须着眼于一个社会的文化。也就是说，当下社会中人际间比较的运作标准，是由社会或文化的演化所定，其结果就是，这些标准存在的任何差异都会在长期的运行中趋向同一(参见第8章)。

基于前面章节的注释里提到的，我在将公平和语言做类比时的第二个基础上，认为效用的人际间比较的标准是由文化决定的。这就解释了为什么人们在不同的地点、时间或情景下，对于什么算是公平的，会有差别。正如在日本什么算是公平的就不同于在法国的公平，所以现代纽约的公平标准也不同于古代的雅典。例如，在今天，纽约妇女的地位就远远高于雅典妇女的地位，但是笨蛋在哪里都不会得到公平的对待。

2.6 社会指数

当利用原初状态的机制做出公平的判断时,亚当和夏娃实际上根本没有谈判。假使他们在无知之幕下讨价还价,那他们会协调达成一致的交易。但这将是一种怎样的协议呢?哈森伊和罗尔斯都分别提出过这个问题,但得出了非常不同的答案。哈森伊认为,最终的结果将是功利主义的,但罗尔斯却坚称它应该是平等主义的。

为了让功利主义和平等主义的讨价还价解能有意义,我们需要给每个参与者赋予一个社会指数。我希望这个术语是比较中性的,而不会引起任何偏见,譬如,认为是否一个高的或低的指数就必定是"好的"或"坏的"。这就如同我在买进东西时会希望它价格低,而当我卖出时却希望它价格高,因此,一个高的或低的社会指数,其意义主要取决于当时的情景。

我们需要社会指数是因为,如果要在特指一个议价问题时将所使用的个人收益直接进行比较,而且这种比较是对一种公平的计算有意义的,我们找不到什么理论告诉我们如何做。例如,如果在会面博弈中的收益用美元计算,在了解到亚当是个亿万富翁而夏娃是个乞丐之后,没有人会说,他们都在位置 10 时,亚当比夏娃状况更好。

因此,我们利用参与者的社会指数来划分他们,重新调整每个参与者的个人收益。这种重新调整或权重的结果,可以认为是社会做出的、对于议价问题中每个可能结果的价值的评价。更精确些说,如果要把亚当的社会指数说成是 3,而夏娃的社会指数是 2,就好比是在说亚当个人的 3 个单位的效用相当于夏娃 2 个单位的效用。

此类的社会评价会反映出多种多样的因素,这些因素是由历史情景所决定的,是过去发生的类似会面博弈的协调博弈。亚当究竟是富还是穷？夏娃是胖还是瘦？亚当是不是移民呢？夏娃是不是带着鼻环？他们是丈夫和妻子吗？他们是否是兄妹呢？

我们可以罗列一个单子，其中的一系列文化和情景因素不胜枚举，但是功利主义和平等主义提出的讨价还价解都使这些简单化，他们坚持认为，只有这些讨价还价解有效地影响到亚当和夏娃的社会指数时才是最重要的。事实上，只有这些讨价还价解对其社会指数比率的影响才是有意义的，因为不管我们将社会指数设成100和50还是2和1，所得到的答案都是相同的。

2.7 功利主义的讨价还价解

功利主义评价任何结果的价值，都是先把亚当和夏娃各自的收益除以他们的社会指数，再将加权后的值进行加总。因此，功利主义的讨价还价解的结果，是加权的收益总和中最大的那个值。

数字的例子

在这里，我将算出在会面博弈中不同组合的社会指数下功利主义的讨价还价解，希望这样可以有助于读者理解。

如果亚当的社会指数是夏娃的两倍(也就是说，认为他的两个效用单位等于夏娃的一个效用单位)，那么在会面博弈中，对功利主义讨价还价解求解，它会选择位置3。就是使亚当的社会指数为2而夏娃的社会指数是1，在位置3中，收益的加权后的总和是

$$\frac{16}{2}+\frac{34}{1}=42$$

这个值是相比其他位置所对应的加总中最大的值。最为接近的值是位置4，其加权后的总和是

$$\frac{19}{2}+\frac{32}{1}=41\frac{1}{2}$$

如果夏娃的社会指数是亚当的两倍(也就是说,认为她的两个效用单位等于亚当的一个效用单位),那么功利主义讨价还价解将变为位置8。在这个位置上,新的加权的功利主义总和为

$$\frac{40}{1}+\frac{18}{2}=49$$

这是相比其他位置所对应的加总中最大的值。最为接近的值是位置4,其加权后的总和是

$$\frac{44}{1}+\frac{8}{2}=48$$

注意事项

显然,在会面博弈中,我们通过选择适当的社会指数能够随意得到任何的功利主义结果。因此,如果不指明使用什么样的社会指数,讨论功利主义的结果就无从谈起。尤其是,当亚当和夏娃具有相同的社会指数时,这个情形就没什么特别的。如果要假定他们有不同的社会指数,就等于理所当然地认为,亚当和夏娃的收益早就有了上浮或下滑,这样做是为了使他们能够进行比较。

正如我们没有权利去假设可以对亚当和夏娃的最原始的收益进行比较一样,同样,我们也不能够简单地假设,我们可以将不同权重的功利主义加总的值进行比较。例如,假定有两个社会情景,在其中一个社会情景里,亚当和夏娃具有同样的社会指数,而在第二个社会情景里,夏娃的社会指数只是亚当的一半,那会怎样呢?如果觉得第一种情况会比第二种更糟,这样就很荒谬了。事实上,这两个社会的结果都最终归于位置8。

最后,功利主义加总的最大值可能存在多个位置。例如,当亚当的社会指数是3,而夏娃的社会指数是2时,对应的功利主义总和的最大

值是位置 3 和位置 8。位置 7 既是一个功利主义讨价还价解，也是一个纳什讨价还价解。

几何学

我发现，图 2—2 用几何学表示要比以上的数字例子更容易理解。图 2—2 中这条直线的斜率是$-\frac{1}{2}$（这意味着这条直线上的点横坐标 1 单位对应 2 单位的纵坐标）。该直线上所有的点都代表当亚当的社会指数是夏娃的两倍时相同权重下的功利主义的加总。那些没有与集合 X 相交的线，其相对应的功利主义加总，都是有可能的值。因此，功利主义讨价还价解所定的位置点是点 U，一条斜率为$-\frac{1}{2}$的直线，且正好与 X 的边界相切。

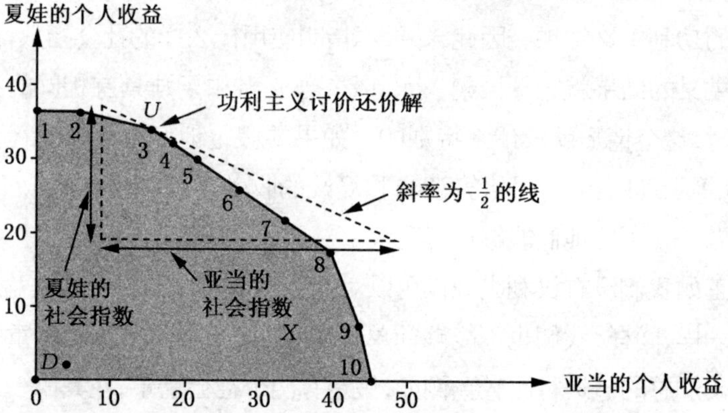

当亚当的社会指数是夏娃的两倍时，功利主义讨价还价解为点 U。在功利主义加权的总和中的任何点都没有可行点 U 的数值大，因为在共同的可行集 X 里，直线所对应的比该解还要大的加总的点并不存在。社会指数在其他参数没有改变时，按比例增加或减少都可以证明是成立的。

 图 2—2　指定亚当和夏娃的社会指数时所得到的功利主义讨价还价解

如果亚当的社会指数是 3 而夏娃的社会指数是 2，那么功利主义的结果将在斜率为$-\frac{2}{3}$的直线与 X 的边界相切的点上。

2.8 平等主义的讨价还价解

首先每个参与者的个人收益会被重新调整——通过将这些收益除以他们的社会指数。之后，我们所关注的平等主义者，会将这个收益与每个参与者在当前状态下的收益进行比较，也就是加权后的收益。平等主义的讨价还价解是一个有效率的结果，也是每个参与者的加权收益相等的一个状态。[1]

在会面博弈中，在当下状态，亚当的个人收益为 4，而夏娃的是 2。当亚当的社会指数与夏娃的社会指数相等时，平等主义讨价还价解就会选择位置 6，因为

$$\frac{28-4}{1}=\frac{26-2}{1}$$

如果夏娃的社会指数是亚当的两倍，那么平等主义讨价还价解将是位置 4，因为

$$\frac{19-4}{1}=\frac{32-2}{2}$$

如果亚当的社会指数是 3 而夏娃的社会指数是 2，平等主义讨价还价解同时也是纳什讨价还价解是在位置 7，因为

$$\frac{34-4}{3}=\frac{22-2}{2}$$

---

〔1〕 当参与者个人收益在当下状态是零时，罗尔斯的差别原理就成了这个平等主义的结果。罗尔斯是在只有参与者的基本权利和自由得到保障后，才建议这个参与者差别原理。

如果我们使亚当的社会指数为夏娃的两倍，那么没有位置可以使加权收益完全相等。他们能达到的最好结果，就是在位置 7 和 8 之间做随机选择。如果他们这周哪一天见面是随机选择的，他们可能按照他们的惯例选择周末在位置 7 约会，而平日在位置 8 约会。〔1〕

图 2—3 是对此的几何图解。在这个例子中，当亚当的社会指数是夏娃的两倍时，平等主义讨价还价解就是被标为字母 E 的点。这个点是穿过不能达成协议点 D 的直线（斜率为 $+\frac{1}{2}$）与 X 集的边界相交的点。

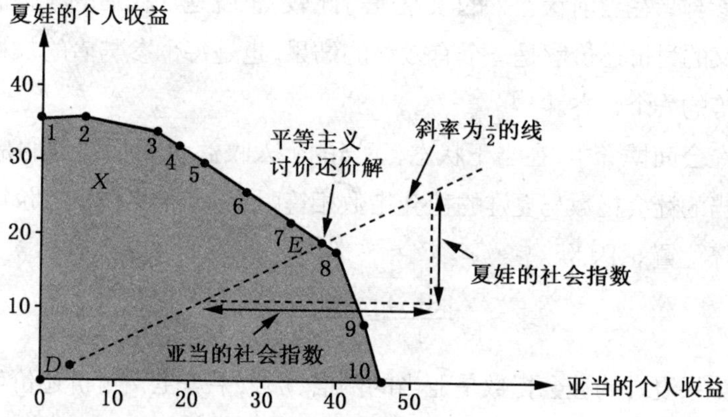

当亚当的社会指数是夏娃的两倍时，平等主义讨价还价解为点 E。社会指数在其他参数没有改变时，按比例增加或减少都可以证明是成立的。

图 2—3　指定亚当和夏娃的社会指数时所得到的平等主义讨价还价解

〔1〕 在位置 7 约会的概率是 ²⁄₇ 时，可以使他们的平均权重所得相等。

2.9 功利主义对平等主义

功利主义者与平等主义者之间有什么样的区别？这里值得指出的是他们立场中有两点不同。

功利主义者忽视现状点 D。他们认为，我们现在的状况如何，以及现在这样的状况是怎样造成的，这些都与我们下一步往哪里走没有关系。平等主义者关注历史，因为现状点 D 在很大程度上决定了在平等主义的讨价还价解中，谁可以得到多少的问题。因此，在这个意义上，如果拿埃德蒙·柏克(Edmund Burk)和托马斯·潘恩 (Thomas Paine)两人关于法国大革命的激烈论辩为场景的话，平等主义者就会站在埃德蒙·柏克一边，而功利主义者则顺应托马斯·潘恩的观点。

他们之间的第二点不同在于，对于社会指数含义的理解不同。降低一个参与者的社会指数，就是提高他或她对于加权的功利主义加总的贡献。因此，一个功利主义者喜欢给社会指数较低的公民提供更多的帮助。在平等主义讨价还价解中，降低一个参与者的社会指数，将会降低他或她的效用。因此，一个平等主义者更喜欢给社会指数高的公民更多的帮助。

因此，在对于社会指数的重要性问题上，功利主义者和平等主义者的看法是截然对立的。功利主义者认为，社会指数较低的人应该分享到较大的蛋糕；而平等主义者则认为，社会指数较高的人应享有较大的回报。

2.10 强制实施

在原初状态下的理性议价结果会是怎样的？对于这个问题，谁才是正确的呢？是哈森伊，还是罗尔斯？

哈森伊和罗尔斯都假设存在一个强制实施的代理者，如果亚当和夏娃在原初状态下讨价还价时，出于某种原因，这个代理者会强制亚当和夏娃遵守一个他们所制定的假想的密约。罗尔斯创造出一个代理人，称为“自然义务”(natural duty)；而哈森伊提出了一个类似的代理人，称为“道德承诺”(moral commitment)。我拒绝这类虚构。我认为，要有个有效的强制实施的代理人，就只能是除了亚当和夏娃之外的人，并且他可以对不进行公平博弈的双方施行惩罚。但是，如果可以有一个哈森伊和罗尔斯假定的那种类型的强制实施的代理者，博弈论会支持哈森伊的观点，即亚当和夏娃将在无知之幕下达成一个功利主义的社会契约。

博弈论理论家应该同意约翰·哈森伊，这并没有什么好奇怪的，因为他在 1992 年[1]与约翰·纳什和莱茵哈特·泽尔腾(Reinhard Selten)共享了诺贝尔奖金。但是，我们并不是为了表示不合时宜的忠诚才去同意哈森伊，我们之所以同意他的观点，只是因为他的观点是逻辑所致的。这表明，如果罗尔斯在原初状态下的讨价还价分析是正确的，那他就会得出与哈森伊相同的功利主义的结论。

博弈论理论家认为，罗尔斯的错误是容易发现的。罗尔斯宣称，普通的决策理论不能够应用在原初状态下，并且提出使用冯·诺依曼提出的最大最小化(maximin)标准，他利用两人零和博弈，证明这个标准

---

[1] 原文有误，实际为 1994 年。——译者注

是最优的。这样罗尔斯在提出公平标准时,要求用到最大最小化标准,就不那么令人惊讶了。但是,为什么我们在对待一个在无知之幕下的议价博弈时,好像把它还是当成一个纯粹冲突的博弈呢?

既然罗尔斯明确地在《正义论》中提供了另一种深思熟虑的选择,可以取代他那个时代正兴盛的功利主义,尽管这里的批评可能看起来具有毁灭性,但是,罗尔斯的道德直觉显然要胜过他使用的博弈论。他详细地描述了要维持一个社会契约所需要付出的"承诺的张力"(strains of commitment),而这个社会契约并不是生活中博弈的均衡。

那么,如果我们放弃这个假设,不再认为存在某个真实或虚构的代理者在原始状态下实施假想中的协议,那又会怎样呢?可能亚当和夏娃就是这个社会的全部成员,或者可能没有其他人注意到或关心他们的博弈是否公平——这一定就是我们自己的公平观还在演化时发生的情形。既然在这里,没有人做监督工作,亚当和夏娃使用的任何惯例,都必定由这些惯例自己来监督。

正如我们将在第 11 章所看到的,要传达这样一种自我实现的监督的要求,彻底颠覆了我们先前的结论。哈森伊的功利主义的社会契约不再能作为适合的讨价还价的结果而维持下去,我们最终的结果是接近罗尔斯平等主义的社会契约。除非有人认为这样的颠覆中含有更深层的东西,不然就允许我抓紧补充一句,当一个协议失效时,没有什么可以阻止一个失败者不去否认它,就像看着一个人不能通过丢硬币来解决问题一样,除此之外没有别的什么了。

2.11 文化的演化

只有将嵌入某个"公平"规范的人际间比较的标准,归于一个社会的文化史的大背景,才能讨论为什么身处不同时空的人会如此不同地看待“什么是公平”的标准。在第 8 章，我首先在这方面做一个粗略的尝试，来论证这样一个观点，那就是，在一个社会系统达到“同理心均衡”(empathy equilibrium)之前，我们预期其文化的演化会塑造这个社会里的公民的同理心偏好，直至达到均衡。

不管我们是不是假设有一个外部强制执行的代理人，结果都是一样的，即亚当和夏娃的社会指数都会发生演化，直至他们想要回归到原初状态，这样的一个愿望，就相当于是去实施一个纳什讨价还价解。

一些批评家会毫不留情地反驳这个理论，使它体无完肤。话说回来，你还期望一个经济学家可以得出怎样的结论呢？如果他认为所有关于“公平”的讨论，只不过是暗藏在美容面膜下面的赤裸裸的权力，你又能拿他怎样呢？不过，会这样评论的人根本就不配得出这样的一个结论。

如果说文化演化的进程确实会侵蚀掉一个公平标准的所有道德内涵，因为每个标准都是对应一个具体的协调博弈而产生的，那么这些批评家在某种程度上是对的。但是，我们不会把完全一样的协调博弈进行两次。所以，每一个公平标准只用来解决一类博弈的均衡选择问题。还有就是存在另一类博弈，它的发展速度很快，并且使得文化的演化不能与其保持同步。关于时间问题如何起作用，我将在第 10 章和第 11 章讨论。但在这里，我只提供一个简单的数字例子来解释为什么认识到“每个公平标准会应用到一系列的博弈中”这一点是很重要的。

多次会面博弈

要想知道把同一个公平标准用到许多协调问题中会是怎样的结果，最容易的办法就是，考虑如果亚当和夏娃通常需要多次进行会面博弈，会是怎样的结果。这样的多次博弈每次不能达成协议时的收益是不同的。因为不能达成协议的点的位置与功利主义的公平标准没有关系，所以，我理所当然地认为，我们更多地只是在讨论平等主义的公平标准中更为有趣的一种而已。

为了简化问题,假设亚当和夏娃不能达成协议时的平均收益分别为4和2。但是,在他们每次进行会面博弈时,他们是各自随机选择了他们实际上不能达成协议时的收益,以至于他们的收益有时会非常偏离他们的平均收益值。

无论他们什么时候进行会面博弈,今天不能达成协议的收益是由概率决定的,这点是假定的共同知识,但是作为他们公平标准特征的社会指数,是不随着不能达成协议的收益的改变而变化的。尽管这一点听起来好像不是很明显,但文化的演化最终将塑造出亚当和夏娃的社会指数,为使得他们在一般情况下的议价问题的平等主义讨价还价解可以正好也是一个纳什讨价还价解。

我们早已经明白这些调整过后的社会指数会变成怎样,因为从这一章开始,我就仔细选择了用会面博弈的情形来代表一般的议价问题。在这个博弈中,当亚当的社会指数是3而夏娃的社会指数是2时,纳什讨价还价解碰巧也就是平等主义的讨价还价解。如果没有模型外的其他因素干扰,我们能够期望,文化的演化最终将导致亚当3个单位的个人效用就相当于夏娃2个单位的效用。

如果当亚当和夏娃不能达成协议的收益为32和0时,将会发生什么状况呢?社会指数为3和2时,平等主义讨价还价解将会选择位置9,因为

$$\frac{44-32}{3}=\frac{8-0}{2}$$

但位置9肯定不是亚当和夏娃目前问题的纳什讨价还价解,因为它的纳什乘积为

$$(44-32)\times(8-0)=96$$

然而,位置8的纳什乘积为

$$(40-32)\times(18-0)=144$$

这就意味着，当不能达成协议时的收益是 32 和 0 时，亚当和夏娃就算是动用他们的议价能力，也无法如愿解决他们的协调问题。他们使用的平等主义的公平标准，结果只能使夏娃的收益比她在纳什讨价还价解的情况下还要差。

情　景

两个人尝试见面这样一个情景中所出现的协调问题，是一个非常有助于介绍讨价还价解的例子，因为它的背景是很单纯的。我们的文化还没有到一种程度，让我们对于这样一个情景下"什么是公平的"的问题，有任何太强烈的情感以至于不能考虑其他可能性。但是，我们这样一种可以抽身出来看事物的能力会在我们看待其他一些协调问题时失去，其实，其他那些协调问题在策略上与会面博弈也是一样的。

例如，假设亚当和夏娃在一起经营了几年的花店生意之后分手了，那怎样分财产才是最公平的方式呢？

也有可能是，当一个问题被抽象为议价问题时，各方的收益可能就与在会面博弈中表 2－1 里计算的一样。但是，没有人会不研究那些收益表格之外的信息却只是死板地坚持什么才是公平，这样做是不合适的。当这个花店开张时他们各自投资了多少？他们每个人每天在花店各自工作了多长时间？谁参加了旋转厅的午宴？谁的举止曾经给客人带来过不适？

这类问题之所以会被问到，是因为我们知道，在决定什么是公平时，这个协调问题出现的情景会决定我们使用的社会指数，而对社会指数的选择又是由我们所处的文化决定的。我们中的绝大多数人很少想过甚至根本不知道，我们的文化设计(cultural programming)是怎样使得我们将情景参数的集转化为合适的社会指数，尽管这个过程运行在我们的潜意识之下，但是，我们却希望能科学地去研究这个问题。

我在第 11 章会开始讨论，在文化演化已经将亚当和夏娃的价值观调整到某个情景中以后,有哪些需求、努力、能力和社会地位可能影响到社会指数。不过,这些讨论都还需要受到最后的审判,即放到心理学实验室里来加以考察。

2.12 毫无意义?

在哲学中的一个常见做法,就是把效用的人际间比较作为一个无趣的问题而搁在一边。在结束这一章时,我想说明为什么这样的态度是一个很大的错误。

你会很容易求证,当亚当和夏娃的社会指数是可以使他们遇到的两种讨价还价解碰巧重合的时候,那么所有三个讨价还价解也都重合了。在会面博弈中,这样的情形发生在当亚当的社会指数是 3 而夏娃的社会指数是 2 的时候。

如果我们把注意力局限在一个特有的生活中的博弈,结果是社会演化的运作会导致功利主义者和平等主义者都指定给亚当和夏娃相同的社会指数,并且提倡一样的变革。确实,尽管哈森伊和罗尔斯是哲学上的对手,但是,我发现当讨论实际政治事件时,他们所表达的居然是十分相似的观点。

这里暗含的深意就是,在一些情形中,功利主义者和平等主义者之间的传统论战中所掀起的嘈杂和愤怒,其实只不过是夸夸其谈的大话而已,因为论战的双方其实说的都是一回事,不过用不同的方式讲了出来。如果他们双方可以想象对现有的人际间比较的标准可以做出的改变,就可以看出他们之间的根本性不同。但是,如果你们认为此标准说到底还是被形而上学的因素所决定的话,那么让他们做这样的想象,根本就不可能。

3◉

主义之争

他们通常把伦理学写成了讽刺诗。

——斯宾诺莎

3.1 甚嚣尘上

在所有的研究领域,学术活动不过就是绝大多数的活跃在其中的研究者,自己扬起尘土,却还争执不休地抱怨说他们看不了太远。在哲学界,人们把词义颠倒,使这样的混淆通常维持在一个高水平上。例如, 伊曼纽尔·康德就曾说过,“因此,人类需要一个主人,他能够破碎人们自己的意志,而让人们服从一个公意(a general will),而在这个公意之下,每个人都能够自由。”

类似这样的胖蛋先生式的推理(Humpty-Dumpty reasoning)〔1〕比比皆是,在一些标准的道德哲学的书籍里,翻开其中任何一本,你都可以找到这样的例子。科学家们十分勉强地与这些胡言乱语打交道——他们这样做是可以理解的,但他们还是不免成为这些结论的牺牲品。例如,一些生物学家曾向我解释,“自然主义谬误”阻碍了他们自己对道德问题这类思想的扩展。但是,有多少人意识到,实际上,正是休谟建立的自然主义谬误——他是一个以科学方法研究道德问题的拥护者——为的是要论证哲学中反科学学派的应然论点(the Oughts)是无从推出的。

因此,我认为有必要花一个章节来进行一场“主义之争”,我希望可以说服一些人加入我的战线,自豪地贴上那些反科学哲学家为了贬损而赋予我们的标签。但是,有一个标签我是不准备接受的,那就是,说

〔1〕 Humpty Dumpty 指的是胖蛋先生,喻又矮又胖的人,在《爱丽丝漫游仙境》中也曾出现过。——译者注

"我是哲学的敌人",我绝不是这样的人。大卫·休谟是许多科学哲学家中唯一让我怀有最高敬意的。那些仅仅是坏的哲学,在这里我认为我们只要厌恶地耸耸肩抛弃它们即可。

3.2 经验主义

哲学家喜欢给不同的思想流派贴标签,但是,他们为这些标签赋予的含义却并非名副其实,并且很少能够从字典上的定义推断出其含义。在我们将本书中关于道德的科学方法进行分类的过程中,第一个贴标签的问题是,究竟应该称唯理主义(rationalist)还是经验主义(empiricist)。

绝大多数的道德哲学家是唯理主义者。这并不意味着,他们认为其他的哲学家就是非理性的。这仅意味着,他们相信人们对于这个世界的一些事务的探究,是可以不用收集数据而做到的。特别是他们相信可以通过玩弄文字,或依靠我们的直觉,来决定人们应该做什么。伊曼纽尔·康德是最著名的一位唯理主义者。他也是作为唯理主义者被公认为所有时代最伟大的哲学家。但是,如果本书的方法即使只有一半是正确的,我们也必须面对一个事实,即康德把所有事物的秩序都颠倒了,从而使得问题本末倒置。

定言命令

康德对假言命令(hypothetical imperative)与定言命令[1](categorical imperative)做了区分。假言命令告诉我们,为了实现一些目的,我们应该做什么。例如,"如果你想长得又高又壮,就应该吃菠菜"。定

〔1〕 也译为绝对命令,无上命令。——译者注

言命令把“如果”(if)去掉,用“应当”(ought)来代替。定言命令告诉我们,不论我们个人可能有的目标是什么,我们应当做什么。

康德主张,一个真正理性的个人,有必要遵守特定的定言命令,即“只按照那个你希望可以作为普世法则运行于世的行为准则来行事”。我母亲也有类似的观点。当我还是个淘气包时,她就对我说,“假如人人都像你这样,那会怎样啊?”就算对于一个小孩而言,这种推理的错误也是显而易见的。如果“人人”都“淘气”确实不是一件令人高兴的事,但我不是“人人”——我只是我自己而已。

康德并不是非常热衷于给出实用的建议,通常他以格言的例子告诉我们事实,一个人通过应用他的定言命令会导致什么。为了强调他这个信念,理性要求“总是”说真话而不论后果如何,康德坚持认为一个人任何时候都不应该说谎,哪怕是在一个试图行凶的手持斧头的人向你询问邻居的下落时,都不应该说谎。他假设,说谎是非理性的,如果每个人一直都在说谎,那么谎言就会终止一切有意义的活动。但康德的定言命令暗示我应该“一直”讲真话,这显然是不对的。连小学生都会明白这点,我们可以合法地推断出来的只有一点,即人们只是“有时”必须说真话。

如果说康德在应用他的定言命令时其逻辑是错误的,那么当他在试图证明定言命令成立时,他的逻辑就更为错误了。他从一开始的宣称就明显错误,说每个人的能力与其目的是很理想地匹配的,然后,康德询问我们推理的能力有何目的。依据康德的理论,这个目的不是为了提高我们的福祉或快乐,因为要达到这些物质的目标,还不如把我们的理性能力完全取消,取而代之的是,用一个旨在对每个可能的刺激发出最优回应的反射性系统(a system of flexes)来运作。

因此,我们的理性能力必然有其他目的。但这个目的会是什么呢?康德回答说:“真理的功能必定是产生一个善的意志,而不是作为达到其他目的的一种手段,而它本身就是目的。”至于为什么它的目的应该是这个，而不是其他无数种可能性中的一个，康德并没有解释。至于为什么拥有一个善的意志就是谨守康德的定言命令，而非你我空想出来的其他定言命令，我们也没有得到任何一点暗示。

科学传统

幸运的是，我们有一个久远而且值得尊重的哲学传统，在这个传统脉络里，如同爱丽丝漫游奇境国一样的推理，是站不住脚的。这个科学式的传统始于前苏格拉底哲学家，如安提丰（Antiphon）和色诺芬尼（Xenophanes）[1]，然后一路拥抱了亚里士多德和伊壁鸠鲁（Epicurus），再走向托马斯·霍布斯，以及作为苏格兰启蒙运动的明灯大卫·休谟和亚当·斯密。

通过亚当·斯密和托马斯·马尔萨斯（Thomas Malthus），这个传统的哲学直接影响了查尔斯·达尔文的自然选择理论的建立。伯兰特·罗素（Bertrand Russell）和卡尔·波普（Karl Popper）将科学哲学的标准引入了近代的研究，不过，最近出现的道德哲学家中，沿着传统思路写出的最有思想的著作，可能是约翰·麦凯（John Mackie）的《发明对与错》（*Inventing Right and Wrong*）、彼得·辛格（Peter Singer）的《扩展圈子》（*Expanding Circle*），以及伯兰·斯科姆斯（Brian Skyrms）的《社会契约的演化》（*Evolution of the Social Contract*）。

我把科学哲学传统中认为必须先研究详细的资料才能得出结论的，称为“经验主义”。它的最重要的代言人就是大卫·休谟。他没有花费时间做那种使康德成名的文字游戏。他建议：如果一本书试图让我们相信某个道理，我们需要先问自己两个问题——这本书里所说的包含我们定义的文字或符号的逻辑推导吗？这本书所说的能够在世界

[1] 古希腊哲学家、诗人、历史学家、社会和宗教评论家，埃利亚派的先驱。据说他是巴门尼德（Parmenides）的老师。——译者注

中观察到吗？如果没有，我们就把它抛到火里烧掉，因为它除了诡辩和幻想之外，一无所有。

关于定言命令和一些类似的概念，休谟告诉我们，理性只不过是“激情的奴隶”。因此，只有假言命令才有些意义。简而言之，只是宣称我们应该有义务做这个或那个是不够的，我们有必要解释清楚，为什么我们需要关心自己应尽的义务。正如休谟所指出的，“除非道德理论能够证明所有它提到的义务也是真正对每个个体有益的，否则，这个道德理论怎么可能为任何一种有用的目的服务呢”。

在这句引言中，休谟并不是在提倡一种盲目的自私自利的道德。他说出了一个很实在的论点，即花时间思考一些不起作用的变革，只是在浪费时间。譬如，以撒谎的行为为例。每个人都会更喜欢生活在一个人人在绝大多数时间讲真话的社会中，但是，这样一个社会怎么可能从一个谎言盛行的地方发展出来呢？在康德的概念范围中，这涉及实践的问题，他大概会赞同一个循环论证的解释就是不厌其烦地去和周围的人说，不遵守他的定言命令是非理性的。但这样的乌托邦策略是行不通的，因为它忽视了人性中的一些现实。一个有恩赐的牧师，他也许可以暂时劝人们毫无保留地相信其他人的话，但是，当一些越轨者发现背叛同伴的信任可以获得好处时，堕落或多或少就开始了。

有人可能提出反驳，我们在教导孩子的时候是教他要讲真话啊，而且这样教育的结果是人与人之间就不会说太多谎话。但这个反驳忽视了一个事实：我们目前的社会契约的规则已经使我们觉得，值得信赖的声誉是很有价值的。如果你过去曾恶劣地背叛过朋友，这件事情若是众所周知的，那以后谁会把你当成朋友来信任呢？

因此，当我们教导我们的孩子不要说谎时，我们是在教导他们一条会在日后大多数情况下符合他们自己利益的规则。当然，随着他们长大，他们会学习修正自己还是孩子时被教导的这条规则，而当撒谎好像不容易被发现时，或者他们的意见对这些人并不太重要时，他们就开始随意地撒一点谎。因此,谎言会在我们这个社会存活,并且无疑会一直继续下去。

古格斯的戒指?[1]

乌托邦的理念是人类所不可企及的,这个观点对有些人来说很难接受,但我并不是第一个这样认为的人,说这类乌托邦不实际的改良主义者是对我们的社会契约稳定性的一个威胁,他们比那些更切实地看待人性的人带来的威胁还要大。

一些唯理主义者用魔幻式的推理法说服自我,把不可能的当作可能的,他们这些人犯了一个与桑塔亚纳(Santayana)书中的路西法(Lucifer)[2]在违背上帝时所犯下的同样的错误——路西法试图从一切可能的世界中创造出一个最好的世界。但是,如果我们效法路西法,逞一己之能,想要施行一些不起作用的变革,那么,我们就等于是把自己送入了地狱,是一个在新的社会契约破坏后,由演化带给我们的地狱。因此,对于像休谟这样的经验主义者,他们认为更为明智的做法是,人们先使用科学方法去决定什么变革是可行的,再去研究怎样的策略是最优的。

人们在接受这种观点时所遇到的一个首要的障碍是,它要求人们实际可行地看待"权力"。人们更乐于把正义看作权力的替代品,而不是作为平衡权力的手段。但是,我们之所以把正义人格化为一个拿着

〔1〕 出自柏拉图的《理想国》。其中,有个名叫古格斯(Gyges)的牧羊人机缘巧合地得到一枚可以隐身的戒指,当他发现真的没人能够看见他时,便利用这枚戒指引诱皇后,谋杀国王,直至最终窃取王位。说完故事,格劳孔(Glaucon)继续问道:如果有两枚古格斯的戒指,一枚戴在正义者的手上,一枚戴在不正义者的手上,这两个人会有不同的行为表现吗?格劳孔的回答是:否。他认为无论一个人平日里是否循规蹈矩、奉公守法,一旦拥有古格斯戒指,他就一定会去做他想做的事情,而不是做他应该做的事情。——译者注

〔2〕 堕落天使,《圣经》中也称为撒旦。——译者注

天平和剑、蒙着双眼的少女,是事出有因的。在我的理论里,她的眼罩就是无知之幕。天平分别用来称量亚当和夏娃的价值。她的剑是必需的,正如托马斯·霍布斯所言,“离开了剑的契约不过是个口号”。

如此谈论权力,对于一个现代的听众会觉得有些耸人听闻。在柏拉图的《理想国》中,书中的苏格拉底最终提倡的是一个沉闷的专制主义的城邦,这个城邦中所有的权力都由哲学王和他的护卫者所掌管,而这个事实被传统哲学家忽略了,他们倾向于假设任何一个觉得权力重要的人都会同意色拉叙马霍斯(Thrasymachus)所说的——“正义”只是那些有权力者的利益而已。在关于古格斯的神话中,戴上可以隐身的魔戒,就是权力不受任何原则约束的经典的偶像。

不过,要拒绝色拉叙马霍斯的“权力的腐败”的观点的做法是有些愚笨的,尽管这样,在《理想国》中,我的偶像并不是色拉叙马霍斯,而是柏拉图的兄弟格劳孔,因为他提出的一个观点与本书所辩护的社会契约观点非常接近,并且他的观点得到了苏格拉底在临终前的承认。我认为,一个活在现代的格劳孔一定会认同我的观点,就是认为,公平标准的演化是为了从多种平衡族群权力的方式中,选择出其中的一种。

但是,自从古典时期以来,我们的进步却是如此之少,以至于人们对此的直接反应仍是认为它是个悖论式的观点。其中有强制的力量(jackboots)和暴力手段(iron fist),这些与正义和公平有什么关系呢?但是,一个色拉叙马霍斯式的自由参加式的混战,仅仅是人们行使权力的若干手段之一。出于论证目的,我列举的一些最明显的例证就是那些存留到现代时期的狩猎—采集型部落的例子。来自世界各地的人类学家的报告说明,这样的部落通常运行的是一些明显相似的社会契约,在这种契约中,食物普遍依据所需共享,并且不允许头领产生。

在这些现代的狩猎—采集族群中,他们不需要领袖就可以生存,这样的一个事实有可能被贴上高贵野蛮人的标签。人在自然状态下是生活在一种处处是甜蜜和光明的田园牧歌的生活里,这种观点确实很吸引人,但是,如果我们发现这些高贵的野蛮人居然还经常彼此杀戮,而且谋杀率高得惊人,那我们就需要开始用更复杂的思路来考察他们的生活了。如果是这样的话,那他们中为什么没有一个大能的猎人出来,建立一个独裁暴政呢?之所以没有这样一个独裁,并不是因为这些猎人、采集者不希望凌驾于他们的伙伴之上,统治他们,也不是因为他们的母亲更好地教导他们"己所不欲,勿施于人"的道理。作为个体的人而言,他们这些狩猎—采集部落的人,与我们其他人没有什么区别。唯一的差异在于,他们的社会是按一个社会契约运作,这个契约把每个人的权力都牵制住,无论谁表现出想要发号施令的迹象,任何个人所掌握的权力都会被整体承担的权力牵制住。最开始的时候,这个对别人发号施令的人,会被大家取笑。如果他坚持这样做,他将受到群体的排挤。在一些极端的情况下,他可能会被彻底地从整个族群中驱逐出去,而在这样的情况下,他连存活下去都不太可能。因此,那些有能力的猎人会很小心,不会过分地招摇显摆自己的能力。

因此,在尝试理解公平时,我们不能够把像尼采(Nietzsche)和冯·克劳塞维茨 (Von Clausewitz)的著作拒之门外。[1] 他们摆出的大男子主义的姿态是不受人欢迎的,但是,尽管如此,这些著作仍旧是有用的。它提醒我们透过日常生活的文明,看到背后的强权政治(realpolitik)。我们通常不会觉察到要使用我们的社交技巧去维持权力范围的平衡,但当我们发挥一己之用在生活的博弈中维持一种均衡时,我们就是这样去做的。要我们拒绝这样一个事实,就好像是当你横穿马路时不看车流量,理由仅仅是你迄今为止从来没有被撞倒过一样可笑。

简言之,一个热爱自由的人,他不能让自己的眼目离开权力。如果

---

〔1〕但这并不意味着我认同尼采所说的,正义仅仅是"善将在大致权力相等的人们之间的运行"。如果我认为这一点正确的话,我将提倡使用纳什议价解的方法。我也不同意冯·克劳塞维茨的说法,当他描述战争时说,战争是"外交的其他方式的一种延续"。在讨价还价问题中,战争的爆发将会作为一个不能达成契约来被模型化。

我们放松警惕,我们不会比 1789 年法国大革命的革命者好到哪里去。他们认为将在他们的人权宣言中废除的是奴隶制度,但他们只是为奴隶制度的再一次引入铺平了道路,继承他们不稳定政权的是拿破仑·波拿巴(Napoleon Bonaparte)的军事独裁统治。

权力的不对称

权力是被嵌入生活中博弈的规则之内的,这个规则规定谁能够做什么并且什么时候能够做。因此,博弈的规则决定了什么结果能够作为均衡维持下去,所以,这就是说,权力是反映在可行的社会契约集 X 的大小和状况上。

因此,权力上的不平等(inequities in power)就转化成了在可行社会契约集 X 上的不对称。例如,如果在我们生活的博弈中,古格斯是一个参与者,他拥有的隐身戒指将改变集合 X,以至于可以把一些相比他是普通人时更有利于他的结果纳入集合 X。

在这里,有两个额外的说明是很重要的,尤其是在我们已经谈到霍布斯、尼采和冯·克劳塞维茨之后。第一个额外的说明是,由一个资本家或一个国王行使的那种权力将不会在集合 X 中反映出来。拥有财产的权利(the right to hold property)或命令服从的权利(the right to command obedience),不是个体参与者的权利的属性,而是一个社会运行的社会契约的属性。它们的相关性在于他们是在目前的社会契约 D 中,但是,当我们从所有可能的社会契约集 X 中作出新的选择时,我们不需要去维持这些权力。这个时候,如果古格斯都没有能力防止他的隐身戒指被邻居合伙没收,这个戒指对于它目前的主人来说,用处也不会很大。

第二个额外的说明是,并不是一些个体的强大导致在集合 X 中存在严重的不对称,而是一些个体的弱小导致的。毕竟,对于一个盲人来说,我们其他这些人,如果不是古格斯的化身,又是什么呢?对于老人和病人，或者很年幼的人，特别是那些刚刚出生或怀孕的，也是一样的道理。

罗尔斯把这样的不利条件称为“出生或自然的禀赋的不平等”，这些在一个正义的社会中是亟待纠正的。那些坚持粉饰权力对于正义是不重要的批评者，他们可能应该深思，如果 X 被当作是对称的，那我们就没有办法去确认哪些人是罗尔斯所认为应该受到补偿的了。

3.3 自然主义

如果你偏爱用科学方法来研究道德问题，你就不仅仅是一个经验主义者(empiricist)，而且还是一个自然主义者(naturalist)、相对主义者(relativist)和还原主义者(reductionist)。人们会给你起所有的这些绰号，直接对你进行贬损，因为，如果你接受任何一个标签，那就意味着你将自己委身于相信这一派里各种的无稽之谈，这是这些哲学家很久以前就发明的。

例如，如果你不是一个理性主义者，除了默认被称为是一个经验主义者之外，你没有其他选择，因为这样的一个标签至少说明你倾向于科学实证的方法。尽管如此，哲学家还有可能把你接受这个标签的行为解读为，你相信那个显而易见错误的白板(tabula rasa)理论——一般认为这是约翰·洛克建立的，意思是说我们在出生时头脑是空白一片，只有经验才填满了我们的头脑。这样带来的结果是，生物学家有时会引用一个事实，即我们的一些知识，正如康德的认识论所指出的，是从基因里就预先包装好的——尽管实际上是休谟第一个指出，人类并不是总能解释我们是怎样看待这个世界，但我们别无选择，只能认为我们是这样被设计的。

玩文字游戏

在生物学里，一个自然主义者，就是一个会去收集有关生物的事实，并努力把它整理到一个框架中的人，而这个框架是不会容纳一些关于超自然或形而上学的实体。当我说自己是一个自然主义者的时候，我对这个词的用法，只有一点与生物学上的用法不同，我关注一种独特的生物的道德行为，也就是人类。

在道德哲学里，自然主义者是另一种完全不同的人。哲学家试图为人们用来谈论道德时所使用的词语找到一些自然主义的定义。例如，摩尔(G. E. Moore)认为，“善”是一个先验的概念，是我们都可以凭直觉知道的，但是，这个词就不能够这样用自然主义的词汇来定义。如果有人持相反的观点，那他就陷入了一个谬误——“自然主义谬误”(naturalistic fallacy)。

在为此观点辩护时，摩尔论证说，对于“善”，没有一个自然主义的定义会是合宜的，因为，对于任何一个被认为是代表了“善”的复杂的自然现象，人们都可以质疑它是不是真的“善”。就像我们对康德所讨论的一样，我们很难肯定地说这些论点都是被认真讨论过的。如果有人告诉我，那个穿黑雨衣的人是斯密，我可以就此推断说，他不可能是斯密，因为我对于他是否被正确地被识别出来是有疑问的。

还有一个不同的论点通常被说成是自然主义的谬误，它出自我的英雄大卫·休谟。休谟通过指出理性主义者所捏造出来的定言命令是无中生有的，意图驳倒他们，休谟观察到，哲学家经常会作弊，他们假装从一个“实然”(is)得出一个“应然”(ought)来。但是，现代的理性主义者已经反过来把矛头指向了休谟，说他的陈述(dictum)表明道德自然主义(moral naturalism)是不可能达到的，因为定言命令总得有出处可循！

尽管这样，自然主义者认为只有假言命令才合乎道理，而且，在这种情况下,要从一个合适的“实然”得出一个假想的“应然”是很容易的。例如,现在是凌晨 3:30,如果你要赶火车,那你现在就应该出发了。

康德在定义“应然”时使了一个类似的花招,他从“**理应**即**能够**”这个陈述中得出,我们有一套多样的先验性自由意志。除非我认为如果你现在离开一定**能**赶上火车,不然我不会告诉你现在就**应该**离开,这确实是成立的。因此,这个“**理应**即**能够**”的法则适用于假言命令,但是康德却把它用于定言命令。然后,哲学家说,有时有些事情就是我们应当去做的,不论环境如何,而康德从这样的说法中得出,在我们头脑里有一个超自然的不变的变动者(a supernatural unmoved mover)存在,这个人可以使物理法则在有必要的时候停止运行。

理性主义者的观点是,人们可以通过玩文字游戏来弄清楚这个世界是怎样的。这种说法一直持续下来,并且在一些哲学家的头脑里已经根深蒂固,以至于他们不觉得对于自然主义者来说,相关的数据可能比人们谈论道德问题时所说的那些话更重要。

但是,如果同样的方法被应用到物理学里,又会怎样呢?不是跟随托里切利(Torricelli)用水银气压计做实验,一队一队的哲学家仍旧在分析所谓的“自然厌恶真空”这样的法则。可是,谁是自然呢,而且,为什么她如此讨厌空洞洞的空间呢?是因为她在年轻的时候掉进过一个坑里吗?她怎样去消灭真空呢?她是全能而又无处不在的吗?

值得注意的是,这个错误并不在于,基于“自然厌恶真空”的原则所做的预言通常是错误的。这个错误在于,当表述这个定律时,我们假设这个嵌入我们所使用的语言中的解释是正确的。当哲学家把他们的关注力都放在我们在讨论道德问题时所使用的这些句子的意义上时,他们也犯了类似的错误。这不是说,这类句子通常不能具有很好的意义,而是说,我们没有任何特别的理由去相信,为什么在表达意见时嵌入语言的解释应该是把这个意见当作好意见的真正原因。

空中吊车[1]

为什么唯理主义者试图认定道德自然主义者缺乏根据，其中一个原因是，我们拒绝承认他们所主张的权威起源(sources of authority)。当杰里米·边沁(Jereme Bentham)称他们是不经论证的教条主义者(ipsedixists)时已经领教了他们的招数。边沁的这个定义是说，他们像一些布道家，把他们自己的偏见装扮成定言命令，要求其他人去服从。

当有人问起这些不经论证的教条主义者，为什么他们的社会远景就应该盛行时，这些教条主义者就发明出一些超自然的或形而上学的实体作为王牌来对付对手。丹尼尔·丹尼特(Daniel Dennett)精妙地把他们的权威来源描绘成空中吊车——这是他们自己发明的，用以把他们的哲学海市蜃楼吊在空中。

他们一度流行把神明作为空中吊车，但是历史已经解释了这样的骗局，每个文化总是会出现某种神谕，恰好支撑当下所运行的那个社会契约。因此，人们对于上帝意志的信仰，是随空间和时间而不同的。现在的英国，许多小孩是非婚生育出来的，在近日，约克的主教还劝人们安心，说就是生活在罪中的人都不再是罪人了！

自然主义者认为在相信这些布道家之前，一些证据可以证明，这些以上帝的名义布道的人，他们对于一个“至高的存在”的旨意的了解，会多过他们对其他人的愿望的了解。每个人都会嘲笑那些曾经崇拜过大

---

〔1〕 丹尼特在《达尔文的危险观念》一书中形象地把哲学所需要的转变比喻为，从“空中吊车”(skyhooks)到“举重机”(cranes)。传统的哲学像是空中吊车，它从一个最高的统摄原则或上帝出发，由上到下地解释人的现象，譬如，说人是神造的，君权是神授的，道德规范来自神圣的自然律，等等。与此相反，达尔文的进化论则像举重机，它按照生物与环境之间的关系，自下到上地解释人的现象，从最基本的生物存在出发，一步步地上升到对人的社会存在和精神生活的解释。两者都可以做综合性工作(升高)，但吊车需要打通很多隔阂关节，做起来很不通畅，做不到彻上彻下的综合；而从低到高的上升路线，却能够进行无所不包的综合。——译者注

神玛布—迦布(Mumbo-Jumbo)的黑非洲巫医的权威宣称,但是,只有我们在孩童时受到的教育,试图防止我们看到我们自己的那些耶和华(Jehovah)的祭司所依靠的传统,是没有什么坚固基础的。随着尼西亚会议中的那个卑劣的政治妥协的发生,一个不协调的三位一体的教义被确立了,我们有时甚至可以记录一下,教会是怎么从上帝之言通过一种空中吊车而产生的。

如果教条主义者通常都会前后颠倒地穿外套,他们很轻易就会被认出来。但是,在哲学家或政治科学家的伪装下,当他们编造自己的权威来源时,与他们的僧侣同胞相比,他们就不显得那么粗糙了。玛布—迦布没有被人格化为一个神,相反,他被作为一种抽象的柏拉图式的形象。我们被告知说,出于实践理性(Practical Rationality)、道德直觉(Moral Intuition)或公意(the General Will)的需要,我们必须接受像康德、莫尔或卢梭这些著名哲学家的偏见。一个形而上学的本质,是与植物和动物的自然世界没有任何关系的,它的运行,有时是为我们拥有的自然权利或者受到自然法支配来提供正当的理由。

人们在寻找一个合适的超自然的继承者来代替古时的神明时,有些人在众多种类的绝对的善或正义(这些被编造成概括唯一的普世道德真理)中,倾向于其中的一种。然而,这样的竞赛并没有结束,并且一直有新的竞争者被纳入。有一个流行的新竞争者,就是理想化的社群(community)的概念,它是右翼主义者所追求的,他们想用一种魔咒来防止由此而来的社会的崩溃,这种崩溃是他们如果提倡一种相反的短视的自私——这却与人性相符——则必然会发生的。在右翼主义者的新造的神与万神殿中已经衰落的那些神之间有一个很惊人的相似之处,但是右翼主义者好像完全没有注意到。

过去,古希腊人利用一种舞台机械让那些扮演神明的演员上台。英国的魔鬼王的哑剧中,也是通过地板机关上突然喷出的烟雾来表现“魔王来了”。自然主义者认为,唯理主义者使用了类似的手段,把超自然的实体引入哲学的舞台之上，换言之，所有的进步只是一个巨大的骗局，这个骗局之所以可以维持下去，仅仅是因为人们习惯性地为了不在演出中扫兴，而放弃了他们的质疑。但是，如果要仔细研究道德，我们就必须抛弃这些孩子气的幻想。

白　板？

取代唯理主义者提出的人类道德的超自然解释唯一从根本上可行的只有演化理论。一个显而易见的错误是宣称演化通常仅仅发生在生物中，而我们只不过是本能的生物，但是很显然，社会演化在塑造我们作为社会动物的过程中，至少与生物演化一样重要。

最能说明这些的一个例子就是语言的演化，如斯蒂芬·平克(Stephen Pinker)撰写的巨著《语言本能》(*The Language Instinct*)中所说。每个人都知道，乔姆斯基(Chomsky)发现所有人类的语言都共享一个统一的深层结构。在对这个事实的解释上，演化心理学假定，在我们基因中有携带语言的先天能力。这并不是论证说，法国人带有能够说法语的基因，或者说，一个被日本夫妇收养的美国小孩，与生身父母是日本人的日本小孩子相比，学习日语要更为困难。正如我们的免疫系统，它不只是储存一些特定的抗体，而且是一个生物硬件，它能够使我们的身体在需要的时候产生抗体，因此，语言的本能也是一个学习装置，它会依据天生特定的规则，让咿呀学语的幼儿相对容易地学习语言的结构。但是这套意识硬件(mental hardware)远远没有把语言的所有细节都包括进来。相反，法国人和日本人之所以会说如此不同的语言，是因为我们的基因有很大一部分是由社会演化来决定的。

我们生来就在大脑中带有深层结构的模式，这个观点受到了一些社会科学家的下意识的敌视，他们是被心灵白板说所洗脑的人，他们一直认为，小孩的意识是一个白板，可以留下任何经验的痕迹。坚持心灵白板说理论的部分原因是，它能够为人人生而平等提供支持。正如爱德华·威尔逊(Edward Wilson)观察到的,“国家被我们的公民宗教、平等主义所辖制着[1],任何看起来会削弱这个人人平等的中心伦理的东西,都会把注意力从那上面挪开”。

我非但不认同威尔逊对平等主义的质疑,这种不认同感非常强烈,以至于成为我要写这本书的目的之一,就是要展现美利坚共和国的早期各种实践的平等主义的社会契约,相比在过去绝大多数社会所承受的独裁主义的社会契约,更好地适应了塑造人类的演化。尽管如此,当威尔逊在批判一些沉浸于平等但却拒绝最基本的生物学原理的理想主义者时,我是站在他这边的。当这些人在兜售一些与人性不相符的乌托邦时,对我们是没有任何好处的,所以他们的理论注定会失败。他们所做的只是阻碍了那些提倡可行性改革的现实主义者的道路。

他们所宣称的也不会是真诚的,他们说,我们人类与其他动物是如此不同,我们生下来就没有一些直觉性的行为特征。有没有人真的否认人类的性冲动是生来就有的特征呢？人类在惊恐中的反射行为,是不是生来就有的呢？还有,当我们被喂给受污染的食物时,我们的那种恶心感是不是生来就有的呢？

我们人类行为在被一些强烈的情感(如爱、厌恶、恐惧或愤怒)所掌控时,出现与机器人一样的反应,这么明显的证明是容不得什么怀疑的。关于我们对其他人类同伴所能产生同理心的能力是不是有直觉的基础,就不太明显了,但是,从德沃尔写的《善良的天性》(*Good Natured*)和达马西奥(Damasio)的《笛卡儿的谬误》(*Descartes' Error*)中描写的大猩猩和大脑受伤的人的例子来看,还是很让人震惊的。萨克斯(Sachs)在其著作《火星上的人类学家》(*An Anthropologist on Mars*)

[1] 卢梭在《社会契约论》第4卷说道,“我们要有一种属于全体公民的共同信仰,统治者也应该据此来制定法规——不全然类似于宗教教条,而是一些社会共识——没有这些共识,任何人便不能成为好的公民或有信仰的臣民。”这就是公民宗教。——译者注

中刻画的那位患有自闭症的女主角，让读者窥见一位生来就失去直觉性社会工具的人是怎样一种感觉，而这些社会工具都是为一般人认为完全是理所当然的。

据我所知，没有人会认同这样的理论——认为在塑造人类社会契约中，社会演化并不如生物演化一样重要。这就意味着，没有人会接受基因决定论了。因此，当对传统的心灵白板说进行修正时，社会科学家不需要担心陷入困境。自然已经赋予我们在面临多变的环境时灵活应变的能力，她赋予了我们在我们成长的社会中，从自身和他人经验（包括过去的和现在的经验）中学习的能力。

尽管我们的基因在我们心智的板上先占了许多空间，但是，我们仍然生来就有大量的空白要被经验所填满。这样的话，那些认为生物学入侵了他们的领域的社会学家和人类学家，他们对生物学的敌意就是无的放矢。确实，当生物学家把我们与大猩猩或狒狒做比较时，他们所接受的训练使得他们低估了我们脑中空白空间的大小，但这个错误还是有待纠正的。演化生物学还远没有脱离社会科学的传统角色，它预告了一个潜在的复兴趋势，在这中间，我们不需要再去徒劳地解释社会演化是如何生成了深层结构，且把它写在我们的基因之上，而是，演化生物学把我们努力的方向重新定位，即我们应该去解释它是如何填满人类出生后遗留下来的心灵石板的空白部分。

不要布道

当道德自然主义者涌现在社会科学的领域时，社会科学家还可能有理由欣喜，但要是对传统的哲学家而言，就不会是这样了。对于传统哲学家来说，说他们想到的那些问题实际上是一些科学问题，这是一个噩耗。不过，更糟的还在后面呢。在一个特定时期的特定社会里，一件事被认为是正确或错误的，所牵涉的是一个客观事实（objective fact）的问题，但是，不同的社会里，对和错的标准通常也是不同的。

例如,希罗多德[1](Herodotus)讲述了一件事,在一个早期的人类学实验里,两队希腊人和印度人被召集到大流士的宫廷中。当得知印度人会把他们死去的父亲吃掉时,希腊人感到毛骨悚然。而当印度人知道希腊人会把他们的死人火化时,他们也同样感到十分可怕。

在我们看来,希腊人的风俗较为文明一些。毕竟,我们把父母用火葬了,要比把他们吃掉好得多。我对吃人肉没有任何兴趣。如果有人询问我的观点是什么,那么我会说,我喜欢希腊人的风俗,而非印度人的风俗。我可能会继续对他论证,并引用最近研究的一个发现,即新几内亚的文化认为吃一部分已故亲属的脑子是一种礼貌的表现,但这个风俗使得一些本来会绝迹的疾病存活下来。但是,如果我坚持认为,人们需要特别对待我个人对火葬的偏好,出于道德考虑的这样或那样的原因,那么,我也陷入了教条主义的错误中(ipsedixist error)。我们要评价一个风俗比另一个风俗好,这样的评价只能针对某个特定的社会契约才有意义。因而,自然主义者是道德相对主义者(moral relativists),他们认为,在比较不同的社会契约时,如果不先详细说明所采取的是哪个文化的标准,那么,在做比较时所用的伦理学的语言也是没有意义的。

这就又让我们不得不咽下一粒苦药丸,是演化伦理迫使我们吃下去的。演化伦理削弱了乌托邦主义者宣称的权威,就是这些人觉得自己有使命去改变全世界。它提供了一种不受文化限制的方法来评估那些人类社会可行的社会契约,但是自然主义者否定在这个选择契约集中存在某些具有特权的、不受文化限制的最优点选择。

道德上的自然主义者可以对他们的同伴说,他们希望在怎样的一个社会里培养他们的孩子。他们可以用热情影响其他人,这种热情是从他们自己对美好生活的个人的观点中而来的。他们能催促更多人加

[1] 希罗多德(约公元前 485~约公元前 425),希腊的历史学家。——译者注

入社会改革,为了实现他们那些广为人接受的渴望。自然主义者真正做不到的是宣称,演化科学的知识改变了他们对社会契约的个人偏好,使他们有了一套优越的社会或道德价值观的集,可以凌驾于其他人的个人偏好之上。

3.4 相对主义

很久以前,色诺芬尼提出了一个实证观察,说从古至今,人们一直提出一些对不同超自然的存在有怎样的普遍特征的看法,该说的都已经说过了,例如,"埃塞俄比亚的神是黑皮肤、有扁平的鼻子,色雷斯人的神是红头发、蓝眼睛"。

但是,尽管道德相对主义(relativism)在古代就有佐证,而且一些伟大的哲学家也认为它是成立而且卓越的学说,对于现代的多数哲学家而言,它仍是一个让人扫兴的论题。所以,这些哲学家会编造一些谬论,贴在道德相对主义上,而且这些谬论还很有创造力。我在这里考察五项对于相对主义者的诋毁,其中,有三项只是简短说明。

循环性?

有时相对主义持有一种易受攻击的诡辩,这种诡辩是苏格拉底在辩驳游叙弗伦(Euthyphro)时所使用的……根据相对主义者的说法,人们会把一件事情看作对的或是善的,是因为那是他们所处的社会普遍认同的观点。但是,我们怎么知道一个观点是不是在这个社会里得到了普遍认同呢? 通过观察,如果绝大多数的人都有这个想法,那就是了!

我想知道,那些认为这样的循环(circularity)必定是致命的哲学家是否认识到,他们的观点等于是否定了所有依靠均衡概念的科学。在博弈论中,纳什均衡的概念将会是第一个被否定的,因为从表面上看来,它就是基于循环性的。亚当为什么会那样做呢?那是因为夏娃是这样做的。为什么夏娃会这样做呢?那是因为亚当是那样做的。

后现代主义?

道德相对主义者相信,道德事实(moral facts)是真实的,因为它们是在一个特定的文化下被普遍认为是真实的。后现代主义者宣称相信这些同样适用于所有的事实中。因而,一个后现代主义者一定是一个道德相对主义者,但这并不是说,一个道德相对主义者就一定是一个后现代主义者。例如,我是前现代化的一个人,但我仍旧是一个道德相对主义者。

约翰·斯图亚特·密尔(John Stuart Mill)指责大卫·休谟,说他做了托利党(Tory)的喉舌,因为按照休谟的怀疑论,他是不可能依靠理性作为规划改革的工具的。后现代主义者也准备把同样的论证用到任何以科学的方法探究这个世界的努力上,但他们没有打中目标,就像密尔没打中他的目标一样。我们有理由确信,我们知道如何正确地推理,休谟在这一点上确实持怀疑态度,但这并不阻止他推理为什么社会将会变革这种通常是辉格党原则(Whiggish)的想法。

我们需要以同样的实用主义的方式,去回应后现代主义者中的极端怀疑主义者。当我们谈及人类道德时,可能确实不存在一些真正的绝对存在(absolutes),但我们可以把数学定理、物理定律以及生物学定律看作是一些可以接受的替代性标准。特别是,我相信历史上人类的基因中,只有稍微的不同,也就是说,我们在比较不同的文化时,把人性当作一种绝对也是合理的。

不一致性?

道德相对主义者提出了一个道德上绝对的主张,那就是不存在任何的绝对,他们的这种做法被认为是自相矛盾的。但是,为什么他们拒绝道德绝对性的存在,是否就是一种道德主张呢?因为这就好像没有人会说,拒绝不可思议的存在是不可思议的。

无论如何,我没有声称说,确定知道这个世界是没有任何道德绝对的。我只是认为,相信一些没有证据表明其存在的事物是非理性的。因此,我对文化中立的道德判断(culture-free moral judgments)存在的否定,与我对花园深处有精灵这个说法的否定一样,都不是什么高超的观点。

什么都可以?

接下来,有人把道德相对主义与道德主观主义混为一谈。道德主观主义认为,道德仅仅是个人品味不同的问题。把相对的(relative)和主观的(subjective)这两个词混淆起来,这种混淆还在它们的反义词上加剧了,有人把绝对的(absolute)和客观的(objective)也混为一谈。甚至约翰·麦凯(John Mackie)告诉我们,不存在什么客观道德(objective morality),而在我听来,他所说的却是绝对道德(absolute morality)。

有人说,相对主义者一直维持着他那摇摆不定的自由主义(liberal)教义,即所有的社会契约都一样好。这样说,就离一些强烈情绪的诽谤只差一步之遥。例如,我因为持有一个观点而被指责,这个观点是,恋童癖者可以不顾法律而宣称青春期之前的性行为对儿童有益,他们若这样说,也当被视为合法。同样,相对主义者觉得蓄奴和打老婆这些做法也没有什么错,因为在过去的社会中,这些都被认可,在道德上是成立的。甚至更为荒唐的是,有人控告相对主义者,说相对主义者相信教导孩子分辨对和错是没有什么意义的。

但相对主义者并没有主张说,所有的社会契约都是一样好。我们并不认为跨社会契约的文化中立的比较是有意义的,其中也包括在同样的标准下对这些社会契约进行的评价。生物学是有普世的规律,但是,谈到善(the Good)和正当(the Right)的概念,这些在道德上的争论通常只是文化的产物。如果我们能以某种方式免于受任何文化的影响,当轮到我们做出道德判断时,我们会显得无所适从,就像一个澳大利亚的丛林人被请去做象棋游戏的裁判一样。

甚至在一种不可能出现的场景中,假设会存在一种文化,其中所有的社会契约都被认为是同样好,我们也没有理由就推断说,这个文化中的市民会是道德主观主义者。例如,在绝大多数的文化中,人们不会因为一个社会是靠左行驶,一个是靠右行驶,就认为两个社会的价值是不同的。但是,有些人会说,一个社会靠哪边并不要紧,并不是指我们每天早上就可以自由地、凭自己的喜好来选择靠左还是靠右行驶。日本人都靠左或靠右行驶,这都无关紧要,但是有一点很重要,就是在日本所有人都是朝同样的一个方向行驶,这样就可以了。

驾车的例子说明,道德主观主义是荒谬的,因为它忽视了这样一个事实,即演化出来的道德规则是要帮助人类协调他们的行为的。但是,成功的协调取决于每个人执行同样的道德规则。如果一个社会里,每个人都确定一个自己的标准,那么,这个社会根本不会有任何有意义的道德规则了。有些人会谈到一些规则,是超越他们社会拥有的道德规则,这些人只是把一个简单的事实进行了戏剧化的处理,这个事实就是,他们偏好于生活在一个不同的社会契约下。正如伯特兰·罗素谈论尼采时所说的:"他的学说,在这段文字中可以用很简单而真诚的方式来陈述,即'我希望我活在伯里克利(Pericles)的雅典,或者梅第奇的(Medicis)的佛罗伦萨'。"

道德相对主义非但不是主观主义者,他们反而主张,一个社会的道德价值观是这个社会文化的客观特征。与所有重要的科学事实一样,孩子们通常在不同的文化下,被教导不同的对和错的标准。但是,这绝不是说我们不应该同时教导孩子们,遵守他们目前所在社会中的对与错的标准是很重要的。相反,历史的事实表明,当一个社会的市民丧失了他们对自己的社会契约的信仰，而人们也不再教导孩子们如何按照这个社会契约行事时，这个社会就会土崩瓦解。

虽然我们可以肯定，的确曾经有一些社会不认为蓄奴或打老婆是错误的，但这并不是说，我们要教导孩子们一条谎言，即在现代民主社会中把其他人当作物产是合法的。历史事件记载，柏拉图圈子里的那些道德绝对主义者认为，与未成年的男孩做爱是非常令人羡慕的事。可能他们认为这样的事情会是一直被人羡慕的。但道德的相对主义者坚称，恋童癖在今天的社会中已经不再被接受，这也是一个客观事实，并且只要我们发现这样的事情，我们就有责任惩罚那些猥亵儿童的人。

任何改变都是坏的？

卡尔·马克思曾说过一句有名的话，即哲学家过去都是尝试理解世界，但关键是改变世界。照例，他也是把事情本末倒置了。哲学家们一贯总是忙于发明一些理由，用来说明为什么他们改变社会的计划会成功，而他们都没有把注意力投到理解现实中的社会契约怎样运作上面。确实，哲学家们这样的态度是如此根深蒂固，以至于对绝大多数的传统主义者来说，他们无法明白道德相对主义是要去理解社会，而不是改变社会。他们也没有认识到，是有一种对道德的分析方法，可以不依赖它的支持者去布道扬名而存在，他们这种认识的缺乏，最明显的体现是他们发明出一些理由，来驳倒他们所认为的教条主义者这个对立派别的学说。

当相对主义者不再认为“什么都可以”时，我们的信念要求我们遏制任何在当前不被看好的变革。例如，有人曾经告诉我，我的相对主义观点，会迫使我反对同性恋合法化。这里有一个误解，就是只有在人们认为一个改革是善或正确的时，他们才会去倡导这个改革，而相对主义者就被卡在了那里，他们只能把这个善的或正当的，等同于这个社会当前所认为什么是善的或正当的。

然而，我们这些恪守惯例的自然主义者，根本不会因为一个改革是遵循善或正当这样一些抽象的概念，而去提倡这样的变革。当传统主义者抬出"圣洁生活"或其他类似的教义，来解释为什么那些还未出生的婴儿会遭劫难时，有人会想要拿出同样的解释来，例如，用人本主义或盖亚女神(Gaia)或科学，来发明出另一个什么玛布—迦布神，这种想要以毒攻毒的欲望，有时是错误的。例如，亚当·斯密在他的《道德情操论》(*Moral Sentiment*)里基本是自然主义的论点，但当他向一个假想出来的公正旁观者求援时，他此时就与自己之前的自然主义立场产生了矛盾。彼得·辛格的著作《我们怎样生活》(*How Are We to Live?*)也犯了一样的错误，不然，这确实是一本令人赞赏的著作了。他在把自己的极端观点强加于我们的同时，也创造了一个宽泛的视角来支持他的观点，但就是在这个时候，他也同样陷入了迷途。这类修辞上的权宜之计，可能会比朴素的真理更有说服力，但是，为了踏上一劳永逸的道路，必须要放弃所有为了创造一个道德科学的伪装。

实际上，道德的说教者仅仅是在表达他们个人的观点，即关于他们希望目前的社会契约如何改变。这无论对那些可以更优越地获得智慧的博学者，还是对一个在附近酒吧酩酊大醉的酒鬼来说，都是一样正确的。这是因为相对主义认识到这一点，如果他们把我们误解为主观主义者，是可以逃脱罪责的。不过，一些人在提倡某项改革时，确定他们是在表达主观的观点，与作为一个道德主观主义者是不同的。

现实生活中的驾驶的例子会有助于我们理解。瑞典在 1967 年 9 月 1 日把车辆的行驶方向从靠左改为靠右。如果我在瑞典做出决定之前是一个瑞典人的话，我会发出我的声音，去提倡这项改变。因为，在 1967 年 9 月 1 日前，相对主义者认为靠右行驶是错误的，而在规则改变后，相对主义者又认为靠左行驶是错误的。如果在敦促改革时，我们就论证靠左行驶是坏的(bad)或错误的(wrong)，可能还真的会帮上忙，但对于一个相对主义者来说，他要是采取这样的立场，就是一种学术上不道德的做法。我只会简单地论证说，如果瑞典的车辆都变成与欧洲大陆其他国家一样的方向行驶，就会有足够多的瑞典人从同向行驶中获益，我们参与这样的改革就是值得的。

为了将人类社会的规则与生物演化中的基因做类比，理查德·道金斯(Richard Dawkins)建议，当我们谈到一个实践或理念被人群通过模仿或教育而接受时，我们可以使用文化拟子这个词来描述。相对主义者也有类似的方法，他们相信社会演化在一段时期内，是要设法去改变一个文化的。最常见的是，文化的变迁不需要任何个人有意识的帮助和支持，而且，人们甚至还未意识到这种变迁正在进行。但是，一个文化的改变，有时也有可能是个人故意行为的结果，个人可以存心将一个设计好的文化拟子，在一个关键性的时刻，作为变迁的关键动力。

相对主义者对于那些我们从历史继承来的是非观，远非苍蝇陷入琥珀中那样保持不变，相反，他们深爱这类知识。可能你或我就是那个幸运儿，我里面有新完成的文化拟子。可以繁殖传播，直到有足够多的人也有了这样的文化拟子，那么，我们这个社会所接受的是非观就可以被改变了。

但是，相对主义者不会错误地认为，因为我们希望把自己的是非观变成这个社会的是非观，我们实施于改革的是非观就是真的那个善或正当的。我们也不会犯绝对主义者的错误，去假想认为我们自己的头脑就能以某种方式免疫，而不受到把文化拟子散布到一个社会的文化过程的影响。

泥足[1]？

当绝对主义者花时间在发明他们永恒的真理上时，这里有大量的

---

〔1〕《圣经·旧约·但以理书》2:32～35，“这像的头是精金的，胸膛和膀臂是银的，肚腹和腰是铜的，腿是铁的，脚是半铁半泥的。你观看，见有一块非人手凿出来的石头打在这像半铁半泥的脚上，把脚砸碎；于是金、银、铜、铁、泥都一同砸得粉碎，成如夏天禾场上的糠秕，被风吹散，无处可寻。打碎这像的石头变成一座大山，充满天下。”以色列先知但以理为尼布甲尼撒王解梦，所说的话。现多指“伟大人物不为人知的弱点或致命的弱点”。——译者注

天真趣事可以从绝对主义者的滑稽表演中观察出来。例如,没有一个经典作家曾提及自然权利(natural right)或自由意志(free will)。在中世纪,伴随着浪漫的爱情,一些文化拟子表现了出来。更具体地说,我从现今的报纸上了解到,对圣人的定义,就是他必须是在当下的时尚中长大成人的。随着移民数目的增多,人们只能希望天堂里为那些被天主教划为圣徒的人保留的特殊席位,有足够的数量!

我特别享受与一个现代的罗杰爵士(Roger de Coverley)的近期谈话,他真诚地向我保证说,上帝尽管出于便利而使得大不列颠钟表与法国以及德国钟表显示一样的时间,但他并没有放弃真正的时间。我不能够说什么去动摇他明显的信仰,即上帝画出经过格林威治的原皇家天文台的本初子午线,与他创造地球是同步发生的。

但是,相对主义者也有重要的一课需要去学习,那就是,当绝对主义者看到相对主义那双明显是用泥巴做的脚时,他们看到的却是一对金足。当我们去看自己的脚时,我们必须仔细地看清楚那是一双怎样的脚。我们对于社会契约的偏好是被我们的文化所塑造的,在同样程度上,也是被我们的持有绝对主义的批评者所塑造的。我们也有一双"泥足",它们是会被时间的河流冲走的。

如果我成长在古希腊,我无疑会赞同亚里士多德,把奴役蛮族看作完全正当的和适合的。[1] 在乔叟(Chaucer)时代,我可能会把临床抑郁症看作倦怠的罪。通过借钱而得到利息,会让我觉得这与把自己的身体卖到妓院一样不道德。在维多利亚时代,我很可能就是一个同性恋恐惧症者(homophobe)。如果我的女儿未婚先孕有了私生子,可能我就不会认她了,尽管我很难想象自己可能会那样做。然而,历史表

〔1〕 战争的艺术在某种程度上是天然的占有的模式。狩猎也是艺术的一部分,并且狩猎应当经常进行,不仅仅是为了围猎动物,而且也是针对那些天生注定被统治以及不服从命令的人。这些战争的本质就是正义的。——亚里士多德,《政治学》

明，人类总能为自己的行为找到合理化的说法，有些行为甚至比这些还更加不人道。在西班牙的宗教裁判所里，那些拷打别人的人，他们以为自己那样做是在拯救受害者的灵魂。纳粹德国把一些普通的家庭妇女，征召来作为集中营的看守，把她们变成了野蛮人，她们还以为自己的工作是在净化人类的种族。

当未来的社会回顾我们当代社会契约的道德性时，恐怕也会带着类似的混杂着恐惧和怀疑的情绪吧。我猜想，那些出于类似的原因而破坏人类节育措施的人，他们在未来就更不会有好名声了。

有一种说法是，每一个人的生命都是无价的，但在一个马尔萨斯梦魇已经实现的世界里，这个说法一定会显得极其荒谬。我们的后代会问道，为什么西方社会可以维持一个如此奇怪的概念，那就是，他们接受在自己国家内部制定健康服务的配额，而同时却拒绝把国内的一丁点儿的产品用来帮助其他国家度过饥荒。

尽管如此，在预测我们未来的社会契约会如何时，我不在意把钱押在其他地方。谁曾经猜得到，英国人会变成一群沉迷于足球的流氓呢？历史不仅仅让我们知道一个社会在过去的情形会如同另外一个不同的国家一样，而且也让我们知道，一个社会的未来，对于生活在过去年代的人来说，也总是会变得陌生且难以想象。

总　结

道德的绝对主义者相信，当相对主义者承认他们的“泥足”这个致命的弱点时，相对主义者就做出了一个破坏性的承认。如果相对主义者承认，他们只是文化拟子的代言人，而这些文化拟子掌控着他们的思想，那么在他们急切要求改革的时候，为什么会有人关注这些呢？这个问题的答案，可以用作对这一节中有关相对主义的总结。

任何决策问题都可以分成两部分。我们先决定什么是可行的，再从可行的集合中，选出最优的选择。可行性是一个科学问题，如果我们付出足够多的努力,这个问题是能够独立于我们的文化而得以解决的。只有从那些可行的社会契约里选择出一个最优的契约,才不用依赖科学为我们指引前路。这本书提出,我们能够使用原初状态的机制去解决社会正义的宏大问题。但此书做出这个建议的原因,完全是出于实用主义的。因为人们已经使用这些社会工具解决了小规模的问题,也许,要说服他们使用这些工具去解决一些宏大的问题,也不会是很困难的事情。

即使有人责备我之所以偏向于原初状态,是因为它符合我的文化偏见,这样说也算是正当的,就像罗尔斯受到过的责备一样。但是,我们没有必要去寻找一个绝对主义者们所兜售假定说这是文化中立的选择。他们认为自己是站在一块确定性的基石上,但其实,这个确定性只是存在于他们的头脑里。他们也仅仅是那些禁锢他们自身的文化拟子的代言人。在这方面,绝对主义者不同于相对主义者的只有一点,就是他们没有认识到自己的灵感的源泉是从哪里来的。

3.5 还原主义

还原主义(reductionism)谬误的一个最著名的例子是,撒切尔夫人不承认,她自己正努力瓦解的这个社会是一种事物,她说,“我不相信‘社会’:没有这么一个东西,只有人和家庭。”有人也可以同样说,“波”只是一堆组成它的分子,仅此而已。或者说,一个动物,只是组成其身体的一堆细胞,仅此而已。

科学家们很少犯还原主义的谬误,因为他们的任务是研究一些现象,其存在是被还原主义的谬误所拒绝的。例如,这本书致力于研究社会契约的结构,撒切尔夫人认为,这仅仅存在于那些没有头脑的社会学家的空想里。但是,尽管这样,我们中间一些人是采取科学路径来研究道德问题的，他们常常被认为是幼稚的还原主义者。我认为，那些使用这种条件反射式回应的批评家，他们还没有开始理解科学模型是做什么的。

例如，艾萨克·牛顿在把他的万有引力这个新的理论用来解释行星的轨道时，他把天体作为一个点来处理。今天，我们可以把他这样的理论构建称为一个“模型”，这个模型强调，它只概括了自然现象的一些特殊方面。

但是，人们能够通过研究一个时期中一个问题的一方面来慢慢地取得进展，这个观点对于一些批评家来说是不成立的，而他们并没有任何解决问题的经验。他们这些幼稚的头脑认为，一个模型只可以一下子解释任何事，才是有用的。所以，他们会否定牛顿的天文学模型，理由是，每个人都知道行星是固定的实体。如果他们言行一致，那么他们也应该拒绝使用平面地图，因为每个人都知道，地球是圆的而不是平面的。

当然，建模者通常宣称他们的模型可以在更广的范围里应用，其范围比这些模型在实证中可佐证的还要广。但是，这也不是因为他们有时会犯这样的错误，才被他们的整体论批评家划为“幼稚的还原主义者”一类人。通常，批评家在搞懂这些模型是被建来做什么的之前，他们已经发出这样的指责了。但是，如果不明白一个模型的目的是什么，怎么可能去判断它是不是达到了这个目的呢？

当然，如果整体论者可以建立一种关于任何事物的模型，可以用来解释任何事物，那么人们就真的需要坐直身体对他们洗耳恭听了。但是，他们会抱怨说，科学家就是用一些有时不一致的模型的重叠拼凑，来解释这个世界的，如果他们只是停留在抱怨上的话，就怪不得没有人会把他们当回事了。就如马太福音里说的，看果子就可以知道树。

突发性现象

批评家努力要否定社会关系的博弈论模型,而且把博弈论家称为还原主义者,他们这样做的一个主要原因是,这样的模型里缺少一些原始性的概念,例如,权威、罪责、客套、尊严、嫉妒、友谊、负疚、荣誉、诚实、正义、忠诚、前辈、所有权、骄傲、声誉、地位、美德以及其他。

在日常生活中,我们都会操纵一些非正式的模型,在这些模型中,有一些概念是在我们努力去理解周围人的行为时把它们作为原始概念而出现的。因此,我们都知道,这些模型适用于一定的范围。当一个新模型出现,而其中这样的一些概念不能作为原始概念而出现时,整体论者就把这个新模型看作旧模型的一个对手,因为,如果有不同模型来描述同一个现象,而且这些不同的模型可以同时维持下去,对他们而言,这种观点是很难理解的。有一个例子就是人们会用两个模型来解释同一个现象,第一个模型假设存在一个近因(proximate cause),第二个模型假设存在一个根本性的原因(ultimate cause),这两个模型都是有价值的。但是,如果有人在一个知识路径中提出一个模型,而这个领域中只能有一个模型在一定时期是对的,而有些人提出一个与运作正常的旧模型不一致的新模型,那么,这些工作只是显示了不负责任的干涉。

例如,在关于海洋的一个物理模型里,是不可能把波假设作为元概念的。更有可能的是,在建立这个模型时,会把水分子当成元概念,而这些桌球式的小分子在彼此碰撞时遵循着一些定律。但是,如果开始的条件是正确的,当人们发现那些假设的定理都暗含了什么,"波"就会作为突发性现象而出现。一位海上的船长,他已经习惯于把"波"当作他世界中的元概念,他会指责建模者是幼稚的还原主义者——这些人认为海洋只不过由分子构成。但是,如果船长这样做,他就犯了两个错误。第一个错误是,他忽略了这个模型假定分子之间的关系是极端重要的。第二个错误是,在他的想象里,他觉得这个物理模型会威胁到他自己的模型。

当博弈论学者尝试使用无名氏定理去弄明白社会契约是如何执行的时候,也是同样的原理。无名氏定理没有涉及声誉、地位、信任和其他的因素,但这并不是说,我们就认为撒切尔夫人是正确的(她说这些因素是无关紧要的)。恰恰相反,我们希望可以把这些作为一些突发性现象,把对这些社会概念的理解建立在一个更坚固的基础上。

3.6 不要灰心!

本书所表达的自然主义者的观点,通常被攻击为是泯灭人性和让人灰心的。难道我们的生活真的没有意义吗?我们难道与那些没有灵魂的野兽一样吗?我们就如猿猴和机器人一样吗?人们通常拒绝相信,真的会有人对人类存在的本质持有如此悲观的看法。如果这些是真的,那我们为什么还要活下去呢?

一个答案是,大自然并不在乎我们是不是喜欢她的真理。例如,我对于爱因斯坦的相对论缺乏热情,因为他的理论意味着我们根本无法得到天上的星星,但是,我们也不能就因此回到牛顿的理论上去!

但是,在这种状态下做出的回答,就好比有人问你还打不打老婆时,你会回答"是"或者"不是"一样。一个正确的回答是去否定这个前提。如果有人会认真对待自然主义的观点,那么他要相信的那些事就不再是泯灭人性和令人灰心的。特别是,有一个观点对于我来说是非常荒谬的,就是我们若知道一些关于自己的真相,这却会妨碍我们的工作,就好像我曾经在一本流行科学书籍里看到的另一种说法——如果量子物理理论是错误的,那我们的身体就会四分五裂了。唯一需要改变的是,需要找一个更好的理论来解释这个宇宙是如何运转的。

还有一个很好的例子就是宗教信仰的丧失。在人们坚持他们对上帝的信仰时，一般都会觉得，如果生活没有信仰就过不下去了。如果没有上帝在掌舵，他们的人生会失去意义，社会会崩溃，邪恶会盛行，等等。但是，当一些背教者从失去信仰的痛苦中恢复过来以后，他们发现，每天的生活还是像从前一样。那些不信教的人，他们看起来也不会比他们爱上教堂的弟兄们更缺少爱心或更不善良，他们只是觉得不需要依赖一些简单化的故事去解释周围发生的事，这样也可以过日子。所以，就是我们这些已经放弃了世俗化神话的人，才会把一丝神圣的火花归结于人性。我们看起来像是失去了对人生的热情吗？我们比周围的人更不友善吗？在我看来，不是的。

正如古代怀疑论者所教导的，人们不需要通过持守一些使人得以安慰的信仰，才可知足。作为证明，我们有大卫·休谟的例子，除了没有一个对超自然的信仰外，他的人生是完全令人倾慕的。他的个人例子表明，人不需要因为人生没有终极目的，或者因为那些传统的对于道德责任的概念是建立在沙子的基础上，就觉得生活灰暗。那么，如果我们微妙的情感和智力成就，只是像发条和齿轮一样会伸张、辗转，我们的价值观体系就像是黑猩猩和狒狒的一样，那又会怎样呢？我们的感情没有那么精密，我们的价值观也没有那么宝贵，因为我们传统上讲给自己听的那些故事，到头来都只是一些寓言。休谟抛弃了形而上学的包袱，那些是人类借以支持自己的重要情感，在这个过程中，休谟教导我们说，我们丢掉的只不过是一条知识的锁链。

休谟本人绝不是一个泯灭人性或绝望的人，他是最文明、亲和、知足的一个人，尤其是当我们把他与卢梭和康德这样神经质的古怪人相比的时候——而人类通常正是从这两个人身上吸取了如何更好地生活的灵感。就在他临终前，休谟还保持了他的幽默，当詹姆斯·包斯威尔(James Boswell)[塞缪尔·约翰逊(Samuel Johnson)的传记作家]不得体地问临终前的休谟，您如果没有一个关于来世的信仰，在临死时是怎样的感觉呢。包斯威尔写道："休谟先生如此愉悦，以至于死对他来说没有严肃性可言，而死亡在那时看似并不遥远。”

在一次不太残酷的临终前的谈话中，休谟告诉亚当·斯密，他正在读卢奇安[1](Lucian)的《死者谈》(*Dialogues of the Dead*)，书中，不同的名人为卡戎[2](Charon)提供了他们不应被摆渡到冥河对岸的理由。当休谟自己离世的时间到了，他说：“对我耐心些吧，卡戎，我一直在竭力让公众睁开他们的眼睛呢。如果我能多活几年，我可能就会亲眼看见那些迷信系统垮掉。”但是，休谟转而又说，卡戎会完全失去耐心，他会说“你这个闲荡的无赖，你想看到的，不会在这几百年内发生。你觉得我会让你多活这么久吗？快点上船，你这个懒惰、闲荡的无赖”。

大卫·休谟是对的，他预测到迷信会在他死后继续数百年，但是，他怎么会预见，自己的著作会激励康德发明一整套新的迷信呢？他又如何会预见，《我的奋斗》一书的作者[3]的幼稚的叫嚣，会把整个世界卷入战争呢？

也许有一天，我们会成功地使社会免于陷入这样一轮轮集体性的白痴行为，可以通过建立一个社会契约，使每个孩子都被系统地教授休谟的怀疑主义。这样的一个新爱弥儿[4]，他会学习现代智人容易有的心理弱点，他也会学习怎样智慧地把各级权威——包括政治领袖和社会精英，学者和教师，哲学家和先知，诗人和流行明星——当作名流或者恶棍，认为他们每个人都会饥渴地极力攫取社会地位(这是人类普遍有的行为)。所以，他会觉得，有必要由他自己来对一切做出思考，并以此为豪。他也会明白，人为什么要去信任邻居，以及什么时候可以信任邻居。最重要的是，他不会浪费时间，去期待一些不符合人性的乌托

[1] 古希腊讽刺作家，又译琉善。——译者注

[2] 希腊神话中，卡戎是厄瑞玻斯和夜女神之子，在冥河上摆渡亡魂去阴间的神。——译者注

[3] 即希特勒。——译者注

[4] 卢梭的《爱弥儿》是谈及儿童教育的一本书。——译者注

邦的实现。

如果亚当和夏娃生活在这样一个次优的伊甸园里，他们会高兴吗？至少在这个问题上，休谟个人的经验就非常让人信服了。我们不需要通过对自己说谎话，来让自己满足。我们不需要相信，乌托邦可以一步到位地发生。我们甚至都没有必要认为，事情会在长期变得更好。我们只需要自由，用它来创造一个稳定的小小世界，我们在其中可以享受别人对我们的尊敬，也能反过来尊敬他们。就如休谟的例子所表明的，就连死亡，我们也可以以平静来面对。

4.

均　衡

要始终牢记，在研究“权力”的时候，你是要研究它**本来**是什么，而非**应该**是什么。

——尼科洛·马基雅维利(Niccolo Machiavelli)

4.1 发明对与错

前面一章的论述展现了像约翰·麦凯(John Mackie)这类科学哲学家的逻辑，又顺着他们的逻辑继续拓展。如同他在《发明对与错》[1]中所解释的，一旦进一步对唯理论者的观点进行更仔细的分析，就会发现这些人的观点其实是华而不实的。既然这样，那为什么我们还要继续为这个长久以来持续上演的失败买单呢？让我们转向科学主义的传统去寻找答案，这个传统的代表思想可以从苏格拉底与普罗泰戈拉[2](Protagoras)的对话中找到，并且它一直延续到现代的霍布斯和休谟。

人类的道德是人类演化历史的产物。对于人类道德的研究，麦凯认为应该去关注那些开创性研究中提出的事实，譬如，韦斯特马克(Westermarck)在其《道德观念的起源和发展》(*The Origin and Development of Moral Ideas*)中提出的事实。要对这类人类学资料进行合理的解释，还需要建立一个理论框架，为此，麦凯让我们关注冯·诺依曼的博弈理论。

正是在这一点上，科学哲学家纷纷趋向于闪烁其词。博弈论的书绝大多数是由经济学家所著，他们会使用诡异的词汇和复杂的数学等

---

〔1〕[澳]麦凯著，丁三东译：《伦理学：发明对与错》，上海译文出版社 2007 年版。——译者注

〔2〕普罗泰戈拉(约公元前 490 年～公元前 420 年)是一位前苏格拉底哲学家，被柏拉图认为是诡辩学派的一员。——译者注

式。那么,是不是真的要先精通这个阳春白雪的领域,才能继续推进此项研究呢?

我认为这个问题,就如同问一个人"你什么时候停止打你老婆"[1]一样。如果你认为道德有可能是作为人类社会平衡权力的方式来演化,那就显然有必要去了解一些博弈论,因为博弈论就是研究怎样平衡权力的。然而,博弈论也没有什么神奇诡异的。正好相反,这一章对于博弈论是什么的解释会让你觉得出人意外地简单。一些博弈论书中常使用的奇特词汇和花样繁多的公式,其实只是那些学者故意扬起的迷尘,就好像唯恐被人发现他们说的不是那么深刻似的。

4.2 玩具博弈

没有人会否认研究人类社会中理性交往的价值,但是为什么要称之为"博弈论"(game theory)[2]呢? 这个命名,好像把我们在实现人生目标时的挣扎说成是在玩一个游戏的情景,这岂不是有贬低人性价值之嫌吗?

我认为此类评价完全没有抓住博弈论的精要。当我们越想要更深入地揣摩一些问题时,我们就越不能被自己所持的幻想和期望所误导。正是出于这个原因,博弈论专家才会追随冯·诺依曼的做法,使用诸如象棋和扑克的室内游戏,来发展出一套精妙的语言。人们通常在玩这些室内游戏中能够冷静地思考策略问题,也就是说,他们愿意遵循逻辑

---

〔1〕 指一些没有根据和意义的问题,如前一章指出的,这个问题本身的答案"是"或者"不是"都不正确,因为问题本身作为前提就是错误的,可能本身就不存在这个问题。——译者注

〔2〕 原文为"game theory",这里作者暗指游戏,因此,提问说为什么称为游戏,本文沿用一般习惯译为博弈论。——译者注

演进而行，而不会在遇到尴尬处境时恐慌地放弃。但就逻辑而言，把它放进任何情境中，它都是一样的法则。

这一章所使用的很多例子，其原则也适用于一些甚至无厘头的玩具博弈。有人也许会因为觉得这个世界是如此的复杂，而非简单模型所能解释的，因此就很想把这些尝试推到一边。但是，究竟又有谁能抛开从最简单的入手而直奔那些复杂的难题呢？的确，某个现实生活中策略问题的关键步骤，往往会与某个玩具博弈核心问题在本质上如出一辙。只有把这个简单版本理解了，才谈得上去理解一些在我们复杂的现实世界中，附加了很多华而不实点缀物的问题。

4.3　合作与冲突

有人偶尔仍会读到一些评论，说博弈论不值一提，还把像冯·诺依曼这样的博弈理论家作为家喻户晓的电影《奇爱博士》[1](Dr. Strangelove)里所刻画的主角的原型。于是，我们被告知，能在现实生活中应用博弈的人，大概只有疯癫的战争策略家，因为只有疯子或电子人才会犯这样低级的错误，那就是把世界当作一个零和博弈来看待。

冯·诺依曼是一个全面的天才，发明博弈论仅仅是他的副业。诚然，他在发展原子弹的过程中提供了建议，但是，他远不是一个疯狂的电子人，相反，他是一个真实亲切的人，性情平和，生活愉快。当然，在他和奥斯卡·摩根斯坦(Oskar Morgenstern)合著的书中，有一半是关于两个参与者之间零和博弈的内容，但如果对书中另一半的内容只是走马观花地浏览的话，我们可能只能得出这样的推测——冯·诺依曼

〔1〕这是一部 1964 年在美国放映的黑白喜剧电影，以嘲讽冷战为主题内容。——译者注

觉得整个世界就是一个纯粹的冲突博弈。其实不然，他们合著的这本书后半部分更多致力于合作博弈的研究。

博弈论实际上既包括“冲突”，也包括“合作”，因为这两者通常都包含在现实的博弈中。在现实的博弈中，如同其他人一样，博弈论学者喜欢研究“合作”胜过“冲突”，但我们不认为实现合作的方法，是有时候假装认为人们不能通过给别人制造麻烦而获益来实现的。我们相信合作和冲突是一枚硬币的两面，如果不考虑这两面，对一个问题的理解就不全面。

图 4—1 中展现的是，一个纯粹协调（pure coordination）的玩具博弈和一个纯粹冲突（pure conflict）的玩具博弈的收益列表。纯粹协调的博弈是我们在第一章碰到的驾车博弈，而纯粹冲突的博弈是绝大多数人小时候玩的硬币匹配游戏。在硬币匹配博弈中，两个人都抛一枚硬币。如果他们抛的结果是一样的，那么第一个参与者就赢；如果不一样，那么另外一个人就赢。

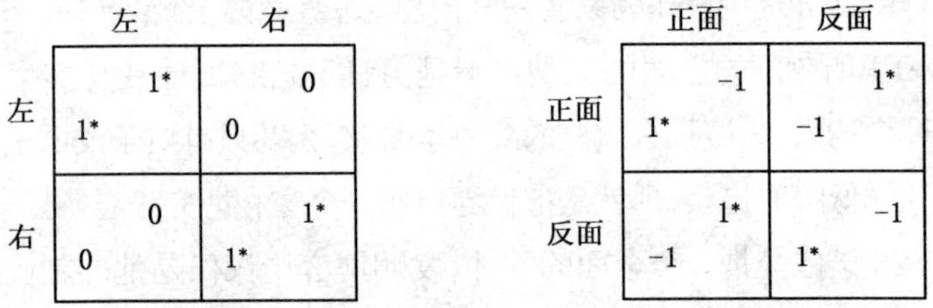

驾车博弈　　　　硬币匹配博弈

图 4—1　合作与冲突

我给这两个参与者起名为爱丽丝和鲍伯。在驾车博弈和硬币匹配中，爱丽丝有两个策略，用收益表格中的行来表示；鲍伯也有两个策略，用列来表示。收益表格的四个小格对应的是可能的博弈结果。每个小格包含两个数字，一个对应爱丽丝，一个对应鲍伯。表格西南角的数字是爱丽丝博弈结果相对应的收益，表格东北角的数字是鲍伯的收益。

请注意,硬币匹配中每个小格内的数字相加等于零。人们可以在纯粹冲突的博弈中,改变一些条件来达到加总之和为零,这就是为什么类似的博弈被称为零和博弈的原因。

在博弈中,假设每个参与者都会寻求最大化他或她的期望收益。如果参与者知道对方将会选择什么样的策略,这项任务就变得很容易。例如,如果爱丽丝在驾车博弈中知道鲍伯将选择左边,她将也选择左边来最大化自己的收益。也就是说,左边是爱丽丝对鲍伯选择左边最好的回应,事实表明,在图 4－1 中,如果两个参与者都选择左边,标星号的正是爱丽丝的收益。

在一个小格中,如果两个收益都被标上星号,所对应的就是一个纳什均衡,因为此时,每个参与者同时做出了一个面对对方选择的最优策略反应。在第 1 章中解释过,有两个原因让我们特别关注纳什均衡。如果是博弈中可能选出的理性解(rational solution),那么这个解就必定是一个纳什均衡。例如,如果爱丽丝知道鲍伯是理性的,她如果不按她所知道的鲍伯理性选择所对应的最优反应去做,她就很愚蠢了。第二个原因更为重要:只有当一个演化过程达到纳什均衡时,双方在增加收益方向上的策略选择的调整才会停止。

由于在驾车博弈的收益表格中有两个小格的收益标了星号,这说明,我们在驾车博弈中有两个纳什均衡。如果每个人都靠左行驶,这就是一个均衡;如果每个人都靠右行驶,也是一个均衡。

第 2 章的会面博弈类似于驾车博弈,不同的是,在会面博弈中,每个参与者有十个策略而不是两个。在斜对角线上的八个小格对应的是均衡,但在会面博弈中,参与者很关心哪个是博弈所得到的解。

个人品味或社会价值?

所有这些都是非常简单明了的,尽管如此,在使用均衡选择机制来将人类习俗模型化时,我们还需要学习一门功课。想象一下,如果一位来自火星的人类学家问道，为什么日本人靠左边驾驶而法国人靠右边驾驶，你会怎样回答呢？一个幼稚的答案是，日本人就是喜欢靠左边驾驶，而法国人就是喜欢靠右边驾驶。但这个答案在驾车博弈中是不成立的。如果要爱丽丝和鲍伯做一个选择，就是在每个人靠左驾驶和每个人靠右驾驶的这两个社会契约中选择一个，他们不会关心到底选哪个，他们不在乎左好还是右好，他们在乎的只是避免事故的发生。

当然，有人可以说，日本人喜欢靠左驾驶是因为他们预期其他人的车也会靠左行驶。或者有人也可以说，法国人喜欢靠右行驶是因为他们比较习惯这样。但是，这种描述性的评论仅仅说明了日本人和法国人执行的是不同的社会契约。这并不能解释在最初时，他们的社会契约为什么形成以及是怎样建立的。

有时我们会问，为什么要公平博弈(play fair)？这个问题的提出，就使我们站在了类似从火星来的人类学家的立场上。一个简单的答案可以是，我们行使公平——是因为我们喜欢公平。这个问题已经成为一个小的学术领域，行为经济学家通过把效用函数中加入主观的“对公平的偏好”来进行分析，这些行为是在心理学实验室里观察到的公平行为。但他们好像总是需要为一个新实验再多加入一个新的效用函数，之所以总这样做，其实是有原因的。我认为，那是因为他们对数据的推定性解释实际上仅仅是一种描述，可能有时还是一种很好的描述(就如同“自然界天生就厌恶真空”这样的格言一样)——但是，最好的描述也仅仅只是描述，而不是提供一种解释。

如果我们想要一个真正的解释，我们必须进行更深入的探究。并不是我们碰巧都喜欢公平，这样的解释是不正确的。公平不是一块现成的材料，而恰巧被海水冲到我们演化的海滩上。我认为公平是作为一种均衡选择机制演化出来的——就像靠左还是靠右驾驶同样是一个演化来的规则一样。

4.4 混合策略

当福尔摩斯在破案时,他面临的一个抉择就是要决定在哪个车站下车才能逃离坏人莫里亚蒂(Moriarty)教授的追捕,这时,他的选择其实就是硬币匹配博弈的一个变异形式。不过,埃德加·爱伦·坡(Edgar Allan Poe)在这种博弈的策略问题上提出了一个比柯南道尔(Conan Doyle)的思考更缜密的讨论。在他的《失窃的信》(*Purloined Letter*)中,那个反面人物偷了一封信,问题就是去哪里找这封信。埃德加·爱伦·坡认为,以"他知道我知道他知道我知道……"这样的推理模式扩展下去,要想赢,就要比对手多想一步。

但是,如果当爱丽丝和鲍伯都尝试用这样的技巧时,情况又会怎样呢? 用纳什均衡的观点来处理,就可以减少这个无限递归的推理,因为只要参与者考虑对方可能采取的策略,这一对策略就会打破稳定,就不再是一个纳什均衡。但是,我们仍旧有一个问题没回答,因为就算我们可以在驾车博弈中找到两个纳什均衡,然而,如果换到硬币匹配的情景中就不适用了。在这里,没有任何一个格子中的两个收益都是标上星号的。

但是,约翰·纳什获得诺贝尔奖的部分原因,就是因为他证明所有的有限博弈都至少有一个均衡。那么,究竟是怎么一回事呢? 答案是,我们必须超越目前所学的纯策略,而去考虑一些混合策略,也就是那些参与者可以随机进行策略选择的情况。谈到混合策略,批评家通常会说,如果一个人在做重要决定时还按随机的方法,那他肯定是疯掉了。但实际上是,人们处处都在使用混合策略,却没有意识到自己在用。对这一点的证明是显而易见的,不需要去掷硬币或玩骰子就能说明。我们在面临不能预测的选择时都必须这样决策。毕竟,如果鲍伯不能够预测到爱丽丝的选择，对于他来说，爱丽丝所做的就是一个随机的决策。

在硬币匹配博弈中，使用混合策略就不那么令人惊讶了，因为游戏的关键，就是让对手一直猜。就连小孩子都知道，硬币的正面和背面的结果是随机的，选择每一个的概率是 1/2。在操场上，爱丽丝可以用抛硬币的动作让鲍伯清楚，她抛出正面与反面的概率是一样的。如果两个人都使用这样的混合策略，这个结果就是一个纳什均衡。因为，每个参与者各有一半的机会赢，而且这个结果是每个人针对对方所选择的策略所做出的最好选择。

同样，在驾车博弈中，每个参与者以 1/2 的概率选择靠左或靠右驾驶，这也是一个纳什均衡。因此，驾车博弈有三个纳什均衡，两个纯策略纳什均衡和一个混合策略纳什均衡。这个混合策略纳什均衡是完全没有效率的，因为使用这种策略的参与者将有一半的概率相撞而终结。然而这仍旧是一个均衡，并且因此可能作为组成社会契约的惯例集中的一部分而出现。我曾经说过，所谓惯例习俗是直到通过这些在土耳其观察不到这些现象的土耳其人(Turks)指出时，才称为这个社会的惯例。但这些是我这个社会所具有的，并且我知道这些惯例的含义。

演化模型中的混合策略

在最简单的演化博弈论模型中，事件发生的可能性被假设为，通常是从一个或更多的大样本中选择动物或人去参与博弈。参与者不总是理性的，恰恰相反，他们被假设成在任何时候参与博弈时，都按照他们不经思考的策略进行博弈。

连续博弈中的演化机制，是要提高一种策略的频率，就是在这个种群消耗最少的支出时，还可以获得最高收益的策略的频率。这个准确的机制取决于演化的情景。在生物演化中，较为适应的参与者(fitter players)把他们的策略传递给他们更多的后代。在文化演化中，获得高收益的参与者的行为,会比那些低收益的参与者被更多的人效仿。

混合策略被用来标示一个种群的状态。混合策略的概率指定给已有的纯策略的概率,被认为是等同于这个种群中的动物或人通常使用的纯策略的频率。这样的话,我们就能够通过观察代表目前种群状态混合策略是怎样随时间变化的,来描绘演化过程的轨迹。

图 4—2 展现了投币博弈和驾车博弈中,当两个参与者来自相同的种群时,所有可能的种群状态。图 4—2 中展示了无论哪个纯粹策略是当下的最好选择,一个确定性的演化过程将会怎样沿着这个策略发展,图 4—2 中的箭头代表了这个发展的方向。图 4—3 展示了当机会(chance)从两个单独演化的种群分别选择出爱丽丝和鲍伯来参与时,这些演化过程是如何进行的。

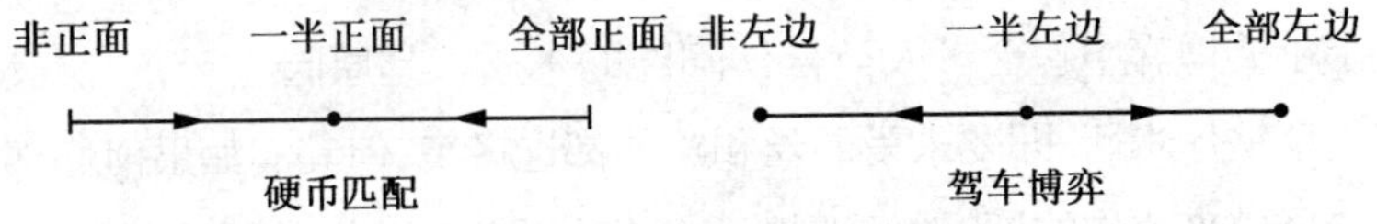

图 4—2　一个群体的演化动态

从长期来看,这个系统将在沿着箭头的众多种群状态中的一种结束。借鉴我在第 1 章论述的理由,这些对应的都是此博弈中的纳什均衡。但是反之,却不正确。例如,在驾车博弈中的混合策略纳什均衡是不稳定的,因为箭头从该均衡处开始远离。因此,如果要达到一个稳定的演化状态,仅仅要求这个策略是一个纳什均衡是远远不够的。

4.5　囚徒困境

作为公地悲剧所有可能类型中最简单的一种,图 4—4 中的囚徒困境是所有博弈模型中最著名的。整整一代的学者都异口同声地说,这

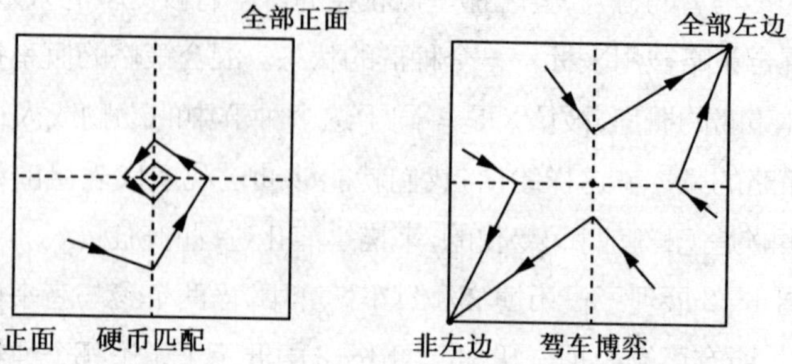

最佳策略动态假设一个种群状态沿直线向某个点运动，该点是当下双方的最佳策略组合。这样的情况在多个种群状态下却并不是很现实的。在图 4—7 的右图中出现的复制动态图会是更现实的一种情况，但解释起来却不容易。

图 4—3　两个种群状态下的最佳策略发展动态

个小小的博弈中包含了人类合作问题的本质。其原因在于，它仅仅只有一个纳什均衡，即要求爱丽丝和鲍伯都选择鹰，但其实如果他们都通过选择鸽来合作的话，他们俩都可能获益更多。因此，学者们用这样一个他们设定的毫无希望的任务，来说明为什么博弈论在解释这种假定的“理性悖论”时是错误的。

	鸽	鹰
鸽	2　2	3*　0
鹰	0　3*	1*　1*

囚徒困境

	鸽	鹰
鸽	6*　6*	3　6*
鹰	6*　3	3　3

囚徒乐事

图 4—4　理性悖论？

但对于博弈论学者来说，他们认为，用囚徒困境去涵盖人类合作的本质本身就是一个明显的错误。相反，这个博弈正是一种尽可能不让合作出现的情形。如果人类生活中的博弈都是囚徒困境，那我们就不可能演化成今天的社会性动物了！因此，我们认为没有必要去解决这样一个假想的理性悖论，就如同我们不需要去解释为什么一个高超的游泳者会在水泥裹腿后溺水的原因一样。理性悖论实际上是并不存在的。作为理性的参与者，他们是不会形成囚徒困境中的合作关系，因为，这个博弈根本就缺乏理性合作存在的必要条件。

幸运的是，在博弈论的历史中，理性悖论的阶段基本已经过去。在这些理性悖论被人提及的范围里，这些毫无希望地尝试去展现囚徒困境中所发明出来的许多谬误，目前大部分是作为心理学家称为不可置信的推理(magical reasoning)的例子被引用，也就是说，在这些情况下，不可置信的推理就是人们行为的逻辑被曲解去促成某种期待的结论。首要的一个"不可置信的推理"的例子，还是康德所宣称的，即理性需要服从他的定言命令。这样的话，在囚徒困境中，理性的参与者都将选择"鸽"，因为这个选择会在人人选择鸽的时候，成为最优的策略。

接下来的论点是对上述这类胡话的坚决反驳。在不回避问题的本质的前提下，我们首先要问，囚徒困境中代表双方收益的表格是从哪里来的呢？经济学家的回答是，当解决个人决策问题时，应该是通过对他们所做出的(或打算做出的)选择来发现其对应的偏好。

对于爱丽丝而言，在囚徒困境中，当收益表格左下方的格子中所标的收益大于左上方时，这意味着爱丽丝面对一个问题，如果她事先知道鲍伯将选择鸽，再让她来做决定时，她将会转为选择鹰。[1] 同样，在右下方方格中标示较大的收益，就意味着当爱丽丝事先知道鲍伯选择的是鹰时，那么，在面对个人的选择问题时，她将会选择鹰。

---

[1] 一般人们会认为，爱丽丝是不会这样做的，但这种预测是愚蠢的。在这个条件下，假使爱丽丝选择鸽，那么我们必须在左上方的格子中写上较大的收益。但是，如果那样的话，这个博弈就不再是囚徒困境了！

因此,这个博弈的一个特别定义就是,当爱丽丝知道鲍伯选择的无论是鸽还是鹰时,鹰都是她最好的对应选择。所以,她不需要知道任何关于鲍伯实际的选择再去做她相对应的最好的选择。无论鲍伯计划选择什么策略,对于爱丽丝而言选择鹰就是理性的。在这个特殊的情景下,我们说鹰是爱丽丝选择策略中的占优策略。

没有人曾彻底否定过这样一个平常的论点。相反,人们被告知,它与任何现实都是没有什么联系的,因为它把对囚徒困境的分析简化了,简化到了同义反复的地步。但谁会说这与 2+2=4 是同样的道理呢?

收益是什么?

为什么要给出一个反驳的论点,说囚徒困境中的背叛策略是理性的呢?这是为了驳倒一个错误的理解,就是觉得收益必须用货币来度量。在经济学家中,通常读到的就是吝啬的、唯利是图,这些错误忽视了人们通常不是吝啬的、以自我为中心的人。我们是所有成员中的一分子,没有人是一个孤岛。丧钟为谁而鸣,它为你而鸣。就是如此这般。

但是,博弈论没有对人们有怎样的想法有任何假设,它只是说明,如果爱丽丝和鲍伯想要最大化他们的期望收益,就应该怎么做。博弈论也没有说,我们必须把收益等同于金钱。即使当收益是用金钱来衡量的时候,为什么就必须假设参与者是出于自私而想得到钱财呢?可能爱丽丝就是特蕾莎嬷嬷(Mother Teresa)的化名。

例如,有可能爱丽丝和鲍伯两人非常相爱,因此他们会认为,如果给爱人 1 美元的价值相当于给自己用时的两倍以上。那如果我们这时尝试用金钱的收益来使他们参与这个囚徒困境的话,我们就会失败,因为他们此时的实际偏好,会把整个博弈转变成图 4-4 中的“囚徒乐事”(Prisoner's Delight)了。在这个博弈中,现在的占优策略是鸽。这样的例子说明,那些把人性当作利他的乌托邦空想家,在谴责博弈论专家错误地分析囚徒困境时，恰恰是他们自己才误入了歧途。他们本应坚称，囚徒困境并不能很好地代表我们生活中的博弈——尽管他们的推理是错误的，但他们这一点应该是正确的。

一个更复杂一点的错误就是，假设收益是以“快乐”为名义单位来度量的，就像杰里米·边沁和约翰·斯图亚特·密尔[1]在他们的功利主义理论中所说的一样。可能神经科学家最终可以在我们的大脑中发现一些测定传导机制——用来记录我们经历了多少单位的喜悦和痛苦，尽管我们的动机机制（motivational wiring）一定不会如此简单。但是，在博弈论的应用中，并不需要人脑是怎样组织的这样的细节，它只要求人们的行为具有一致性。这样的话，博弈论就可以说明，人们的行为必然是为了实现对某件事物期望值的最大化。不管这个抽象的事物可能在哪一个特定的情景下，我们都称之为效用。

在一些情景下，爱丽丝的效用可能与金钱紧密相关。在其他一些场合中，特别是在家庭里，她的效用就会与她所爱的人的幸福相关联。我认为，那些批评经济学的乌托邦主义批评家，他们主要的错误就是，他们没有认识到，其实有足够的理由来回答为什么亲友间的良好关系会在一个外人进入的时候，很快就会烟消云散。但这是一个经验的问题。无论你怎样看待人性的本质，博弈论的分析都是一样的思路。

在演化的背景下提出博弈论分析，可以很好地对博弈的收益进行解释。有时我们可以用收益来代表一个动物在采用某个策略后，产生的更多的适应性。要衡量适应性，我们就看这个动物繁殖后代的成功率。看它的下一代中，有多少会本能地继承使用这种策略。

威廉·汉密尔顿（William Hamilton）的这个观点，虽然简单得出奇，但却颠覆了人们的整个思维。将他对收益的解释应用到博弈论中，

[1] 通常在政治学和政治哲学中翻译为密尔，在经济学中翻译为穆勒，本书因为两者都涉及，权衡再三，翻译为密尔。——译者注

我们就不用为演化要把我们带向何处而焦虑了。要说“如果演化停止在什么地方,那么那里必定是纳什均衡”的话,这几乎就变成了一句同义反复。所以我们就能聚焦在真正起决定性作用的问题上,也就是:“在这里发生的到底是什么样的博弈?”

对于本书来说,有一点认识非常重要,那就是汉密尔顿的观点既可以应用在生物演化中,也可以应用到文化演化中。根据理查德·道金斯的推断,正如基因既是生物性的复制因子,也存在文化性的复制因子——他称之为文化拟子(meme[1])。文化拟子的复制模式主要是通过模仿和学习。一个很好的例子就是鸟儿叫的韵律。幼年的青鸟仅仅能唱简单的零零碎碎的调子,只有通过之后的模仿,才能学会复杂的曲调。

我曾一度醉心于关于文化拟子的观点,但现在觉得,在文化演化与生物演化之间做类比有些牵强。然而,另一方面,如果我们把问题转换一些,就不至于牵强了,这个问题就是:如果在生物演化和文化演化中共有一个决定某种群向其生存博弈的均衡发展的特性,那么这个特性是什么?

然而,生活中的博弈所度量的收益的效用,远不同于那些批评家认为的用金钱或快乐为单位来度量的收益效用。在文化演化中,对收益的度量,是在衡量参与者的策略在多大程度上成为模仿策略选择的方式的动力。

实验和模拟

有时,有人谈到,在囚徒困境中选择鹰是否理性,并不是很关键的

---

[1] meme这个词最初源自英国著名科学家理查德德·道金斯所著的《自私的基因》(*The Selfish Gene*)一书,其含义是指“在诸如语言、观念、信仰、行为方式等的传递过程中与基因在生物进化过程中所起的作用相类似的那个东西”。——译者注

问题,因为实验表明,现实中有人会选择鸽。当然,必须有大量缺乏经验的和缺乏激励的实验参加者在一起合作,但是,随着实验参加者获得经验以及收益值的增加,就像博弈中的囚徒困境一样,背叛的概率就会稳定上升,直到仅剩10%的参与者继续合作。[1]

演化的计算机模拟实验,被认为在囚徒困境中似乎产生了合作。确实,在无限重复的囚徒困境,会产生合作,但这也是没什么好惊奇的,因为我们已经在无名氏定理见过这样的证明,就是有效的结果(efficient outcomes)能够作为均衡被维持下去。但是,一次性的囚徒困境并不像那些无限重复的囚徒困境,如果不把两者进行区分,只能造成混淆。

改变规则?

人们有时说,应该把在自然状态下的社会契约问题看作一个博弈。从这个方面就可以知道,为什么囚徒困境在政治哲学家那里十分流行,他们都受到了托马斯·霍布斯对人性厌恶的影响。然而此时,我们的任务就是要去改变囚徒困境的规则,使得合作可以在新的博弈中作为一种均衡出现。

如果可以使用外部的代理人来强制施行这些新规则,这个方法就很有道理。但是,如果囚徒困境是作为一种从我们生活中的博弈提出的一种玩具模型,就没有任何人可以扮演一个外部的实施者,因为我们都是这个生活博弈中的参与者。如果参与者自己能够改变这个他们正在参与的博弈"规则",那么我们必须认识到,哪些是参与者能够改变的"规则",并把它们列入原先博弈可以使用的策略之中。但这样一个被扩展的规则列表,就不再是我们目前讨论改变的"规则"。

---

〔1〕 在实验经济学的文献中对于私人提供公共品的专业研究,参见:John Ledyard for Roth and Kagel, *Handbook of Game theory*, Princeton University Press,1995。

这里的关键是,生活博弈中的规则必须包含那些我们无法控制的因素,例如,物理定律、地理因素,以及我们演化中历史的突发事件等,这些没有一个是在我们掌控之中的。因此,我们所期望的就是,可以从生活博弈中的社会契约中的一个均衡,转变到另一个均衡,就像瑞典曾经在一夜之间,从靠左驾驶突然转到靠右驾驶一样。如果这样,囚徒困境就会是一个令人失望的例子,因为它仅仅只有一个纳什均衡,而且无法实现这样的转变。

4.6 多重均衡

现代经济学的教科书很少谈及"公平"。有时,经济学家会推销一种观念,就是平等和效率之间存在一种必要的取舍(trade-off)。但他们绝大多数通过定义某种有效率的结果是"社会最优"的而把分配的问题完全掩盖起来。那就没有必要抱怨什么不公平了,因为这个结果是它已经能达到的最好结果!

这类双重思想(double-think)的维持,只是因为人们从错误的方向来看这类模型,这些模型仅有一个均衡,一个最明显的例子就是新古典理论中的完全竞争市场的观念。但是,通常所有现实中的博弈,都是不只有一个均衡存在的,人们需要从这些均衡中以某种方式做出选择。我认为,我们的公平意识就是在一些特定的情景下,从选择均衡问题解的过程中演化而来的。如果这样的思路是正确的,那在新古典经济学家的建模中看不到公平这个角色也就不足为奇了。试想一下,如果你的模型中仅仅只有一个均衡,你是否还需要公平呢?

在这一章里,我不是试图解释人们如何使用公平去解决均衡选择问题,我只是想通过一些例子,让大家注意到这个问题的复杂性。

猎鹿博弈

康德荒唐地把让·雅克·卢梭(Jean-Jacques Rousseau)推崇为“道德世界的牛顿”。这可能是因为,他和我一样,也同意把卢梭的猎鹿故事看作:第一次有人宣称在某个囚徒困境博弈中合作是理性的。但是,在布赖恩·斯科姆斯(Brian Skyrms)的《猎鹿》(*The Stag Hunt*)一书中,一些较为温和的博弈论学者用图 4－5 中的猎鹿博弈来阐释这个故事,图 4－5 阐释了为什么某个社会契约对于所有人来说会比另一个社会契约更好。

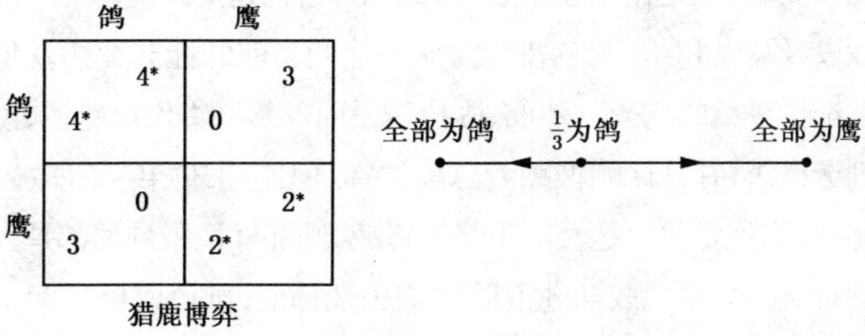

图 4－5　猎鹿博弈

在卢梭的猎鹿故事中,爱丽丝和鲍伯在猎鹿时同意合作,但当他们分头去执行各自的任务时,每个人都面临一个选择,就是他(她)其实可以放弃合作、自己去捕捉一只野兔。在收益表格中,标星号的收益表明存在两个纯策略纳什均衡:一个是选择鸽,即参与者进行合作;另一个是选择鹰,即参与者背叛对方。

如果存在这样一个社会,它所建立的就是一个每个人都会选择鹰的社会契约,这是一个无效的均衡。在这样的情况下,为什么人们不能达成一致,转移到一个每个人都会选择鸽的有效社会契约上呢?

对于这个问题,作为生物学家的西韦尔—莱特(Sewell-Wright)曾解释道,如果从一个均衡到另一个均衡的移动是向左演化,那么这个过程可能就不会很容易。在图 4－5 所展现的一个种群的演化动力机制中，无效率均衡的吸引盆[1](the basin of attraction)是较大的,而有效率均衡的吸引盆则较小。因此,要从无效率的均衡跃到有效率的均衡中,我们就需要大量随机的突变在瞬间同时发生,才能做到。

然而,我们不是动物,它们可能需要等着演化的缓慢动力把它们带入一个新的社会契约。不同的是,我们能够和其他人沟通,并且通过让大家都同意来改变我们行事的方式。但是,有一个问题:我们能否相信其他人也会像我们一样信守这些承诺呢?这样的猎鹿博弈也被国际关系的专家冠以安全困境(the Security Dilemma)的称谓,以吸引更多人关注这个问题,就是在理性的参与者当中,这也是个问题。

假设爱丽丝和鲍伯在猎鹿博弈中,他们当前的社会契约就是一个所有人都选择鹰的均衡。然而,固执的爱丽丝想努力说服鲍伯,说她以后计划选择鸽,并且让鲍伯跟着这样选择,但鲍伯却始终不能被说服。原因在于,不管爱丽丝是否真正要选择鸽,她那样说服鲍伯都是因为对她自己有益。如果她成功地说服鲍伯去选择鸽,她可以做的两个选择都是收益较大的。如果她成功地说服鲍伯,那么她选择鸽时,她将获得 4 个单位的收益,而不是鲍伯选择鹰时而她选择鸽时所获得的 0 个单位的收益,而且如果她继续选择鹰,那么她将获得 3 个单位的收益而不是鲍伯选择鹰时所获得的 2 个单位的收益。因此,对于鲍伯来说,仅凭理性是不行的,他不能因为爱丽丝所说的是什么,就简单地认为她实际上会那样做,因为虽然爱丽丝所说的是那样,但爱丽丝所说与所做没有什么联系！爱丽丝可能会在心里认为,鲍伯不太可能被说服去选择鸽,否则,她自己就要选择鹰了,但在表面上,她还是会试图说服鲍伯去选择鸽。

这个马基雅维里式的故事表明,仅仅认为参与者是依靠理性的,这

[1] 吸引到某个吸引子的点集称为该吸引子的吸引盆。——译者注

一点不足以解决均衡选择的问题,甚至在猎鹿博弈这样显而易见的例子中也是这样。如果爱丽丝和鲍伯在猎鹿博弈中继续选择鹰,他们将会对他们选择鸽的协调失灵而感到懊悔,但是,谁也不能指责他们的选择是没有理性的,因为他们都是针对对方的行为,做出了当下最好的选择。

对于这个问题,人们最常见的回应就是,为什么博弈论学者坚持认为一个人对于其他人的信任是非理性的?如果爱丽丝和鲍伯对彼此的诚实有更多的信任,那不就更好吗?但是,没有人否认这一点,就如同对于囚徒困境那样的博弈,绝大多数人会认为,如果他们更多地关注对方的福祉,他们也会更好。博弈论学者只是说,在没有适当理由的前提下,信任对方是不理性的:这样的"信任"是不值得信任的。谁会信任二手车车商或系主任呢?什么样的妻子不会监视她的丈夫呢?谁不会在找钱之后点清楚呢?

如果我们想要一个更好的社会契约,关键不在于我们喋喋不休地说让人们应该有更多的信任或更诚实些。我们需要尝试和理解,信任或诚实是怎样在一些情况下成为合理的?为什么是在那些状态下合理,而不是在另一些状态下?那么,我们就有希望,通过以后者即另一些状态为代价,去增进前者即合理下的状态,来改善我们的社会契约。

最后通牒博弈

第二个具有难度的均衡选择问题的例子被称为最后通牒博弈(ultimatum game)。在这个博弈中,一位慈善家给了爱丽丝和鲍伯一笔钱,条件是由他们决定怎样分这笔钱。详细的规则是,爱丽丝先提出一个建议,然后轮到鲍伯,他只能回应说"同意"还是"不同意"。许多人(包括我自己)重复这样的实验都会发现,鲍伯最终会分到少于一半的钱。有人用这个结果来证明博弈论的预测是错误的,因为按博弈论的预测,爱丽丝将最终获得几乎所有的钱。

这里的“最后通牒迷你博弈”是一个简化的版本,钱的总数是 4 美元。爱丽丝只有两个选择:给鲍伯一个高金额的 2 美元,或一个低金额的 1 美元。如果鲍伯收到的是高金额,那他会自动接受这种分法。如果他收到低的金额,那他会可以自由选择是接受还是拒绝。

图 4－6 中左边的图表示这个博弈的扩展形式,博弈移动的步骤是以序贯的形式进行,右边的图展示的是我们较为熟悉的博弈的策略形式。

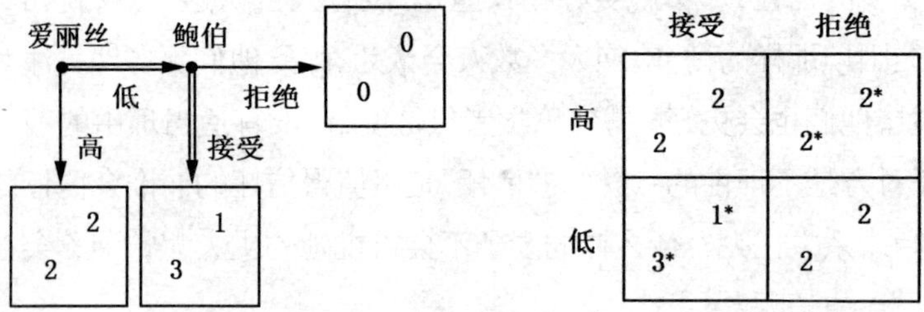

最后通牒迷你博弈

图 4－6　做出最后通牒

在策略形式中标星号的收益表示存在两个纯策略的纳什均衡:一个是爱丽丝给出低金额,鲍伯接受;另一个是鲍伯打算拒绝这个低金额,并且因此爱丽丝会给他一个高金额。前者经常错误地被说成“博弈论的预测”,因为这是一个完美均衡。这里意味着参与者的策略,甚至在没有进行子博弈的策略中依旧是对其他人的策略最优反应。

在一些博弈的扩展形式中,可以通过逆向倒推的方法解出完美均衡。例如,在最后通牒中,当达到爱丽丝提出低金额时的子博弈中,鲍伯必须决定是接受还是拒绝。在图 4－6 中,双重的线表示给予鲍伯较高的金额他会选择接受,这是给他较好的选择。当爱丽丝选择给出低金额时用双重的线来显示她较好的一个选择——给定鲍伯在接下来的子博弈中选择是理性时。因此我们更喜欢纳什均衡(低,接受)超过(高,拒绝)。

在这个简单例子中，可以通过删除策略形式中的被占优(dominated)策略得到同样的结论。故事情节可以是这样的：如果鲍伯选择“拒绝”，他就是非理性的，因为“接受”是他的占优策略。如果爱丽丝知道鲍伯是理性的，因此她能够推断鲍伯不会选择拒绝。那么对于爱丽丝而言，此时给鲍伯较低的金额是最优的，因为给鲍伯高金额的策略在鲍伯拒绝之后已经被删除了。

在这些例子中，人们可以排除那些不完美的纳什均衡，或那些连续删去的被占优策略，剩下的就是博弈论学者一度称为均衡选择问题的“解”。〔1〕但目前，绝大多数博弈论学者理解到，我们根本无法证明用一些纳什均衡比另外一些缺乏理性为根据，来排除一个纳什均衡的做法是合理的。尤其要提到的就是一种错误的说法，即认为当最后通牒博弈参与者是理性的时候，“博弈论预测到”完美的均衡一定会被观察到。

正是出于这个原因，在第2章提到的，阿里尔·鲁宾斯坦的重复策略的讨价还价分析才没有被认为是纳什讨价还价解的一个强有力的辩护。他的观点仅适用于完美均衡中。要产生相同的结果，只需要一些较弱的假设就足够了，但是，如果我开始就怀着这样的目的，我们将根本不能再有关于公平的标准。

在演化博弈中，“所有的纳什均衡都可能很重要”这样的认识是十分关键的，在它们中间，调整的过程通常收敛到一个弱的被占优的纳什均衡上。此类现象在最后通牒迷你博弈中特别显著。图4－7中所显示的，相比图4－3的最优动态反应，并没有什么非常令人激动的事情发生，但这与复制基因的动力机制(replicator dynamics)不同，它较多概

〔1〕在过去没有人质疑过重复剔除强的被占优策略。例如，在囚徒困境中，鹰强占优于鸽。这意味着一个参与者选择鹰比选择鸽时所获得的收益严格地多。但是，如果只剔除严格被占优的策略，则不会剔除掉纳什均衡。

括的是实际的演化过程。

那么,对于鲍伯和爱丽丝的博弈,我们必须考虑一些混合策略的存在,就是因为在鲍伯很可能以足够高的概率选择拒绝时,爱丽丝分给他高额的情况。每一个弱占优的纳什均衡是一个可能的复制基因的动力的终点。综观而论,这些弱占优的纳什均衡的吸引盆是巨大的。

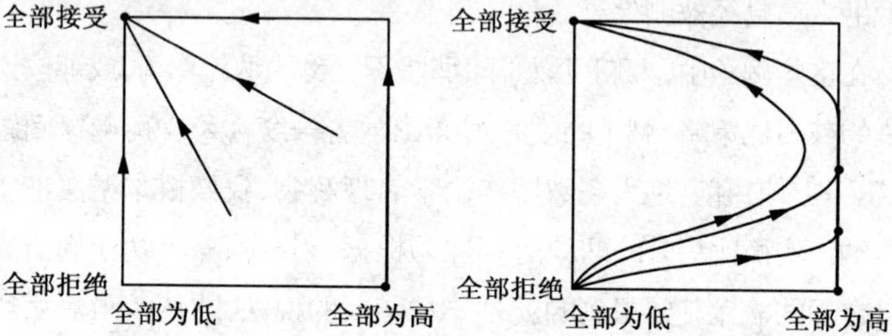

图 4—7　在最后通牒迷你博弈中的动态过程

这并不意味着我认为最后通牒博弈实验的结果可以解释为,实验参加者在众多占优纳什均衡中选择了一个来执行。我认为,这些实验只是直接引出了一些我们真实生活博弈中演化出来的传统,但这个传统却不能被用在实验室中匿名条件下的最后通牒博弈中。通常,实验参加者都非常快地学会适应新的实验博弈,但是在研究最后通牒的动态过程中表明,任何均衡都是经过非常漫长的试错调整过程来收敛的。因此,甚至当我们提供实验参加者真实的金钱去最大化他们的收益时,他们在少量错误后就学会选择均衡,这一点会令人惊讶。

蜈蚣博弈

最后通牒博弈表明,人们不该太急切地去排除不完美的纳什均衡。接下来研究的蜈蚣博弈(见图 4－8)的版本可以说明,人们在排除近似的纳什均衡时也必须谨慎。

　当我还是个小孩子时,每次看到店主在收到钱后递给顾客货物,我

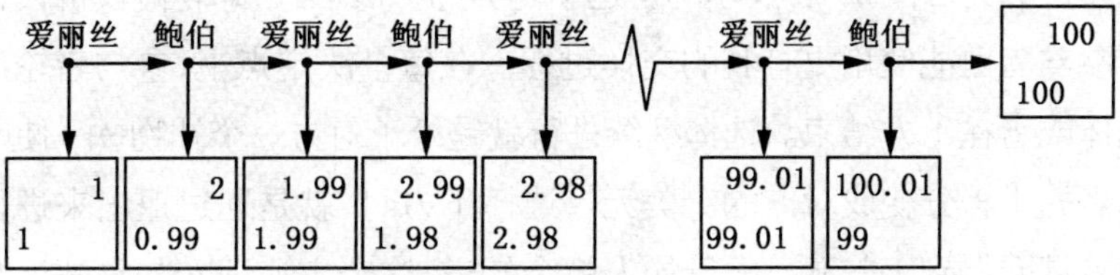

图 4—8 蜈蚣博弈

都会想,为什么他们不侵吞这笔钱?这是不完全契约的经济理论所提出的问题的一个简单版本。在店主的例子中,他们一手交钱一手交货,是因为他们诚信的声誉对于以后继续与他们的消费者进行重复的博弈非常重要,否则就会失去消费者。[1] 但是,如果在双方都没有理由相信对方的交易中,又会怎样呢?

举个例子,两个罪犯同意相互交换海洛因和一笔钱。爱丽丝要换到鲍伯的海洛因,而鲍伯得到爱丽丝的钱。但是,如果他们彼此都可以在任何时候抢走对方的东西而成功脱逃的话,他们怎样谋划处理这笔交易?在现实生活中,因为存在暴力威胁的可能,事情就变得更为复杂了,但是我们都假设他们中没有谁会被强迫而违背己愿。他们背弃他们的承诺时,既不担心失去他们的声誉,也不怕危及他们的生命。这样的话,交易如何进行呢?

显然,爱丽丝不会愿意出钱后等着货品在一段时间之后交接,那样做是没有意义的。无论如何,罪犯都必须安排一个可以让他们一手交钱一手交货的交易方式。

假设爱丽丝有 100 美元,而且,如果她不买海洛因的话,那么每 1 美元对她而言就相当于 1 美分。对于鲍伯来说,他若卖给爱丽丝一定的海洛因,交换率就是 1 美分,但如果不卖给爱丽丝,它的交换率就仅

〔1〕 我注意到,汽车加油站逐渐开始要求先付费后加油了,因为许多消费者没有同样的约束去付费。

仅为1美元。图4－8展示的是这个博弈的扩展形式,即轮流议价代表了参与者可能使用更有利的交换过程。在每个决定点上,参与者轮流选择或者在下方结束。选择继续进行就是给予对方一个礼物——使赠送者的1美分变成对方的1美元。选择下方时,就是通过退出来进行欺骗从而得到1美元。内行的人就会知道,这个交换博弈与常被提及的蜈蚣博弈具有相同的结构。

如果达到了博弈的最后节点,鲍伯就必须在100.01与100之间进行选择。因此,他将选择前者,进行欺骗。如果倒数第二个点达到了,爱丽丝将预测如果达到最后的节点时鲍伯会进行欺骗,并且知道她的选择在99.01和99之间,因此,她将采取欺骗,即选择前者。同样的论证,再向前一步,鲍伯也将选择欺骗,等等。结果就是交换最终完全不能达成。

这种逆向归纳法论证不同于最后通牒博弈中类似的论证,在这里100步和2步是一样的。因此,证明对于爱丽丝和鲍伯只有一个完美的均衡就是在任何时候都选择欺骗。这里还有很多其他的纳什均衡,但是,这些均衡都要求爱丽丝首先退出来,欺骗对方。

是否这就意味着无诚信的交换就是不可能的?这样的结论不是通过提出的数学模型就能够回答的。真实世界的许多方面都是不完美的。蜈蚣博弈考虑了金钱不是无限可分的。但是现实中,人甚至比金钱更不完美,尤其是,他们没有无限的鉴别力。1美分对于任何人来说,是多还是少呢?

为了阐释这个观点,我们假设参与者的最优收益是获得5美分。按照这个假设,蜈蚣博弈马上就有了大量"近似"的纳什均衡——包括参与者一直计划遵守他们协定的信任均衡。如果参与者有更多的鉴别力,以至于当他们获得他们最优收益的一部分时就会满足,通过轮流的蜈蚣博弈每次转移的价值所得,甚至少于馈赠者的时候,我们仍旧可以得到这样的结果。

随着每次支付额度越来越小,我们仍可以维持信任的均衡,尽管每个参与者此时变得有无限的鉴别力。也就是说,在理性的参与者中,没有信任的交换是可以实现的,只要在彼此认同的比例上持续提供货物流就可以。

生物学提供了奇特的例子,即关于雌雄同体黑鲈的交配。黑鲈产卵较难,所以卵子少,而产精子则相对容易,所以精子数目多。因此,当两条黑鲈交配时,每条黑鲈轮流去产一小批卵给另一条受精。否则,一条黑鲈通过成为使卵子受精的雄性突变体(mutant)而去产卵,立刻就比过去的产卵量超出很多,那就破坏了在未来对于它们共同的幼仔公平投入的抚养精力。

4.7　纳什要价博弈

纳什要价博弈(Nash Demand Game)应用于讨价还价问题,就如同在图 2-1 中,爱丽丝和鲍伯各自同时要求一个收益。如果他们各自要求的收益在可行集中,两人就都会获得他们要求的收益;如果不在可行集中,两人就得到没有达成契约的那个收益。因此产生了一个类似约会博弈的情况,从而允许无效结果存在。

这个博弈提出一个深刻的均衡选择的形式,因为两个人所指定的是,每个不少于他们不能达成契约的收益的有效率的结果,这个结果就是博弈中的纳什均衡。出于这个原因,该博弈就成为验证均衡选择观点的标准实验台。

纳什曾经建议说,可以通过观察一个较稳定的(smoothed)博弈,就是参与者不确定哪里是可行集的起点或终点的均衡,来解决均衡选择问题。从"不能达成契约"点开始,当前收益对(payoff pair)的可行性概率,是沿着一个曲线从 1 平滑下降到 0,但都在可行集的界限之内。所有非平滑博弈的纳什均衡还是“近似的”(approximate)博弈的均衡，但是严格稳定的纳什均衡都接近纳什讨价还价解。这也是为什么人们总研究纳什要价博弈的重要原因之一。

其他的学者在要价博弈中已经研究了演化的均衡选择。布赖恩·斯科姆斯的《社会契约的演化》(*Evolution of the Social Contract*)是一本介绍这类问题但很容易读的书。纳什讨价还价解在这方面还是做得相当精彩。例如，如果我们随机地在最优反应的动力中，加入微小的突变，我们将发现，经过了足够长的时间后，种群最终会以大概率接近纳什讨价还价解而终结。如果“不能达成契约”点不是最终情形，那这个结论就一直成立，但它也只是引向另一个更小可行集的讨价还价过程。

什么是公平？

我在密歇根大学的一些学院里做了一个稳定的要价博弈的实验，这个实验可能会加深我们对前面几章我所论述的，关于我认为的公平是怎样起作用的理解。[1]

图 4－9 展示了这个实验的可行集，用真实的金钱代替效用。不能达成契约的收益为 0。

这些严格的纳什均衡在图 4－9 中所对应的点是在加粗的线上。(它们不完全是“近似的”纳什讨价还价解 N，其原因是计算机程序不允许参与者不断地去改变他们的要价。)字母 E 和 U 指的是平等主义和功利主义的结果，即我们在第 2 章对于公平准则研究的两个竞争性理论，这里假设所有的参与者都有相同的社会指数。字母 N 对应的是纳什均衡讨价还价解。字母 K 是卡莱尔(Kalai)和斯默若丁斯基(Smorodinsky)提出的另一个讨价还价解。

实验开始时，不同的实验参加者的小组对应实验的机器人进行博

[1] *International Journal of Game Theory* 22(1993), 381—409.

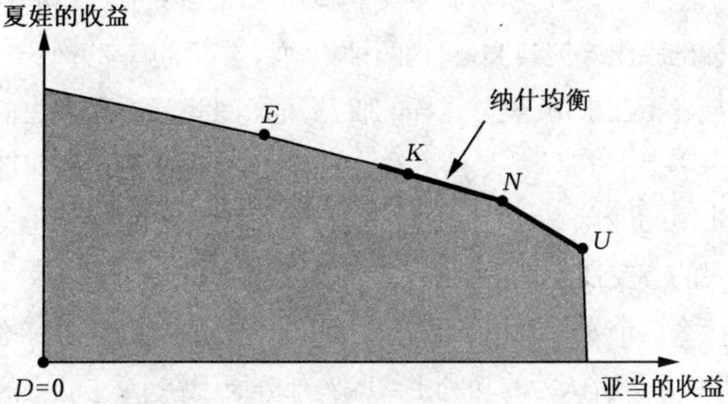

图 4—9　什么是公平？

弈，这些机器人程序收敛到 E,N,K,U 的聚点上。初始时可以选择四个聚点中的任何一个，这个阶段为小组提供了充分的协调。接下来，来自相同组的实验参加者随机选择人类对手，进行 30 次博弈。结果毋庸置疑，就是实验参加者开始时会进行调整，但是每组最终可以达到严格的纳什均衡。

实验后，计算机报告了这些实验，实验参加者有很强的倾向认为他们小组所得到的均衡就是博弈的公平解。但是，不同的小组倾向于不同的均衡。确实，对于我们稳定的要价博弈中每一个严格的均衡而言，一些小组倾向于认为这个博弈的结果接近公平。

在一个没有任何事先习惯性匹配的情形中，人们的行为表现出极少是建立在其效用函数上的公平模式的迹象。相反，在这个实验中——如同其他实验一样，金钱的作用被公认为是激励的因素。我认为，与其说人们的公平行为是由于被内置了一种"公平偏好"(taste for fairness)，不如认识到，这些实验参与者就像是一个作为有效率均衡的选择机制的小社会中的市民，随着时间的流逝，一种公平的标准从很多均衡中被挑选出来，作为这个社会的一种机制。

一个很明显的发现是，在实验选择中，不论实验小组是从平等主义的解的状态开始，还是从功利主义的解开始，最终只有严格的纳什均衡的公平标准胜出。但其实，起初两种不同状态下的解都近似于均衡解，如果参与者不在乎 10 美分这样的收益，他们就都没有激励去偏离这个结果。事实上 E 和 U 都是接近稳定的解，但这也并不足以保证这是实验参加小组的聚点——根据第 1 章所讲的，我们应该注意社会契约所必要满足的首要性质是稳定性。

为什么这个实验的结果不能驳倒罗尔斯所宣称的公平标准是平等主义，或哈森伊所认为的功利主义呢？部分原因在于，实验中的 E 和 U 不是纳什均衡。另一个事实就是，平等主义和功利主义的结果，都回避了怎样进行效用的人际间比较这个问题。譬如，为什么我们就应该假设爱丽丝口袋中额外的 1 美元就相当于鲍伯口袋中额外的 1 美元呢？

4.8 超越均衡行为

行为学派的经济学家似乎相信，现实中的人类行为是遵循最大化某种效用函数的，他们认为其参数是被传统的经济学家忽视了。因为在这本书中，几乎每一节都有均衡这个词，很容易给人们留下的印象是，我似乎认为现实中的人们什么也不做，只是在一些古怪的博弈中去理性化他们的均衡策略。然而，我相信以这种方式尝试解释人类的行为有点像是用托勒密(Ptolemaic)的地心说解释行星的轨道一样。如果你充分地歪曲本轮(epicycles)，就可以获得更准确的拟合来建立一个最拟合的模型，但那样又有什么意义呢？

我相信不管是行为经济学家，还是博弈论理论家，他们都需要面对的一个事实就是，人类的行为通常是毫无理性可言的。这时，我们的标准理论就不适用了。可能我们有一天可以发展出合适的有限理性理论，但是目前在这方面的努力没有取得很大的进展——不是有限理性的人最大化不同寻常的东西,而是他们根本没有去最大化,对于那些忽视了这个问题的行为经济学家,处理这个问题就只能裹足不前。那么,我这里的理论,一个全部是均衡的理论,又能怎样呢?

我的回答是:如果这个理论能得到极大发展,可以近似于我们生活中的真实博弈,对于人类行为的预测,总还是需要放下一些预设的想象。最理想的理论是一个人们能够期待在博弈中预测人类行为的理论,在这个博弈中,参与者可以有足够的时间通过试错的学习,使他们的行为与其动机相适应。但是,这样的调整需要多长时间?

这个方向的研究已经取得了稳步的进展,但是仍旧有一段很长的路要走。不过,我们现在至少清楚,这个答案在一定程度上取决于我们所看到的是什么样的博弈。在一些市场博弈中,均衡的收敛非常迅速。在类似最后通牒博弈中,速度则极其缓慢。在一次性囚徒困境中,答案介于这两者之间。

这里没有什么结论是完全令人满意的,但是,我们除了能够通过仅有的烛火所发出的摇曳的光来弄清楚目前我们所处的环境,还能做些什么呢?

5 ⊙

互　惠

赠予他人者,被人赠予;不赠予他人者,不被赠予。

——赫西俄德(Hesiod,公元前5世纪)

5.1 针锋相对

互惠是人类社会形成的主要原因,这种观点几乎可以追溯到人类有记载的时候。当孔子被问及以一句话来概括"真道"时,他说"夫仁者,己欲立而立人,己欲达而达人"[1]。

大卫·休谟在1739年也已经明白"互惠"何以可能的原因,但是我猜想,鲍伯·奥曼(Bob[2] Aumann)或其他的博弈论专家在20世纪50年代各自独立建立无名氏定理时,可能还并不知道休谟的这种观点。20年后,当罗伯特·特里弗斯(Robert Trivers)提出互惠利他主义观点时,我猜他也并不了解奥曼的著作。只有鲍伯·阿克塞尔罗德(Bob Axelrod)在1984年出版的《合作的演化》(*Evolution of Cooperation*)一书中,对互惠这个问题的发现才算完成 —— 这十分类似于直至哥伦布在1492年航行后,美国才被发现的历程。

在阿克塞尔罗德的书中,他关注的是无限重复囚徒困境中针锋相对(Tit-for-Tat)的策略。这个策略要求参与者一开始时选择鸽,然后无论对方在下一期选择什么,你也选择与对方同样的策略并且一直继续下去。如果爱丽丝和鲍伯都采取针锋相对的策略,结果将是在每一期的囚徒困境中,他们都重复选择鸽。

当观察者看到爱丽丝和鲍伯一直能如此安逸地合作,可能试图推论说,他们已经抛开了博弈论专家那种马基雅维里式的阴谋论,而选择

[1] 此处略与原文不同。——译者注

[2] Robert的昵称。——译者注

更坦诚的信任伙伴关系的策略。但在我们现在看到的这个例子中，博弈论的建议与乌托邦主义者的憧憬之间并没有什么矛盾。在一次性囚徒困境中，合作是非理性的，但在无限重复的囚徒困境中，两人的针锋相对的策略却可以作为纳什均衡一直继续下去。

为了达到这个效果，我们需要确保一个条件，即如果爱丽丝或鲍伯中的一位偏离针锋相对的策略，而另一位选择针锋相对，那他们都不能获益。例如，假设爱丽丝选择了鹰从而偏离了原来的策略。如果鲍伯坚持针锋相对的策略，因而他对爱丽丝所做的回应也是选择鹰，直到爱丽丝选择了鸽，发出信号为止。在爱丽丝偏离针锋相对的策略时，这时的收入流为 3,1,1……1,0 代替了原来没有偏离时的 2,2,2……2,2 。因此，她偏离针锋相对的策略无利可图。

这个博弈最为本质的特点是，在针锋相对策略中建立了一种对偏离的惩罚机制。如果两个博弈参与者都相信对方会使用针锋相对的策略，就没有人会有动力去改变自己的策略。

在无限重复囚徒困境博弈中，有无数个策略的博弈也具有同样的性质。最简单的例子是冷酷策略(grim strategy)，在这个博弈中，参与者会一直选择鸽，直到对方选择鹰，此后他/她将一直选择鹰而不改变。这时，对手在合作中任何的偏离都会被无情地、最大程度地被惩罚。在无限重复囚徒困境中，如同两个参与者使用针锋相对策略一样，两人都使用冷酷策略也是一个纳什均衡。

在双方都没有偏离前，针锋相对与冷酷策略都是“很好”的策略，但是，我们也需要考虑参与者开始选择鹰时的“差劲”策略(Mean Strategy)。例如，在针锋相对策略中一开始选择的是鹰，当且仅当对手选择鹰时，下一期改变他/她的策略为选择鸽。在无限重复的囚徒困境，这个针锋相对的策略也是纳什均衡，在这个博弈中，参与者只有在第一期之后才建立起合作关系。

阿克塞尔罗德的奥林匹克

阿克塞尔罗德曾邀请不同领域的社会科学家设计提交不同的计算机程序,来一起模拟一个无限期的囚徒困境。在这个竞赛中,阿克塞尔罗德选择了针锋相对策略。在一轮试验性学习之后,参赛者提交的计算机程序总共执行了63种可能的博弈策略。

在这个竞赛中,"针锋相对"是最为成功的策略。然后,阿克塞尔罗德模拟了所有63种策略运用的演化结果,他发现,针锋相对是作为人类全面合作的最常用的范式,这个结果让阿克塞尔罗德更确信并进一步提出,在解决阿克塞尔罗德的这个问题的演化模拟中,针锋相对是最终所有幸存下来的程序中使用频率最高的。在描述针锋相对策略的优点时,他说:

> "针锋相对"策略的明显胜出是因为它综合了友善、理性、原谅和思路清晰等特点。它的友善阻止了那些不必要的麻烦,它的报复阻止了任何时候其他对手想要背叛的企图,它的谅解帮助彼此再次进行合作,它的思路清晰可以使对手理解,因此,这些综合起来促成了参与者的长期合作。

阿克塞尔罗德这个论证的一个结果是,它使整整一代的社会科学家普遍相信针锋相对中包含了所有关于"互惠是怎么发生的"这个问题的答案。

然而事实上是,在阿克塞尔罗德的模拟中,针锋相对并不是非常成功。真正成功的策略实际上是六个策略的混合策略,而其中针锋相对的概率仅仅略高于1/6。而且当初始进入的种群域(initial population fields of entries)不同时,针锋相对的策略仍旧成功,但也不显著。当初始进入的种群域倾向于针锋相对时,毫无宽恕的"冷酷"策略却是极好的策略。而且,当一小部分可被剥削的"笨蛋"(suckers)被允许持续地流入系统时,就不能演化产生友善机制。与针锋相对很类似的"差劲"

策略要比针锋相对策略还好。为清晰起见,只有在合作演化出来的条件下,一个突变体才有可能进行自我复制。

在阿克塞尔罗德前面所列的条件中,剩下的一个要求就是成功的报复性策略。这个说法可能会造成很大的不利,因为它只应用于成对的互动中。例如,有人说互惠不能够解释友谊的演化过程。事实上,我们不能用针锋相对的理论来解释黑猩猩的攻守同盟。如果爱丽丝受伤或者生病而需要帮助,假使她的朋友会因为对她的施助不太会对自己未来有益,而选择不救助她,那么这时爱丽丝所做的任何要退出合作的威胁都是空谈。但是,在多人互动中,不一定是那个被害方对欺骗者施行惩罚。如果鲍伯放弃他的朋友爱丽丝,让她自生自灭,其他人将会看到他的行为,并且在未来也会拒绝与鲍伯打交道,以此惩罚他的背信弃义。无论如何,被指责为当朋友处在危难中却背弃朋友这样声誉的人,谁会想要和他相处结盟呢?

我认为,人们对于针锋相对的热衷之所以持续,和人们认为在一次性囚徒困境中合作是理性的原因也如出一辙。他们渴望相信人性本质是美好的。但是从阿克塞尔罗德的奥林匹克竞赛和许多后来做的无限期演化模拟中,我们可以学到的现实的课程却反而更为可靠。尽管阿克塞尔罗德在对针锋相对的论证上过于夸大,但他的结论还是十分真实并且有说服力的,即演化可能产生合作的结果。因此,我们不需要为了解释在多数时候应该诚实公平地待人而假装我们都是天使杰柯博士。就算是在一个全是魔鬼海德先生的社会中,人们也可以在一个无限重复博弈中,最终学会协调到一个有效率的均衡上。

5.2 无名氏定理

在无限重复的囚徒困境中,使用针锋相对策略仅仅是爱丽丝和鲍伯维持纳什均衡合作的多种方法之一。那么,还有哪些其他方法呢?在这个问题上,无名氏定理一直试图通过刻画出无限重复博弈中所有可能的纳什均衡的结果来寻找答案。

无名氏定理背后暗含着一个简单的观点,该观点可以用囚徒困境和最后通牒博弈来说明。图5－1中,每个收益表格显示了四对收益。如果爱丽丝和鲍伯将要讨论如何博弈,他们可能会赞同四个点中的一个,但是他们也有可能达成其他协定的选择。例如,他们可能都向对方妥协,通过抛硬币或轮流决定来解决两人在选择上的争执。

把所有的可能性都考虑进来时,我们必须扩展爱丽丝和鲍伯能够达成契约的集,在图5－1的两个图中,用灰色阴影来表示。这是一个包含博弈收益表格中所有四对收益最小的凸集。例如,如果爱丽丝和鲍伯同意爱丽丝一直在囚徒困境中选择鹰,而鲍伯在一半的时间里选择鹰,其他时间选择鸽,那么,他们将有一半的时候收益为(1,1),一半的时候收益为(3,0)。此时爱丽丝期望的均值就是2,鲍伯期望的均值就是1/2。于是,点(2,1/2)就是在坐标(1,1)和(3,0)中间,并且因而落在灰色阴影区域内。

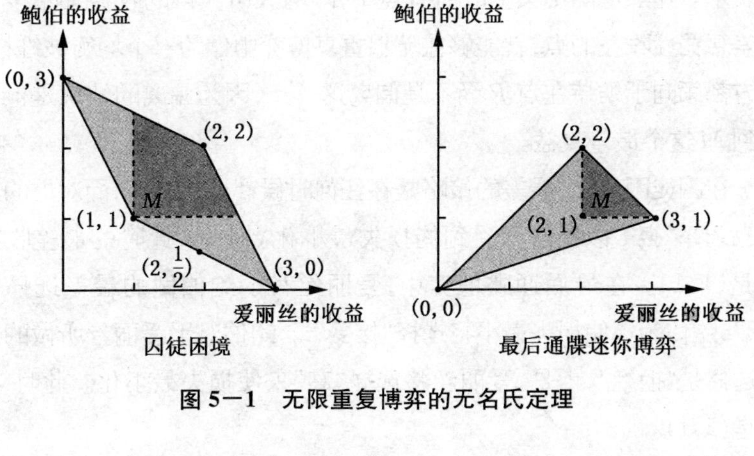

图5－1　无限重复博弈的无名氏定理

这个讨价还价故事存在一个问题,即,如果缺少了一个愿意并能够强制执行双方契约的外部代理人,这个博弈就不能进行下去。没有这样一个外部的代理人,爱丽丝和鲍伯达成的任何约定都必须能够自我执行。也就是说,只有均衡的博弈才是可被选择的情形。在一次性囚徒困境中,如果缺乏外部的强制实施,就会造成灾难性的后果,因为仅有的均衡是爱丽丝和鲍伯都选择鹰这样一个无效率的结果。但在无限重复囚徒困境中,就不会存在这样的问题。当我们在重复博弈中,尽管对于理性的参与者所达成的约定缺乏外部的强制实施,但每个结果仍旧是有效的。

这个基本论点是非常简单的,甚至简单到在1951年纳什发表了他的均衡观点后,几乎所有对重复博弈稍加思考的人都发现了这一点。只需要在这个重复博弈的可行集中选择一点 P。在这个重复博弈中,每当爱丽丝和鲍伯到达了 P 点时,他们其中一个在可能偏离这个策略时就会受到惩罚,通过这样的方法,我们就得到一个均衡的结果。冷酷策略是最容易的一种,它具有毫不迁就、实施惩罚的特点,对任何的偏离都采用永久性的最严酷的惩罚。

在图5－1中,每个参与者都可以施加给对方的最差收益用字母 M 来表示。在黑色阴影集上的所有点 P,即两人所获得的收益都不少于最差惩罚性收益的点,就能够在无限重复博弈中作为一个均衡被维持。双方都倾向于维持在点 P 而不是偏离这一点,因为偏离的结果是他们得到 M 这个最差收益。

在囚徒困境中,最差的策略是在任何时候都选择"鹰",而对方的回应也选择"鹰",以使自己受到的损失最小化。于是,此时的最差收益 M 是(1,1)。在最后通牒博弈中,爱丽丝对于鲍伯做的最差选择是"低",鲍伯为了使损失最小将选择"接受" 。鲍伯对于爱丽丝所做的最差选择是"拒绝",于是,爱丽丝将选择"高"来使损失最小化。此时,M 就是(2,1)。

 有一点需要提到,但也不是特别重要。鲍伯可以给爱丽丝最严重的惩罚是最小最大化(minimax)爱丽丝的收益，也就是说，当鲍伯知道他试图惩罚爱丽丝，爱丽丝会做出最优的回应时，鲍伯依旧可以试图最小化爱丽丝这个收益。如果我们所处的环境，让混合策略看起来是最合理的选择，我们就能够使用冯·诺依曼在1928年贡献的理论，即爱丽丝的最小最大化收益等于她的最大最小化(maximin)收益。[1] 但是，人们都不会选择一个比自己的最大最小化收益要少的交易，因为他们有策略可以至少保证获得这个收益而无论对手怎样行动。这个观察使我们从无名氏定理中得到这样的结论：

存在外部强制时，理性的参与者能够达成的任何契约，在无限重复博弈中，都是一个可行的均衡结果。

有了无名氏定理的帮助，我们可以将社会契约化简为一个讨价还价的问题，就像图2－1所示。不能达成契约点D对应的是自然状态(state of nature)，也就是在我看来这个作为目前的社会契约所对应的均衡。在可行集上的所有点对应的是所有可选择的均衡结果，也就是其他的社会契约。

会出什么问题？

我认为无名氏定理包含了政治哲学中最具有深意的洞察力，这个观点可以很容易找到证明。然而，无名氏定理至少还有两个局限性。

就上面所展示的这种形式的无名氏定理中，收益必须用效用单位"utils"来衡量才可以进行合理的加总。我们在估计乐透彩票和收入流的时候，就是用这样的方法来衡量他们的平均收益。对收入流的估计有更大的局限性，因为它暗含着一个因素，即参与者有无限的耐心——

[1] 冯·诺依曼定理意味着，在两人零和博弈中，参与者的最大最小化收益之和为零。两个参与者使用其最大最小化策略因而也是纳什均衡，因为，如果对方使用这样的策略，自己并不能够通过改变策略而试图得到更多的收益。

他们相信被承诺的 1 美元,其价值在1 000年后还等同于现今的 1 美元。

我们可以在两个方面把这个不现实的假定前提放松。我们可以用无穷的(indefinitely)重复博弈来代替无限的(infinitely)重复博弈。在无穷的重复博弈中,之前的博弈作为最后一次博弈的概率是很小的。我们也可以假设参与者以一个固定的利率对未来的折现。当这两个条件都成立,即利率和作为最后一次博弈的概率都很小的时候,这个无名氏定理近似的版本就可以成立并维持下去。简言之,无名氏定理如果要成立的话,就需要参与者足够关注未来,并且还需要他们认识到建立长期的关系是有价值的。

无名氏定理的第二个局限性就显得麻烦多了。这里展示的无名氏定理,有一个假设,即任何从均衡中的偏离都将会被其他参与者观察到。这个假设如果是在小范围的狩猎采集部落中可能还算贴切,因为在那样的团体中,我认为公平规范是最先出现的。如同今天的一些小镇,可能每个人都知道其他人的事情。但换了在现代的都市生活中,这种情况肯定就不存在。在一个匿名性的大都市里,不可能维持像小型社区那样紧密的社会契约,因为不可能及时发现和处罚那些偏离行为,从而完全制止各种欺骗。我们竭尽所能设立警察和税务稽查员,但是没有人能够奢望宣称在这个方面人们所做的努力是完全有效的。

这本书中,我没有涉及信息的问题,因为我关注的是公平标准从一开始是如何演化的。但对于社会改革者来说,面对信息的问题也是不可回避的。不过他们没有从博弈论专家那里得到足够的帮助,因为即使我们知道在无名氏定理中,参与者会把一些他们自己的信息保密,由于我们还不完全了解无名氏定理的机制,所以也无法了解他们是怎样做到的。

5.3 惩罚

这里用来证明无名氏定理的惩罚是我们可以找到的最严重的惩罚,但在现实生活中,这样的惩罚只能期待在对待局外人出现时才可以看到。如果对于每个社会成员的琐碎错误都加以此类严惩,那么像我们自己这样的内部人,还有我们所爱的人,就都有可能遭受这样的刑罚。因此,大家都期望这种为我们内部那些偏离规范的人而制定的惩罚,可以是最小化的。

拿破仑(Napoleon)被流放到厄尔巴岛就是一个例子,尽管这个例子比较极端。毕竟任何统治者都可能会被推翻。另一方面,我们这些中产阶级的人一般不会去偷比萨而触犯法律,因为如果那样的话,按加利福尼亚州的量刑,小偷小摸三次被抓以后,他就要被驱逐了。

就像第1章中解释过的,一个社会契约的维持,其惩罚措施很少是通过立法系统去执行的。事实上,几乎所有的惩罚都是在惩罚者或受害者还没有意识到的时候,就已经被执行了。没有施以"大棒"的情形很普遍,绝大多数时候,社会的惩罚机制,仅仅是撤回一点"胡萝卜",譬如,人们的态度会稍微冷淡些,或者对方问候的话不知从什么时候变得有些生硬了,眼神也往四处游离了……这些行为上的告诫,都可能是一些正在发生的"惩罚",如果一旦被忽视,你就会处在危险之中了。

我很庆幸看到人类学在观察狩猎—采集型社会时所描述的较高阶段的"惩罚"行为,因为这些行为折射出的,正是如同学术界通常管束离经叛道的思想家一样如此真实相似的现象。首先,是起哄嘲笑。如果这一手段不起作用,或者这人已经习惯了被嘲笑,那下一个阶段就是联合抵制。没有人会再和犯规的那个人探讨或引用他的研究。最后一个阶段是最严重的惩罚:固执的犯规者从组织中被驱逐出去,或者使他的成果不能公开发表。

这些维持社会契约的互惠奖赏和惩罚背后微妙的本质，一旦为人们所意识到或接受，那就很容易理解为什么在犯罪行为能够被社会所接受的腐败社会中，改革会如此困难。以禁酒令为例，即使强加严酷的惩罚，只是因为不够幸运而被抓住的醉汉结果好像并不那么有成效。这样导致的反向激励因素在绝大多数时候是不适用的，因为当人人几乎都可能犯罪时，任何个人不走运而被抓的概率必定会是很小的。

情感的作用

情感过去被误解为在我们演化历史中所遗留下的非理性冲动。社交中引发的类似骄傲、妒忌和生气等情感，仍被列入致命的七宗罪里。但是，如果这些情感正如传统说法是自我毁灭性的，为什么演化过程会继续给我们这些配置？

我持有当下最被广泛接受的观点，即认为情感没有任何社会作用这样的传统论点是错误的。我认为，情感的演化是为了帮助人们维护最初的社会契约，而且也是出于这个目的，它们保留下来为我们所用。

拿愤怒来举个例子，最原始的一个场景是当亚当对待夏娃不公平时，所引起的夏娃的一种态度。在夏娃为她受到不公正对待而愤怒时，此时她可能遭受了亚当不公正的对待。因此，亚当需要谨慎地克制自己掠夺性的欲望，以免招致夏娃的怒气。

以这种方式进行的重复博弈，有可能甚至不需要任何参与者意识到他们正在进行一场重复博弈，就能维持一种有效率的均衡。以黑猩猩为例，它们能靠什么来维持一种高水平的互惠利他呢？如果我们人类在开始做事之前，总是会花一半或更多的时间去计算，人类恐怕也不能做出现在这样的丰功伟业吧？在这些情况下，我们的有些想法一定是已经被固定模式化了，当我们进入这些情感时，就好像自动导航系统开始工作一样，而我们自己却没有意识到的。

报　复

假设当夏娃受到亚当不公平的对待后，她冒着损害自己的危险对亚当进行愤怒的回击。夏娃此时的行为在一些观察者眼里是没有必要的，这些人没有发现夏娃并非是在这个一次性博弈中行为疯狂，她这一举动，有可能在无限重复博弈中成为均衡的一部分。

最后通牒博弈的实验对于目前的这些疑惑指明了方向。在实验室的一次性最后通牒博弈中，为什么接受者不是对所有给出的份额都会接受？一个流行的回答是，她可能很生气，出于怨恨而拒绝对方的出价。通过分析回应者唾液中的睾酮激素(testosterone)水平，也许可以证实这个解释是对的。

但是，为什么回应者会生气呢？我认为，他们的生气反应是人们在现实生活遭遇到不公平时的习惯性反应。因此，说这样的博弈是一次性的，这种观点根本就不正确。甚至就算当它并非是重复博弈的时候，总是有些实施者需要被提醒，不要认为我们就是好欺负的。

例如，在图5－1中显示的最后通牒迷你博弈，根据无名氏定理，其“公平”结果是(2,2)，而这个结果可以作为无限重复博弈的一个均衡结果成立——但条件是，只有在鲍伯准备在爱丽丝获得比她公平所得要多时惩罚她，才能成立。

近期，一些关于最后通牒博弈和其他经典博弈的跨文化行为研究中，提供了一些具有启发性的例子。[1] 这些作者注意到，除了公认的公平标准外，跨文化中的公平标准存在明显的不同，而且这些适用于重复博弈状态中的博弈标准，也可以应用到一些并不常见的一次性实验

---

〔1〕 J. Henrich, R. Boyd, S. Bowles, E. Fehr, H. Gintis, and R. McElreath, "In search of Homo economics: behavioral experiments in fifteen small-scale societies", *American Economic Review* 91(2001), 73－78.

环境中。例如，“奥玛人(Orma)的实验参加者，很快为这个公共品实验取名为‘**哈兰比**(harambee)[1]博弈’，借鉴的是在乡村一级广泛使用的一种自愿捐助制度，就是为一些公共品如学校或马路去募捐。无疑，人们都很慷慨地捐助”。

有人认为，人们习惯于在重复博弈中所形成的惯例，而对此持批判观点的人认为，实验中的参与者完全知道他们之间进行的是一次性博弈，那为什么他们的行为要符合重复博弈呢？这就好比人们可能会问到：为什么当一个水手在远航结束上岸后，他的步态还会摇摇摆摆呢？

我们是否只是像机器人一样，通过基因遗传而机械地受情感的控制呢？有证据表明根本不是这样的，而是出于其他原因。人们在一次性博弈中，随着获得的经验增多，他们会去适应这样的博弈规则。他们在一次性博弈的最后通牒博弈中的适应速度，比他们在一次性囚徒困境中的调整速度要缓慢很多，然而还是在不断调整适应的过程中。

这些观点一直为持不同政见的经济学家们所争论不休。行为经济学家认为，我们爱好互惠是因为它存在于我们的偏好中，对于他们而言，说人们会根据获得的经验来调整行为的这种观点是既虚幻又不相干的。我认为，这个“强互惠”的理论只有在少数实验中成立，而且这些实验本身就是出于为得到这个理论而设计的。

传统的经济学家同样对于“学习性适应”的证据持怀疑态度。他们认为，在最后通牒博弈中，回应者没有什么好学的，因为他们早就已经知道“聊胜于无”的道理。但是回应者必须学会的一点就是，没有必要为了一个以后根本不会再见的陌生人而生气。这是一门困难的功课，就像《超人外传》中的主角们第一次参观大都市时，他们也会觉得这是门困难的功课。但是困难越大，人们就会越快地学会适应当下的博弈的情感以做出回应。

---

〔1〕斯瓦希里语，齐心协力的意思。——译者注

5.4　谁来监管监管者?

由共享知识和经验交织形成的对于均衡的支持,与传统主义者想象的责任和义务社会链相比,就好像蛛网对铁枷一般,看上去显得那么不堪一击。正如休谟所说:

> "当用哲学的眼光考虑人类事物时,没有比人们不需要过多的管制,就放弃自己的观点和爱好完全顺服于他们的统治者更令人吃惊的事情了。当我们想知道通过什么手段达到这样奇怪的结果时,我们可能会发现,暴力通常只是统治的额外的一个方面,只有主张才能使他们获得支持。因此,只有主张使政府建立起来,并且这个格言无论在最专制和最暴力的统治下,还是在最自由且最受大家欢迎的统治下,都一样适用"。

总而言之,教宗、总统、国王、法官、警察以及其他类似的权威仅仅是出于传统和习惯。亚当服从国王是因为这样做是惯例——并且,这样的惯例留存只是因为,如果亚当不服从,国王将命令夏娃去惩罚他。但是,为什么夏娃会服从命令去惩罚亚当?简言之,谁来监管监管者呢?

伊曼纽尔·康德天真地认为,要回答这个问题,就必须创建一个无休无止的回归来不停地向后推,但我们能够用无名氏定理来证明这个职责的链条能够对每个人起到约束作用。要做到这一点,就要证明无名氏定理不仅是纳什均衡,而且是一个完美的均衡。

让我们回忆一下,完美均衡的定义是指在原初博弈中所有子博弈——无论它们是否在均衡路径上——都是纳什均衡的策略组合。第4章说明,完美均衡并不比其他的纳什均衡更有理性,但是莱因哈德·泽尔腾(Reinhard Selten)证明,如果我们通过假设参与者在小概率的范围内被允许有犯些微小错误的概率,在这种条件下,情况却会相反。这个新博弈的纳什均衡就会近似等于原先博弈的完美均衡。鉴于人们倾向于出错的假设,把社会契约当作完美均衡,这似乎是一个更为有效的方法。

如果有人偏离均衡,并且进入这样一个偏离均衡的子博弈的路径上,那坚持你原初的策略选择,这个策略就仍是在完美均衡中最优的,条件是其他人也都坚持他们最初的选择。特别是,如果你的策略需要你自己付出一定的代价去惩罚别人的偏离,对于你而言,执行这个惩罚仍旧是最优的策略。如果你试图通过逃避对别人实施惩罚而偏离原来的策略,你就会进入另一个子博弈,在那里,其他人的最优策略是对你的失职进行惩罚。如果他也放弃执行他的职责,那么我们又进入另一个子博弈——如此继续下去。在参与者人数有限的博弈中,这样的职责链必须以这种方式封闭起来,但这一点却被康德所忽视。

在君主制的社会契约中,夏娃服从国王是因为,如若不然,她害怕以迦博〔1〕(Ichabod)将会惩罚她。以迦博也将会服从命令去惩罚夏娃,因为不这样,亚当将要惩罚他。亚当也会服从命令去惩罚以迦博,因为如果不这样,那么他害怕夏娃将会惩罚他。

乍看之下,如此一个螺旋状的自我实现的信念看上去太脆弱,似乎不具有稳固的支撑性。这个信念确实是循环的,但是无名氏定理证明,这些信念的脆弱只是一个假象,因为通过这些信念所产生的行为是一个完美均衡。

现代国家所赋予的工具——它的宪法、立法系统、道德准则以及盛典——会引导我们产生一个错误的认识,它们使得人忽视了现在的国家政权不过是依靠其公民的自我实现的信念才建立的。那些法律和官

〔1〕这个名字源于《圣经·旧约·撒母耳记上》,意思是"荣耀离开以色列了"。——译者注

方的指令，就算是写在石板上，也不过是帮助人们协调现实生活博弈的均衡的装置。法官的作用被认为是法律的一种工具，这样的想法，就如同把国玺(the Great Seal of State)作为至高权力的象征一样，都不能把法官或国王、总统排除在我们的社会契约之外。

为了使我们的协调有效率，现代的社会契约必须对特定的个人指定重要的角色，但是，这种让渡给个人的公权力仍然是在强大的集体手中。因为我们不能够信任强权者不会滥用其特权，所以当腐败威胁到一个国家的诚信时，一个自由社会的契约就能够提供有效的集体权力去处理这个问题。就如休谟曾明智地观察到："在约束任何政府系统和修复宪法的制衡制度中，应该假定每个人都是无赖，他所采取的所有行动，都是要去寻求他自己的私人利益。"用经济学的行话来说，社会契约给国家官员制定了他们的角色，这些角色必须与他们的激励机制相兼容。或者，我们可以用尤维纳尔(Juvenal)[1]的格言来说，越强大的守卫者越需要被守卫。

5.5 突发现象

针锋相对博弈的一个不幸结果，就是导致了整整一代的演化理论思想家中没有人认为互惠的行为是值得关注的。人们理所当然地认为，针锋相对是适合作为无名氏定理涵盖的所有互惠机制的一个整体的范式。但这种观点犯了一个错误，就好比认为一个骗子需要被受害者约束一样。在一个大型社会里，人们能够通过第三方来对骗子实施惩罚。结果就是，在重复博弈中，作为均衡的一系列社会契约超出了人

〔1〕 公元约 60 年～公元约 140 年，古罗马讽刺诗人。他共流传下 16 首讽刺诗。——译者注

们通常所认为的范围。

利他主义和责任

人类学家告诉我们,在纯粹的狩猎—采集型社会中,食物的采集和分配,基本上是按照马克思的理论,各尽所能、各取所需。

这样的社会契约将如何维持呢?如果仅仅通过针锋相对的机制能够运行,那就不会有人提供食物给他们直系亲属以外的一些无劳动能力的人了。但是,对那些没有拿出食物来与大家共享的人的惩罚,是不需要让那些挨饿的人去执行的。现代的觅食性部落中,如果一个人不将其食物共享,他就会受到整个群落的惩罚。因此,每个人都是这样一个处于类似乌托邦社会组织中的公民,而这个组织被假定是在国家已经消亡之后出现的。

要想知道这样一个社会是如何运转的,让我们想象一个世界,这个世界在任何时候都只有一个母亲和一个女儿生活。每个参与者生活在两个时期。第一期是她的青年时期,第二期是她的老年时期。在她年轻的时候,她可以烘烤两条(很大的)面包。此时,她有一个出生的女儿,以及她年老的母亲。年老的参与者(母亲)已经太虚弱以至于不能工作,因此不能生产任何东西。一个均衡要求每人在她年轻的时候消费她的两条面包。那么每人将必须在年老的时候忍受悲惨的晚景,但是如果每一个人选择给其他人一条面包,那将会使她得到最优化结果。所有的参与者会偏好在她年轻的时候消费一条面包,在晚年的时候消费一条面包。但是,这个"公平"的结果只有当所有的女儿都把自己两条面包中的一条给她们的母亲时,才能够实现,因为如果烤好面包不消费,面包将会变质而不能食用。

假如她们的女儿是自私的人,而母亲也没有能力去施以报复,但是,尽管如此,公平的结果仍旧能够作为均衡得以维持。在这个公平的

 均衡中,遵守规则的参与者会给她母亲一条面包,当且仅当她的母亲在

她自己年轻的时候也是遵守这个规则的人,她才会这样做。因此,遵守规则的参与者回报给其他遵守规则的人,并惩罚那些不遵守规则的人。

要考虑为什么女儿会给予她的母亲一条面包,我们假设这里有三个人,爱丽丝、碧翠丝(Beatrice)和凯罗尔(Carol),她们分别是母亲、女儿和孙女。如果碧翠丝忽视了爱丽丝的需要,她自己就是一个不遵守规则的人。因此,凯罗尔会惩罚碧翠丝,避免使自己成为不遵守规则的人,如果不这样,她就会被自己的女儿惩罚,如此等等。如果第一代人被认为是遵守规则的,因而对于每一个参与者都能遵守规则就是一个完美均衡。但是,受害者是不能惩罚那个违反了社会契约的人,因为事实上,受害人在侵害社会契约的人受到惩罚的时候已经去世了。

人们对于这样的故事,一般的反应会是武断地说,博弈论的学者并不知道现实中的女儿照看她年迈的母亲是出于爱。但是这样的反应没有领会这个模型的关键,即这个模型是为了使我们明白,即使所有的女儿都是铁石心肠的利己主义者,她们年迈的母亲也不必担心得不到照顾——这样的事情也发生在我认识的一些让人不悦的老太太身上,她们的女儿毫无抱怨地承担照顾她们的责任,只是出于一种责任感。但为什么她们会有一种责任感?这根本上是因为,如果她们不承担起现在的社会契约规定她们所要承担的角色,她们将受到社会大众的指责。

声誉和信任

爱丽丝提供了一项服务给鲍伯,相信鲍伯会互惠性地付账给她。但是,如果他不这样做也没有惩罚,那他为什么还会付账呢?社会学者对这个问题进行了建模,可以用图 5－2 中我称之为信任迷你博弈(Trust Minigame)的模型来解释。一次性博弈只有一个纳什均衡,即爱丽丝不会提供服务给鲍伯,因为她预计鲍伯不会付账。

但绝大多数人还是会付清他们的账单。当问到为什么会付账的时候,他们通常说他们有责任去偿付,并且看重他们诚实的声誉。博弈论学者同意,这很好地描述了我们的社会契约如何运转,但我们还想知道社会契约为什么会具有这样的优点。因此,我们来研究信任迷你博弈中无限重复博弈的版本。

无名氏定理指出,在图 5—2 中,所有阴影部分的点都是重复博弈的均衡结果,其中也包括收益点(2,2),即爱丽丝一直提供和鲍伯一直偿付的那个点。我们用现实生活中的语言来解释这对均衡(2,2),就是说,鲍伯不能承担欺骗爱丽丝后失去他诚实声誉的后果,因为爱丽丝将在未来拒绝给鲍伯提供任何服务。在现实中,爱丽丝的角色会由其他人来充当,但加以同样的均衡还是可以成立,因为没有人会愿意与那些具有不付账的声誉的人打交道。

在日常商业生活中,这些不需要加以解释。关于商人之间为什么会互相信任这个问题,我在 1991 年 8 月 29 日《纽约时报》的一篇文章中找到了最精辟的总结。一个古董商把自己的藏品拿到一家古董店托店主卖掉,而这个商人在被问到他是否是因为信任店主才肯付给他佣金时,他回答说,“我当然相信他。在这一行中,你知道哪些人可以信任。那些背叛你的人——我们早已经和他们说再见了”。

	付款	不付款
交货	2*, 2	0, 4*
不交货	1, 0*	1*, 0

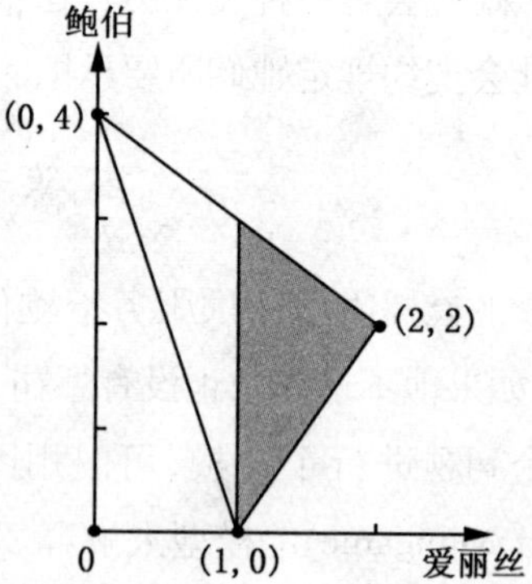

图 5—2 信任迷你博弈

领导和权威

人类学家研究发现,近代的觅食社会中没有领导这样的角色——我认为这个发现意义重大。曾经有这样一个没有领导的社会存在,这一点暗示人类不需要首领就可以在社会中生活。那我们为什么还需要领导呢?

有一个流行的观点认为,领导是必需的,因为,像约瑟夫·斯大林(Joe Stalin)这样的人物知道什么对我们有好处,而且比我们自己知道的还要多。但是,不管领导是否知道他们做得比普通群众好,这些人物的存在,对于解决社会博弈中的均衡选择问题是很有用的,而那些用来解决问题的传统方法都太缓慢,或者有太多的不确定性。就好比一艘行驶在风暴中的船只,或一个正处在战争中的国家一样,人们不可能坐等一种从漫长的协商过程中产生而被众人都接受的协作方法,因此必须有一些领袖出来拿主意。亨利·福特 (Henry Ford)告诉我们,历史就是一派胡言,但历史至少教给我们一点,就是在一个社会面临危机的时候,一种处理方法就是把权威委托给某个领袖人物。

最纯粹的一些例子来自原始社会,例如,辛辛纳图斯(Cincinnatus)在罗马被推举成临时独裁者,或者美洲大平原上的原住民任命的一个临时性战争首领,或者诸如此类的领袖。那么是怎样的社会机制来确保这些领袖能在任期中得到臣民的服从呢?为什么人们不是在他们上任前或卸任后服从他们的权威呢?

关于权威是如何运作的传统理论明显过时了。譬如,那种君权神授的理论,但是,谁说上帝指定的这个人是国王而不是我呢?还有霍布斯的社会契约,它假设公民需要服从统治者以期换得统治者的护卫——但我要问,如果我不会因为失信而受罚,为什么我还要维持这种假定的承诺呢?在洛克的社会契约中,公民有条件地让渡他们的自然权利作为对生活在文明社会中的一种回报——但是,我根本不想忍受任何夺取我所拥有的权利,将会如何呢?再接下来,还有卢梭的观点,他声称,一个人将自己的愿望从属于一个被认为具有崇高智慧的公意,这是合乎理性的选择——但我要问:在囚徒困境中进行合作显然是不合乎理性的啊?如此等等,确实这些传统理论都过时了。

权威能够起作用的真正原因是,在博弈中一个领导的作用只是指出了博弈中的一个完美均衡。如果惯例是为了尊重这个领导的选择,此时,当人们这样做的时候,每个人的收益都被最优化了。所以没有一个人会有动力去偏离这样的选择。

实际上,最重要的一点就是,这里个人的偏离会导致次优的结果,因为如果一些社会成员通过集体行动使社会契约不稳定,这样就剥夺了领导的权力。正如詹姆斯·麦迪逊(James Madison)所解释的,如果一个领导选择的均衡过于远离这个社会所认为的公平,那将是非常冒险的,因为这样就会产生一个能够联合起来反对这个领袖的聚点(focal point)。那时,反对派领袖就会出现,这个人会提出对未来的跟随者有吸引力的一种公平观念。

17世纪晚期,由海盗所形成的小社群提供了一个有趣的例子。尽管民间传说中的海盗社群充满罗曼史与令人毛骨悚然的故事,但实际上海盗之间的社会契约却是非常民主的。他们不能没有领导人物,如果某海盗船长没有公平地对待他的船员,那么船员很快就会以投票的方式将他在领导层外排除。这只是许多小型封闭社会自然实验中的一个例子,这些社会又恢复到类似我们觅食社会先祖的社会契约的样子。

5.6 令人厌恶的行为

乌托邦主义者喜欢倾向于把令人讨厌的行为渲染成一定是非理性的行为。我们早已列举了许多例子证明其实并不是这样,这里还有更多的例子来说明这一点。

欺骗行为

一个在西方民主社会长大的人将发现,在一个现代狩猎—采集型的部落环境中,社会气氛沉闷得几乎难以忍受。与那样的环境最为相似的可能是青少年帮派,帮派的每个成员非常严格地训导其他人的行为,以至于人们有时会觉得他们受到了军事化的服从训练。在这两种环境中,有一个关键的特点是,他们都属于小型、封闭的群落,这一点也是许多独裁统治成功运转的关键,它确保如果一个社群中的成员偏离社会契约,他的行为很快就会被众人皆知从而成为共同知识。于是在这个群落面对惩罚执行的协调问题时,就可以很简单地得以解决。

尽管如此,生活在狩猎—采集型社会的人们还是会欺骗。当他们认为欺骗不会被发现的时候,还是会进行欺骗。在一些觅食型社会中,欺骗行为可以如此明目张胆,人们通过偷盗和暴力乞讨的方式来分享食物。在这样的社会中,欺骗行为不同于我们所在社会中的欺骗,前者会更难侥幸逃脱惩罚,因为他们生活在持续的公共监督中,而邻居们可以肆意侵入彼此的生活空间。我猜想,其实我们都花了大量的脑细胞在此类公共监督上,究竟花了多少,这是超出我们自己所意识到的。心理学家莱达·科斯米迪(Leda Cosmides)和约翰·托比(John Tooby)的发现绝非偶然,他们发现人们在追究违背社会契约的欺骗者时,相比在其他情况下,更善于解决逻辑问题。

最后我认为还有一点比较重要,就是我们需要摘下像玛格丽特·米德 (Margaret Mead)这样持有乐观观点的人类学家的玫瑰眼镜来看问题。我们需要研究这些狩猎—采集型社会中的高贵野蛮人(noble savages)究竟是怎样真实地生活的。他们的人性与我们并没有什么不同。在我们所处的大型工业化社会中,匿名性造成了一些信息问题,而我们发明的专业化的警察部门只能在有限的程度上缓和这些信息问题。因此,犯罪和腐败在我们的社会是如此猖獗。但这并不是因为,生活在大城市使我们变得邪恶。狩猎一采集型社会的人照旧有欺诈和偷盗。其谋杀率比我们的还要高。如果他们的社会从外部看上去像田园诗一般,那仅仅是因为,那个社会中的博弈生存的均衡选择,要比我们的社会更容易进行。

惩罚无辜

警察部门能够阻止或威慑犯罪,是因为可以依法溯及一个明确的犯罪者,但如果是某项不能归罪于特定个人的反社会行为呢?在信息贫乏的环境中,尽管博弈论学者很少能成功地利用无名氏定理来解决这个问题,有一种惩罚机制已经被充分研究过,并被认为能够勉强维持有效的结果,这个惩罚机制被冠以一个令人不悦的名字,即传染(contagion)。

一个古老的故事告诉了我们这个基本观点。在一个盛宴上,沃尔特·罗利爵士(Sir Walter Raleigh)的儿子在讲完一个妓女的故事后,遭到他父亲的棍棒教训。他讲道,一个妓女拒绝接待他,因为,这个女人在不到一个小时前刚和他的父亲睡过觉。子女的责任制止了儿子去反抗他的父亲,于是这个儿子打了一个旁观的陌生人,叫喊道:"依次打下去,快点传到我的父亲!"

如果从一个种群中随机匿名地抽取其成员,让他们一遍又一遍地参加囚徒困境,在不考虑他们的对手一直是新的匿名陌生人时,每个人都始终选择冷酷策略,那小罗利的策略就能够生效。无论谁曾经欺骗,那么背信弃义就会像疾病一样在整个社区传播,越来越多的陌生人会因为那一个人的罪遭受到惩罚。最终,这个社区的合作将彻底崩溃,真正的罪犯会受罚,但其他每一个无辜的人也都同样受罚。如果未来会犯罪的这些人是比较理性的人,他们就会预测到这个结果而控制自己犯错。正如常言说的:善有善报,恶有恶报。

当种群很大时,通过惩罚全体来阻止个体犯罪的方法就行不通了,尽管如此,当一个骗子能够在一个足够小的群体中被辨认出来时,这个无辜者被惩罚的均衡仍是可行的。这时可行的方法不是惩罚全体,而是只惩罚那个骗子所在的群体。这种方法还可以更有效,就是当这个小群体里的所有成员都与这个骗子有关系时,因为骗子的效用函数会把其他人的被惩罚的因素包括进来,他会顾及他们的痛苦。比这个更有效的方法是,在一个宗族的成员欺骗另一个宗族的成员后,这个骗子的行为能够很快被口口相传,这样的"传染扩散"会更迅速。

有一些例子是在不稳定的均衡被打破时所发生的,有些是在惩罚机制被执行时发生的,但这两类例子会非常相似,并且通常是悲剧。一个著名的例子就是在哈特菲尔德家族(Hatfidds)与麦科伊家族(McCoys)间的长期世仇。另一个例子就是罗密欧与朱丽叶故事发生的背景。但如果要把这几个故事的启示和种族主义以及战争联系在一起,却是不合适的。不论人们是为了一个人的错误要惩罚一个大的群体,还是要株连世界上所有的人,这样的选择都是非理性的。

公开场合的谎言

声称这个世界可以通过自我加强的信念得到有效的维持,基本如同宣称国王的权威能够长期维持一样错误。如果人们对于他们不这样做就会被惩罚这样的说法,始终会保持着怀疑。

汉斯·克里斯蒂安·安徒生(Hans Christian Andersen)的《皇帝的新衣》(*The Naked Emperor*)的故事就是个经典的例子,但我个人更喜爱的例子是柏拉图的《理想国》。这本书所提倡的是让一群人种纯正的群体作为一群天生的统治者,来治理一个阴森的警察国家[1](police

〔1〕 或称为极权国家。——译者注

state),可这怎么可能被作为一篇自由主义的杰作呢?[1] 答案很简单,只要对那些质疑此书的人加以调侃讥诮就可以了。

就连一些吊诡矛盾的说法也能够通过这种方式一直被维持下去。同样是发明了教皇无误论(Papal infallibility)的天主教教会,他们也宣称有必要相信,信仰不是必要的:"通过人类理性的天然之光去获得特定的关于唯一的且真实的上帝的知识,如果任何一个人说这是不可能的,就会把他革出教门。"尽管在19世纪末,把怀疑者绑在火刑柱上烧死早已过时,但在这里,对怀疑论者所施加的惩罚机制是很明显的。

对这些我们忍不住会嘲笑,但是人们怎么能够忘记,这些古怪的文化拟子就是在人类历史中存留下来的,它们的存在导致成百上千的人被烧死和拷打。人们告诉我,科学将最终得胜,但是目前所看到的景象却绝对不容乐观。即使在科学界,那些为我们所信任、去捍卫真理和客观标准的人,也照例使用社会的高压政治这种古老的卑劣手段,去压制那些他们不赞同的观点。在其他事上也是这样,我们需要发展一个更好的监管机制,来监督我们的监管者,但是目前我还没有看到任何进步的迹象。

5.7 所有人的自由?

博弈论是一个道德中立的分析工具。如果有人是在无名氏定理的背景下,因为博弈论的最优化假设被认为包括一些道德上可憎的结论而反对这些假设,他这样的挑战就显得愚蠢了。这个定理并不是说只有自私行为才能在均衡中生存,相反,它显示的对于弱小和无助的人的

---

[1] "并且神宣称其是统治者的第一原则,并且最重要的是,在没有比种族的纯净更让我们值得谨守的了。"——柏拉图,《理想国》

一种关怀态度，是一个稳定的社会契约的组成部分——即使是在一个都是由冷酷无情的海德先生所组成的社会。

但是还有另外一个解决方法。这种在本书中被绝大多数读者喜欢的那些机制，在过去是不存在于我们的社会契约中的。例如，让我们想一想那些被正统日本社会所排斥的阿伊努人(the Ainu)〔1〕的生活。为什么把阿伊努人作为外族人的做法是稳定的呢？因为人们若不排斥阿伊努人，他们自己就会被当成外族人对待。

听到这些结论之后，批评家通常会回应说，花时间关注无名氏定理，这根本就是浪费时间，因为它的结论正如相对主义者的蠢话，说道德是一种所有人的自由(free-for-all)，那样什么都可以发生。请允许我重申一下我反驳这种说法的原因。

首先，无名氏定理不是说凡事都可以通行。因为要使一个均衡能够成立，这个均衡所包括的责任体系必须恰到好处被调试到一个位置，可以提供给所有的参与者在合适的时间，用正确的激励去做正确的事情。的确，无名氏定理还是留出了很大空间可以让许多不同的社会契约出现、发展。但如果这点不成立，此定理就一定是没有把人性中某个重要的特质考虑进去。因为无论如何，我们在历史书中可以找到的，除了一大串不同的社会契约，还有什么呢？

其次，如果有人抱怨说，无名氏定理并没有包括道德判断——无论绝对的或相对的，那他就是愚蠢的。无名氏定理告诉了我们一系列可以作为均衡而维持的社会契约。要谈论什么才是**最优化的**，我们需要一个理论，可以解释一些社会契约是怎样从一群可行的契约集中被选择出来的。

---

〔1〕 日本的少数民族。——译者注

6◎

责　任

你来督促我一直这样做下去，我也督促你坚持不懈地做下去，你也让其他人这样一直做下去。在这座商业城市，这是你当尽的本分。

——潘克思(Pancks)先生，狄更斯(Dickens)的《小杜丽》(*Little Dorrit*)

6.1 善、正当和适当性

不严谨地说，世俗化的道德理论可以划分为关于善(the Good)、正当(the Right)和适当性(the Seemly)的理论。倾向于左派的人强调善。哲学家称他们为“后果论者”(consequentialists)。他们主张一个先验普遍的善的存在，朝这个善的标准的改进是高于我们个人的出于自私的考虑。绝大多数的功利主义者和福利主义者是这个观点的倡导者。

保守主义者更偏爱正当的理论。哲学家称他们为义务论者(deontologists)，并且认为他们是左派后果论者理论的天然反对者。义务论者主张自然权利的存在，他们认为，不管结果如何，尊重自然权利是我们的责任。对于他们而言，私有产权是格外被珍视的。

第欧根尼(Diogenes)谈论道，他只是看到柏拉图的一些杯子和一张桌子，但是还没有看到柏拉图所谓的“杯子性”(cupness)或“桌子性”(tableness)。我觉得，传统的善和权利的理论与柏拉图主义哲学非常相似。并且，我认为如果要故意把善和正当当成不是由人类演化中产生出来的，这样的想法无异于放弃所有对于试图去理解人类道德的努力。

如1789年的《人权宣言》(Declaration of the Right)毫无充分理由就说，自然权利是不可剥夺和侵犯的。用杰里米·边沁的话来讲就是：这是“夸张的胡言乱语”。我个人的自由(liberty)观不亚于美国的奠基者或1688年光荣革命的发动者们，但是我不认为通过宣称，我们不能被剥夺自由这种明显错误的主张而能够赢得什么优势——特别是当一些人宣称这些是不证自明的"真理"时,结果他们自己却像是约翰·洛克或托马斯·杰斐逊的奴隶。

我们不是也会关押或处决一些罪犯,剥夺他们原本认为的不可侵犯的权利吗?有人说,那是另外一回事,但这种说法也仅仅是一种假象,它能被维持下去,是因为人们佯装这些权利被剥夺的罪犯根本不算作公民。这个真实但又不易被人接受的真理就是,我们拥有的权利,仅仅包括那些我们实际上可以行使的权利——并且历史也表明,我们的这些权利确实很容易就会被剥夺。

我们之所以可以保留我们现在有的这些权利,只是因为我们一起集体存留了足够的力量,可以使我们免于被极权主义者将这些权利夺去。任何的宣传机构隐瞒这样一个严酷的事实都是很危险的,就是我们不希望生活在暴虐的政体之下。我觉得,我们最好放弃那套关于自然权利是不可侵犯的虚夸言辞——不论这样做是不是在短期内有效的——但至少以免使我们的孩子们认为,自由的代价不是永恒的警戒(eternal vigilance)[1]。

因此,像我这样的自然主义者都相信,善,与正当一样,是人类的发明。于是,传统主义者想当然地认为我们在这个问题上没有任何立场。但是,即使我们拒绝把善和正当作为绝对存在的道德,当我们从恶中区分出善,并从错误中区分出正确时,所说的就没有意义。就如同"杯子性"和"桌子性"一样,善和正当也是人们所发明出来的,只不过,杯子和桌子是本身就存在的。

我尝试着采用务实的态度对待道德,称之为适当性的理论。尽管这样的理论目前在道德哲学家中并不流行,但它在时间的长河里已经有一段久远而且令人尊敬的历史。在西方倡导这种理论的人中,亚里

[1] 杰斐逊语,自由的代价就是永恒的警惕(The price of freedom is eternal vigilance)。——译者注

士多德、伊壁鸠鲁和休谟可能是最著名的，但是如果只能提一个人，那就非孔子莫属了。

在适当性的理论中，事物本身无所谓好或坏，它们之所以是善或正当的，是因为那是在一个特定的社会环境中被认定的。例如，我认为，在一些完善的社会中，人们需要把一些权利当作是不可剥夺的，并且他们应该把一些责任当作是必须要承担的。但是，我们会这样做，并不是因为我们天生就被赋予了什么是正当的概念，就好比对于狒狒来说，它们在决定为别人梳毛还是让别人给自己梳毛的时候，并不是求助一个更高的道德家来告诉它们怎样做决定的。

为了把一些适当性的理论综合起来，自然主义者背负了过重的负担。对于后果论者和义务论者来说，这些都很简单。他们中有些人挥一挥那根形而上学的魔杖，吐一圈哲学性的烟雾，还有些人在解释善的或正当的理论时，用很多让人汗毛直竖的行话，四处观看以寻找他们假想的对手。但是对于自然主义者来说，他们必须尝试去解释：为什么人们会在演化过程中产生像善和正当此类的概念？这些概念是如何起作用的？它们演化出来的作用是什么？

6.2 权利

我认为，人类对于善的概念是来源于在现实中观察真实社会所选择的均衡。因此，在我们回到对公平标准是怎样运作的研究（接下来的几章）之前，我们对何谓善是没有什么发言权的。但是，我们在这里能立刻解决权利和责任的问题，因为我认为，人类对于何谓正当的概念，就像前面两章所论述的，起源于观察我们如何维持这个均衡。

就连这里提出的在善和正当之间的分工，也是一个很有争议的问题，因为它推翻了一个传统的观点，即人们必须在后果论者与义务论者之间选择一个立场。我对此的看法是，人们还不如就坚持在最优性(optimality)和可行性(feasibility)之间进行选择。如果我们不了解现实生活博弈中的均衡是怎样被维持的，我们就无从谈及哪些社会契约是可行的。如果我们不了解生活博弈中的一些均衡是怎样被选择出来的，我们就无从谈及哪些社会契约是最优的。

在适当性的理论中，善和正当这两个概念并不是对立的。它们只是我们用来描述社会契约的某个方面时所使用的词汇。当一个被认同的策略来维持当前的均衡时，对此，我们可以说它就是道德正当的(morally right)。当一个均衡被当下的社会契约认同并选择出来，对此，我们可以说它在道德上是善的(morally good)。

责　任

当人们说做某件事情是正确的时候，往往会被理解为人们有责任去做这件事。在这里，英语语言就会引起一些混淆，使我们论证说，当父母年老时，我们照看他们是一件正确的(it is right)事，但对于那些我们不认识的老年人，我们有权利(have a right)让别人去照顾他们。我认为，这里对权利(right)的第二种用法，可以更充分地概括为：当且仅当我们没有责任去逃避一个行动时，我们才有权利去采取行动。

用博弈论的术语就是，亚当的责任就是不偏离社会契约中的规则，这些规则涵盖了这个社会契约中为他特定的一个或多个策略。

这并不是说，在现实生活的博弈中，参与者都有责任按规则行事，而是说，在博弈中，参与者不能够破坏这个规则。如果他们有能力破坏这些规则，这些就不是正确的规则。但是，在亚当偏离时，当下的社会契约中也没有任何物理条件可以阻止他偏离指定给他的策略。如果他不偏离，那我们就真应该表扬他，说他尽到了他的责任；而如果他偏离，那么这个社会契约制定给我们的策略，就是指派我们去惩罚他的偏离。在通常情况下，我们的责任无非就是对他的反社会行为表示不满，我们这样的做法是一种责任，而且，如果我们被认为是故意躲避这样的责任，我们就会受到一定程度的惩罚。

尽责是正确的，但是一个人有权利采取行动，是当且仅当他没有责任逃避这项行动时，他才有这样的权利。大多数人一开始很高兴听到这样的定义，但后来，当意识到这样的说法限制了权利话语的应用范围，而不能为一些弱者的福利辩护时，他们才觉得这种说法有问题。例如，沿着这个定义，人们可以说，一棵树有权利不被砍伐，或者人类未来的子孙后代有权利公平地分享地球的资源，但这些说法都是空洞的。

一棵树或一个尚未出生的人无力享有这样的权利，所以它们不可能成为生活博弈中的参与者。动物、婴儿、老年人和患有精神疾病的人，还只是比较无助者，但也同样不可能负那些责任。因此，他们也相应地无法行使社会契约中的权利。对于这种说法，批评家会理解为，那些没有权力和能力的人就应该被丢进垃圾堆，但其实没有人会这样说。当我凝望窗外，我能够看见我的孙子们在玩耍，他们后面是一片古老的树林。这些树和我的孙子们都不具备什么能力，但他们也不需要什么能力，因为有我在这里可以照看他们。如果我的父母现在仍旧活着，哪怕整个世界都成了柏拉图所宣称的不能工作的人就失去了生存权利的世界，我也会同样坚定地保护我年老的父母。

还有，即使当这些没有能力的人完全不被人所爱时，他们也没有必要去忍受痛苦。在前一章中，我们看到了一个稳定的社会契约的例子，其中那些老人是不被任何人所爱的无助的人，但他们也能和年轻人一样吃到食物。他们得到帮助，并不是因为他们有要求被帮助的权利，而是因为参与这个博弈的那些人有责任照顾老者——这是博弈中的其他人强加给他们的。

我不是要否认，对于现实中的实用性政治而言，人们可以发明一些假想的不可剥夺的权利，如果这些权利得以重视，就会提高很多底层人的生活，而且通常会非常有效。但是，在一个理性的世界里，这样的发明却会毫无效果,因为每个人都认识到,这样强加给他们的言辞仅仅是在说大话。这样一来,相反,人们会迫切地改动社会契约,而在这个契约里,那些有能力帮助别人的人是因为责任所在才那样做的。

对于那些想要生活在一个具有同情心社会中的人,我认为,允许这样的情感误导我们的观点却是一种危险的错误。当我们谈到权利的时候,如果不同时谈到与此相对应的责任,就没有什么意义了。毕竟,一个人不能够回避这件事情的要点,那就是:这些责任要如何加以执行呢?

6.3 乔装打扮

在一些简单的例子中,如果我们把一项正确的行动等同于一个均衡行动,这样其实是把权利的概念琐碎化了,因为在参与者履行他的义务后再去做自由选择的一套行动中,可能仅仅只剩下一个选项。

例如,假设现实生活中的博弈是一个无限重复的囚徒困境,并且在这个社会契约中,要求亚当和夏娃使用冷酷策略,这个策略就是要求只要对方是进行互惠的,参与者就总是选择“鸽”的策略来进行合作。但是,如果对手在暗中采取了欺骗,参与者就将永远选择“鹰”的策略。在冷酷策略的社会契约中,亚当有责任去选择“鸽”,除非夏娃先前选择了“鹰”而偏离了这个策略。如果是后一种情况,亚当将有责任一直选择“鹰”去惩罚夏娃。在亚当承担了他的责任后,那他就再没有任何空间去行使他的权利了。

一个正确的观点只有在现实生活的博弈中更有建设性,才变得有意义。阿玛蒂亚·森(Amartya Sen)曾用一种很流行的方法来描述这一点，那就是，你有权利去选择你要穿什么衣服。[1] 亚当是不是有权利可以决定他自己是要裸体还是要用无花果叶子遮身呢？

这个问题很容易就转换成一般重复囚徒困境博弈。在囚徒困境每次被重复之前，我们假设，一次偶然性的行动可以决定亚当今天是用无花果叶子遮身还是裸体。亚当还是可以按照他自己的偏好来自由地选择穿什么，但如果他根据自己的偏好来行动，那么他在当天的囚徒困境中每次所得的收益，就会累加一个微小的数值。如果他违背自己的偏好而做选择，那么在他每次的收益中就会减少一个小的数值。对夏娃来说，她一直希望亚当在公共场合遮住自己的裸体。如果把她的这个偏好也考虑进来，那么在当天的囚徒困境中，亚当的选择就会影响到夏娃的收益是会加上还是减去一个小的数值。

关于这个新的现实生活博弈，我们很容易地就可以写出它的两个社会契约。在第一个社会契约中，无论亚当穿什么，两个参与者都使用冷酷策略。在第二个社会契约中，如果亚当不穿无花果叶子而且会选择"鹰"，夏娃计划她会用同样的冷酷惩罚，与亚当一样选择鹰。

在第一个社会契约中，亚当有责任不去选择"鹰"，除非夏娃首先选择了"鹰"的策略，但他有权利选择要穿什么。在第二个社会契约中，亚当有责任不选择"鹰"或者不选择裸体。在第二个例子中，当他行使他的权利时，他的选择就只能是穿无花果叶子这样一个唯一的选择了。

6.4　道德责任

一些关于分配正义的传统理论之间的差异在于对决定谁该得到什么的标准有所不同。根据不同的理论，我们知道亚当可以分到社会蛋

[1] 森的悖论——个人权利与效率不相容——消解了我所定义的权利。

糕的多少,应当根据他的需要、价值、功劳或工作而定。例如,以工作为例,《圣经》告诉我们"做工的得工价"[1]。伊索(Aesop)有个蚂蚁和蚂蚱的寓言也是这个意思。柏拉图的《理想国》告诉我们,那些不能够再工作的人就没有了生存的权利。

在我看来,所有这些传统的理论,在论及如何通过我们目前的社会契约来决定回报和惩罚的问题时,都具有一定的意义。每个理论都有它自身所应用的领域。例如,一些社会福利的分配是由需求决定的,而诺贝尔奖的分配则是由所做贡献的程度决定的。但是,没有一种理论是放之四海而皆准的解释,能够应用在我们当前如何去分辨过失或论功行赏中。

没有人能够宣称,乌托邦社会可以建立在其中一个理论之上,从而压倒性地排除其他的理论。我视这样一个事实为不言而喻的明证,这就说明我们需要去发现一种完全不同类型的理论——首先不能仅限定于一个特定的社会或它自身历史阶段中某一特定时期的子社会(subsociety)中,但这个理论必须清楚地认识到,过失和论功行赏都是相对的概念,当我们的社会从一个社会契约变动到另外一个社会契约时,这两个概念通常是截然不同的。

我的一个具体建议是,在生活的博弈中将过错归于参与者的做法,在操作性上就等同于把这些参与者当作一个社会契约中理应被惩罚的目标。相反,将功劳归于参与者就是把他们当成了理应被奖赏的对象。从这个观点出发认为亚当应该被责罚,这样的说法不能用以解释为什么他是那个被惩罚的。因为这样的解释仅仅是一种描述,说一个人偏离了目前的社会契约,并不成为一种解释。

例如,在一个无限重复博弈的囚徒困境中,人们使用冷酷策略的社

---

[1] 《圣经·旧约·罗马书》中的"做工的得工价,不算恩典,乃是该得的;唯有不做工的,只信称罪人为义的神,他的信就算为义"。——译者注

会契约，那么当参与者从均衡中偏离的时候，他受到惩罚，就被认为是理所应当的；反之，则被认为是应该受到表扬的。在他不偏离的情景中，他得到的回报就是他的对手会一直选择“鸽”的策略；而如果他偏离，所得到的惩罚就是，他的对手将在任何时候一直选择“鹰”的策略。

因而，我的理论把追究过失和论功行赏的概念作为一些突发现象。当我们确定当前的社会契约是如何由现实生活的博弈所构成时，这其中任何一个概念都不能作为一个最初概念（primitive notion）。但当我们试图描述怎样的策略能在现实中维持一个有效的社会契约而运转时，这个概念就显得很自然。

逆果为因

这样一个追究过失和论功行赏的方法，让我们想起过去理论界的一个大谬误，那是现代效用理论的批评家难免会犯的一个错误。现代的理论不能够说，夏娃之所以选择 a 而不选择 b 是因为 a 的效用超过了 b 的效用。相反，现代的理论会说，选择 a 的效用超过了选择 b 的效用，是因为人们观察到夏娃一直选择 a 而不选择 b。[1]

同样，根据我这里对追究过失和论功行赏的描述，夏娃受惩罚，并不是因为她有过失。夏娃被认为犯有过失，仅是因为这个运行中的社会契约要求她受到惩罚。

尽管有很多格言指出，当我们伤害了一些人时，我们需要感觉到对这些人的憎恶，但对于传统主义者来说，他们很难相信，有人会真的坚持要把被大众心理学当作理所应当的因果链颠倒过来。如果没有一个先验性的对于道德责任的本质的理解，在这样的前提下，人们怎么可能探讨公正的惩罚这样的问题呢？如果我们停止对于我们自身行动负有个人的责任，我们的社会将会发生什么样的状况？

---

〔1〕即显示偏好理论。——译者注

首先,第一个问题的答案就是,这个情况早已经发生了。想一想,在威尔第(Verdi)的歌剧中,当看到唐·卡洛(Don Carlo)对他的继母的爱情时,人们所感到的恐惧,与过去西藏的民俗相比又怎样呢?在旧时的西藏,一个鳏夫的儿子有权利和他父亲的新妻子共眠。这仅仅是众多例子中的一个。在这些社会里,人们坚持认为他们有责任去避免某种行为,但这种行为可能在其他社会却是正确的。谈到惩罚,下面这个心理学实验是比较发人深省的。

这个实验让参加者现场观看一个场景,使他们认为无辜者被电流电击在相当久的时间里而遭受痛苦。在实验场景中,当他们没有能力去阻止时,实验参加者会简单地产生一种推理试图说服自己——这些无辜者在某些方面是不值得同情的。相比之下,在另外一个实验设计中,实验参加者被告知:他们可以通过按一个电钮使电流减低。在两种情况中,参与者都要求在报告中推理为什么这个无辜者是应该受罚的。该实验发现,实验参加者为了维持我们生活在"公正的世界"这个错误的信念,认为对这些无辜遭受痛苦的牺牲者进行惩罚是"公平"的,他们故意诋毁无辜的牺牲者。就我来说,这看来是个非常合理的解释,但是一个应该立即指出的关键是,这些实验参加者肯定不是遵循传统思维所指定的惩罚和论功行赏的原则去行动的。[1]

对于第二个问题,没有人会考虑我们要停止让人们对于他们自己的行为承担责任将产生什么情况。相反,在一个重复博弈的均衡中确定一个有效率的社会契约时,我们就有必要去惩罚那些偏离的人。尽管如此,当人们问到第二个问题时,实际上他们只是想提出一种反对的观点,就是对人们不能控制的一些事情做出惩罚或奖赏。由此我们可

---

〔1〕即米尔格拉姆实验,又称权力服从实验。参见:Milgram, S. (1963). Behavioral study of obedience. *Journal of Abnormal and Social Psychology*, 67(4), 371—378。

以推理出一点:只有当我们在自由意志下犯罪,我们才应该得到惩罚。

自由意志

一个传统的观点是,人们那些不道德的行为会受到指责,是因为他们有自由选择不去那样做。既然他们是被认为有责任的,我们就有权对他们的犯罪赋予相应的惩罚。但是,对于一个生长在贫民窟的孩子,真的有自由选择的权利吗?他难道不也是这个环境的牺牲品吗?

传统主义者会认为,这是一个经典的关于自由意志的左一右困境问题,并且期望自然主义者提出一些机制作为选择来取代以下观点,即康德主义者所认为的,在我们头脑中,人格化的不可动摇的行动是解释自由选择的必要条件。的确,在这方面我们的语言结构就是这样一个实际问题,自然主义者认为通过我们先辈的共同智慧不需要接受这样的方式去建构这样一个问题。

这并不是否认,人们通常所说的用来解释为什么他们做这些事情常常有用。这里也没有暗示,在我考虑决策的瞬间,使用拇指规则,仅仅是一种自然现象。这里的关键在于,对于自然主义如何解释指责和行赏,并不在于我们怎样去解释自由意志。

这里有一个恰当的类比,就是当猩红热这种危险传染病爆发的时候,社会传统上应用的控制机制。我们知道被检疫隔离是一件令人不快的事,但在我们把一些人暂时拘禁起来的时候,我们并不会去问他是不是被偶然传染,还是因为疏忽才被传染的。我们隔离这些人,只是因为如果不这样,就会导致疾病传播,而我们也不想健康的人再被传染。

那些拒绝这个建议的传统主义者,忽视了我们目前的社会契约已经把这个惯例制度化了。这并不是说,我们对不履行契约者惩罚的标准,是不考虑他们对引发这些犯罪事件的掌控程度。相反,那样的考虑显然是要有清晰的标准,因为在一个有效率的社会契约中,如果对犯罪的惩罚并不能警戒和阻止相似的情况再发生,那这个社会契约是不会对犯罪者施以惩罚的。[1]

如果能够说明亚伯(Abel)死在该隐(Cain)手里,该隐犯罪的直接原因是出于偶然的话,[2]我们就不需要接受我们撒克逊人祖先的说法——认为该隐应当被责罚并且为此要付出赔偿的代价。但当因果联系是不确定的时候,我们的社会契约就需要加以冷酷无情地执行。例如,我们所有人会被当成罪犯,直到我们缴税以后才能证明是无辜的。

有一些法律方面的例子很明显。想一想这样一个法律的信条——对法律的无知是不能作为借口的。很显然,这样的原则是必需的。如果一个诉讼必须证明被告知道案情牵涉的每一个法条,那么几乎任何时候,每个人的申诉都会被忽视,法律的系统也将会崩溃。

还有一个法律的信条也是这样的模式,说犯罪的严重程度是由受害者的受伤害程度所决定的,因为一个受害者所遭受的伤害,在很大程度上,通常就连罪犯自己也是难以控制的。例如,一个盗匪可能同样地袭击两个受害人,但是如果这两人中一人的头骨比一般人薄而致死,这名盗匪就会成为谋杀犯而受审。就拿日常生活的情况来讲,我们中间有多少人仅仅是因为我们的疏忽驾驶幸好没有伤害到其他人,而躲过了牢狱之灾?

在社会交往的层面上,我们周遭的那些看来是丑陋的、乏味的、愚笨的社交上的笨拙,照例会遭到很多敏感心灵的拷问。我们自我反省,作为知识分子在对那些愚拙的人和没有受到教育的人而毫无怜悯时深感羞愧。在中世纪,一些患上临床忧郁症的人,他们的病被认为是由倦怠的罪(sin of accidie)而来的。令人记忆犹存的是,私生子在过去饱受

---

〔1〕 但是也存在大量的例外,就像在得克萨斯州对精神病患者罪犯仍然执行死刑一样。今天有个精神分裂症的罪犯被执行死刑时,也和他的执行者一样认同同样的民间智慧,"我知道曾犯的错误。我不怨别人,只怪自己。"——*New York Times*, 26 March, 2003.

〔2〕 该故事出自《圣经·旧约·创世纪》第4章。——译者注

蔑视。那些不能够提出其他原因来解释为什么一些人遭受其他人伤害时，肤色和性别仍旧提供了合理的解释。有时我们会把那些街上的流浪汉称为“精神分裂者”，然后为此自我辩解，这种行为也很有启示性。

这些例子都反驳了一个观点，即宣称我们社会契约的运转是建立在一个原则上的，那就是，都是依据先验的道德责任的概念所决定的法定或社会的惩罚。据推测，人们之所以坚持这样的观点，是因为他们相信，如果用更现实的态度来看待责罚和行赏，那我们的道德制度就会随之崩溃。但是看看我们的监狱吧，那里面已经装满了那些在“根本没有什么机会”的背景下成长起来的年轻人。如果我们停止假装认为他们与优越背景下的年轻人有一样的自由选择，如果我们停止自我欺骗，这一切都将会改变。

当然，这里的结论不是说，我们应该放掉那些在贫民窟里长大的罪犯，因为这样对于他们也于事无补。一个社会契约，如果不去防止反社会行为的存在，它就不可能得以维持。因此，就像传染病人需要被隔离一样，背离的行为也需要受到惩罚。

7◎

亲缘关系

爱,爱,爱。

这很容易。

——约翰·列侬(John Lennon)

7.1 同情心

我提出的社会契约的优先顺序是:稳定、有效和公平。我们已经知道,在一个现实生活的博弈中,我们如何可以通过使社会契约达到一个均衡而稳妥地建模。并且也已经明白,在重复博弈中,我们如何通过互惠的机制使有效率的社会得以维持。因此,接下来我准备讨论公平的标准,但是,就好比当我们能够开始播种之前还需要大量的翻地和耕种一样,在这里要进行的讨论也不例外,需要做些准备。

在讨论公平时,众多问题之中的一个是,那些批评家们对于公平是作为均衡选择机制这种观点很缺乏耐心。对于为什么我们会对公平关注,他们喜欢解释成仅仅是因为我们碰巧有了关心他人的偏好(other-regarding preferences),才使得我们会关注他人的福利。

没有人能够否认关心他人偏好的存在。有时,母亲为了她们的孩子能够活下来,她们会牺牲自己的生命。通常,情人间也会彼此有同样的奉献付出,有时我们也会做到那样。在这些例子中,一些相关的经济学术语就显得苍白无力。人们被说成是有**同情性**的效用函数的个体,能够直接代表其他人的福利。

然而必须认识到,有时候我们更多地关注一些其他人的福利,这并不是承认我们一直会更多地关注他人的福利。相反的例子是,有人可以对其他人冷漠无视,但唯独看重在亲友和家庭中的美好关系。而且,这两种情况都可以在现实中找到有力的实证,有人对陌生人的福利很少抱有一定同情,但也有人非常爱他们的亲朋和爱人。确实,我们的历史中充满了对不幸、苦难以及暴行的记录,而这些都是一些人对另一些人所造成的伤害。

对于我们为什么理应认为人们会——而且只会——关爱他们的亲友和爱人的这个问题,本章提供了从演化角度的解释。对于那些认为是"爱"使这个社会运转的人而言,这样的解释似乎是一个灾难性的结论。但是,如果爱能解决我们社会的所有问题,为什么自然还要赋予我们公正感呢?

我认为民间的智慧未能合适地分辨爱和公平,因为演化就像是一个很少发明新机制的补锅匠,如果它能在一个新的目标中继续使用老的机制,那它就不会去发明另外一个新的机制。当我们被赋予感同身受的偏好[1](empathetic preferences),而我们也需要这样的偏好来作为置身在原初状态(这个原初状态是人们使用一个公正标准去解决与陌生人的协调博弈时的状态)的要素时,自然会重复地再利用过去同样的结构,也就是那些支持在家庭内部运作时的同情心偏好的结构。像约翰·列侬这样幼稚的乌托邦主义者——他认为爱是我们全部的需要——就是落入了一个陷阱中,这个陷阱把同理心的(empathetic)偏好和同情心的(sympathetic)偏好搞混淆了。然而,为什么我会认为这是一个严重的错误,我会留待下一章再予以说明。

7.2 亲缘选择

在动物世界中充斥着家族间合作的例子。非洲猎犬会反刍食物去帮助它饥饿的兄弟。美洲狨猴和南美洲绢毛猴会照顾它们在非直系大家族中的侄子和侄女。有些种类的雄鸟,在它们种群繁殖较低的时期,

[1] 也译为同理心偏好,本书按照前后文的适当的意思而交替使用。——译者注

它们也能够做类似的事情。有些蚜虫为了使它们的同胞兄妹免受攻击,可以放弃自己的生命。麝香牛当受到狼群攻击时,会围成圈保护起它们种族中的弱者。为什么在动物的王国中,亲缘关系是如此的重要呢?

汉密尔顿规则

威廉·汉密尔顿(William Hamilton)的《基因王国的窄路》(*Narrow Roads of Geneland*)是一部讲述古怪天才的工作和生活的著作,这位天才的价值直到他过世以后才被世人所承认。他的成就之一,就是建立了种群内合作的演化理论,这个理论就是如今有名的"亲缘选择"(kin selection)理论。

动物的亲缘关系是通过血缘共享基因。如果考虑到这些改进的行为,不仅给予携带基因的寄主额外的繁殖机会,而且给予携带相同基因的寄主的亲属,那么这个基因将比原先的基因更容易复制。

J. B. S. 霍尔丹[1](J. B. S. Haldane)一个略带严肃味道的笑话,使得这个道理家喻户晓。当有人问到他,你是否愿意把你的生命给予其他人时,他回答说,如果我的生命可以换来两个兄弟姊妹或八个表兄妹的话,那我的牺牲就是值得的。

霍尔丹的玩笑仅仅是个玩笑。如果你们知道你对于你所有的兄弟的亲缘关系是1/2,对于你全部的表兄妹是1/8的亲缘关系,那么这些数字就是既能在你体内发现最近突变的基因也能从你这些亲属身上发现的概率。

例如,你和你兄弟姊妹的亲缘关系水平是1/2,因为这是父母的突变基因给你的同时也传给你的兄弟姊妹的概率。那你与表兄妹的亲缘关系水平就是1/8,因为设想他们是你母亲的姐妹的女儿。在你体内

[1] 英国的印度生理学家、生物化学家和群体遗传学家。——译者注

的某个突变基因是来自母亲而非父亲的概率是一半。如果它来自你的母亲,那在你姨妈身上的突变基因和你一样的概率也是 1/2。如果在这个突变基因在你姨妈体内,那么她传递给下一代即你的表兄妹的概率也是 1/2。这三项相乘,于是我们就得到了 1/8。

人们有时会说,亲缘关系的水平并不是真实的,因为无论怎样,人类都共享了几乎所有的基因。但这样说就忽略了一点,我们其实根本不关心那些一直在我们体内的基因,我们关心的是那些即将被改进的特别行为,或是一个最近刚突变的基因所遗留下来的特别行为。用自私的基因范式的思路来看,这种观点是说,一个突变的基因的适应性必须可以衡量——而并不是指携带这个基因的寄主的适应性。

要计算一个基因的适应性,方法是计算出在这个基因下一代中能获得繁殖的基因的平均倍数。但是,当两个或更多的同样基因被复制时,这对于此算法也没什么影响。一个在我妹妹的体内复制的基因,与在我体内的那个同等基因的复制体是完全一样成功的。当我们搞清楚体内一个基因的适应性时,我们不仅必须考虑它在我体内的繁殖过程对我的行为的影响,而且还必须考虑它在我们亲属体内的繁殖过程的影响。汉密尔顿把这样的结果称为**相容**适应性(inclusive fitness)。

如果我的妹妹是我仅有的一位亲属,那就不能将在我体内的一个突变基因简单地计算为我多生几个孩子来继承我的行为突变的结果。这里我们必须使用汉密尔顿规则,即加上我妹妹多生的孩子的数量——再加权乘以 1/2,因为这就是突变基因在我体内的概率。例如,如果我期望少生个继承我行为改变的小孩,并且我的妹妹期待有四个可以继承她行为改变的孩子,那么依据汉密尔顿规则,就是说,我这个新策略的相容适应性是 $-1+\frac{1}{2}\times 4=1$。这样一来,我妹妹所获得的,就超过了我所损失的。

 图 7－1 所展示的是,当爱丽丝和鲍伯不再是毫不相关的陌生人而

是兄弟姊妹时,就适应性而言,我们应该如何评价社会契约需要从 S 转变为 T?

在现实中,汉密尔顿规则能否运转执行呢? 我们并不缺少人类学的证据来证明亲缘关系在原始社会的重要性。例如,一些社会的社会契约并不惩罚滥交行为,在那样的社会里,我们社会里的父亲的有些职责是由该社会母方的舅舅等来承担的——之所以会出现这样的情况,是因为无论有没有人知道这个孩子真正的父亲是谁,人们都确认这个舅舅和孩子的亲属关系是 1/4。

这样的人类学的证据很具有启发性,但它还是不足以提供对于人类的汉密尔顿规则的数值检验。不过,以心理学家罗宾·邓巴(Robin Dunbar)和亨利·普洛金(Henry Plotkin)为首开展的两个研究显示,汉密尔顿规则可以很好地应用于其中 。

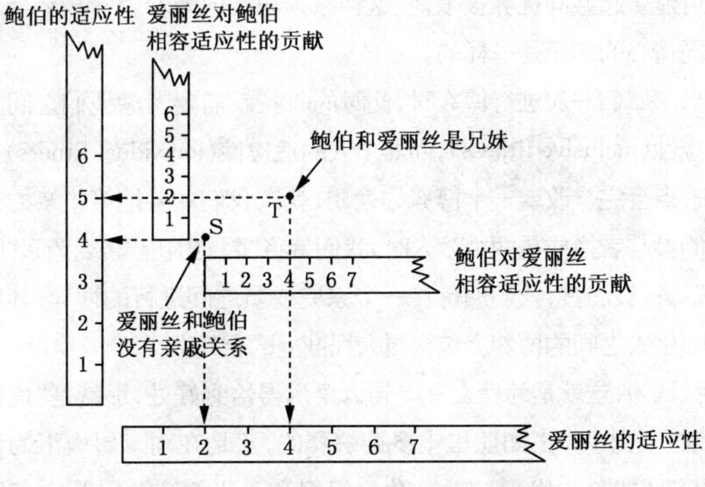

图 7—1　按照相容适应性评估社会契约

实验人员从提供的实验参加者的名单中选出一对亲属。在进行一项需要屈膝运动的练习实验时,实验参加者亲属所获得的报酬,取决于参加者在此项任务上可以坚持的时间长短。当亲属关系的层次和持续时间被画在同一个点图上时，正如汉密尔顿规则所预测[1]的那样，这些数据点集中在一条直线上。实验参加者会被问及，他们是否喜欢列表中他们的亲属，但是，这个变量却显示出几乎很少或没有什么预测能力。

血浓于水

演化生物学家预期，在较为亲近的家庭亲缘关系成员中，他们之间的同情偏好是与这样的亲近程度相关的，而从上面的实验看来，这个结论显而易见。这就像俗语所说的道理一样：血浓于水。

在第 4 章中，我们已经看到这一点对于博弈论的启发，我们以一对爱人代替了囚徒困境的参与者，就是为了研究在这种情况下将会发生什么。情侣会关心彼此的境遇，有一个明显的生物学解释是，因为他们很有可能一起共同抚养孩子，但这种原则与其他博弈中参与者会对对方有同情心的例子是一样的。

当亲属们一起进行博弈时，此时的收益就需要考虑他们之间的相容适应性(inclusive fitness)，而非个人的适应性(individual fitness)。有时这一点会完全改变一个博弈的性质，就像我们如果把第 4 章的彼此陌生的参与者换成是两个爱人时，我们就将"囚徒困境"转变为了"囚徒乐事"。一般而言，我们期待在一个家庭成员之间进行的博弈，其均衡比在陌生人之间的博弈会包含更大程度上的合作。

我认为，这就是为什么有一句谚语说得恰到好处，那就是"道德开始于家庭之中"。正如亚里士多德解释的，正是在同一屋檐下的家庭中，我们才能首先发现"友情、政治组织和正义的资源以及它们的起源"。

---

〔1〕"A cross-cultural experimental study of altruism", R. Dunbar et al, Department of Psychology, University College London.

7.3 社会性昆虫

在博弈论中，分析单位(unit of analysis)常常是个人而非族群。哲学家称之为方法论上的个人主义原则。如果背离这个原则，就会陷入到很明显的危机中。

在生物上，有一种理论称为“温尼—爱德华兹种群选择谬误”(Wynne-Edwards' group selection fallacy)。在社会科学中，也有很多谬误宣称囚徒困境中的合作是理性的。在政治哲学中，一些抽象的实体如“劳动”和“资本”在一些强大的两人博弈中被当成参与者。对于社群主义者来说，他们通过把社会这个概念拟人化的手段来维持这个传统。

在这些以及一些相似的错误背后有一种信念，即我们只有依靠利他主义或团结去说服人们，让他们把群体利益置于他们的个人利益之上。没有人会否认，在有些时候，可以说服一些人去做自我牺牲，但是，这种说法的提倡者需要来说服我们，让我们相信这种论点对于绝大多数时候的绝大多数人也是同样正确的。托马斯·霍布斯很早就解释过了，为什么这样的愿望只是奢望，“某些生物，像蜜蜂或蚂蚁，它们彼此间是社会性的生存……既然这样的话，有些人就可能想要知道，那人为什么不能这样做呢。我对此的回答是……这是因为，在绝大多数人当中，公共物品对于他们而言，是不同于私人物品的。”

但这个说法真的就可以解释为什么社会性的昆虫与我们人类不同吗？我认为，一些生物学家回答这个问题的方式，也教会了我们关于我们自身的一些事情。

群居习性

如果一个物种是以几代群居的方式生活,其中一个或几个个体生下所有的后代,剩下的是没有生育的服务者,这样的世代交替的群居物种,我们称为有群居习性(eusociality)的动物。

膜翅目(hymenoptera)中的物种,几乎都具有群居习性——这样的昆虫包括蚂蚁、蜜蜂以及黄蜂。人们过去认为,真正的群居习性在膜翅目已经独立演化了12种,除了其他两种之外——等翅目的白蚁以及最近研究的啮齿目的无毛鼹鼠是特例。

为什么演化会产生一些无生育能力的工蚁呢?为什么它们可以为了其他的同伴而不知疲倦地工作呢?为什么这样的现象普遍发生在膜翅目,而在其他物种却很少呢?

总体大于部分

这个谜题在某个层次上会很容易得到解决。种群一起聚集工作,通常会比个体分散的行动得到更多的产出。经济学家称这样的生产过程为规模报酬递增。达到上限前,每一个额外的工人增加的产量比原先的要多。

亚当·斯密给出了一个著名的针厂的例子。如果每个工人必须自己单独生产针,每天生产的总数肯定很小。但如果这个工厂是组织化的,每个工人有专业化的任务,例如,磨针或打眼,这个工厂的产量就能够大幅度增长。通过亚当·斯密的研究可以知道,劳动分工使工厂里每个工人的产量增加了240倍。

同样的道理可以应用在蜂巢和蚁穴王国里。有一批数目庞大的无生育力的工蚁或工蜂,它们是一个专业化的队伍,负责保护和照顾幼仔,而它们的皇后成为专业化的产卵机器。这样一来,幼仔被大量生产出来,其数目可以远远超过一对对蜜蜂或蚂蚁通过自己培育后代的数目。

蚁后在这其中会得到益处,这是很明显的,但是对于工蚁而言呢?它们为了抚育蚁后的子女,牺牲了抚育自己子女的机会。对方法论的个人主义的批评家来说,他们认为这个谜可以成为他们辩护的证据,但其实,真正理解方法论的个人主义远远不是这样简单。我们需要记得,在这样的博弈中,那些真正的参与者并不是我们所见到的忙忙碌碌的蜜蜂或蚂蚁,而是在它们体内携带的基因。

皇后生产的每一个后代,其实都和工人有一定的关系。这些后代是工蚁或工蜂的兄弟姊妹。当我们计算一个突变基因的相容适应性时,它与一个工人体内所携带的突变的基因有大量的亲缘性。当我们计算工人在竭力为了皇后所得到的收益时,还必须考虑蚁后所生的所有子女——这些后代都是与工蚁有亲缘关系的。因此,在计算生产率时,我们不能将一个针厂中发生的,与蜂巢和蚁穴去做比较,这是因为蜂巢和蚁穴的平衡来自于它们非常稳固的群居习性。

如果我们也生产没有生育能力的工人,这些在人类中也将完全正确,但是传统上,我们是在扩展式的家庭中抚养我们的孩子,而不是在生物的工厂中。因此,为什么演化没有把我们带入与膜翅目一样的道路上呢?

性　别

膜翅目都是染色体为单倍二倍体(haplodiploid),这就意味着,无繁殖能力的卵会成长为单倍体的雄性,而有繁殖能力的卵会成长为双倍体的雌性。在单倍体的物种中,每段染色体的部位都仅仅有一组基因。人类是双倍体,每段染色体的部位都是两组基因,一组来自母亲,一组来自父亲。这就是为什么人类姊妹之间的亲缘关系水平是1/2,因为在某一个基因座(locus)上,一个孩子从父母各继承一段基因,而他继承的与他父母在那个位点上携带的是完全一样的。

汉密尔顿指出，相比之下在膜翅目中姊妹之间的亲缘水平是3/4，因为它们每一个基因座的染色体是来自父亲的同一个基因，但来自母亲的那个基因座的基因则是随机性的。一个工蚁——一般是雌性的，其体内任何特定基因来自父母的某一方的概率是1/2。在两个姊妹间，它们拥有同一个父系基因的概率是1，而它们拥有同一个母系基因的概率是1/2。将这些信息综合起来，我们通过计算$\frac{1}{2}\times1+\frac{1}{2}\times\frac{1}{2}$，可以获得它们的亲缘关系是$\frac{3}{4}$。

罗伯特·特里弗斯通过观察进一步提出，我们不能忽视，这些族群既可以通过雌性后代繁殖，也可以通过雄性后代繁殖。因而，我们需要考虑雌性工蚁和它们兄弟(雄蚁)之间的亲缘关系。这样计算就为$\frac{1}{2}\times0+\frac{1}{2}\times\frac{1}{2}$，仅为$\frac{1}{4}$。

性别比率

如果在膜翅目中的雌雄性别比率为50：50，那就类似于我们人类，只是相对简单一些。那么，在无生育力的工人和有生育力的兄弟姊妹之间，它们平均的亲缘关系仅仅会是3/4和1/4。这里的1/4与我们人类是一样的。但是在膜翅目中，性别比率其实并不是50：50。在许多物种中，有生育能力的雌性的比率，往往超过有生育能力的雄性的比率，大致为75：25。为什么会这样呢？

为了回答这个问题，我们必须考虑不同物种间进行的交配博弈(mating game)。拿我们人类的交配博弈来看，它更像是有多个参与者的硬币匹配博弈的版本，在这个博弈中，每个参与者都期望得到错配(mismatch)。假设某一性别获得交配的概率是由在整体中另外一个性别的成员数量的比率来决定的，在短期内，如果有一个变种会一直生育一种性别的成员,那么这个变种将会侵占整个种群。

为了维持均衡,我们需要在种群中有同样数量的有生育能力的男性和女性。如果每个人都使用相同的策略,那么每次男女出生的概率就是一样的。在现代社会中,这种观点不一定正确,因为在现代医疗普及之前,男孩的死亡率通常大于女孩。在幸存者中的实际性别比率大概为 100∶105——而这仅仅是相当于生育期男女的比率。

在膜翅目中,由工人(工蚁等)的基因决定这个族群的性别比率,这是因为它们的幼仔是由这些工蚁来抚养的。因而这个性别比率必定使工人在养育过程中对于有生育能力的雄性或雌性幼仔之间是无差异的。而只有当性别比率为 75∶25 时,才能产生这样的结果,因为对于一个携带突变基因的工人,它的收益为来自父性的$\frac{3}{4}\times\frac{1}{4}$和母性的$\frac{1}{4}\times\frac{3}{4}$。既然这两个收益数值是相等的,那么在雌性出生的概率为而雄性的概率为$\frac{1}{4}$时,这个混合均衡就能被维持下去。

对于性别比率而言,一个有生育能力的工人和它的一个有生育能力的兄弟或姊妹的平均亲缘关系就是$\frac{3}{4}\times\frac{3}{4}+\frac{1}{4}\times\frac{1}{4}$,等于$\frac{5}{8}$。如果这个工人是人类的话,亲缘关系将为$\frac{1}{2}$。因而,如果人类的工人必须为了人类皇后的利益,像蚂蚁或蜜蜂为了同样的利益而被驱动去努力工作,人类就需要付出更大的努力。

开始启程?

通过博弈论的方法,演化生物学家可以在性别比率不对称的物种中预测其性别比率,仅这一个事实就足以证明,我们努力的方向是正确的。但是,我们仍旧不能解释社会群居性在开始时是怎样形成的。

假定,起初所有的蚂蚁和蜜蜂都是可生育的。这样,它们的性别比率就是 50∶50,与人类一样。可能雌性后代在某种程度上能够帮助母亲哺育它们的兄弟姊妹,就像一些灵长类和鸟类的物种一样。现在,我们想象一个突变基因出现,该基因改变了那些生育能力少的雌性后代的行为,使得它们能够帮助母亲生育,而且倾向于生育雌性后代。[1]是否这样的基因会侵占整个种群呢?因为在膜翅目中,姐妹的亲缘关系水平是$\frac{3}{4}$,而如果行为改变可以让无生育能力的工人在失去生育一个后代的时候多出$1\frac{1}{3}$个姊妹,这就会使条件变得很有利。对于人类而言,要得到同样有利的条件,一个人类的工人就需要在失去生育一个后代时供养两个以上他的兄弟姊妹。

当然,这里仍旧存在很多未解之谜。例如,为什么膜翅目的染色体是单倍二倍体?为何仅有一些生物是群居的?如果存在多个皇后,这个王国将会怎样治理呢?为什么长毛粗针蚁(pachycondyla villosa)中并没有蚁后,但它们却也一起群居?这些问题中,哪些也发生在白蚁的世界中呢?

一些批评者,抓住这些尚未完全弄明白的事情来批评社会生物学家,说他们只是会讲这样似是而非的故事。但是,我认为,他们的批评只是说明,有些人就是无法理解科学是如何进行的。

7.4 修正汉密尔顿规则?

汉密尔顿规则预测,爱丽丝依据考虑她和每个亲属的亲缘关系水平之后,基于功利主义来最大化她亲属适应性的加总,然后来做出决

〔1〕 不是雄性后代,因为一个工人对于兄弟之间的亲缘关系仅为$\frac{1}{4}$。

策。这样,生物学好像站在了边沁和密尔这边,但是康德主义者也不必绝望,因为汉密尔顿规则绝不是这个故事的结局。

当动物与外部世界相互影响时,汉密尔顿规则就成立。例如,一个工蜂发现蜂巢的擅自入侵者时,如果它蜇入侵者就等同于它在自杀,那它应该这样做吗?答案是应该,因为这样做,就能提高其相容适应性。然而,如果当亲属之间进行博弈时,事情就没有那么简单了。于是,我们得出的原则与康德的定言命令相差就并不是那么遥远。

在第 4 章的囚徒困境中,我们用两个爱人代替了原先的参与者,这两个爱人对于对方的效用的关心,是对他们自己效用的关心度的两倍。那么,这个博弈就变成了图 4－4 中的“囚徒乐事”,其中的纳什均衡是在两人都选择“鸽”来进行合作时所达到的。

当参与者是两个完全一样的双胞胎时,我们就得到图 7－2 中展示的“囚徒乐事”的新版本。这里仅有一个纳什均衡,要求所有的参与者都选“鸽”——但是纳什均衡的逻辑在这里并不适用。只有在假设爱丽丝和鲍伯是两个分开的参与者时,这个博弈才有意义,爱丽丝和鲍伯是两个独立进行决策选择的个体。如果他们的策略选择是受遗传影响的,那在双胞胎的博弈里就不适用了。因为那样的话,在一个参与者体内的任何基因,也存在于另外一个参与者的体内。那么无论这个参与者做什么,另外一个参与者也会做同样的事了。

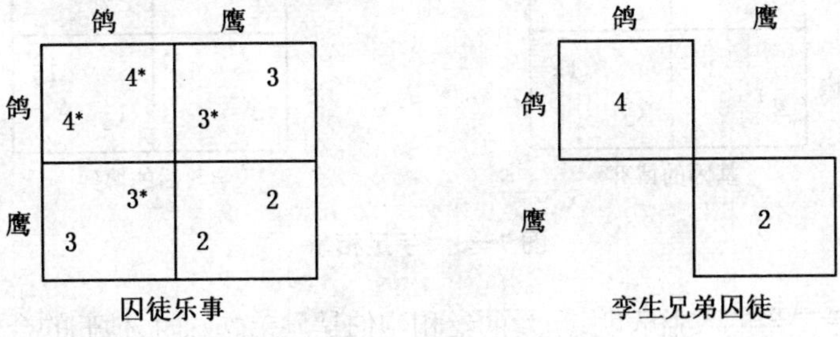

图 7－2　与孪生兄弟博弈

因此,如果我们用图 7－2 中的左图作为这两人博弈的模型,那就是错误的。正确的模型是图 7－2 中右图展示的只有一个参与者的博弈,而这个人在(鸽,鸽)与(鹰,鹰)之间进行选择,在第一项中收益为 2＋2,而第二项为 1＋1。因为 4 比 2 大,所以他的博弈解为(鸽,鸽)。

这个推理就是康德的定言命令。当用它来分析两个参与者的博弈时,它有时被称为双胞胎谬误(the fallacy of the twins)。但是,这里并不是一个谬误,因为我们的爱丽丝和鲍伯实际上就是双胞胎。

如果爱丽丝和鲍伯不是完全一样的双胞胎,而只是兄弟或姊妹,那这里将发生什么样的事情呢?如果我们探讨的是一个占优的基因,这个手足相争(sibling rivalry)的博弈就成了图 7－3 左边所展示的基因博弈。每一个收益所对应的是$\frac{1}{2}$的囚徒困境的收益加上如果对手选择同样的策略(在双胞胎囚徒中)所得收益的$\frac{1}{2}$。这里的计算中各乘以一半,是因为人类同胞兄弟姊妹间共享新的突变基因的概率为$\frac{1}{2}$。第二个收益是乘以 2,因为爱丽丝和鲍伯共享了一样的基因,并且因此是事实上的双胞胎。

	鸽	鹰
鸽	3*, 3*	2*, $2\frac{1}{2}$
鹰	$2\frac{1}{2}$, 2*	$1\frac{1}{2}$, $1\frac{1}{2}$

基因的博弈

	鸽	鹰
鸽	3*, 3*	$1\frac{1}{2}$*, 3*
鹰	3*, $1\frac{1}{2}$*	$1\frac{1}{2}$*, $1\frac{1}{2}$*

学习后的博弈

图 7—3　手足相争

带星号的收益表明,当爱丽丝和鲍伯是兄弟姊妹时,他们的合作维持着一个均衡,然而很明显的是,如果我们降低他们之间的亲缘关系水平,实际上这个均衡将会被终止。事实上,起决定性作用的,就是他们的亲缘关系。如果我们假设他们只是表兄弟姊妹,这样的一个改变到一定程度就足以导致背叛的策略成为仅有的一个均衡。

功利主义或康德主义?

功利主义者和康德主义者们都主张在囚徒困境中进行合作。前者是因为此时的总效用是最大化的,后者是因为定言命令就是这样命令的。这两种观点,在缺乏外部强制执行者时,都不能被博弈论专家所接受,因为两者都忽略了这样一个事实,即个人有激励从这个提议的结果中偏离出来。

当我们考虑博弈是在家族中进行时,事情就起了变化。按照霍布斯的观点,蚂蚁和蜜蜂中的公共品不同于我们人类的私人物品,他这样认为虽然并不完全正确,但已经充分接近了正确答案。在由基因决定的亲属中,它们通常把自己的目标紧密地与博弈中的合作联系在一起,如果一个陌生人进入这个博弈,也只能将维持合作作为一个均衡。

我认为,这样的结论从直觉上阐明了功利主义者和康德主义者的结论从何而来。如果这个世界只不过是无数个养大那些中产阶级自由派的舒适的家所加总出来的,功利主义者和康德主义者就可以按他们自己希望的理由,得到他们想要的任何结论。那样,我们将会组成一个巨大的家庭,就不会有陌生人参与的囚徒困境了。但是,这并不是自然塑造我们人类生活真实的方式。

7.5 学习得到一个均衡

前面的章节已经解释,当由基因决定的亲属在博弈中与其他人进行策略博弈时,就需要对汉密尔顿规则进行修正。当研究对象是植物和昆虫等这些仅有有限学习能力的生物时，这样的修正显然是必要的。但是，对于鸟类和哺乳动物又会怎样呢？

很明显，在一些博弈中，较高等的动物的策略博弈是由基因所决定的——就好比一位母亲需要和她的胎儿进行对整体资源如何分配的博弈，或者如同一个鸟巢中小鸟之间的博弈。但是，在我们人类所进行的绝大多数的博弈中，人类的策略并不是由基因来决定的。

我们发现，人们很多时候是通过试错性学习的方法去达到一个均衡，或者通过模仿较为成功的参与者的行为——这些人可能通过若干代才建立起一种传统来获得这些成功的经验。有时，我们甚至通过思考一些事物的标准，或者从阅读书籍中就能获得一些洞察力。甚至较多时候，我们可能在理性讨论之前就下意识地做了选择。但是，这其中没有哪个达到均衡的方法是生物性的。所有的例子都涉及不同的社会或文化的演化。

假设，这里的参与者明显不同于我们所分析的亲属间进行博弈的参与者，他们必须去学会如何进行博弈。如果双胞胎需要去学习才会知道怎样博弈，那么爱丽丝就不再期望鲍伯使用和她自己一样的策略，尽管鲍伯和爱丽丝是双胞胎。但无论爱丽丝怎样做，鲍伯将用他已经学会的策略来博弈。这里，汉密尔顿规则就仍旧能够适用，并且我们必须修正囚徒困境的收益，才能得到图 7－2 左边展示的“囚徒乐事”。但在目前，我们要解决的问题就是准确地在这个修正的博弈中得到纳什均衡。

同样，如果爱丽丝和鲍伯是兄妹或姐弟，那么假设我们在图 7－3 中，用左边的博弈取代右边的那个博弈，只有这样，合作才能达到一个均衡，但他们必须学会用怎样的方法可以进行博弈。如果这个博弈中的参与者的亲缘关系低一些，那就只有背离才是均衡。

我所提出的一个研究人类博弈的简单范式，包含生物学和文化两个部分。根据汉密尔顿规则，生物学的考虑决定了博弈的收益。在必要的时候,我们用收益表格中的相容适应性替代个人适应性。事实上,人们必须经过一个学习的过程,才能学会怎样博弈,这是模型的文化层面。我们通过简单地筹算出新的博弈的纳什均衡,来将这个巨大的假设进行可操作化。我们暂时不考虑这样一个事实,即如果博弈是由基因决定的,否则我们将需要更深一步的研究。

7.6 家庭的扩展

在将汉密尔顿规则运用到人类行为时,就如前面提到过的,密友之间彼此的行为,就相当于兄弟或姊妹的待遇。可能不必如此惊讶,因为友谊关系填补了血缘关系,使得两个人成为兄弟,这样的形式在不同的社会中都独立存在。喜欢在一起的女人们,很多时候理所当然地彼此成了姊妹。

为了理解这样的行为,我认为我们需要思考人们怎么知道谁是他的亲朋。我们能否以某种方式去品出或嗅到我们亲朋与陌生人之间基因的不同呢?在实验中,一些被要求嗅 T 恤上香味的妇女,显示出她们的偏好是来自 DNA 的微小差别。但是其他证据显示,女性对于什么样的气味是外来的,她们这样的辨别也是必须要通过学习才知道的。例如,在老式的犹太公社(kibbutzim)社区托儿所成长的小孩子,他们在以后的阶段通常不会在彼此间产生性吸引,不论他们的基因有多么不同。这样看来,我们有时不自觉地就对其他人产生亲密感,而我们就是从自己这样的行为中,推论出我们与这个人的亲缘关系的水平的高低。正因为如此,如果夏娃观察到,亚当通常在进餐时间通过闲逛来让母亲更为关注他,她通过这样的事实就可以推测出亚当其实是她的兄弟。

如果这样的推测是正确的,对于伦理的演化就是一个重要的结论。

这意味着,家庭中提倡的利他主义的机制,也可能在一个充分封闭的无亲缘关系的小组中应用,例如,战斗中的一个排,或十几岁的少年组成的街头帮派。

这样的家庭式的扩展可以达到多大规模呢?罗宾·邓巴(Robin Dunbar)提出,因为我们大脑皮层没有能力去处理那些在大量的个人交往之间必须了解的社会亲缘关系中所运转的大量信息,我们的脑皮层里就有强设的物理界限。他提供了大量的趣闻轶事的证据,以显示一个家庭式的替代模式,其最大的规模大致在150人左右——大致就是一个狩猎—采集型社会或一个军队中排的规模。

7.7 助人为乐

约翰·列侬告诉我们,爱很容易,但其实并不是那么简单。如果我们有四海之内皆兄弟的能力,那么公平对于我们而言就不是那么重要了。乌托邦主义者继续宣称,一些实验已经证明了这些,但是我们知道,就像在囚徒困境的实验和博弈中,这样的宣称经不起仔细的推敲。我们已经不止一次地证明,随着实验参加者获得更多的经验,他们合作的概率将不断下降,直到每个人都选择背叛。

然而,尽管实验的证据证明,我们的利他主义潜力是受到严重局限的,但同样,实验的证据也驳斥了经济学界信奉人是彻底自私的悲观主义。我们也许做不到四海之内皆兄弟,但是我们绝大多数人在对待大多数人的时候,可以做出像对待自己的亲属一样的善意。我们不难找到对这个现象的解释:我们是从狩猎—采集型部落中演化出来的,事实上这种部落中每个人都有一定的亲属关系。

这可能就是为什么我们发现,我们总会感到有责任去关心旧校友或过去的办公室同事,可能在我们意识中,他们并不是很让我们喜欢。

我们的心里告诉我们,这个经常催我们的人,是要我对他像对我表妹或婶婶一样吧,虽然不喜欢,但因为是亲戚,就必须去关心他。就连我们在大街上与一个乞丐发生眼神接触时,我们内心也会产生很大的不安,如果我们忽略他,就好像我们在忽略一个亲戚似的,有时,我们这样的不安会让我们受感动而递给他几个小钱。

但是,请允许我最后再说一次,就是以上那些当我们像接待远房亲戚一样地款待陌生人而带来的一丝感动,还不足以改变像公地悲剧这样的博弈,使合作成为均衡而出现在博弈中。在我们和朋友或家人参与博弈时,事情会发生变化,但是我们并没有被编上一套程序,使我们可以像对待家人一样对待陌生人。如果我们这样做,可以预见这样的乌托邦工程只能是一场灾难。

8◎

同理心

“哦,什么力量赐我法力,俨然旁人看清我们自己!”

——罗伯特·彭斯(Robert Burns)

8.1 同理心偏好

当亚当和夏娃使用原初状态去做出一个公平判断时,他们会把自己想象成处在一个无知之幕下,当他们为要把合作协调到一个均衡而讨价还价时,这个无知之幕就掩盖住了他们的身份。此时,两个人都会认为,在无知之幕下,无论他们是亚当还是夏娃,他们得到的结果都是相等的。

为了评价在原初状态下一些可以适于他们的选择,参与人需要去比较在所有不同的状态下,亚当和夏娃将是怎样的情况。例如,其中的一个人可能偏好成为以无花果叶子遮体的亚当,而胜于吃苹果的夏娃。这类的偏好被称为感同身受或同理心偏好。

从我们本人的偏好中区别出这类感同身受的偏好,这点很重要。我认为,我们同时具有这两种偏好。当我们进行理性选择时,我们展现的是我们个人的偏好。当在相同的价格下,我们去买巧克力冰激凌而不买草莓冰激凌时,这表明了我们对于巧克力口味的偏好胜过对草莓味的偏好。当瓦格纳式的音乐正在演奏时,你捂住你的耳朵,这说明了你偏好安静胜过嘈杂。

因此,在传统经济学考虑的所有事物中,都可以用个人偏好做出解释。那为什么所有的社会性人类都能表达出同理心的偏好呢?同理心偏好究竟有什么作用呢?没有人自己会选择成为那个用无花果叶子遮体的亚当而不是那个吃苹果的夏娃。无论我们喜欢与否,我们所有人都无法摆脱我所是的那个我。我们在原初状态的情况下设想的那种情形,完全是一个假说;它只能发生在我们的想象之中——在真实世界中是根本不会存在的。

我认为,人们不光具有同理心的偏好,也有个人的偏好,因为,当使用原初状态去发现协调问题的公平解时,我们需要引入这两类偏好。如果我可以大胆地提一个假说,那就是我们在任何时候都不需要同理心偏好,假使这样是正确的,这就等于要去度量公平在我们人类演化过程中有多重要,以至于自然给了我们这样贵重的心智机制,为的是去评估这些事物。[1]

不管怎样,有一点很清楚,那就是,在我们能开始尝试去理解如果亚当和夏娃如何在无知之幕下讨价还价达成一致之前,我们需要弄明白同理心的偏好。

8.2 感同身受

当亚当站在夏娃的立场看待一些事情时,亚当对夏娃是具有同理心的。人类当然能够做到这一点。黑猩猩好像也能够对于其他同类具有这样的同理心。据说,猴子是不具有这样的行为特征的。对于这一种把我们与其他动物区别开来的行为,我们怎样能掌控它呢?

当需要来预测在不同的偶然事件中,我们会如何行动,继而怎样影响到我们的感受时,对此,我们都有一个关于我们自身的内部模型(internal model of ourselves)以供我们使用。有一个明显的例子,就是被截肢者往往有幻肢感(phantom limb)[2]。当亚当对于夏娃具有同理

---

〔1〕 在评价宣称我们有效地使用我们的同理心偏好只是作为原初状态的投入时,必须考虑到人们要求的是具有同理心偏好的能力而不是他们能够对他们的同伴有同理心的能力。后者的能力明显是用于预测其他的参与者将如何行动的。

〔2〕 幻肢感是某些失去四肢的人类所产生的一种幻觉,这些人感觉失去的四肢仍旧附着在躯干上并且和身体的其他部分一起移动。——译者注

心时，我们就假设他的脑中会运转这样一个关于他自己的模型，只是他用夏娃的个人参数去代替原本他自己的参数。

自闭症

通常，我们对于周围的人所具有的同理心，是如此轻而易举地就会发生，以至于我们根本没有察觉到其实我们已经拥有了演化所赐的奇妙礼物。只有当你与一个自闭症人接触时，你才有可能明白，如果人们彼此失去了同理心，要进行社交会是多么困难。

在一个著名的实验中，当鲍伯藏一个玩具时，一位患有自闭症儿童始终在一旁观看。当鲍伯离开房间，玩具又被其他人藏到另外一个地方。现在，有人会询问这个自闭症儿童，如果鲍伯再返回时，他将会去哪里找这个玩具。这个孩子回答说，鲍伯将去新的地方而不是他自己藏起的那个地方寻找这个玩具。这个实验揭示，患自闭症的孩子很难从鲍伯的角度去看待这些事情。

奥利弗·萨克斯(Oliver Sachs)在《来自火星的人类学家》(*Anthroplogist from Mars*)一书中，讲述了一个高智商的患有自闭症妇女的故事。对于她来说，外出约会是很大的折磨，因为她没有感同身受(empathetic identification)的能力，她不能把自己放在她的倾慕者的角度来考虑问题，也不能理解对方给她的那些信号的意义。

我们把自己与生俱来的同理心的能力当作是理所当然的，这一点可能无需惊讶，因为神经科学研究发现，在我们的大脑里有一个模块，对于正常人而言，它可以无意识地进行工作，而对于自闭症的人，当他们要认知一些一般性的事物时，却需要很费力才行。[1] 然而一旦把

---

〔1〕 我知道演化心理学家已经把模块的作用过度夸张而宣称不能够指出任何非常可靠的证据来说明我们所有的技能都有特定模块产生，但是在大脑里有些模块化结构的证据却是肯定的。脸部的识别就是这种背景下一个很好的例子。

我们自身放在自闭症人所遭受的角度,我们会认识到原来有同理心不是那么容易的一件事,也会非常显然地知道,我们拥有的这种感同身受的能力,其实是人类社会组织的核心。若我们没有了同理心的能力,我们就无法使一些分散化的社会契约(decentralized social contracts)运行,这样的契约全靠我们对于均衡的协调,而不是我们在协调的时候将自己附属于某个居高临下的个人的指挥之下。

同理心和同情心

在思想史上有一件非常诡异的事情,就是迟至苏格兰启蒙运动时期——并且那时早就开始于伊曼纽尔·康德以降,已经告别了道德哲学的蒙昧时期——才认识到感同身受对于人类社会的重要性。但是,无论是休谟还是亚当·斯密都没有恰当地把两个概念做一个区分,那就是被现代心理学家区分开来的“同理心”(empathy)和“同情心”(sympathy)。

亚当·斯密定义的同情心,有时更接近我们今天所说的同理心,但是在同一本书的后面他好像又忘记了自己的定义,并且使用更类似于同情心的定义。我认为,避免混淆这两个概念,是非常重要的。

一个骗子也可能具有足够的同理心,使他可以讲一个恰当的故事,来成功地说服一位老太太放弃她一生的积蓄。但是在诈骗老太太的钱这个事情上,骗子对她却没有丝毫的同情心。如果他对老太太有同情心,应该会考虑到她的福利——他会去感受老太太在失去她一生的积蓄后会经历怎样的痛苦。但是,职业骗子不会感受到这样的痛苦。他是可以想象出一个弱小的老太太会有怎样的想法和感受,但他不会让这种假象的感觉混淆他自己的欲求和愿望。在与老太太讲话的时候,他把自己放在老太太的角度,以她的角度看问题,他这样做仅仅为了在老太太的弱点上占便宜。因此,这个骗子对于老太太有的只是同理心而没有丝毫的同情心。

我认为,如果我们要简洁地思考问题,也必须学会这样做。这并不是说,我们都应该去骗老太太的养老金。就算不考虑其他因素,社会上也没有那么多容易受骗的老太太让我们去骗。我的意思是说,我们必须学会认识到,我们可以在不试图提高人们福利的同时,对他们仍具有同理心。人们若采取这样一种比较冷血的行为方式,就不应该感到自己是反社会性的(antisocial),因为就像在阿加莎·克里斯蒂(Agatha Christie)[1]的小说里一样,那个行事、为人完全合宜的马普尔(Marple)小姐,就是从观察中推理出谁是真凶,即不管真的凶手是谁,他为什么这样做,其实如果你处在他的位置,你就会那样做。

同理心偏好和同情心偏好

如果一个人具有同理心的能力,这并不一定暗示他必能表现出同理心的偏好。后者(表现出同理心的偏好)的能力,是一种演化的附产品,是人们在使用公平标准来裁定协调问题的演化过程中习得的。但是,正如同理心并不等同于同情心一样,"同理心偏好"并不等同于"同情心偏好",认识这点也是很重要的。

同情心偏好是个人偏好的一部分。正如爱丽丝可能甘愿付一些钱去买个冰激凌,她也可能愿意付出一些代价而使她周围的人或者她的爱人获益。在一些只关心适应问题的动物种群中,汉密尔顿法则告诉我们,怎样计算这个需要是多大的收益,才能对应某个个体为其他成员而牺牲的成本。

然而同理心偏好并不是个人偏好的一部分,而只有同情心偏好才是个人偏好的一部分,由此可见,同理心偏好和同情心偏好甚至根本不

[1] 英国侦探小说作家,克里斯蒂发行了80本以上的小说和剧本。她所写的侦探小说,主要使用密室推理法,而且通常要到结尾才知道谁是真凶(这种编排手法称为"Whodunit")。至于角色方面,她的大多数作品都围绕着两大人物,即赫丘勒·白罗(Hercule Poirot)和珍·马普尔小姐(Miss Jane Marple)。——译者注

属于同一种实体。但是任何人混淆它们都是情有可原的，因为它们共享一个相似的结构——而这个结构在涉及同理心偏好和效用的人际间比较时就显露无疑。

8.3 效用

在提出约翰·哈森伊的人际间效用比较的理论之前，我们有必要先清理掉一些被传统的经济学家奉为至宝的陈词滥调。

财产的比较？

在涉及效用的人际间比较这个话题时，传统的经济学家一直处于精神分裂的状态。在福利经济学的课堂上，我们能够比较不同人之间的效用，这是早就已经被接受的道理，以至于没有人感觉到需要解释这样是如何可能的。但是，同时在隔壁的一间课堂上，微观经济学的学生就会被灌输说，做效用的人际间比较是绝不可能的而且是荒唐可笑的，以至于人们没有必要再问为什么了。

如果效用的人际间比较在现实中不可能进行，那么任何考虑除了效率以外的福利的比较将必须用类似金钱的实物商品来衡量。这些最流行的理论被灌输给一些本科生就像灌输福音一样，其中，社会福利被说成是一项政策创造出来的以美元衡量的“经济剩余”。可是为什么是“经济剩余”而不是其他无数选择中的一个呢？因为，只有当市场是一个不受约束的完美竞争市场时，最大化经济剩余才能发生！

这个诡辩的论点使得市场的运行看似达到了社会最优，但其实却陷入一种假设，那就是，每多出来的一美元，不管它是分给谁的，这一美元的价值都相等。但是，我们中的绝大多数人更喜欢把纳税的钱花在减轻穷人的痛苦上，以及需要让富人和有权者承担更多的税。但如果我们这样想,该有多蠢啊!难道我们不知道,要得到有效率的结果,这种不公平其实是必要的吗?然而,我却不这样认为。相反,我认为公平的标准是在现实生活的博弈中演化出来的,它从众多有效率的均衡中选择出一个均衡,那种认为平等和效率是此消彼长的观点根本就是没有意义的。

这里完全否定了一个观点,即决定人际间比较判别的标准是看它是不是以市场来作为支持的基础。不过,这个观点还有另外一方面,却值得注意,如果没有人会嫉妒其他人分配的商品集,那么这种商品的分配就应当视为公平的。也就是没有人愿意通过交换获得其他人的东西。

这种不嫉妒的标准,并不能令人满意地回答我们的问题,也就说明为什么效用的比较是有必要的。如果要夏娃嫉妒亚当,仅仅让她想象亚当有多少财富是不够的。她必须做到对亚当感同身受。当她将自己的境况与亚当进行比较时,她必须把自己想象成站在亚当的立场上、拥有亚当所拥有的。就算夏娃是穷人而亚当是富人,而亚当正罹患临床忧郁症,那么穷一些的夏娃也不一定嫉妒富裕的亚当。因为这样的情况下,就算给她一百万,她也一定不会愿意与亚当交换他们彼此的处境。

显示偏好

在19世纪早期,杰里米·边沁和约翰·斯图亚特·密尔使用"**效用**"(utility)这个词代表度量快乐的概念。但是,就算有人可以发明一种衡量快乐的科学方法,譬如,测量神经元会发出多少次信号,这样的度量是否真的可以告诉我们亚当和夏娃主观经验中的相对快乐的强度呢?

对于这个问题,历史上的答案是,不能。确实,人类全部学术的生涯几乎都是一直揶揄视答案为"是"的观点。但是,这些讽刺家马上就忘了他们仅仅把快乐或痛苦当成效用是一个站不住脚的论点,而且还欣然地把他们这样的责难扩展到了效用所有的概念上。幸运的是,约翰·冯·诺依曼当时并不知道或是不在乎他那个时代的经济学家认为度量效用是一种荒谬的做法。因此他花了一个下午就发明了成为现在经济学坚实基础的效用理论。

60 多年后,批评家仍会引用像莱昂内尔·罗宾斯(Lionel Robbins)对于度量效用的结果是不可能的这样的嘲讽,显出他们并没有察觉到,已经有很长的一段时间,经济学专业已经放弃了边沁和密尔的幼稚心理学的方法。但是,现代的效用理论远非主张说我们的大脑是一个产生效用的机器,效用理论的长处在于它对人类行为是由什么引起的不做任何假设。

这并不是说经济学家觉得我们的思考过程与行为没有关系。我们其实很明白,人类的行为是受各方面的因素的影响。有些人很聪明,而另一些人则比较愚笨。有些人关注金钱。另一些人想要的只是不会坐牢。有一些圣徒一样的人,会把自己最后一件衬衫廉价地卖掉,因为他们不忍看见一个婴儿挨冻哭泣。我们认为,世上有很多种人,是无穷尽的,但我们却可以把这些无穷尽类别的人的行为用一种单一的理论来解释,在这个过程中,我们不能奢望可以知道每个人头脑里想的是什么。取而代之的是,我们仅仅关注我们看见他们做了什么。

因而,现代的效用理论放弃尝试去解释为什么亚当或夏娃的行为是这样的。我们不再提出一种解释性的理论,反而,不得不满足于一个描述性的理论,这样的一个理论就不只是可以说明如果亚当或夏娃过去是这样做的,而他们未来计划那样做,他们的行为就是不一致的,这个理论也可以包括更多内容。这种方法在第 4 章的囚徒困境的分析中已经说明,其中的收益被假设为依据这个“显示偏好”的理论来决定。

理性的一致性

一天，奥斯卡·摩根斯坦出现在冯·诺依曼的家门口，抱怨说在他们正合写的关于博弈论的书中，没有一个合适的计算收益的基础。冯·诺依曼就在那时立刻发明了用一个理性人愿意接受的风险大小程度来衡量收益的理论。有时批评者抱怨说，一个人对于风险的态度是不关乎公平的，但是正如《箴言》所说的：掣签能止息争竞。[1]

冯·诺依曼的理性假设仅仅要求人们以一致性的方法做出决策，但是他的结论却非常有说服力。对于在风险状态下总是做一致性选择的任何人而言，在观察者眼中，就好像他们正尝试把一些事物的预期价值最大化一样。根据第4章所解释的，这"一些事物"就是我们在这本书里称为"效用"(utility)的东西。将预期效用最大化，就是指采用任何可以使它的均值最大化的行动。

哲学家有时宣称，有一些效用函数会比另外一些效用函数更为理性。但经济学家则是按照休谟对待理性的原则认为理性是"激情的奴隶"。如此说来，人们对于任何目的的持续追求都不是非理性的。按照休谟极端的立场推论，对于偏好整个宇宙毁灭胜于他擦伤自己的手指，这样的想法也不是非理性的，因为理性是关于手段(means)而不是出于目的(ends)。

在我们的博弈中，假设参与者会一贯性地做出选择，这样是否合理呢？对此，从心理学实验中的证据所表明的并不能够支持这样的看法。因而，行为经济学家一直试图修正冯·诺依曼和摩根斯坦的理论，为了使它更好地与数据吻合，但这样的努力却没有获得多少成功。对此，有人可以总结说，这只能说明最初的理论不适合实验的数据，但总的来说，这个理论可能比其他提出的竞争性理论更适合一些。然而，按照传

[1] 见《圣经·旧约·箴言》"掣签能止息争竞，也能解散强胜的人"。——译者注

统假设的方式参与者通常的选择具有一致性，这点激发了我对于基因或者文化拟子这些持续促进复制自己从而使自身能更好地生存这种方式的考虑。

测量效用单位

如果我们对亚当面临风险的前景所做的选择有足够的数据，那么很容易就能找出亚当的效用函数(utility function)。现在请你从两个结果即 W 和 L 中做选择，它们对应的是我们所讨论的所有结果中最好的和最坏的结果——人们可以认为 W 是赢而 L 是输的结果。这个结果类似于温度计上的沸点和冰点，在我们将要建构的效用刻度上，它们对应的是：L 指定为 0 个效用单位，W 为 100 个效用单位。

假设我们现在想知道获得一片无花果叶子对于亚当的效用是多少。为了这个目的，考虑一堆(任意的)奖券，这些奖券的奖品就是 W 或 L。随着我们提供给亚当一个越来越高的概率获得 W 去代替一片无花果叶子时，他最终会拒绝选择无花果叶子，而去选择奖券。如果那个足以让他转而选无花果叶子的奖券 W 的概率是 75%，那么，按照冯·诺依曼和摩根斯坦的理论，我们认为他的无花果叶子值 75 个效用单位。每增加一个额外的百分点在无差异的概率上，相应地就增加了额外的一单位效用。

与测量温度一样，很显然我们建构效用的度数也是我们怎么愿意选择 0 和单位就可以自由选择。例如，我愿意把 L 指定为 32 个效用单位，W 为 212 个效用单位。那么，人们可能发现，一片无花果叶子的效用单位在新的度量中的价值，就类似我们把温度从摄氏转换成华氏一样。因此，一片无花果叶子如果在旧的度量中值 75 个效用单位，那它在新的度量中就值 167 个效用单位。

个人的效用所代表的不都是物质性的，如果是这样，生活就变得很简单。如果夏娃一直是尽可能地得到更多的钱，那我们可以选择用一个效用单位来对应1美元的效用，作为她的效用的度量尺度。如果一种动物已经演化到可以最大化它期望的适应性，那我们就可以选择一个效用度量尺度，是用一个效用单位对应这种动物在下一代产生一个额外的后代这样的方式。

分享食物

在第2章中，我们是用"效用"来评估会面博弈的结果，但那时我们没有对效用做出任何的解释。如下的例子表明了这个缺陷如何通过纳什讨价还价解对于参与者效用含义的关注而得到解决。

这个博弈中，爱丽丝和鲍伯都处于极度饥饿状态，而唯一可拿来充饥的食物，就只是一只小兔子，是一个好心的猎人捐献给他们的，条件是他们必须商量好怎样分享这只兔子。如果参与者在面对面的讨价还价中不用关注公平的话，这个兔子将会怎样被分配呢？

图8－1展现的是，爱丽丝和鲍伯赋予每一份可能共享的食物的效用有多大。例如，爱丽丝的图表明，如果她分到这只兔子的2/3，她不会冒险去要整只兔子，因为那样的话，她可能到头来一无所有。另一方面，鲍伯愿意冒险赌一把，用自己确定到手的2/3份兔肉去换取整只兔子，他有80％的概率可以赌赢，但也有20％的概率变成一无所有。同样，如果这一赌注是5/6的兔肉，而非整只兔子，鲍伯也一样会这样赌一把，因为他准备冒任何风险去获取比5/6还多的份额。

我们用第2章中的纳什讨价还价解来解决爱丽丝和鲍伯这里的议价问题。不能达成协议的点 D 是两人一无所得的一对收益。在图8－2左边表示的是可行的收益集合 X。例如，参与者可以同意爱丽丝获得1/3的兔子，鲍伯获得2/3。从这个决定中，爱丽丝得到50个效用单位，鲍伯得到80个效用单位。因而，(50,80)这对收益是可行集上的点。

当爱丽丝和鲍伯效用的乘积最大时，这个问题的纳什讨价还价解

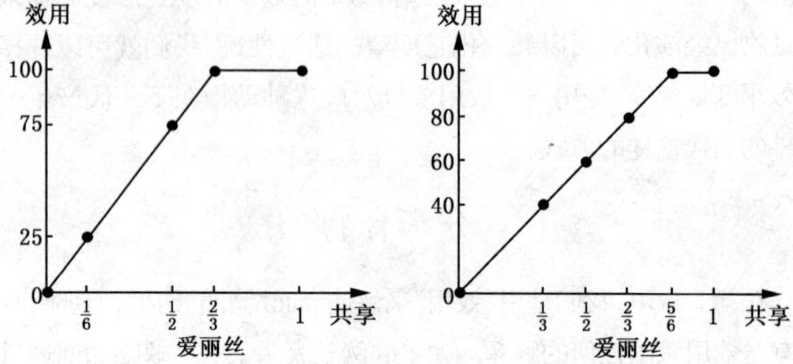

爱丽丝和鲍伯各自的需求按照每人将承担的风险相比放弃属于自己的兔子来度量。通过发现参与者在讨论共享与乐透彩之间无差异，来评价风险，这种乐透彩是以他或她获得整只兔子或者一无所获为结果。此时在乐透彩中，参与者获得整只兔子的这个概率被描绘为分享的效用。

图 8—1　冯·诺依曼和摩根斯坦效用

就在可行集中出现了。算数结果也证明，这个解就是在当爱丽丝有 75 个效用单位而鲍伯有 60 个效用单位时出现。在这个极简单的例子中，他们要得到这个收益，就需要平均地分配这只兔子。

图 8—2 右边的图表明，如果爱丽丝和鲍伯是同胞兄妹，那么他们的收益的可行集就必定会改变。[1] 当前的纳什讨价还价解，到现在成了爱丽丝有 120 个效用单位而鲍伯有 90 个效用单位的点。所以，当爱丽丝和鲍伯是同胞兄妹的时候，这个条件的加入，把平均分配的这个决定转变到了另外一个结果上，即爱丽丝所得是鲍伯的两倍。

〔1〕 目前的收益就必定对应着适应性，这也是汉密尔顿规则的应用。

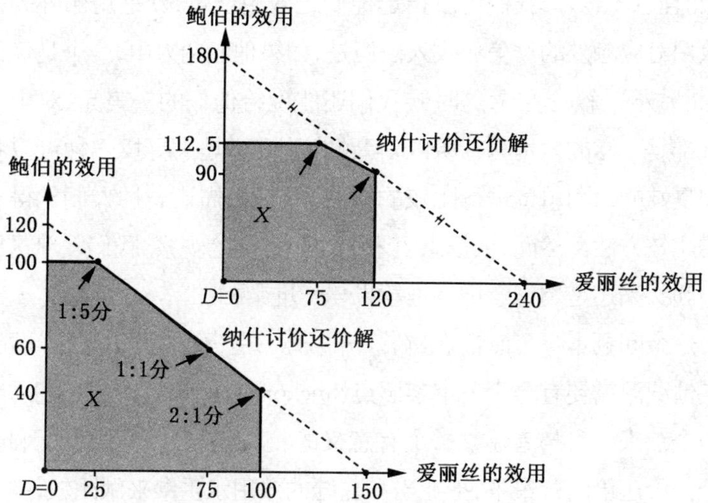

图 8—2　使用纳什讨价还价解去解决某些食物共享问题

8.4　人际间的效用比较

因为在效用的刻度上 0 和 1 的单位尺度是任意的，人们普遍就认为，在人际间的比较冯·诺依曼和摩根斯坦的效用是不可能的。这显然是个错误的观点，因为我没有任何理由不能给亚当固定一个效用的度量，而给夏娃确定另一个尺度，然后观察到，如果亚当得到一片无花果叶子，他将得到以他的度量标准衡量的 75 个效用单位，而如果我们给夏娃一片无花果叶子，她将得到以她的度量标准衡量的 167 个效用单位。那么，我们就得到一个标准衡量，依据这个标准，夏娃的收益比亚当的收益两倍还要多。

因此，在人际间能不能进行效用的比较，这根本不是个问题。相反，有无数种方法可以用来实现这样的比较。例如，如果两个人都追求钱,而且越多越好,我们可以指定他们的效用度量,就是用额外的一单位效用对应额外的一美元收入。但是,如果他们两人中,一个是亿万富翁,而另外一个是乞丐,这时候我们还能说给他们的一美元,对于这两个人都是一样的效用吗?所以,问题的关键不是去寻找一种可以将亚当和夏娃的效用单位进行比较的方法,而是去描述一种人们觉得有意义的比较方法。然而,根据杰里米·边沁睿智的观察,我们发现这样的努力回头来还是类似于把一堆苹果与一堆梨相加。

这个问题本身可以自我解答一部分。在任何的讨价还价问题中,现实情况总需要有至少一个参照点(anchoring point)存在,我们需要这样一个点来为参与者建立一个有意义的相关联的效用度量。因此,在一个讨价还价的背景下,把亚当和夏娃的效用水平拿来做比较,就不会成为问题。但是,我们怎样在他们的效用尺度上去比较这些单位呢?

进入你的头脑

是时候让我们跟随哈森伊了,因为他将传统的效用理论应用到同理心偏好上。[1] 每当参与者使用公平标准去解决一个均衡选择问题时,这个道理就会不证自明。

哈森伊的贡献在于他证明了对于亚当和夏娃的同理心偏好表示的连续集与决定亚当的效用对于夏娃的效用交换多少比率是同一件事。尽管潘多拉(Pandora)可能没有认识到,其实她的同理心偏好已经暗含了一个标准,即怎样进行人际间效用比较的标准。

如同这本书中的其他很多观点一样,哈森伊的观点简单到了令人尴尬的地步。这个观点可以应用于潘多拉的同理心偏好是依靠两个假设。第一个假设是,她的同理心偏好是一致的。这样根据冯·诺依曼

---

〔1〕 同理心偏好首先是哲学家帕特里克·苏佩斯(Patrick Suppes)开始研究的,他称之为扩展的同情心偏好。

和摩根斯坦的理论,我们可以通过为她的每个事件指定一个适当的效用单位的数字,就可以帮她做出评价——例如,在亚当获得一片无花果叶子,或夏娃获得一个苹果时,我们就能够描述她的同理心偏好。

潘多拉的同理心效用函数暗地里指向亚当和夏娃的偏好。例如,如果按照潘多拉指定的,夏娃获得一片无花果叶子会比她得到一个苹果带来更多的效用,她就暗示,对于夏娃而言,穿无花果叶子比吃苹果更好。但夏娃可能并不认同这点。如果是这样,那潘多拉就是缺乏对于夏娃的感同身受。她试图让自己站在夏娃的角度看待问题,但是,她却把对人而言什么是好的,把自己的判断来强加给夏娃。

下面是朗吉努斯(Longinus)[1]所记下的一段亚历山大大帝的对话录,其中我们可以看出亚历山大(Alexander)原来出人意料的是持有这种观点的权威:

> 帕米尼奥(Parmenio)[2]:如果我是亚历山大的话,我会接受这个条约。
>
> 亚历山大:如果我是帕米尼奥的话,我也会这样做!

亚历山大指出,帕米尼奥没有和亚历山大一样充分地考虑是否接受波斯人和平的请求。帕米尼奥把自己放在了亚历山大的位置上,但是仍旧维持着自己的偏好。但是如果帕米尼奥真是亚历山大的话,他就应该有亚历山大的偏好!

哈森伊的第二个假设是,当潘多拉把自己放在夏娃的位置,按照夏娃的角度看待事物时,那潘多拉就不会犯帕米尼奥的错误。因为她认识到——如果她是夏娃,就该拥有夏娃的偏好。于是我们可以假设,潘多拉是非常善于感同身受的,她真正知道夏娃的欲求。我们还假设潘多拉不是那种认为她自己比别人更知道什么对他们好的毛遂自荐者。

---

〔1〕古希腊人,被认为是《论崇高》的作者。——译者注

〔2〕古希腊人,亚历山大的将领。——译者注

这第二个假设与两派思想存在冲突，一派是像阿玛蒂亚·森这样现代的父权主义者(Paternalists)，还有一派就是像约翰·斯图亚特·密尔这样传统的功利主义者。但请记住，我们这里是要尝试综合一个理论，可以解释公平是怎样演化出来解决均衡选择问题的——我们没有必要发明一个理论来解释一个不同于当事人自己理解他们是怎样博弈的协调博弈。

所以，第一个假设即人们完全了解对方，才是我们需要批判的靶子。因为很可能是在这一点上发生的错误导致一些协调的破裂，而只有一种情况使得这个假设的错误情有可原，那就是，如果要把一些现实的因素加进去的时候，可能会造成建立的模型太难，以致我们无法进行分析。

替代的效用单位

一旦我们做出了哈森伊的假设，从他的结论我们就可以得出如下的事实，即我们可以把衡量相同偏好的两个效用的度量联系起来，就像可以把摄氏温度与华氏温度联系起来一样。那样，我们就可以把潘多拉赋予亚当的效用度量与对他自己使用的效用度量联系在一起了。同样，我们也可以把潘多拉赋予夏娃的效用度量和夏娃自己使用的效用度量联系在一起。

图 8—3 是对这个结论所做的解释。在初始状态的时候，潘多拉必须考虑类似 S 点所代表的不同的社会契约。因为社会契约 S 与他的个人效用刻度相关，我们就能读取亚当的个人效用。因为 S 也对应夏娃的个人刻度，我们也能读取夏娃的个人效用。这样，潘多拉就有两个同理心的刻度，其中一个记录在 S 上如果她是亚当时她的效用，而另外一个记录如果她是夏娃时她的效用。如果她认为在社会契约 S 上成为亚当或夏娃结果都相等时，那么总的来说，她对于 S 的评价是两个同理心效用是均等的。

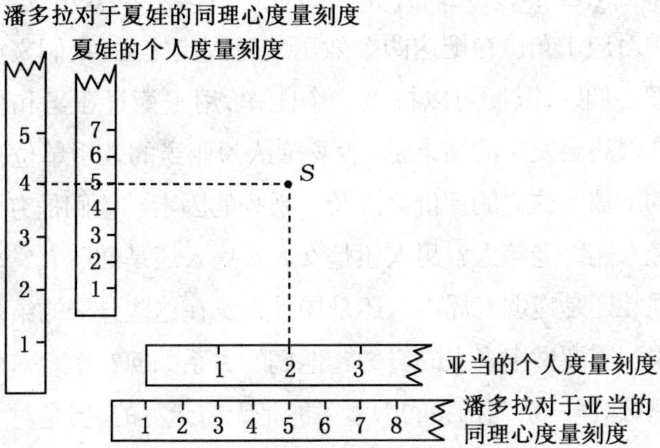

图 8—3　个人和同理心度量之间的转换

在图 8—3 中,亚当个人的刻度是潘多拉对于亚当同理心刻度的 2 倍。因次,亚当刻度上每多一个效用单位,就相当于潘多拉的刻度上多出两个效用单位。所以,潘多拉要通过乘以 2 倍的计算方式,来估计亚当的个人效用。而夏娃刻度上每多出一单位,就相当于潘多拉刻度上的 1/2 单位。于是,潘多拉要通过乘以 1/2 的计算来衡量夏娃的个人效用。那么,在原初状态下,潘多拉要决定找到对亚当和夏娃这两个人的效用总和的最大值。[1] 也就是说,潘多拉要像一个功利主义者一样,在一个等于她的度量比率上来权衡亚当和夏娃的效用单位。在图 8—3中,这个比率是 4,这就意味着,她认为亚当的每一个效用单位等于夏娃的四个效用单位。或者换一种说法也一样,潘多拉赋予夏娃的社会指数,相当于她赋予亚当的社会指数的四倍。

我们还可以假设,亚当和夏娃始终如一地使得他们自己最大化期望获得的货币收益。那么,我们可以赋予亚当一个效用度量,是用每一

〔1〕 潘多拉完整的同理心效用函数,事实上包括将这个总和除以 2,再加上一个常数。但是在这里可以忽视这个常数,认为在这个社会契约 S 中是相等的。

个效用单位对应 10 美元，而我们赋予另一个夏娃的效用度量，是每一单位效用对应 1 角。在把这两个效用度量固定之后，我们来检验潘多拉的同理心偏好，以便可以找到一个比率，用来衡量亚当和夏娃的效用。也许最终会发生的结果是，潘多拉认为亚当的效用单位是夏娃效用单位的十倍。这样的评价会涉及一系列的因素。他们是穷人还是富人？年轻人还是老年人？男人还是女人？病人还是健康人？聪明还是愚拙？强壮还是瘦弱？局内人还是局外人？在这些分配的结余中谁投入了多少？需要做出多大的努力？他们的关系如何？

显然，这样一系列相关的因素可能是无穷无尽的，但是对于潘多拉来说，她考虑的一切相关因素都在一个单一的衡量比率中被总结了出来。当然，正如在我们评价房子里面比房子外面暖和多少时，如果我们把度量单位从华氏温度改为摄氏温度，我们对温度差别的估计也需要改变。同样，如果我们停止用 1 角来度量夏娃的效用单位，而开始改用 5 分钱来度量的话，我们就必须把他们两人的效用交换比率从 10 改变到 20。

不平等的机会

有一个事实是，在原初状态下潘多拉不会真的认为她扮亚当或夏娃的概率是一样的。我们能够通过把她的权重再乘以一个合适的乘数来简化这个模型。例如，如果潘多拉认为她更有可能成为亚当(可能性比成为夏娃大两倍)，那么我们可以像之前那样运算，只需在她变为亚当的权重之前乘以 2 就可以了。

与汉密尔顿规则做比较

我们已经看到，在原初状态下，潘多拉像一个功利主义者一样做选择。当我们也从汉密尔顿规则中建立功利主义的形式时，我不认为这只是个巧合。唯一的不同点是，从汉密尔顿规则的角度来看，生物学上的适应性取代了个人的效用,而在权重计算里,这个权数是由亚当和夏娃的亲缘程度来决定的。

我认为这是一个意义深远的发现,因为它给我们提供了对于同理心偏好出现一个可能的演化路径,使我们可以把自然当作一个对于现有结构修修补补的工匠,而非一个可以从魔术师的帽子里变出的兔子那样莫须有的怪物。

当夏娃使用原初状态做出公平判断时,她首先把自己放在一个假定的位置,一个我们称之为潘多拉这个人的位置上,这个人不知道自己究竟是亚当还是夏娃。为了评价她在这种状态下可能的选择,她从自己的同理心偏好中寻求帮助。但是当她这样做的时候,我们就知道她的行为只能接近亚当,但其实最多也就接近到好像亚当是她的一个亲戚一样。

假设,大自然已经教会了我们的先祖可以根据汉密尔顿规则去衡量亲属关系,由此,鉴于原初状态的原因,大自然就只需要教给他们把陌生人当作自己的亲戚那样对待。也就是说,演化仅仅是一个在现存机制的基础上做些修修补补的工匠。

这里,我们仍需要解释一下原初状态这样的装置是怎样出现的。我们不能只是把它当成演化中突然变异出来的莫须有怪物,然而这个问题却需留到下一章来解决。

8.5 同理心偏好的演化

我们在介绍哈森伊的人际间比较理论时,暂时忽视了一个重要的问题。基于哈森伊的假设,爱丽丝的同理心效用函数取决于亚当的效用单位和夏娃的效用单位交换的比率。但是,如果鲍伯的同理心效用函数在对亚当和夏娃两人的效用权衡时是不同的比率,又会怎样呢?

罗尔斯和哈森伊都宣称，在我们所拥有的社会契约之下，我们其实对如何做人际间比较具有强烈的共识。我的看法也是这样，尽管我不能提出任何有力的证据。对于那些发明了理念型观察者(ideal observer)的哲学家而言，人际间比较暗含着人具有相同直觉的假设——尽管他们没有自我反思过为什么生活在不同时代不同地方的哲学家发明理念型观察者彼此之间却也有很大的不同。就连亚当·斯密提出的"无偏颇的旁观者"(impartial spectator)，在当今的人看来，也会被认为是有些偏颇的。

为什么会有这样一个共识存在呢？如果存在这样的一个共识，它是怎样变成一个为人们共同遵守的固定的人际间比较的标准呢？为什么不会是其他可能的某个标准呢？

社会演化

我认为，人际间比较的标准在很多方面类似于语言。就像我们是因为部分的遗传而会讲某一种语言一样，我们也是被这样地定制运作某种人际间比较的标准。但是，我们所说的某一种特定的语言，以及我们所用的某一个人际间比较的标准，都是我们文化的产物。如同语言一样，我们用来做人际间比较的各种标准也是会依据我们所使用的背景而不同的。如同语言一样，在社会演化的压力下，它们会对压力做出反应，也会随着时间发生明显的改变。

随着孩子的成长，他们本能地倾向于模仿他们成长中周围的文化，结果是他们被渐渐同化。在这个演化过程中，同理心的作用与在其他地方一样，起到了很重要的作用，对于人类的儿童，要让他们可以有效地使用一些习得的行为，一定是演化促使他们，让他们天生就被赋予一种能力，可以理解他们模仿的行为背后的目的。人们在一些大型的猿类中广泛地观察到这样的行为，但在猴子中却不常见到。因而这就支持了在传统研究领域的理论所发现的，猴子很少或没有模仿能力。如果真是这样,那么我们通常听到的"猴子看到,猴子就学"[1]显然就只是一个都市神话。

演化心理学家认为,像黑猩猩和海豚这样的动物如何使用心脑的理论而言,它们能够理解为什么这样做的原因是出于一种天赋。在对人类行为的分析中,一个经济学家可能会论证说,儿童会自己发展出一个显示偏好的内在理论并且相信这些不仅使得他们在未来去预测其他人也会这样做,而且这个理论能帮助他们理解自己当下的行为动机。有意识或无意识的,儿童就能够推理出如果她看到一个成功的个人这样或那样做,目前她的偏好和信念就被看成是归因于这个人,那么如果她在未来的这些状态下模仿这个人,她也可以获得成功。

儿童观察到的社会现象之一,就是使用一种原初状态的机制并达成一些公平时,彼此让步。当然,在对原初状态机制的认识上,就像亚当和夏娃在面对谁去洗盘子的决定一样,他们同亚当和夏娃也差不了多少。那么他们就只有去简单地模仿一些相关的行为模式。这样做的同时,他们获得了一组同理心偏好的集,以及当在协调博弈中选择均衡时,去诉诸于他们的习惯。

同理心均衡

我把同理心偏好作为通过模仿而大规模被繁衍(propagated)[2]的文化拟子。当亚当和夏娃使用公平去解决一个协调问题时,这里含有一个假设,即他们的同理心偏好是一个共同知识。每个人都够明白,这里收益包含了同理心偏好的集而不是其他的集。

如果人们有时会改变他们的同理心偏好,以期获得更高的收益,我

〔1〕 英文为:Monkey see,monkey do。中文为"有样学样",这里作者有一语双关之意。——译者注

〔2〕 原文为 propogated,疑有误,改为 propagated。——译者注

们此时就会观察到,在一个基本的演化博弈中,当演化达到纳什均衡时,这个过程就会停止。假如是这样,那么这些基本的博弈中的参与者的策略,就与他们的在人际间比较的不同的标准(绝大部分是无意识的)之间的选择相对应起来。当演化达到这个博弈的纳什均衡时,一个同理心的均衡就会产生。那时,没有人会有激励去改变他们目前的标准,转而去选择一个被其他人所使用的标准。

人们能够认识到,同理心偏好囊括了一个社会文化史的缩影,促使人们去选择人际间比较的某一个标准而不是另外一个标准。的确,社会文化史会被社会中权力的分配所塑造,而且这是我们曾经不得不吞下的苦果。

但是这样也有一个好处,我们能够在传统的道德哲学没有实质性进展的两个问题上,给出两个精彩的答案:

问题:我们应该研究什么样的人际间比较的标准?

回答:在同理心均衡中作为策略出现的标准。

问题:什么时候我们可以有一个大家公认的标准存在呢?

回答:当那个相关的同理心均衡是对称的时候。

我们可以用很多种方法来将同理心均衡的概念变得可操作化。但实际上是,不论我们是用比较粗糙的方式还是完善的方式来操作这个概念,分别得到的答案都是一样的。我在这里给出一种更完善的方式,因为这个方式更难研究,却是批评家较少诟病的一种方式。

如果要验证一组同理心偏好是不是一个同理心均衡,询问每个参与者如下的问题:

假设你能够欺骗所有人让他们相信,你的同理心偏好就是你出于权宜之计称为"同理心偏好"的那些偏好。

如果你有这样的欺骗行为,与**你所实际拥有的**同理心偏好相比,这个欺骗行为在原初状态下是否值得?

对于一个同理心均衡,正确的答案是"不值得"。

一个比较粗糙的方法就是用"个人的偏好"取代在方框内问题中用的"同理心偏好",并且删除**黑体**字的部分。究竟哪一个方法更有道理,这取决于旁观者在一个公平的交易中如何评价谁获得多少。

假设爱丽丝是在一边旁观夏娃和亚当怎样使用原初状态的机制来解决一个协调问题。在这种情况下,夏娃与假想的潘多拉产生同理心,这个潘多拉具有夏娃的同理心偏好,但对于潘多拉来说,她觉得自己从无知之幕后走出来时,可以是亚当,也可以是夏娃,她变成他们中的任何一个的概率是相等的。如果这样,那爱丽丝和谁具有同理心呢?如果我们假设爱丽丝一直能对夏娃有同理心,而不需要按照夏娃假想出的那个潘多拉的同理心而行,那我们所关心的一些文化拟子就会根据所有参与者的"个人偏好"来复制繁衍。此时,我们就可以用一个较粗糙的同理心偏好分析方法来应用到这些人的行为上。但是,如果爱丽丝总会受到潘多拉的反应的影响,而没有时时记得潘多拉只不过是夏娃所假想的一个人的话,那么这些文化拟子的复制繁衍,就将根据这些参与者的"同理心偏好"(而非个人偏好)而进行。如果这样,我们就可以使用一个较完善的方法来分析。

我猜测,在这两种方式之间总是会存在一些混淆。个人偏好和同理心偏好都很重要,但具体来说的时候,有很多是很难讲清楚的。然而,幸运的是,这两种方式,不管是粗糙一点的,还是比较完善的,所得出的结论却是一样的。

对　称

如果一个社会里,每个人参与的都是一些相同的协调博弈,而且每个人都认为别人是潜在的竞争者,如果人们在这样的一个社会习得他们的同理心偏好的话,只有那些基本演化博弈中的"对称的同理心偏好"才能是合理的,它们可能是演化过程的最终产品。对于那些不对称的同理心均衡,我们都可以丢弃,因为它们与我们这里的讨论是不相关的。

但是,如果是在一个被分裂成等级制度或宗派的社会呢? 例如,在传统社会里,男人和女人被分配了不同的角色。亚里士多德的社会就把人分成了市民和奴隶阶层。封建社会也把人分成了贵族和普通人。在我们的社会里,十几岁的青少年和老人有时被看成两个不同的物种。

在这些如此异质性的社会里,我们必定预期到,文化在不同族群中的演化是不同的,因此,不对称的同理心偏好就有可能产生。如果我们只发现一些对称的均衡,不过,这样的发现却是意义重大,因为这说明不同的族群之间共享着一个相同的人际间比较的标准。

但这一点并不能让我们进一步说,来自不同族群的人就有相同的价值,它只是说每个人都认同一样的价值标准。在一个贵族社会中,底层的人被认为是没有价值的,这样的价值标准就连底层人自己也都觉得是天经地义的。

9

黄金法则

这个黄金法则,与它所需要的一切,是件简单的事情。如果政治经济学和适者生存理论不这样认为,那就让它们见鬼去吧。

——杰克·伦敦,《深渊里的人们》

9.1 古今圣贤

为什么我们大多数人第一次听到原初状态的机制时,都会对它产生共鸣呢?我认为,这是因为当听到这个概念的时候,我们认识到它其实就是日常生活中用来解决协调问题的公平标准后的深层结构。因为这种深层结构似乎是一种人类普世的共性,我猜想它是内置于我们的基因中。有什么能够支持这样的推测呢?

这里明显的地方是从原初状态开始的观察,有一个无处不在的精妙的黄金法则:

己所欲,施于人。

反对的回应是:

己所欲未必施人——他们可能和你有不同的品味。

亚当喜欢在黎明前急冲冲地起床,先冲个凉,再去跑个10公里。而夏娃喜欢晚一个小时悠闲地起床,她喜欢在起床后喝杯咖啡,读读报纸。因此,当夏娃要亚当按照夏娃那样的生活方式过日子时,亚当是不愿意这样做的。而如果亚当想让夏娃照他自己那样的方式,夏娃也不会乐意听取。[1]

我们都喜欢别人按照自己愿意被对待的方式来对待我们——但是,只有他们具有我们的偏好而不是他们自己的偏好时,事情才是这样。按照这个解释,原来的那个黄金法则就变成:

---

〔1〕这里性别的影射不是故意的,不过可能指出这一点要好一些。

己所欲，施于人，但前提是，如果你是他本人（或有他的偏好）的时候。

而这就是我们处在原初状态机制下需要遵循的一个原则。

谁赞同黄金法则？

谁会赞同这个法则呢？要列一个名单，那将会无限地长。有一些人是必定包括在其中的，如阿尔弗雷德大帝(King Alfred)[1]、亚里士多德、达尔文、埃皮克提图(Epictetus)[2]、霍布斯、洛克、密尔和斯宾诺莎。连我的母亲对此也有她自己的观点，而且我敢说，你也一定有你自己的观点。但我在这里引用一些最著名的人所说过的：

> 查拉图斯特拉(Zoroaster)[3]：只有大自然才是善的，对于它自己不好的事，它也不会向别人那样行。
>
> 佛陀：如果你自己会为某事觉得受伤，就不要将这样的伤害加于别人。
>
> 孔子：己所不欲，勿施于人。
>
> 希勒尔(Hillel)[4]：不要对别人做那些你不想别人对你做的事情。

---

〔1〕 威撒克斯王国的国王(849～899)，阿尔弗雷德组织编写了《盎格鲁—萨克森编年史》，为英格兰的统一奠定了心理和文化基础；更重要的是，他颁布了著名的《阿尔弗雷德法典》，把基督教原则与日耳曼传统法结合起来。他修改了《圣经·新约》中的"己之所欲，施之于人"，将其改为"己所不欲，勿施于人"，并且告诉大家，"如果法可以牢记这一点，就可以维护正义，而不需要其他法典了。——译者注

〔2〕 公元前1世纪时的希腊斯多噶派哲学家、教师。——译者注

〔3〕 查拉图斯特拉(又译琐罗亚斯德或苏鲁支，前628年～前551年)出身于米底王国的一个贵族骑士家庭，20岁时弃家隐居，声称30岁时受到神的启示，改革传统的多神教，创立新的宗教中东西亚最具影响力的宗教，古代波斯帝国的国教。曾被伊斯兰教徒称为"拜火教"，在中国称为"琐罗亚斯德教"。——译者注

〔4〕 公元1世纪初的耶路撒冷犹太教圣经注释家。——译者注

耶稣：你愿意人怎样待你，你也要怎样待人。[1]

世上还有其他哪个原则，像我们这里的黄金法则一样，受到如此普遍的赞同吗？在道德的竞技场上，这个答案似乎是“绝无仅有”。

9.2 狩猎者和采集者

作为早期的人类学家，韦斯特马克(Westermarck)以他的道德相对主义(moral relativism)而闻名于世，但即使是他自己也曾宣称，黄金法则在原始社会是被普遍认可的。近现代对纯狩猎—采集型社会的研究也有同样惊人的发现，即使在地理位置相差很远、生活环境迥异的族群之间，他们的社会契约也还维持着极其相似的法则。

许多族群之间存在很多文化差异，如卡拉哈里沙漠[2]的布什曼人、非洲的俾格米人、安达曼(Andaman)岛民、格陵兰岛的爱斯基摩人、澳大利亚的土著、巴拉圭的印第安人，以及西伯利亚的游牧民，尽管如此，现代人类学家基本上达成了一个强烈的共识，认为在这些纯狩猎—采集型社会中，在没有首领或社会差别(social distinction)的情况下，运行的纯粹狩猎—采集型社会都在一个相对平等的基础上共享食物，特别是肉类。

这些社会也不是田园牧歌(pastoral idylls)，居住着温文尔雅的高贵的野蛮人。恰恰相反，这些社会里的戮婴和凶杀的现象非常普遍。在这些社会里，人性中的自私显而易见。对于这些觅食型社会的市民来说，他们并不会因为尊重社会契约而在饥饿时仍旧交出食物，与人分享。如果觅食型社会的人认为自己能够侥幸地逃脱惩罚而偷偷地积存

---

[1] 和合本《圣经·新约·马太福音》。——译者注

[2] 原文为 kalarahi，疑有误，应为 kalahari。——译者注

一些食物,那么他们就会违背这个社会契约。在绝大多数时候,他们之所以服从这个准则,是因为如果他们不这样做,他们的同伴就会惩罚他们。

这些社会中,人们在共享食物或者其他物品时的方式,也不一定很美好。在一些社会中,人们需要在一定程度上"忍耐偷窃"(tolerated stealing),才能实现一个公平的分配。因为夏娃认为亚当所拥有的超出了他可以公平共享的量,她可能故意会从亚当那里抢一些食物。如果族群中的其他人都认同,亚当的反抗就显得很无助。甚至当亚当把自己的私人财产自愿地献给其他人时,交出来的这个人也会解释说,他或她只是遵从部落的准则,为的是自己不要成为严厉制裁或嫉妒的目标。的确,我们会发现,在一些觅食型社会中的生活是令人无法忍受而窒息的,因为人们都在频繁地心怀嫉妒,彼此监视看谁都拥有些什么。

因此,在觅食型社会中存在大量的争吵和琐事。简言之,我们现代社会中人类的本性,与在觅食型社会中是一样的。如果在那样的社会里,人们本能地倾向于以一个特定的方法来建构一个共享的模式,那在我们的社会里,是否我们也会这样去做呢?

史　前

动物界中与我们最相近的亲属是黑猩猩和波诺波黑猿。我们共同的祖先生活在几百万年以前。尽管目前有许多的理论被提出来,但是还没有人知道,为什么我们的演化方式和它们(动物们)的演化选取了不同的方向。我们制造工具的能力,究竟是出于演化的原因呢,还是只是演化的结果?这与使用火来烹调其他动物不能吃的食物的能力究竟有何关系?我们族群中让男人负责教育小孩的这种不同寻常的性别安排究竟是因还是果?与我们相对长寿有何种关系?什么的能力使我们能够延续我们的文化?

关于"智人"(Homo sapiens)的起源的诸多问题,我不打算一一查明。取而代之的是,我试图转而关注那些过去被人所忽视的问题,这里博弈论可能会对我们有所启发。

当我们的祖先开始被认为是人类时,一个普遍的共识是,他们都是过着群居的生活,靠狩猎一采集方式生存。人类就这样生活了大概一百万年,直到绝大多数人口后来转向靠畜牧业和农业生存。一个标准的理论认为,农业的出现仅仅是在10 000年之前,那是为了回应人口的危机,或许伴随着剧烈的气候的变迁,但也可能没有伴随气候变迁。

就像社会性的昆虫一样,要追求更高的生产率,这个族群就需要更有效率的组织。有一点认识可能是马克思的天才洞见,即一个社会的社会契约不能摆脱与其经济中生产方式的联系。如果一个社会产物匮乏,那在这个社会中的某些社会契约就会失效。如果当前的社会契约不能够提供充分的激励,那么某些生产系统也不能够运转起来。

现代社会实际上是个非常等级化的社会。我们有各科各层的大小老板不计其数。但是,情况也并非一直如此。随着经济生产的手段变得越来越精密,人类学的研究报告显示,科层领导逐渐取代了公平来作为协调机制的标准。为什么领导阶层会成为一种必要,这一点却不难理解。

我们需要企业家去创新以及组织劳动分工,这样在农业和工业中才可以通过合作而产生规模报酬的递增。在军队里,首领是必要的,因为这些人可以组织军队来保卫我们所在社会的物质剩余,并且寻求夺取邻居社会的剩余。在一艘船上,我们也授权给某个人来做船长,也都是出于这样的原因。谁想在暴风雨中对于全体船员谁应该做什么还需要再进行争论呢?

有一个很好的例子,是研究巴拉圭的一个族群阿克族人(Ache)中私有产权是怎样出现的,这个族群近来开始了对土地的积极开发。根据他们的传统习俗,人们试图把土地当作共有的来耕种。但这样是不现实的,因为这样的话,对于那些容易偷懒、推卸劳动的人来说,他们就很容易宣称以“公平”的原则来分享这些产物。因此,他们迅速地采用了一个新的社会契约,把土地分成了私人所有的很多小块的地。相反,在历史上,西南美洲的纳瓦霍人社会经济的停滞,在某种程度上是由于他们始终固守着他们的社会契约,这个契约要求他们共享利润,而不利于激励企业家。

绝大多数的演化生物学家认为,在生产较多的经济产品的社会中,存在着维持这样社会契约的基本法则,而如果要让这些法则在演化过程中慢慢“写入”我们的基因,一万年都可能是太短的一个期限。如果他们的观点是正确的,那文化演化才是我们成功摆脱了狩猎—采集生活的原因,而非生物性的演化。我们人类现在的基因,仍旧与我们在觅食型社会中的基因一样。我们都被预先安排可以适应狩猎—采集型社会的一些社会性行为,但是这些行为的预先安排已经被我们的文化命令(cultural imperative)改写了,如果不是这样,我们的经济生产就不会如此有效。

有很多书把我们生活中的萎靡不振归咎于现代工业社会,马瑞昂斯基(Maryanski)和特纳(Turner)合著的《社会的笼子》(*Social Cage*)就是其中的一本。他们认为,我们的基因与这些被强加的文化拟子有一种不相融合性,而我们人类就是这种不相融性的受害者。我们的心想去一个方向,而我们的脑袋却是另外一个方向,所以人类没有办法知足。

总而言之,文化演化的路径把不同的社会带向不同的方向,但在这过程中仍旧存在一些普世性的原则,因为我们都属于同一个物种。按照黄金法则来思考就是这些普世性原则中的一种,但是如果我们想要了解更多,我们应当如何去做?

一个显而易见的答案是,我们应该研究在10 000年左右就存在的狩猎—采集型社会的社会契约,因为那个时期正是文化演化把我们带入目前的混乱尚未开始的时期。但是,社会契约并不会像遗留下来的生物化石那样供我们研究。最好的方式是,我们可以研究那些现在还幸存的觅食型社会的社会契约——包括人类,也包括黑猩猩的族群。

黑猩猩的社会

我们只有很少的一部分基因与黑猩猩不一样。因此,我们如此相近这点并不令人吃惊。但是在谈及公平的时候,我认为,人类跨越了一个狭小的裂口,把我们与黑猩猩区别开来。黑猩猩好像既有演化的动因(evolutionary motivation),也有必要的生物装置,可以发展出公平作为一个均衡选择的装置。尽管如此,它们却没有像人类一样产生公平的装置。与语言一样,对于公平的感觉似乎只存在于现代人中。但是,对黑猩猩社会的研究,也许可以告诉我们,在前人类的社会中,当人类对公平的感觉演化出来的时候,哪些条件是在演化中具有优势的。[1]

在黑猩猩生活的社会性群体中,亲缘关系是一个重要的因素。雄性猩猩一般会待在它们出生的种群中,而雌性通常迁徙到相邻的种群中。在发情期时,雌性通常的配偶是她所在种群中的所有雄性。一般认为,这是一种演化性的反应,是对雄性仅仅关注自己的后代而产生戮婴风险的一个回应。同样的匿名性阻止了雄性的戮婴,但是也造成了对于雄性而言没有激励去帮助抚养那些好像不属于它们的幼仔。这一点却是黑猩猩和人类行为之间的主要不同。[2]

在雄性和雌性之间,社会性统治(social dominance)具有重要的作用。雌性黑猩猩依附于雄性,但这个模式在波诺波黑猿中却是相反的。要维持一个等级制度中的地位,不仅要取决于某个黑猩猩它自己的力量和角色,而且还取决于和不同的黑猩猩之间如何结盟的模式。黑猩

[1] 专家的观点可以参见:*Tree of Origin*, de Waal, Harvard University Press (2001)。

[2] 尽管 DNA 的证据明显表明,在我们的社会中,丈夫宣称是他妻子所生孩子的亲生父亲的正确率仅有 4/5。但是,对于头一胎出生的子女,这个概率却非常不准确。

猩之间梳理毛发的行为是一个重要信号,象征着某种社会关系。按照罗宾·邓巴的观察,在黑猩猩之间,梳理毛发起到的作用,就像我们人类间相互八卦的作用一样。毫无疑问,黑猩猩彼此之间可以感同身受,并且它们会积极利用同理心的技巧来提高自己的社会地位。

人们一度认为,黑猩猩基本上是食素,但事实并不是如先前人们所理解的那样,实际上它们会大规模地捕食猴子。威廉·麦克格里(William McGrew)的报告说,在一些季节中,它们一天就可能吃掉65克的肉,并且黑猩猩的食肉行为与它们的成功繁殖密切相关。

当一个种群的雄性猩猩聚在一起猎取食物时,它们得到的食物量,比它们各自单独猎取的要多。如同社会性的昆虫一样,它们之间的合作获得了规模报酬的递增。但是,猎物是被共享的——尽管在某种程度上不是以人类所认为的公平标准来分享的——在更广的一个范围里,这样的分享触及了自私基因的问题,这些问题也适用于在人类觅食型社会中的合作捕猎。合作捕猎显然使整个种群获益,但它对于其中的个人又意味着什么呢?

人类觅食型社会

史前的人口过剩所导致的食物危机,可能成为人类通常生产方式的觅食型模式终结的诅咒,但那次并没有彻底摧毁狩猎—采集型社会。觅食部落仍在沙漠的边缘地带或者极地的冰带以及热带雨林中存活了下来,这些边缘的栖息地生长庄稼或者放牧都很困难或者根本就不可能。确实,这样的栖息地被发现是过剩人口理论所偏爱的一项证据之一。

我们可能找不到一个完全纯粹的觅食型社会至今仍旧存留。也就是说,这些只由狩猎和采集的经济生产构成的,只由性别或年龄这些因素决定劳动如何分工的社会,看来是已经消亡殆尽。但是,还是有相当数量的觅食型社会存活到了20世纪,因为人们发现了大量对他们的生活方式的历史记录。当我们要猜测 1 万年前的社会契约是怎样的时候,我们就应该来研究这些社会。

有两个特点是普遍存在的。首先,纯觅食型的社会是没有领袖或首领的。其次,当提出建议时,有一些个人比其他人获得更多的尊敬,有时这些人可能有个头衔;但是,他们从不行使任何个人的权威,而且他们会很谨慎地不给他人留下他们能够实行个人权威的印象。

他们如此低调行事,并不是他们没有像我们一样强烈的统治欲望。在生物学上,他们和我们是一样的。他们可能遗传了与我们一样的仍旧与黑猩猩和波诺波黑猿相似的等级制度的本能。但是,他们这种本能的支配,已经被其他后来产生的一种机制约束了。

根据这种反支配的机制的要求,人们如果表现出盛气凌人的态度,就会面临来自本族群其他人的威胁,或者逐渐升级的惩罚,好让这类人可以收敛一些。根据这个机制,第一步会发生的是人们对想要成为领导者的人进行挖苦、嘲弄。如果这个人继续盛气凌人,第二步就是对他进行联合抵制。如果他还是一意孤行,特别是如果他试图通过暴力来稳定统治,那么他就会彻底地被驱逐出族群。

我认为,这三个阶段在我们的社会也同样普遍存在,而且并不是出于偶然的。嘲笑和愚弄的阶段相当有趣。被人嘲笑并没有什么明显的损害,但为什么我们如此不喜欢被别人嘲笑呢?有可能是因为,我们的基因把嘲笑捉弄解释为一个信号,即如果我们不改正我们的行为,接下来就会有真正带有伤害的惩罚。

在一个社会中,如果缺少了领袖来定夺谁获得多少生产的剩余,那人与人之间的合作将如何进行呢?我认为,我们对于公平的感觉,是伴随着反支配机制为了解决以上这个问题而在演化中出现的。一个社会如果没有领袖去指定社会的生活博弈中的均衡,那么这个社会就必须使用其他的均衡选择机制。譬如,在我们这样的社会中所演化发展出来的机制就是公平。

在人类觅食型社会中，食物的共享是司空见惯的做法，但是只有在如何共享肉类上，人们才遵循一种普世的公平原则。这个原则对于实行它的狩猎—采集型社会有多重要呢？这个问题的提出是很有必要的，因为近年来，过去“男人做英勇猎人”的范式已经受到了大量事实的反驳。这样的反驳在一定程度上是对的，因为正如妇女在采集社会中的角色是要采集和照顾小孩，就像男人在狩猎型社会的角色一样重要，但如果有人要说，狩猎只不过是在食物供给不能够维持生存时一个额外的选择，这样的说法却是经不起推敲的。

确实，成功的猎人更能吸引女性，并且更能比一般人获得更多繁殖的机会，但是狩猎对于年轻人而言，不只是给年轻女孩子发送他们勇敢这种代价高昂的信号的竞技场。近来，卡普兰和其他人研究了现代觅食型社会的食物预算，吃惊地发现，在孩子们消耗的卡路里和蛋白摄入总量中，有97%是男人们为他们的孩子提供的。没有打猎，在那种通过演化区分适应性和不适应性的突发性恶劣年份里，种群将很难生存下来。[1] 因而，肉类被普遍公平地共享具有重大意义。

一些人类学家视此为难解之谜。如果在狩猎活动中，每人各尽所能、各得所需来组织，那么为什么没有出现囚徒困境呢？如果一个人在参与家族博弈的合作中分得的肉，相比他自己觅食得到的更少，如果不这样做也没有权威会惩罚他，为什么他还会全身心地参与到狩猎中呢？

卢梭在猎鹿人的故事中也问了一个类似的问题，这个猎人必须在如果成功就会得到一只鹿的合作团队中，与他单独捕猎肯定能获得一只小兔子之间进行选择。但是，卢梭对此问题的解答最终只简化成了武断的答案，即在类似囚徒困境博弈中的合作是理性的，但事实上，他的这个答案对我们并没有太多的帮助。

---

〔1〕 See *Moral Sentiments and Material Interests*, edited by Gintis, MIT Press, forthcoming.

然而,我并不认为这是一个难解之谜,只要它可以满足一个条件:当每个族群的成员彼此间博弈时,每个种群都各自在一个均衡中运行,族群选择谬误就不会出现。这里我们有必要指出两点:

- 男人合作狩猎的社会相比不合作狩猎的社会更为成功,因为前者总体上生产更多的食物。

- 合作狩猎能够通过对于没有努力做好自己分内工作的人进行惩罚而作为一个均衡被维持下来。年轻男性都有一种特别强烈的冲动想去学习必要的狩猎技巧,这是因为在觅食型社会中,年轻人会发现,英勇的猎人能够吸引少女的眼光,如同我们时代中那些超级巨星和运动员一样引人注目。

9.3 机制设计

克瑙夫特(Knauft)是一位人类学家,他绘制了一条 U 形曲线,用来表示假设的原始人类社会契约的优势水平,用以作为演化时间的一个函数。他一开始就假设,我们前人类的祖先就像现代的猩猩和波诺波黑猿一样,有一个强社会优势结构的社会契约,这是他假设曲线的高起点。当曲线下降到低水平时,他假设觅食型社会处于无政府状态,这个结构反映了大约在一万年左右的古代觅食型社会。当曲线又上升到高水平时,它反映了农业和工业社会出现后,人类产生了更为复杂的社会等级制度。

如果这个说法正确,那么可以推测,遗传学上一系列的突变可能使得我们通过重复强制联合起来对付潜在的领袖,来抑制我们组织等级制度的本能。但问题是,为什么一个无政府状态的社会代表的就是一个演化上的进步呢?

分权制组织

谈到以上问题，我们可以附带地引到机制设计(mechanism design)的话题上。机制设计是博弈论的分支，被视为博弈论巨大的成就之一，因为它被广泛地应用在电信拍卖领域，为政府赚得了亿万美金。于是，新闻记者不再把博弈论专家看作一群毫无作用的社会科学家。现在，我们这些社会科学家则成了一群危险的马基雅维里式的干涉者。就我自己而言，我设计了一个电信拍卖，卖出了350亿的巨资，但《新闻周刊》(*Newsweek*)杂志却把我描述成一个“冷酷的、耍大牌的经济学家”，我猜想，这个说法是那些有权有势的大款暴发户提出来的，因为他们过去从公共领域榨取的金钱，现在被收取过来而用于整个社会的利益，显然他们就不高兴了。

机制设计的法则是基于一个显而易见的原理，即决策制定权应该分散给那些拥有必要知识和专门技能的人。每个人都知道听命一个愚昧无知或不称职的老板就只会做傻事。因为这样的情况而导致的无效率可能影响很大，就像在苏联，计划经济的大规模失灵最终导致戏剧性的经济崩溃。但是，把权力分散产生的一个问题就是，权力会导致腐败。众所周知，人们把权力赋予一些在位者，但这些官吏最终学会的是用这些权力为他们自己谋福利，而不是照他们所宣称的为社会服务。

出售类似电信执照这样的公共财产，为我们提供了一个有教育意义的案例研究。西方政府历来都犯了一个苏联式的错误，就是允许公共官员来决定出售价格，而不是把这个决定权放在那些知道这些物品实际价值的人手里，也就是那些潜在的买家的手里。可能他们已经读过了大卫·休谟在这个问题上的论述：“在设计任何政府体制和确定该体制中的若干制约、监控机构时，必须把每个成员都设想为无赖之徒，并设想他的一切作为都是为了谋求私利，别无其他目标。”当一个公共官员询问一个电信巨头，问他这个电信执照对他而言值多少钱的时候，如果认为那个电信巨头会说实话,那就未免太天真了!

但是,我们不需要把我们的注意力限制在说服寻求人们为公共利益而行的幼稚想法上。机制设计通过设计博弈回应了休谟的挑战,把博弈中那些被委任权力的无赖当成博弈的参与者来对待。建立的宪法章程就是博弈的规则。这些规则在设计者有效监督和评价的情况下被用来防止参与者出轨。尽管这样,这里的控制和监督更为重要,因为这些控制机制会在设计者不能够监督或不知道如何评价时起作用。在这样的情形下,参与者的行动是根据设计者的目标,而不再是他们自己的目标,这时参与者就很有必要来仔细考虑选择博弈的收益,以提供恰当的激励。

例如,利用维克瑞(Vickrey)拍卖这种赢家只用支付第二高价格的投标者的拍卖[1],在电信拍卖中能够激励投标者揭示他们所认为的这个牌照的真实价值。这里出高于自己的估价是毫无意义的,因为如果认为有必要赢得这个牌照,次高出价的人就会比你出得高。出任何低于自己的估价也没有什么意义,因为这只能降低你获得这个牌照的机会,如果你赢了,也不会改变你的支付。

在维克瑞拍卖中,所有的牌照都是按次高出价者的出价成交。在适当的条件下,能够证明这对于那些投标品的价值不了解的卖者期望获得的收益最为有利。因此,在这样一个次优世界里(尽管不是唯一的),维克瑞拍卖的结果是最优的选择。

这个设计给投标者提供了适当的激励,使他们可以揭示自己真实的估价,但是获取这个信息的成本是卖者必须满足获取的收益低于赢的投标者的真实价值。在一个最优的世界(first-best world)中,卖家会

〔1〕 威廉·维克瑞(William Vickrey)也是一个像纳什和哈森伊一样的古怪天才,其职业生涯也涉足了众多领域。除了目前他被人所知的成就以外,他也是与哈森伊和罗尔斯一样发明了原初状态的一个创立者。他获得诺贝尔奖三天后就去世了。

事先就知道投标者的估价，并且卖家会给他们每一个人提供一个“要么接受，要么放弃”的选择，这个价格仅仅略低于他们愿意支付的价格。

这里举的只是最简单的例子之一，在这些情况下，鉴于我们都是那种当认为能够逃避惩罚时就会撒谎和欺骗的次优物种，我们可以把自己这些行为的后果所造成的损失进行量化，从而得出具体的结果。就像在拍卖电信牌照的这个例子中，双方的损失可以是很大的。但既然交易已成事实，为已经打翻的牛奶哭泣显然于事无补。但我们可以对机制进行设计，依旧可以使事情有好转，因为机制设计既接受我们的次优状态，也会试图制止我们像往常一样最终只得到三流的劣等结果。

盲目的钟表匠

前面提到的机制设计，使得人们会想到一个采集—狩猎型社会的社会契约就是机制设计的应用产物，自然的角色就好比是一个“盲目的钟表匠”，装配着合适的社会的齿轮和发条，使其成为和谐一体。[1]

在大自然的计划设计中，大自然知道基因就像无赖一样，不能够相信它作为一个善的物种，基于这样的假设，大自然会理所当然地认为，基因只会最优化它们自己的适应性。因而，在这个生活的博弈中，仅有一个均衡可以作为可能的社会契约，通常我们看到，合作狩猎是作为均衡的一部分而持续的。但究竟以何种方式合作狩猎才是最优的呢？也就是说，怎样的合作狩猎可以最大化整个族群的净收益呢？

在这里，机制设计分散化的原理(decentralizing principle)就变得显而易见。如果我们应用这个原理，那每个狩猎者都会在与族群中的其他人合作时自由地发挥他的才智和技能，去最大化族群的利益。这里

---

〔1〕 如同“自私的基因”或“看不见的手”，当说到“盲目的钟表匠”时，没有任何目的论的倾向。这些隐喻仅仅是作为演化将会导致像理性的参与者那样选择出来的均衡(第 1.4 节)这样的信号。这里唯一不同的是暗含着第 1.5 节所定义的族群所做出的选择。

应用的制约机制就是,对肉的分享必须根据固定的规矩去执行。这样,每个猎人就会通过最大化他自己所在整个族群的肉的数量,来最大化他自己家庭所分得的肉的数量。当然,这个过程也是个成本收益问题。这里的风险是,每个狩猎者都愿意加入一个没有彼此分享原则制约的大型狩猎博弈,但是如果这样,那些更勇敢的年轻人会比那些退缩的猎人更显得性感,这也不是偶然发生的事情。

假使有人能够通过为每个人指定不同的角色来协调打猎,此种安排是否会更好呢?这样的安排有一个条件,即有一个不会滥用惩罚权力的领袖存在,如果条件满足,答案显然是肯定的。事实上,现代觅食型的社会中会有这样的领袖出现,他们通常是技术老练的猎人,而且很多时候,这些人会很低调地提供建议,他们不会表现出是他们在下达命令。不过我们关注的不是现代的觅食型社会,而是那些早在语言演化出现之前就存在的觅食型社会。在那样的社会里,狩猎活动之前的预先计划仍是可能存在的,但目前看起来,那些计划不会是非常复杂、精密的。我们假想大概是这样的情况,在人们一起狩猎的过程中,他们会逐渐被安插到不同的角色,这样的安排后来成为一种惯例,每个人就有了不同的狩猎角色。既然连黑猩猩都可以非常有效率地达成这样的安排,人类怎么可能不会呢?

总之,合作狩猎可能在没有领袖的社会中获得更多的产量——特别是在语言产生之前——因为尽管缺乏一个可以惩罚不服从行为的领袖,然而在这样的社会中,决策权却可以下放到有效率的层面。

拟子或是基因?

我想我的论证已经提出的一个可能性是,演化可能已经把我们人类的社会支配的本能(instinct for social dominance)压抑住了,而我们假定人类曾经有过这种本能,就和黑猩猩的本能一样。但这种本能的消失,为什么不会是文化演化造成的呢?因为不管怎样,文化演化据说是我们后来形成耕种生活方式的原因。

我认为,社会契约向一类没有领袖的、公平的契约转型,这个过程可能是一个遗传基因工程,我这么想的原因有几点。最重要的一个理由是,现代狩猎—采集型社会的深层结构具有普适性,即使在地理距离很分散、环境很多样的情况下,这样的深层结构都还存在。我曾经听社会人类学家争论说这个现象可以归咎于平行的文化演化(parallel cultural evolution),但他们的观点背后好像是一种要维持人类心灵白板说这样的范式,而不是一种对此假说进行严肃的科学性的深入思考。

补充性的证据来自一些少量的自然实验中,这些实验是一个按现代的社会契约运作的社会,却被强制恢复到一个纯粹觅食型的经济。就如贾雷德·戴蒙德(Jared Diamond)的《枪炮、细菌和钢铁》(*Guns, Germs, and Steel*)中所记载的莫里奥里人(moriori)的命运一样,他们是一群在偏远的查塔姆群岛被人们发现的波利尼西亚人,这个群岛因为远离南波利尼西亚,因而农作物稀少。由于这些条件而形成的这个社会中的觅食型社会契约,就是这些觅食型社会中的普适性特点的复制品——如果这些普适性特点都按照基因决定,就会造成这样一个社会契约。这个部落仍保留了一些名义上的首领,但是他们没有太大的权威性。但到了1835年的时候,一小队来自新西兰的毛利人(Moriori)入侵这些莫里奥里人,这时他们的新社会契约没有拯救他们这个部落。冷酷的毛利人按他们一贯的做法,把莫里奥里人彻底从地球上抹杀了,无疑重新制定了另外的背景。

这里还要提到的例子是约翰·阿尔曼(John Allman)和他的同事所做的神经科学方面的研究。他们发现,只有人类和其他非洲猿具有较大的包含100 000个"轴"神经元的结构。阿尔曼相信,就是这类不寻常的细胞控制着一种深层的公平结构(deep fairness structure),而这个深层结构是某一类社会行为所必需的,我假设这些是通过一些不寻常的细胞来控制的。

最后的一个例子就是我们每个人自己的心理活动。想一想,当我们听命于一个对我们不公平的统治者时,为什么我们会如此地愤怒呢?就连很年幼的孩子,在非常小的时候,听到一些令人不舒服的要求时,我的孩子已经会表达他们对于被命令的愤怒了,他会说:“这不公平!”至于那些人们生活最快乐、富裕的国家,它们是什么样的国家呢?在这些国家里,它们的宪法都可以使人民免于暴政,而且宪法保证了正义被公平地执行。[1] 我不认为这些是偶然或者巧合。我认为,演化把对自由和正义的渴望写入了我们的天性,这种天性,即使是在希特勒那样的世界里,在那样的极端社会下,也不会被泯灭掉。

9.4 黄金法则的一个起源?

黄金法则看似是人类社会的一个普遍现象。这里有个问题,为什么演化能够把这样的规则写在我们的基因中呢?社会生活之所以成为可能,这个社会中的一些均衡选择机制显然是必要的,但是为什么一个社会可以演化出像黄金法则这样的一个东西呢?

如果我们把黄金法则理解成一个简单的原初状态的机制,我认为,要回答以上这个问题,我们先要回答另外一个问题,那就是,为什么会演化出社会性的动物。人们一般认为,社会性动物的演化,是因为食物的共享是具有生存价值的。

保险契约

在第1章中提到的吸血蝙蝠就是一个例子。一只吸血蝙蝠必须在

〔1〕 美利坚联邦宪法的起源有时读起来就像一本机制设计原理应用的练习题。我吃惊地发现这一点的作者可以延伸到大卫·休谟。

每16个小时左右就吸一次血，否则就会死去。在吸血蝙蝠中，食物共享的优势是非常显著的，事实上，这种优势在演化中加强到如此的地步——就连一些没有亲缘关系的蝙蝠，它们之间也会基于互惠来共享食物。

通过食物共享，从根本上确保了蝙蝠之间免于饥饿。对动物而言，它们不能够像人一样写下保险契约，即使它们能够这样，如果一个动物向其他动物提出对于它应履行的契约义务，它们中间也没有一个法律制度能够让这些动物去上诉。但是无名氏定理告诉我们，如果动物之间的互动是基于一种重复博弈，那么演化就能够回避外部执行这样的难题。

在重复生活博弈中，两个动物可以通过协调到一个适当的均衡上，来充分监督彼此之间的行为，它们无论怎样进行谈判，总能达成一个合法的保险契约。如果这些动物是亲戚，要在演化中发现这样一个均衡就更为容易，但是，吸血蝙蝠的例子也表明，在演化的压力足够强的情况下，动物之间有没有亲缘关系，并不是完全必要的。

从不确定性到无知

当亚当和夏娃在协商一个共同的保证条约时，他们需要认真考虑哪些因素呢？

想象一下，如果是在一个狩猎演化形成前，亚当和夏娃会单独地采集食物。就像单个的吸血蝙蝠一样，他们有时幸运地满载而归，有时却两手空空。如果有一个保险协约，这个协约就可以帮助他们两人分享食物，即使在他们中间一人有所获而另一人无所获的时候，也可以分到协约中指定的食物量。

如果亚当和夏娃都是理性的参与者，他们要来协商这样一个保险性的契约，并且他们事先并不知道在这个契约奏效的某天各自的情况怎样。为了让这个例子看起来简单些，假定他们走运和不走运的概率是相等的。[1] 那么看起来亚当和夏娃就像是隔着一层不确定的面纱来做决定，这个面纱背后所隐藏的就是谁是幸运儿谁是不幸者，他们就是在这样的情况下开始讨价还价的。在这两个参与者讨价还价时，我们假定他们走运和不走运的可能性是相等的。

这样一个有共同的保险性契约的讨价还价场景，与一个原初状态的讨价还价场景之间有很明显的相似之处，我认为这种相似远非巧合。为了把这样一个相似点确定下来，我们需要给放置在罗尔斯的无知之幕下的亚当和夏娃分别起一个新的名字。在这里类似的含义是功利主义哲学家黑尔(Hare)所说的理想型观察者(ideal observer)，我们称之为天使长(Archangel)，亚当和夏娃被称为约翰和奥斯卡(取这样的名字是为了纪念博弈论的发明家们，他们在世的时候会像天使一样智慧地运用他们的理性)。

这里，亚当和夏娃用不着去猜他们会是幸运儿还是倒霉蛋，在这个新的设置里，我们只需要约翰和奥斯卡两人假装不知道他们后来会成为亚当还是夏娃。这样，很显然，按照原初状态的机制要求，参与者只需要把他们自己想象成是站在别人的立场上而非自己未来可能的角度去看问题——也许是亚当，也许是夏娃。

如果大自然是通过食物共享把我们联系起来解决这个简单的保险问题的，那么她也同时提供了原初状态运行所必需的装置。

当然，在一个保险性的契约中，达成契约的各方不需要装成他们都是以其他人的立场来考虑。相反，实际上他们的前景可能最终还是成为幸运儿或倒霉蛋。但是当原初状态的机制被用来解决公平问题时，对于约翰来说，他就完全知道自己实际上就是亚当，并且事实上他不可能成为夏娃。为了可以用罗尔斯和哈森伊建议的方式来运行这个机

---

[1] 如果发生的概率不相等，也并不是很难的问题，因为不等的概率能够应用参与者的社会指数来解决(第 8.4 节)。

制，约翰就必须让自己陷入一个反事实的想象中。约翰实际上不会变成夏娃，但他必须假装他会成为。但是，如果不需要违背林奈（Linnaean）[1]的格言——自然不会突变（Natura non facit saltus），如何能在现实和主张之间的差距间架设起一座桥梁呢？

扩展圈子

正如我前面论证过的，我认为，人类的伦理起源于大自然解决特定的均衡选择问题的尝试。但是，大自然不可能是从一个简单的形式摇身一变，就突然转变为一个复杂的形式。她只是一直对一些现存的结构修修补补，而不是创造一些给人以憧憬的怪物（hopeful monsters）[2]。为了明白原初状态的机制可能的自然起源，必须考虑自然可能会做什么样的修补。

在彼得·辛格的《扩展圈子》一书中，他把可以扩大的圈子用来指一个范围，在这个范围内，一些道德法则是可以加以应用的。例如，耶稣把他的原则“爱你的邻人”中“邻人”的范围重新为“每个人”。那么在演化过程中，演化是如何扩展道德法则领域的呢？

我的猜想是，有时候是参与者误读了来自他们环境中的信号，他们错误地把一种在小圈子里演化来的行为或思维模式应用到一个更大的人群集合或博弈中，这样，道德法则的范围就扩大了。当人们犯这类错误时，参与者在还没有完全明白外界圈子的博弈是有不同规则的时候，他们就试图用内部圈子的博弈中维持均衡的方法。例如，即使亚当和夏娃没有什么亲缘关系，但他也可能对待夏娃如同兄妹一样。或者，他会用对待重复博弈的态度来对待一个一次性的博弈。

一个策略组合（strategy profile）对于内部集团的博弈是一个均衡

---

〔1〕 瑞典博物学家。——译者注

〔2〕 生物学上称为“假想的可见畸形组织”。——译者注

通常并不意味着对于外部集团的博弈也是一个均衡。因为,在一个内部集团中,选择均衡策略的规则如果使用在外部集团的博弈中,通常,选择是相抵触的。但这里还是有一些例外。当对于外部集团博弈好像是在内部集团博弈时,有时参与者将会协调产生外部集团博弈的一个均衡。此时,族群将会偶然地发现一个外部集团博弈的均衡选择机制。当他们实际中的约束是这些外部集团博弈的规则时,这个机制中包含的参与者的行为却**好像**他们受到了内部集团博弈的规则约束一样。

没有给人憧憬的怪物

第 7 章提出了道德行为的起源是建立在家庭之上的,因为由演化来解决这类博弈的均衡选择问题较为容易。这一章中另外需要指出的一点是,我们应该关注这一类博弈:其中,那些参与者为了保证每个人都不致挨饿而彼此之间共享食物,这种长期非正式的协议就相当于其有效的均衡。在这类博弈中,要解决均衡选择问题,就需要我们提供在最原始形式下原初状态机制中的神经网络连接过程。

在这之后才可把圈子扩展,包括在一个博弈中通过对待陌生人如同一种荣誉或虚构的亲戚,通过婚姻或吸收新成员,开始把局外人纳入家族之中。想一想也确实如此,如果你只是会定期地与亲戚打交道,那么其他模式的行为会有什么用呢?

大自然给予我们同情心偏好,可以去评价亲属间的福利,但这样的比较不能应用于陌生人之中。然而如果一个共识在社会里出现,就是关于在一个特定的陌生人中开始采用什么样的亲属关系,这样就不是一个非常突兀的事情。

为了使得原初状态不仅可使用在亚当和夏娃结果可能成为幸运儿或倒霉蛋的情形,而且在以下情形仍可使用,即当他们继续下去时,好像他们彼此之间的角色可以转变成对方,下一步需要结合这两种发展。从接受在长期而言我可能是个倒霉蛋到思考我可能变为其他人的可能时，这些差别是否就如此巨大呢？毕竟，饱汉不知饿汉饥，我们中没有哪个人有相似的那种感觉。在不同的环境下，我们显示了不同的个性并且想法也大相径庭。

为了说明这点，考虑在预先计划时，理性人思考不同的可能发生的偶然性时会考虑什么。为了估计这些，参与者用一个所有未来的人——幸运的或不幸的——这些可能是投掷骰子后的结果，加权平均来计算他们的期望效用。当一个家庭在博弈中选择一个策略时，参与者把他们的收益等同于在他们家庭中每个成员的适应性的加权平均。为了把我们谈判保险性契约的能力转变成在生活的博弈中作为一种更为广泛协调机制的使用公平的能力，所有这一切对于我们而言，允许参与者去替换成投掷骰子后可能成为的那个未来的某个参与者的方式与成为其他人的方式，必须结合这两种方式。同理心偏好，需要实现这些可能性，就要求他们对待其他人的方式与对待他们姐妹、兄弟或姨妈等亲戚的方式没有什么不同。

图 9－1 表明了迄今为止原初状态的演化史所讲述的内容。它也引出了所关注的两个问题。第一个问题涉及亚当和夏娃进入原初状态时，建立在同理心偏好基础上的人际间比较的标准。

在一个家族的博弈中，当折算我们伙伴的适应性时，我们使用的权重是以某种方式获得的，即通过估计我们亲属关系的程度到家族一般的动态过程(general dynamics)，以及我们在其中的地位。但是，当构造一个同理心的效用函数时，我们考虑折算亚当和夏娃个人的效用单位应当从哪里开始呢？我的答案是这些权重取决于社会演化的作用。在以后的章节中，第 8 章所介绍的同理心均衡的概念被用作一个原始的说明关于这些假设的含义的方法。

第二个问题是强制实施的问题。正如图 9－1 指出的，是否是在原初状态使用了不同方法从而导致功利主义或平等主义不同的结果。第 10 章表明，如果我们按照哈森伊的假设，假定在原初状态时，社会契约

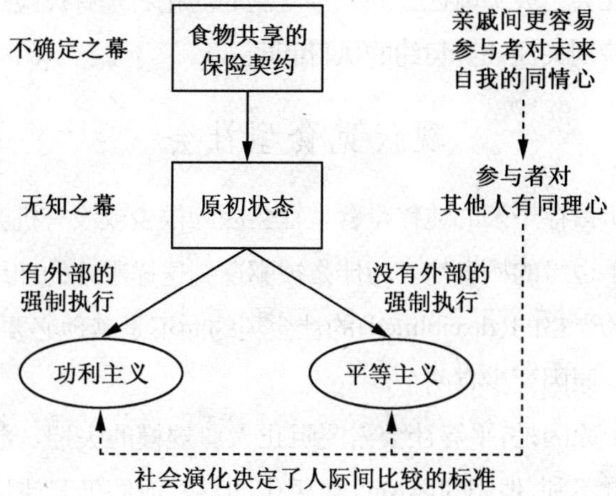

图 9—1　原初状态的演化史?

是通过一些外部的代理人强制实施的,那么这个结果就是功利主义的。第 11 章表明,如果我们假设根本没有外部的强制实施,那么其结果就是平等主义的。

因此,社会契约如何被监督是一件大事,重新考虑在现代的狩猎—采集型社会如何进行强制实施,以及在史前社会它是如何运作的,这些非常重要,这一点不谈就难以结束本章。

9.5　强制实施

有些时候人们很轻易地就忘记了当我们以自己的方式与黑猩猩分离开时,生物演化在黑猩猩中也没有停止工作。事实上,当我们与黑猩猩分离之后,波诺波黑猿也从黑猩猩中分离了出来。甚至更为重要的是,考虑文化演化在人类觅食型社会中一直起着作用,它塑造了我们的家庭和现代工业社会。因而,伴随着演化,最终触及人类的本质而把现代觅食型社会当成史前社会的一种复制的活化石是有风险的。我认为我们需要特别关注社会契约的执行问题。

现代觅食型社会

现代所留存下来的纯粹觅食型社会因为很少或没有机会去迁移而被迫使到了边缘的栖息地。为什么被驱逐到这样艰难的环境会导致他们采用较为严格的(disciplined)的社会契约而不是其他必要的契约,我能够想出的原因至少有两个。

第一个原因是,平等社会需要阻止人口规模的失控。数量倍增无疑对他们很不利,他们的环境也会恶化,但是,他们仍旧使用生育控制的"固有的"(natural)方法——类似推迟儿童的断奶,或者直接戮婴。有时也有些报告提到,当游牧族群迁移时,抛弃老人是被默许的。

第二个原因是,一个英明的领袖对于生活在生存边缘的人群而言是危险的,并且演化压力使得反支配机制的有效性将变得非常强大。萨林斯(Sahlins)已经指出当时尽管食物缺乏,但荒年却是较少的,然而这些年份决定了这个族群的社会契约是否能够留存下来。如果在一个荒年,危机足够严重,这个族群的一些成员可能死去,并且余下的要到近邻的族群寻求避难。在这些危机之间的丰年,上一次荒年的穷苦记忆渐渐会被淡忘。此时,这个处在风险中的族群就会被卡里斯玛型[1](charismatic)的领导者所蛊惑协调到一种社会契约上,使得在这些丰年时能更好地利用得到的剩余。如果新的社会契约能够运转下去,当荒年出现时,灾害仍然会发生。

简言之,这种社会机制抑制了作为充当集体无意识这样的领袖作

---

〔1〕 一般认为主要由韦伯总结,认为这种权威的正当性来源于神谕,魅力等超自然的能力有别于法制型和传统型的正当性,可以参见韦伯的《经济与社会》以及台湾远流版的《支配社会学》。——译者注

用的人出现,这种集体无意识在过去是为了保持一种避免灾害的集体记忆。一般的看法认为,这种顽固的保守主义的迂腐对于忙于生计的农夫无疑具有一种类似的解释。

因而,为什么我们应该期望此类的文化演化无论何时都有可能产生更为有效率的政策的社会契约,至少有这样两个原因。特别是,少数个人的潜在行为是被族群中的公共观点左右而被假设成为一个整体被完全利用。为什么卡拉哈里沙漠的布什曼人在拥有一个特别漂亮的工具仅仅几天就必须传给别人?因为如果他拿着这个工具太久就会招来嫉妒,作为一个整体的族群就会开始惩罚他。

这类的原因暗示,小的子族群(subgroup)的社会契约不需要满足类似于作为一个整体族群的社会契约所要求的同样均衡的必要条件。对于一个整体的族群没有人担任外部强制实施的代理人,因而这些社会契约必须全部是自我实施的,但是足够小的一个子族群必须有一个潜在的外部强制实施的代理人,即每个人的联盟不在这个子族群中。

因而,子族群生活中的博弈不同于一个整体的族群,因为它的法则必须考虑到子族群外部的人的实施行为。如果在现代的觅食型社会,原初状态的机制继续被使用,一种可能结果是发现在一对个人之间开始以功利主义为基础进行交易,而在一个整体的族群间是以平等主义为基础进行共享。

史前社会

我们的先祖原始人类的社会契约,可能比那些现代觅食型社会更少一些约束。不仅仅是在一万多年里文化演化有机会塑造这些社会契约,而且他们也遭受到了有利于内部约束的外部压力。

非常明显的一点是,在现代觅食型社会,逃离约束的造反者是走投无路的,除非相邻的族群也有一个相似的社会契约。但是,对于我们的先祖原始人类,情况却是截然不同,他们可以扩展逃离的范围为整个世界。没有了迁移的壁垒,他们的社会组织必须从无政府状态扩展到成为现代狩猎—采集型社会绝对的家长式的状态。当持有不同意见的族群在相对较低的成本去建立新的牧场时,洛克式的选择就被破坏,其他的族群应该怎么做?既没有公共的观点,也没有像老大哥[1]那样个人的权威,当惩罚时,就能够通过逃跑来逃避惩罚。

我相信,在肆意的统治者权柄之下我们所有人都会感到苦痛源于对这种环境的态度已经深嵌在我们的头脑中。正如尼采(Nietzsche)的查拉图斯特拉(Zarathustra)所言:"我的兄弟,还会忍受他们腹中的浊气吗?最好打开窗子跳到户外去!……空旷之处仍旧漂浮着宁静海水的气味。敞开之处仍旧是一个自由生命的高贵灵魂。"在1888年,美国的确仍旧是荒凉而自由的土地,但是今日之悲剧却是没有任何避难所可以供我们迁徙。就此而言,我们具有的过剩人口危机可能会成为史前危机的重现,可能再次使得专制主义(authoritarianism)重返我们的世界。

但是,这里的主要问题是我想弄清楚为什么我们先祖原始人类的社会契约在族群中是作为一个整体的共同选择而不会被控制变为现代觅食型社会的个人的选择。个人之间保险性的共享,其原因可能与吸血蝙蝠实施食物共享的原因相类似。一旦共享的法则被建立起来,那么它就像消费有利于生产一样而有利于合作。因此,实质上这就在打猎中具有了规模效应,这种方式也把小的族群范围扩张到了一个较大的族群的范围之中。

---

〔1〕奥威尔的小说《一九八四》中大洋国的极权领袖。——译者注

10◎

功利主义

尽管当严格考虑时它可能显得是虚构的，但是，一旦没有快乐的可加性假说，所有的政治思考推理就会陷入僵局。

——杰里米·边沁

10.1 约翰·哈森伊

在伦敦我所在的大学的大厅中，杰里米·边沁的遗体一直保存完好地放在玻璃陈设柜中公开展示。边沁生前曾留下一个黑色幽默般的遗训，说要让他的遗体保留下来，好在他死后主持政府委员会的会议。因为我曾经有一次坐在一些与会者的旁边，所以我知道，他的遗体的确有时主持了大学边沁学社的会议。与其他许多宴会的同伴相比，我觉得边沁如果在世，一定是个更能带给大家快乐的同伴。

边沁是功利主义的创立者。[1] 他是个极为古怪的人，但其作品却充溢着创造性的洞察力。一般认为，约翰·斯图亚特·密尔为边沁的观点提供了学术上坚实的基础，但是在这一点上，密尔给我的印象却绝不是一个和蔼的修补匠。尤其是，密尔被人们经常引用的对功利主义的"证明"，仅仅是在涉及什么是人们欲求的快乐的那个章节时所包含的一些内容。但是，我们想要知道的却是另外一个问题，即快乐究竟是不是一种可以被严格定义的东西。我们如何度量快乐？我们如何能够增添快乐？为什么我们可以用每个人快乐的加总来取代我们自己个人的快乐呢？

如果要彻底回答这些问题，这个世界就必须等待一个人，那就是哈

[1] 边沁归功于爱尔维修(Helvetius)。密尔认为这个观点至少可以追溯到伊壁鸠鲁(Epicurus)，但是我不认为伊壁鸠鲁乐意被划分为一个早期的边沁主义者(功利主义者)。

森伊。他的一生绝非一帆风顺。作为一个匈牙利的犹太人,他不是一次,而是两次幸运地逃过了劫难。他曾经从纳粹的集中营逃了出来,后来他和妻子为了逃避当局的迫害,被迫非法穿越边境,流亡到了澳大利亚。来到西方之后,在澳大利亚他不得不白手起家,重新开始谋生,最初他是在澳大利亚的一家工厂里当工人。

尽管他最终获得了诺贝尔奖,但是在经济学界,他的伦理学著作还没有得到认可。就像大卫·休谟受到的待遇一样,要接受他的常识性的洞察力的话,就需要把几个世纪的这些学问全当成没有价值的废物——那么,哪些是我们应该首先准备抛掉的书籍呢?有人可能认为,哲学家更能接受哈森伊的观点吧。然而仅是哈森伊所使用的基本的数学分析,其难度就已经把这样真心的认同者关在了门外。

这里称赞哈森伊的天才,并不意味着我认同他所有的观点。恰恰相反,我很不赞同他试图定义功利主义为个人道德的康德哲学的体系(kantian system)。不过,我仍然打算借用他所创造的分析工具来解释为什么在面对一个全能而且全知的执法者时,人类应该期待公平标准会按照功利主义的结构来执行。

因而,这一章是关于图 9－1 中左边分支内容的论述。如果存在一个会强制执行的外部代理人,而人们这时又是在无知之幕下进行讨价还价的,为什么这个博弈的结果就是功利主义呢?并且在这样的情况下,人际间比较的必要标准是如何被确定的呢?

我们能想到的一个可能的应用情况,是在现代觅食型社会那种小族群的人类行为中。另外一种情况是如现代福利经济学所讨论的问题,即对于一个有无上权力但又仁慈的政府而言,它应该如何制定政策。当然,在我们讨论这个问题时,我们不能忘记的一点是,当社会被当成整体来分析时,是没有一个强制执行的外部代理人的。如果有人读到这里对我失去耐性,觉得无法理解我为什么会觉得这个例子会引向一个平等主义结果,如图 9－1 的右边分支所说明的,我建议他跳到下一章。

10.2 空中吊车?

很多思想家幻想会有空中吊车,以此来解释他们为什么那样论证,就好像真的有这么一个强制的外部执行者存在一样——但其实人们无法在任何地方找到这样的实体,对于这样的幻想,我一直是持猛烈批评的态度。尤其令人苦恼的是,我发现一些研究宪政设计的经济学家们也会犯这样的错误。他们把机制设计的方法应用到宪政上时,却无视一个事实性的前提——并不存在一个实体会强迫这个国家的公民来遵守经济学家写进宪法的那些规则。

就连杰里米·边沁也不乐意支持这样的看法,这种"空中吊车幻想"把一个政府模型化为一个全知全能的官员,并且他对市民导致其腐败的个人激励具有免疫力,边沁一再地解释说,法律需要能保护我们免于受到我们同类的侵害,它也同样需要保护我们免于受到政府官员的侵害。[1] 这就是为什么我在第1章坚持论证的,坚持无论在进行什么样的生活中的博弈时,都把一个整体社会的社会契约作为一个均衡。

在这一点上,我已经充分表明的一个立场是,我们有必要坚持一个观点,即我并不是说存在一个外部强制执行者的假设是根本不合情理的。恰恰相反,当在探究一个社会的从属性族群的组织时,或当我们在研究一些整体社会中的特殊活动时,如果我们再假设一种外部强制实体的存在,就像借助于某种空中吊车,这个外部强制执行者的假设就不

---

〔1〕 就像罗尔斯的假设应该使他是一个功利主义者,因而人们也主张边沁的假设应该使他成为一个平等主义者!但是,可能边沁不会乐意我们这样的想法,因为他不断地声称他的"最大的快乐"原则将倾向于提高平等,而现在的功利主义者主张为了一些人的利益,可以牺牲少数人的利益。

再成立了。例如,当在考虑什么样的税制是公平的时,人们可能会把政府的财政作用与它的政策性作用区分开来。当我们在起草一个贸易联盟的章程或斟酌一个商业契约的措辞时,如果强制执行是必要的,我们就可以诉诸于国家的法律制度。

如果我们的竞技场不是整个社会的整体活动,那么通常在研究现实博弈的规则中建立一个外部的强制执行者是很合理的。这样一来,我们这里的可行性社会契约的集合范围就比没有代理人存在的时候要扩大了。[1] 例如,如果一个现实的博弈是一次性囚徒困境,每个人都知道无论是谁,他要是欺骗的话就会受到某个强大的旁观者的惩罚,如果这样,那博弈双方都会选择鸽,这就是博弈的均衡结果。

因为这一章和下一章都是对于所有的现实生活博弈而做的分析,强制执行机制明确地建立了现实博弈的规则,因而在假设给定的关于强制执行机制的背景下,我不必倾向于哪一方的立场。我之所以要把这两章分开来,原因在于两章内容有一点不同,即在原初状态下达成的一个假想交易是不是能当作有约束力的。

当把原初状态视为受到约束时来处理,我认为我们需要解释它为什么有约束力以及怎么起到约束力,这样的解释虽然琐碎但却至关重要。例如,在现代觅食型部落的例子中,两个邻居之间的某项涉及公平的争端可能会通过他们部落中其他人来决断,但是,在古代觅食型部落中,公平首次开始作为均衡选择机制演化时,就不能靠这样的方式解决。

〔1〕 我认为卢梭和康德也会屈服于公意这样的空中吊车。

10.3 至善

一个功利主义者需要回答三个问题:

- 效用是由什么构成的?
- 为什么个人的效用可以加总?
- 为什么我应该追求总效用的最大化,而不是我个人的效用?

哈森伊通过放弃边沁和密尔量化快乐的企图,取而代之用冯·诺依曼和摩根斯坦的理论,以便使得参与者的效用通过他们的选择行为来反映他们的偏好,首次回答了这三个问题。

事实上,哈森伊对第二个问题的解答还是引起了一些混淆,因为他给出了两个截然不同的答案。他的第一个答案要求先假定一套公理,这些公理涵盖了假定我们共享关于一个绝对的善(Good),类似柏拉图式的一个独立存在于人类演化历史之外的理念。但是,这样的方法在本书中是不存在的,本书拒绝超自然的概念。[1] 他的第二个回答则更为有趣,因为它需要一种原初状态机制的存在,这个机制也是哈森伊独立于罗尔斯发明出来的。我在下一章将对这种方法做一个重新的阐释。

甚至,对于第三个问题,哈森伊也并没有提出什么实质性的解答。他仅仅把一种道德上的善的存在当作是理所当然的,这个道德上的善优先于我们个人所关心的问题而先验地存在。

我认为,对于功利主义而言,其主要的错误在于搪塞了这三个问题。这里有一个亟待解决的问题是:究竟功利主义是一种被应用于每个人在协调如何与其他人交往上的道德体系呢,还是一套可以被某个

〔1〕 John Broome, *Weighing Goods*. 该书提供了一个令人信服的清晰的说明。

有权力强制实施它的规章的组织所遵守的信条的集合？能够理解的是，功利主义勉为其难地提出的这些证明其信条的理由，很难让那些怀疑它的人信服。他们喜欢幻想出一个世界，在这个世界里他们的思想被所有功利主义国家(state)的市民张开双臂来欢迎拥抱。与马克思主义者一样，他们有时谈及，当这些圣言最终深入每个人的内心时，国家就会消亡。另一方面，绝大多数的功利主义者认为现实中强制又是必要的。正如密尔所言："对于诸如损害他人利益的行为，个人是负有责任的，并且可能要遭受社会或法律的惩罚。"

我个人的观点是，功利主义者要是明智，他们就应该安于在公共政策或社会福利上的选择，对此我将使用原初状态中哈森伊的理论所激发的一个论证来定义现代版本的功利主义。〔1〕

10.4 政治的合法性

现今，人们都普遍认为，一个政府的政治合法性(political legitimacy)来源于人民的授权(mandate)。换句话说，一个政府所实施的政策，是由这个国家的人民以某种方式决定或认可的。人们认为，在一个代议制民主的政府国家里，一些周期性的选举制度可以合宜地将人民的授权传递给政府，但那些选举制本身并没有任何神圣性可言。相反，人们通常会抱怨这个选举过程是如何不公平——特别是对一个有派系争斗历史的国家在如何对待少数民族的问题上。因此人们可能会问，如果我们使用原初状态的机制来决定一个政府的委任，将会发生什么呢，

〔1〕 我认为这里附带解决了一个关于行动功利主义和规则功利主义之间的一个长期争论。在我看来，只有规则功利主义在公共政策的解释上较为合理，而行动功利主义对于个人道德的解释更为合理。

并且这样的共识怎样能够被执行呢?

在回答这个问题的时候,哈森伊和罗尔斯都给自己发明了某种“空中吊车”。在哈森伊的立场上,原初状态下社会契约的达成被假设为通过参与者的“道德承诺”(moral commitment)来执行。在罗尔斯的观点里,这里的执行是通过参与者的“自然义务”(natural duty)感。尽管这样,他们的观点还是值得关注的,虽然我们并不一定需要相信他们引入的这些“空中吊车”因素。因为如果他们的观点是正确的,只要存在一个真实的外部强制执行者,他们的理论都是可以适用的。

哈森伊的论证

哈森伊自身的分析很容易被描述。在他的沉重的无知之幕下,亚当和夏娃把所有关于他们自己的一切信息全部都忘记了,这里也包括他们自身的个人偏好以及同理心偏好。

但是,没有人可以在原初状态下不靠同理心的效用函数来对不同的选项作出评估、进行讨价还价。因而,哈森伊假设,亚当和夏娃会建立新的同理心偏好,这些偏好是与他们自我的信息空白相对应的。然后,他诉诸以哈森伊主义而闻名的一个原则:在同样状态下的理性的人,也以同样的方式进行选择。如果是这样,亚当和夏娃将在哈森伊的无知之幕下建立完全相同的同理心偏好。

如此一来,亚当和夏娃的讨价还价问题就显得微不足道。在思考执行什么样的社会契约是相对于他们普遍具有的同理心偏好是最优的这个问题上,他们的选择会完全一致。然而,我们从第 8 章可以知道,最大化一个同理心的效用函数相当于最大化亚当和夏娃个人效用的一个权重的加总。但这也恰恰是功利主义者告诉我们应当怎么计算的方式。

罗尔斯的论证

在罗尔斯的论证中,他仅仅假设亚当和夏娃是有同样同理心的偏好,对于他来说,这就不成为一个问题。亚当和夏娃有相同的人际间比较的标准,是因为他们以某种方式被赋予了一个相同的指标体系,也就是被罗尔斯称为“基本善”(primary goods)的指标体系。

既然罗尔斯和哈森伊仅仅是在表达上稍微不同,为什么罗尔斯没有得出像哈森伊一样的结论呢?答案在于,罗尔斯拒绝了传统的选择理论。他认为,在亚当和夏娃达成了确保特定的基本的权利和自由之后,他们对于分配问题将会应用最大最小化原则。但是,我们在第5章看到,最大最小化原则只有在面对死敌的零和博弈中才适用。在这里,难道亚当和夏娃会把宇宙假设为一种只为最恶劣地伤害他们而随机掷骰子的肆意的力量吗?他们为什么会这样认为呢?

简言之,罗尔斯逃避逻辑上的选择问题(这个问题是他为无知之幕下的亚当和夏娃创造的)来免于得出一个功利主义的结论,他这种规避是离经叛道式的。一些哲学家有时在这一点上为罗尔斯辩护,但我觉得他们还没有意识到他们支持的这个观点是多么大的一种离经叛道。如果传统的决策理论会在像原初状态这样简单的状态下犯错,那它通常就是错误的。就像《圣经》中记载的,参孙(Samson)凭一己猛力拉倒了一整座非利士人(Philistines)首领聚集的庙宇而压死众敌,我完全赞同毁坏非利士人首领聚集的庙宇,但是参孙至少意识到他到底在做什么![1]

所以罗尔斯的分析是有错误的,尽管这样,我认为他的直觉却是正

〔1〕 典故出自《圣经·旧约·士师记》,上帝兴起士师参孙引领以色列人,但被非利士人设计绑在托房的柱子上,参孙毁坏柱子和非利士人首领众人同归于尽。——译者注

确的。从根本上,他论证的原初状态的使用将产生一个如同觅食型的祖先一样的社会契约。但是,如果我们在分析原始状态的时候假设人们的"自然义务"为他们提供了一个外部强制执行的代理人,我们就无法得出以上这个结论。罗尔斯这里引入的这样一个"天助"导致的是功利主义!为得出一个不同的结论,我们就需要关注罗尔斯在《正义论》后面一部分提到的"承诺的张力"(strains of commitment),这点非常关键。我们在下一章的时候会认真考虑这一点,那样,我们就会发现,罗尔斯寻求的一种平等主义的解就变得水到渠成。

10.5 原初状态的讨价还价

哈森伊论证说,同理心偏好有一个理想的理性集(rational set),但是对于我们这些可怜的凡人来说,如何能够发现什么是这些理性的集呢?一个可能的尝试是摆出一个像罗丹(Rodin)的《思想者》的姿势,沉浸在康德主义的悬疑中,但是我绝不认为任何思考对此都会有帮助。因而,这一节开始尝试提出一个对于哈森伊方法的自然主义的重新阐释。

我认为在哈森伊的功利主义乌托邦中,所谓"理性的"社会指数(rational social indices)表明的仅仅是另外一种"空中吊车"。这样的社会指标就像古埃及法老试图发现的"自然"语言一样罕见——法老会把婴儿放在没有与成人接触的社会环境中来获取这样的语言。这些用来描述人际间比较标准的社会指数是由文化决定的。因此,如果我们剥去自己所有的文化影响,那么我们又如何可能理解那些是什么样的社会指数呢?

在我的自然主义的重新阐释中,夏娃进入原初状态,为的是可以用她所拥有的同理心偏好去解决日常的公平问题——不是道德哲学家发明的一套抽象或理想化的同理心偏好的集。她是从她的文化中形成了这些同理心偏好,所以,如果我们想要知道她的偏好具体是什么,我们就必须观察这个文化。

哈森伊和罗尔斯无疑正确地观察到了人际间比较的适当标准在一个社会通常具有强烈的一致性。这不仅仅只是一个有趣好奇的观点让我们提一提就算了。相反,在我看来,这一点至关重要,那就是要去理解社会演化如何产生这样的一致性,以及社会演化为什么要产生这样的一致性,这是我们理解这个社会如何以及为何使用它的社会指数的不可或缺的条件。

因而,在自然主义化哈森伊论点的下一步是研究当亚当和夏娃具有不同同理心偏好进入原初状态时,将会发生什么。此时,他们对于采纳哪种社会契约不再具有一致的意见,并且因此他们的讨价还价问题将不再是完全没有意义的。当这里的人际间比较的标准没有达成一致性时,这些问题还将会得到解决,最后一步是,追问为什么这些结果相比那些具有一致性的契约而言缺乏稳定性。

在下一章,所有这些将在没有假设外部强制执行的代理人的前提下,重新提出,但在这里我之所以用一种较简单的分析来论证,是为了让我们能够把一些讨价还价问题先当作理所当然地会发生的,这样,我们的注意力才能更多地放在均衡问题上。

婚姻契约

为了对人们在原初状态下的讨价还价的分析更富有舞台色彩,我把场景切换到亚当和夏娃在伊甸园里进行的博弈,这里将上帝作为一个最终的外部强制执行代理人。亚当和夏娃计划达成一个加州风格的婚姻契约,这样的一个契约详细说明了男女双方在婚姻关系里将怎样共享成本和收益。(请读者把这个场景想象成简·奥斯汀的小说而不是夏洛蒂·勃朗特所著的故事情节。)

我们的论证应该致力于在一个较抽象的层次进行,这样可以让我们不用对亚当和夏娃在现实生活博弈中的规则做太多假设。如果你觉得把这个场景想象成某种博弈能够帮助你思考,我的建议是你可以把它想象成第 4 章中的纳什要价博弈。这里的重点是,我们拥有一个集合 X(如图 2－1 所示),表示亚当和夏娃的可行性婚姻契约的集合。

我们也需要一个点 D 来表示一种不履行的社会契约,也就是亚当和夏娃目前所采用的社会契约,此时他们没有结婚。在讨价还价理论中,这个结果一般被称为不能达成契约点或现状点。在我的理论中,这个点实质上就是霍布斯提出的著名的“自然状态”,不过,在这里我只是借此来定义“单身”的人是独居的,而不是要说他们这样的人是恶毒、粗野或无礼的。[1]

现在我们就得到了一个基本的结构,可以用来对一个讨价还价问题进行定义。亚当和夏娃能够在集合 X 的任意社会契约上达成一致。如果他们没有达成一致,他们之间就仍旧维持在社会契约 D 上。

如果亚当和夏娃进行的是一场面对面的讨价还价,而每个人每次都想从对方得到更多的好处,那么我们可以预测,他们之间达成的婚姻契约将会是一个纳什讨价还价解(在图 2－1 中记作 N)。但是,我们在这里的目的是,要去理解对于亚当和夏娃来说,为什么是公平的。

请记住,我们这里使用的公平的概念是丝毫不带感情色彩的。在现代,当人们没有时间进行交谈时,或者因为人太多而没有机会让每个人发言时,公平就是面对面的讨价还价的一个替代品。人们并不是在一些真实的场景下讨价还价,他们其实是在无意识地预测,如果在原初状态时进行讨价还价,他们将会怎样做。

---

〔1〕博弈论理论家可能会问为什么我不使用纳什的多变量威胁(variable-threats)理论在原初状态下决定这个现状。那样,自然状态将有别于霍布斯的自然状态。我的回答是,假设有一个以某种方式强制执行威胁的外部代理人是不现实的,这点不能真实地应用于讨价还价的过程中,因为实际上不会发生。

因此，在亚当和夏娃要扮演约翰和奥斯卡这两个新角色而处于无知之幕下时，我们需要通过纳什讨价还价解来处理他们的讨价还价问题（第 9.4 节）。我们要做的第一步，就是确定这个讨价还价问题的细节。在原初状态下，参与者可行的集合 Z 是哪些？什么是现状点 Q？

原初状态的建模

从现状开始是最为容易的。对于约翰来说，如果这个讨价还价问题失败，他将如何评价这个前景呢？

尽管亚当在想象中进入原初状态时，并没有考虑这个失败的可能性，但是约翰实质上就是亚当，他具有亚当的同理心效用函数，约翰使用这些来作出评价，即若假定他各有一半的概率会成为亚当或夏娃，他与对方不能达成契约的可能性有多大。

正如我们在第 9 章所了解到的，约翰对于他自己的同理心效用（如果他会变成亚当）的计算是在底线社会契约 D 上进行的，这个计算很简单，就像我们怎样把温度从摄氏温度转变为华氏温度一样，约翰只需要同样地改变亚当的个人偏好尺度就可以了。与此相似，他在计算自己会变为夏娃的同理心效用时，也只需要通过改变夏娃的个人偏好尺度就可以了。通过这样的比例变换，约翰现在得到了在不能达成契约情况下的两个同理心效用函数，都反映了在他进入原初状态时，亚当和夏娃之间的人际间比较的标准。此时，他对于不能达成的社会契约的总体评价，就可以通过取两个同理心效用的平均值来获得。

在图 10－1 中，点 D_{AE} 是一对同理心效用的点，约翰和奥斯卡指定到这点，最终他们作为亚当和夏娃对应不能达成的社会契约 D。点 D_{EA} 是另一对同理心效用的点，代表的是约翰和奥斯卡在不能达成的社会契约上，最后分别变成夏娃和亚当时所对应的点。在原初状态下的讨价还价中，现状点 Q 可以通过取约翰和奥斯卡在点 D_{AE} 与点 D_{EA} 的平均值来获得。因此，在图 10－2 中，现状点 Q 就在点 D_{AE} 和点 D_{EA} 之间。

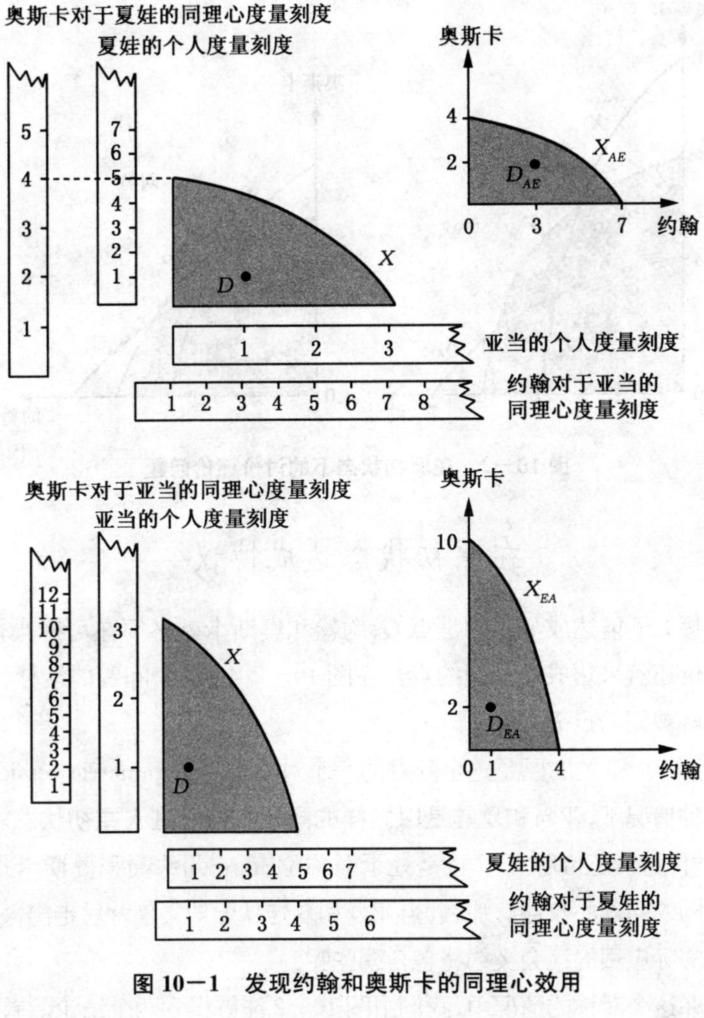

图 10—1 发现约翰和奥斯卡的同理心效用

图 10—2 的点 J 和 K 代表有可能发生的社会契约。在原初状态下，如果约翰成为亚当而奥斯卡变为夏娃，他们之间可能达成契约的点在点 J；而如果约翰变成夏娃而奥斯卡变成亚当，他们之间可能达成契约的点就为点 K。在直线 JK 的中点 L 点时，约翰和奥斯卡是同等的。在原初状态下，所有讨价还价问题的可行集的点是集合 Z。

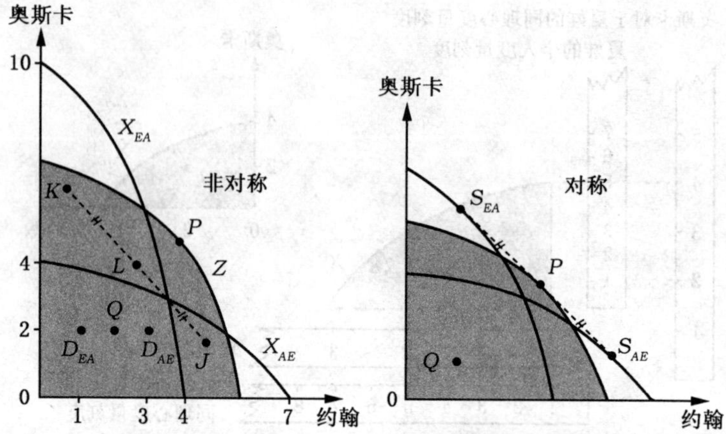

图 10—2　在原初状态下的讨价还价问题

在原初状态达成协议

假如不能达成契约的是点 Q,约翰和奥斯卡就必须在可行集合 Z 中讨价还价来达成一个契约点。在图 10—2 中,这个问题的纳什讨价还价解被记为点 P。

图 10—2 的右图是这个问题的一个对称版本(symmetric version),在这种情况下,亚当和夏娃是以同样的同理心偏好进入原初状态。此时,纳什讨价还价解点 P 也是处于对称位置,它为约翰和奥斯卡指定了相同的同理心收益。那么,当亚当和夏娃从无知之幕背后走出来时,他们实际应用的社会契约将包含哪些呢?

在这个对称的情况中,我们由图 10—2 能够得到两个结论。首先,无论谁成为亚当或者夏娃,他们之间都会按照**相同**的社会契约 S 来运作。这个社会契约将偏向于某个参与者会比另一个参与者所得更多些,即那个较少得到偏爱的参与者,会更愿意返回原初状态,因为他会在想象中期望可以从头再来一次,通过随机掷硬币来决定谁变成谁。

　但是,在这一章里,我们有上帝来作为外部强制执行的代理人,他会执行这个在原初状态下达成的交易。在原初状态时，他的态度是，亚当和夏娃理应同意他们在原始状态达成的共识，而且尊重他们在一开始随机被分配的角色，并且上帝将使用他的权力去制止任何一方违背这个假定协议的企图。因此，这个假想的硬币仅仅决定了谁获得额外的一次抛掷硬币的机会——并且，即使他不喜欢这个，也必须勉强自己来忍受。

有一点令人惊讶的是，我发现在这个结论上，罗尔斯的立场站到了赞同哈森伊的一边，只是罗尔斯表达得更明显。我对他的论证的阐释是，一个奴隶主所追求的正义是对于奴隶的奴役制度："如果有人让你认同一种社会结构，而你还不知道你自己是不是会生活在那个社会时，那么，你就会认同一个有奴隶制度的社会，因为此时，你会计算一下自己成为一个奴隶主的收益，这个收益可能会超过你自己成为一个奴隶的成本。所以你会认同这样一个社会。于是，当你发现自己变成一个奴隶的时候，你也没有什么理由去对这个结果有所抱怨。"罗尔斯不认为人们会在原初状态的时候就赞成一个有奴隶制度的社会，但是他坚持认为，如果人们的确就在原初状态的时候这样去做，那么，人们就确实需要接受他们做"奴隶"的角色而服从他们的主人，这就是他们的"自然义务"。

我们从图 10－2 的对称版本中还可以解读出的第二个结论是，在原初状态下，点 P 恰好就是这个讨价还价问题的功利主义的解。这是在约翰和奥斯卡未加权的同理心效用的总和最大时所发生的。如果社会契约 S 在亚当和夏娃的现实生活博弈中运作，那会具有什么含义呢？

为了回答这个问题，我们必须重新改变度量尺度，就是把我们从开始时的讨价还价问题（以个人效用来表示）转变到原初状态时的讨价还价问题（以同理心效用来表示）的尺度逆转一下。图 10－3 表明，当我们的结论是用亚当和夏娃的个人效用来表示时，我们就回到了哈森伊的功利主义主张,在亚当和夏娃的效用已经被适当地加总之后,S 是在他们个人效用加总最大化时的一个社会契约。

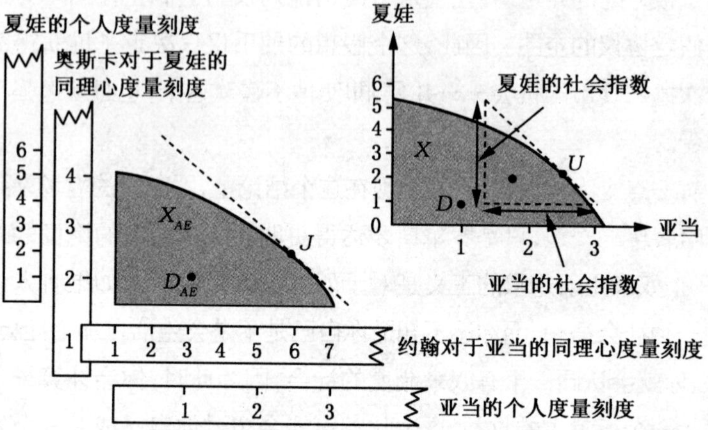

图 10—3　从同理心效用回到个人效用

10.6　社会演化

前面的一部分得出了一个结论:如果亚当和夏娃以相同的同理心偏好进入原初状态,那么他们会达成契约的结果就是一个功利主义的结果。但是,这一节一开始探究的却是一个不同的问题,如果他们以不同的同理心偏好进入原初状态将会发生什么。现在,让我们回到这个问题,目的是为了确定:文化演化是怎样决定一些功利主义的社会指数——而这些指数在哈森伊的方法中被认为是理所当然的。对于这个问题,我必须说明在这方面我根本不是在效用的人际间比较上首先原创性使用自然主义理论的人,但是必须有人着手做这些事情。

为了简化起见,我区分了三种不同的时期:

● 短期，对应于经济的时期。这一时期里，市场会调整到一个无法意料的新状态。在我看来，短期可以用分钟或小时来衡量。

● 中期，对应于社会的时期。这个时期里，文化规范或社会传统会随着深层环境而发生改变。我认为，中期可以用月或年来衡量。

● 长期，主要看成生物的时期。这一时期里，基因库会调整以适应某个新的挑战。我认为，长期可以用代际来衡量。

借助于企业经济理论中的建模方法，尝试把以上这三种差别融入模型中。实际上，经济、社会和生物的三种过程是同时进行的，但是，如果要用模型来反映这样的现实，其难度之大，实在是不太可能实现的。因而，一个尝试是通过假设短期过程相比中期的过程是无限迅速的，而中期比长期是无限快速的，来近似社会实际运作的这样一个过程。

当研究短期动态过程时，我们把中期和长期过程的变量当成是固定的。那么，中期和长期过程中的一些变量的值，就可以用作决定短期过程收敛均衡的参数。在研究中期动态过程时，把长期过程的变量当作是固定的，而把短期过程的一些变量赋予特定的值，就是它们在短期分析的经济均衡中所计算出来的值。那么，我们就把长期过程的一些变量作为参数，来决定中期过程收敛的社会均衡。同样的原理可以应用到长期均衡中，但是，我在本书中很少涉及长期动态均衡过程。

我使用的这些建模技术要求一些大胆的简化假设。所有的决策都是参与者在短期内做出的。而且，参与者的个人偏好和同理心偏好在短期内是固定不变的。在中期内，参与者的个人偏好仍旧是固定的，但是他们的同理心偏好会调整，直到达到一个同理心均衡为止。在长期内，参与者的个人偏好可能也会演化。

在同理心均衡中会产生什么？

我在这里也只是粗略地陈述一下结果。社会演化使得亚当和夏娃的同理心偏好移动到一个均衡时，出现的这个社会契约就是一个针对其根本博弈问题的纳什讨价还价解。也就是说,如果他们最终会得到相同的个人效用,就好像他们经过了面对面的讨价还价一样。

我在这里没有提供任何几何式的证明过程,因为大家大概会觉得这是显而易见的必然结果。当然,在中期过程中,社会演化会把原初状态里包含的所有道德元素都过滤掉!唯一有些让人吃惊的是,这个说法既会在同理心均衡的不太严格的定义下成立(在第 8 章提供的),也会在同理心均衡有较为严格的定义下成立,即参与者都很明显地具有自利的趋向性。

下一章会说明,在缺失外部强制执行者的时候,同理心均衡必须是对称的,但在这一章里并不是这样。这里我们看到有多重均衡存在,其中仅有一个是对称的。第 8 章解释说,当一个社会人口的成员可以充分地融合,每个人都把彼此当作榜样,只有这时,在外部强制执行的问题上,我们才会对共识问题(consensus problem)提供一个很好的答案。

十几岁的青少年中的流行趋势可以作为一个有用的类比。当这些年轻人可以自己自由选择穿什么的时候,很有趣的是,居然很多青少年会选择穿一样的服饰。社会演化在这个群体中运作,从而产生了一个对称性的均衡。但是,在不同的群体之间,可能会协调出不同的统一性。如果我的模型要产生一个人际间比较的统一标准,我们大概需要把整个人群看作一群青少年。

我用这个不太受欢迎的假设贯穿了这一章余下的部分,但我觉得有必要再重复说一次,这个假设在下一章里却并不是必需的。

10.7 功利主义的正义如何运作

如果社会演化在中期时就剔除了公平标准中所有道德的内容,那我们为什么还要这样关心公平的问题呢?如果所有这些关于正义的讨论仅仅像是把一个铁拳藏在天鹅绒手套里一样,那么道德又有什么作用呢?

在第 2 章中,我对这个问题给出了一个答案,就是在不同版本的会面博弈中,我们考虑如果应用同样的公平标准会有怎样的结果。但这一章中,我想更多地关注一些更重要的问题,是关于时间选择(timing)的,这在第 2 章中是很少涉及的。出于这个目的,我还是会继续使用这样的简化假设,即公平的标准每一次仅被应用于一个协调问题中。

如果一些夫妇是来自具有充分凝聚力的社会,而他们也会频繁地面对同样的协调问题,那么我的理论将指出,当存在一个合适的外部执行者时,这些人会使用功利主义讨价还价解去解决这样的问题。在中期过程中,文化演化将在功利主义解上调整社会指数,这样社会指数就可以计算出来,具体如下:

(1) 找出在当下协调问题中的纳什讨价还价解 N。

(2) 选择一套可以使功利主义解 U 与 N 一致的社会指数 。

那么,我们为什么还要关注功利主义解呢?答案是,我们关注的这种道德在短期过程中会起到明显的作用,而一个公平标准的道德内容到了中期过程时才会消失。

为了说明这一点,想象一个不能预期结果的新事件或发明,如图 10－4所示,在其可行的社会契约集从集合 X 扩展到集合 Y。正是在这样的情形之下,公平标准才有机会履行它最初被演化出来的功能——就是把它所覆盖的小型社会(minisociety)转变为一个新的、有效的社会契约而同时又不会破坏这个社会内部的冲突机制。在短期过程中,那一套调整到 X 的功利主义的社会指数仍旧是固定的,所以,新的社会契约 V 被安排在如图 10－4 所示的位置。简言之:

(3) 在扩展可行集时,一个新的协调问题会产生,这时,公平的社会契约 V 是带有适应于原有的可行集的社会指数的功利主义解。

在这个高度理想化的状态之下,集合 X 的形状就代表了在伊甸园

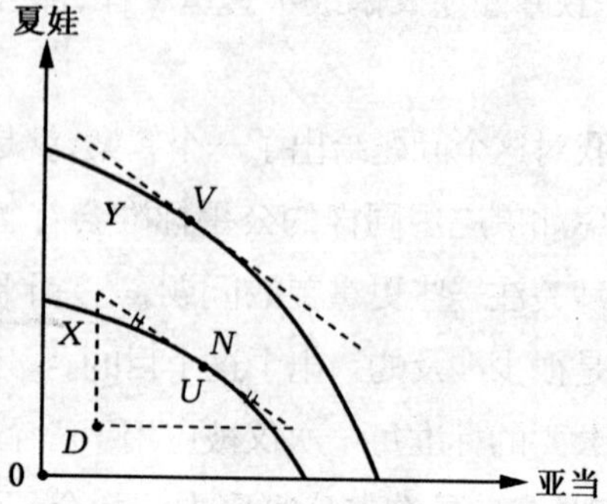

图 10—4　短期过程中的正义

里的历史性权力结构(historical power structure)。在中期发生的文化演化,其作用是最终成功地把真实的权力嵌入亚当和夏娃的社会指数中。在讨论日常的协调在集合 X 上的均衡时,亚当和夏娃仍旧会使用公平的修辞,但他们其实可以通过直接的讨价还价就能达到同样的结果。只有当他们把传统的公平标准用来解决一个新的协调问题时,这个问题才会有真正的道德内涵。

传统主义者会抱怨说,如果一个社会契约的社会指数仅仅是一些非自然的衍生品(artifacts),是被过去的社会契约中的权力制衡所嵌入的,那么这个规范就不是"真正的"公平。但是我认为,在此需要关注的是,我们在现实生活中实际观察到的社会契约的社会指数,是否与我们提出解释中的指数相一致,这才是一个科学问题。

当然,如果亚当和夏娃持续面对的这个具有代表性的问题可以继续用 Y 来表示,而且在足够长的一段时间内都这样,那么这里的人际间比较的标准将会调整到一个新的状态,社会契约的道德内容也会再一次消失。但是,在通常情况下,文化演化的过程非常缓慢,以至于在一个新的协调问题出现时,文化演化还没来得及跟上并做出调整。

10.8 一个食物共享的例子

爱丽丝和鲍伯要共享一只兔子做食物。在过去，他们的讨价还价问题是在可行集 X 中并且在图 10－5 中不能达成协约的点为 D。但是现在，他们必须解决一个新的讨价还价问题，在一个新的可行集 Y，它具有同样的不能达成协约点 D。

如果爱丽丝和鲍伯是生活在现代的狩猎—采集型社会的人，那么，就如我已经论证过的，他们所在的整个族群可以作为一个有效的强制执行的代理人来协调他们的双边关系。如果这样，根据理论当爱丽丝和鲍伯彼此之间有互动时，他们的互动是以功利主义的公平标准来进行的。为了发现这个合适的社会契约，他们将实施如下三步。

我们已经在第 8 章论述了第一步。如图 8－2 所示，在过去的问题中，他们之间的纳什讨价还价解是(75,60)。我们要做的第二步是，选择爱丽丝和鲍伯的社会指数，使得他们的功利主义讨价还价解 U 与点(75,60)相一致。如图 10－5 所示，我们能够通过选择爱丽丝的社会指数为 5，鲍伯的为 4，来实现这一点。我们要做的第三步，是要使用这些社会指数来发现新问题的功利主义解 V。这一点为(80,200)。

在做计算的同时，我们也许可以把这个故事继续讲下去。爱丽丝和鲍伯曾经分过一只兔子，图 8－2 展示了他们那时各自分到了多少。社会演化导致他们选择了点 U，也就是平均分配。但是，现在有一个新的情况，有两点不同。这只可以被他们分配的动物变为了烤乳猪，并且每个参与者通常都想获得其他人的那一份。当我们把具有传统社会指数的功利主义解应用到这个问题时，我们会发现，在分这只烤乳猪时，鲍伯获得的量是爱丽丝的两倍。[1]

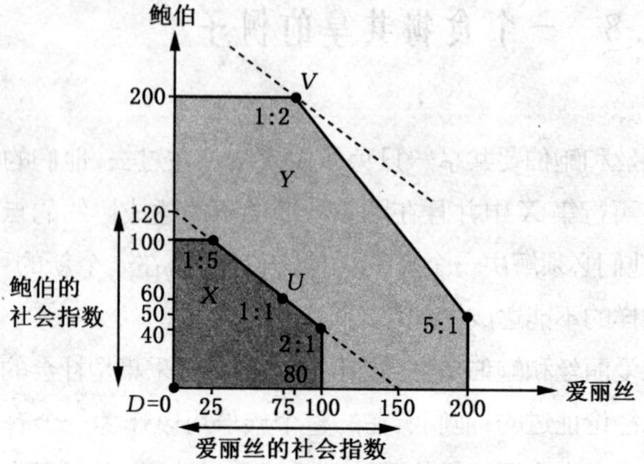

图 10—5　一个食物共享的例子

10.9　亲戚关系

在对原初状态的分析中，可行的社会契约集合 X 实际上应当理解为整个群体的协调问题的代表，提供给亚当和夏娃使用同样的公平标准。但是，如果亚当和夏娃确实能够在集合 X 中区分出不同的一些集合——因为这些集合是在不同背景下产生的，那又会怎样呢？在中期过程，不同的人际间比较的标准将会从不同的背景下演化出来。

所以，同样的一群参与者，他们可能把不同的公平标准应用在不同的背景中。正如伊壁鸠鲁所讲述的："根本就没有抽象的正义，它只是

[1] 当爱丽丝和鲍伯历史上曾经平等时，我们也能够讲述类似的故事。因为当初始条件对称时，社会演化将对他们两者之间产生同样的社会指数。但是，公平地分配这只小猪仍旧是鲍伯所得是爱丽丝的两倍。为了获得不同的结果，我们需要赋予鲍伯一个社会指数，该指数确实比爱丽丝的要大。那么没准就可以得出爱丽丝是鲍伯的五倍了。

人们之间达成的契约……对于所有人来说都是一样的,是一个人们发现会在彼此之间的关系中有用的东西,但是,这并不是说它在任何时间、地点对所有人都是一样的。正义不过是人们相互之间不侵害对方也不受对方侵害的一种协定。无论在什么地点什么时间,只要人们订立了这样的约定,就有了正义。”我认为,有一点在所有情况下都一样,那就是我在原初状态的模型中的公平的深层结构,但是,在公平标准被激发的不同的地点和环境之下,还是会有很多不同之处。

在背景参数(contextual parameters)之中,有一些因素可能非常重要,包括外部强制执行的可获得性、不同族群中成员的社会地位、他们的相对需要和能力、他们的血缘关系,以及每个人在提供剩余物品让其他人共享时所花费的努力。因此,要去评价在实际中观察到的一个特定的共享规则,通常可能是一件非常困难的任务。例如,在狩猎一采集型社会中,当人们在公平标准的基础上分享猎物时,要决定谁分到多少,仅是亲缘关系这个因素就会对这个决定起到很大的影响作用。

现代狩猎一采集者

我认为,从原初状态下演化出来的社会契约为人们提供了避免饥荒的保障。在前一节提到的食物共享的例子,是尝试对此类情况的核心问题做一个概括。不过,在觅食型社会中,食物共享是很复杂的现象,之所以这么复杂,也是因为绝大多数食物分配是发生在亲属之间。这样的情况会对公平产生怎样的影响呢?[1]

表10一1显示了人们在考虑到家族关系后,会怎样分配一只烤乳猪。这里列出了一些社会指数,如果人们要分到这么多肉,这些社会指数就是他们必须使用的功利主义的解。请注意一点,如果我们犯一个

〔1〕 这里提到的现代狩猎一采集型社会允许我们可以假设一对个体可以共享族群中其余人进行的功利主义的基础。

错误,用爱丽丝和鲍伯的个人适应性取代他们的相容适应性,[1]那么,此时我们得出的结果会与社会指数 4 和 5 之间有着怎样的不同。

在同胞兄妹之间的亲缘关系程度是 1/2。同样,父母和儿女之间的亲缘关系程度也是 1/2。但是,如果一个儿子长到了青春期,而他的母亲已经过了适婚年龄,那么我们必须改变他们的亲缘关系的程度,因为考虑到他们在复制他们的基因上有不同的概率。我举一个极端的例子,当孩子对于他父母的亲缘关系影响程度是零,但父母对于孩子的亲缘关系影响程度是 1/2 时,又会是怎样的情况呢?

表 10—1　　现代觅食型部落的共享

爱丽丝	鲍伯	爱丽丝的份额	鲍伯的份额	爱丽丝的社会指数	鲍伯的社会指数
非亲戚	非亲戚	$\frac{1}{2}$	$\frac{1}{2}$	4	5
表亲	表亲	$\frac{6}{11}$	$\frac{5}{11}$	3	4
兄弟	姐妹	$\frac{2}{3}$	$\frac{1}{3}$	1	2
女儿	父亲	$\frac{2}{3}$	$\frac{1}{3}$	3	10
母亲	儿子	$\frac{1}{6}$	$\frac{5}{6}$	4	3

排除爱丽丝是鲍伯的母亲这种情况,爱丽丝和鲍伯之间的关系越近,爱丽丝的需要就越明显。当爱丽丝与她的父亲或兄弟互动时,她的需要是完全得到满足的。这样,爱丽丝的需求也就是在不同状况下运用的人际间比较标准的基础。例如,当爱丽丝和鲍伯是兄妹时,爱丽丝的一个单位的效用,就被认为等于鲍伯的 1/2 个单位的效用。当他们

〔1〕断定近缘个体间带来适应度上相互作用的遗传性状,主要通过在自然选择中有利或不利的尺度来表现。——译者注

是表兄妹时,她的一个单位的效用等于鲍伯的 3/4〔1〕个单位的效用。在爱丽丝是鲍伯的母亲这个极端例子中,爱丽丝对鲍伯的福祉的关心是不求回报的,这就导致鲍伯的需要完全优先于她的需要。那么鲍伯的一个单位的效用就等于她 3/4 个单位的效用。

要把"谁得到什么"与"谁和谁是什么关系"联系起来,这样的工作无法通过简单的方程式来完成,尽管这样,在问到为什么现代狩猎—采集型社会中有需要的人可以得到特殊对待时,与亲缘关系还是明显相关的。近亲繁殖会提高亲缘关系程度,如果我们把这个考虑进来,这种现象就会得到强化。

10.10 功利主义有何不可?

我现在直接放弃描述性的方法,而采用规范性的说法,站在与哈森伊和罗尔斯同一立场上来评论功利主义。我的基本观点是,那些拒绝功利主义的批评者,他们拒绝是因为它陷落在从错误推理中做出错误选择的次优(second-best)的信条中。因为哈森伊的论证,他们错误地拒绝把功利主义作为次优的结果,无论是生搬硬套还是进行改写,都提出为什么功利主义应当被认为是最优(first-best)信条的理由。这样,无疑最优的信条要比应当被拒绝的次优的信条要好。

要弄明白这里出现的明显的吊诡,我们必须弄清楚经济学家是如何使用"最优"和"次优"这些术语的。

一个机制设计问题的最优解是通过全知全能的上帝所设计的,上帝的角色就是外部的强制执行的代理人。一个次优解是,一个承认其能力对于执行计划时存在局限性的设计者,所能做的最好的,并且人类

〔1〕 疑有误,似为¼。——译者注

将最终学会探索任何他所创造的有利于他们的体系。以乌托邦为目标的最优解不可避免地会导致失败，留给我们的只有第三优(third-best)或最差的结果。经济学家理所当然地认为，满足于博弈中只有一个均衡的次优结果是较为明智的，而这保证了人们真正的切实可行的生活。

来考虑一个简单的例子，如果眼睛能够从正常视力的人移植到盲人身上，但是来自死人身上的眼睛却是毫无价值的。功利主义者的权宜之计是使用一个公平的乐透彩去决定谁将被迫放弃一只眼睛给一个盲人，此结果将会被认为是最优的。如果确保有个合适的外部的强制执行者，在原初状态时我确实同意这样做，因为我成为盲人的概率和我成为需要放弃一只眼睛的正常视力的人具有相等的概率——但是成为盲人显然比有一只好眼睛的人的状况要差很多。

然而，这样的提议会让我们恶心，以至于哲学家发明了一些夸张的道德推理，来说明为什么我们不应当被强迫这样。但是，我们会拒绝这个提议的真正原因是，想到要进行一只眼睛的外科手术，我们就会觉得很恐怖，我们不仅仅需要太多的准备以与我们观点相同的同伴达成一致不能在社会中促成次优解——更不要说，我们因此还要忍受成为盲人的可能。

11

平等主义

什么是公正呢？……什么是比例相称的，什么就是公正的。

——亚里士多德

11.1 原罪

前一章确定了亚当和夏娃在被逐出伊甸园之前的婚姻契约，但是，现在我们要转入另一个世界，那就是在他们吃了苹果之后的世界。正如弥尔顿所说：

知识就是那样的话，那是坏的。

知识之果让我们成为赤身裸体。[1]

如果没有上帝或崇高理念(honor)来强制执行他们的契约，无论亚当还是夏娃都不可能遵守任何社会契约中的条款，除非这可以给他(她)自身带来利益。因此，他们达成的任何婚姻契约都需要成为一个自我执行的契约——在他们进行的任何博弈中，该契约都是一个均衡。

我们都认识到自己是一种次优的物种，我们中间没有人会尊重一些违反我们最深层动机所具有的原则，但是，如果我们被引向一种平等主义的方式，这样会很令人反感吗？我认为不会，因为平等主义实际上就是支配我们日常生活中公平交易的那个信念。

11.2 平等

对于普通人来说，什么是公平(fair)呢？从实验室的实验中并没有

〔1〕［英］弥尔顿著，朱维之译：《失乐园》，第9卷，1 073～1 074，上海译文出版社1984年版。

对这个问题找到无可辩驳的结论。部分的原因在于,心理学家没有依靠任何理论来帮助他们如何去控制实验;而对于行为经济学家而言,他们是退到了一条死胡同里,因为他们有一个幼稚的假设,即认为人们之所以会进行公平的博弈仅仅是因为人们喜欢这样做,在这个假设之下,他们试图将个人的效用函数套到数据上。看到他们在每做一个新的实验时都会让参与者使用一个全新的效用函数,我真是为此觉得灰心,但又能怎样呢,行为学家就是一些爱钻牛角尖的人!

衡平法〔1〕

尽管我们在这里看到的一个整体情况如此混乱无序,然而实验研究中还是有一个很坚实的理论核心,它支持了一些心理学家称之为"平等法则"(law of equity)的结论。根据这个法则,如果人们可以把每个人的所得(gain)与他自己的所值(worth)之比率平衡,那么社会交换的公平问题就会得以解决。我觉得这个法则只能应用于一些环境,并且可以应用得非常好。

我们如何来衡量这些所得呢?不管我们选择怎样的测量尺度,如何确定那个尺度上的零点是从哪里开始呢?如何解释什么是其所值呢?对此,心理学家好像已经达成了一致,他们认为,衡平法中用来测量"所值"的参数程度与人们做出公平判断的那个社会的背景高度相关,但是,相关的因素有哪些呢?实验研究一直关注于人们的努力或投入上,但还有其他因素,譬如,社会地位、品德或责任,又是怎样的情形呢。为什么人们会尊重这个衡平法呢?为什么这个法则会在一些特定

〔1〕 衡平法(The equity law)源自英格兰两种法律体系之一。衡平法起源于古代英国,当时大部分法院均以普通法审理案件。由于普通法十分注重程序,很多人单单是因为未能符合程序,例如,过期限人禀起诉,而得不到公正对待。于是大不列颠大法官设立一法院,以较为宽松的态度处理案件,这就是衡平法的来源。与普通法相比,衡平法较为着重事实公正,较少拘泥于形式。——译者注

的环境下出错呢?

平等主义的解

尝试回答这些问题,第一步所要做的,是要看到衡平法和在第2章所介绍的平等主义讨价还价解之间有明显的相似性。为了准确地找到这些相似性,我们需要做两方面的验证。首先,在衡平法中要测量所得,我们必须把这个基本点和讨价还价问题中的不能达成协约点相联系起来。接下来的一个步骤却颇具争议性,那就是,我们必须把衡平法中测量的所值的参数与图2-3中的社会指数对应起来。我期待在这里把社会指数这个中性术语作为价值程度的一个替代,这样将有助于防止我们先入为主地认为这些数字已经能够在不同的情景下进行解释。

我在这里指出的这个相似之处,就已经把研究问题推进了一步,因为,平等主义讨价还价的解是有坚实的理论基础做支撑的。人们可能为一个公平讨价还价的解提出任何一套包括完整的效用的人际间比较的公理集,但实际上任何一套这样的公理集的结果都是一个平等主义的讨价还价解。[1]

不过,这类公理化的方法遗留下一个尚待回答的问题,就是从一开始的时候,人际间比较的标准是如何被决定的呢。因此,这个方法无法解释某个社会背景会如何影响在衡平法中的所值参数。尽管我意识到我目前的方法非常粗糙,但仍希望最终可以用这个方法解决这些重要的问题。

〔1〕 功利主义讨价还价解仅仅比较效用单位。平等主义解不仅比较效用单位,而且比较各个层次等级(levels)。

11.3 罗尔斯的差别原理

约翰·罗尔斯声称,在原初状态下,理性的讨价还价将会得到一个社会契约,这个契约首先保障一些基本的权利和自由。然后余下的分配问题,将使用他的差别原理(difference principle)得以解决。不过,我认为罗尔斯的两个结论都不能如此得出。

第一个结论不可能单从原初状态的条件下就可以得到。在你决定把任何亚当和夏娃所期待的写入他们的社会契约中的权利和自由之前,你必须知道大量关于亚当和夏娃的现实生活博弈的信息。例如,如果在你现实生活的博弈中,你一直处于一场永恒的战争中,而你的敌人是一个好战无度、无法被宽恕的死对头,那么对于你来说,持久的生存可能优先于你个人的自由。这样一个霍布斯式的社会契约——这里的公民默认接受了一个绝对主权者的统治——似乎比让每个公民自由地只管做自己事情的宪法要好得多。

即使当现实生活的博弈充分地接近我们自己得到的罗尔斯的第一个结论,然而根据前一章的论证,分配问题却需要根据功利主义的方法来解决——假定我们遵循罗尔斯的假设,"自然义务"能够作为一个外部强制执行的代理人替代。可是罗尔斯本身却是想用他的《正义论》作为对于在他那个时代,在政治哲学上处于支配地位的功利主义做强烈回应和批判的。

有时,罗尔斯主义学者轻视这类批评,并且引用《正义论》来回应我,意思是说我不懂这个理论,但是,罗尔斯自己却比较谦卑,能接受其他的意见。他知道他的原初状态的分析需要修补,于是用漂亮工整的笔迹给我写了好几封长信,在我灰心时鼓励我把这个研究继续下去。

罗尔斯他自己确实在重新思考他的理论,这一点如果有人不相信,只需要把罗尔斯的后一部著作《政治自由主义》(*Political Liberalism*)与《正义论》做个比较就可以看出。

我这里是想对罗尔斯的观点做一个重新阐释,在这个过程中,我不觉得我的研究是背离了他著作的精神。我在这里也不是要宣称罗尔斯在他后期转向了道德自然主义者,并且这里也没有说他打算排除从诸如此类方法中借鉴一些东西的可能性。

修正罗尔斯

我的第一个修正只是加强了罗尔斯详尽表述的"承诺的张力"(strains of commitment),因为我把罗尔斯所说的扩展到了它的逻辑上极端的地步。这里缺少一个内部的强制执行的代理人来取代外部的代理人。自然义务无法胜任,其他的也不能胜任。不论我们是在讨论整个的社会施行的宪法问题,还是类似谈论人们应该如何在没有人监督的时候穿过狭窄的走廊这些琐碎无聊的问题,这个观点都是适用的。

在没有外部强制执行代理人的情况下,可能的社会契约必须能够自我执行。因而,无论在任何博弈下,这些契约必须是一些均衡。这里一个重要的结论就是,重复博弈中的无名氏定理告诉我们,可行的社会契约集 X 将是一个凸集。

我的第二个修正是,罗尔斯坚称,一个公平的社会中所维持的一些特定的权利和自由,不能视为在原初状态下进行讨价还价的结果,而应该看作先决条件,在此,公平取代权威或领袖,成为均衡选择的机制。最为极端的例子,就是在史前狩猎—采集型社会里,这些社会中并不存在权威的结构,但它们显然还是那样维持了下来。

我的第三个也是最后一个修正是,罗尔斯的差别原理能够被解释为一个讨价还价问题的平等主义的解。让我们回想一下,差别原理的核心就是最大最小化标准。也就是说,最好的社会契约会使那些处在最劣势的人(或阶级)尽可能过得好一些。但是,如果我们在衡量亚当和夏娃的收益时，是使用同理心尺度来度量，即它的0点是位于目前的现状上，并且可行集 X 是凸集，那么这个最大最小化标准就恰好是平等主义的讨价还价解。[1] 因而，这个差别原理就是公正的，因为它等同于亚当和夏娃的同理心收益。

11.4 幻想中的硬币

下一节里，通过证明在原初状态下且没有外部的强制执行者时讨价还价产生平等主义解，来给罗尔斯的观点提供新的支持。

但是，我们如何可以从一个期望效用的魔术师的帽子变出最大最小化这只兔子来呢？除非我们和罗尔斯一样，把传统的决策理论抛出窗外，否则我们就必须同意哈森伊的论点，即一个在无知之幕下的参与者，将会像一个正宗的功利主义者一样去对那些可能的社会契约做出评价。只要一个社会契约可以把亚当和夏娃个人效用总和的权重最大化，他就会倾向于这个契约。然而，如果约翰和奥斯卡都具有这类功利主义的偏好，为什么他们将会在一个平等主义的结果上达成一致呢？

要找到这个问题的答案，我们必须假设在约翰和奥斯卡之间假想抛掷一枚硬币来决定当他们留在原初状态时，谁将会是亚当，谁又将会是夏娃。他们会在什么时候抛掷这枚虚幻的硬币呢？为什么他们觉得不得不遵守一个由硬币怎样落地而达成的协议呢？他们如何知道硬币落地的结果呢？

---

〔1〕在 X 边界上的任意其他一点，当我们稍微移动这点来提高一个处在不利地位上的参与者的同理心收益时，对于这个参与者而言仍旧保持不变。

上帝使他们高升或降卑?

爱丽丝和鲍伯都需要心脏移植,但是只有一个可以被用来移植的心脏。如果两条生命被认为具有同等的价值,那么,对于一个功利主义者来说,该把心脏移植给爱丽丝还是鲍伯是没有差异的。但是,爱丽丝可能会认为,如果心脏移植给鲍伯就会非常不公平,理由是鲍伯是个男人,或者因为他是白人或有钱人。当有人告诉爱丽丝,当她还是个受精卵在她母亲子宫里时,她成为男人和女人的概率是相等的,但这样的说法显然不能使爱丽丝服气。

因此,爱丽丝会更关注这个幻想中的硬币是在什么时候抛掷的。如果人们用这个随机事件来决定谁获得这个心脏,她将争辩说,你应该马上就用一个真的硬币来抛抛看啊。

当然,鲍伯也会进行相反的辩驳。如果那个虚幻的硬币被抛掷出来的结果是对他有利的,那他就更倾向于觉得这个方法是公平的。与所有保守主义者一样,他会非常开心地唱起这首赞美诗:

富人居住城堡,
穷人站在门外,
上帝使他们升高或降卑,
也量定其产业。

这一段宣传舆论意味着颠覆了一个论点——农民就应当在田里辛苦耕作而贵族则应悠闲自得地生活是不公平的。这里包含着对于上帝作为最终的外部强制执行的代理人的呼求,它同时也建议,任何一个新的对于正义的呼求,只会确认像我们这样的奴仆是在我们的奴役之下的——因为假设以硬币抛掷来决定谁在社会上处于什么地位,这是源于上帝的作为,从一开始他就判罚我们受到奴役,所以是天经地义的。

对于绅士来说,这是个很吸引人的论点,但是,我们很难想象任何农民会凭他们的直觉相信公平标准是如此运作的。就像是,你明明知道一个玩轮盘赌的赌徒是确定无疑会输的,你还让他去转那个轮子,那他是否会感到公平呢。

类似格劳秀斯(Grotius)和普芬道夫(Pufendorf)这样早期的契约主义者们,他们通过收集一些在现今仍旧流传下来并被一致认同的先祖的民间故事来取代上帝的位置。但是,休谟对这种"原初契约"理论给予了致命性的批判,至今还没有人回应他的这些批判。我真希望休谟今天还活着,那样他就可以来评论一下哈森伊和罗尔斯提出的这些有关原初状态的更为奇异荒诞的概念。他们的观念是,我们都好像有义务去尊重一个假想的协议,这是我们在某种康德主义之外的超出时间空间的一个假想的谈判,这里幻想的硬币在下落的刹那被永恒地冰冻住了。这些是说不通的,甚至连疯帽人〔1〕的茶宴(the mad hatter's tea party)也比这个理智得多!

不管怎样,自然主义的公平理论是容不下这类形而上学的幻想的。不论我们从关于原初状态演化的起源来看,还是从我们所经历的实际的公平标准来看,它们都把一个道理说得很清楚,那就是,呼吁公平要求我们用来抛币决定谁占优势的那个硬币必须是一个真实的硬币,而且是在当下就被抛掷出去的。

如果你一开始没有成功

存在外部的强制执行者时,任何对于公平的要求可以通过先前公平的判断而得以支配。例如,当两个足球队长抛掷硬币来决定上半场开始时谁来防守各自场地时,失败者可能会抱怨说,这不公平,他的球队必须忍耐太阳晒着他们的眼睛。可能确实他要的是硬币的反面,但硬币落在草地上的时候是正面,但是那又怎么样呢?他感到受到不公平的对待,并且因此需要再来一次。

〔1〕《爱丽丝漫游仙境》中的人物。——译者注

因为这种事情在现实生活中不是经常发生的，其余的人也不会同意这个队长要求重新抛掷硬币直到他赢了为止。这个队长的行为也许不可思议，他将受到公众毫不留情的嘲弄。但是，如果没有一个外部的强制执行者在场，并且这个问题是事关生死的，就如爱丽丝的心脏移植，又将会怎样呢？

这里需要强调自然主义和形而上学两者对于公平概念基础上的分歧。自然主义者认为公平演化是作为一个平衡权力的机制而演化出来的，而形而上学主义者认为公平是作为行使权力的一种选择。在此，我发展了自然主义的观点，因为我们必须面对这样一个事实，那就是，不管这个硬币怎样落地，爱丽丝都不会因此而失去她拥有的权力，她仍可以使用权力来影响这个结果。因而，如果她失败，她将会应用任何她的权力，毕竟任何的做法都比慢慢等死要好得多。于是她可能破坏遵守抛掷硬币的那个承诺，但是正如人们常说的："所有的公平都在爱和战争中。"

可以得到两个明显反对她这样做的理由。首先，破坏承诺是不道德的——即使在假设的原初状态的环境下所想象的承诺。但是，这种反对忽视的一点是我们假设使用的原初状态决定了什么是道德。或者按照休谟的释义，我们需要说明不能食言的原因而不是我们假定我们遵守诺言。

第二个反对的观点是，如果爱丽丝通常可以自由地否定她不喜欢的硬币的结果，那么在原初状态下就不可能达成任何协议。但这也是错误的。这里的协议中，参与者被安排的角色对于他们仍旧可能是无差异的。

为什么是平等主义？

最后一点需要清楚的是，为什么在没有强制执行的代理人的原初状态下，会出现平等主义。在无知之幕下的参与者，如果他们有相同的同理心的效用,那么抛掷硬币的结果如何对于他们是无差异的——这就是平等主义讨价还价解。

博弈论对于哲学上的许多悖论给予了解答,但有时批评家觉得是用那些琐碎的问题来搪塞。平等主义与功利主义之间的差别实际上能否取决于抛掷硬币的结果呢? 诚然这是个深刻而且难解的问题,必须也深刻而且细致地回答,就算答案很简单,我也不会感到不安。在这里,哈森伊和罗尔斯都希望找到一个好的方式来回答这个深刻而难解的问题,如果人们要追究责任,就应该都追到他们头上。

11.5 公平的社会契约

这一节重新讲述对于社会原初状态的故事,这里的原初状态没有外部强制执行的代理人。因此,所有事件的发生都必须是自我实施的。这里没有承诺的张力,因为承诺不可能作为现实中博弈的行动而被详细地模型化。给定其他人的选择,每个人对于他的激励可以自由地回应。

在这个条件下,我的理论提供了对于罗尔斯直觉的一个证实:

在没有外部强制执行时,在这个社会先前的历史所决定的社会指数中,一个新的协调问题会用平等主义的讨价还价解来解决。

在建立这个模型获得这个结果的过程中,需要更进一步说明的是,我认为非常重要的是不使用啰嗦的冗语使得平等主义结论的核心掩盖在琐碎的观点之下;所谓的平等主义结论的核心,也就是,如果其他选择是最差的,那么人们将会尊重抛掷硬币的结果,这就是他们最优的策略。

博弈的道德

我已经论证了公平标准的演化，原因在于它们能使族群在使用它们的时候，很快地协调到更为有效率的均衡上，并且因此而超过仍旧停留在过去均衡上的其他族群。借用彼得·辛格扩大圈子的隐喻来描绘这种机制。有时参与者学会了在博弈时想象他们是与家庭成员进行博弈，这样就成为在一个博弈的新范围中如何去协调一个新的均衡。因此，他们偶尔会在一个更大的范围，成功地协调博弈中的均衡。如果这个行为得以固定下来，他们此时将会发现对于这些博弈的均衡选择机制能够通过参与者假想更多限制博弈的规则而运转起来。

当他们对现实的博弈选择均衡的方式能够做出公平的解释时，这就被称为博弈的道德(morality games)，但是通常道德中立的均衡选择机制也会用一种相同的方式运转。例如，如果所有的参与者好像都认为不可能在驾车博弈中通过选择左边行驶来破坏这个规则，那么他们每个人将仍旧选择靠右行，来继续这种协调的均衡。第 5 章描述了一个比较重要的例子，来说明完全自私的女儿被引导将她们的劳动果实与年迈的母亲分享。博弈的道德规则所伴随的社会契约，将指出照顾好年迈的母亲是一种道德责任，就像埃德蒙·伯克(Edmund Burke)告诉我们的，孩子“被约束是不可或缺的”。

原初状态只能够观察到现实生活中博弈规则的物理性约束(physically binding)，然而博弈的道德规则仅仅只能通过传统来观察到，如同下棋的规则一样不是原创出来的。这种自然与律法(physis versus nomos[1])的对立从公元前 11 世纪就存在了！在古代智者安提丰(Antiphon)的作品中，“法律的规则是没有定型的，但是自然的规则却是不可避免的；并且法律的规则是通过契约所创建而不是通过自然而产生

[1] 希腊语。——译者注

的。”但是，这些简单的真理在从纸莎草纸转变成纸上的书写时不知怎么就变得令人费解了。如今，现代的学者通常提及博弈的道德时常常把这个问题混淆为“自然法”(natural laws)。但是，如果这个误导性的术语过去一直被采用，就好像我们必须沿用霍布斯和休谟所澄清的所谓“自然法”，实际上是不自然并且不能使人顺服的——否则就沿着斯宾诺莎的观点，说我们拥有做任何事情的自然权利，这是自然赋予我们的权力。

道德的博弈

我认为只有一种道德博弈，我称之为道德的博弈(the game of morals)。我猜想现实生活中的博弈的概念和道德博弈在同时进行时，实质上有效地描述了人类运转社会的方法，但是宣称任何简单的具有道德博弈特征就几乎能包括非常丰富的人类道德行为的说法就显得荒唐了。我所提出的特定的道德博弈的规则，仅仅适用于处理公平现象。

道德博弈中除了提供给参与者额外的在真实世界中不能使用的行动之外，它和现实生活中的博弈是双胞胎。在每一轮现实生活的重复博弈中，道德博弈的规则说明了任何一个参与者都有机会诉求原初状态的机制——无论这样诉求的正义在过去是否已形成。当一个诉求提出时，参与者消失在无知之幕之后，在这个不知道他们现在和未来的身份的无知之幕下，他们协商有关在未来道德博弈的均衡应该如何运行的问题。当有机会重新改变他们在社会中的位置时，这就使得每个人都有平等的机会去成为亚当或夏娃从而结束选择。

那么，一个公平的社会契约可以看成现实生活中的博弈均衡，这个博弈要求使用这些策略，然而，如果在道德博弈中使用了这些策略，却根本不能给予参与者激励去行使他的权利来诉求原初状态的机制。因而，一个公平的社会契约在道德博弈中是一个均衡，但必须谨记的是：在现实生活的博弈中这也是一个均衡；否则，演化将彻底清除它。确实,道德博弈也就是在现实生活的博弈中选择其中一个均衡的协调装置。

在道德博弈中,人们能够欺骗,正像我们下国际象棋时,能够把象当成马来移动。但是在一个公平契约中他们没有激励去做这些,因为,进行道德博弈,就好像它们的规则被约束而导致现实生活中的一个均衡。因而,没有人能够通过偏离均衡而获益,除非有些人首先偏离他们最优的利益。

讨价还价问题

没有外部的强制执行者时,我们必须依赖互惠来维持包含着高水平合作的社会契约。但是,只有当参与者重复互动时,互惠才能够进行。因此,现实生活中的博弈是一个无限重复博弈的模型,这点很关键,只有这个重复博弈模型的均衡才是一个稳定的社会契约。

第 5 章的无名氏定理告诉我们,所有均衡结果的集是如图 2－1 所展示的一个凸集 X,其中,X 中的每一点就是一对收益,代表了在均衡中一个参与者所获得的平均效用。

默认的社会契约点 D 相当于任何目前所运行的社会契约。批评哈森伊和罗尔斯的批评家认为,他们的理论中社会好像可以随意地抛弃它的历史,并且在计划它的未来时好像能够轻而易举地获得新生。在我们的理论中,历史是不能够被忽视的。历史已成为目前社会契约的文化的一部分,并且影响着当下的社会。

模型化原初状态

在第 10 章中,我们通过在无知之幕下的约翰和奥斯卡而决定了他们面对的讨价还价问题。

如果能够期望约翰和奥斯卡遵守虚幻硬币落下的结果,那么他们的可行集 Z 将如图 10－2 所示,是集合 X_{AE} 和 X_{EA} 的平均。但是在这一章他们却不遵守这个结果。唯一可行的协议是,无论幻想的硬币如何落下,约翰和奥斯卡都获得同样的收益。确切地说,如果约翰和奥斯卡同意执行一对收益为 J——它使得约翰结果成为亚当而奥斯卡成为夏娃,另外一对收益 K 是约翰结果成为夏娃而奥斯卡结果成为亚当,那么点 J 和点 K 就是同一点。

因而,约翰和奥斯卡的可行集 Z 是集合 X_{AE} 和 X_{EA} 的交集。这就意味着所有成对的收益集同时在集合 X_{AE} 和 X_{EA} 之中。但是,对于约翰和奥斯卡的讨价还价问题,目前状态点 Q 仍旧是 D_{AE} 和 D_{EA} 的平均值。但是即使如此,也比外部强制执行的例子要简单,因为 D_{AE} 必须与 D_{EA} 是同样的点,这点才是合理的。

也就是说,如果目前的社会契约被默认继续下去时,约翰和奥斯卡不必在意他们将成为谁,因为他们不能够在原初状态达成协议。除此之外,他们甚至都不能够从所达成契约到否定这个契约。因为亚当和夏娃的同理心效用的度量必须指定目前社会契约的相同的效用水平。

因此,目前的均衡通常是被认为是公平的——但这并不意味着无论何时何人发生的事情都是公平的。任何人偏离目前的均衡路径都被认为是不公平的,并且因此而有责任受到惩罚。也就是说,当所有人所做的公平是符合目前的标准时,每个人将被认为有权利得到他们应得的收益。有些人把注意力转向外部或者从未来回溯时可能会不认同这样的公平,但是有谁能坚持认为他们的标准应当优先于他们所评判的这个社会的标准呢?

原初状态的协议

图 11－1 是图 10－2 的一个重新表述,它包含了对于考虑缺乏外部强制执行者时所做的一些必要的模型上的改变。约翰和奥斯卡的讨价还价问题可以看作可行集 Z 中的一个契约,假定不能达成契约的结果是点 Q。这个问题的纳什讨价还价解记作点 P。如果这个状态不是

特别不对称的，那么 Z 就有个角。

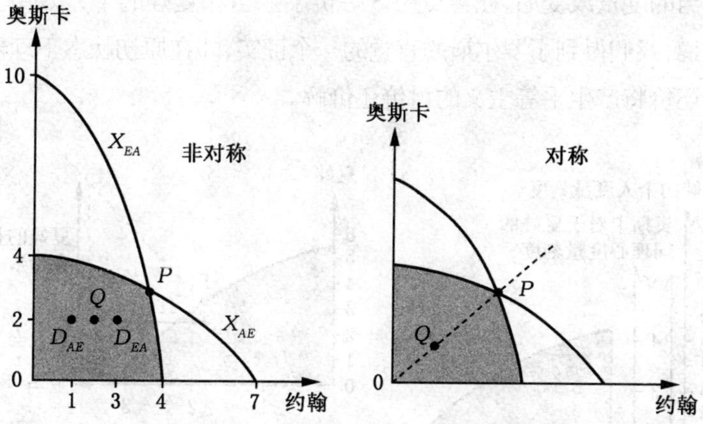

图 11—1　在原初状态下的讨价还价问题

图 11—1 右边的图显示的是亚当和夏娃拥有同样的同理心偏好进入原初状态时，这个问题的对称版本。此时，纳什讨价还价解点 P 也是对称的，它指定约翰和奥斯卡具有同样的同理心收益。当亚当和夏娃在无知之幕下，他们实际应用这个社会契约，将意味着什么呢？

在功利主义的例子中，能够从图 11－1 对称的版本中得到两个结论。第一个结论是，相同的社会契约 S 不管谁变为亚当或是夏娃都将会执行。但是，这个社会契约完全不像它的功利主义同胞，它的参与者也不乐意回到原初状态下去拥有那个虚幻的硬币，去决定谁将再次抛掷硬币而谁将会成为什么人。在第 10 章中，外部强制执行的代理人阻止了任何这样的企图，但在这里是不需要这样一个代理人的。

第二个结论是，在原初状态下，点 P 是讨价还价问题的平等主义解。这时约翰和奥斯卡的没有加权的同理心效用是相等的。在亚当和夏娃的现实生活博弈中，社会契约 S 的执行意味着什么呢？

为了回答这个问题，我们必须改变度量的标准，从我们开始时所解决的讨价还价问题(以个人效用来表示)转变到在原初状态下的讨价还价问题(以同理心偏好来表示)。图 11—2 简单地表示在亚当和夏娃有了适当的度量改变后,社会契约 S 等价于亚当和夏娃的个人效用。也就是说,我们得到了罗尔斯的直觉的一个证实,即在原初状态下理性的讨价还价将产生平等主义的讨价还价解。

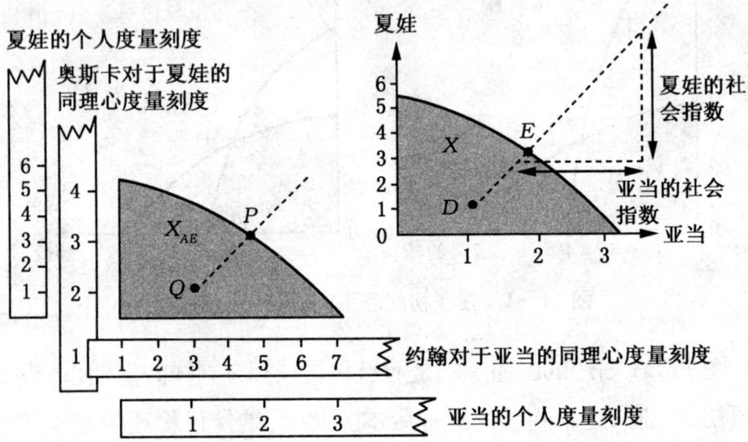

图 11—2　从同理心效用到个人效用

11.6　平等主义如何可能

在前一章,我们学到了功利主义正义的自然化版本(naturalized version)是如何运转的。这一节简单地介绍一下同样的论点,并指出它们之间的区别。

当社会演化使得亚当和夏娃的同理心偏好成为同理心均衡时,将会发生什么?具有外部强制执行的例子中,如果他们毫无遮拦地面对面讨价还价,那么他们最终将具有同样的个人效用。也就是说,他们基本的社会契约的结果是纳什讨价还价解。因此,他们所有包含在公平标准里的道德都将被滤除。

这个与具有外部强制执行者的例子最大的不同在于，亚当和夏娃在中期的同理心均衡必须是对称的。因而，我们有理由相信社会演化将自动地创造出在人际间比较标准的一致性。如果一个族群在缺少外部强制执行者时，持续地面对同样的协调问题，那么我的理论就认为它将最终产生使用平等主义的讨价还价解，因为所有人将在进入原初状态时具有相同的人际间比较的标准。

在中期时，社会演化将调整社会指数到平等主义解上，因而他们按照如下步骤找出这个解：

(1)发现这个协调问题的纳什讨价还价解 N。

(2)选择社会指数，使得平等主义解 E 与 N 相一致。

当一个新的事件或创新发生，就会导致可行的社会契约集从集合 X 变动到集合 Y，就如图 11－3 所示，目前的公平标准将有机会从原初状态演化到一个新的、有效率的社会契约 F，并且在此过程中没有毁灭性的内部冲突。在短期内，平等主义的权重使得 X 保持固定，因而，新的社会契约 F 在图 11－3 中表明：

(3)扩展可行集合会产生新的协调问题，这个公平社会契约 F 是平等主义解，而这个社会的社会指数仍旧采纳旧问题的社会指数。

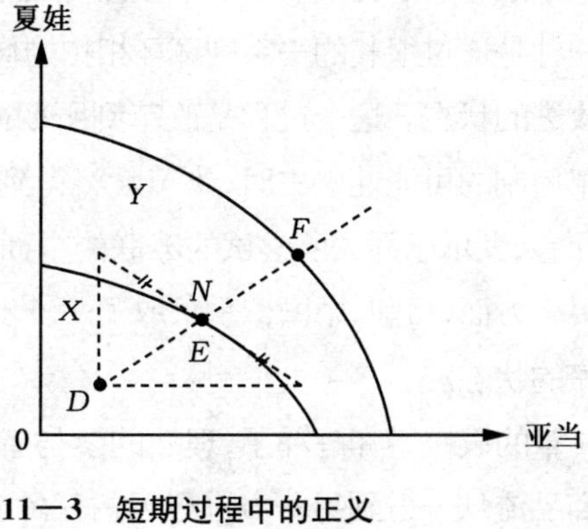

图 11－3　短期过程中的正义

当然，如果亚当和夏娃所面对的这些典型问题记作Y，并且持续足够长的时间，那么记录人际间比较的标准将会调整到一个新的状态，从而这个社会契约所包含的道德也将再一次被侵蚀。

11.7 无信任的交易

一个社会如何从一个社会契约转变到另一个更为有效率的社会契约上呢？第4章的猎鹿博弈表明这不仅涉及理性参与者同意变动到他们都偏好的那个现实生活的博弈均衡上，而且涉及参与者之间友好相处的问题。如果人们没有合理的理由彼此信任，他们无疑将害怕那些机会主义者为了自身能获得额外的收益将劫持改革的过程。因此，如何从一个均衡转移到另外一个均衡呢？

有时这种转变突然能够得到管理控制，如瑞典汽车由左行转变为右行。苏联解体后，一些东欧国家尝试同样快速地从中央计划、指令型经济转变到西方模式的市场经济上来，并且取得了不同程度的成功。这类快速变革的尝试有时被批评为野蛮而轻率的，特别是当事情出错时。但是，批评者很少认识到，当系统处于非均衡的转变过程阶段时，急速地变革能够最小化政权被暗中颠覆的风险。

另一种是通过很长的一系列环环相扣的均衡从初始状态渐进变革到计划改进的状态。这个过程是改革到所期待的一个理性社会，因为它的变革控制的可能性失去时，改革就将得到执行。无可否认就谨慎的办法而言，戈尔巴乔夫所尝试的苏联的全面改革就不是一个明智的选择。另一方面，目前，中国似乎采取了一步步渐进的变革而没有滑向混乱无序的状态。

第4章的蜈蚣博弈解释了，理性的参与者如何能够通过排列一个连续的商品流从一方到另一方进行无信任的交易。但是，这个例子想当然地认为，在进行的博弈中，交易双方不能够重新谈判。但是，如果他们能够重新进行谈判，又将会是怎样的情景呢？

重新谈判

想象一个博弈，是在企业内工人和老板之间进行的，并且每一天都在重复着这个博弈。图 11—4 左边的图中，在可行的社会契约集合 X 上的每一个点所对应的是一对收益流，这对收益流是由参与者在他们共同进行重复博弈的众多均衡中的一个所得。他们目前所执行的无效率的均衡对应的是点 D。同时，他们也讨价还价，当契约达成移动到一个更有效率的均衡上时，导致的剩余该如何进行分配。此时，点 D 是这个讨价还价问题的现状点。

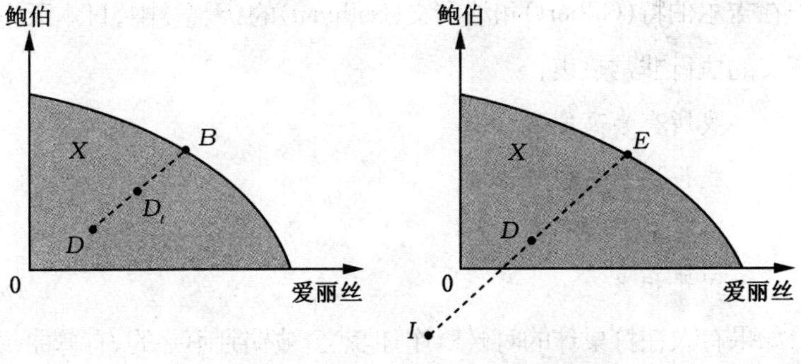

图 11—4　没有信任的讨价还价

假设，他们讨价还价问题的解是点 B。为了便于讨论，这里无所谓点 B 是纳什讨价还价解还是平等主义讨价还价解，或者是功利主义讨价还价解。每一点都对应于这三种选择中的一种。

当双方不能够彼此信任时，这个企业的协议是否可能从点 D 移到点 B 呢？这样的变动包括了逐渐放弃已经被巩固的特权和经理与工人之间的过去的关系。一旦放弃特权，就没有必要重新恢复他们旧有的方式。如果变动到点 B 但在它完成之前却被中断，此时，一方或另外一方坚持要重新谈判，这个企业就将陷入一个新的均衡。如果这里要求重新谈判的时间是 t，那么点 D_t 在接下来的重新谈判中，将作为一个新的状态而存在。

对于原来可行的契约，在转型期间我们要求重新谈判都没有什么意义，因为此时发生的讨价还价仅仅是原初契约的一个复制。一个欣慰的结论是，很容易保证在转型时期的位于点 D 和点 B 之间的直线上的每一阶段的状态 D_t。也就是说，从社会契约 D 到社会契约 B 的方式，必须是从位于连接点 D 和点 B 之间的中间段的社会契约集中变动。[1]

适度量刑

在吉尔伯特(Gilbert)和沙利文(Sullivan)的《天皇》中，日本天皇对于正义的执行非常热衷：

我所有崇高的目标

我将迟早实现——

使得量刑判罪——

罚罪相当

如果有人在打桌球的时候欺诈，他就会被罚到不平的、有弯曲纹道的桌球布上，用椭圆形的桌球来打比赛。如果有人在听演讲的时候在下面不停地讲话，他就会被送去听神秘派德国人的布道，他必须在那里从上午 10:00 听到下午 14:00。

---

[1] 因此当讨论短期中的正义如何运作时，对于现状的重新配置我无须小题大做。如果在图 11－3 中连接点 D 和点 F 的直线上，目前的状态在这条直线上被移动到任意一点，都没有任何改变。特别是，如果目前的状态从点 D 移动到点 E，事情仍旧是一样的。这个证据也提供了对于在原初状态下为什么约翰和奥斯卡必须指定相同的同理心效用到目前的状态的一个附加性解释。如果不这样，一旦同意达成变革并开始转变社会契约，通过落下的虚幻的硬币而被决定处在劣势的一方则可能会要求重新谈判。

为什么我们在看到这些害人终害己的例子中会得到满足呢？是满足于看到有人搬起石头砸自己的脚吗？是要针锋相对吗？以眼还眼，以牙还牙吗？简言之，为什么当罪罚相当时，才是正义理想的结果？

我们为什么会认为罪与罚相当才是公平的，我相信这个道理很简单。当我们去惩罚一个圈内的叛徒，或者补偿受损害的一方时，我们所采取的行动，不仅仅是为了使得偏离行为是无利可图的，我们的惩罚行动也应当把现状点转换到一个新点，在这个新点上，人们对公平的申诉，会把社会契约重新带回其偏离之前就运作的状态。

投　资

对于衡平法的心理学实验已经做得相当成功，对于经济问题的模拟，当来自相同背景的陌生人合伙投资在一个合资的企业时，实验对象必须说明什么是公平，并且说明他们如何分享他们的利润。标准的回答是投资者应当获得他们投资的适当比例的收益时，才是公平的。

我很怀疑，这种实验进展很好的原因是，它逃避了绝大多数的一般衡平法测试中所遭遇的难题。现状点是两个参与者一无所获。一单位效用等于1美元。此外，这些投资的参与者也提供了他们社会指数的数据。

要知道为什么是这样，可以思考图11－4右边的图。点D是原始的现状点，即当爱丽丝和鲍伯什么也没有投资时。公平的最终结果是点E。连接点D与点E之间的直线的斜率告诉我们，在这个情景下，爱丽丝和鲍伯相对的社会指数。但是从点D到点E，爱丽丝和鲍伯必须开始因沉没成本的投入而暂时性地状况恶化。变动的状态是从点D到点I。但是，目前对于其中的参与者在投资变为沉没成本后选择一个新的原初状态的机制，将会是最优的——除非点I在穿过点D和点E的同样的直线上。

因而，我们期望爱丽丝和鲍伯所做的投资是公平地按照他们社会指数的比例来做的。也就是说,投资的规模是参与人社会指数的代理变量。

11.8 社会指数和情景

心理学上的衡平法认为,一个公平的结果是参与者获得他们付出的适当的报酬。定义这个法则的心理学家坚持认为,一个参与者的价值在很大程度上取决于所做公平判断的情景。

取代心理学家的价值系数,我们使用社会指数去衡量平等主义和功利主义的讨价还价解中参与者的个人效用,但在这里仍旧是情景事件确实在相当大的程度上决定了它们的价值。这一节提出的问题是:当我们期望,随着我们改变诸如需求、努力程度、能力以及地位这些参数的情景时,参与者的社会指数将如何变化?

在中期过程时,X 的类型决定了一个参与者的社会指数,这个问题的答案必须检验可行的社会契约集 X 随着这些情景参数的改变将如何变化。

情景如何重要?

尽管我不是卡尔·马克思的仰慕者,但是我必须承认,他正确地指出,如果一个人非常有兴趣研究一个社会把什么样的人认为是有价值的人,他应该具有哪些特点。让我们回想一下,在工业革命之后,工人的待遇是按劳分配的。当然,马克思主义的劳动价值论并不是经济学思想王冠上的什么宝石,尽管这样,对于亚当和夏娃来说,到了该分配他们共同创造的剩余价值的时候,他们必须把两人在创造剩余价值时的相对努力水平作为一个主要的参数。

 当然,按照马克思的说法,劳动只是为价值的衡量提供了一个权宜之计。在国家消亡之后,分配规则就成为:按需分配——从按能力分配转变而来。人性就是这样,诸如激励的计划好像能够设计把一个社会一夜之间从贫困中转变过来。然而,当评价价值时,能力和需要是必须要考虑的参数。

最后,我们需要在努力、能力和需要的后面,加上"地位"。对于马克思而言,社会地位是一种封建残余,应该与在人类组织中所有其他失败的实验一样,被消灭殆尽的;但从一个现实的社会契约理论来看,有一个不能被忽视的事实,即现今的权力结构是从过去的权力结构中演化而来的。一个人的地位,是通过他在目前的社会契约中被指定的角色来衡量的,这个社会契约在当下就是这个社会的现状,因为,这个人的地位是与他周围的人怎样评价他的价值高度相关的。

权力是根本

在探讨类似需要和地位这些不明确的概念时,重要的一点是不能忽视这样的事实——可行的社会契约集合 X 是通过一个社会基本的权力结构来决定的。我们不仅仅必须接受当事物变化时,公平标准的存在是为了发现一个新的权力的平衡,我们也必须接受公平标准所具有的特征,社会指数反映的一些历史事件凝结成了目前所执行的社会契约的权力结构。

有些人认为我是在背色拉叙马霍斯[1]主义(Thrasymachian)的教条,即价值就等于残酷的权力,陈述这些不受欢迎的真理通常会引起他们对我的极大敌意。但是,我希望第5章的例子可以表明,一个大型的社会在现实生活博弈中进行重复的博弈时,权力的应用更多地是以一种微妙的方法。摇动摇篮的手通常也统治了世界,为什么是这样呢?

无论如何,在我说明被筛选的情景参数通过权力结构的方法相比

[1] 柏拉图的《理想国》中的人物认为"正义就是强者的利益"。——译者注

色拉叙马霍斯所建议的更为符合日常思考后,我希望能消除这些怀疑。

人人各取所需?

从大众心理学来看,我们讨论道德问题的语言充斥着众多的错误假设,以至于我们在使用时能够前后一致、逻辑清晰简直就是一个奇迹。尤其是,需要的理念就特别地含糊。

在英语口语中,说到爱丽丝缺乏或需要(needy)通常意味着她处于贫困中(in want)。但是,这也暗示无论是单独时,还是和其他人处在同样的处境中时,她没有能力去缓解她的需要(want)。来自他人充分的同情心也不能改变她的困境,这些权力能尽量地帮助她。我从我定义的需要中把这种无助的感觉区分出来,因为这里混合着爱丽丝个人的品味与她所在的社会所运行的社会环境。一个无权力的人无疑很有可能是有需要的(in need),但是一个人有需求不一定就必然无权力。

我们对于水的需求就是一个很好的例子。当我们在当地的酒吧享受啤酒时,或当我们在沙漠中喘着最后一口气时,水都是我们生存所必不可少的。唯一的不同是,我们能够在前一种情况满足我们的需求,而在后一种情况就不能够满足我们的需要。

一旦我们把爱丽丝的需要等同于她多想要某些东西时,我们就能够通过衡量她在期望获得这些东西上所愿意冒的风险程度来得出她的需要有多大。这样一来,要确定爱丽丝的需求如何影响她的社会指数,就变得不是很重要了,因为纳什讨价还价解会惩罚那些厌恶风险的参与者,使他们得到分配中比较少的份额。这是个很简单的直觉。人们越在缺乏中,就会获得越多,因为他们的绝望处境使得他们会去更努力地进行讨价还价。

为了理解这个结论的应用,想象有两个爱丽丝和鲍伯进行相互合作:一个是贫穷、缺乏的爱丽丝,一个是富足、安逸的爱丽丝。在中期的时候,谁获得多少是通过纳什讨价还价解来决定的。如果我们决定零点与个人效用的单位度量对于两个爱丽丝而言都是一样的，贫穷的爱丽丝因而将会至少得到与富足的爱丽丝一样多的收益。[1] 因此，从中期来看，社会演化将分派给贫穷人群相比富裕人群更大的社会指数。

做工的得工价？

工人必须分配的剩余并非凭空产生，如同来自天上的吗哪。[2] 参与者通常一起工作生产，因而他们也共同分享成本和收益。但是，在下面的例子中，爱丽丝将独自努力去生产一个物品。但是，她只有在鲍伯同意的情况下，才能够享受部分她的劳动果实，因而鲍伯就充当了一个强盗式的贵族(robber baron)的角色。但是，尽管爱丽丝是个农民，然而她不是完全没有任何的权力。如果共同协议的社会契约不能够达成，她将什么也不生产。

这是个关于资本和劳动的古老的故事。在史前时代，资本是通过自然给予男人的力量。在亚当·斯密的时代，相关的资本包括国家强制实施的食利者(rentier)的财产权利，可以使得他们剥削相当部分的农业剩余给他们这些没有任何贡献的人。在现代社会，非常富有的人通常想方设法地不缴税，尽管他们同时享用着那些从穷人的薪水中直接抽取的税所提供的公共物品。大歌剧的表演补贴在这方面就是特别厚颜无耻的一个例子。

图 11—5 说明了当被分配的剩余不再是从天而降的吗哪而是通过爱丽丝努力的付出所得时，事情将怎样变化。在原先的可行社会契约集 X 上的每一点被在左边的固定距离的新的可行社会契约集 Y 所代

---

〔1〕 爱丽丝的需要不必然严格地超过爱丽丝所满足的。就像在第 8 章中的例子，当相比爱丽丝所付出的风险，我们通过减少她的最低限度的共享使得她的需要更少，此时一直到可接受的最小限度共享小于一半前，她将继续获得半只兔子。

〔2〕《圣经·旧约·出埃及记》，上帝带领以色列人出埃及，从天上降下的如白霜的圆形食物。——译者注

替。这个位移大小表示爱丽丝认为她的努力值多少个单位。

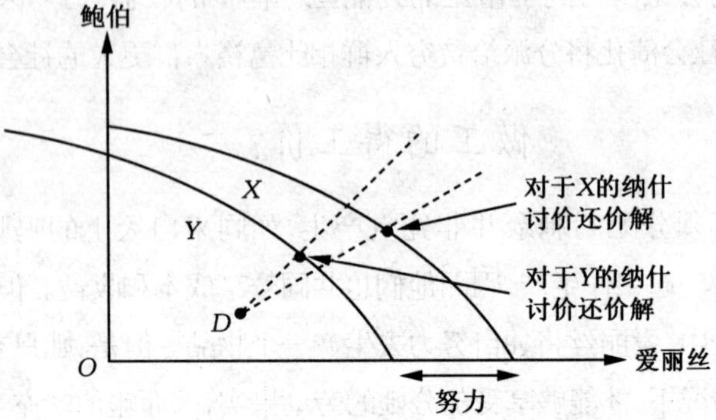

图 11－5　努力与社会指数

正如在图 11－5 中，新的议价问题的纳什讨价还价解通常是一条穿过不能达成契约点 D 的直线，并且至少与原先问题的纳什讨价还价解所对应的直线的斜率相比还要倾斜。从中期来看，如果爱丽丝必须付出一定的努力来获得剩余而不是白白获得，那么社会演化将指定爱丽丝一个较小的社会指数。

如果这些结论看上去违反直觉，那是因为如今我们一般不会遭遇到一个个体拥有鲍伯那样的权力能够减少爱丽丝的努力的成果到一无所有的地步。通常在较多的境况下，鲍伯必须被迫承认剩余的最大份额是属于爱丽丝的，免得爱丽丝选择退出他们之间的这种关系。即使在史前，采集者也会把她采集到的东西带回家里。除此之外，她可能选择在采集的地点喂养自己和孩子。同样，一个现代工人最可能的选择是换别的工作，或者继续领取失业救济金。如果爱丽丝没有选择而必须臣服于他的权力时，鲍伯将明白爱丽丝就是没有价值的，因为她通过自己的辛勤汗水赚得他们的面包。

在现代民主社会没有人是农奴，但是这并不意味着封建的文化拟子那种促使工人成为无价值的源泉的动机就消亡了。新封建（neofeudal)的社会契约通过现代西方民主得以执行,对于当代强盗式的贵族,不再是雇用一群雇佣兵从无权力去反抗的人那里榨取贡金。相反,他们使用国家机器作为中介,把我们口袋里的钱流入到他们的口袋中。我们农民却没有合法逃避税收的选择。因而,当对比那些有权有势的人有足够的权力在立法上获得逃税的法案时,即使就我们自己而言,我们也被视为没有价值的。

人人各尽所能?

一个有能力的人是能够不需要付出更多的努力就能够比一个缺乏能力的人生产同样多的产品。研究能力改变对于价值的影响因而就是一件琐碎的事。我们给定亚当的能力越多,他为了创造给定水平的剩余所需要付出的努力程度就越少。因此,花费的努力将降低他的社会指数,而能力将提高他的社会指数。

总结了前面结论中所涉及的努力和能力,另外在同等条件下,平等主义者喜欢有才能的贵族胜于反应迟钝的奴隶。[1] 但是,在祝贺功利主义推翻这个偏见之前,功利主义者也应当小心谨慎一些。我们已经不再是生活在停滞的封建经济中,并且即使乌托邦人也需要考虑激励和创新对于他们动态系统的冲击。

贵人行为理应高尚?

如果亚里士多德的崇高(nobility)的概念等同于社会地位,这就说明了为什么节制被认为是在公平社会中的崇高品德(noble virtue)。另一方面,在同等条件下,一个人的社会指数将随着社会地位降低而降低。因而大人物相比他们地位较低的同胞,应该获得新的剩余中更少

〔1〕 原文如此,疑有误,应为平等主义者喜欢反应迟钝的奴隶胜于有才能的贵族。——译者注

的份额。这里可能解释了为什么当宴会的同伴中某人坚持一个人全部埋单而不是大家共同承担时,人们会感到有些吊诡的不满(paradoxically resentful)。在这种情况下,埋单者实际上宣告了一种较高的社会地位。但是,一旦你认识到他的行为信号是他不太能确定你如何看待他的社会地位时,这实际上可能就成为他以这种高人一等的方式来进行自我确认。

初步衡量爱丽丝的社会地位是她在目前的状态下获得的收益。如果我们通过移动不能达成契约的点 D 到右边来提高她的社会地位,那么爱丽丝在这个问题上纳什讨价还价解的收益将也会增加。因而,提高爱丽丝的社会地位会使得她的境遇更好。但是,她的社会指数将怎样变化呢?它可能增加也可能减少,因为她的总收益包含了她在目前状态的收益,也包含了她分享的被分配的剩余收益。

使用过去证明的努力程度降低价值的论点可以解决这个问题。移动当前状态的点到右边等于首先移动 X 相同的位置到左边,然后移动整体的结构同样的距离到右边。在目前的状况下,提高爱丽丝的社会地位将会降低她的社会指数。

这里一个明显的应用是累进税的问题。累进税的批评者认为,每位纳税人应当被要求支付占他们收入同样比率的税,但是,我的理论说明如果富人相比穷人而言支付占他们收入更大比率的税收,人们将会认为这样更为公平。

11.9 市场

人们通常会从右派知识分子中听到公平已经过时了,因为市场是目前可以利用的,可以最为成功地使得社会得到更为有效率结果的一个手段。正如当供给和需求的定律最终推翻了中世纪的公平价格的概念一样,是否这个时代已经接受了我们的正义社会必须用新的范式来取代的观念呢?一旦市场的文化拟子完全取代了公平的文化拟子,这个故事这样进行下去,在传统意义上,市场是否关乎公平将变得无足轻重。

这一节反对如此激进的设想。我同意有些时候演化最终好像产生了像市场一样执行的社会契约——但是不是因为市场机制赋予了引人注目的新的价值集胜过了大量的过时的公平标准,这些留存下来的规范不仅仅是作为在史前时代,社会契约执行的古老记忆而保存了下来。相反,就市场而言,当环境有利时,市场注定是会取得巨大成就的,之所以这样,我认为这是因为,准确地说,市场可以看成是长期个人的偏好随着市场调整而使用的、作为公平标准的原初状态机制的结果。

在中期同理心偏好允许调整之后,再使用原初状态机制进行分配时,我们知道会发生什么。尽管,亚当和夏娃可能依旧把他们的社会契约描述成公平的,但实际上他们同意用纳什讨价还价解来解决他们的议价问题。所有在他们使用的公平的程序上包含的道德将渐渐被侵蚀,因为如果他们能够面对面进行谈判,使用任何讨价还价的权力在处理他们这些事情上,都能达成同样的妥协。

这个中期的论证,理所当然地认为,尽管参与者的同理心偏好在变化,但他们的个人偏好仍旧是固定不变的。然而,在第10章中介绍了时间跨度的分类,主张这个假设仅仅在短期和中期才成立。在长期,个人偏好也会根据使用的分配机制而改变。那么,如果假设他们的显示的偏好将仅仅作为纳什均衡解的投入,两人都追求最大化他们的适应性,我们就需要追问,亚当和夏娃是什么样的个人偏好将被选择出来。如果在这种模型化市场的情况下,参与者希望歪曲或隐瞒自己的个人偏好,那么最终结果是,使用纳什讨价还价解所产生的结果与在完全竞争市场所产生的结果是一致的。

因而,在一个先剔除文化里的道德内容,后又通过塑造公民的个人偏好而瓦解他们的自主性的过程中,市场是它的最后一站。我们可能孤芳自赏这样一个事实——完全竞争市场机制很难导致腐败,但这个理由在我所讲的故事中不是特别能够获得支持。正如一块岩石掉入深坑里,并不能够轻易得出它会进一步下落的结论一样,因此,不能够轻易得出一个市场的被毁坏是因为演化已经破坏了这些制度。

但是,尽管没有人有任何理由可以否认这样一个事实—— 一个文化的道德价值运行在固定的现实生活中的博弈将在长期被侵蚀改变,但这也不是我们绝望的理由。确定的是不能够得到这样的结论,认为在一个完善的社会中道德不会起任何作用。无论在长期可能发生什么,我们短期和中期的结论仍旧是完全成立的。在修正的现实生活的博弈,在短期中可能会由于技术或环境的改变而引起改变,因而在发达的经济中如同狩猎—采集型的部落中一样,将激起对于剩余公平分配的需求。

在美国南部,大雪后出现的铲子市场的例子就非常清晰地说明了这种现实中的现象。当下大雪时,人们对于铲子的需求就增加。如果供给是等于需求并且铲子的供给是固定的时,那么铲子的价格肯定会上升。但是此时消费者的反应是谴责提高价格是不公平的,因为他们认为没有理由因为下雪就应该改变任何人的社会指数。因此,他们通过拒绝购买来惩罚那些不忠于目前社会契约的零售商。

忽视了这类非均衡现象的保守政治家,如果把社会契约委托给他们照看会就陷入危险之中。他们所犯的经典错误是,假设所有的事物都是在均衡中。但是,所有社会系统都需要花费时间去寻找达成均衡的方式。为了发现它们的长期均衡,这些社会系统需要漫长的时间。然而,公平演化提供了对于均衡选择问题的短期的解决方法。

12。

有计划的分权

先生，我发觉你是个可恶的辉格党人。

——塞缪尔·约翰逊(Samuel Johnson)

12.1 第三条道路？

从前，政治被简单地看作是在左派和右派之间做出选择，但是，苏联的解体尽管已经损坏了社会主义的名声，却也没有展示出相对应的自由主义右派的自由市场的胜利。人们提出一种说法，主张第三条道路，就是在不放弃社会正义的无政府状态下，寻求个人的权力和地位。可是第三条道路，是否只是另一个乌托邦的妄想，要把我们的注意力从刻不容缓的面包一黄油改革中转移出来？或者，是否真的存在一种方法，可以计划出一个公平的社会，不会因为我们把太多权力放在一些匿名的官僚手中，而扼杀个体性的努力？

我认为，对于这些观点，本书提供了一个乐观的答案。我们不需要把我们绑在一套专制主义的束缚之下，来创造一个公平的社会契约。对个人自由的保守，也不等于是允许一些有钱有势的人一有机会就盘剥我们。我们人类族群到了觅食型社会时，已经演化出了一些既自由又公平的规则。我们因为需要达到更高的生产力，而不得不被迫采取其他的社会契约，但是现在，进入后工业时代，可能会使我们重新采用一种更适合我们遗传基因的社会契约。

我认为，最与我们天性相符的社会契约是平等主义，但是，我提倡这种平等主义的社会契约，所出于的一些世俗原因是与现代平等主义哲学家完全不同的，我更倾向于说，我是在为一种辉格党的原则(Whiggery)辩护，这个原则曾经激励了1688年光荣革命的发动者和1776年《独立宣言》的起草者。我知道，在当代自称为一个辉格党人，听起来是有些古怪，但是，至少它有个优点，就是没有人会为那些说辉格党的原则好像是错误的宣传者起来辩护。

不仅在我的公平理论中，而且在一般的着手研究社会问题的博弈理论中，无论如何在这一章中有人试图指出这里存在大量的分歧和不足，这样的布道在这里是完全不合适的。就好像有人想要从一只蜘蛛刚拉的几根丝，就看出这个蛛网会是什么样子。但是，我在本章仍旧会继续努力，因为要填补这些漏洞，第一步就是意识到这些漏洞是值得去填补的事实。

12.2 辉格党原则

有时候，人们可以从一种知识或政治的主张如何被它的批评者故意错误地歪曲中学到很多东西。例如，有些美国政客很讨厌政府把税收花在帮助穷人身上，当他们选择用**自由主义者**(liberal)攻击他们的敌人时，这却展示了大量关于他们自己的立场。

下面是诗人叶芝(Yeats)的一首打油诗，也提供了同样的信息，告诉我们一些早期的反对派是持怎样的态度：

> 什么是辉格党原则？
> 一种平衡的、刻薄的、理性的思想
> 是绝不能从圣贤或醉鬼的眼中看出来的。

对于辉格党人尊重理性这一点上，叶芝说的没错。辉格党人相信，一个社会可以往更好的方向发展，在于它迎合了所有成员的理性的自利。当谈到辉格党是平等主义者(levelers)时，叶芝无疑也是对的，并且因此他们要求一个较为公平的社会，自然看上去厌恶像叶芝这样的顽固守旧的托利党人(Tory)。

叶芝也告诉我们，辉格党不是圣徒。在这方面，他说的也是对的。

 不仅辉格党人不是圣徒，他们也不会如同天真的左派思想家那样假设我们能够成为圣徒。人们能够暂时被说服,把社会共同体(community)的利益放在他们的私人所关注的事情之上,但是,基于在假设它的公民能够被指望在绝大多数时期,去为他们自身家庭之外的人和事而无私地服务,却是不可能的。

最后,叶芝认为辉格党不是冒失的,跌跌撞撞、步履蹒跚的醉鬼也是正确的。计划和改革不需要成为污名化的词汇。它们不要求一些神秘的“共同的善”(common good)存在。相反,我们可以考虑,把“共识”(common understanding)制度化。一旦人们明白,让弱者倒在路边对强者自己的利益也是有损害的,在这个过程中,那就没有人需要付出很大的牺牲。我们能够通过**共识**,而使社会秩序从一个旧的状态转换到一个新的状态。我们不需要在这个过程中建立起一些荒谬而无效率的官僚体制。在适宜的市场上,没有人会制止我们去计划性地使用市场,但是,如果一个社会仅仅依靠市场,也会遗留下很多潜在的缺口。

历　史

辉格党最初起源于 17 世纪反对托利党的一个英国政党。现代的保守主义政党是托利党的直接传人。辉格党最终被现代的工党挫败,并且挤到了一个无足轻重的地位上。他们中余下的成员作为自由党(Liberal)存留下来,现在继续以自由民主党,一个新的形式而存在着。但是,在近几年里,工党可能比自由民主党更有辉格党主义的色彩。

托利党人和辉格党人代表什么呢?词源学不能帮助我们理解这些含义,因为“托利”(Tory)源于爱尔兰语的爱尔兰人(bogtrotter),而“辉格”(Whig)源自苏格兰语的誓约者(covenanter)。这里并不能有助于我们发现,被认为是现代保守主义缔造者的埃德蒙·柏克过去是辉格党人。大卫·休谟的观点是我把自己归于辉格党的灵感来源,但他曾被同时代的人认为是托利党人,因为他曾经有过一个著名的告白,就是他为查理一世的砍头而落泪。辉格党在传统上伴随着 1688 年的光荣革命,这一点可以给我们更多的信息来进行评判。那时,专制的天主教徒詹姆斯二世被驱逐,辉格党人支持认信新教、具有宪政思想的威廉三世上台。

美国的历史也是以她的辉格党主义而自豪,广义上讲,美国的辉格党和它的英国同道很相似。美国辉格党曾公开反对安德鲁·杰克逊(Andrew Jackson)用在总统否决制中的专制创新。亚伯拉罕·林肯在加入新出现的共和党之前,也是一个辉格党人。但是在美国,辉格党传统的真正盛行始于早期共和国的建立,这些辉格党人成功地继承了英国内战和光荣革命这些较早的捍卫正义和自由而进行的战争。

像詹姆斯·麦迪逊(James Madison)一样,现代的辉格党人相信,"无论是过去还是未来,我们一直在寻求正义,直到得到它为止,否则,自由将在追寻中丧失"。一个成熟的自由社会,必定是一个公平的社会。但是,自美国开国者的时代以来,这个世界已经继续往前发展。他们在宪政设计方面的伟大实验,取得了巨大的成功,但是,就像所有的社会性的建构一样,当面临正义和自由出现的新挑战时,它也需要不断地修正调整。今天,我们的任务就是,重新反思美利坚共和国的开国者们的思想,如果他们今日仍旧活着,他们也会驱动我们重新去反思。

将政治态度分类

事关一个社会最大的问题,就是自由和正义。因此,我们很自然地就提出把政治理论按照它们的基本观点分为两个维度。心理学家艾森克(Eysenck)发现,他用来把性格类型与政治态度做匹配的数据,与过去一维的在左派和右派之间的政治系谱相比,这个二维的分类格局更为吻合。

图 12－1 使用了自由和公平的两轴,区分出四个区域,我不含有任何倾向性地把这四个区域分为:无计划的中央集权(unplanned centralization)、无计划的分权(unplanned decentralization)、有计划的分权

(planned decentralization)和有计划的中央集权(planned centralization)。不过经济学家的语言真是乏味枯燥,于是我就把这些转换了一下,称为:新封建主义(neofeudalism)、自由放任主义(libertarianism)、辉格党主义(whiggery)以及功利主义。按照传统的左右派的政治系谱,功利主义位于偏向社会主义的左边,而自由放任主义位于偏向资本主义的右边。道德哲学上也出现了同样类似的二分法,分为:追随于善的后果论与强调正当的义务论。

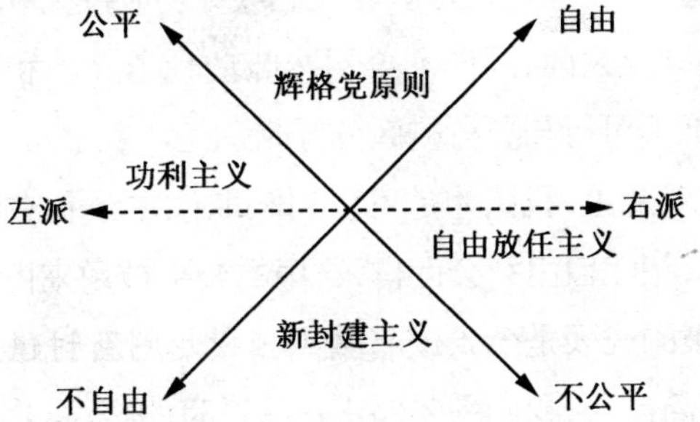

图 12—1　政治态度分类

但是,政治组织的问题远远不只是我们所看到的左派和右派观念之间的争斗,我把功利主义和自由放任主义,看作斯库拉(Scylla)和卡瑞布狄斯(Charybdis)[1]一样,让我们进退两难。如果我们想要摆脱过去的宿仇,改革者必须处理好功利主义和自由放任主义之间的关系。功利主义提供了一个不安全的停靠港,因为没有人能够阻止在专制主义社会的领袖变得贪得无厌。自由放任主义也同样不安全,因为在一个无政府的社会下,财产所有权是得不到保证的。那些提倡把市场以外的所有社会机制都放弃的人,他们没有认识到,那样做就等于扔掉了

[1] 希腊史诗《奥德赛》中,她们各自守护着墨西拿海峡(Strait of Messina)的一侧。卡瑞布狄斯每日三次吞吐海水,形成一个巨大的漩涡,将经过的船只吞噬。斯库拉有 6 个头、12 只脚并且有着猫的尾巴,船只经过时她便要吃掉船上的 6 名船员。——译者注

市场机制的基础。

功利主义和自由放任主义这两种都是不能实现的乌托邦，与人性真正所关注的问题没有相关性，就像那些在讨论绝对道德的属性(properties of Absolute Morality)上的形而上学，将那些推崇“善”的与推崇“正当”的区分开来，也与人性真正关注的没有任何相关一样。正如我们在可以说清楚演化把人性变成怎样之前，我们不得不把那些困扰后果论者(consequentialists)和义务论者(deontologists)的问题，融入一个单一的“适当性”理论，因此，在我们放弃功利主义和自由放任主义还可能具有共同点之前，同样不得不按照功利主义者和自由放任主义者所切望的，把不可行与可行的区分开来。

有一个反对意见，我认为是可以用来取代左派和右派之间无谓而落伍的讨论的，相比自由社会而言，这里的公平被用来协调社会的集体决策，这些决策的代表是个人或者精英。我使用**新封建主义**来描述这种社会契约。简言之，我们需要停止一些过时的想法，也就是关于我们要把社会安排在左派—右派系谱的哪个位置上的想法。在功利主义和自由放任主义之间做一个选择，就像是在争论狮鹫会不会是比独角兽更好的宠物一样。[1] 取而代之的，我们需要开始思考，要怎样从新封建主义转到辉格党主义上去。

12.3 为什么分权？

在第1章中，我提出了社会契约所具有的三个层面上的优先性：稳定、效率以及公平。功利主义不能够执行，是因为它没有认识到第一个优先性。

〔1〕两种兽都是传说中凶猛的怪兽。——译者注

一个仁慈的哲人王,可能支配这个或使唤那个,但是,除非要求他的臣民协调到一个现实生活的博弈均衡上,否则他的组织最终将解散。即使哲人王认识到,需要通过执行一个有约束形式的功利主义,这个社会契约中的可行集上只有一个均衡可以被选择,当把臣民的个人激励考虑进来时,他仍旧会在下一个层面上遇到困难。

为了实现效率,他需要把决策权下放,分给那些具有必要的知识和专门技术的人去执行。也就是说,一个有效的社会契约,必须将相当的自由给一些在所有生产过程中的不同个人。限定潜在的企业家自治是特别愚蠢的,如果没有这些企业家的活力,我们永远都不会发现,我们曾经做的是多么无效率。

苏联的解体,使得我们没有必要再强调这一点。就连老派的马克思主义者,现在也承认指令性经济效率低下。不仅仅是因为当人们没有老板到处颐指气使地指挥而使他们感到快乐,并且他们也能更大限度地投入生产。这可能是历史给我们上的为数不多的深刻的一堂课。个人自由的程度,往往是一个创新社会应具备的必要条件。

这里并不意味着,一个创新的社会需要必定是一个充分民主的社会。古代雅典是一个蓄奴的社会。在文艺复兴时期的意大利,共和政体也很少见。直到英国工业革命时,人们的选举权还受到很严格的限制。当美利坚共和国成为世界强国时,妇女还没有获得投票权。纳粹德国反而维持了一个高生产率、创新的经济部门。正如第二次世界大战之后在英国的社会主义试验所表明的,民主并不是经济成功的充分条件。

最后,功利主义在第三个层面上也会遇到困难。一个哲人王认识到,有效率的社会契约必然把一定程度的自由给一部分臣民,这个国王还必须面对的一个事实是,对于如何协调他们的行为,臣民们也会有自己的观点。例如,一个工厂老板为了提高生产效率而重组生产过程,他应该认识到,实际上,他正在改变的是工人参与的在工厂范围内的生活迷你博弈的规则。他可能期望在这个博弈中,他们执行他所偏爱的那个均衡,但是,工人会按着自己认为什么是公平的,来解决老板为他们所创造的这个博弈的均衡选择问题。

12.4 为什么要计划?

彻底的自由放任主义者是完全反对任何的中央计划的。他们认为,所有的一切都应当留给市场来解决。冯·哈耶克(Von Hayek)甚至引用了哥德尔定理来试图说明,有效率的计划是**不可能**的——却没能注意到,如果他是正确的,那么市场也不能解决效率问题,因为整个社会可以被设想成一台庞大的计算机。

自由放任主义厌恶权威,对此我也深表赞同。但是,在我看来,我们必须承认,某些规制(regulation)在现代国家的社会契约中是必需的,即使仅仅因为保护企业家的私有产权有利于我们创造出财富,也是应该的。

温和的自由放任主义者认同我们需要一个社会契约去维持法律和秩序,以及保护私有产权,而不是为了其他的缘故。那些追随罗纳德·科斯(Ronald Coase)的信徒特别热衷于这样的观点,即,如果把所有东西的私有产权都确定下来,那所有的社会问题就都可以得到解决。如果交易成本是可以忽略的,那么科斯"定理"可能保证了在所有者之间理性的讨价还价能够得到一个有效的结果。当科斯主义者引用科斯定理时,在他们脑海中通常有个最优的效率概念,但是,博弈理论得出的最显著的结论证明他们离这个目标还很遥远。如果每个人都能够被信任一直讲真话,那么,所有有利可图的交易就确实能够实现,但是,有谁首先在谈判一开始的时候,就把自己的所有的牌都在桌上亮出来呢?理性的讨价还价者们会试图使对手相信他们很强大,比他们真实的实力还要强大。这样的讨价还价会让我们想起囚徒困境博弈，当在双方达成可行的协议中，如果存在可以让双方都更好的协议，谈判通常就会被终止。

考虑这个例子，有一个买家和一个卖家，他们为一栋华丽的房子给出的估价在100万美元与500万美元之间。有一半的时候，买者的估价将会超过卖者的估价，因而，他们都在这两个价格中间的一个价位达成协议，就可以获利。但是，只有当买者的估价至少超过卖者所估价的100万美元时，他们才会成功地达成协议——尽管他们是在没有交易成本时使用讨价还价原则(a bargaining protocol)来进行理性的议价，这个讨价还价原则就是最大化这些交易中的预期剩余。

当两人都拥有私人的信息时，他们即使转换到一个次优的效率概念上，这样做也不会有什么帮助，因为那样所有的讨价还价模型就都拥有多个均衡，而且这些均衡中的绝大多数是没有效率的。有时科斯主义者刻意地在他们的方法中忽视这个致命的错误，试图辩解说，一方或另外一方对秘密的占有，应该视作一种交易成本，但是，他们这样操纵加工所得到的好处只是会把他们的理论限制在真实世界中极少发生的模型上。

市场一定是有效率的，这也不一定是真理。自由放任主义的经济学家无疑知道，这样一个市场的条件是完全竞争，并且因此有效率，其条件是要有很多限制的。他们的花言巧语却是恰恰相反来故意误导人们。我们只用提及一个无效率的例子，如许多产业只能支持少数的生产者，每当这些生产商不被政府规制的时候，他们就很自然地会去利用其市场力量，结果就使它们之间缺乏竞争。我猜想，自由放任主义者之所以忽视真实市场的缺陷，是因为他们认为，即使是最不完美的市场，在供给和需求匹配起来的作用上，也可能比中央集权的官僚体制更有效率。他们为什么不直接这样说呢，反而发明一个危险的神话，要比我们能够在现代社会通过权威和规制来进行分配要好呢？

政府规制通常是一种无可辩驳的恶，这一点毋庸置疑。政府官员很少感到需要在机制设计中好好利用现代的专家知识。他们也没有意识到，有必要在实验室里测试一个新的规制系统，看它能不能解决一些问题。难怪他们一些幼稚的努力会带来像加利福尼亚州电力交易中心危机(Califorina Power Exchange)那样的灾难！

我认为，应当将这类疏忽视为某种制度性的腐败。博弈论取得的进展意味着，我们现在知道怎样为某些产业设计一些规制的市场，是比那些当下正被使用的机制更有效的，要等他们把新知识应用到实践中，我们还需要等很长的一段时间，这真有些让人灰心。

但是，效率还不是唯一的问题。公平也很重要。自由放任主义的经济学家用不同的方法规避这个问题。他们最明目张胆的一个做法是，他们说任何有效的结果都是一个"社会最优的"，通过这样的定义，他们就排除掉了公平问题。也就是说，从一个有效率的结果移动到另外一个，永远不能让一个社会变得更好。在这一结论的背后是一种荒谬的教条，即效用的人际间比较根本就是没有意义的。

第二种辩护的说法比较诚实，因为它对那些违反了"效率应当优先于公平"这个原则的公平概念是一个有效的反驳。这个说法是，在效率和公平之间，不可避免地存在一种此消彼长的关系，即推动公平会阻碍生产力。确实，在讨论一个小蛋糕如何被分配时，往往会导致谁应该得到多少蛋糕这样的争吵。但是，当人们尊重"效率应当优先于公平"这个原则时，这样的集体无理性就不可能发生了。那样人们会先识别出这个社会能带来的所有的有效结果，只有此时，他们才会把公平标准应用到要做出的选择中。

最后一种辩护主张，完全竞争市场事实上就是公平，因为这样的市场最大化了经济剩余。的确，在一个竞争均衡中能够最大化经济剩余，但是，为什么人们会认为最大化期望剩余(expected surplus)是公平的呢？有谁会认为，当我把每1美元花在一个饥饿的孩子身上，或是花在一个傲慢的财阀身上,都应该视为具有同等价值呢?

一个经济学的例子

有一个简单的例子,也许可以有助于解释我认为应该如何回应知识分子右派的这些经济学的辩护。

想象有个古代的国王,他将垄断盐业的权力赐给他所偏爱的一位朝臣。假设社会契约演化的参与,使这个家族私有财产权完好无损,那么这个继承人确实碰上了一件好事。

如果这个继承人就像教科书中的垄断者一样,以相同的价格出卖所得到的食盐,那么,他的利润最大化的产量将会是无效率的。但是,如果他足够聪明,可以发现一种方法来利用市场力量,使得每个消费者支付的价格是消费者购买食盐的所有剩余,那么所有的剩余将归于垄断者。那么,没有人能够在不使得垄断者情况变坏的情况下而使自己变得更好,并且这样的结果也是有效率的,但是,认为这样的剥削安排是社会最优的说法则有些荒诞可笑。

对于这样一种不公平但却有效率的结果,我们应当怎么办呢?一个答案是政府将强制这个垄断者以垄断者所付出的每个单位的成本去卖每一个单位所获得的食盐,最终获得的是愿意在这个价格上购买的人。最终这个结果将会是有效率的,并且也会是一个公平的结果。但是,对于政府而言,还有一个困难,就是发现这家公司的生产商品的成本,就如同要去了解你我应该支付多少所得税一样难。你可以让我们填表报告我们的收入,但是,在这样的事情上,只有圣徒才是完全诚实的。这也是为什么旧的指令性经济不能成功的原因之一。如果计划者没有一个有效手段,能够从他所控制的人民中获取重要的经济信息,那么一个整体的中央计划就不会是有效率的。

另外一种选择,就是我们可以废止盐业的垄断。毕竟,我们为什么要联合起来保护某人的私有产权,而这个人却利用我们提供的保护以我们的利益为代价,如此不公平地致富呢?在改革之后,盐业的生产和出售,可以由大量的小企业来完成,这就创造了一个完全竞争的市场,并且产生了与先前文章中提到的规制市场具有同样有效率的结果——只是无需让任何官僚知道任何盐业生产过程的信息。

情人眼里出西施,自由放任主义者如此醉心在亚当·斯密的发现中,他们不愿再深入探索下去。但是,这里一个产业的组织,通常具有多种有效率的方式。甚至当其中一个方式是让一个没有规制的市场运作起来,就如同盐业的例子一样,这里没有什么特别的原因说明这样分配财富的方式在该社会中就是公平的。

自由放任主义立场的批评者中,没有人希望除去市场这个作为好的社会契约设计工具的价值。当一个市场被适当的规制与合理的税收政策并行时,市场将在任何辉格党原则的改革项目中起着主要作用。但是,如果有人说,要解决我们社会的问题,只要把这些问题"留给市场"就行,这不过是一种难以置信的幼稚的说法。

12.5 设计一种社会机制

近期的博弈论提供了设计一个社会契约的处方,这个主题就是机制设计。

只有当存在一个外部强制执行的代理人能够利用设计者所设计的规则时,第 9 章中提出的结构才是合适的。但是,即使在这样简单的环境之下,设计一种最优的机制也不是轻而易举之事。下面讨论到一些在构建一种机制时的步骤,让我们关注这个过程中的困难,但这里首要的目的是陈述那些设计过程中基础性的原则,因为同样的原则也适用于处理在设计社会契约或宪法中遇到的一些更为困难的问题。

步骤1:目标

一些教科书说,设计一种最优机制的目标就是最大化一个福利标准的价值,这个标准是能将所有竞争性的必要品的相对重要程度完全量化。

在把这些机制设计的原则应用到不同政府和商业企业的实际问题中时,我做了大量的工作,但是,我还没有如此幸运地被给予过这样的一个福利标准。通常,甚至在决定政治问题还是技术问题这种交替的问题中,也很难去使用这个原则。

因此,我认为,实际机制设计需要发展的很多方面之一就是,要确立有助于决定优先次序的原则。正如我们是通过观察在不同可能性下人们所做出的选择(或愿意做出的选择)来决定个人的效用函数一样,我们也能够提供不同情境下的排序原则,从而使得这种排序能够用于决定暗含的优先性的原则。

不过,谁又会为这些工作和研究来买单呢?要开发出一系列足够多的、所有相关参数都被现实地量化的情景,这些研究工作是必要的。我个人的经历是,客户会期望下周二就可以拿到一个完整的设计。不过,在设计一个社会机制上花费的金钱和努力,就应该像设计建筑或桥梁一样,这样的观点对于客户而言可能会觉得很荒唐。

步骤2:规制

为了达到有效的结果,必须分散化决策,但是,对于那些接受决策权下放的代理人而言,他们的目标通常不会与设计者努力想达到的目标一致。他们其中有一些人会想要挪用受委托照管的资金,还有些人可能会把他们的侄女或外甥安排到领导的位置上,而不是让一些更合格的候选人去担任这些职务。企业家会希望聚集商议,串谋起来把价格固定从而去损害消费者,如此等等。

在某种程度上，代理人的行为能够通过禁止某些事情以及强制一些事情这样直接的规制而得到控制。但是，只有那些可以被有效监督的行为，才能加以控制。对于那些偏离者，可以借助外部强制执行者来发现并施以处罚，在经典的机制设计中，这个外部强制执行者被认为是理所当然存在的。但是，对于一些不能检测或不会被监督到的行为，要去禁止或强制执行这些行为，确实是毫无意义的。

安然能源公司的腐败会计操作被曝光后，接下来就是公司倒闭，进而使美国审计行业的信誉尽失。可能当这本书出版的时候，这些已经被大家遗忘。但是，这个案例证明，就算是对一些看起来受人尊敬的社会的信任支柱，如果没有充分的监督，人们对它们的信任最终会导致怎样的结果。这些人大多并没有从一开始就想要偏离那条直而窄的正路，但是，如果有人每次都来讲一点把偏离规则当作合理的小故事，他们就很容易偏离正路，尤其是当周围很明显地存在其他一些偏离者并且还没有被抓住时，这一点就更为明显。

步骤3:激励

绝大多数改革的尝试所犯下的最主要的一个错误就是，没有认识到人们将会改变他们的行为来适应这个新系统。然而，改革都是在“人们的行为将会像改革前一样”这类的假设上开始的。但是，这里经济学家一直在推行改革但总有阻力，其所存在的困难是，人类的本性决定着他们会对激励做出回应。因此，在计划一个改革的过程中，我们必须有前瞻性，知道在改革**之后**，什么样的激励会影响代理人。

正是出于这个原因，当前人们对于行为经济学的热衷，具有潜在的危险。行为经济学的倡导者明确地强调说，他们认为他们已经发现的那些行为法则且应该能够应用于公共政策中。但是，他们显然忽视了通过对公平或互惠的偏好，来描述实验室中实验者的常规行为在跨期过程中是不稳定的，就如在博弈中一次性囚徒困境所说明的大量数据一样。人们习以为常地行事，好像他们对公平或互惠有一种偏好，因为，要维持他们已经习惯了的均衡是必需的。但是，当我们改变他们正在进行的这个博弈时，他们的行为会渐渐地调整到一个新的均衡上，之后他们的行为就好像他们又有了一些对于公平或互惠的新偏好。

改革之后，对于参与者将要受到的激励，需要设计者投入更多的智慧。我认为，有一点认识很重要，就是金钱的激励只是其中的一种方法。显然人们很在意金钱，然而仅仅是因为金钱能够满足他们更多基本的欲求。尤其需要指出的是，我们作为社会性动物，更会关注我们在社会中的相对地位。因此，如果我们的同辈对于我们没有完成好一项工作表现出轻蔑的态度，这通常是一种比失去金钱的红利更为有效的惩罚。

步骤 4：均衡

博弈论需要机制设计来预测：其中的参与者对于给予他们的新激励将会如何反应。这个预测包括创建一个设计来发现博弈中一个适当的均衡。

在目前的状况下，一般很少有人会关注均衡选择的问题。这里暗含着的一个假设是，设计者能够通过指定他所偏好的某个均衡，来成功地充当一个协调机制。但是，对于那些在现实工厂中的老板们来说，可没有那么容易！老板可能会指向一个较多产量的均衡，但是如果工人不认可这个均衡公平，他们怎么会接受这个新的协调均衡呢？

任何在工厂中工作过的人都会知道，老板只能很有限地控制其工厂的运转。他能够改变一些工人彼此之间进行的无限重复博弈的某些规则，但是，他不能通过行政命令来改变工人当时的社会契约，因为他没有办法不让那些遵循他领导的工人不被工友嘲笑或孤立。但是，这并不是一个毫无希望的问题，就像一些日本汽车企业的做法所显示的，他们说服了在海外工厂中的外国工人采用日本的工作方式。

步骤 5:最优化

在一些简单的情形中,我们有时可以使用博弈论,从最基本的开始来计算最优化的机制。以出售电信牌照为例,尽管它涉及上百亿美金,出售电信牌照仍可以被认为是这样一个简单的情形,并且因此我们可以成功地使这些拍卖与进行买卖交易的市场条件达到同样的效果。

在更为复杂的条件下,由一些首要原则出发来建立一个最优化机制,是极度困难的。此时,引入一些改革,就更像是一门艺术而不是科学——然而我们也不能把这个当作要完全放弃科学的借口。研究者可以写一些确实简单的、不现实的模型,并去测试这个改革基于的一些原则,看看如果把这些模型用到一个如此简单化的世界里,会不会改善事物。他们也可以通过写计算机模拟程序来达到同样的目的。他们还能够在实验室进行实验或在实地对真实的人进行观察,来看看人们实际上是否会学习如何行事,正如改革中假设的一样。如果这类研究的结果是否定的,那么研究者就应该重新回到步骤 2。

但是,官僚们很少认为这些研究是有必要的。这些研究不仅仅花费时间和金钱,而且很明显地,这些研究所必须收集的一些数据,是任何人都懒得去收集的。因此,那些影响数百万人的健康和福祉的改革,会在没有任何严肃的初步测试的情况下,就被常规性地实施了下去。在英国的公共医疗卫生服务中,撒切尔夫人所引入的所谓“内部市场”(internal markets),就是一个荒谬的例子。那时唯一做过的实验,包括两次角色扮演的练习,其结果却被官员总结为“混乱被最小程度地避免了”。

当自由放任主义者主张,完全没有任何计划要比这类由教条驱动的、不负责任的乱搞要好时,这点他们无疑是正确的。但是,对于低劣的计划而言,合理的选择不是根本不要计划,而是去选择好的计划。

12.6 改革一个社会契约?

我觉得我们中间没有谁愿意生活在一个像培根的《新大西岛》(*New Atlantis*)或柏拉图的《理想国》所描述的那样的古典乌托邦社会里。我甚至不认为这些乌托邦的观点是条理清楚、逻辑一致的,因为它暗示的是某种衡量不同的社会契约的绝对标准。但是,一个人不需要成为一个乌托邦主义者,才能加入其他改革者的行列中寻求改革。可能对于其他社会、其他地点、其他时期的公民来说,我们所寻求的改革,在他们看来并不是什么改进,但我们是自身文化孕育的孩子,而不是他们文化的孩子。

我也不认为,要思考对目前社会进行一些巨大的改造有什么意义。历史似乎证明,革命很少实现开始革命时所具有的那个目的。像我这样的辉格党人相信,如果我们只能通过积极地进行一些小规模的变革,而可以制止革命情绪掌控人心,那就算是做得很好的了。

但是,应该用什么样的原则来指导我们变革的热情呢?我不会佯装我知道这个答案。我所能做得最好的就是,再一次检查一遍我们在设计一个机制时的那些过程,指出社会契约设计在哪些地方是不同的。

步骤1:目标

有一群潜在的改革者,他们手上握有充分有希望具备影响力的权力,他们也有一定的把握可以有效地实施这些权力工具,这样的一群人是不会从一开始就走到一起的。除非他们每个人对社会的期望都在某种程度上经历了一定的调整和拟合,才会联合起来。但是,他们会面临一个合适的领导的问题。如果他们期待寻求重新调整被认为是不公平的社会契约,那么,他们就会冒险创立一个反对联盟,并且会使用公平作为他们联合起来的口号。

因而,一个社会变革的动力可能就是成功的政党或压力团体,他们提出有关改革的建议,不会偏离目前所认为的公平太远。如果你认为,任何均衡的选择机制都比没有要好,那么你对于被认为是公平的推进改革的态度就是一种实用理性。

步骤 2:规制

为了实现有效率的结果而进行分散化决策是正确的。因为,一个有效率的社会,在一定程度上必定是个自由的社会,但是,它也不能完全排除领导人物的存在。这个社会也不能够避免通过使用非人格化的法律和习俗来控制人的行为。

正是在这里,机制设计与宪法或社会契约的规划之间,产生一个较大的鸿沟。机制设计假设,有一个处于系统外部的大首领,她能监督其所颁布的这些规制,并且,她有充分能力去惩罚任何一个不履行义务的人,从而使得没有人会试图玩忽职守。在设计一个社会契约时,不存在这么一个处于系统之外的人。因此,我们不能把该问题当作是创立一个市民之间的博弈那样去处理。我们必须假定这个基本的现实生活博弈是给定的。我们的问题是要描述一个在此现实博弈中出现的新均衡,并且转化成一个可行的手段,来尝试实现我们这个新的均衡。

因此,将机制设计中的外部代理人的强制规制取而代之,我们不得不以第 6 章中的定义来思考责任。由于监督的问题,通常有必要去设立一些内部强制执行的代理人,如警察机关或税务监察,来专门监督社会契约给予个人的执行的责任以及玩忽职守不履行义务的人。有时,人们可能会依靠一些自发组织的代理人,譬如,邻里之间非正式交往中结成的团体。例如,有一天我家乔迁新居,如果我们没有定期修剪草坪,一些邻居就会通过社会排斥来直截了当地警告我们。不过,正式组成的代理人也不是完全可以避免的。

在把强制执行的代理人制度化的过程中,有一个功课好像是自由社会最难学会的,就是如果这个系统要维持一个均衡,那些监督者总是最需要被监督的。谁来监督这些监督者呢?答案是,他们必须组织起来,彼此监督——就像极权主义国家那样,由秘密警察来彼此监视。

一个自由社会中,没有秘密警察的位置,但我们有必要认识到:当社会的敌人是一种蔓延性腐败时,而且最终导致的结果是,制度被执行是为了便利他们的官员,而不是制度被建立起来时的目的时,自由的价值确实就是一种内部的警戒(internal vigilance)。像往常一样,大卫·休谟又是第一个指出了这一点:“因而,当我们被授权对政府的任何计划,无论是真实的或是虚构的,来苛责和审问时,当这样的权力是分散于多个法院、多人下达的命令中时,我们应该总是考虑到,把每个法庭的利益分开,并且把每个命令人的利益分开。而且,如果我们发现,通过巧妙的权力分配,在利益被执行的过程中恰好与民众一致,我们就可以断言,这个政府是一个明智而且幸运的政府。”

步骤 3:激励

规划一个社会契约相比设计一个机制,无比困难,但是,至少激励的问题在社会契约的领域是一个较为简单的概念。传统机制设计关注的是类似金钱这样有形的激励,然而我们都知道,我们周围充满着影响我们行为的社会压力,我们对这些因素的关注,至少与对有形激励的关注是一样的。

人们能够通过假设人们直接关注对于诚实或忠诚这类问题,而尝试去建立这类无形的机制设计框架,这样一种方式,必然会被认为是非常不正式的,而且难以被人接受。除非我们学会用一个社会契约的框架下的均衡方法来对这类突发性现象建模,人们才会把它作为一种正式的模型看待。

步骤 4:均衡

所有要涵盖在这个标题之下的论述,就是这样一个事实,即公平已经被作为一种非正式的均衡选择机制而被使用了,这对于以制度化一个公平的社会契约为目标的计划者来说,显然是一笔极大的财富。如果我们选择均衡的标准,只是按当前这个社会所认为的公平来选择,那么,我们就不需要去改变一个社会认为什么算是公平的观念。

步骤 5:最优化

什么看上去像是辉格党的“乌托邦”呢? 我怀疑,它更像早期美利坚共和国(American Republic)的社会契约,而非今天我们所见到的任何一种社会契约。工业革命带着它那束特别的光辉匆匆逝去,不过,也许未来的后工业世界,将会允许这个社会发生一次回归,回到那些接近于狩猎—采集型群落的社会契约中,因为我们的基因早就倾向于他们那种生活方式。

12.7 未尽的事业

关于公平的科学还远远没有诞生,不过,我是否在这里写了一章用它来设计一些现代社会契约的改进呢。为了强调我的推测,我将通过促使探讨我的理论的一些主要缺点而结束这个议题,这些是在应用建立公平的科学出现之前,我们需要克服的缺点。

结盟

从冯·诺依曼开始,博弈论提出了许多模型,试图解释理性参与者之间结盟(coalitions)的形成,但是,可以说没有人成功地彻底解决了这个问题。因此,我只研究了一个目前理论足以解释的案例——就是一个只有亚当和夏娃的两人社会。因此,要把这个理论直接应用,这样的机会仅限于一些罕见的情景,就是我们可以把亚当和夏娃看作各自代表一个整体独立集团时的情景。我认为,在把这个社会契约的理论应用到大型社会时,此种约束是一个主要障碍,因为一个现代民主社会的特征主要被定义为通过在对于压力和紧张的反应而结盟方式上的转变。

一个大型社会包含了一个复杂系统,有一些互相连锁的组织等级制度在许多不同层次上协调着人们的行为。即使在黑猩猩和狒狒的社会中,也有证据表明结盟的形成和社会网络的重要性,而且这样的证据是异常突出的。如果我们努力描述这个现状,而不考虑现实性,显然是徒劳的,就如任何类似努力要描述一个社会可能期待达到的那些潜在的社会契约一样,也会是没有用的。一个社会确实存在一些从整体社会分裂出去的从属社会 (subsocieties),而且这些从属社会对整个社会的有效运行也起着关键的作用。

从属社会的存在必要条件是内部者与外部者之间能够做出明显的区分。我在这里并不是主张说,目前那些被人们用来排斥那些不幸的阶级的非理性、丧失人性的标准,是不可避免的或"合法的"。这里只是简单地认为,在现实中我们必然不可能在每一件事上都是内部者。而外部者也不需要始终被视为反对者。事实上,有可能在一个从属社会中是很好的内部同伴的两个人,然而同时,他们在一些交叉的问题上却各属于对峙性的两个组织。

人们可以想象一下,原初状态的机制被用来解决一些协调性问题,就是在这样的从属社会之间所存在的协调问题,每个从属社会都派出代表,他们都被简单地介绍了当下的情况。每个代表的选择,将轮流由每个从属社会中用来解决协调问题的原初状态的机制来决定——每个从属社会通常会被划分为小的派系(fractions)和小的群体(splinter groups)。但有一点不可避免的是,在不同的层次、不同的场景中,产生出的人际间比较标准也会是不同的。结果就是,当一个人在与一个内部成员互动时,被认为是非常公平的,然而这却与在与外部人之间的互动中所认为的公平相差很大。但是,这类复杂问题超过了我所掌握的能力。

不完全信息

本书中所有的模型都隐含着一个假设——对于所有的参与者来说,亚当和夏娃的偏好是一种共同知识。在这个假说下,要假设他们会讨价还价出一个有效的结果也是合理的。但是,假使亚当和夏娃的偏好并不是一种共同知识,那又是怎样一种情景呢?

我认为,这个问题在很大程度上是个技术性的问题。哈森伊除了在伦理学上做出的贡献之外,还发明了一个"不完全信息下的博弈"的理论,我们可以用这个理论来回答这个问题。当这个理论被应用到讨价还价的问题中时,那些模型一般会产生大量的均衡,以至于进行均衡选择时会很困难。但是,我认为,原初状态的情形将这种均衡选择问题简单化的地步,是可以允许做进一步改进的。

不过,当如此众多的问题仍旧有待解决时,我们要在这个方向上花费大力去探求时,意义就并不是太大了。

现实博弈的改变

人类社会性的源泉,是建立在互惠机制的基础上。因为我们不能用一次性博弈来概括这一论点,在这本书中,我转向使用无限期的重复博弈理论,它可以描述最简单的现实生活中的博弈模型,可以允许互惠机制以一种合理的现实的方式运作。但是,在重复博弈中的决策中,必须做出一些其他重要的非现实性的假设。

我相信,公平标准的演化是为了使社区有可能不需要消除内部的争执而能分配新的剩余资源。但是,如果要对社区出现的一种新的剩余资源进行建模,我们就必须退到重复性博弈的框架之外,在这个框架里,每一天新出现的参与者和前面日子中参与者所面对的是同样的问题。我通过设想参与者不能够期望有新的剩余资源能够利用而巧妙处理了该模型的难题。他们会在某天清晨突然醒来的时候,发现他们的可行集 X 已经扩展到了 Y,但是,他们永远不会想到,同样的事情可能会在未来再次发生。他们更不会想到一种让人不舒服的可能性,就是,他们可能会在某个早晨醒来的时候,发现他们的可行集已经在一夜之间缩小了,留给他们的选项比先前还更少了。

仅仅作为发展更深刻理论的第一步,这样一种粗糙的建模方法也是情有可原的,在精深理论中的现实生活博弈,被博弈论学者取了一个容易被人误解的名字,即**随机博弈**(Stochastic Game)。这个术语使它看上去好像一个随机博弈仅仅是由一个概率变动决定着下一期的重复博弈。这类随机博弈当然十分有趣,但是当问到一些问题,例如,目前的一代人消耗不可再生能源的权利,或冒着损害下一代的福利的危险去污染环境的做法,可以达到一种什么样的程度时,我们就必须考虑这样的随机博弈,今天的参与者的策略选择影响的不仅仅是他们自己的收益,实际上也影响着明天的参与者的收益。

在一些随机博弈中,参与者可以针对未来会进行的博弈,做出一些不可改变的策略选择,这样的博弈显然比重复性博弈更难分析。在目前的状况下,我们甚至不知道在某类随机博弈中,有一部分是被认为可以与无名氏定理所持的观点相类比的。如果参与者能在未来的博弈中,足够迅速地限定可利用的选择,那这样的相似之处就可能并不存在。如果这是现实生活博弈的本质,那么我们能够维持一个文明的社会契约的前景,就不会很灰暗了。但是,我们也许可以盼望技术的进步将开启一些新的选择,其速度将超过那些因为技术进步而放弃的选择。

12.8 一个完美的共和国?

大卫·休谟将不会太赞同这一章。谈及规划一个整体的社会,在他看来可能会显得过于狂妄。他的确写过一篇论文,题为“完美共和国之理念”(On the Idea of a Perfect Commonwealth)。不过,当他给自己为小型改良所起草的一堆计划书论文起这样的一个标题时,并不是真心这样想。他只是以为这些小型改革可以改进这里或那里的一切事情。自苏格兰启蒙运动时期以来,社会科学和生物科学已经有了极大的进步,但是,有一点还是正确的,那就是对于大卫·休谟愿意思考的那种小型的改革,我们能谈论的也只是这些实际的观点。

那么,本书所展现的一些观点,是要教导我们什么呢?是教导我们,在规划这类小型的改革时,我们该如何组织我们的想法吗?可能最重要的思考是,我们必须把“什么是可行的”的问题与“什么是最优的”的问题区分开来。为了可以明智地做出选择,我们应该首先决定有哪些选项是可行的,然后,我们再从这些可行选择中,选一个你最喜欢的。

实践中的一个首要问题是,改革者试图忽视这个可行性的约束(the feasibility constraint)。乐观主义者不会去询问在改革之后,生活博弈会按哪个新的均衡运行,却宁愿假设,人们将会忽视他们新的激励,可能会像过去一样进行博弈,他们也可能变成大公无私的完人,激励对于他们而言一点关系都没有。在这里,博弈论就派上了用场。即使是问题艰深而不能直接用博弈论来分析时,博弈论也设计了计算机模拟、实地试验或实验室的实验这些其他方面必要的测试,来检测所提出的改革进行可能的预测,以便给予指导。

最优性(optimality)在概念上则更难把握。那些宣称知道唯一的善或正当的博学者和宗教领袖,他们只是一些自吹自擂、夸夸其谈的人。现实中我们只有以自己的喜恶来指导我们自己。但是,那些愿意向别人的喜恶妥协的改革者,不可能建立起一种结盟,这些甚至也必须被小型改革所采用。我主张,人们可以把这个建立联盟的问题明智地看作是一个存在着多重均衡的复杂的协调博弈。公平是一种社会工具,被演化的潮汐在人类的海岸上无情地冲刷着,是用来解决这类协调问题的社会工具——那我们为什么不使用它呢?

如果大卫·休谟至今仍旧在世,他可能会欣然同意,对于解释为什么用公平作为协调工具的问题,我们不能提供一种理性的证明(rational justification),就像我们不能够证明归纳推理的合理性一样。但是,尽管休谟认为要证明归纳推理的正确性是不可能的,然而这并没有阻止他使用归纳理性去建构他自己辉格党原则的改革项目。因此,尽管我们不能发现一个绝对的理由来解释那些运行于我们社会中的公平标准,为什么我们就应该允许它成为阻碍我们使用这些公平标准来改善我们生活方式的理由呢?

参考文献

[1]J. Alcock. *The Triumph of Sociobiology*. Oxford University Press, New York, 2001.

[2]R. Alexander. *The Biology of Moral Systems*. Aldine de Gruyter, Hawthorne, New York, 1987.

[3] Aristotle. *Nicomachean Ethics*. Hackettt, Indianapolis, 1985. (Translated by T. Irwin).

[4]R. Aumann and M. Maschler. *Repeated Games with Incomplete Information*. MIT Press, Cambridge, MA, 1995.

[5]R. Axelrod. *The Evolution of Cooperation*. Basic Books, New York, 1984.

[6]K. Binmore. *Fun and Games: A Text on Game Theory*. Health, Lexington, MA, 1992.

[7]K. Binmore. *Playing Fair: Game Theory and the Social Contract I*. MIT Press, Cambridge, MA, 1994.

[8]K. Binmore. *Just Playing: Game Theory and the Social Contract Ⅱ*. MIT Press, Cambridge, MA, 1998.

[9] R. Boyd and P. Richerson. *Culture and the Evolutionary Process*. University of Chicago Press, Chicago, 1985.

[10]J. Broome. *Weighing Goods*. Blackwell, Oxford, 1991.

[11]L. Cavelli-Sforza and M. Feldman. *Cultural Transmission and Evolution*. Princeton University Press, Princeton, 1981.

[12]M. Cohen. *The Food Crisis in Prehistory*: *Overpopulation and the Origins of Agriculture*. Yale University Press, New Haven, 1977.

[13]A. Damasio. *Descartes' Error*: *Emotion*, *Reason*, *and the Human Brain*. Grosset-Putnam, New York, 1994.

[14]C. Darwin. *The Descent of Man and Selection in Relation to Sex*. Murray, London, 1871.

[15]C. Darwin. *The Expression of the Emotions in Man and Animals*. University of Chicago Press, Chicago, 1965.

[16]R. Dawkins. *The Selfish Gene*. Oxford University Press, Oxford, 1976.

[17]R. Dawkins. *The Blind Watchmaker*. Penguin, London, 1986.

[18]D. Dennett. *Darwin's Dangerous Idea*: *Evolution and the Meanings of Life*. Allen Lane, London, 1995.

[19]J. Diamond. *Guns*, *Germs*, *and Steel*. Norton, New York, 1997.

[20]F. Dostoyevsky. *House of the Dead*. Penguin, London, 1985.

[21]R. Dunbar. *Grooming*, *Gossip*, *and the Evolution of Language*. Faber, London, 1996.

[22]J. Elster. *Local Justice*: *How Institutions Allocate Scarce Goods and Necessary Burdens*. Russell Sage Foundation, New York, 1992.

[23]H. Eysenck. *Sense and Nonsense in Psychology*. Pelican Books, Harmondsworth, UK, 1957.

[24]P. Farber. *The Temptations of Evolutionary Ethics*. University of California Press, Berkeley, 1994.

[25]C. Furer-Haimendorf. *Morals and Merit*. Weidenfeld and Nicolson, London, 1967.

[26]D. Gauthier. *Morals by Agreement*. Clarendon Press, Oxford, 1986.

[27]H. Gintis et al editors. *Moral Sentiments and Material Interests*.

MIT Press, Cambridge, MA, 2004.

[28]R. Goodin. *Utilitarianism as a Public Philosophy*. Cambridge University Press, Cambridge, 1995.

[29]J. W. Gough. *The Social Contract*. Clarendon Press, Oxford, 1938.

[30]A. Hamilton, J. Jay, and J. Madison. *The Federalist*. Everyman, London, 1992. (Edited by W. Brock. First published 1787—1788).

[31]W. Hamilton. *Narrow Roads of Geneland: Collected Papers of W. D. Hamilton, Volume 1: Evolution of Social Behavior*. Freeman, Oxford, 1996.

[32]W. Hamilton. *Narrow Roads of Geneland: Collected Papers of W. D. Hamilton, Volume 2: Evolution of Sex*. Oxford University Press, Oxford, 2001.

[33]J. Harsanyi. *Rational Behavior and Bargaining Equilibrium in Games and Social Situations*. Cambridge University Press, Cambridge, 1977.

[34]J. Henrich, R. Boyd, S. Bowles, E. Fehr, H. Gintis, and R. McElreath. *Foundations of Human Sociality: Economic Experiments and Ethnographic Evidence from Fifteen Small-Scale Societies*. Oxford University Press, Oxford, 2004.

[35]T. Hobbes. *Leviathan*. Penguin Classics, London, 1986. (Edited by C. B. Macpherson. First published 1651).

[36]G. Homans and C. Curtis. *An Introduction to Pareto: His Sociology*. Knopf, New York, 1934.

[37]D. Hume. *A Treatise of Human Nature (Second Edition)*. Clarendon Press, Oxford, 1978. (Edited by L. A. Selby-Bigge. Revised by P. Nidditch. First published 1785).

[38]I. Kant. *Groundwork of the Metaphisic of Morals*. Harper Torchboks, New York, 1964. (Translated and analyzed by H. Paton. First pubilshed 1785).

[39] I. Kant. *Critique of Practical Reason*. Macmillan, New York, 1989. (Translated by L. Beck. First published 1788).

[40] M. Lerner. *The Belief in a Just World*. Plenum, New York, 1980.

[41] N. Levy. *Moral Relativism: A Short Introduction*. Oneworld Publications, Oxford, 2002.

[42] J. Mackie. *Ethics, Inventing Right and Wrong*. Penguin, London, 1977.

[43] J. Mackie. *Hume's Moral Theory*. Routledge and Kegan Paul, London, 1980.

[44] B. de Mandeville. *The Fable of the Bees—or Private Vices, Public Benefits*. Liberty Classics, Indianapolis, 1988. (Edited by F. Kaye. First published 1714).

[45] A. Maryanski and J. Turner. *The Social Cage: Human Nature and the Evolution of Society*. Stanford University Press, Stanford, 1992.

[46] J. Maynard Smith. *Evolution and the Theory of Games*. Cambridge University Press, Cambridge, 1982.

[47] G. E. Moore. *Principia Ethica*. Prometheus Books, Buffalo, N. Y., 1988. (First published 1902).

[48] S. Pinker. *The Language Instinct: The New Science of Language and Mind*. Penguin, London, 1994.

[49] K. Popper. *The Open Society and its Enemies*. Routledge, London, 1945.

[50] M. Power. *The Egalitarians: Human and Chimpanzee*. Cambridge University Press, Cambridge, 1991.

[51] J. Rawls. *A Theory of Justice*. Oxford University Press, Oxford, 1972.

[52] J. Rawls. *Political Liberalism*. Columbia University Press, New York, 1993.

［53］O. Sachs. *An Anthropologist on Mars Knopf*, New York, 1994.

［54］P. Singer. *The Expanding Circle: Ethics and Sociobiology*. Farrar, Strauss and Giroux, New York, 1980.

［55］P. Singer. *How Are We to Live: Ethics in an Age of Self-Interest*. Opus: Oxford University Press, Oxford, 1997.

［56］B. Skyrms. *Evolution of the Social Contract*. Cambridge University Press, Cambridge, 1996.

［57］B. Skyrms. *The Stag Hunt and the Evolution of Social Structure*. Cambridge University Press, Cambridge, 2003.

［58］A. Smith. *The Theory of Moral Sentiments*. Clarendon Press, Oxford, 1975. (Edited by D. Raphael and A. Macfie. First published 1759).

［59］A. Smith. *The Wealth of Nations*. Liberty Classics, Indianapolis, 1976. (First published 1776).

［60］R. Sugden. *The Economics of Rights, Cooperation and Welfare*. Blackwell, Oxford, 1986.

［61］R. Trivers. *Social Evolution*. Benjamin Cummings, Menlo Park, CA, 1985.

［62］E. Ulmann-Margalit. *The Emergence of Norms*. Oxford University Press, New York, 1977.

［63］J. Von Neumann and O. Morgenstern. *The Theory of Games and Economic Behavior*. Princeton University Press, Princeton, 1944.

［64］F. de Waal. Good Natured: *The Origins of Right and Wrong in Humans and Other Animals*. Harvard University Press, Cambridge, MA, 1996.

［65］G. Wagstaff. *Making Sense of Justice: On the Psychology of Equity and Desert*. Meller, Liverpool, 1998.

［66］E. Westermarck. *The Origin and Development of Moral Ideas, I and II*. MacMillan, London, 1906.

[67]A. Whitten. *Natural Theories of the Mind: Evolution, Development and Simulation of Everyday Mindreading*. Blackwell, Oxford, 1991.

[68]E. Wilson. *Sociobiology: The New Synthesis*. MIT Press, Cambridge, MA, 1975.

[69]V. Wynne-Edwards. *Animal Dispersion in Relation to Social Behavior*. Oliver and Boyd, Edinburgh, 1962.

[70]P. Young. *Equity*. Princeton University Press, Princeton, 1994.

译后记

去年夏天，承蒙韦森师的推荐，承担翻译宾默尔的《自然正义》的工作，虽然之前我也读过宾默尔的《博弈论与社会契约》等著作的英文版，却发现相比两卷《博弈论与社会契约》这本书页数虽然薄很多，但是语言的晦涩却有过之而无不及。因为本人所学专业为经济学而非政治哲学和法学；翻译过程中更知任务艰巨，甚为惶恐，以免误人，为保持准确性和连贯性，首先由我个人译完初稿，马丽放下自己的研究专门帮我进行了第一遍的校对，之后由我自己又做了第二遍的修改，其间也在我主持的一个政治哲学的读书小组中进行了讨论。很多人[1]也给出了很好的建议，再由韦森师进行了一遍校对并给出了很多宝贵的意见，最后文稿由我修改确定。由于今年 9 月赴美读书，委托梁捷兄帮忙承担了样稿最后审定的工作，然而本书所有问题都应由我负责[2]，特别感谢谷雨和袁敏编辑的辛劳，还有我在国内的导师杜恂诚、刘新他们对我的言传身教，以及我的父母，最感恩的是给我生命中不求回报的永恒的爱和恩典本身。宾默尔的《自然正义》中文版即将出版，心里还是十分忐忑，希望本书的翻译没有辜负原作者和大家购买所花费的金钱与阅读的时间。

〔1〕这里特别感谢读过样稿并提出意见的上海财经大学本科生蔡瑞、美熹和翔宇。

〔2〕愿意赐教的读者可以发邮件到 6197317@gmail.com。

在翻译过程中,这本书给我本人很多有意义的启发和思考,无疑,这是本非常重要的书,但是好书引起的不应只是赞美的认同,而应是批判性的思考。我个人就此提出了一些自己的看法和问题。

如诺齐克在《无政府、国家和乌托邦》中所提到的"目前,政治哲学家必须在罗尔斯的理论范围内进行工作,不然就需说出理由"。《自然正义》这本书也是试图延续罗尔斯的工作,并且是与功利主义代表人物哈森伊的观点进行综合的一种尝试。至于这点是否可行,本人却持有保留,因为所谓功利主义(或为效用主义)自边沁以来一直是取代自然权利等的最为重要和系统的道德哲学,尤其在经济学科中一直是居于统治地位。(甚至不夸张地说,整个经济学的基础就是功利主义,并且是行为功利主义和规则功利主义的结合。)然而,罗尔斯的重要性恰恰在于对功利主义的首个系统性进行批判,以及发展出可以与之对话的平等主义(也有人指出是社会民主主义[1])。所谓罗尔斯对抗功利主义的背景,如果从更为广泛的角度看,似乎完全与功利主义在最基础的前提上是不可调和的——这里为绝大多数学者所承认的罗尔斯的理论来源于康德的道德哲学。但是,似乎更能展现罗尔斯思想发展轨迹的,在我看来却是罗尔斯本科时的论文"罪与信仰意义的简要探求"("A Brief Inquiry into the Meaning of Sin and Faith")。这篇神学意义下的论文,可以使我们从一个崭新的角度去理解罗尔斯的思想,特别是对于无知之幕的理解。而对于复兴功利主义的哈森伊,其最为重要的论文之一是1955年发表于《政治经济学杂志》(*Journal of Political Economy*)的"基本福利、个人伦理与人际功利比较"("Cardinal Welfare, Individualistic Ethics and Interpersonal Comparisons of Utility")[2]。迄

---

[1] Andrew Heywood, *Political Ideologies: An Introduction*. Worth Publishers, 1998.

[2] 罗尔斯对此篇文章也很重视,详见《正义论》(1971)的第一章批判古典功利主义的引用。

今为止，据我所知，国内除了戴维·高梯尔（David Gauthier）的《基于协议的道德》（*Morals by Agreement*）以及森的《完美的正义》（*The Ideal of Justice*）之外，已经有不少关于政治哲学特别是正义方面的书籍。希望本书也能带给大家一些新的启发或理解的角度。

另外，我本人仍旧不太同意宾默尔对于康德的解读，事实上，他在本书中所应用的方法和观点，似乎更近似于康德而不是休谟。特别提醒有心的读者可以去读读康德的政治文集（国内有何兆武先生翻译的《历史理性批判文集》），不难发现其中的观点与本书的某些观点殊途同归，似曾相识。

宾默尔在本书中强调了自然演化的作用，以此试图取代过去在政治哲学的原初概念：上帝（God）、自然（Nature）和法（law）。对于更广泛意义上的政治哲学而言，至少就斯特劳斯〔1〕（Strauss）认为，仅仅延续了霍布斯开始的试图把政治哲学放在自然科学基础上的尝试，也就是传统的形而上学被现代自然科学所取代必然导致试图把所产生新的道德哲学和政治哲学建构在新科学之上，而这种企图对于理解关于人的事物和奠定道德和政治根基没有任何作用。对此，斯特劳斯早期作品的分析对象就是作为自然主义者的霍布斯〔2〕，而宾默尔似乎在某种程度上可以算作是霍布斯的一种延续，尽管在本书中他否认了这点。而作为斯特劳斯学派对立面的剑桥学派共和主义的代表波考克（Pocock）在其名著《美德、商业、历史》（*Virtue, Commerce and History*）中

〔1〕 但由于斯特劳斯及其弟子对于古典的重视而对于现代性的怀疑，因此，罗尔斯甚至当代的政治哲学对此几乎没有任何的评价和引用。

〔2〕 *The Political Philosophy of Hobbes: Its Basis and Its Genesis*. (English trans. by Elsa M. Sinclair from German manuscript.) Oxford: Clarendon Press, 1936. Reissued with new preface, Chicago: University of Chicago Press, 1952.

也指出了美德[1]——作为公民参与社会生活的重要性,并且认为美德致力于公共的善的同时也就意味着正义。然而回到罗尔斯的立场,正义却是作为更为先决条件出现的。是否能调和上述观点,学者也是各持一端,长久争论不休。最终,我们至少能发现,政治哲学本身的争议(包括这本书)最根本地依旧回到了斯特劳斯所谈及的我们知识上所缺乏的"整体知识"——寻求上帝、世界和人的知识,或更确切地说是寻求一切事物的本性的知识[2]。

其次,对于演化理论应用于正义论本身还有一个暗含的危险,即把个人的道德应用于群体的道德之中,这样就混淆了群体行为和个体行为的区别。[3] 如基督教神学家尼布尔(Reinhold Niebuhr)在《道德的人与不道德的社会》(*Moral Man and Immoral Society*)中所讲的,"人类精神中存在着一个悲剧:人类没有能力使自己的群体生活符合个人的理想。作为个人,人相信他们应该爱,应该相互关心,应该在彼此归来睥秩序;而作为他们自认为为种族的、经济的和国家的群体,他们则想尽一切办法占有所能攫取的一切"。在他看来,问题的根源不在于经济学家如奥尔森(Olson)所说的集体行动的逻辑产生的搭便车的道德风险,而是神学意义上的人的罪性。尽管在集体和个人之间都具有罪行,但是个人的局限所产生的精神性的恐惧与自然本身的张力,使人对

[1] 波考克在这里指出,"美德"一词有很长的历史,并且具有多重含义。它可能与自然(nature)、本质(essence)和本质特征(essential characteristic)同义,也可能是在罗马—马基雅维利主义(Roman-Machiavellian)意义上的与运气(fortuna)相抗衡的能力,或是实践某项伦理法则的固定倾向。但在波考克这些共和主义者看来,美德更是指献身于公共的善(public good),也是在城邦中公民间实践平等的以规则统治同时被统治的前提。

[2] *What Is Political Philosophy? and Other Studies*. Glencoe, Ⅲ., The Free Press, 1959. Reissued Chicago: University of Chicago Press, 1988.

[3] 这一点非常有趣,因为几乎所有的经济学家都知道个体选择和集体行动之间产生的道德风险和差异性,但却忽视了另外一面,即关于人性自由与责任在集体与个体之间的差异,甚至是个体与个体之间的差异。而正是这种差异,才使历史学、政治哲学、道德哲学与神学方面的讨论成为可能。

生存本身有一种类似于克尔凯郭尔(Kierkegaard)所指意义上的恐惧;人试图逾越上帝,只有赋予集体更多的意义,特别是无限性的永恒意义来试图掩盖个体的有限,其实这也是政治哲学和神学中蕴含的最根本的问题之一。人的永恒性问题,从基督教神学家奥古斯丁(Augustin)面对罗马帝国衰落时,所写的《上帝之城》中就探讨了世俗政权和永恒之城的关系[1],如20世纪牛津作家C. S. 路易斯所言"倘若个人只能活70岁,一个可能会存在1 000年的国家、民族或文明就比个人更重要。但是,如果基督教说得对,个人就不但更重要,而且不知要重要多少倍,因为他有永生;与他相比,一个国家、一个文明的寿命只是一瞬间"。尼布尔(Niebuhr)指出,正是群体性为了掩盖其有限性,而赋予自身利益为绝对的价值,把生存的意志扩张为权力的意志。这对于宾默尔而言,以生物的演化(如吸血蝙蝠)类推到人类道德伦理的演化,是否妥当,仍旧是个疑问[2]?

但是尽管这样,这本书对于我们却仍旧意义深远。尽管罗尔斯在《正义论》中提出了作为公平的正义,认为在一个正义的社会里,个人的基本权利的享有是理所当然的,是不允许讨价还价和以利益计算的。但是,宾默尔更进一步精确地论证了,正义本身对于社会达成均衡所起

〔1〕 源于《圣经·希伯来书》第11章。

〔2〕 这里也需要指出的是,尽管宾默尔关注了多方的伦理学著作,却忽视了第二次世界大战时神学家朋霍费尔(Bonboeffer)在纳粹狱中所写手稿汇集的《伦理学》,这本书从神学的角度以及在当时第二次世界大战纳粹德国国内的背景下讨论了自由、人的责任以及人本身的问题,具有重要价值。如有兴趣,也可以参见卡尔·巴特的《罗马书释义》,这是巴特的释经学巨著,对朋霍费尔影响巨大,事实上该书也探讨了自由、罪、律法等问题。

的关键性作用[1],特别是在一个转型和进行改革的社会中所具有的重要作用。尽管托克维尔(Tocquevil)在《旧政体与法国大革命》(*The old regime and the French Revolution*)[2]中很少提及抽象的正义的概念,但却指出1789年前的法国恰恰是经济增长、许多人生活和社会地位渐渐好转的时期,然而在社会转型过程中却爆发了暴力的革命,其中的原因之一正是在于对司法体系的不信任,在平等日渐扩展的同时,不公正的税收、司法、权利却也日益明显,用本书的话来说就是,社会所具有的正义无法支持当时的法国平稳地达成一种均衡,甚至个人的协调均衡也无法实现,非要依靠暴力的革命才能实现,并且这种手段本身的非正义性也不足以让社会具有正常的秩序。而托克维尔则说,"确实,某种惯例依旧盛行于这个国家至关重要的公共事务中,然而已经无人知道他应该听命于何人,他应该求助于谁,并且无人知道在这个社会群体中,每天的日常生活中所出现的琐碎小事应该如何解决。从而,目前整个国家在命运的摆布之下处于一种不稳定均衡的状态,这种命运有如此深远的影响,并且产生了前所未有的最为可怕的灾难性的社会剧变"[3]。也许本书对此观点的强调也正是这本书本身意义之所在。

在本书所涉及的问题中,有些是西方思想源流中的基本问题,涉及

---

[1] 最近的研究中,阿夫纳·格雷夫(Avner Greif)在《大裂变——中世纪贸易制度比较和西方的兴起》(*Institutions and the Path to the Modern Economy: Lessons from Medieval Trade*)中强调了组织中的文化和意识形态对于社会均衡所起的关键作用;而诺思(North)在其2009年新书《暴力与社会秩序》(*Violence and Social Order*)中强调了从自然国家转型为开放社会期间对暴力的限制,以及组织与国家间的关系转变。两本书都较少涉及正义理念对于社会转型的作用。

[2] 中文译本为《旧制度与大革命》,我个人觉得书名不是很妥,因为"regime"在英文中是指政权或政体(管理和统治的模式),而不是指制度(institution),因为书中托克维尔一直强调的是法国旧的政权、官僚统治的方式,而不是扩展到制度的层面,而且谈及的也往往是政体和文化等其他社会之间的关系。

[3] *The Older Regime and the French Revolution*, Anchor Books, 1983, p. 203.

自由和平等的张力[1]、古典和现代性、真与善,乃至可以追溯到教父时代德尔图良(Tertullianus)所问的雅典和耶路撒冷之间有何相干的问题,再向前则是犹太人与保罗的律法和恩典的争论,以及苏格拉底的诘问。这本书显然不是要解决这些问题,而是如同这些问题本身构成了政治哲学特别是对于正义的思考。我更倾向于所有的书只是向我们提出了问题,而不是给我们一个确切的答案。

另外,波考克谈及政治哲学和思想时,强调西方与中国之间具有的差异[2],事实上也是给我们提出了一个问题:中国的政治哲学在与经学分离之后[3],如果作为一门学科,它的问题是什么[4]? 也许问题本身远远比答案更为重要。

这本书从开始翻译到出版,大概花费了一年半的时间,其间正好在罗尔斯曾经任教过的大学参加了一门政治哲学的课程,专门讨论罗尔斯及其回应者关于正义的争论。给我影响最深的就是教授常常会拿出

---

〔1〕 罗尔斯在《作为公平的正义》(*Justice as Fairness*: *a Restatement*, Harvard University Press, 2001, p. 2)中就谈及,洛克强调的自由和卢梭强调的平等正是贡斯当(Constant)在《古代人的自由和现代人的自由》中所说的现代人的自由和古代人参与城邦政治的自由。但是,实际上卢梭的平等和剑桥学派的美德并不是完全相同的概念。

〔2〕 波考克在《美德、商业、历史》一书中指出,西方所谈及的政治思想的基础上帝、自然、律法与中国基础的不同,但是中国居然被忽视了。而他则尝试使用语言分析等一系列角度对于中国的政治思想在伦理、权威和权力的社会规则给予可能的解释。详见 *Politics*, *Language and Time*, 1971, chap. 2, and *Political Thought and History*: *Essay on the Theory and Method*. 2009, chap. 9。

〔3〕 萧公权先生在《中国政治思想史》中按照中国历史政治思想的演变趋势,划分为创造、因袭、转变及成熟四个时期,也算是用西学方法研究中国政治思想的一种尝试。当然中国经学的古文今文之争不仅是学术之争,更是政治立场之争,近代更是对于变革和大同的政治理念之争,详见皮锡瑞的《经学历史》(中华书局,2004),特别是在对于晚清变法影响深远的公羊学派的提及,可见章太炎、刘师培的《中国近三百年学术史论》(上海古籍出版社,2006),今人何信全所著《晚清公羊学派的政治思想》(台北,经世书局,1984)。

〔4〕 如果按照斯特劳斯在《什么是政治哲学》中所定义的,假如人们把获得美好的生活和健全的社会的知识作为他们的明确目标,那么对这种目的性的追求就称为政治哲学,实际上中国传统思想就不应局限在目前学科划分的框架之内。

美国的宪法及修正案的历史来应用这些理论进行讨论，而不是抽象的概念之谈，我想这点也是非常重要的。

最近半年，每天早晨步行时都会经过一片树林，罗尔斯教授也曾生活在我目前所在的小镇上，我时常想是否我们会走相同的道路，也许会，也许不会，但是我们世界上的每个人却都会面临相同的问题，关于正义、善、爱、永恒……也许我们意识到了这些，也许还没有。这些问题远远比我们这个时代、民族、国家、文化更为重要，我深信这是我们与生俱来的一种律在人的心里，正如《哥林多前书》第 13 章第 13 节所说："如今世上长存的有信，有望，有爱；这三样，其中最大的是爱。"这爱尽管在本书中被怀疑是否存在，但却真实地蕴藏在我们每个人的生命中。

李晋
2009 年 12 月 19 日夜
于绮色佳(Ithaca)小镇